Christian Diller
Zwischen Netzwerk und Institution

Christian Diller

Zwischen Netzwerk und Institution

Eine Bilanz regionaler Kooperationen in Deutschland

Leske + Budrich, Opladen 2002

Gedruckt auf säurefreiem und altersbeständigem Papier.

Die Deutsche Bibliothek – CIP-Einheitsaufnahme
Ein Titeldatensatz für diese Publikation ist bei Der Deutschen Bibliothek erhältlich.
Zugl.: Berlin, Techn. Univ., Diss. 2001, D83

ISBN 3-8100-3233-6

© 2002 Leske + Budrich, Opladen

Das Werk einschließlich aller seiner Teile ist urheberrechtlich geschützt. Jede Verwertung außerhalb der engen Grenzen des Urheberrechtsgesetzes ist ohne Zustimmung des Verlages unzulässig und strafbar. Das gilt insbesondere für Vervielfältigungen, Übersetzungen, Mikroverfilmungen und die Einspeicherung und Verarbeitung in elektronischen Systemen.

Druck: Druck Partner Rübelmann, Hemsbach
Printed in Germany

Inhalt

Inhaltsverzeichnis 5
Tabellen-, Abbildungs- und Kartenverzeichnis 9
Dank 13
Einleitung 15
Methodik und Datengrundlagen 20

Kapitel I
Von der hierarchischen staatlichen Koordination zur
regionalen Kooperation 31

1. Der Paradigmenwechsel im staatlichen Handeln:
   Abschied von der hierarchischen Koordination 31
2. Die Evolution der Kooperation 35
3. Der Bedeutungsgewinn der Region 42

Kapitel II
Typen regionaler Kooperationen 47

1. Regionale Kooperationen als Netzwerke 47
1.1 Diskussionsrichtungen und Konjunkturen
    des Netzwerkbegriffes 47
1.2 „Netzwerke" — Definitionen und Merkmale
    einer Metapher 50
1.3 Typen von Netzwerken 55
1.4 Kooperative Netzwerke und Institutionalisierte
    Kooperationen im Kanon unterschiedlicher
    Steuerungsformen 60
2. Regionale Kooperationsansätze und ihre
   Entstehungshintergründe 63
2.1 Die räumliche Verteilung der Kooperationen 63
2.2 Entwicklungsorientierte Kooperationen 69
2.2.1 Raumordnungspolitische Ansätze 70
2.2.2 Struktur- und wirtschaftspolitische Ansätze 76
2.2.3 Regionale Bauausstellungen und ereignisorientierte
      Kooperationen 80

2.2.4	Sonstige entwicklungsorientierte Kooperationen	81
2.3	Konfliktlösungsorientierte Kooperationen	82

Kapitel III
Merkmale regionaler Kooperationen 87

1.	Aufbauorganisation	87
1.1	Allgemeine Elemente der Aufbauorganisation	88
1.2	Aufbauorganisation ausgewählter Kooperationstypen	95
2.	Akteure und ihre Beziehungsstrukturen	99
2.1	Akteurszahlen	100
2.2	Akteurstypen	101
2.2.1	Der innere Kreis – die Promotoren	102
2.2.2	Der mittlere Kreis	107
2.2.3	Der äußere Kreis	109
2.3	Macht und Hierarchien	109
3.	Themen und Aktivitäten	114
3.1	Themen	114
3.2	Aktivitäten	118
4.	Strategien, Handlungsprinzipien und Verfahrensregeln	119
4.1	Strategien der Leitbildorientierten Entwicklung Regionaler Projekte	120
4.2	Verfahrensregeln und Handlungsprinzipien	126
5.	Finanzen	128
6.	Merkmalsübergreifende Aspekte der Strukturlogik	130

Kapitel IV
Die Leistungsbilanz regionaler Kooperationen 135

1.	Ergebnisse, Effekte, Auswirkungen und Grenzen	135
1.1	Ergebnisse	137
1.2	Effekte: die kooperationsinternen weichen Benefits	142
1.3	Auswirkungen für die regionale Entwicklung und Funktionen innerhalb regionaler Steuerung	147
1.4	Die Funktions- und Leistungsgrenze regionaler Kooperationen: Lösung harter Konflikte	154
2.	Erfolgsbedingungen und Restriktionen	159
2.1	Faktoren der vertikalen Koordination: Kooperationen am „seidenen Zügel" der Länder	160
2.1.1.	Entwicklungsorientierte Kooperationen	161
2.1.2	Konfliktlösungsorientierte Kooperationen	166
2.2	Aspekte der regionalen Einbettung	169

2.3	Kooperationsinterne Faktoren	175
2.3.1	Ressourcenausstattung und organisatorisch-institutionelle Konsolidierung	176
2.3.2	Die Akteurskonfiguration	180
2.3.3	Räumlicher Zuschnitt, Themen und Strategien	189
2.4	Die hohen Erfolgsvoraussetzungen von konfliktlösungsorientierten Kooperationen	192

Kapitel V
Die Verstetigung der Kooperation 197

1.	Die zeitliche Dimension von Netzwerken	197
1.1	Alterungsfähigkeit	198
1.2	Idealtypische Phasenverläufe	200
1.3	Phasen und Alterungsfolgen in den untersuchten Kooperationen	206
1.4	Die Evolution der Aufbauorganisation	209
2.	Das Spannungsverhältnis zwischen Innovation und Effizienz	213
2.1	Innovation	213
2.1.1	Innovative und konservierende Funktionen von Netzwerken	214
2.1.2	Innovation in den untersuchten Kooperationen	217
2.2	Effizienz	221
2.2.1	Netzwerke als effizienzsteigernde institutionelle Arrangements im Lichte des Transaktionskostenansatzes	222
2.2.2	Das Effizienzkriterium in den untersuchten Kooperationen	225
2.3	Innovation und Effizienz im kooperativen Reifungsprozess	230
3.	Die Einflüsse der Institutionalisierung	233
3.1	Strukturdifferenzen zwischen Kooperativen Netzwerken und Institutionalisierten Kooperationen	234
3.2	Die bessere Erfolgseinschätzung Institutionalisierter Kooperationen gegenüber Kooperativen Netzwerken	236
3.3	Die Gründe für eine Institutionalisierung und für ihr Ausbleiben	239
4.	Die Bedeutung der unterschiedlichen Rechtsformen	242
4.1	Häufigkeiten	242
4.2	Vor- und Nachteile der einzelnen Rechtsformen	244
4.2.1	Öffentlich-rechtliche Formen	245
4.2.2	Privatrechtliche Formen	247

4.3	Strukturunterschiede zwischen Kooperationen unterschiedlicher Rechtsformen	249
5.	Regionalentwicklung der Zukunft: Zwischen Pluralismus der Steuerungsformen und ganzheitlichem Regionalmanagement	252
5.1	Netze und institutionelle Kerne	254
5.2	Horizontale Koordination in kooperativen Metanetzen	257
5.3	Kennzeichen und Einsatzfelder des Regionalmanagements	259
5.4	Mögliche Träger des Regionalmanagements	263

Kapitel VI
Motoren der Regionalentwicklung: die Rolle von Moderatoren, Mediatoren und Managern **271**

1	Die drei Typen von Prozessmotoren	271
2.	Nuancen der Tätigkeitsprofile	281
3.	Handlungsspielräume und Eingriffsintensität	291
3.1	Unabhängigkeit und Überparteilichkeit	292
3.2	Strategische Einflussmöglichkeiten	295
3.3	Inhaltliche Neutralität	303
3.4	Loyalitäts- und Rollenkonflikte	312
4.	Erklärungsfaktoren des Einflusses auf den Kooperationserfolg	315
4.1	Der Einfluss auf den Kooperationserfolg	316
4.2	Bedingungen des Einflusses von Prozessmotoren	319

Kapitel VII
Zusammenfassung, Perspektiven und strategische Empfehlungen **331**

1.	Zusammenfassung der wichtigsten Ergebnisse	331
2.	Trends und Perspektiven	353
2.1	Kooperationen zur Regionalentwicklung	354
2.2	Kooperationen zur Lösung regional bedeutsamer Konflikte	360
3.	Strategische Empfehlungen	365
3.1	Politik und Verwaltung	365
3.2	Universitäten, Fachhochschulen und andere Forschungs- und Lehreinrichtungen	369

Literaturverzeichnis 375
Liste der Gesprächspartner der Fallstudien 393

Tabellenverzeichnis

Tabelle 0.1: Verteilung der erfassten Kooperationen über die Bundesländer 21
Tabelle 0.2: Verteilung der erfassten Kooperationen über die Regionstypen 22
Tabelle 0.3: Repräsentativität der Fallstudien 27
Tabelle 0.4: Grundinformationen zu den Fallstudien 29
Tabelle II.1: Merkmale der wichtigsten Typen regionaler Kooperationen 84
Tabelle III.1: Strukturelemente der Aufbauorganisation 89
Tabelle III.2: Personenzahlen in Lenkungsgremien und großen Versammlungsgremien 105
Tabelle III.3: Themenfelder der Kooperationen 115
Tabelle III.4: Themenfelder nach Kooperationstypen 118
Tabelle III.5: Finanzierungsquellen und –zwecke 129
Tabelle III.6: Merkmale der Strukturtypen 134
Tabelle IV.1: Kooperationseffekte 144
Tabelle IV.2: Konfliktherde und Konfliktthemen 155
Tabelle V.1: Die wichtigsten Finanzierungsquellen nach Kooperationsgrundtypen 241
Tabelle VI.1: Gremientätigkeit der Prozessmotoren und Komplexität der Aufbauorganisation der Kooperation 287
Tabelle VI.2: Gremientätigkeit der Prozessmotoren in den Kooperationsgrundtypen nach Dauer der Kooperation 290
Tabelle VI.3: Beispiele für Tätigkeiten von Moderatoren/ Mediatoren innerhalb unterschiedlicher Rollenprofile 302
Tabelle VI.4: Zusammenhänge zwischen Kooperationsbewertung und Tätigkeitsmerkmalen der Prozessmotoren 320
Tabelle VII.1: Strategische Empfehlungen zum Umgang mit entwicklungsorientierten Kooperationen 373

Abbildungs- und Kartenverzeichnis

Abbildung I.1: Das Koordinationsproblem in wohlfahrtstheoretischer Perspektive 36
Abbildung II.1: Die untersuchten Kooperationen im Kanon von Steuerungsformen 62
Abbildung II.2: Häufigkeiten der Kooperationstypen 65
Abbildung II.3: Kooperationstypen nach Bundesländern 66
Abbildung II.4: Kooperationstypen nach Regionstypen 67
Abbildung II.5: Regionen der Regionalisierten Strukturpolitik in Nordrhein-Westfalen 77
Abbildung II.6: Verortung des Runden Tisches zum Gewerbegebiet Hechingen/Bodelshausen im formellen Planungsprozess 85
Abbildung III.1: Anzahl von Strukturelementen der Aufbauorganisation nach Kooperationstypen 88
Abbildung III.2: Kombinationen der wichtigsten Strukturelemente der Aufbauorganisation 90
Abbildung III.3: Typische Aufbauorganisation der untersuchten Kooperationstypen mit ihren wesentlichen Merkmalen 93
Abbildung III.4: Zahl von Strukturelementen der Aufbauorganisation und Sitzungsdichte der Zentralversammlungen 95
Abbildung III.5: Aufbauorganisation des Städtenetzes Lahn-Sieg-Dill 97
Abbildung III.6: Aufbauorganisation des Städtebund Saalebogen 98
Abbildung III.7: Größenstruktur der Kooperationen 100
Abbildung III.8: Kooperationsgröße nach Regionstypen 101
Abbildung III.9: Das Akteursgeflecht einer regionalen Kooperation 102
Abbildung III.10: Die Evolution unterschiedlicher Netzwerkstrukturtypen 104
Abbildung III.11: Themenzahl nach Kooperationstypen 116
Abbildung III.12: Finanzierungsquellen und -zwecke nach Kooperationstypen 129
Abbildung III.13: Finanzierungsquellen und -zwecke nach Strukturtypen 130
Abbildung IV.1: Wirkungsebenen einer Leistungsbilanz regionaler Kooperationen 136
Abbildung IV.2: Einschätzung der Kooperation nach Kooperationstypen 160
Abbildung IV.3: Einschätzung der Kooperation nach Bundesländern 161
Abbildung IV.4: Einschätzung der Kooperation nach Regionstypen 170

Abbildung IV.5: Einschätzung der Kooperation nach
    Strukturtypen 176
Abbildung IV.6: Einschätzung der Kooperation nach
    Gesamtpersonenzahl 181
Abbildung IV.7: Einschätzung der Kooperation nach
    Personenzahl in allen Arbeitsgruppen 182
Abbildung IV.8: Einschätzung der Kooperation nach
    Sitzungsdichte der Lenkungsgremien 187
Abbildung V.1: Ablauf des Forums Elbtalaue 205
Abbildung V.2: Dauer nach Kooperationstypen 207
Abbildung V.3: Zeit von den Erstkontakten bis zur
    Kooperationsvereinbarung nach Kooperationstypen 208
Abbildung V.4: Evolution der Aufbauorganisation 211
Abbildung V.5: Evolution der Aufbauorganisation der
    Modellregion Märkischer Kreis 212
Abbildung V.6: Entwicklungsphasen nach
    Kooperationsgrundtypen 234
Abbildung V.7: Aufbauorganisation nach
    Kooperationsgrundtypen 236
Abbildung V.8: Einschätzung des Kooperationsergebnisses
    nach Kooperationsgrundtypen 237
Abbildung V. 9: Einschätzung des Kooperationsergebnisses
    nach Kooperationstypen und –grundtypen 238
Abbildung V.10: Einschätzung des Kooperationsergebnisses
    nach Strukturtypen und Kooperationsgrundtypen 238
Abbildung V.11: Einschätzung des Kooperationsergebnisses
    nach Kooperationsdauer und Kooperationsgrundtypen 239
Abbildung V.12: Rechtsformen nach Kooperationstypen 243
Abbildung V.13: Rechtsform nach Strukturtypen 244
Abbildung V.14: Einschätzung des Kooperationsergebnisses
    nach Rechtsformen 245
Abbildung V.15: Kooperationsdauer nach Rechtsformen 250
Abbildung V.16: Strukturmerkmale nach Rechtsformen 251
Abbildung V.17: Wichtigste Finanzierungsquellen nach
    Rechtsformen 252
Abbildung V.18: Regionales Metanetz Oberfranken 258
Abbildung V.19: Regionales Metanetz Saalebogen 259
Abbildung V.20: Regionalmanagement-Ansätze in Bayern 263
Abbildung VI.1: Einsatz von Prozessmotoren nach
    Kooperationsalter 272
Abbildung VI.2: Vergleich unterschiedlicher Typologien
    von Prozessmotoren 273
Abbildung VI.3: Tätigkeiten von Prozessmotoren nach
    Kooperationsgrundtypen 283

Abbildung VI.4: Gremientätigkeit der Prozessmotoren
nach Kooperationsgrundtypen 285
Abbildung VI.5: Gremientätigkeit der Prozessmotoren nach
Kooperationstypen 286
Abbildung VI.6: Tätigkeiten der Prozessmotoren nach ihrer
Mitarbeitszeit 288
Abbildung VI.7: Mitarbeitsdauer der Prozessmotoren nach
Kooperationsgrundtypen 292
Abbildung VI.8: Unterschiedliche Mediationsorientierungen 306
Abbildung VI.9: Prozessmotoren- und Gutachterfunktionen 308
Abbildung VI.10: Bewertung der Kooperation nach Einsatz
von Prozessmotoren 317
Abbildung VII.11: Kooperationstypen nach Strukturtypen 337

Karte 1: Regionale Kooperationen in der
Bundesrepublik Deutschland 68

Dank

Diese Arbeit wäre nicht entstanden ohne die vielfältige fachliche und persönliche Unterstützung anderer — vor allem in den letzten zwei Jahren. Mein Dank gilt:

Den Betreuern bzw. Gutachtern am Institut für Stadt- und Regionalplanung (ISR) der Technischen Universität Berlin: Herrn Prof. Dr. Gerd Schmidt-Eichstaedt, Frau Prof. Dr. Ulrike Schneider und Herrn Prof. Dr. Dietrich Henckel für ihre kontinuierlich präsente, pragmatische wie engagierte und kritisch-konstruktive Unterstützung.

Herrn Prof. Dr. em. Klaus Künkel, der mich stets erinnerte und ermunterte, bei all der Lehre und Alltagsarbeit in der Universität doch bitte die Promotion nicht zu vergessen.

Meinen ehemaligen Kommilitoninnen und Kommilitonen sowie meinen Kolleginnen und Kollegen am ISR, die mir — besonders in der Anfangszeit, als es um die Konkretisierung des Themas ging — wertvolle Anstöße gaben und neue fachliche Sichtweisen lieferten.

Den — hier unmöglich einzeln zu nennenden — über 200 Experten, die mir bei meinen empirischen Studien durch das Ausfüllen von Fragebögen und die erschöpfenden Antworten im Rahmen der Fallstudien das wichtigste Material dieser Arbeit lieferten.

Meinen ISR-Kolleginnen Uta Schäfer und Ana Strastil, sowie Christian Pfeiffer und Detlev Schindler vom IfS Institut für Stadtforschung und Strukturpolitik Berlin, die mir wertvolle Ratschläge und tatkräftige technische Hilfestellungen bei der Auswertung der schriftlichen Befragung und beim Endausdruck gaben.

Stephan Höß vom IfS Institut für Stadtforschung und Strukturpolitik Berlin, der eindrucksvoll demonstrierte, dass professionelles Korrekturlesen nur durch intensive inhaltliche Auseinandersetzung mit dem Gegenstand möglich ist.

Meiner Mutter und meinen Geschwistern, meinen Freundinnen und Freunden und insbesondere meiner Lebensgefährtin, die stetig und erfolgreich am ausgleichenden Rahmen zu meiner wissenschaftlichen Tätigkeit zimmerten.

Meinem Vater, der die Fertigstellung dieser Arbeit leider nicht mehr miterleben konnte.

Es hat etwas länger gedauert und es sind einige Seiten mehr geworden als einst erhofft. Aber dennoch hat mir diese Arbeit weitaus mehr Freude als Mühe bereitet. Weniger die Mühe als mehr die Freude möge auch auf die Leser abfärben!

Berlin/Hamburg, im April 2002

Christian Diller

Einleitung

Hintergrund, Zielsetzung und Besonderheiten dieser Arbeit

Jedes Jahrzehnt hat seine wissenschaftlichen Leitbegriffe. Die wichtigsten von ihnen sind mehr als bloße Modewörter, sie stehen für besonders prägnante Entwicklungen und Denkweisen eines längeren Zeitraumes. Diese Arbeit widmet sich drei Kernbegriffen, die die räumliche Planung und Forschung im vergangenen Jahrzehnt — mit gebührendem Abstand zu den beiden wohl wichtigsten, nämlich „Globalisierung" und „Nachhaltigkeit" — gewissermaßen aus der zweiten Reihe heraus mitprägten: „Kooperation", „Netzwerk" und „Region".

Bisweilen eilt die Fachdiskussion der realen Entwicklung eher voraus als dass sie ihr folgt. Unbestritten ist jedoch, dass „Kooperation" als ein Handlungsprinzip gesellschaftlicher Steuerung, „Netzwerk" als eine moderne Organisationsform von Akteursbeziehungen und „Region" als eine räumliche Handlungsebene in den neunziger Jahren nicht nur in der wissenschaftlichen Diskussion, sondern auch in der Praxis einen merklichen Bedeutungszuwachs erhielten, der wohl auch in diesem Jahrzehnt anhalten wird. Vom merklichen Bedeutungsgewinn bis zur euphorischen Überschätzung ist es jedoch oft nicht allzu weit. Wird sich das, was früher Regionalplanung oder Regionalentwicklung genannt wurde, in Zukunft vor allem zwischen frei- und gutwillig kooperierenden, locker in Netzwerken miteinander verbundenen Akteuren vollziehen und haben damit hierarchische Institutionen und formalisierte Planungsprozesse ausgedient? Oder haben nicht auch diese neuen Koordinationsformen klare Grenzen ihrer Leistungsfähigkeit?

In dieser Arbeit wird eine Bilanz aus über einem Jahrzehnt neuer regionaler Kooperationen in Deutschland gezogen. Sie ist nicht die erste, die dies versucht; einige Merkmale zeichnen sie jedoch gegenüber anderen ähnlich ausgerichteten Arbeiten aus:
- Der umfassende Ansatz, d.h. die bundesweite und vergleichende Untersuchung praktisch aller wichtigen Typen neuer regionaler Kooperationen zur Steuerung räumlicher Entwicklung, was eine Einschätzung ihrer tatsächlichen Bedeutung ermöglicht.

- Die systematische Einordnung der Kooperationen in die theoretische Diskussion des Netzwerksbegriffs, die letztlich zu keiner euphorischen, sondern einer eher realistisch-nüchternen Einschätzung der Leistungsfähigkeit von Netzwerken kommt.
- Der Versuch, nicht nur einzelne Kennzeichen, sondern auch quantitativ signifikante Regelmäßigkeiten in der inneren Struktur der Kooperationen aufzuspüren.
- Die Systematisierung externer und interner Erfolgsbedingungen der Kooperationen, wobei besonders die Frage nach den inneren erfolgsfördernden Merkmalen auch quantitativ beantwortet wird.
- Die systematische Einführung des Begriffes der „Verstetigung" in die Diskussion um regionale Kooperationen.
- Die Einführung eines dezidiert akteursbezogenen Betrachtungsansatzes, exemplifiziert durch die genauere Beleuchtung der Rolle und Bedeutung einer bestimmten Akteursgruppe, nämlich der Prozessmotoren, für den Erfolg der Kooperationen.

Eine Besonderheit dieser Arbeit bedarf bereits an dieser Stelle der näheren Erläuterung, nämlich die hier vorgenommene gemeinsame Betrachtung von zwei Grundtypen regionaler Kooperationen: zum einen Kooperationen zur Regionalentwicklung (wie etwa regionale Entwicklungskonzepte, Regionalmarketingansätze, Städtenetze, Regionale Agenda-21-Prozesse) und zum anderen Kooperationen zur Lösung regional bedeutsamer Konflikte (Mediationsverfahren bzw. mediationsähnliche Verfahren). Diese beiden Formen wurden bislang in meist völlig getrennten Diskussionslinien thematisiert, und dies nicht von ungefähr: Faktoren wie unterschiedliche Zielsetzungen, unterschiedlicher Konflikteskalationsgrad und unterschiedliche zeitliche Dimensionierung setzten einer Vergleichbarkeit dieser beiden Grundtypen regionaler Kooperationen Grenzen.

Vor allem war es bislang üblich, Umweltmediationen als einen Verfahrenstyp zu betrachten, nicht aber als einen Typus im Kanon von Netzwerken. Betrachtet man jedoch die große Zahl von Akteuren, ihre Verflechtungen und die zwischen ihnen ablaufenden Prozesse — die Konfliktlinien verlaufen wesentlich differenzierter als nur zwischen zwei Streitparteien — so ist es durchaus berechtigt, diese Verfahren als temporäre kooperative Netzwerke zu klassifizieren. Die Untersuchungen zeigten, dass eine Gegenüberstellung dieser beiden Grundtypen sinnvoll ist, sie führte zu fruchtbaren Ergebnissen. Es gibt durchaus Gemeinsamkeiten zwischen entwicklungsorientierten und konfliktlösungsorientierten Netzwerken:

Es eint beide Typen zunächst, dass sie eingerichtet werden, weil etablierte Institutionen und Routinen bestimmte Leistungen offenbar nicht erbringen können. Beiden Formen liegt die Hoffnung zu Grunde, kooperatives Handeln anstelle hierarchischer Koordination führe zu besseren Ergebnissen, zu gemeinsamen Win-Win-Lösungen.

Erst der direkte Vergleich der beiden Grundtypen macht deutlich, dass die Zielsetzung „Entwicklung initiieren" einerseits und „Konflikte lösen" anderseits in der alternativen Form eines kooperativen Handelns im Akteursnetz in deutlich unterschiedlichem Maße einzuhalten ist; die „Schatten" des umgebenden politisch-administrativen Systems, die auf diese Kooperationen geworfen werden, fallen typenspezifisch unterschiedlich lang aus.

Bisweilen sind die Grenzen der beiden Grundtypen regionaler Kooperationen fließend. Es sind durchaus Kooperationen auszumachen, bei denen die Konfliktmediation für ein Problem zwar den Ausgangspunkt bildet, dieser Konflikt aber letztlich dadurch zu lösen versucht wird, dass auf anderen, konfliktärmeren Handlungsfeldern innerhalb derselben Kooperation Projekte vorangetrieben werden, die gemeinsame Erfolgserlebnisse schaffen und so Voraussetzungen schaffen, auch schwerere Themen anzugehen.

Das in dieser Arbeit besonders im Blickpunkt stehende Profil der Prozessmotoren dieser beiden Kooperationstypen — Moderatoren, Mediatoren und Manager — weist Gemeinsamkeiten, aber auch Nuancen auf, die sich erst durch die vergleichende Betrachtung der Zielsetzungen der beiden Grundtypen regionaler Kooperationen deutlich machen und erklären lassen.

Bausteine aus Theorie und Empirie

Diese Arbeit verzichtet auf eine durchgängig einheitliche theoretische Basis: Ursprünglich war es zwar vorgesehen, vor allem die Frage nach der Effizienz der Kooperationen in den Blickpunkt der Betrachtung zu stellen und dabei institutionenökonomische Ansätze, vor allem den Transaktionskostenansatz, als theoretische Basis empirischer Untersuchungen heranzuziehen. Bald zeigte sich jedoch, dass zum einen die der Ausrichtung dieser Arbeit angemessene Überprüfung transaktionskostentheoretischer Überlegungen — insbesondere sind hier komparative Betrachtungen der Effizienz unterschiedlicher institutioneller Arrangements zu nennen — nicht möglich war bzw. der empirische Erhebungsaufwand den Erkenntniszuwachs bei weitem überstiegen hätte. Zum anderen und dies war noch bedeutsamer — wurde im Zuge der Untersuchungen deutlich, dass sich die Struktur und Funktionsweise wie auch der Erfolg und die Bedeutung der Kooperationen im System räumlicher Planung mit einem einzelnen theoretischen Erklärungsansatz nur unvollständig fassen lässt.

Eine umfassende Gesamtbilanz regionaler Kooperationen mit dem Ziel, handhabbare und ausreichende Empfehlungen für die Praxis zu erarbeiten, wird durch den Anspruch nach einer einheitlichen theoretische Erklärungsbasis, die notwendigerweise von restriktiven Annahmen ausgehen muss, eher erschwert denn erleichtert. Die theoretische Grundlage dieser Arbeit stellt sich daher eher als ein Patchwork aus einzelnen Ansätzen dar. Systemtheoretische und regulationstheoretische Überlegungen werden zur Erklärung des Entstehungshintergrundes der regionalen Kooperationen herangezogen; wohlfahrtstheoretische und spieltheoretische Betrachtungen werden zum Begriff der Kooperation angestellt; das Phänomen der Netzwerke wird aus institutionenökonomischen, aber auch verhaltenstheoretischen Blickwinkeln und aus einer evolutionstheoretischen Perspektive betrachtet.

Dieses vielfältige Geflecht von Theorien mag manchem eklektizistisch erscheinen, pragmatisch gesehen lieferte es jedoch eine Fülle von Anregungen und Fragen für die empirischen Erhebungen, wie auch Erklärungsbausteine, um die dort gemachten Beobachtungen systematisch einordnen zu können.

Die empirischen Erhebungen, wichtigstes Fundament dieser Arbeit, sind eher konventionell angelegt. Es handelt sich um die Kombination aus einerseits einer bundesweiten schriftlichen Befragung mit 151 ausgewerteten Fällen, die auf eine gewisse Repräsentativität und Signifikanz quantitativer Aussagen vor allem zu Strukturmerkmalen der Kooperationen gerichtet ist, und andererseits — darauf aufbauend — 18 Fallstudien, in denen die vertiefte Analyse von Hintergründen im Mittelpunkt steht.

Aufbau und Inhalte

Wie stellt sich nun der Aufbau dieser Arbeit dar und was sind ihre wichtigsten Inhalte? In den Kapiteln I bis IV wird zunächst ein Bogen geschlagen, der vom gesellschaftlich-politischen Hintergrund der regionalen Kooperationen und ihrer Einordnung in den Kontext der allgemeinen Netzwerkdiskussion über die differenzierte Darstellung ihrer Ziele, ihre inneren Merkmale bis hin zu einer differenzierten Leistungsbilanz und den Gründen ihres Erfolgs und Misserfolgs reicht. Daran anschließend werden in den Kapiteln V und VI zwei Aspekte vertieft diskutiert, die besonders interessante weitere Forschungsperspektiven versprechen, nämlich der prozessuale und der personale Aspekt: die Frage der Verstetigung der Kooperationen und die Frage nach der Rolle einer Gruppe von wichtigen Akteuren, den Prozessmotoren. Im einzelnen stellt sich der Aufbau folgendermaßen dar:

In Kapitel I wird diskutiert, warum es überhaupt die neuen regionalen Kooperationen gibt. Umrissen wird der gesellschaftspolitische Hintergrund, vor dem sich die in den letzten 10 bis 15 Jahren entstandenen regionalen Kooperationen entwickelt haben. Es geht dabei darum, zu zeigen, wie sich als Resultat des Steuerungsverlustes staatlicher Planung, staatlichen Handelns überhaupt, sukzessive ein modifiziertes Staatsverständnis entwickelt hat. In diesem neuen Modell gewinnt zum einen der Steuerungsmodus der Kooperation an Bedeutung, zum anderen wird die Region als wirtschaftliche und politische räumliche Handlungsebene aufgewertet.

In Kapitel II wird dargelegt, um welche Kooperationen es in dieser Arbeit konkreter geht. Dazu werden zunächst regionale Kooperationen in den allgemeineren Kontext der netzwerktheoretischen Diskussion gesetzt und als eigenständiger Grundtypus gegenüber anderen Typen von Netzwerken abgegrenzt. Auf Grundlage der Unterscheidung zwischen Kooperativen Netzwerken und Institutionalisierten Kooperationen werden die wichtigsten Typen regionaler Kooperationen mit ihren jeweiligen Entstehungshintergründen vorgestellt.

In Kapitel III stehen dann die wichtigsten Merkmale der Kooperationen im Vordergrund. Vor allem auf der Basis der schriftlichen Erhebung werden die Gemeinsamkeiten und Unterschiede hinsichtlich der Aufbauorganisation und Arbeitsintensität, der Akteure und ihrer Beziehungsstrukturen, der Themen und Aktivitäten, der eingeschlagenen Strategie sowie der Finanzierungsquellen betrachtet. Abschließend werden einige übergreifende Zusammenhänge zwischen diesen Strukturmerkmalen untersucht.

Kapitel IV bringt die Zwischenbilanz aus über einem Jahrzehnt neuer regionaler Kooperationen auf den Punkt: Was haben regionale Kooperationen geleistet und welche Faktoren waren dabei maßgeblich? Dabei wird sowohl dargelegt, welche sichtbaren Ergebnisse die Kooperationen erzielten und welche weichen Effekte sie für die beteiligten Akteure hatten als auch, wie sich die Auswirkungen auf die Entwicklung von Regionen gestalteten und welche Funktionen sie im System der Steuerung räumlicher Prozesse übernahmen. Gleichzeitig werden aber auch ihre Leistungsgrenzen aufgedeckt: Die eingeschränkte Fähigkeit zur Lösung von Konflikten wird hier als das entscheidende Manko der regionalen Kooperationen herausgearbeitet. Daran anknüpfend wird gefragt, welche Faktoren die Erbringung der genannten Resultate begünstigen oder negativ beeinflussen, wobei die Frage der vertikalen und regionalen Einbettung der Kooperationen, vor allem aber kooperationsinterne Faktoren beleuchtet werden.

Auf dem Weg zu einer Bilanz wurde deutlich, dass die bisherige Forschung zwei Aspekte regionaler Kooperationen noch nicht ausreichend betrachtete. Zum einen ist dies die Frage ihrer Verstetigung, die sich nach dem nun vergangenen Gründerjahrzehnt neuer regionaler Kooperationen immer stärker stellt. Zum andern ist dies die Frage nach dem „human factor", die bislang hinter strukturellen Betrachtungsweisen zurückstand, konkret die Frage, wieweit bestimmte Akteure den Verlauf und das Ergebnis der neuen regionalen Kooperationen prägen, die hier exemplarisch für eine Gruppe von Akteuren behandelt wird.

In Kapitel V wird die Frage der Verstetigung regionaler Kooperationen systematisch behandelt. Dabei werden zunächst allgemeine Überlegungen zu Lebenszyklen von netzwerkartigen Kooperationen angestellt und am empirischen Material Aspekte der strukturellen Veränderung von Kooperationen im Zuge ihrer Alterung diskutiert. Ein Faktor spielt bei der Entwicklungsdynamik und Verstetigung von Kooperationen eine treibende Rolle: das Spannungsverhältnis zwischen Innovation und Effizienz. Auch wird ein Meilenstein von vielen Kooperationen auf ihrem Entwicklungsweg erreicht: die Institutionalisierung, ihre Festigung durch eine eigene Rechtsform. Eingehend analysiert wird daher, ob es signifikante strukturelle Unterschiede zwischen Institutionalisierten Kooperationen und nicht institutionalisierten Kooperativen Netzwerken gibt und welche Implikationen unterschiedliche Rechtsformen für die Kooperationen haben. Perspektivisch wird dann die Frage der Verstetigung der Kooperationen im Zusammenhang zukünftig möglicher regionaler Steuerungsformen diskutiert.

Ein Akteurstyp prägt das Gesicht, den Verlauf und auch den Erfolg regionaler Kooperationen so maßgeblich, dass seine nähere Betrachtung geboten erscheint und dass ihm Kapitel VI gewidmet ist: Prozessmotoren oder Prozesspromotoren. Nach der definitorischen Abgrenzung der drei wichtigen Typen von Prozessmotoren — Moderatoren, Mediatoren und Managern — wird ein Streiflicht auf ihr Tätigkeitsprofil geworfen und ihre Handlungsspielräume skizziert. Abschließend wird die Frage behandelt, welche Aspekte ausschlaggebend für den Erfolg von Prozessmotoren sind und inwieweit sie selbst den Erfolg regionaler Kooperationen beeinflussen.

Kapitel VII nimmt eine Zusammenfassung der vorangegangenen Kapitel vor, zeichnet mögliche Entwicklungsperspektiven und gibt den wichtigsten Institutionen differenzierte Empfehlungen.

Methodik und Datengrundlagen

Die Erkenntnisse dieser Arbeit basieren zu einem Großteil auf zwei empirischen Erhebungen: Zum einen auf einer bundesweit angelegten, vom Oktober 1998 (Beginn der Vorrecherchen) bis März 2000 (Entwurf des Auswertungsberichtes) durchgeführten schriftlichen Befragung, zum andern auf insgesamt 18 Fallstudien, die im Zeitraum April 2000 bis September 2000 stattfanden. Beide Untersuchungen ergänzten sich bzw. bauten aufeinander auf. Während die schriftliche Befragung vor allem Informationen für eine vergleichende typisierende Einordnung der Kooperationen und Erkenntnisse zur Funktionslogik ihrer inneren Struktur lieferte, ermöglichten die Fallstudien vor allem Einblicke in die Verläufe der Kooperationsprozesse und zu vertiefenden Fragen (z.b. Institutionalisierung, Rolle der Prozessmotoren). Auch lieferte die schriftliche Erhebung die Grundlageninformationen für eine adäquate Auswahl der Fallstudien.

Schriftliche Befragung

Das Hauptziel der schriftlichen Erhebung war die vergleichende Typisierung der regionalen Kooperationen; es galt, signifikante Einblicke in ihre innere Funktionslogik zu gewinnen sowie mögliche Einflüsse auf den Kooperationserfolg festzustellen.

Tabelle 0.1: Verteilung der erfassten Kooperationen über die Bundesländer

Bundesland	Untersuchte Kooperationen (davon Informationen aus anderen Quellen)		Nicht untersuchte Kooperationen		Gesamt (erfasste Kooperationen)		Rücklauf (Anteil untersuchter an erfassten Kooperationen)	Einwohneranteil am Bundesgebiet 1992
	Abs.	In %	Abs.	In %	Abs.	In %	In %	In %
Baden-Württ.	5 (1)	3,3	4	3,4	9	3,3	55,6	12,5
Bayern	20 (1)	13,2	18	15,1	38	14,1	52,6	14,5
Berlin-Brbg.	11	7,3	14	11,8	25	9,3	44,0	7,4
Bremen	0	0	1	0,8	1	0,4	0	0,8
Hamburg	2	1,3	1	0,8	3	1,1	66,7	2,1
Hessen	11	7,3	11	9,2	22	8,1	50,0	7,3
Mecklenb. Vorp.	4	2,6	8	6,7	12	4,4	33,3	2,3
Niedersachsen	21 (1)	13,9	5	4,2	27	10,0	77,8	9,4
Nordrhein-Westfalen	16 (1)	10,6	24	20,2	40	14,8	40,0	21,8
Rheinland-Pfalz	12(1)	7,9	2	1,7	14	5,2	85,7	4,8
Saarland	3	2,0	1	0,8	4	1,5	75	1,3
Sachsen	14	9,3	7	5,9	21	7,8	66,7	5,7
Sachsen-Anhalt	10 (4)	3,3	3	2,5	13	4,8	76,9	3,5,
Schleswig-Holst.	5	3,3	7	5,9	12	4,4	41,7	3,3
Thüringen	15	9,9	13	10.9	28	10,4	53,6	3,1
Länderübergreifend	2 (1)	1,3	0	0	2	0,7	100	-
Insgesamt	151	100	119	100	271	100	100	100

Quelle: Eigene Erhebung und Darstellung

Die Tabellen 0.1 und 0.2 geben einen Überblick über die räumliche Verteilung[1] der erfassten und untersuchten Kooperationen.

---

1 Nach Ländern und Raumordnungsregionen. Bei der Abgrenzung der Regionen wurde die ältere, heute nicht mehr gültige Abgrenzung verwendet. Da einige Kooperationen mehre-

Erfasste Kooperationen

Zunächst ist eine Betrachtung aller in der Vorerhebung erfassten und dann angeschriebenen Kooperationen sinnvoll. Nimmt man dabei den Einwohneranteil am Bundesgebiet als Indikator für den Vergleich der regionalen Verteilungen, so fällt folgendes auf: Die Stadtstaaten sowie die Länder Baden-Württemberg und Nordrhein-Westfalen weisen deutlich weniger erfasste Kooperationen auf, als es ihrem Einwohneranteil entsprechen würde (Tab. 0.1).

Tabelle 0.2: Verteilung der erfassten Kooperationen über die Regionstypen

Regionstyp	Untersuchte Kooperationen (davon Informationen aus anderen Quellen)		Nicht untersuchte Kooperationen		Gesamt (erfasste Kooperationen)		Rücklauf (Anteil untersuchter an erfassten Kooperationen)	Einwohneranteil am Bundesgebiet 1999
	Abs.	In %	Abs.	In %	Abs.	In %	In %	In %
Hochverdichtet	44(3)	29,1	58	48,3	102	37,6	43,1	53,4
Mit Verdichtungs-Ansetzen	56 (3)	37,1	32	26,7	88	32,5	63,6	29,7
Ländlich, nicht peripher	11 (1)	7,3	9	7,5	20	7,4	55,6	7,9
Gering besiedelt, peripher	24 (2)	15,9	18	15,0	42	15,5	57,1	8,9
Verschiedene Verdichtungsgrade	16 (1)	10,6	3	2,5	19	7,0	84,1	-
Insgesamt	151 (10)	100	120	100	271	100	100	100

Quelle: Eigene Erhebung und Darstellung

Die Differenzierung nach den Regionstypen des BBR (Tab.0.2) zeigt, dass die hochverdichteten Regionen einen deutlich geringeren Anteil an den ermittelten Kooperationen ausmachen (37,6%) als ihr Bevölkerungsanteil (53,4%) erwarten ließe. Umgekehrt stellt sich die Situation in den ländlich-peripheren Regionen dar. (15,5% gegenüber 8,9%)

Dieses Muster lässt sich zweifach erklären: Zum einen ist es plausibel, dass die Anzahl von regionalen Kooperationen nicht proportional zur Einwohnerdichte steigt. Die Folge wäre ansonsten die Überlagerung vieler

---

re Regionstypen umfassen und daher zusätzliche Kategorien eingesetzt werden mussten, hätte die Verwendung der aktuellen Typisierung des BBR die Kategorienzahl zu stark erhöht. Für die Fragestellung dieser Arbeit ist es ohne Bedeutung, ob die alte oder neue Regionstypisierung verwendet wird.

Kooperationen in Verdichtungsräumen, was Konkurrenzen zur Folge haben könnte. Wahrscheinlicher — und auch zu belegen — ist,[2] dass pro Kooperation in den verdichteten Regionen mehr Akteure beteiligt sind, die damit auch eine größere Bevölkerungszahl repräsentieren. Die zweite Erklärung ist, dass in den Verdichtungsräumen Kommunen bereits in hier nicht abgefragten deutlich stärker formalisierten regionalen Kooperationen eingebunden sind, namentlich die großen Stadt-Umland-Verbände, die in peripheren Regionen gar nicht vorhanden sind.

Inwieweit wiederum die Grundgesamtheit der erfassten Kooperation alle tatsächlich vorhandenen Kooperationen widerspiegelt, ist nur grob abzuschätzen, da die Vorerhebung ja vor allem auf die subjektiven Einschätzungen von Experten in Ministerien und Regierungspräsidien angewiesen war. Es wird von einem Erfassungsgrad von ca. 2/3 der hier interessierenden regionalen Kooperationen ausgegangen, es dürfte also bundesweit ca. 400 der hier relevanten regionalen Kooperationen geben.

Rücklauf

Wie stellt sich nun der Rücklauf der Fragebögen dar? Wie verhalten sich die letztlich untersuchten Kooperationen zu den insgesamt erfassten?

Zu unterscheiden sind dabei jene Fälle, in denen der ausgefüllte Fragebogen oder analoge Materialien von den Adressaten zurückgesandt wurden, zum einen von jenen Fällen, in denen durch eine Auswertung von Veröffentlichungen zumindest einige Basisangaben nachgetragen werden konnten und zum anderen von jenen, für die überhaupt keine Angaben vorlagen und die daher aus der weiteren Untersuchung ausgeklammert wurden.

Das Bild des Rücklaufes ist außerordentlich erfreulich: Von den angeschriebenen Akteuren in 271 regionalen Kooperationen sandten 141 den ausgefüllten Fragebogen oder analoges Material zurück. Das entspricht einem direkten Rücklauf von 52%. Dazu kommen noch zehn Kooperationen, für die die Angaben aus vorliegenden Quellen (BBR 1999a; Benz/Fürst 1998) ergänzt wurden. Diese nunmehr weiter zu untersuchenden Beispiele stellen einen respektablen Anteil (56%) der erfassten Kooperationen dar.[3] Geht man davon aus, dass in der Vorerhebung zwei Drittel

---

2   Die durchschnittliche Zahl der beteiligten Akteure liegt in Kooperationen in hochverdichteten Räumen bei 78, in ländlich-peripheren Regionen bei 42 Personen.
3   Folgende Kooperationen wurden in der schriftlichen Erhebung ausgewertet (die späteren Fallstudien sind kursiv hervorgehoben):
    Abfallentsorgung Niederlausitz; *Abfallplanung Nordschwarzwald*; Abfallwirtschaftsprogramm Berlin; AG Dorferneuerung Gonzerath; AG Netzwerk Dübener Heide; Agenda-21 Saarland; AK Lahntourismus; AK LK Cham; Aktion Mitteldeutschland EV; *Aller-Leine-Tal-Projekt*; ARGE REZ Brandenburg ; Arge Saar-Lor-Lux ; Chancen Region

Mainfranken; Chiemseekonferenz; Deichverlauf Spadenländer Busch; Deutsche Ges f. Handwerk und Kooperation Rhön; Dresdner Heller; Elbschlickforum Niedersachsen; Entwicklungsschwerpunkt Ernstberggebiet; Entwicklungsschwerpunkt Hochwald; Entwicklungsschwerpunkt Saargau; Entwicklungsschwerpunkt Sauertal; EWA Östliches Ruhrgebiet; EXPO Nordhessen; EXPO Städtenetz Hannover; Forum Elbtalaue; *Forum Mittelrheintal e.V.*; Forum Zukunft Oberfranken Gemeinde- und Städteverbund Mittleres Werratal; Gemeindeforum Havelseen; Gesprächskreis Moorburg; Gesprächsrunde Oberpfalz; Gewerbepark Hunsrück; GL Bremen Niedersachsen; Grüner Ring Leipzig; Handlungs- und Raumnutzungskonzept Mittelrheintal; Implementierung LaRaPla Saarbrücken; Initiative Schwaben-Marketing; Initiativkreis Regionalforum Hannover; Innovation durch Kompetenzcluster Mittleres Mecklenburg; Innovationsstrategie Weser-Ems; Int. Entwicklungskonzept Amt Wiedinghorst; Interkommunale Einzelhandelskonzeption Koblenz/Neuwied; KAG Heideland-Elstertal; Klärschlammdialog Niedersachsen; Klosterbezirk Altzella; Komm. AG Östl. Thüringer Schiefergebirge; Komm. AG Unstrut-Helme-Gebiet; Kommunale AG Wesermündung; Konflikt Bodenabbau; Kooperation LK Coburg/Hildburghausen; Kooperation MEO; Kooperation Region Ingolstadt; Kooperationsraum Bodensee-Oberschwaben; Kuratorium Hochfranken; Leader-II-AG Rudolstadt; Leader-II-AK LK Ostvorpommern; Leitbild Wirtschaftsdreieck Crimmitschau/Glauchau; Märkische Region*; Masterplan Bitterfeld-Wolfen; Mediationsverfahren Flughafen Frankfurt/Main; Mediationsverfahren Gewerbegebiet Hechingen-Bodelshausen*; Mittelhessenrunde*; Modellregion Märkischer Kreis*; Modellregion Rügen; Münchehagen-Ausschuß; Müritz-Nationalpark-Ticket; Naturschutzkonflikte Teutoburger Wald; OBE-Initiative*; Oberfranken Offensiv*; Oberzentraler Städteverbund Südthüringen; Oberzentraler Städteverbund Bautzen-Görlitz-Hoyerswerda; Ostfriesland-Konferenz; *Ostwestfalen-Lippe-Marketing GmbH*; Planet Harz; Pro-Regio-Darmstadt; REGINA Oberpfalz; Reg-Ini Torgau-Oschatz-Döbeln; Region Burgwald; Region der Zukunft Braunschweig; Region Hellweg-Hochsauerland; Region Köln-Bonn; Region Niederrhein; Region Nürnberg e.V.; Region Starkenburg; Regionale Agenda f. Raumentwicklung; Regionale Heilgarten 2000; Regionalforum Anhalt-Bitterfeld-Wittenberg; Regionalforum Leipzig-Westsachsen; Regionalforum Lüneburg-Celle; Regionalforum Mitteldeutschland; Regionalkonferenz Altmark; Regionalkonferenz Dortmund-Unna-Hamm; Regionalkonferenz Halle; Regionalkonferenz Harz; Regionalkonferenz Magdeburg; Regionalmanagement Augsburg; *Regionalmarketing Westsachsen*; Regionalpark Barnimer Feldmark; Regionalpark Krämer Forst; *Regionalpark Müggel-Spree*; Regionalverband Südniedersachsen; REK Bad Frankenhausen; REK Flensburg/Schleswig; REK Gipskarstlandschaft Südharz; REK Greiz-Reichenbach; REK Lübeck; REK Schwarzatal; REK Siegen-Wittgenstein; REK Südlicher LK Saalfeld-Rudolstadt*; REK Weida-Talsperren*; REK Westpfalz; REP Münsterland; *RESON Reg. Entw.-Agent. Südostniedersachsen*; Rheiderland-Plan; Rheinauentwicklung Mainz-Ingelheim; Rhöner Charme; Runder Tisch Agenda-21-Niedersachsen; Runder Tisch Nationalpark Harz; Rundfunksender Holzkirchen; Sächsisch-bayerisches Städtenetz; Schlüsselprojekt Grenzraum Uckermark; Sonderabfalldeponie RB Arnsberg; Sonderabfalldeponie Schleswig-Holstein; Spessart Regional*; Städtebund Silberberg*; Städtenetz ANKE*; Städtenetz Lahn-Sieg-Dill*; Städtenetz MAI; Städtenetz Prignitz; Städtenetz Quadriga; Städtenetz Schwarzwald; Städtenetz SEHN; Städtenetz HOLM; Städtequartett Vechta-Löhne-Damme-Diepholz; *Städteverbund Städtedreieck am Saalebogen*; Standortmarketing Burbach/Siegerland; Technologieregion K. E. R. N; Technologieregion Karlsruhe; *Teilraumgutachten Ansbach Hesselberg*; Teilraumgutachten Augsburg; Teilraumgutachten Unterfranken; Teilraumgutachten Wissenschaftsstadt Ulm; Uranerzbergbaufolgelandschaft Ostthüringen; Verein Natur- und Lebensraum Rhön; Westsächsisches Investition-in-die-Gesundheit-Projekt; Wirtschaftsregion Chemnitz/Zwickau; Zweckverband Geiseltalsee; Zweckverband Knüllgebiet.

der relevanten regionalen Kooperationsansätze in Deutschland erfasst wurden, so repräsentieren die untersuchten Beispiele gut ein Drittel aller tatsächlich existierenden hier interessierenden regionalen Kooperationen.
Die Tabellen 0.1 und 0.2 zeigen, dass der Rücklauf durchaus regionale Unterschiede aufweist. Betont werden muss jedoch, dass auch in den schwächer besetzten Ländern und Regionstypen die Erfassungsquoten nicht so gering waren, dass diese in der Auswertung der Befragung gesondert behandelt werden mussten. Die absoluten Fallzahlen reichten auch hier aus, um aussagekräftige Ergebnisse zu gewinnen und lieferten eine ausreichend breite Grundlage bei der späteren Auswahl der Fallstudien.

Auswertungskoeffizienten

Bei der Auswertung wurden neben einfachen Prozentverteilungen vor allem bivariate, im Einzelfall auch multivariate Korrelationskoeffizienten herangezogen. Diese sind entweder in den Tabellenfeldern, in Kopfzeilen der Tabellen oder im Text aufgeführt:
- Der Korrelationskoeffizient Pearson R für Korrelationen, bei denen beide Variablen metrisches Messniveau aufweisen.
- Der Korrelationskoeffizient Eta (E), für Korrelationen, bei denen die unabhängige Variable nominales oder ordinales, die abhängige Variable metrisches Messniveau aufweisen.

Auf dem Niveau von 5% signifikante Korrelationen werden als „signifikant", auf dem Niveau von 1% signifikante Korrelationen als „hochsignifikant" bezeichnet.

Fallstudien

Ziel der 18 Fallstudien war es zum ersten, einen vertieften Eindruck in den Verlauf der Kooperationen zu erhalten. Zum zweiten galt es bestimmte Fragen, etwa Aspekte von innovation und Effizienz und das Problem der Verstetigung und Institutionalisierung der Kooperation detaillierter zu behandeln. Vor allem galt es die Rolle der Prozessmotoren in der Kooperation detailliert herauszuarbeiten.

Gesprächsleitfaden, Auswahl und Durchführung der Fallstudien

Kern der Fallstudien waren Interviews mit zentralen Akteuren der Kooperationen auf Basis eines standardisierten Gesprächsleitfadens. Zunächst wurde ein Entwurf des Leitfadens in einem Pre-Test-Interview mit dem Moderator einer Kooperation getestet. Er erwies sich insgesamt als tauglich, so dass diese Kooperation auch als Fallstudie behandelt werden konnte. Es waren lediglich einige Fragen umzustellen, um z.B. Dopplungen zu reduzieren. Der endgültige Leitfaden enthielt insgesamt 33 Leitfragen.

Als sehr günstig für die Auswahl der Fallstudien ist die Tatsache zu bewerten, dass die Mitwirkungsbereitschaft der Befragten so hoch ausfiel, dass grundsätzlich fast alle räumlichen Kategorien (Länder, Regionstypen) und Kooperationstypen vertreten sein konnten. Als überaus günstig stellte sich auch heraus, dass die Bereitschaft der Befragten zur Mitwirkung an den Fallstudien in keinster Weise davon abhängig war, wie sie die Kooperation bewerten. Der befürchtete Verzerrungseffekt, dass sich eher diejenigen Akteure mitwirkungsbereit erklären, die die Kooperation positiv einschätzen, als jene, die sie negativ bewerten, konnte also ausgeschlossen werden.

Insgesamt wurden 18 Fallstudien vom Mai 2000 bis September 2000 durchgeführt. Sie wurden auf Basis der schriftlichen Erhebung ausgewählt. Dabei waren zunächst folgende Kriterien entscheidend:

- Die Befragten hatten ihre Bereitschaft zur Mitarbeit erklärt; bei 53% war dies der Fall, weitere 15% hatten dies offen gelassen.
- Es waren ausreichend viele (d.h. jeweils zwei) Good Cases (Eigenbewertung Note 1) und Bad Cases (Eigenbewertung Note 4 und schlechter) vertreten. Tabelle 0.3 zeigt, dass die untersuchten Fallstudien und die anderen Kooperationen im Durchschnitt nahezu gleich bewertet werden.
- Es waren einige Fälle vorhanden, in denen in Antworten auf eine Relevanz der Prozessmotoren für die Kooperation hingewiesen wurde.

Daneben waren weitere Kriterien maßgeblich, nach denen die Fallstudien die Gesamtzahl der Fallbeispiele repräsentieren sollten. Tabelle 0.3 stellt Strukturdaten für die Fallstudien und die anderen Kooperationen gegenüber:

- Es war eine breite bundesweite Verteilung vorhanden, um die unterschiedlichen Strategien und Förderkulissen der Bundesländer widerzuspiegeln. Quantitativ waren bei den Fallstudien lediglich Baden-Württemberg und Hessen überrepräsentiert und die Länder mit den wenigsten Kooperationen nicht vertreten. Bei den Regionstypen war die Gruppe verschiedener Verdichtungsgrade nicht in den Fallstudien vertreten, dafür waren verdichtete Regionen etwas überrepräsentiert.
- Von den Kooperationstypen waren mediationsähnliche Verfahren, Städtenetze, Regionale Agenda-21-Prozesse und Regionalmarketingansätze etwas überrepräsentiert, der (ausführlich andernorts untersuchte) Typ der Regionalkonferenzen/REK unterrepräsentiert.

Tabelle 0.3: Repräsentativität der Fallstudien

Kriterium		Fallstudien		Andere Kooperationen der schriftl. Befragung	
		Anzahl	In %	Anzahl	In %
Bundesland	Baden-Württemberg	2	11,1	3	2,3
	Bayern	2	11,1	18	13,5
	Berlin-Brandenburg.	1	5,6	10	7,5
	Hamburg	0	0	2	1,5
	Hessen	2	11,1	9	6,8
	Mecklenburg-Vorpommern	0	0	4	3
	Niedersachsen	3	16,7	18	13,5
	Nordrhein-Westfalen	2	11,1	14	10,5
	Rheinland.-.Pfalz	1	5,6	11	8,3
	Saarland	0	0	3	2,3
	Sachsen	2	11,1	12	9,0
	Sachsen-Anhalt-	1	5,6	9	6,8
	Schleswig-Holstein	0	0	5	3,8
	Thüringen	2	11,1	13	9,8
	Länderübergreifend	0	0	2	1,5
Regionstyp	Hochverdichtet	7	38,9	37	27,8
	Mit Verdichtungsansätzen	8	44,4	48	36,1
	Ländlich, nicht peripher	1	5,6	10	7,5
	Gering besiedelt, peripher	2	11,1	22	16,5
	Versch. Verdichtungsgrade	0	0	16	12,0
Kooperationstyp	Mediationsähnl. Verfahren	4	22,2	16	12,0
	Städtenetze	3	16,7	14	10,5
	Sonst. Interkommunale Koop	1	5,6	10	7,5
	Teilraumgutachten	1	5,6	4	3,0
	Regionalparks	1	5,6	3	2,3
	Regionale Agenda-21	2	11,1	8	6,0
	REK/Regionalkonferenzen	1	5,6	33	24,8
	Regionalmarketing	4	22,2	16	12,0
	Sonst. Regionale Koop.	1	5,6	26	19,5
	Länderübergreifende Koop.	0	0	3	2,3
Strukturtyp	Komplexer Aufbau	4	22,2	26	19,5
	Sehr groß	2	11,1	16	12,0
	Sehr klein	3	16,7	29	21,8
	Sehr jung	3	16,7	15	11,3
	Sehr alt	0	0	13	9,8
	Sehr intensiv arbeitend	1	5,6	9	6,8
	Sonstige	5	27,8	25	18,8
Rechtsform	Keine Rechtsform	11	61,1	85	64,4
	Kommunale AG etc.	2	11,1	13	9,8
	Zweckverband	1	5,6	5	3,8
	Eingetragener Verein	3	16,7	22	16,7
	GmbH/GbR	1	5,6	7	5,3
			Mittelwerte		
Gesamteinschätzung der Kooperation (Schulnote)			2,54		2,61
Jahre seit den ersten Kontakten der Akteure			4,34		5,79
Anzahl von Strukturelementen			3,56		3,16
Durchschnittliche Sitzungszahl p.a.			4,88		4,33
Anzahl von Personen			63,8		51,3

Quelle: Eigene Erhebung und Darstellung

- Es waren die wichtigsten in der quantitativen Erhebung ermittelten Strukturtypen (Größe, Gremienzahl, Laufzeit) enthalten. Abgesehen von den sehr alten Kooperationen (hier war es schwer, mitwirkungsbereite Gesprächspartner zu finden) sind alle Strukturtypen bei den Fallstudien repräsentativ vertreten. Tabelle 0.4 zeigt, dass die Abweichungen der Mittelwerte dieser Strukturdaten zwischen untersuchten und nicht untersuchten Kooperationen nicht signifikant sind.
- Es wurden etwa gleich viele Institutionalisierte Kooperationen wie Kooperative Netzwerke einbezogen und alle relevanten Rechtsformen waren angemessen vertreten.

Wesentliches Element der Auswertung waren insgesamt 31 Interviews. In der Regel wurde dabei ein Interview mit den Prozessmotoren durchgeführt (Ausnahme Mediationsverfahren Flughafen/Main), in elf Kooperationen wurden noch ein bis zwei weitere zentrale Akteure befragt.

Die Gespräche dauerten in der Regel zwei bis zweieinhalb Stunden, das kürzeste 40 Minuten, das längste über vier Stunden. Die Atmosphäre der Gespräche war durchweg gut bis sehr gut. Auch bei länger zurückliegenden Kooperationen waren bei den Gesprächspartnern Erinnerungslücken nicht auszumachen.

Zusammenfassende Bewertung der Fallstudien

Die Erfolge der Erhebung können zum ersten in der Bestätigung anderer Untersuchungen zu den Erfolgsfaktoren von regionalen Kooperationen gesehen werden. Zum zweiten wurde die Kernthese der Tendenz zur teilweisen Institutionalisierung der Kooperationen mit zahlreichen Belegen unterstützt. Zum dritten — und das war wohl am wichtigsten — konnte der Typus des Managers als ein gegenüber dem Moderator und Mediator deutlich abzuhebender Typus eines Prozessmotors ausgemacht werden. Gleichzeitig konnten Gemeinsamkeiten und Unterschiede in den Rollenprofilen von Moderatoren, Mediatoren und Managern festgestellt werden und in Beziehung zu Entwicklungsstand und anderen Merkmalen der Kooperationen gesetzt werden.

Nicht abschließend geklärt werden konnte allerdings der genaue Anteil der Moderatoren, Mediatoren und Manager am Erfolg oder Misserfolg der Kooperationen. Um die Bedeutung der Prozessmotoren für das Gelingen der Kooperationen in der ganzen Breite und allen Schattierungen zu erfassen, bedarf es weiterführender Netzwerkanalysen und ist die Begleitung der Kooperationen über einen längeren Zeitraum notwendig. Beides war nicht Teil des methodischen Konzeptes dieser Arbeit, sondern wäre Gegenstand nachfolgender Untersuchungen.

Tabelle 0.4: Grundinformationen zu den Fallstudien (I)

Name/ Region	Kooperationstyp	Bundesland	Regionstyp	Rechtsform	Strukturtyp/-besonderheit	Dauer (Beginn-Ende)	Elemente der Aufbauorganisation (Personen)	Themen (z.B.)	Typ Prozessmotor	Note
Abfallplanung Nordschwarzwald	Mediation	Baden-Württemberg	Mit Verdichtungsansätzen	Keine	Mehrere Phasen	01/93 06/96	Runder Tisch, Bürgerforen, Infogruppe, Beiräte	Regionales Abfallkonzept (Behandlungsart und Standortsuche)	Mediatorenteam (ca 20 Pers)	2
Aller-Leine-Tal-Projekt	Regionaler Agenda-21-Prozess	Niedersachsen	Hochverdichtet	Zweckver-b.	Komplexer Aufbau	10/95 Offen	Planungsbeirat (5); 26 Projektgruppen (4-20); 6 AK (13-40)	Fremdenverkehr, Landwirtschaft, Soziales, Kultur	Mod./ Gutachterinnen	1
Ansbach-Hesselberg	Teilraumgutachten	Bayern	Gering besiedelt, peripher	Keine	—	10/05 Offen	Lenkungsgruppe (5)	Verkehr, Freiraum, Wirtschaft, Siedlung	Mod. Gutachter	3
Flughafen Frankfurt/Main	Mediation	Hessen	Hochverdichtet	Keine	Sehr intensiv	02/98 02/00	Mediationsgruppe (40), 6 Arbeitskreise (30)	Verkehr, Wirtschaft, Umwelt	Mediatorentrio, Moderatoren	3
Forum Elbtalaue	Mediation	Niedersachsen	Gering besiedelt, peripher	Keine	Jung, kurze Laufzeit	01/95 10/96	Plenum (86); Arbeitsausschuss (20)	Naturschutz-Landwirtschaft	Mediatorenduo	2
Forum Mittelrheintal	Sonst. Regionale Kooperation	Rheinland-Pfalz	Mit Verdichtungsansätzen	e.V.	—	1997 Offen	Plenum (70); Lenkungsgruppe (10) 4 Ags (10)	Kulturlandschaft, Denkmäler, Freiraum	Regionalmanager	4
Gewerbegebiet Hechingen/ Bodelshausen	Mediation	Baden-Württemberg	Mit Verdichtungsansätzen	Keine	Jung, kurze Laufzeit	04/98 11/98	Plenum (25)	Interkommunales Gewerbegebiet	Mediatorenduo	3
Lahn-Sieg-Dill	Städtenetz	Hessen/ NRW	Mit Verdichtungsansätzen	Keine	Komplexer Aufbau	07/94 Offen	Lenkungsgruppe (15), 5 AG (10), Zentraler AK	Verkehr, Flächenmanagement; Naherholung	Moderatorinnen	3-4
Masterplan Bitterfeld/ Wolfen	Sonst. Interkommunale Kooperation	Sachsen-Anhalt	Mit Verdichtungsansätzen	Keine	Jung, kurze Laufzeit	9/95 10/96	Plenum (30), Lenkungsgruppe (10); 2 Arbeitsgruppen (8)	Siedlung, Verkehr	Moderatoren	2

Tabelle 0.4: Grundinformationen zu den Fallstudien (II)

Name/ Region	Kooperationstyp	Bundes-land	Regions-typ	Rechts-form	Struktur-typ/-besonderheit	Dauer (Beginn-Ende)	Elemente der Aufbauorganisation (Personen)	Themen (z.B.)	Typ Prozessmotor	Note
Modellregion Märkischer Kreis	Regionaler Agenda-21-Prozess	Nordrhein-Westf.	Hochver-dichtet	Keine	Viele Akteure	11/97	12/00 (vor-läufig)	Plenum (180); Lenkungsgruppe (10); 7 Ags (15); Beirat (20).	Siedlung, Verkehr, Energie, Stoffstrom, re.	Verwaltungsinterner Moderator	2
Müggel-Spree-Park	Regionalpark	Berlin-Brandenburg	Hochver-dichtet	Kanu Verein	Viele Akteure	01/97	Offen	Plenum (100); Koordinierungsfraktal (6-10); 4 Arbeitsfraktale (5-10)	Freiräume, Naherholung	Externer Moderator/ Gutachter	2 -
OberfrankenOffensiv	Regional-marketing	Bayern	Ländlich, nicht peripher	E.V.	Im Meta-netz	1991	Offen	Mitgliederversammlung (50-120); Präsidium (5-15)	Wirtschaft, Kultur	Regionalma-nager	3
Ostwestfa-len-Lippe	Regional-marketing	NRW	Hochver-dichtet	GmbH	Wenig Kernak-teure	1993	Offen	Gesellschafterversammlung (12); Fachbeirat (35)	Wirtschaft, Städtentwicklung, Kultur, Gesundheit	Regionalma-nager	1-2
Silberberg	Städtenetz	Sachsen	Hochver-dichtet	Keine	Wenig Kernak-teure	1990	10/98	Rat der Bürgermeister (6); 5 AG	FNP Wiß... Bahnhöfe	Moderator und Regionalmanager	3
Städtedreieck Saalebogen	Städtenetz/ Städteverbund	Thüringen	Mit Verdichtungsansätzen	Öff. Re.Vertr	Komplexer Aufbau	01/95	Offen	Plenum (120); Lenkungsgruppe (5-10); 4 Ags (6-10); IMAG (20)	Wirtschaft, Städtebau, Flächenrecycling, Umwelt	Regionalma-nager	1
Steuerungsdreieck Südostniedersachsen	Regionalmarketing/ Regionaler Agenda-21-Prozess	Niedersachsen	Mit Verdichtungsansätzen	Planungsverband; eV	Steuerungsdreieck	1996	Offen	Regionalkonferenz (350); Lenkungsgruppe (10); 3 Ags (50); Fachgruppen (20)	Wirtschaft, Verkehr, Kultur	Regionalplaner, Regionalmanager	2
Weida-Talsperren	Regionales Entwicklungskonzept	Thüringen	Mit Verdichtungsansätzen.	Keine	Wenig Kernak-teure	07/94	Offen	Plenum (11), Planungsverband , 6 Fachverbände	Wasserschutz, Fremden-verkehr, Landschaft,	Moderatoren/ Gutachter	4
Westsachsen	Regional-marketing	Sachsen	Hochver-dichtet	Keine	Komplexer Aufbau	06/94	Offen	Plenum; Koordinierungsausschuss (18), 3-5 Ags (10-12)	Wiß Marketing, Kultur	Externer Moderator/ Gutachter	2-3

Quelle: Eigene Erhebung und Darstellung

Kapitel I
Von der hierarchischen staatlichen Koordination zur regionalen Kooperation

Warum gibt es die neuen regionalen Kooperationen? In diesem Kapitel wird der gesellschaftspolitische Hintergrund umrissen, vor dem sich die in den letzten 10-15 Jahren entstandenen regionalen Kooperationen entwickelt haben. Es geht dabei darum, zu zeigen, wie sich als Resultat des Steuerungsverlustes staatlicher Planung, staatlichen Handelns überhaupt, sukzessive ein modifiziertes Staatsverständnis entwickelt hat. In diesem neuen Modell gewinnt zum einen der Steuerungsmodus der Kooperation an Bedeutung zum andern wird die Region als wirtschaftliche und politische räumliche Handlungsebene aufgewertet.

1. Der Paradigmenwechsel im staatlichen Handeln: Abschied von der hierarchischen Koordination

In den achtziger Jahren waren es vor allem die Ereignisse im umweltpolitischen Bereich, die den Modus einer staatlich dominierten Steuerung, der in den siebziger Jahren seine Hochkonjunktur erlebt hatte („Modell Deutschland"), erodierten. In den neunziger Jahren erschütterte dann die verschärft entfachte ökonomische Globalisierungsdebatte dieses Modell noch weiter und dies so sehr, dass schließlich sogar die generelle Frage nach der Handlungsfähigkeit des Staates am Ende des 20. Jahrhunderts gestellt wurde (Scharpf 1991; Zilleßen 1998, 8). Die Auseinandersetzungen des Staates mit den Bürgern im Bereich der Umweltpolitik und seine Machtlosigkeit vor allem bei der Behebung des Dauerproblems der Arbeitslosigkeit waren sicher die augenfälligsten Beispiele für staatliche Steuerungsdefizite, die unterschiedlich dramatisch eingeschätzt wurden: von einer „Entzauberung" (Willke 1987) bis zum „Staatsversagen" (Jänicke 1986) reicht hier die Palette der Diagnosen.

Die immer weiter ausdifferenzierte gesellschaftliche Arbeitsteilung, der wissenschaftlich-technologische Fortschritt, die Globalisierung der Ökonomie und die hohe Mobilität vor allem von Finanzkapital bilden dabei den ökonomischen Hintergrund (Meßner 1995, 168). Die anhaltende Funktions- oder Steuerungskrise des Staates manifestiert sich darin, dass der Staat ein zunehmend komplexer gewordenes gesellschaftliches, ökonomisches aber auch politisches Umfeld immer weniger beherrscht. Vor allem in Aufgabenfeldern, die mit großen Zukunftsunsicherheiten behaftet sind, zeigt er erhebliche Leistungsmängel. Dies hat mehrere Ursachen: Zum ersten kann die überwiegend sektoral ausgerichtete staatliche Politik den inhaltlich immer komplexeren, zunehmend stärker verflochtenen und quer zu staatlichen Organisationsstrukturen liegenden Problemen immer weniger gerecht werden. Zum zweiten hat der Staat selbst im Zuge von Anpassungsversuchen an veränderte Bedingungen immer mehr Funktionen übernommen und sich dabei zu einem hochkomplexen, kaum noch überschaubaren Gebilde entwickelt. Mehr und mehr fragmentierte staatliche Entscheidungsstrukturen stehen dabei in Diskrepanz zu den vielfältig verflochtenen thematischen Handlungsfeldern. Zum dritten verliert der Staat nationale Souveränität, indem er wesentliche Funktionen an supranationale Institutionen abgibt. Und zum vierten entwickeln auch die Adressaten staatlicher Politik zunehmend Gegenmacht: der Bürger versteht sich immer weniger als stiller Dulder staatlicher Politik (Fürst 1996, 5f). Dezentralen, nichtstaatlichen Verhandlungssystemen aus gesellschaftlichen Großorganisationen wird zunehmend sogar eine eigene Steuerungsfähigkeit mit eigenständigen Wohlfahrtspotenzialen zugestanden; die staatlichen Instanzen verfügen ihnen gegenüber nur noch über korrigierende und komplementäre Funktionen (Scharpf 1991, 630). Die vormals hierarchische Autorität des Staates wird so durch immer weiter verzweigte Verhandlungs- und Kooperationssysteme ausgehöhlt. Unter der Oberfläche systemischer Stabilität hat eine Verschiebung von einer vertikal-hierarchischen hin zu einer horizontal-heterarchischen Ordnung einer zentrifugalen Gesellschaft stattgefunden (Meise 1998, 97f). Der daher tatsächlich eher abnehmenden Steuerungskapazität des Staates steht aber ein eher gestiegener Steuerungsanspruch gegenüber; daraus entsteht ein Steuerungsproblem (Kenis/Schneider 1991, 34ff; Meßner 1995, 170f).

Theoretische Erklärungsansätze fassen diese Entwicklung in etwas unterschiedliche Kategorien und liefern vor allem Belege für die Unmöglichkeit einer Gesamtsteuerung (Meßner 1995, 168): Systemtheoretischen Überlegungen zufolge kann es in funktional ausdifferenzierten Gesellschaften gar keine zentrale Steuerungsinstanz mehr geben, da die Gesellschaft in eine Reihe autonomer Subsysteme zerfällt. Diese Teilsysteme sind derart ausdifferenziert, dass sie nur noch sich selbst als Maßstab akzeptieren („Selbstreferentialität") und sich damit immer wieder selbst reproduzieren („Autopoiesis"). Je stärker und schneller sich Umweltbedingungen ändern, desto weniger können Hierarchien als klassische staatliche Steuerungsform die notwendige Koordination zwischen den Teilsystemen gewährleisten und desto eher tappt zentrale Steuerung in die Komplexitätsfalle (Meßner 1995, 174; Schneider/Kenis, 1996, 30).

Regulationstheoretische Ansätze betrachten ebenfalls das Verhältnis mehrerer gesellschaftlicher Teilsysteme zueinander, nehmen darüber hinaus noch dezidert eine historische Entwicklungsperspektive ein: Demnach ist die langfristige gesellschaftliche Entwicklung als eine nicht-deterministische Abfolge von stabilen Entwicklungsphasen (Formationen) und Entwicklungskrisen (Formations- oder Akkumulationskrisen) zu verstehen. Ihre Elemente sind zum einen die Wachstumsstruktur (Produktion und Konsumption) und zum anderen der Koordinationsmechanismus (Politik, Kultur). Die gegenwärtige staatliche Krise ist das Resultat einer Inkongruenz zwischen einerseits der ökonomischen Wachstumsstruktur, die durch eine Abkehr vom fordistischen Produktionsmodell gekennzeichnet ist und andererseits dem dominierenden staatlichen Koordinationsmechanismus (Bathelt 1994). Eine Überwindung dieser Regulationskrise kann nur erfolgen, wenn die neuen Produktions- und Konsumptionsmuster durch adäquate staatliche Handlungsweisen gestützt werden.

Wird die Inkongruenz von gesellschaftlichen Teilsystemen im Grunde von allen theoretischen Erklärungsansätzen geteilt, so bestehen jedoch bei der genaueren Diagnose deutliche Differenzen; zum Beispiel in der Einschätzung der Frage, ob die Teilsysteme (etwa Politik, Wirtschaft, Gesellschaft) bereits so autonom fragmentiert sind, dass es nur noch darum gehen kann, einen Kommunikationsfluss zwischen den Systemen herzustellen (Luhmann 1984), oder ob es doch noch Ziele, Werte und Visionen gibt, die systemübergreifende Rationalität und Argumentation ermöglichen und somit integrativ wirken können (Habermas 1992).

In jedem Fall werden aus den gestellten Krisendiagnosen Folgerungen gezogen: der Staat und das politische System sind zur Selbstbescheidung aufgefordert und können sich nicht länger als die integrierende Spitze der Gesellschaft betrachten (Willke 1987, 193). Die ohnehin ausgehöhlte Autonomie des Staates wird bewusst weiter zugunsten kooperativer Verhandlungsstrukturen zwischen Staat und gesellschaftlichen Gruppen aufgelöst (Ellwein/Hesse 1987, 53, 55). Der Wechsel von hierarchischen zu heterarchischen Steuerungsformen ist jedoch nicht zwingend mit einem passiven Staat verbunden, vielmehr werden von ihm Steuerungsleistungen auf neuen Feldern verlangt. Der Staat behält sein regulativ-imperatives Interventionsinstrumentarium im Grundsatz durchaus bei, er setzt es jetzt nur feiner dosiert und in Abstimmung mit anderen Steuerungsmitteln ein. Neben die traditionellen Staatsfunktionen Ordnung, Sicherheit, Daseinsvorsorge und Gestaltung treten nun auch die Funktionen Orientierung, Organisation und Vermittlung (Zilleßen 1998, 53). Der umfassende Handlungsanspruch des

Staates wird ersetzt durch eine strategische Steuerung, die das unschädliche Zusammenspiel der Teilsysteme gewährleistet. Der Staat fungiert dabei eher als eine Art Supervisor, der Selbsterkennungsprozesse in den anderen Systemen initiiert (Meise 1998, 196). Das Entstehen eigenverantwortlicher Akteursgruppen soll gefördert, gleichzeitig den Anforderungen an eine für die Gesamtheit nachhaltige Entwicklung Genüge getan werden (Brandel 1995, 253). Er sucht nach Formen räumlicher und funktionaler Dezentralisierung, baut Zonen verstärkter Zusammenarbeit mit Privaten aus, setzt privaten Problemlösungen einen Rahmen, wirbt um Akzeptanz und Konsens, wird gleichwertiger Teil von formellen und informellen Verhandlungssystemen, drängt auf Problemlösungen vor allem durch Beeinflussen und Stimulieren (Hoffmann-Riem 1996, 11). Mit den Stichworten „Kooperation" und „Moderation" ist ein neues Staatsverständnis angedeutet, das *„...der Erscheinungsweise des Staates als Organisationsform der Gesellschaft etwas mehr Gewicht beimisst als der Erscheinungsweise des Staates in Gestalt des Staatsapparates."* (Zilleßen 1998, 10f). Der verhandelnde Staat fasst Partizipation nicht mehr als Bedrohung, sondern als Ressource für eigene erweiterte Handlungsspielräume auf. Der strategische Staat gibt die erforderlichen Kooperationsstrukturen und Orientierungswerte vor, überlässt die inhaltliche Ausgestaltung aber anderen und initiiert dazu dezentrale Selbststeuerungssysteme (Fürst 1996, 10f). Er hat die Aufgabe, für die gesellschaftlich wichtigen Akteure Arenen zu schaffen, in denen sie Probleme untereinander aushandeln können (Knieling 2000, 17). Staatliche Regulierung und Anreizsteuerung ist keine formale Instanz mehr, in der die Führungsrolle übernommen wird, sondern bildet lediglich den „Schatten der Hierarchie" (Scharpf 1993, 67f), durch den Kooperation forciert und effektiviert werden kann. Diese neuen Funktionsweisen des Staates sind latent widersprüchlich. In seinen Rollen als Moderator zwischen Akteuren zum einen und als Anwalt nicht durch andere Akteure verhandelbarer Interessen ist der Staat daher nicht selten Rollenkonflikten ausgesetzt (Brandel 1995, 253).

Dabei lassen sich in den letzten Jahren durchaus Richtungsänderungen in der Austarierung der neuen Steuerungsfunktionen beobachten, die zeigen, dass es sich hier nicht um eindeutig gerichtete, sondern eher um dialektische Entwicklungsprozesse handelt. So wurde nach dem gescheiterten Versuch der Optimierung zentraler Steuerungssysteme in den siebziger Jahren in den achtziger Jahren eher eine Dezentralisierung der Steuerung vorgenommen; in den letzten Jahren ging die Tendenz eher in Richtung der Stärkung von kooperativen Mehrebenenverflechtungen zwischen staatlichen und anderen Ebenen (Meise 1998, 98).

2. Die Evolution der Kooperation

Kooperation ist in den Politik-, Verwaltungs- und Planungswissenschaften zu einem Begriff avanciert, der Modernität signalisiert, ganz ähnlich wie das Thema Koordination in den 60er Jahren das Schlagwort zur Reform der Verwaltung war (Fürst 1997, 119). Zwar war schon vor der Partizipationsdiskussion der siebziger Jahre Verwaltungshandeln nicht einseitig hoheitlich definiert, verfügten Verwaltungsverfahren schon seit längerem über kooperative Elemente. Mittlerweile aber ist der kooperative Gedanke im staatlichen Handeln allgegenwärtig. Um die inhaltliche Qualität von Entscheidungen zu sichern, sind mit Vorverhandlungen, Vereinbarungen, Verträgen und Bürgerbeteiligungen Elemente in Verwaltungs- und Planungsverfahren konstitutiv, die als Ausdruck kooperativen Staatshandelns betrachtet werden können (Zilleßen 1998, 53f). Kooperation in diesem Sinne ist alleine aus verfahrensökonomischen Gründen für die Verwaltung generell geboten (Schulze-Fielitz 1994, 658).

Auch in der räumlichen Planung hat der Begriff der Kooperation in den letzten Jahren eine weitere erhebliche Aufwertung erfahren. Kooperative Planungsverfahren zeichnen sich demnach durch diskursive, ergebnisoffene Entscheidungsprozesse aus, innerhalb derer von gleichberechtigten Betroffenen und Interessierten in gemeinsamen Verhandlungen die besten und verträglichsten Lösungen von Problemen gesucht werden. Die Ergebnisse dieser Prozesse werden im Idealfall in Form von konsensualen Vereinbarungen fixiert und gemeinsam umgesetzt (Kestermann 1997, 51f). Kooperation ist damit Bestandteil einer neuen Planungskultur, für die ein deutlich reduziertes Hierachiegefälle zwischen staatlichen Akteuren und gesellschaftlichen Gruppen kennzeichnend ist.

Die theoretische Diskussion um die Frage der regionalen Kooperation beschränkt sich nicht auf staatliches Handeln, sondern befasst sich auch mit der Kooperation zwischen Betrieben. Die einzelnen theoretischen Erklärungsansätze für Kooperation unterscheiden sich vor allem darin, wie sie das Verhältnis des individuellen Nutzens von Akteuren einerseits zum Gesamtnutzen andererseits fassen, inwieweit sie dabei egoistisch oder im Sinne des Gemeinwohls handelnde Subjekte unterstellen. Unterschiedliche theoretische Erklärungsansätze fassen Kooperation entweder primär als einen Tauschvorgang auf oder sie betonen eher die Ergebnisse der Kooperation, die über den reinen Leistungsaustausch hinausgehen.

Wohlfahrtstheoretisch lässt sich das Koordinationsproblem zunächst allgemein so fassen (Scharpf 1991, 501ff): Vorausgesetzt werden dabei zwei egoistisch-rational ausgerichtete Akteure x und y mit voneinander unabhängigen (orthogonalen) Nutzenvektoren und einer Reihe von Handlungsoptionen bzw. Projekten A – E, die sich jeweils in ihrer Auswirkung für die Akteure unterschieden. Der Ursprung des Koordinatensystems markiert den Status Quo. Unterstellt man nun, dass jede Handlungsoption durch einseitige Entscheidungen der Akteure verwirklicht werden könnte, so würde x die Projekte D und E ignorieren und hätte eine Präferenz für Projekt A, während y die Projekte A und E ignorieren würde und Projekt D präferieren würde. Wohlfahrtstheoretisch betrachtet, wären nach dem Pareto-Kriterium beide Präferenzen nicht akzeptabel, da damit jeweils ein Nutzenverlust für den anderen Akteur einhergehen würde.

Abbildung I.1: Das Koordinationsproblem in wohlfahrtstheoretischer Perspektive

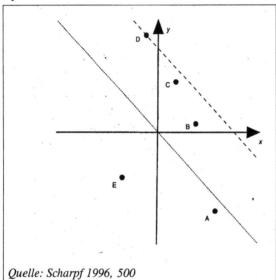

Quelle: Scharpf 1996, 500

Angenommen nun, nur die beiden Akteure müssten sich auf ein Projekt einigen, so wäre es sicher, dass die Projekte A, D und E ausgeschlossen würden, da sich damit stets die Situation eines Beteiligten verschlechtern würde, es würden nur die Lösungen B und C in Betracht kommen, also Lösungen, die aus wohlfahrtstheoretischer Sicht suboptimal sind. Zudem besteht die Gefahr, dass die Verhandlungen durch den Streit der Wahl zwischen B und C blockiert werden, da sie zwar für beide Parteien Nutzenzuwächse versprechen, diese jedoch unterschiedlich groß ausfallen. Dieses Problem kann durch mehrere Möglichkeiten gelöst werden:

Zum ersten kann ein Dritter hinzutreten, der den beiden übergeordnet ist und der gegen die einzelnen Akteure nach dem Kriterium des maximierten Gesamtnutzens über die Lösung entscheiden kann; in diesem Fall würde Lösung D präferiert werden. Das durch den in diesem Fall vorliegenden Typus der hierarchischen Koordination erreichbare gesamte Wohlfahrtsniveau scheint also höher zu sein als das durch bilaterale Verhandlungen erzielbare. Jedoch hat auch die hierarchische Koordination Grenzen. Zum einen besteht das Problem des Missbrauchs der Machtposition durch den Inhaber. Zum andern muss sich die höhere Ebene auf Informationen der unteren Ebene verlassen können und sie auch verarbeiten können. Es besteht die Gefahr, dass die Zentrale von der unteren Ebene zu wenige, falsche oder zu viele Informationen erhält (Scharpf 1991, 506).

Die andere Möglichkeit besteht in der kooperativen Erarbeitung einer Lösung im Sinne des Kaldor-Kriteriums, d.h. es wird die Lösung erarbeitet, die zur optimalen Gesamtwohlfahrt führt und diejenige Partei, die dabei Wohlfahrtsverluste hinnehmen muss, wird angemessen entschädigt. Die Akteure haben damit ein eigenes Interesse, eine Gesamtnutzen-Isoquante zu erzielen, die dem Status Quo weitestgehend überlegen ist. Voraussetzung dafür ist allerdings ein Gleichgewicht des Einflusses der Akteure.

Grundsätzlich kann also ein optimales Wohlfahrtsniveau durch vertikale und horizontale Koordination, durch hierarchische Steuerung und Kooperation entstehen. Die Probleme des potenziellen Machtmissbrauches und das Informationsvermittlungsproblem im Modell der vertikalen Koordination führen dazu, dass das Modell der horizontalen Koordination, also Kooperation als Lösung favorisiert werden kann.

Steuerungstheoretisch betrachtet, ist Kooperation als eine bestimmte Form der Koordination anzusehen. Kooperation ist weitgehend mit positiver Koordination gleichzusetzen, die von negativer Koordination zu unterscheiden ist. Im Falle der negativen Koordination prüft jeder Beteiligte z.B. den zu koordinierenden Plan daraufhin, ob sein Handlungsfeld betroffen ist und verhält sich entsprechend. Es bedarf hier einer zentralen koordinierenden Instanz mit erheblicher Autorität. Beteiligungsverfahren, auch wenn sie kooperative Züge tragen, sind hierfür ein typisches Beispiel. Bei der positiven Koordination leisten demgegenüber die Beteiligten einen Beitrag, der stärker von der Gesamtverantwortung geprägt ist, die Zentralinstanz kann hier daher zurückhaltender agieren (Fürst 1997, 121; Scharpf 1996).

Warum kooperieren Akteure? Die Spieltheorie geht dabei zunächst von zwei ihren individuellen Nutzen maximierenden Akteuren aus und formuliert das klassische Gefangenendilemma: Die Situation ist dabei so definiert, dass zwar eine beiderseitige Nicht-Kooperation für jeden Akteur ungünstiger ausfällt als die beiderseitige Kooperation. Jedoch ist es für jeden einzelnen Akteur vorteilhafter, nicht zu kooperieren als zu kooperieren, in dem Fall dass der andere kooperiert. Der Akteur, der das Kooperationsangebot unterbreitet, ist daher dem Risiko der Nicht-Kooperation des anderen ausgesetzt (Axelrodt 1987, 7). Ein Akteur, der gutwillig kooperativ zur Sache beitragen möchte, läuft Gefahr, übervorteilt zu werden. Bezogen auf eine zeitliche Ein-Punkt-Situation wird sich das Gefangenendilemma daher so auswirken, dass kein Akteur ein Kooperationsangebot ausspricht, da das

Risiko einer Übervorteilung durch den anderen zu groß ist; beide geben sich daher mit einer suboptimalen Lösung zufrieden.

Zur „Evolution der Kooperation" kommt es erst, wenn kooperatives Verhalten durch die Möglichkeit weiterer Kooperationsgewinne honoriert wird. Erst dann verzichten Partner auf den individuellen punktuellen Maximalnutzen einer nicht-kooperativen Antwort auf ein kooperatives Angebot zugunsten weiterer Kooperationsangebote. Die Akteure wenden damit beide eine Strategie des Tit-for-Tat an, die zwar zu punktuellen Asymmetrien führen kann, die aber immer wieder ausgeglichen werden, darin verstetigt sich der Prozess. Kooperation kann somit definiert werden als *„...eine stabile Form der Interaktion, bei der die gegenseitige Verhaltens – und Erwartungsabstimmung durch ein nicht notwendigerweise symmetrisches Wechselspiel von Autonomie und Kontrolle erfolgt."* (Semlinger 1993, 347).

Der spieltheoretische Ansatz definiert Kooperationen als Aushandlungsprozesse, an deren Ende Win-Win-Lösungen stehen; keine Partei kann weitere Gewinne erzielen ohne die andere Partei zu schädigen. Es gibt eine Rückfall-Lösung (Default-Option), die zum Tragen kommt, wenn sich die Akteure nicht einigen. Diese Option wird permanent als Messlatte herangezogen, um den erreichten Diskussionsstand zu bewerten (Renn et al. 1998, 44f).

Die spieltheoretische Situation, die das Gefangenendilemma auflöst, skizziert vor allem den Typus der antagonistischen Kooperation. Die Akteure handeln hierin nach der Maßgabe: einseitige Vorteilnahme soweit wie möglich, Orientierung am gemeinsamen Nutzen soweit wie nötig. Diesem die individuelle Nutzenmaximierung in den Vordergrund stellenden Typus steht der Typus der komplementären Kooperation gegenüber. Hier handeln die Akteure nach der umgekehrten Maxime: Gemeinsamer Nutzen soweit wie möglich, einseitige Vorteilnahme soweit wie nötig (Hellmer et al. 1999, 63). An die Stelle der individuellen Nutzenmaximierung tritt die generelle Regel der Maximierung des gemeinsamen Nutzens (Jansen/Schubert 1995, 17). Dieser weitergehende Kooperationsansatz bezieht die Möglichkeit eines echten Präferenzwechsels von Akteuren mit ein, zum Beispiel auf Nutzengewinne durch die Free-Rider-Mentalität zu verzichten.

Unabhängig vom Kooperationstypus stellt sich nun die Frage, unter welchen Voraussetzungen empirisch Kooperation entstehen kann, ohne dass eine zentrale Gewalt eingreift. Kooperation entsteht dann, wenn die Beteiligten sich darüber klar sind, dass sie mittelfristig aufeinander angewiesen sind und dass ungelöste Konflikte die schlechtere Lösung gegenüber Kompromissen auf der Basis von Leistung und Gegenleistung sind (Fürst 1997, 119). Kooperation setzt den gemeinsamen Problembezug, den Willen zum gemeinsamen Handeln und eine Arena, auf der das kollektive Handeln praktisch werden kann, voraus. Gerade bei Konflikten entsteht Kooperation unter zwei Voraussetzungen: zum einen muss die Entscheidungssituation interdependent sein, das heißt, keine Konfliktpartei hat die Möglichkeit, eine Regelung alleine durchzusetzen, jede hat Macht den Konfliktausgang zu beeinflussen. Zum andern werden sich Teilnehmer nur auf Verhandlungen einlassen, wenn die Ergebnisse aus ihrer Sicht nicht schlechter sind als im Falle einer Nicht-Verhandlung (Troja 1998, 85ff). Idealerweise gelingt es, Situationen, die wie Nullsummenspiele anmuten, in Win-Win-Situationen zu transformieren (Karpe 1999, 191), es muss daher am Anfang zumindest die Möglichkeit zu solchen Win-Win-Lösungen bestehen (Troja 1998, 85).

Eine entscheidende Rolle beim Zustandekommen und bei der Fortführung von Kooperation spielt Vertrauen, das durch eine gemeinsame Wertebasis gefördert werden kann (Güth/Kliemt 1993, 253; Fürst 1996, 22). In Netzwerken sind es die „Strong Ties", die Vertrauen vermitteln (Fürst/Schubert 1998, 356). Wenn Kooperationen scheitern, dann meist an einer ausgeprägten Misstrauenskultur (Fürst 1997, 129). Funktionierende Kooperationen zeichnen sich durch Reziprozität aus, ein den bloßen Äquivalenzaustausch übergreifendes Muster, das auf längerfristige Austauschbeziehungen angelegt ist. Reziprozität setzt Vertrauen voraus und reproduziert diese gleichzeitig (Fischer/Gensior 1995, 36f). Vertrauen ermöglicht die Duldung der für die Kooperationssituation typischen Asymmetrie, in der ein Akteur zunächst in Vorleistung geht (Semlinger 1993, 335). Vertrauen kann in einer unübersichtlichen Anfangssituation komplexe Realitäten sehr viel schneller und ökonomischer vereinfachen als Mechanismen wie Autorität oder Verhandlung es vermögen (Powell 1996, 226). Die Offenbarung der eigenen Position ist riskant, wenn der andere nicht dasselbe tut, sondern den Informationsvorteil kompetitiv nutzt (Breidenbach 1995, 96). Vertrauen ist daher besonders dann notwendig, wenn Informationsvorsprünge einer Partei bestehen, die diese gegenüber der anderen ausbeuten kann (Wolff/Neuburger 1995, 81).

Vertrauen ist allerdings auch anfälliger als Kontrollmechanismen; Beziehungen, die sich auf Vertrauen stützen, sind im besonderen Maße dem Missbrauch ausgesetzt (Semlinger 1993, 331).

Was sind nun die Vorteile von Kooperationen gegenüber anderen Steuerungsformen? Kooperationen können für Akteure dazu beitragen, eine Mitkontrolle über Ressourcen zu gewinnen. Gegenüber dem Marktmodell ist in Kooperationen für die Akteure die gegenseitige Informationsdichte höher, gegenüber der Hierarchie ist der Informationszugang erleichtert, so dass insgesamt der Wissenstransfer und gegenseitiges Lernen optimiert werden (Hellmer et al. 1999, 81). Kooperation ist eine Transaktionsform, die daher besonders effizient sein kann, wenn es um Prozesse großer Unbestimmtheit geht. Durch die längere vertrauensvolle Zusammenarbeit sinken die Transaktionskosten, die bei anderen Steuerungsformen in Form von aufwendigen Informations- und Kontrollkosten entstehen (Jansen 1995, 107; Semlinger 1993; Büchs 1991, 2; Bade 1998, 5).

Davon abgesehen gibt es jedoch ebenso rationale Gründe, warum Kooperation nicht entsteht oder beendet wird. Erschwerend sind ungleiche Machtverhältnisse, Rechtsunterschiede, unterschiedliche Risikoneigungen der Akteure, unterschiedliche Transaktionskosten für kooperatives Verhalten sowie unterschiedliche strategisch-taktische Fähigkeiten der Akteure (Breidenbach 1995, 101ff). Vor allem politische Kooperationen weisen mehrere strukturelle Dilemmata auf:

Aus übergeordneter Sicht ist Kooperation bereits dann sinnvoll, wenn zwar einige verlieren, aber, da andere mehr gewinnen, insgesamt gewonnen wird (BfLR 1996, 34). Freiwillig werden Kooperationen von Kommunen jedoch erst dann eingegangen, wenn für alle Beteiligten die voraussichtlichen Vorteile der Kooperation die zu erwartenden Nachteile überwiegen. In der Praxis werden aber die Kosten der Kooperation sehr schnell deutlich, die Vorteile sind jedoch — zumindest am Anfang — diffus bzw. liegen in ferner Zukunft (ARL 1998, 56). Die Kosten-Nutzen-Kalkulationen der Akteure werden dabei in der Regel subjektiv erstellt. Selten kooperieren Gemeinden, weil sie exakt komplementäre Leistungen anzubieten haben bzw. direkt aufeinander angewiesen sind (Fürst 1997, 122). Vor allem auf politischer Seite wird Kooperation daher zunächst als etwas Lästiges angesehen, für Kommunen ist Kooperation tatsächlich zunächst schwieriger als Konkurrenz (BfLR 1996, 42). Meist ist Kooperation mit Verteilungsfragen belastet und kurzfristig teuer. Zudem steigen die Schwierigkeiten einer kooperativen, ohne Zentralinstanz auskommenden Koordination mit der Zahl der Beteiligten. Die hierarchische Koordination scheint gegenüber großen Akteurszahlen weniger anfällig zu sein.

In allen Kontexten, in denen Kooperation für alle Beteiligten von Nutzen ist, bestehen dennoch rationale Gründe, von kooperativen Verhaltensweisen abzuweichen (Güth/Kliemt 1993, 253). Auch wenn beide Parteien in der Kooperation in der Summe gewinnen, kann eine Partei relativ einen Nachteil erleiden, da die andere Partei mehr gewinnt und auch bei einer kooperativen Win-Win-Lösung trägt die genaue Lokalisierung der Lösung den Charakter eines Nullsummenspiels (Troja 1998, 94).

Aber selbst wenn Kooperation dauerhaft entsteht, so muss sie sich nicht per se positiv als Entwicklungsmotor darstellen, sondern kann sich auch als Blockademechanismus innovativer Entwicklungen auswirken. Diese Gefahr besteht besonders dann, wenn das Spannungsfeld von Konflikt und Konsens dauerhaft einseitig aufgelöst wird. Konflikte sind vielmehr erforderlich, um in Kooperationen die notwendigen Reaktionsfähigkeiten zu erhalten. Der

Konflikt ist ein wesentlicher Sozialisationsfaktor und ein wichtiger und effektiver Mechanismus zur Herstellung von Kohärenz und Integration (Dubiel 1991). Die Funktion von Kooperationen ist es somit nicht, Konflikte dauerhaft aufzulösen, sondern sie handhabbar zu machen; erfolgreiche Kooperationen sind daher nicht ausschließlich auf Harmonie ausgelegt (Mahnkopf 1994, 78).

Wenn Kooperation nicht konfliktfrei verlaufen kann, so wird sie jedoch häufig eingesetzt, um verhärtete Konflikte zu lösen. Aber auch hier hat Kooperation ihre Grenzen. Dem spieltheoretischen Modell liegt die Annahme zugrunde, dass in den Verhandlungen Positionen zu Interessen aufgelöst werden, die im Sinne individueller Nutzenmaximierung gegeneinander verhandelbar und kompromissfähig sind. Jedoch können sich auch die hinter den Positionen liegenden Interessen als nicht verhandelbar erweisen, nämlich dann, wenn es sich um grundlegende Werteinstellungen handelt. Aus diesem Grund sind zum Beispiel bei Umweltkonflikten Win-Win-Lösungen durch kooperative Verhandlungen extrem selten. Die Regel ist das Nachgeben der einen oder anderen Seite aufgrund von Druck oder Einsicht in ein übergeordnetes Prinzip (Renn et al. 1998, 44f). Dennoch können solche Kooperationen eine weitere Leistung erbringen, die die Spieltheorie in ihrer Betrachtung von Kooperation als Tauschhandlung verkennt: Normen nicht nur gegeneinander auszuhandeln, sondern sie neu zu generieren. Akteure können durch den kooperativen Diskurs zu der Einsicht gelangen, dass bestimmte Prinzipien gerecht, anerkennungswürdig und daher bindend für sie sind (Renn et al. 1998, 47).

Kooperation ist nicht beliebig erzeugbar. Wegen der hohen Voraussetzungen an ihre Entstehung und ihre anspruchsvollen Erfolgsbedingungen ist sie nicht grundsätzlich anderen Koordinationsformen vorzuziehen (Kestermann 1997, 63). Politische Kooperationen kommen ohne anfängliche Anreize der höheren Ebene in der Regel nicht zustande und es bedarf der permanenten Präsenz von Promotoren auf mehreren Ebenen, um für alle potenziellen Kooperierenden die möglichen Vorteile der Kooperation sichtbar zu machen (Fürst 1997, 122). Als Ergebnis dessen ist interkommunale und regionale politische Kooperation eher als eine horizontale Koordination unter der Supervision vertikaler Koordination zu begreifen. Der „Schatten der Hierarchie" setzt dabei den Kontext, indem er Zwangsverhandlungen als Mittel bereit hält, er schafft somit die Rahmenbedingungen, damit die Akteure der Falle des Gefangenendilemmas entkommen können.

3. Der Bedeutungsgewinn der Region

Unzweifelhaft wird seit Mitte der achtziger Jahre — vor allem in der wissenschaftlichen Diskussion, aber auch in der realen Entwicklung — die Region sowohl als Ebene privaten ökonomischen Handelns als auch öffentlicher Steuerungstätigkeit aufgewertet. Die Erwartungshaltungen sind mittlerweile hoch: Als zukunftsweisende neue Raumkonfiguration soll die Region nicht nur die Defizite des sich auflösenden Nationalstaates auffangen, sondern sie soll auch in einer noch nicht festgefügten suprastaatlichen Ordnung als das Gegengewicht fungieren, das ihren Menschen räumliche Verankerung und Identität sichert. Sie wird nicht mehr als bloßes Objekt wirtschaftlichen und politischen Handelns begriffen, sondern vielmehr wird die Selbstverantwortung und Selbstorganisation der regionalen Akteure gefordert (Kujath 1998). Gleichzeitig zu dieser Aufwertung ist aber auch das traditionelle Bild einer Region als einer klar räumlich und aufgrund fester Kriterien abgrenzbaren quasi territorialen Einheit nicht mehr haltbar. Vielmehr wird die Diskussion um die „richtige Region" entdramatisiert (Meise 1998, 62), indem „Region" nach dem jeweiligen Handlungszweck spezifischer Akteurskonstellationen flexibel definiert wird.

Anders als in anderen Ländern, wo die Region vor allem als eine kulturelle Einheit staatlicher Autorität gegenübertritt, liegen in Deutschland die Impulse zur Regionalentwicklung eher in wirtschaftspolitischen Motiven begründet. Es ist dabei zunächst ein paradox anmutendes Phänomen, dass sich die Debatte um die Aufwertung der Region parallel zur Globalisierungsdebatte vollzieht, ja beide sich gegenseitig forcieren. Denn zunächst scheint ja im Zuge der Globalisierung den örtlichen wie auch regionalen Zusammenhängen eine schwindende Bedeutung zuzukommen. Der technische Fortschritt führt kontinuierlich zu der Möglichkeit einer immer schnelleren und billigeren Überbrückung von räumlichen Distanzen. Somit können — in einer fast naturgesetzlich erscheinenden Kontinuität — aufgabenadäquate Zusammenhänge in immer größeren Aktionsradien gesucht werden. Diese Maßstabsvergrößerung der Ökonomie scheint die Ebene Kommune und auch die Region längst hinter sich gelassen zu haben. Zahlreiche empirische Beobachtungen sprechen für diesen Maßstabssprung, die Globalisierung der Finanzmärkte ist das wohl am weitesten reichende Beispiel von Maßstabsvergrößerungen ökonomischer Aktivitäten.

Andere Fakten ergeben jedoch ein anderes Bild, sie zeigen, dass in vielen Wirtschaftsbereichen eben nicht von einer kontinuierlichen Globalisierung gesprochen werden kann. So hatte z.B. der Außenhandel in den europäischen Ländern bereits vor 1914 einen ähnlich hohen Anteil an der Gesamtwirtschaft wie heute. Der deutsche Außenhandel beispielsweise ist nicht weltweit, sondern zu drei Vierteln auf europäische Staaten konzentriert. Innerhalb der gesamten Weltwirtschaft scheint es für den Handel eher sinnvoll, von einer Triadisierung (Amerika, Europa, Asien) als von einer Globalisierung zu sprechen (Läpple 1998, 68). Offenbar sind also dem Prozeß der räumlichen Entbettung der Ökonomie, die „...*zu einer riesigen virtuellen Einkaufspassage, in denen Unternehmen sich aussuchen, was sie an Wissen, Know-how oder Fertigungskomponenten benötigen...*" wird (Altvater/Mahnkopf 1996, 356) Grenzen gesetzt (Läpple 1998, 63ff). Der Blick in die Geschichte zeigt vielmehr, dass es kein lineares Kontinuum räumlicher Maßstabsvergrößerung und Entgrenzung der Ökonomie gibt. Dem einfachen Bild eines sich permanent ausdehnenden Kreises setzt die reale Entwicklung vielmehr das differenzierte Bild eines „...*dünnen äußeren Rahmens entgegen, der stufenweise mit einem dichten inneren Geflecht aufgefüllt wird...*" (Wallerstein 1985, 83). Die Speerspitze, den gleichsam „äußeren Rahmen" der gegenwärtigen Globalisierungswellen stellen dabei die internationalen Finanzmärkte dar. Aber gleichzeitig zu dieser Maßstabsvergrößerung findet auch eine Gegenbewegung in anderen Sektoren statt; dies sind neue innovative Produktionsbereiche und die daran orientierten produktionsnahen Dienstleistungen.

In neuen Theorien der Regionalentwicklung (Camagni 1991) wird schon seit einiger Zeit eine Regionalisierung von Produktionsstrukturen beobachtet. Unternehmen spezialisieren sich auf Kernfunktionen und errichten in Regionen neue arbeitsteilige Strukturen: Begriffe wie „Produktionscluster" oder gar „Industrial Districts" stehen dabei für relativ erfolgreiche Regionen (Silicon Valley, Drittes Italien, Baden-Württemberg). Die flexible Kooperation in den betrieblichen Netzwerken findet in einem von Vertrauen geprägten, informationsdurchtränkten und innovativen Milieu statt.

Globalisierung und Regionalisierung stehen somit nicht im Widerspruch zueinander, weil sie sich in verschiedenen Handlungsfeldern oder Wirtschaftssektoren ereignen. Aber auch innerhalb eines Sektors ist der vermeintliche Widerspruch keiner: Denn die transnationale Organisation von Logistiknetzwerken und Wertschöpfungsketten macht ja gerade deshalb Sinn, weil ausgeprägte regionale Differenzen bestehen, die ausgenützt werden (Läpple 1998, 67). Die Globalisierungstendenz, die zunehmende Mobilität aller Produktionsfaktoren macht einerseits die Regionen ähnlicher. Jedoch erhalten andererseits, gerade weil die klassischen Standortfaktoren im Zuge der Globalisierung ubiquitär werden, neue Standortfaktoren, deren Ausprägung sich regional unterscheidet, größere Bedeutung und werden zum Gegenstand der Aktivitäten im regionalen Wettbewerb (Kujath 1998). Die Region ist somit kein passiver Resonanzkörper globaler Zusammenhänge, sondern ein räumlicher Interaktionszusammenhang mit spezifischen

Qualitäten und Potenzialen. Eine Region wird nicht mehr nur als geographischer Standort wirtschaftender Einheiten begriffen, sondern als spezieller Zusammenhang räumlicher Kooperations- und Interaktionsbeziehungen, für die Traditionen, Institutionen, soziale Bezüge, generell das Humankapital relevant sind (Fürst/Schubert 1998, 353). Die Einbindung in regionale Zusammenhänge wird zu einem wichtigen Element der Anpassungsfähigkeit von Unternehmen (Läpple 1998, 70).

Diese zunächst in der ökonomischen Sphäre beobachteten Entwicklungen beeinflussten sehr schnell auch die Politikgestaltung. Die gesamte deutsche raumbezogene Politik der letzten 15 Jahre war von der Anpassung an die vermeintliche neue wirtschaftliche Bedeutung von Regionen geprägt. Zuerst entdeckte im nationalen Rahmen die Innovationspolitik, bald auch die gesamte Strukturpolitik und die Raumordnungspolitik die Region, etwas später wurde die Region auch als Basiseinheit nachhaltigen Wirtschaftens ausgemacht. Gleichzeitig erhielt die Region als Gegengewicht zur politischen Machtverschiebung von nationalen auf supranationale Ebenen ein völlig neues Gewicht. Im „Europa der Regionen" zeichnet sich derzeit ein dreistufiges System ab, „das aus der EU, den Nationalstaaten und europaweit bedeutenden Regionen mit städtischen Zentren und einer Einwohnerzahl zwischen vier und sechs Millionen, also der Größenordnung mittelgroßer Bundesländer, besteht (Treuner 1995, 181). Diesen europäischen Regionen stehen noch jene im nationalen Maßstab, zwischen Kommunen und Ländern, gegenüber (Meise 1998, 57f).

Neben diesen Grundtypen von Regionen existieren jedoch noch weitere, die sich durch Zielrichtungen und räumlichen Umgriff voneinander unterscheiden und gleichzeitig ineinander übergehen. Grundsätzlich ist es zwar keine neue Erkenntnis, dass es völlig unterschiedliche Möglichkeiten gibt, Regionen voneinander abzugrenzen und dabei administrative, wirtschaftliche, naturräumliche planungsrelevante Kriterien anzulegen (Meise 1998, 52). Jedoch scheint sich die neue, als eigenständige Handlungsebene aufgewertete Region empirischen Abgrenzungen noch mehr zu widersetzen als die alte, meist anhand von Kriterien physischer Binnenverflechtungen abgegrenzte Region, denn sie ist sehr stark auf immateriellen Verflechtungen aufgebaut. Die globale Einbindung und die Dynamik des regionalen Geflechtes sorgen dafür, dass sich Regionen kaum noch als feste territoriale Handlungsräume definieren lassen. Anstelle der festen Geometrie der traditionellen Politik wird denn auch zunehmend eine variable Geometrie eingefordert (Kujath 1998, 32). Vor allem aber sperrt sich der neue Regionsbegriff einer klaren institutionellen Zuordnung. Region wird vielmehr als ein flexibler Interaktionszusammenhang interpretiert, den die unterschiedlichen ökonomischen, sozialen und politischen Akteure innerhalb eines Raumes bilden. So verwundert es nicht, dass einerseits genau die etablierten, mit klarer räumlicher Abgrenzung und fest umrissenem fachlichen Zuständigkeitsbereich ausgestatteten Regionalverbände latent von Aushöhlungs- und Auflösungserscheinungen bedroht sind, andererseits aber neue regionale Kooperationen mit flexiblerem räumlichem Zuschnitt und begrenzterer Verantwortlichkeit geradezu aus dem Boden sprießen (vgl. Kapitel II.2). Die neuen Regionen besitzen keine starren Grenzen, darüber hinaus sind sie zeitlich instabil und weisen ausgeprägte innere Konzentrations- und Interaktionsschwankungen auf (Weichardt 1996, 41).

„Region" hat sich gegenüber dem „Staat" vom Objekt zum Subjekt, einem eigenständigen Handlungsraum für alle möglichen gesellschaftlichen Aktivitäten gewandelt (Meise 1998, 67). Regionalisierung entsteht von unten in Form von interkommunaler Kooperation, aber auch von oben im Zuge der Suche des Staates nach neuen, eher moderierenden Steuerungsfunktionen. Sie führt zu neuen Strukturen und Politikinhalten: Die Region wird ebenso zum Träger der Innovationspolitik wie auch zum Träger ökologisch-nachhaltiger Entwicklung durch regionale Stoffkreisläufe. Neue Handlungsformen und Verfahrensmodi führen zu neuen Formen der Mobilisierung von Kooperation, Beteiligung und demokratischer Selbstbestimmung (Benz et al. 1999, 11).

Anders als bei der klassischen bloßen Dezentralisierung staatlicher Aktivitäten geht es bei der Regionalisierung nicht um feste neue Gebietseinheiten oder Aufgabenverlagerungen. Regionalisierung ist nicht primär eine Neuorganisation der Aufgabenverteilung, sondern vor allem eine Strategie der Entwicklungspolitik (Benz et al. 1999, 25). Politische Programme werden prozeduralisiert und dabei die Bedeutung kooperativer und kommunikativer regionaler Strukturen genutzt (Meise 1998, 60).

Wie erfolgversprechend diese Umorientierung weiter Politikbereiche auf die Region ist, ist insgesamt noch nicht einschätzbar. Deutlich und alleine an der Zahl der neuen regionalen Kooperationen ablesbar ist jedoch, dass diese Neuorientierung schon weit vorangeschritten ist. Es spricht sogar einiges für die These, dass die Veränderung der politischen Strukturen, ursprünglich im Zuge der Anpassung an regionalisierte Ökonomien vorgenommen, die ökonomische Sphäre in der Frage der Regionalisierung sogar schon überholt hat. Denn die regionale Neuclusterung von Betrieben scheint eher auf Ausnahmen in einigen erfolgreichen Branchen und Regionen beschränkt zu sein. Betriebe in Normalregionen – und durchaus auch in prosperierenden – orientieren sich noch überwiegend in einem nationalen Kontext (v. Einem et al. 1995). Es lässt sich damit eine Kritik an der regionalwissenschaftlichen Diskussion in Richtung der Überhöhung des globalen und regionalen Kontextes unter Vernachlässigung der nationalen Ebene üben (Hellmer et al. 1999, 49). Analysen politischer und ökonomischer Netzwerkstrukturen auf der regionalen Ebene zeigen zudem, dass

Elemente geschlossener Netzwerke unter politischen Akteuren weitaus ausgeprägter sind als unter wirtschaftlichen Akteuren.

Auch das Ergebnis der hier durchgeführten Erhebungen, nach denen es in Deutschland bereits etwa 400 regionale Kooperationen gibt, in denen politische Akteure maßgeblich sind, lässt vermuten: Die gegenwärtige Aufwertung der regionalen Ebene scheint in Deutschland eher politisch als ökonomisch forciert zu sein (Hellmer et al. 1999, 256).

Kapitel II
Typen regionaler Kooperationen

Um welche Kooperationen geht es in dieser Arbeit? Zur Klärung dieser Frage werden nachfolgend im ersten Teilkapitel regionale Kooperationen in den allgemeineren Kontext der netzwerktheoretischen Diskussion gesetzt und als eigenständiger Grundtypus gegenüber anderen Typen von Netzwerken abgegrenzt. Im zweiten Teilkapitel werden die wichtigsten Typen regionaler Kooperationen konkreter vorgestellt, wobei besonders ihre jeweiligen Entstehungshintergründe beleuchtet werden.

1. Regionale Kooperationen als Netzwerke

In diesem Teilkapitel geht es darum, die in der Arbeit untersuchten regionalen Kooperationen in den Kontext der allgemeinen Diskussion um Netzwerke zu setzen. „Netzwerk" und „Kooperation" sind — wie noch zu diskutieren sein wird — zwar keine identischen Begriffe. Dennoch zeichnen die wesentlichen Funktionsmerkmale von Netzwerken auch regionale Kooperationen aus. Nachfolgend werden daher zunächst die unterschiedlichen Linien der Diskussionen um Netzwerke nachgezeichnet (Teilkapitel 1.1) und die wesentlichen allgemeinen Merkmale von Netzwerken skizziert (Teilkapitel 1.2). Daran anknüpfend werden Typisierungen für Netzwerken vorgeschlagen (Teilkapitel 1.3) auf deren Grundlage schließlich die in dieser Arbeit relevanten Kooperationen von anderen Netzwerktypen abgegrenzt werden, wobei Kooperative Netzwerke von Institutionalisierten Kooperationen unterschieden werden (Teilkapitel 1.4).

1.1 Diskussionsrichtungen und Konjunkturen des Netzwerkbegriffes

Die Diskussion um die in dieser Arbeit untersuchten neuen regionalen Kooperationen ist Teil allgemeinerer Debatten um sozioökonomische und politische Steuerungsmodelle, die sich allesamt um den Begriff des „Netzwerkes" drehen. Seit den siebziger Jahren, verstärkt Ende der achtziger und zu Beginn des letzten Jahrzehntes, hatten sich zunächst in der Soziologie, später dann — zwar ungefähr zeitgleich, aber mit zunächst nur geringer wechselseitiger Rezeption — in der wirtschaftswissenschaftlichen und in der politikwissenschaftlichen Debatte eine Reihe unterschiedlicher Definitionen des Begriffes „Netzwerk" herausgebildet. Der Begriff war nicht von ungefähr attraktiv: plastisch suggerierte er Flexibilität, Modernität und Innovationskraft. Das Feld seiner Anwendung war groß und erwies sich zum Teil auch als fruchtbar, um empirische Phänomene zu erhellen.

In Anlehnung an Hellmer et al. (1999, 55ff) lassen sich in der Netzwerkdiskussion vier Ansätze unterscheiden, die, wenngleich aus unterschiedlichen Disziplinen kommend, zum Teil durchaus Überschneidungen aufweisen:

- Die längste Tradition weist der formale Netzwerkansatz auf. Ihm geht es lediglich um die präzise deskriptive Abbildung von internen Netzwerkstrukturen. Der situative Kontext, in dem Netzwerke agieren und ihre Funktionen für das Gesamtsystem stehen ebenso wenig im Blickpunkt wie ihre Ziele und Inhalte (vgl. u.a. Pappi 1987). Der formale Netzwerkansatz sieht Netzwerke in erster Linie als soziale Gebilde und verfügt dabei über den weitesten Netzwerkbegriff: Im Grunde sind alle Strukturen von Einheiten und Akteuren, die aus mehr als zwei Elementen bestehen, als Netzwerke definierbar, also auch feste hierarchische Organisationen.
- Von den beiden anderen idealtypischen Formen der Steuerung, nämlich Markt und Hierarchie, werden Netzwerke im Rahmen der neuen Institutionenökonomie abgegrenzt (Mahnkopf 1994). Primär bezieht sich dieser Ansatz auf Unternehmensnetzwerke, lässt sich jedoch auch auf politische und soziale Netzwerke übertragen. Netzwerke sind interessant, weil sie, bestehend aus Akteuren, die rational ihre Transaktionskosten minimieren, unter bestimmten Bedingungen die effizienteste, weil transaktionskostengünstigste Organisationsform darstellen. Netzwerke werden dabei meist als nur hybride Formen „zwischen Markt und Hierarchie" verstanden (Williamson 1990), die sowohl hierarchische als auch marktförmige Elemente enthalten. Die Mehrheit der Autoren erkennt somit dem Koordinationsmechanismus Netzwerk keine eigene neue Qualität zu (beispielhaft Sydow 1993, 102). Seltener werden Netzwerke als vollständig eigener Typus „jenseits" von Markt und Hierarchie aufgefasst (Powell 1990, 295).
- Um die Einbettung ökonomischer Transaktionen in Akteursbeziehungen geht es der soziologisch ausgerichteten qualitativen Netzwerkanalyse. Im Gegensatz zum Transaktionskostenansatz, der primär rational handelnde und effizienzorientierte Subjekte unterstellt, stehen hier die nicht-rationalen Merkmale des Austausches zwischen den Akteuren wie Vertrauen, Normen und Werte im Vordergrund.

- Im Unterschied zu diesen Ansätzen geht es der Politikfeldforschung vor allem um die Leistungsfähigkeit von Netzwerken für die „Politikproduktion" im Kontext des gesellschaftlichen und politischen Gesamtsystems. Der Ansatz nimmt dabei sowohl Erklärungsfaktoren der Transaktionskostentheorie als auch der qualitativen Netzwerkforschung auf, argumentiert aber vor allem aus einer system- bzw. steuerungstheoretischen Perspektive. Netzwerke werden sowohl von Formen horizontaler Steuerung als auch vom Typus der vertikalen Steuerung unterschieden. Die Diskussion konzentrierte sich im wesentlichen auf die Formen der Dezentralisierung der politischen Koordination und deren Effizienz gegenüber hierarchischen Politikmustern (Scharpf 1993). Die Debatte, die sich zunächst auf Politiknetzwerke auf staatlicher Ebene bzw. Mehrebenenverflechtungen zwischen Bundesländern und Bund konzentriert hatte, erhielt durch die in den Regionalwissenschaften forcierte Diskussion um regionale Unternehmensnetzwerke sowie die Europäisierungsdebatte neue Impulse; nun rückten auch regionale Politiknetzwerke in das Zentrum der Betrachtungen.

Hinausgehend über die wissenschaftliche Diskussion hat längst auch die staatliche und kommunale Politik die gezielte Gestaltung regionaler Akteursnetze zu einer wichtigen Aufgabe gemacht. Dennoch verflog die zwischenzeitliche Euphorie um diesen Begriff in den allerletzten Jahren merklich. Es lassen sich sogar deutliche Anzeichen seiner konjunkturellen Talfahrt ausmachen, was sich in Formulierungen wie „Mythos Netzwerke" zeigt. Die Hauptursache dafür liegt weniger in den Defiziten der theoretischen Fundierung, bestehen doch durchaus schlüssige Begriffssysteme, mit denen sich das Phänomen Netzwerke fassen lässt. Der Grund für eine etwas zurückhaltendere Einschätzung der Leistungsfähigkeit von Netzwerkstrukturen besteht eher darin, dass die wenigen Untersuchungen, die versuchten, die tatsächliche empirische Relevanz von Netzwerken für den wirtschaftlichen, gesellschaftlichen und regionalen Strukturwandel gegenüber anderen Steuerungsformen (wie Markt und Hierarchie) auszumachen, zu eher ernüchternden Ergebnissen kamen: Umfassende regionale Innovationsnetzwerke – um den Typus zu nennen, für den eine der empirisch fundiertesten Untersuchungen vorliegt – sind, wenn überhaupt, dann nur in wenigen, nicht aber in „Normalregionen" vorzufinden (Hellmer et al. 1999, 250). Selbst einzelne „kooperative Netzbausteine", also Teile eines regionalen Innovationsnetzwerkes, sind auf politischer, erst recht auf ökonomischer Ebene von wesentlich geringerer Bedeutung, als es die theoretische Diskussion suggeriert.

1.2 "Netzwerke" — Definitionen und Merkmale einer Metapher

Welche zentralen Merkmale für Netzwerke werden aus den oben genannten Diskussionsrichtungen formuliert? Bei den Definitionen gilt es zunächst, eine phänomenologische von einer theoretischen und einer methodischen Ebene zu unterscheiden (Sydow 1993, 60; Fischer/Gensior 1995, 29). Das Problem einer allgemeinen Minimaldefinition von Netzwerken macht die Bemerkung Sydows deutlich, nach der „*... ein Netzwerk zunächst nichts anderes (ist) als ein methodisches Konstrukt des Forschers oder der Forscherin, der bzw. die darüber entscheidet, welcher Untersuchungsgegenstand als Netzwerk erfasst werden soll, und zweitens, wie dieser von seiner Umwelt abgegrenzt werden soll*" (Sydow 1993, 60).

An der einfachen Beschreibung von Netzwerken orientiert ist die Definition, die die Vertreter der formalen Netzwerkanalyse liefern: Demnach ist ein Netzwerk „*...eine durch Beziehungen bestimmten Typs verbundene Menge von sozialen Einheiten wie Personen, Positionen, Organisationen*" (Pappi 1987, 13). Dabei sind in Netzwerken stets mehr als zwei Akteure miteinander verkoppelt (Fritsch 1992, 90). Dieses sind zwar die einzigen Merkmalsbestimmungen, die von allen der o. g. Richtungen der Netzwerkforschung gleichermaßen akzeptiert werden. Gleichzeitig sind diese Bestimmungen jedoch nur bedingt weiterführend, grenzen sie doch im Grunde nur Netzwerke, an denen in irgendeiner Weise Menschen beteiligt sind, z. B. von rein technischen Netzen ab. Jenseits dieser Definition gibt es jedoch kein Merkmal, dessen konstitutive Bedeutung für ein Netzwerk von allen Forschungsrichtungen in gleichem Maße anerkannt wird. Alle Diskussionsrichtungen gewichten die Merkmale in ihrem jeweiligen theoretischen Kontext und den betrachteten Netzwerktypen anders. Freilich gibt es dabei Eigenschaften, die kontrovers und Kennzeichnungen, die weniger kontrovers diskutiert werden. Markt und Hierarchie stellen dabei in der Regel die Referenzmodelle der Steuerungsform Netzwerk dar.

Verflechtungen zwischen Organisationen durch mittelstarke Kopplung ihrer Akteure

Abgesehen von der formalen Netzwerkanalyse, die das Begriffswerkzeug liefert, auch netzwerkartige Verflechtungen innerhalb von festen Institutionen zu beschreiben, definieren alle Forschungsansätze Netzwerke explizit primär als Verflechtungen zwischen Akteuren, die primär unterschiedlichen Institutionen (z. B. Unternehmen oder politisch-administrativen Einheiten aber auch gesellschaftlichen Gruppen) angehören. Was dabei im einzelnen als eine festgefügte Institution zu bezeichnen ist, bestimmt sich zum großen Teil durch deren rechtlichen Status.

Wiederum abgesehen vom formal-deskriptiven Netzwerkansatz sehen alle Diskussionsrichtungen den Kopplungsgrad der Elemente von Netzwerken, die Intensität der Kommunikationsbeziehungen, generell die Enge der Bindungen der Akteure in Netzwerken, als ein zentrales Element an, durch das sich Netzwerke von anderen Steuerungsformen abheben lassen.

Im Vergleich zum Markt ist die Kopplung der Akteure enger, da die soziale Organisiertheit größer ist. Damit hängt ein intensiverer Kommunikations- und Informationsaustausch, generell eine höhere Interaktionsdichte zusammen (Sydow/Windeler 1994, 10f). Im Vergleich zu festen Institutionen wird Netzwerken generell ein lockerer Bindungsgrad zwischen ihren Akteuren bescheinigt (Fürst/Schubert 1998, 352), dies vor allem, da Netzwerke nur gering formalisiert bzw. nicht förmlich institutionalisiert sind (Fürst/Kilper 1993, 22).

Die Stärken der schwachen Bindungen einer losen Kopplung werden dabei eher betont als ihre Nachteile: Die relative Autonomie der Mitglieder bleibt ebenso erhalten wie die Grenzen nach außen relativ offen sind. Dies ist der Hauptgrund der im Vergleich zu formalen Institutionen größeren Innovationsfähigkeit von Netzwerken (Hellmer et al. 1999, 71). Lose Kopplung kann dazu beitragen, „Lock-in-Effekte" in Form einer reinen Konsens-Kultur zu vermeiden (Grabher 1993).

Eine differenziertere Betrachtung zeigt allerdings, dass es sinnvoll ist, hinsichtlich des Kopplungsgrades einzelne Netzwerktypen voneinander zu unterscheiden. Es gibt in regionalen Netzwerken sowohl „Weak Ties" als auch „Strong Ties", die gleichzeitig wirksam sind und sich gegenseitig ergänzen können. Akteure in Netzwerken können traditionelle Bindungen aufweisen, die langlebiger und damit fester sind als diejenigen von Akteuren in festgefügten Institutionen (Fürst/Schubert 1998).

Dauerhaftigkeit und Zielgerichtetheit

Die Verbindung zwischen den Akteuren in Netzwerken ist generell zwar langfristiger angelegt als die zwischen Marktakteuren, darin sind sich alle Autoren einig (z. B. Fritsch 1992, 90). Strittig ist aber, ob sie kurzfristiger angelegt sind als die Beziehungen in festen Institutionen, ob die lose Kopplung von Netzwerken tatsächlich durch ein variables Kommen und Gehen ihrer Akteure ausgedrückt wird (Döhler 1993, 8). Denn dass die Akteure von Netzwerken unter Umständen häufiger wechseln als in formalen Institutionen, scheint kein ausreichendes Unterscheidungskriterium zu sein: Niemand würde z. B. Institutionen wie Schulen oder Universitäten, die sich ja durch permanente Fluktuationen auszeichnen, schon deswegen als Netzwerke bezeichnen. Umgekehrt gibt es sowohl auf politischer als auch auf zwischenbetrieblicher Ebene Netzwerke, denen seit Jahrzehnten dieselben Akteure angehören.

Unterschiedlich wird auch die Frage einer a priori gegebenen zeitlichen Begrenzung der gesamten Tätigkeit des Netzwerkes eingeschätzt. Mehrheitlich werden Netzwerke als „open ended" angesehen; sie sichern ihren eigenen Fortbestand, indem sie permanent Ergebnisse produzieren und sich neue Aufgaben suchen (Fürst/Schubert 1998, 352). Insofern sie flexibel ausgelegt sind, können sie sogar länger überleben als feste Institutionen, stehen also, was dieses Kriterium angeht, tatsächlich jenseits von und nicht zwischen Markt und Hierarchie. Empirisch zeigt sich aber, dass zumindest politischen regionalen Netzwerken die Tendenz zur eigenen Aufhebung innewohnt in dem Sinne, dass sie in festgefügte Institutionen transformiert werden. Die Akteure arbeiten weiter zusammen, aber sie tun dies nicht mehr „nur" in Form eines Netzwerkes (Sydow 1993, 82; Sydow/Windeler 1994, 11).

Einige Autoren sehen das Merkmal der Zielgerichtetheit generell als konstitutiv für Netzwerke an (Meßner 1995, 212). Sinnvoller erscheint jedoch die Zweiteilung in gerichtete und ungerichtete Netzwerke (Fürst/Schubert 1998, 356).

Reziprozität, Vertrauen, gemeinsame Wertemuster, Identität

Die Beziehungen der Akteure in Netzwerken sind wechselseitiger Natur (Meßner 1995, 212). Unter Reziprozität wird in diesem Zusammenhang ein regelmäßiges Muster des sozialen und sonstigen Leistungsaustausches verstanden, das nicht — wie im Falle des Marktmodells — auf dem Prinzip kurzfristiger Leistungen und Gegenleistungen gründet, sondern auf mittel- bis langfristigen Leistungen und Gegenleistungen im Rahmen einer stabilen Vertrauensbasis (Grabher 1993, 8-11; Sydow 1993, 82; Sydow/Windeler 1994, 11). Der Leistungsaustausch in Netzwerken wächst langsam, dabei wird ein objektiv steigendes Risiko durch wachsendes Vertrauen der Netzwerkmitglieder ausgeglichen (Grabher 1993, 8-11).

Vertrauen zwischen den Akteuren sowie die Existenz gemeinsamer Wertemuster werden von den meisten Autoren (Ausnahme Semlinger 1993) als wichtige Merkmale von Netzwerken hervorgehoben (Wurche 1994; Powell 1990; Scharpf 1993; Mahnkopf 1994; Fürst/Kilper 1993, 22). Vertrauen und gemeinsame Werte sind in Netzwerken von größerer Bedeutung als in festen Institutionen und am Markt, denn sie wirken — in Abwesenheit fester rechtlicher Regelungen — als Kitt zwischen den Knoten der

Netzwerke. Als Beispiel für Netzwerke, in denen gemeinsame Werte eine entscheidende Rolle spielen, werden häufig Industrial Districts wie in Mittelitalien genannt, wo die Religion eine wichtige gemeinsame Wertebasis der Akteure in kleinbetrieblichen Netzwerken darstellt.

Horizontale Steuerung zwischen oder jenseits von Markt und Hierarchie

Dass, verglichen mit festen Institutionen, horizontale (also nichthierarchische) Beziehungen in Netzwerken kennzeichnend sind und sie deswegen als ein horizontaler Steuerungstyp gegenüber dem vertikalen Koordinationsmuster abgrenzbar sind (Scharpf 1993, 72), ist — ausgenommen auch hier wieder den rein formal deskriptiven Ansatz, der auch Hierarchien als Netzwerk fasst — nahezu ein Axiom der Netzwerkforschung (Kenis/Schneider 1991, 40). „Netzwerk" wird in der Politikfeldforschung ausdrücklich als ein neues Konzept von Organisation und Regieren begriffen, nach dem Politik nicht länger Resultat zentraler Steuerung, sondern Resultat dezentraler Aktivitäten ist (Kenis/Schneider 1991, 26; Marin/Mayntz 1991, 16).

Es ist dabei unbestritten, dass Netzwerke Merkmale aufweisen, die diesen Typus auf einem Kontinuum zwischen den beiden Polen Markt und Hierarchie einordnen lassen. Die Bindungen der Akteure in Netzwerken sind lockerer als in der Hierarchie, aber fester als im Markt. Netzwerke nehmen eine intelligente Verbindung aus den beiden anderen Grundformen vor (Sydow 1995, 629). Sie versuchen deren Dysfunktionen zu vermeiden, indem sie die Fähigkeit der Hierarchien, Ziele zu verfolgen und Kontrolle auszuüben mit der Flexibilität von Märkten verbinden (Fürst/Kilper 1993; Bellack, 73). Die Mischung der Logiken von Markt und Hierarchie ist kennzeichnend für Netzwerke (Schneider/Kenis 1991, 17). Geradezu zwei unterschiedliche Schulen existieren jedoch hinsichtlich der Frage, ob Netzwerke lediglich eine hybride Form, gar nur eine Übergangsform „zwischen" Markt und Hierarchie darstellen oder ob es sich bei ihnen um einen Steuerungstypus „jenseits" von Markt und Hierarchie handelt, dessen Logik sich nicht nur als eine bloße Mischung aus anderen Logiken ergibt, sondern der eine dauerhafte eigene Qualität aufweist (Fischer/Gensior 1995, 33; Kenis/Schneider 1991, 41). Wie diese Frage beantwortet wird, korreliert zum einen stark mit der empirischen Bedeutung, die Netzwerken beigemessen wird, zum andern damit, wie sehr der Akzent auf das Ineinandergreifen unterschiedlicher Steuerungsformen gelegt wird. Ging in der ersten Hälfte der neunziger Jahre die Diskussion eher weg von der Einordnung als bloßer Hybridform (Williamson 1996) hin zu einer eigenständigen

Steuerungsform (Powell 1996), so war in den letzten Jahren, die eher durch eine nüchterne Einschätzung der Leistungsfähigkeit von Netzwerken gekennzeichnet waren, wieder der umgekehrte Trend zu beobachten.

In bestimmten Fällen können Netzwerke durchaus eine überlegene Form jenseits von Markt und Hierarchie sein (Kestermann 1995, 3) und einen qualitativ anderen Steuerungstypus darstellen (Mayntz 1996, 477). Netzwerke weisen eine eigene Handlungslogik auf, da sie gleichzeitig einen Vertrags- und Organisationsbezug herstellen, lassen sie sich nicht auf einem Kontinuum zwischen Markt und Hierarchie einordnen (Meßner 1995, 201). Demgegenüber betonen andere Autoren, dass Netzwerke in keinem Fall eine tragfähige Alternative zu Markt und Hierarchie darstellen, sondern lediglich ergänzende Funktion haben (Benz 1995, 185). Umfangreiche Untersuchungen der empirischen Relevanz von regionalen Netzwerken lassen den Schluss zu, dass ein eigenes Steuerungsmodell nicht auszumachen ist. In Innovationsnetzwerken werden lediglich politische Organisationsformen durch marktförmige ersetzt, ein Qualitätssprung in Richtung einer völlig neuen Steuerungsform findet nicht statt (Hellmer et al. 1999, 193). Netzwerke koppeln sich vielmehr immer mit einer oder beiden dieser anderen Steuerungsformen und spielen dabei häufig nicht mehr als eine instrumentelle Hilfsrolle (Hellmer et al. 1999, 253).

Hierarchiefreiheit, Interdependenz, Macht und Abhängigkeit

Wenn jedoch auch der Typus horizontaler Steuerung in Netzwerken dominiert, die Beziehungen zwischen Akteuren eher horizontaler als hierarchischer Natur sind (Meßner 1995, 211), so ist dies jedoch nicht mit einer vollständigen Hierarchiefreiheit von Netzwerken gleichzusetzen. Es bestehen dabei durchaus Unterschiede in der Einschätzung einzelner Autoren, inwieweit in Netzwerken Hierarchien existieren können. Für einige (Fürst/Schubert 1998, 352) lassen sich in Netzwerken keine ausgeprägte Hierarchie, kein klares Zentrum ausmachen, sind Netzwerke durch das Fehlen von stabilen und zentralen hegemonialen Akteuren geradezu charakterisiert (Marin/Mayntz 1991). Zumindest indirekt unterliegen jedoch Netzwerke auch dem Einfluss vertikaler Steuerung: Zwar sind Netzwerke im Grundsatz zwar überwiegend informell, dezentralisiert und horizontal organisiert, sie operieren jedoch nie vollständig außerhalb von Machtstrukturen, unausgeglichenen Transaktionsketten und direktem vertikalen Einfluss. Diese Einflüsse können sogar so prägend sein, dass der horizontale Koordinationsmodus nicht das wichtigste Kriterium ist, das Netzwerke von formalen Organisationen unterscheidet, sondern eher die Enge der Bindungen und die Umstände des Ein- und Austritts differenzierende Merkmale zu festen Organisationen darstellen (Marin/Mayntz 1991, 16).

Über die Frage, inwieweit in Netzwerken das Element der Hierarchiefreiheit konstitutiv ist, gehen die Meinungen auseinander. Sicher ist aber: Auch Netzwerke enthalten hierarchische Elemente und es dominieren bestimmte Akteure auch über längere Zeit, jedoch in der Regel mit im Vergleich zu festen Institutionen eingeschränkter Wirkung. Weil in Netzwerken alle Verflechtungen lockerer geknüpft sind, können sich die Vorteile horizontaler Kopplung hier eher entfalten.

Co-spezialisierter Ressourceneinsatz, gemeinsame Kontrolle und kollektive Absicht in deren Verwendung unterscheiden Netzwerke von Hierarchien und Märkten (v. Alstyne 1997, 2, 41). Ein wesentliches Kennzeichen von Netzwerken ist damit die Interdependenz der Akteure, das heißt wechselseitige Abhängigkeit von den jeweils eingesetzten Ressourcen der anderen Teilnehmer (Hellmer et al. 1999, 60). Damit hängt die Frage der Macht in Netzwerken zusammen, die allerdings von den meist steuerungstheoretisch argumentierenden politikwissenschaftlichen Ansätzen weitgehend ausgeblendet wird (Hellmer et al. 1999, 64).

Hierarchie bestimmt sich überwiegend formal, das heißt durch rechtliche und organisatorische Regelungen; Macht jedoch durch generelle Ungleichgewichte in der Summe aller faktisch eingesetzten Ressourcen. Macht ist die Nutzung von Interdependenz in ungleicher und unsymmetrischer Weise. Zwischen rechtlich und organisatorisch gleichgestellten Akteuren in formal hierarchiefreien Netzwerken können erhebliche Machtunterschiede bestehen, wenn z. B. die Ressourcen Finanzen und Information ungleich verteilt sind. In Unternehmensnetzwerken z. B. bestehen Beziehungen zwischen rechtlich zwar selbständigen aber wirtschaftlich abhängigen Unternehmungen (Sydow 1993, 82;Sydow/Windeler 1994, 11). Insgesamt herrscht Einigkeit in der Einschätzung, dass in Netzwerken Macht- und Abhängigkeitsstrukturen bestehen (Meßner 1995, 212), ja dass Macht sogar ein funktionales Element von Netzwerken bildet, welches sie z. B. vom Markt unterscheidet (Hellmer et al. 1999, 65), dass aber in polyzentrischen Netzwerken die Mitglieder letztlich dennoch eine größere Autonomie behalten als in formalen hierarchischen Institutionen (Fürst/Kilper 1993, 22).

1.3 Typen von Netzwerken

Nahezu alle Beziehungen zwischen Personen, Personengruppen und Institutionen können sich auch in Form von Netzwerken strukturieren, daher können sich Netzwerke durch eine Fülle von unterschiedlichen Merkmalen voneinander unterscheiden. Im vorangegangenen Teilkapitel wurde deutlich, dass es kaum Kriterien gibt, die von allen netzwerktheoretischen Diskussionsrichtungen gleichermaßen als konstitutiv für Netzwerke anerkannt werden. Für einige der Kennzeichen von Netzwerken lassen sich aber Variablensets bilden, die der Abgrenzung von unterschiedlichen Typen von Netzwerken dienen können (Fritsch 1992, 90; Fischer/Gensior 1995, 34). Es kann davon ausgegangen werden, dass sich die unterschiedlichen Typen von Netzwerken für unterschiedliche Funktionen, Leistungen und Ergebnisse eignen. Es verwundert nicht, dass es eine große Vielzahl von möglichen Netzwerktypen gibt und auch findet sich in der Literatur eine beeindruckende Fülle von Typisierungsansätzen, die jeweils andere Merkmale in den Vordergrund stellen (Pappi 1987, 13; Schenk 1983, 89; Jansen/Schubert 1995, 11). Trotz aller Unterschiedlichkeit lässt sich aber feststellen, dass diese Ansätze sich im wesentlichen auf drei Gruppen von primären Typisierungsmerkmalen bzw. Kriteriumsbündeln beziehen, mit denen sie unterschiedliche Grundtypen von Netzwerken definieren: nämlich erstens die räumliche Komponente, zweitens das Themenfeld und den damit zusammenhängenden Akteurskreis mit seinen Hauptintentionen und drittens der Formalisierungsgrad in den Interaktionen der Akteure. Alle anderen Typisierungsmerkmale können als sekundäre bezeichnet werden, die diese Grundtypen noch weiter ausdifferenzieren.

Typisierungsmerkmal I: Die räumliche Dimension

Ein erstes Typisierungsmerkmal ist die räumliche Dimension. Grundsätzlich können Netzwerke auf allen räumlichen Ebenen existieren, von Bedeutung sind sowohl lokale und regionale als auch trans-territoriale Ausdehnungen (in Bundesländern, bundesweit, länderübergreifend, weltweit) (Camagni 1994, 76). In Deutschland konzentrierte sich die an der Frage der Funktionsweise des gesamten Staates ausgerichtete Politikforschung in den siebziger und frühen achtziger Jahren vor allem auf die nationale oder die Länderebene, seit Mitte der achtziger Jahre erlangten die transnationale und die regionale Ebene größere Bedeutung. Die räumliche Dimension steht auch mit den anderen primären Typisierungsmerkmalen in Zusammenhang. Je kleiner der räumliche Maßstab, desto unwahrscheinlicher ist die Ausdifferenzierung nach anderen Grundtypisierungsmerkmalen, insbesondere der Sektoralisierung der Netzwerke. Lokale Politiknetzwerke z. B. sind eher auch soziale Netzwerke als internationale; regionalen Politiknetzwerken ist meist der Anspruch sektorübergreifenden Handelns eigen. In der regionalen Innovationsforschung stand in den letzten Jahren gerade die Frage der

Verflechtung von Unternehmens- und Politiknetzwerken zu einem integrierten regionalen Netzwerk im Vordergrund (Hellmer et al. 1999, 100).

Typisierungsmerkmal II: Themenfeld, Ausrichtung und Akteurskreis

Das zweite Bündel von Differenzierungsmerkmalen ist das Themenfeld und damit eng zusammenhängend die inhaltliche Ausrichtung und der Akteurskreis des Netzwerkes. Hier ist vor allem die Unterscheidung zwischen ökonomischen, politischen und sozialen Netzwerken zu nennen, in der sich auch die unterschiedlichen disziplinären Herangehensweisen an das Phänomen der Netzwerke widerspiegeln.

Dabei handelt es sich zunächst einmal um analytische Kategorien. Empirisch gibt es Überlagerungen: Sowohl in politischen als auch in ökonomischen Netzwerken bestehen soziale Netzwerke zwischen den Akteuren, die einen entscheidenden Einfluss auf das Funktionieren der ökonomisch und politisch motivierten Aktivitäten des Netzwerkes ausüben. Vor allem regionale Innovationsnetzwerke werden als gemeinsame Netzwerke von politischen und ökonomischen Akteuren betrachtet, wobei dem soziokulturellen Kontext eine wichtige Rolle eingeräumt wird (Helmer et al. 1999; Goldschmidt 1997, 80).

Eng mit dem Themenfeld hängt der Akteurskreis zusammen. In der Politikforschung ist vor allem die Kategorisierung der „Issue-Networks" (Heclo 1978) zu nennen. Im Unterschied zu Netzwerken im demokratisch legitimierten System parlamentarischer Kontrolle, etwa zwischen politischen Generalisten verschiedener Institutionen mit der gleichen Parteizugehörigkeit, sind Issue-Networks sektorale Netzwerke auf Bundes- und Länderebene in erster Linie zwischen Fachexperten der Verwaltungen. Issue-Networks sind stabil, weil sie z. B. meist politische Wechsel überdauern. Sie sind professionell, ihre internen Kontakte intensiv, aber sie sind weniger sichtbar und daher weniger störanfällig nach außen (Benz 1995, 198f). Eine weitere Kategorie in diesem Zusammenhang wären Netzwerke zwischen öffentlichen und privaten Organisationen, etwa zwischen Vertretern von Gebietskörperschaften und aus der Wirtschaft (Benz 1995, 199).

Eine wichtige, erstaunlicherweise bislang noch wenig ausgeführte Differenzierung ist die zwischen gerichteten Netzwerken und ungerichteten Netzwerken (Fürst/Schubert 1998). Diese Unterscheidung, die einige grundsätzliche Meinungsunterschiede und Missverständnisse in der Netzwerkforschung auflöst, bildet eine Weiterentwicklung der Dichotomie der regionalen Innovationsforschung. Nachdem zunehmend klarer wurde, dass Netzwerke eine durchaus ambivalente Rolle im Innovationsprozess spielen, wurden hier zunächst positive von negativen Netzwerke unterschieden. Mit dieser einfachen Unterscheidung wurde aber den jeweiligen Qualitäten und Mängeln der Netzwerktypen noch nicht ausreichend Rechnung getragen. Gerichtete Netzwerke arbeiten themenbezogen (z. B. Issue Networks), haben mehr oder minder klar von den Akteuren gemeinsam definierte Aufgaben und Ziele; ihre autonomen Akteure (Organisationen, Institutionen) treten bewusst und freiwillig in verschiedene Beziehungen zueinander, um diese Ziele zu erreichen (Goldschmidt 1997, 79). Ungerichtete Netzwerke bilden dagegen den Hintergrund der alltäglichen Handlungen der Akteure, ihren räumlichen und sachlichen Bezugsrahmen. Die Ziele der einzelnen Akteure in ungerichteten Netzwerken unterscheiden sich hier stärker voneinander. Ungerichtete Netzwerke sind weiter verzweigt und dauerhafter als gerichtete Netzwerke. Sie — und deswegen sind sie, wenngleich schwer empirisch zu fassen, für die Netzwerkforschung besonders interessant — unterstützen gerichtete Netzwerke.

Gerichtete Netzwerke sind in der Regel der Gegenstand wirtschafts- und politikwissenschaftlicher Betrachtung. Sie verfolgen in einem mittelfristigen Zeithorizont ein vergleichsweise klar definiertes Ziel, das z. B. im Bereich der politischen Netzwerke die gemeinsame Durchführung von Infrastrukturmaßnahmen umfasst. Ungerichtete Netzwerke, vor allem Gegenstand der Soziologie, haben dagegen weniger bewusst verfolgte soziale Funktionen und entwickeln sich eher langfristig: Ihr Ziel ist das der Bildung einer kohärenten Gemeinschaft. Während in ungerichteten Netzwerken eher „Strong Ties", die auf lange Sicht haltbar sind, ausgebildet werden und in ungerichteten Netzwerken so Vertrauen, Solidarität und Sicherheit entstehen, zeichnen sich gerichtete Netzwerke eher durch „Weak Ties" aus, die besser geeignet sind, eine Fülle von neuen Informationen zu transportieren. Für die Entwicklung einer Bezugseinheit, z. B. einer Region, kann nun die Kombination aus gerichteten und ungerichteten Netzwerken, ihre wechselseitige Unterstützung, entscheidend sein. Ungerichtete Netzwerke üben dabei eine unterstützende Funktion für gerichtete Netzwerke aus, indem sie ihre personalen, symbolischen und kulturellen Bindungen verstärken und gegenseitiges Vertrauen zwischen den Akteuren erzeugen. Aber auch umgekehrt unterstützen gerichtete ungerichtete Netzwerke: Ungerichtete Netzwerke alleine wirken sich meist eher strukturkonservierend aus, sie haben eine Abschottungstendenz nach außen. Gerichtete Netzwerke können ungerichtete Netzwerke miteinander verkoppeln, indem sie z. B. den Informationsfluss zwischen diesen verbessern (Fürst/Schubert 1998, 356f). In der Praxis ist diese Aufteilung freilich oft nicht trennscharf: alle gerichteten Netzwerke enthalten auch allgemein unterstützende Aspekte und umgekehrt (Wohlfarth 1993, 44).

Im engen Zusammenhang mit den Themen stehen die Funktionen des Netzwerkes (Meßner 1995, 212). Entsprechend dieser Funktion lassen sich unterschiedliche Typen von Netzwerken bilden: Hat es z. B. vor allem Ersatzfunktionen oder Mobilisierungsfunktionen, Forums- oder Innovationsfunktionen wahrzunehmen (Fürst/Schubert 1998, 353)?

Eine weitere Typisierung, die sich mit den genannten z. T. überschneidet, ist jene in betriebliche Netzwerke, politische Netzwerke und „Problem-Solving-Netzwerke", die durch Rekurs auf die Potenziale der Mitglieder neue Problemlösungen für netzwerk-kollektive Probleme schaffen können (Fürst 1993, 8). Ein in der Literatur noch wenig behandelter Typus sind Stellvertreternetzwerke. Sie entstehen, wenn die eigentlichen Entscheidungsträger ihre Funktion im Akteursnetzwerk nur bedingt wahrnehmen (Fürst/Schubert 1998, 355).

Typisierungsmerkmal III: Formalisierungsgrad und Struktur der Akteursbeziehungen

Mit dem Formalisierungsgrad eines Netzwerkes ist hier seine gesamte innere Struktur und die Form und Intensität der Akteursbeziehungen umschrieben. Grundsätzlich werden Netzwerke von anderen Steuerungstypen gerade dadurch abgegrenzt, dass ihnen der Modus horizontaler, also nicht hierarchischer, Steuerung eigen ist. Gleichwohl werden aber durchaus Netzwerktypen dadurch voneinander unterschieden, wie sich der Einfluss bzw. die Autonomie der einzelnen Akteure, der Umfang und die Verteilung der jeweils eingesetzten Ressourcen und der sich daraus ergebende Einfluss einzelner Akteure, insgesamt also die Hierarchie- und Machtstruktur im Netzwerk darstellt (Goldschmidt 1997, 95). Damit hängt auch die Stärke der Bindungen („Weak – Strong Ties") der Netzwerkmitglieder und der Institutionalisierungsgrad des Netzwerkes zusammen. Im Feld der Unternehmensnetzwerke ist vor allem die Unterscheidung zwischen strategischen, operativen und kooperativen Netzwerken von Bedeutung.

Strategische (vertikale oder fokale) Netzwerke stehen hierarchischen Institutionen am nächsten und sind durch eine einheitliche Führung gekennzeichnet. Kennzeichnend für sie sind gezielt durchdachte und geplante Austauschbeziehungen. Ihr Kernmerkmal ist eine fokale Unternehmung, auf die sich das gesamte Netz ausrichtet und die den gesamten Prozess definiert und steuert (Wolff/Neuburger 1995, 86). Operative Netzwerke entstehen, wenn mehrere Unternehmen bestimmte Aufgaben an spezielle Unternehmen auslagern, die auch genau zu diesem Zweck gegründet sein können.

Kooperative Netzwerke sind diejenigen, auf die sich die Netzwerkdiskussion vor allem richtet. Ihr Steuerungsmodus ist im Gegensatz zu den strategischen Netzwerken nicht hierarchisch, sondern tendiert vergleichsweise eher in Richtung des Marktes. Die Mitglieder behalten ihre volle Autonomie. Beispiele für kooperative Netzwerke sind FuE-Allianzen oder Warenwirtschaftssysteme (Wolff/Neuburger 1995, 86).

1.4 Kooperative Netzwerke und Institutionalisierte Kooperationen im Kanon unterschiedlicher Steuerungsformen

In den beiden vorangegangenen Teilkapiteln wurden die wesentlichen Strukturmerkmale und die wichtigsten Typen von Netzwerken diskutiert. Auf dieser Grundlage kann nun der Untersuchungsgegenstand genauer eingegrenzt werden. Dabei kommen bereits an dieser Stelle die Kriterien räumliche Dimension, Ausrichtung und Formalisierungsgrad zur Anwendung.

Bei den hier untersuchten Kooperationen handelt es sich durchweg um gerichtete Netzwerkansätze, die darauf angelegt sind, gezielt regional relevante Themen kooperativ zu bearbeiten. Auch wenn ihr Kreis wirtschaftliche und gesellschaftliche Akteure umfasst, so sind es doch in erster Linie politisch-administrativ getragene Kooperationen.

Etwas differenzierter ist das Kriterium des Formalisierungsgrades, das stellvertretend für die innere Struktur und den Bindungsgrad der Akteure steht, zu betrachten. Dabei ist zu klären, wie sich der vorab diskutierte Begriff der Kooperation zu dem hier diskutierten Begriff der Netzwerke verhält. In der Literatur werden die Gemeinsamkeiten zwischen Kooperationen und Netzwerken unterschiedlich gesehen: In Semlingers Definition haben alle Formen von Netzwerken eines gemeinsam: die Bedeutung von Kooperation als dominantem Koordinationsmodell (Semlinger 1993, 347). Etwas anders setzen jedoch bereits Fritsch und Sydow bzw. Sydow/Windeler die Akzente, wenn sie nur von *„...vielfach kooperativen Verhaltensweisen..."* (Fritsch 1992, 90) und *„... eher kooperativen denn kompetitiven..."* Verhaltensweisen in Netzwerken sprechen (Sydow 1993, 82; Sydow/Windeler 1994, 11).

Kooperation ist zwar ein wichtiges (gegenüber anderen Steuerungsformen abzugrenzendes), aber nicht ein unbedingt notwendiges Element von Netzwerken; es gibt Netzwerke, in denen nicht aktiv kooperiert wird. Umgekehrt stellt auch nicht jede Kooperation ein Netzwerk dar (Hellmer et al. 1999, 60), beispielsweise dann, wenn nur zwei Akteure an der Kooperation beteiligt sind.

Kooperationen zeichnen sich in der Regel gegenüber Netzwerken durch eine größere formale Geschlossenheit nach außen und einen höheren inneren Formalisierungsgrad aus. Verglichen mit Netzwerken ist in Kooperationen die Kopplung der Elemente fester. In der Kooperation sind zwar ebenfalls reziproke Beziehungselemente wie Vertrauen und Langfristigkeit von großer Bedeutung, jedoch besitzt dieses Prinzip der Reziprozität (langfristige Leistungen/Gegenleistungen auf der Basis von Vertrauen) einen geringeren Stellenwert als in Netzwerken, da statt dessen verbindlichere, z. B. in Verträgen geregelte Mechanismen eingebaut sind.

Zu Verdeutlichung des Untersuchungsgegenstandes kann eine Skala dienen, die vor allem den Formalisierungsgrad der unterschiedlichen Steuerungstypen ausdrückt; sie erstreckt sich zwischen den Polen fester Institutionen auf der einen und dem Markt auf der anderen Seite. Netzwerke sind hier eher in Richtung des Pols des Marktes, Kooperationen eher in Richtung des Pols der festen Institutionen anzusiedeln, aber es gibt deutliche Überschneidungen(vgl. Abb. II.1). Werden in der klassischen ökonomischen Netzwerkforschung Netzwerke als hybride („gemischte") Transaktionsformen „zwischen Markt und Hierarchie" angesehen, so geht es in dieser Arbeit ebenfalls um Mischformen: Die untersuchten Kooperationen enthalten sowohl Elemente von festen formalen Organisationen als auch von Netzwerken. Sie sind Ausprägungen auf einer kontinuierlichen Skala mit den Endpunkten Markt (Synonym für eine Transaktionsform mit atomisierten Akteuren) und fester Organisation (Synonym für eine Transaktionsform, in der die Akteure in einer stark reglementierten, vertikal koordinierten engen Bindung zueinander stehen). Dabei werden die hier untersuchten Kooperationen nochmals differenziert, nämlich in Kooperative Netzwerke auf der einen Seite und in Institutionalisierte Kooperationen auf der anderen Seite:

„*Kooperative Netzwerke*" werden definiert als gerichtete Netzwerkbausteine mit einer im Vergleich zu ungerichteten Netzwerken klareren Akteursstruktur, einer engeren Kopplung der Akteure und einem festeren Aufgabenprofil, sowie einem gemeinsamen Namen. In diesen Netzwerken lassen sich im Unterschied zu ungerichteten Netzwerken dauerhaft klare Zielsetzungen und Aufgabenteilungen ausmachen. Vorherrschend ist der Modus der komplementären Kooperation. Die Akteure stehen zum Teil durchaus auch in einem Verhältnis vertikaler Koordination zueinander und es lassen sich zentrale Steuerungseinheiten ausmachen. Kooperative Netzwerke haben jedoch — und das ist entscheidend — keine feste Rechtsform.

Abbildung II.1: Die untersuchten Kooperationen im Kanon von Steuerungsformen

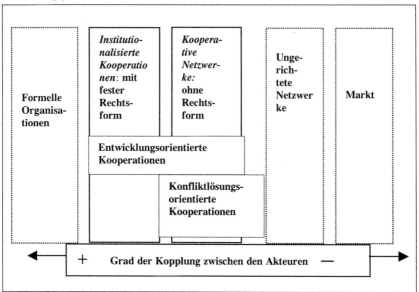

Quelle: Eigene Darstellung

„*Institutionalisierte Kooperationen*" sind per Definition von Kooperativen Netzwerken dadurch unterschieden, dass sie eine feste Rechtsform aufweisen. Diese stärkere Formalisierung sorgt tendenziell dafür, dass die Kopplung der Akteure enger, die Aufgabenteilung klarer fixiert und zentrale Steuerungselemente wie Hierarchien stärker ausgeprägt sind als in kooperativen Netzwerken. Institutionalisierte Kooperationen weisen zwar mit festeren Organisationen Gemeinsamkeiten auf. Der Hauptunterschied ist jedoch: Institutionalisierte Kooperationen basieren wie Kooperative Netzwerke noch immer auf netzwerkartigen Beziehungen zwischen Akteuren, die primär anderen fest institutionalisierten Herkunftsorganisationen angehören. Die Summe aller Bindungen, die die Akteure untereinander in der Institutionalisierten Kooperation haben, ist im Regelfall schwächer als die Summe der Bindungen, die die Akteure des Netzwerkes zu den Akteuren innerhalb ihrer fest institutionalisierten Herkunftsorganisation aufweisen. Auch wenn sie zur besseren Abgrenzung nicht mehr als Netzwerke bezeichnet werden, sind Institutionalisierte Kooperationen im Vergleich zu festen Institutionen noch immer wesentlich durch Merkmale gerichteter Kooperativer Netzwerke geprägt.

Zusammengefasst werden also in dieser Arbeit Kooperationen untersucht, die sich vor dem Hintergrund netzwerktheoretischer Überlegungen als regionale, gerichtete Kooperative Netzwerke, die zum Teil institutionalisiert sind bezeichnen lassen. Auf die in Abb. II.1 dargestellte Unterscheidung zwischen entwicklungsorientierten und konfliktlösungsorientierten Netzwerken wird nachfolgend eingegangen.

2. Regionale Kooperationsansätze und ihre Entstehungshintergründe

Im vorangegangenen Teilkapitel wurden die hier untersuchten regionalen Kooperationen in einen netzwerktheoretischen Kontext gesetzt und eine erste unterscheidende Typisierung in „Kooperative Netzwerke" und „Institutionalisierte Kooperation" vorgenommen, die den unterschiedlichen Formalisierungsgrad anzeigt. In diesem Kapitel geht es darum, die regionalen Kooperationen detaillierter zu systematisieren und ihre jeweiligen Entstehungshintergründe zu beleuchten. Dabei wird – quer zur Systematisierung im vorangegangenen Kapitel – eine weitere Unterscheidung eingeführt: nämlich die in entwicklungsorientierte Kooperationen auf der einen und konfliktlösungsorientierte Kooperationen auf der anderen Seite. Die Kooperationen werden zunächst im Überblick mit ihrer räumlichen Verteilung vorgestellt. Danach werden die entwicklungsorientierten und die konfliktlösungsorientierten Kooperationen detaillierter mit ihren Entstehungshintergründen vorgestellt und ein abschließender erster Vergleich der wichtigsten Typen von Kooperationsansätzen vorgenommen.

2.1 Die Räumliche Verteilung der Kooperationen

Die Abbildungen II.2 und II.3 sowie Karte 1 geben einen ersten Überblick über die Verteilung der 270 erfassten regionalen Kooperationen. Es zeigt sich dabei, dass der regionale Bezug flexibel definiert wird. Eher im Ausnahme- als im Regelfall werden feste Raumeinheiten wie Raumordnungsregionen oder Regierungsbezirke als Bezugspunkt gewählt. Was eine Region ist, bestimmt sich eher aus den Problemstellungen der Kooperation denn aus administrativen Abgrenzungen (Benz et al. 1999, 48).

Die Problemstellung der Kooperationen kann zunächst einmal kleinräumig standortbezogen sein und direkt nur einzelne Städte der Region betreffen, wie es vor allem bei mediationsähnlichen Verfahren oder flächenbezogenen interkommunalen Planungen, die im Kontext der Fortschreibung von Regionalplänen zu sehen sind, der Fall ist. Jedoch haben auch diese Kooperationen Auswirkungen für die gesamte Region. Die Art des regionalen Bezugs ist jedoch ein wichtiges Sortierungskriterium für die Kooperationen. Dabei werden zwei Hauptgruppen unterschieden: Die Kooperationen der ersten Gruppe orientieren sich eher strategisch an zukünftigen Möglichkeiten der regionalen Entwicklung, die der zweiten Gruppe setzen an akuten Konflikten mit regionaler Bedeutung an (Kestermann 1997, 68). Sie lassen sich wie folgt skizzieren:

20 der untersuchten Kooperationen wurden als mediationsähnliche Verfahren klassifiziert. Sie stellen die erste und kleinere der beiden Hauptgruppen dar. In diesen Kooperationen geht es vor allem um die Lösung von Konflikten. Die zweite Hauptgruppe bilden entwicklungsorientierte Kooperationen:

- Hier sind zunächst die interkommunalen Kooperationen zu nennen, die sich in Städtenetze (17 Nennungen) und sonstige in der Regel kleinräumigere interkommunale Kooperationen untergliedern.
- Eindeutig überwiegen Kooperationen mit einer flächenhaften Ausrichtung auf eine Region ungefähr im Maßstab einer ökonomisch-funktionalen Einheit, häufig einer gemeinsamen Geschichte und mit gemeinsamen Identifikationsmerkmalen. Oft sind diese Kooperationen im Rahmen der regionalisierten Strukturpolitik entstanden bzw. haben überwiegende ökonomische Zielsetzungen. Es dominieren Kooperationen im Zusammenhang mit der Erarbeitung von regionalen Entwicklungskonzepten (34 Nennungen), Regionalmarketing-Ansätze (20 Nennungen), als eigene Typen erwähnenswert sind auch noch Regionale Agenda-21-Prozesse und die kleineren Gruppen der Teilraumgutachten und Regionalparks.

Abbildung II. 2: Häufigkeiten der Kooperationstypen

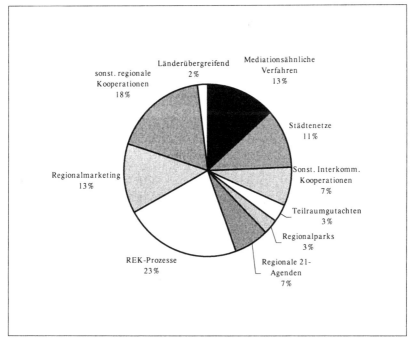

Quelle: Eigene Erhebung und Darstellung

Wie stellt sich nun die räumliche Verteilung der Kooperationen dar? Tabelle II.2 macht deutlich, dass es zwar durchaus Kooperationstypen gibt, die sich relativ gleichmäßig auf alle Bundesländer verteilen. Nicht von ungefähr sind dies vor allem Modellvorhaben, die von Seiten des Bundes mitinitiiert wurden, das ExWoSt-Forschungsfeld Städtenetze und der Wettbewerb Regionen der Zukunft für Agenda-21-Prozesse. Auffallender aber sind Konzentrationen auf bestimmte Bundesländer:

- Bei den mediationsähnlichen Verfahren ist Niedersachsen überrepräsentiert.
- Auf Teilraumgutachten besitzt Bayern ein Monopol; der Regionalparkansatz wird ausschließlich in Berlin-Brandenburg verfolgt.
- Regionale Entwicklungskonzepte (REK) sind vor allem in Thüringen und Nordrhein-Westfalen vorhanden, Niedersachsen und Sachsen-Anhalt fallen ebenfalls auf.
- Regionalmarketing-Ansätze finden sich vor allem in Bayern.
- Bei den sonstigen regionalen Kooperationen sind Hessen und Rheinland-Pfalz stark vertreten, vermutlich bestehen hier Parallelen zu den REK-Ansätzen in anderen Ländern.

Tabelle II.1: Kooperationstypen nach Bundesländern

Bundesland	Mediationsverfahren	Städtenetze	Sonst. Interkommunale Koop.	Teilraumgutachten	Regionalparks	Regionale Agendas 21	REK / Regionalkonferenzen	Regionalmarketing	Sonst. Regionale Koop.	Länderübergreifend	Insgesamt
	Anteile in %										
Baden-Württemberg	10,0	5,9	0	0	0	10,0	0	5,0	0	0	3,3
Bayern	5,0	5,9	0	100	0	10,0	0	55,0	3,7	0	13,2
Berlin-Brandenburg	15,0	11,8	0	0	100	10,0	0	0	0	33,3	7,3
Hamburg	10,0	0	0	0	0	0	0	0	0	0	1,3
Hessen	5,0	5,9	9,1	0	0	10,0	2,9	5,0	18,5	0	7,3
Mecklenburg-Vorp.	0	0	0	0	0	10,0	0	0	11,1	0	2,6
Niedersachsen	30,0	11,8	9,1	0	0	30,0	5,9	5,0	22,2	0	13,9
Nordrhein-Westfalen	10,0	5,9	0	0	0	10,0	26,5	10,0	3,7	0	10,6
Rheinland-Pfalz	0	5,9	18,2	0	00	0	14,7	0	14,8	0	7,9
Saarland	0	0	0	0	0	10,0	0	0	3,7	33,3	2,0
Sachsen	5,0	17,6	18,2	0	0	0	5,9	10,0	14,8	0	9,3
Sachsen-Anhalt	5,0	0	18,2	0	0	0	17,6	0	3,7	0	6,6
Schleswig-Holstein	5,0	0	9,1	0	0	0	5,9	5,0	0	0	3,3
Thüringen	0	23,5	18,2	0	0	0	20.6	5,0	3,7	0	9,9
Länderübergreifend	0	5,9	0	0	0	0	0	0	0	33,3	1,3
Gesamt	100	100	100	100	100	100	100	100	100	100	100

Quelle: Eigene Erhebung und Darstellung

Trotz dieser Konzentrationen auf bestimmte Bundesländer weisen die großen Bundesländer alle wichtigen Kooperationstypen auf: So verfügt Nordrhein-Westfalen z. B. über mediationsähnliche Verfahren, Regionalkonferenzen, Städtenetze, Agenda-21-Prozesse, die REGIONALE Kultur- und Naturräume und darüber hinaus z. B. über die in der Erhebung nicht erfasste IBA Emscher-Park (Höhn 1999, 10f).

Nicht so auffallend sind die Ungleichverteilungen der unterschiedlichen Kooperationstypen auf die unterschiedlichen Regionstypen (vgl. Abb.

II.3):[1] Mediationsähnliche Verfahren werden nicht überraschend in den eher verdichteten Räumen, wo die Konfliktpotentiale meist höher sind, eingesetzt. Städtenetze und REK konzentrieren sich auf Regionen mit Verdichtungsansätzen, während sonstige Regionale Kooperationen in peripheren Räumen etwas überrepräsentiert sind.

Nachfolgend werden nun die wichtigsten der — zum Teil schon planungshistorisch bedeutsamen — Kooperationstypen näher mit ihren Entstehungshintergründen vorgestellt.

Abbildung II. 4: Kooperationstypen nach Regionstypen

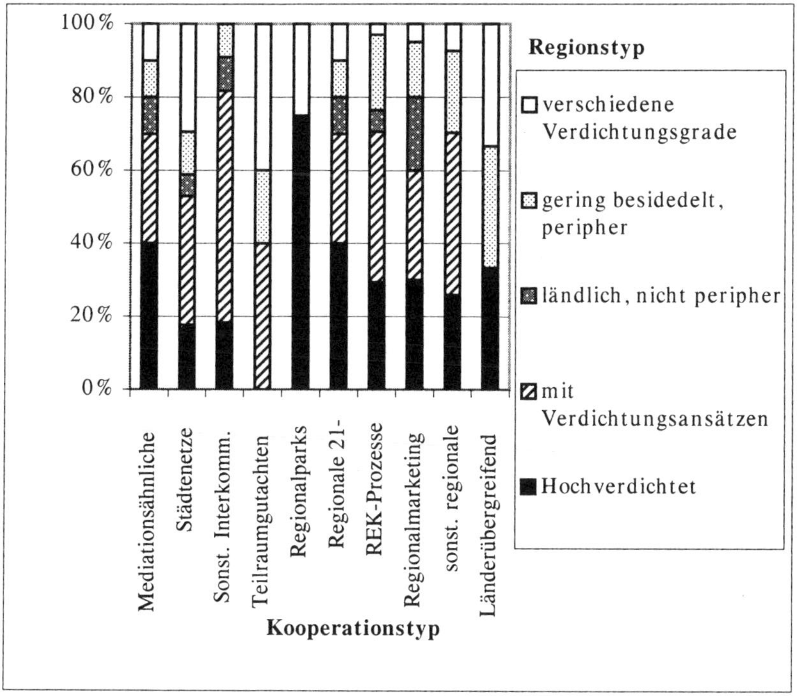

Quelle: Eigene Erhebung und Darstellung

---

[1] Hier wurde die Klassifizierung der laufenden Raumbeobachtung des BBR als Grundlage herangezogen. Auch wenn die hierin vorgenommene regionale Abgrenzung praktisch nie genau mit den Abgrenzungen der Kooperationen identisch ist, ermöglicht sie jedoch eine pragmatische grobe Einordnung des Raumes, in dem die Kooperationen situiert sind.

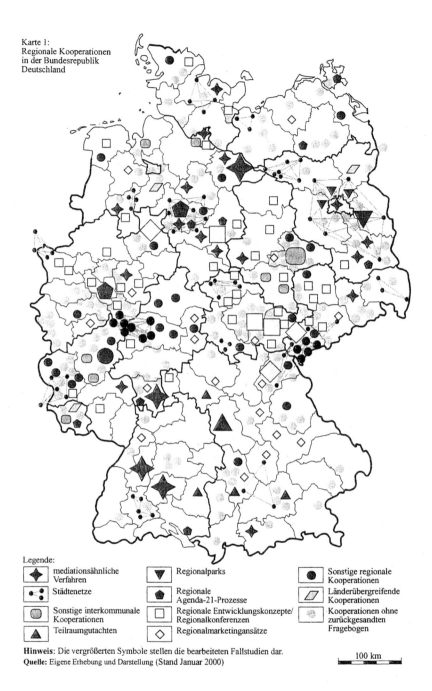

Karte 1:
Regionale Kooperationen in der Bundesrepublik Deutschland

Legende:
- mediationsähnliche Verfahren
- Städtenetze
- Sonstige interkommunale Kooperationen
- Teilraumgutachten
- Regionalparks
- Regionale Agenda-21-Prozesse
- Regionale Entwicklungskonzepte/ Regionalkonferenzen
- Regionalmarketingansätze
- Sonstige regionale Kooperationen
- Länderübergreifende Kooperationen
- Kooperationen ohne zurückgesandten Fragebogen

Hinweis: Die vergrößerten Symbole stellen die bearbeiteten Fallstudien dar.
Quelle: Eigene Erhebung und Darstellung (Stand Januar 2000)

2.2 Entwicklungsorientierte Kooperationen

Die wichtigsten entwicklungsorientierten Kooperationen sind Regionale Entwicklungskonzepte (REK), die meist in Verbindung mit Regionalkonferenzen stehen, Teilraumgutachten und ihr Umsetzungsprozess, Städtenetze, Regionalmarketingansätze, Regionalparks (vgl. Abb. II.2). Ferner sind zu nennen: Runde Tische, regionale Aktionsprogramme, Regionalforen (Behrendt/Kleine-Limberg 1997) und — in jüngster Zeit verstärkt — regionale Agenden (BBR 1998).

Mit den Teilraumgutachten in Bayern und den Regionalkonferenzen in Nordrhein-Westfalen wurden Ende der achtziger Jahre erstmals systematische Erfahrungen mit diesen Formen informeller Planung gesammelt. Als kooperative „organisierte Netzwerke" unterschieden sie sich nicht nur von den etablierten formellen Instrumenten der Landes- und Regionalplanung, sondern auch von festeren Formen regionaler interkommunaler Kooperation wie Regionalverbänden und Zweckverbänden mit festen Aufgabenbereichen (Fürst 1997, 127); auch sie heben sie sich von ungerichteten Netzwerken ab, sind jedoch in der Regel in solche eingebunden.

Die entwicklungsorientierten regionalen Kooperationen entstanden als Resultat zweier Entwicklungslinien: zum einen des Strategiewechsels der Raumordnungspolitik und Regionalplanung von Ordnungs- und Versorgungsfunktionen hin zu einer stärkeren Entwicklungsfunktion, zum anderen des Strategiewechsels staatlicher Wirtschaftspolitik in Richtung einer stärkeren Regionalisierung. Im Ergebnis konvergieren diese beiden Ansätze, auch wenn die regionalen Kooperationen im Einzelfall meist noch immer eindeutig einer raumordnerischen oder regionalpolitischen Initiative zugeordnet werden können. In beiden Ansätzen erhält die Region verstärkte Entscheidungskompetenz über den Einsatz von Ressourcen zu ihrer Entwicklung.

Was die Initialisierung der entwicklungsorientierten Kooperationen angeht, so lässt sich festhalten, dass die Angebote für solche Kooperationsformen in der Regel von der Landesebene (im Falle von Modellvorhaben auch von der Bundesebene) kommen und vor allem die Raumordnung, Landesplanung oder das betreffende Wirtschaftsressort als begleitende Instanz fungieren. Die Initiative wird dann jedoch mehr oder weniger schnell von der Region, und das sind in der Regel vor allem die Kommunen, aufgenommen; Regionalplanung und Landkreise sind mehr oder minder stark eingebunden. Der Kreis der Kooperanden wird mitunter auf wirtschaftliche Interessenverbände (Industrie- und Handelskammern, Handwerkskammern, Gewerkschaften) andere Interessenverbände (Tourismus, Naturschutz) und zum Teil bis zur Ebene von Unternehmen und Bürgern ausgedehnt. Eine reine Top-down- und eine reine Bottom-up-Initialisierung gibt es also nur in Ausnahmefällen.

Die interessanten Unterschiede liegen daher eher im Detail, z. B. wie die Rollen und Einflussgewichte vor allem zwischen dem Land und den Kommunen verteilt sind. Interessant vor allem deswegen, weil deutlich wird, wie unterschiedlich auch innerhalb eines Bundeslandes im konkreten Fall die Rollen und Einflussgewichte zwischen örtlicher und überörtlicher Ebene verteilt sein können. Interessant aber umgekehrt auch, weil sich auch innerhalb gleicher Kooperationstypen unterschiedliche Initialisierungsgeschichten zutragen können, die durch regional unterschiedliche Kooperationskulturen erklärbar sind.

2.2.1 Raumordnungspolitische Ansätze

Die in Kapitel I beschriebenen allgemeinen Defizite staatlicher Steuerung können auch für die Raumordnungspolitik diagnostiziert werden. Den Ausgangspunkt der unter raumordungspolitischer Zielsetzung initiierten regionalen Kooperationen bildeten die unübersehbaren Schwächen der etablierten regional- und landesplanerischen Instrumente und die damit einhergehenden Steuerungsverluste und Legitimationsdefizite überörtlicher Planung. Deren „harte" traditionelle Steuerungsinstrumente, vor allem sind hier bundesweit ca. 120 Raumordnungspläne mit den entsprechenden Verfahren zu nennen, hatten sich in den achtziger Jahren im Zuge der Ökologisierung der Raumplanung immer weiter in Richtung eines — zumindest von den Kommunen so empfundenen — restriktiven Charakters entwickelt. Bei gleichzeitig immer weiter verengten finanziellen Handlungsspielräumen der überörtlichen Ebenen führte diese restriktive Ausrichtung zu einem Akzeptanzverlust bei den Kommunen — bis hin zum latenten Unterlaufen überörtlicher Vorgaben (Fürst 1993, 553).

Vor allem die Regionalplanung wird kritisiert. Ihre Defizite lassen sich so beschreiben (Mielke 1999, 24ff):

- Es werden umfangreiche Planwerke erstellt, die im Missverhältnis zum tatsächlichen Steuerungsaufwand stehen; es handelt sich meist um eine kaum überschaubare Ansammlung von Zielaussagen zu allen möglichen Themen; es werden Themen und Konflikte thematisiert, die womöglich gar nicht relevant sind.
- Vorstellungen der Fachplanung müssen häufig einfach übernommen werden; bundes- und landesweite Fachplanungen entziehen sich dem regionalen Koordinationsprozess und auch die Gemeinden haben genügend Einfluss, die Regionalplanung zurückzudrängen.

- Die Regionalplanung ist schwerfällig und innovationsfeindlich, die Arbeitsweise ist zur Verwaltungsroutine erstarrt, sie wendet unverständliche Ziele und Grundsätze ordnungsrechtlich an, die vor allem von der Politik nicht zu akzeptierten sind.
- Sie hat sich in die Rolle des Verteidigers von Naturraumpotentialen zurückgezogen, anstatt alle Belange zu vermitteln.
- Sie agiert nur reaktiv, kann bestenfalls durch Einzelstellungnahmen unerwünschte Entwicklungen verhindern, aber keine positiven Entwicklungen anstoßen.
- Die zu lösenden Probleme sind oft kleinteiliger als der regionale Maßstab und lassen sich nur durch interkommunale Kooperation lösen.

Aus dieser Kritik ergeben sich zum einen Anforderungen an die Reform der formellen Planungen, an erster Stelle ist der schlanke Regionalplan zu nennen, der sich auf die wesentlichen Kernaussagen beschränkt. Zum anderen wird von der Raumordnung und Regionalplanung eine Neupositionierung im Kontext der Entwicklung regionaler Projekte verlangt (Mielke 1999, 27f). Aus Sicht der überörtlichen Planung dienen diese neuen entwicklungsorientierten Ansätze dazu, die Steuerungsmängel der Steuerungssysteme, die sich durch die Instrumente Macht und Hierarchie auszeichnen, zu überwinden (BfLR 1996, 13). Sie schließen, indem sie strategisch und entwicklungsbezogen angelegt sind, die Lücke zwischen den normativen Vorgaben der Landes- und Regionalplanung und der Umsetzung konkreter Projekte auf kommunaler Ebene. Aus überörtlicher Sicht dienen die Kooperationen nicht zuletzt dazu, auch die Kosten der Akzeptanzgewinnung der überörtlichen formellen Planung zu senken und die Bereitschaft der Adressaten zu Selbstbindung zu erhöhen.

Die ersten konsequent und systematisch verfolgten Ansätze informeller Entwicklungskonzeptionen mit primär raumordnungs-politischer Zielsetzung stellen die seit Ende der achtziger Jahre in Bayern erarbeiteten Teilraumgutachten dar (Haase-Lerch 1994, 20ff).[2] Von der Landesplanung initiiert, versuchen sie die räumliche und konzeptionelle Lücke zwischen der Regionalplanung und der kommunalen Planung zu schließen. Sie sind querschnittsorientiert angelegt, nehmen jedoch problemorientiert thematische Schwerpunktsetzungen vor. Dabei standen in Verdichtungsräumen eher Themen des Freiraumschutzes und des Umganges mit Überlastungsproblemen, in ländlichen Regionen dagegen eher Fragen der Förderung von wirtschaftlichen Entwicklungen im Vordergrund. Im regionalen Kontext gesehen stellen Teilraumgutachten Insellösungen dar: die behandelten Teilräume sind bisweilen kaum größer als eine Gemeinde. Da die Teilräume aber an Problemkonstellationen und nicht an administrativen Grenzen

---

2 Fallstudie für diesen Kooperationstypus ist in dieser Arbeit das Teilraumgutachten Ansbach-Hesselberg.

orientiert sind, überschreiten sie dennoch nicht selten Landkreisgrenzen. Teilraumgutachten wurden in Bayern als Förderangebote des Landes formuliert. Die interessierten Kommunen nahmen mehr oder minder stark diese Angebote an. Die Initiative zu den Gutachten, die Problemstellung und der Teilraumzuschnitt kamen in der Regel von den Gemeinden, die Finanzierung und Betreuung erfolgte weitgehend durch das Land. Die Fachplanungen der Landkreise und die Regionalplanung waren mehr oder minder stark eingebunden.

Die bayerische Landesplanung hatte bis zu Beginn der neunziger Jahre mit den Teilraumgutachten eine gewisse Vorreiterfunktion für die Umorientierung der nationalen Raumordnungspolitik inne. Mit dem Raumordnungspolitischen Orientierungsrahmen (ORA 1992) der im Raumordnungspolitischen Handlungsrahmen (HARA 1995) konkretisiert wurde, nahm in der ersten Hälfte der neunziger Jahre auch der Bund einen Paradigmenwechsel vor. Von Vornherein waren die neuen Ansätze kooperativer Regionalentwicklung als Ergänzung, nicht als Ersatz zu den bestehenden Raumordnungskonzeptionen formuliert, genauer: sie sollen ihrer Umsetzung dienen (BfLR 1996, 46). Mit der Festsetzung in Art. 2 §13 BauROG, in dem die Umsetzung der Raumordnungspläne durch Regionale Entwicklungskonzepte und Städtenetze unter Einbeziehung privater Akteure explizit genannt wird, wurde einige Jahre darauf auch ein loser gesetzlicher Rahmen für entwicklungsorientierte regionale Kooperationen geschaffen. Raumordnungs-Landesplanung und Regionalplanung werden gefordert, durch Projekte und Aktionen ihren Beitrag zur Koordination und Moderation komplexer räumlicher Entwicklungen zu leisten (BMBau 1995, 2).

Auf Bundesebene zeigt sich dies in einem festen Haushaltstitel, in dem immerhin mit 2 Mio. DM jährlich konkrete Projekte und Studien gefördert werden können (Gatzweiler 1999, 173). Vor allem waren dies die Modellvorhaben Städtenetze und der Wettbewerb Regionen der Zukunft. Neben diesen eher bundesweit-flächendeckenden Ansätzen sind Ansätze zu nennen, die sich an Modelle regionalisierter Strukturpolitik einiger alter Bundesländer anlehnen; hier ist eine gewisse Schwerpunktsetzung auf die neuen Bundesländer deutlich: drei Regionalkonferenzen[3] sowie drei regionale Sanierungs- und Entwicklungsgebiete[4] (Gatzweiler 1999, 174ff).

Den ersten von Seiten des Bundes systematisch erprobten raumordnerischen Ansatz stellen Städtenetze dar. Städtenetzkonzepte wurden seit Anfang der neunziger Jahre in Europa vor allem in Frankreich, den Niederlanden und der Schweiz aus raumordnerischer Sicht diskutiert (Sinz 1999,

---

3   Leipzig/Halle;   Bremen/Bremerhaven/Oldenburg/Wilhelmshaven;   Mecklenburgische Seenplatte.
4   Okertal-Harz; Johanngeorgenstadt; Vechta-Cloppenburg.

22f; Baumheier 1994, 389). Die Inhalte des ORA spiegeln konkret die Anforderungen durch den Beitritt der neuen Bundesländer wider und sind gleichzeitig Ausdruck eines neuen prozesshaften Planungsverständnisses. Die in ORA und HARA fundierten Städtenetze reihen sich einerseits planungsgeschichtlich ein in die bundesrepublikanischen raumordnerischen Konzepte von vertikalen und horizontalen Vernetzungen der letzen Jahrzehnte: Die vertikalen Städtevernetzungen im in den sechziger Jahren ausdifferenzierten Zentralörtlichen Konzepte und in die Idee der horizontalen Vernetzung durch Entwicklungsachsen zwischen den Oberzentren, wie sie in den siebziger Jahren ausreifte (Stiens 1995, 4). Ausdrücklich werden Städtenetze nicht als Alternative zu anderen raumordnerischen Konzeptionen, namentlich dem Zentrale-Orte-Konzept, formuliert. Städtenetze sind nicht als Ersatz, sondern als Ergänzung der klassischen Regionalpolitik gedacht.

Andererseits aber markiert das neue Konzept der Städtenetze dennoch einen zweifachen Paradigmenwechsel: Dieser liegt zum einen im neuen Verhältnis zwischen staatlicher Lenkung und kommunaler Ebene, zum andern im Verständnis dessen, was zu vernetzen ist. Das Instrument der Städtenetze soll nicht regulierend auf und ausgleichend zwischen regionalen Ebenen wirken, sondern die Aktions- und Handlungsfähigkeit der regionalen und kommunalen Ebenen erhöhen. Andererseits differenziert das Konzept der Städtenetze erwünschte Verflechtungen von unerwünschten (Baumheier 1994, 383). Der neue Städtenetzansatz bezieht sich nicht wie das Zentrale-Orte-Konzept, die Entlastungsorte und das Entwicklungsachsenmodell primär auf physische Vernetzung im Sinne der Siedlungsstruktur oder von Infrastruktursystemen. Denn die aus physischen Vernetzungen erwachsenden Verflechtungen sind nicht durchweg erwünscht, weil zum Teil belastend. Vielmehr richtet der Ansatz seine Ambitionen eher auf den Prozess der Vernetzung von regionalen Akteuren zur gegenseitigen Kompetenzstärkung (Baumheier 1994, 384). Das Konzept soll Regionen helfen, sich im Sinne eines „kooperativen Gesamtstandortes" „fit", d.h. durch die Arbeitsteilung seiner Akteure nach innen effizient und nach aussen konkurrenzfähig zu machen (Brake 1999, 36; Stiens 1995, 3; BBR 1999a, 32ff).

Mit diesem Ansatz ist gleichzeitig eine neue Stufe der Ökonomisierung der Regional- und Raumordnungspolitik erklommen (Stiens 1995, 3), die der „Software" gegenüber der „Hardware" eine größere Bedeutung beimisst.

ORA und HARA formulieren unterschiedliche Typen von Städtenetzen: Zum einen werden oberhalb des weiterhin bestehenden oberzentralen Netzes sechs europäische Metropolregionen benannt, in denen einerseits die Kernstadt vertikal mit ihrem Umland verflochten ist, die aber andererseits auch horizontal miteinander vernetzt sind. Diesen Städtenetzen mit Entlastungsbedarf, die im europäischen Wettbewerb eine herausragende Position innehaben und aus nationaler raumordnungspolitischer Sicht eher moderat entwickelt werden sollen, stehen Städtenetze mit Ausbaubedarf (in den alten Bundesländern) und Städtenetze mit besonderem Entwicklungsbedarf (in den neuen Ländern) gegenüber. Während in der ersten Kategorie durch die geforderte Vernetzung der Metropolregionen untereinander der regionale Maßstab der Raumordnung gesprengt wird, wird er in den beiden anderen, die gewissermaßen die Netzmaschen zwischen den Metropolregionen bilden, gestärkt. Städtenetze sind so insgesamt im Kontext sowohl der Globalisierung als auch des Bedeutungsgewinnes der regionalen Ebene zu sehen (Baumheier 1994, 383). Je nach Situation in diesen Regionen lassen sich die metropolenfernen Städtenetze noch einmal unterteilen in Auffangnetze, die in strukturschwachen Räumen vor allem Versorgungsfunktionen übernehmen sollen, Stabilisierungsnetze, die Versorgungs- und Entwicklungsfunktionen in zwar besser gelegenen, aber auch gering verdichteten Räumen übernehmen sollen und Aufholnetze, die in stärker verdichteten Transferräumen zwischen Metropolregionen Entwicklungsfunktionen übernehmen sollen (Brake 1999, 36). Alle diese Netze sollen langfristig miteinander verbunden werden („Netz der Netze") (Stiens 1995, 17ff). Auch wenn bisweilen Kritik geäußert wurde, z. B. jene, im Städtenetzkonzept würde lediglich das alte Modell der Entlastungsorte wieder aufgegriffen, einigten sich die Länder relativ schnell auf dieses neue Konzept. Gleichzeitig wurde die tragende Rolle der zentralen Orte für die physischen Aspekte der Vernetzung betont (Sinz 1999, 26).

Auf Grundlage des Raumordnungspolitischen Orientierungs- und Handlungsrahmens wurden dann von 1995-1998 insgesamt zwölf bundesweit verteilte, von den jeweiligen Bundesländern unterstützte Modellvorhaben mit insgesamt 59 Städten gefördert und mit einer begleitenden — häufig auch prozessmoderierenden — Projektforschung versehen (BBR 1999a, 2; Adam 1997).[5] Der Bund verstand sich als Animateur, Moderator und Sponsor, initiativ und innovativ, aber — nach Einzelaussagen — bisweilen auch tendenziell bevormundend (Sinz 1999, 26).

Die meisten dieser initiierten Städtenetze wurden auch nach Auslaufen der Modellförderung von den Kommunen weitergeführt. Als Grundmerkmale dieser Städtenetze wurden ein gemeinsames Geschäftsziel, Interessenidentität, Mehrdimensionalität, konkrete Aufgaben, Raumbedeutsamkeit und regionaler Bezug angesehen (BBR 1999a, 38). Kennzeichnend für die Arbeit dieser Städtenetze ist das Prinzip der Freiwilligkeit und Gleichbe-

---

5 Dieser Kooperationstypus wird in dieser Arbeit durch das Städtenetz Lahn-Sieg-Dill repräsentiert.

rechtigung der Netzpartner auch bei unterschiedlich großen Städten sowie das Konsensprinzip bei Entscheidungen (BBR 1999a,2f).

Die räumliche Zuschnitte der Städtenetze sind sehr verschieden, sie bewegen sich von Teilregionen bis über Bundesländer- und sogar Staatsgrenzen hinweg. Typisch ist, dass nur „Netzknoten" in die Kooperation mit einbezogen sind, die dazwischen liegenden, in der Regel kleineren Orte dagegen nicht. Es dominieren Themen der Wirtschaftsförderung und der Entwicklung des Tourismus (insbesondere imagebildende Maßnahmen), aber auch andere Themen (Verkehr, Einzelhandel). „Flächenhafte" Umweltthemen sind demgegenüber unterrepräsentiert.

In einzelnen Bundesländern wurden Erfahrungen mit einem anderen Typus der Städtevernetzung gesammelt: den sogenannten Städteverbünden, die im Unterschied zu den o.g. Städtenetzen aber vor allem klassische zentralörtliche Aufgaben übernehmen und diese kooperativ bewältigen sollen (Pretzsch 1999).[6]

Einen anderen Typus regionaler Kooperationen, in denen das raumordnungspolitische Entwicklungsziel der Nachhaltigkeit im Vordergrund steht, stellen Regionale Agenda-21-Prozesse dar. Hierzu wurde 1998 ein bundesweiter Wettbewerb „Regionen der Zukunft" ausgelobt, der auf außerordentliche Resonanz stieß. Mit 87 Regionen deckten die Bewerbungen ca. ¾ der Bundesrepublik Deutschland ab (Gatzweiler 1999, 179; BBR 1998; BBR 1999b). Aus den Bewerbungen wurden 26 für den Wettbewerb ausgewählt, der im Juli 2000 abgeschlossen wurde.[7]

Schließlich regte vor allem das Konzept der bayerischen Teilraumgutachten andere Bundesländer zu in mancher Hinsicht vergleichbaren teilregionalen Ansätzen an. So wird in Berlin-Brandenburg mit den Regionalparks ein Konzept zu Förderung alternativer Entwicklungsfunktionen für Umlandgemeinden verfolgt. Diese wurden zunächst im Landesentwicklungsplan für den engeren Verflechtungsraum programmatisch verankert. Sie waren dort aber als Vorschläge, nicht als verbindliche Festsetzung zu verstehen. In insgesamt acht Regionalparks wurden dann von der Landesplanung Initiativen unter den Kommunen angestoßen, Projekte einer am Freiraum orientierten Wirtschaftsentwicklung im Umland Berlins durchzuführen (SenStadt 2000).[8] Das Land setzte hier durch eine Anfangsförderung gewisse Anreize. Diese Inputs wurden von den einzelnen Teilräumen unterschiedlich aufgegriffen, so dass nach einiger Zeit — obwohl das Land überall ähnlich vorging — deutliche Unterschiede im Entwicklungsstand der Kooperationen zu verzeichnen waren (Römer 2000).

---

6 Fallstudie für diesen Typus ist der Städtebund Silberberg.
7 Fallstudien, die für diesen Kooperationstyp stehen, sind „Modellregion Märkischer Kreis" und „Aller-Leine-Tal-Projekt".
8 Fallstudie für diesen Typus ist der Regionalpark Müggel-Spree.

2.2.2 Struktur- und wirtschaftspolitische Ansätze

Den zweiten Haupttypus innerhalb der entwicklungsorientierten Netzwerke stellen struktur- und wirtschaftspolitische Ansätze dar. Im wesentlichen sind dies Regionalisierungsansätze im Rahmen der Strukturpolitik (Benz et al. 1999). Deren Formen sind in den einzelnen Bundesländern sehr unterschiedlich. Meist stehen hier Regionale Entwicklungskonzepte (REK) im Mittelpunkt: Bis Sommer 1997 wurden bundesweit 110 REK erstellt, 60 erarbeitet und fortgeschrieben (Hellmer et al. 1999, 179). Dabei bilden häufig Regionalkonferenzen das kommunikative Forum bei der Erarbeitung der REK.

Regionalisierung als eine Strategie zur Mobilisierung endogener regionaler Potentiale ist deutlich von Dezentralisierung im Sinne der Aufgabenentlastung des Zentralstaates zu unterscheiden (Benz et al. 1999, 25f). Den wirtschaftlichen Hintergrund von Ansätzen der regionalisierten Strukturpolitik bildete die zunehmende Konkurrenz auf den liberalisierten internationalen Märkten. Die überwiegend negativen regionalen Auswirkungen, die durch zentralstaatliche Maßnahmen nicht steuerbar waren, ließen es als erforderlich erscheinen, regionale Strukturen zu schaffen, die die Aktivitäten öffentlicher und privater Akteure im Hinblick auf die Vermeidung externer Effekte, die Reduzierung von Transaktionskosten und die Verhinderung sozialer Konflikte koordinieren sollten (Benz et al. 1999, 30).

Bis in die achtziger Jahre waren Regionalisierungen, da Krisenbewältigung noch als zentralstaatliche Aufgabe („Modell Deutschland") definiert wurde, Einzelfälle für spezifische Problemlagen, aber keine Prototypen neuer Politik. Die Impulse für regionale Ansätze kamen aus einzelnen Regionen selbst: Sie gingen vor allem von Gewerkschaften und Kammern aus, die angesichts der wirtschaftlichen Probleme unter Handlungs- und Legitimierungsdruck geraten waren. Produktinnovation, Betriebsberatung, Qualifizierung, Regionalisierung, Wissenstransfer, regionalisierte Technologiepolitik waren die wichtigsten Themenfelder; als Koordinationsinstrument fungierten überwiegend lose Runde Tische. In der zweiten Hälfte der achtziger Jahre griffen dann die Länder, allen voran Nordrhein-Westfalen und Niedersachsen, diese regionalen Ansätze auf:

In Niedersachsen wurden einzelne Regionalkonferenzen (Ostfriesland und Südniedersachsen) in relativ spektakulärer Form inszeniert. In Nordrhein-Westfalen wurde flächendeckender und systematischer verfahren: Nachdem 1987 im Zukunftsprogramm für die Montanregionen (ZIM), 1989 dann landesweit im Zukunftsprogramm Nordrhein-Westfalen (ZIN) vom Land die Entwicklung von Leitprojekten zur Förderung des regionalen Strukturwandels initiiert worden war, wurden 1990 15 das gesamte Land abdeckende Regionalkonferenzen in hinsichtlich Größe und Gemeindezahl sehr heterogenen Regionen — die Teilnehmerzahl reichte von 25 bis 200 — ins Leben gerufen (Meise 1998, 24).

Abbildung II. 5: Regionen der Regionalisierten Strukturpolitik in Nordrhein-Westfalen

Quelle: StMLU 1999, 32

In diesen Konferenzen sollten unter der Federführung der Regierungspräsidien von den Kommunen, Industrie- und Handelskammern (IHK), Handwerkskammern, Gewerkschaften, Verbänden und einzelnen Unternehmen Regionale Entwicklungskonzepte erarbeitet werden, die vom Land zur Koordination zwischen Landesressorts, aber auch zur Prioritätensetzung innerhalb von einzelnen Ressorts herangezogen werden sollten. Auf Landesebene wurde zur Abstimmung ein interministerieller Arbeitskreis unter Federführung des Wirtschaftsministeriums eingerichtet (Fürst o. J., 9). Die in diesen Konferenzen abgestimmten Regionalen Entwicklungskonzepte wurden letztlich in förmlichen Beschlüssen durch die Landesregierung verabschiedet (Zarth 1997, 155). Die nordrhein-westfälischen Regionalkonferenzen waren von vornherein als Instrument der Regionalisierung der Strukturpolitik konzipiert, sie dienten der Koordination strukturwirksamer Programme. Querschnittsorientierte Planungsebenen hatten demgegenüber relativ geringen Einfluss, es dominierten Fragen der Wirtschaftspolitik (Technologie, Arbeitsmarkt, Gewerbeflächen). Typisch war daher auch die starke Einbeziehung von wirtschaftlichen Interessenverbänden (Blotevogel 1994). Nachdem Erfahrungen in den Regionen gesammelt wurden, wurde im Jahre 1997 dann die Verzahnung der regionalisierten Strukturpolitik in Regionalkonferenzen mit der Gemeinschaftsaufgabe regionale Wirtschaftsförderung sichergestellt.[9]

Während in Niedersachsen die regionalisierte Strukturpolitik relativ unsystematisch auf einzelnen Regionen beschränkt blieb,[10] verfolgten andere Bundesländer wie Sachsen-Anhalt dann später einen mit dem nordrheinwestfälischen weitgehend identischen systematisch-flächendeckenden Ansatz (Benz/Fürst 1998). Seit Mitte der neunziger Jahre wurden dann in anderen Ländern Regionalkonferenzen mit einer stärker querschnittsorientierten landes- und regionalplanerischen Zielsetzung initiiert. Hervorzuheben sind hier die Regionalkonferenzen Mecklenburgische Seenplatte, Halle-Leipzig, Bremen-Niedersachsen; sie erhielten den Status von Modellprojekten nach dem Raumordnungspolitischen Handlungsrahmen der Bundesregierung (Zarth 1997, 156).

Formal zwar als querschnittsorientierter raumordnerischer Ansatz zu klassifizieren, jedoch in den Zielsetzungen bisweilen eher den struktur- und wirtschaftspolitischen Ansätzen zuzurechnen sind die 25 kleinräumigen Entwicklungskonzepte, die in Thüringen erarbeitet wurden und zum Teil noch werden. Beteiligt waren hier die jeweiligen Verwaltungen (8-55 Gemeinden) und organisierte Interessenvertretungen. Die Umsetzung der Ergebnisse erfolgt hier durch rechtlich formalisierte Kooperationen (Thüringer Ministerium 1997; Thüringer Ministerium 1998).[11] Ähnlich sind die in Sachsen relativ spät (1997/98) initiierten REK-Prozesse einzuordnen (StMLU 2000, 33).

Deutlich wird, dass die Einflussgewichte der Länder innerhalb eines Instrumentes unterschiedlich sein können: Regionale Entwicklungskonzepte wurden in Nordrhein-Westfalen und Sachsen-Anhalt systematisch flächendeckend vom Land initiiert, der Teilnahmedruck auf die Regionen war

---

9 Da der nordrhein-westfälische Typus regionalisierter Strukturpolitik in der Literatur ausreichend dokumentiert ist, wurde er in den Fallstudien dieser Arbeit nicht untersucht.
10 Beispiel eines aktuellen REK-Prozesses ist das hier als Fallstudie untersuchte Regionale Entwicklungskonzept Südostniedersachsen.
11 Fallstudien, die für diesen Typus stehen sind das „Städtedreieck Saalebogen" und das REK „Weida Talsperren".

damit etwas größer, da es um die gesamte Strukturpolitik des Landes ging. Auch Thüringen verfolgte einen breit gestreuten, wenn auch nicht flächendeckenden Ansatz. In anderen Ländern wie Niedersachsen dagegen sind REK eher unsystematische Einzelfälle, die zwar gefördert werden, wo aber die Initiative der Region stärker gefragt ist.

Die Einflussgewichte der oberen und unteren Ebene variieren auch innerhalb eines Kooperationstyps. Erfahrungen aus den Ansätzen regionalisierter Strukturpolitik in Nordrhein-Westfalen zeigen, dass auch bei einem einheitlichen Ausgangsanreiz sich sowohl Top-down als auch Bottom-up-Strategien durchsetzen konnten (Meise 1998, 25).

Fallen Kooperationsansätze der regionalisierten Strukturpolitik überwiegend in den Zuständigkeitsbereich der Wirtschaftsressorts, so sind, durch andere Ressorts wie Stadtentwicklungsministerien und Landwirtschaftsministerien initiiert, ähnlich geartete Ansätze zu beobachten:

Ein Beispiel für einen Typus entwicklungsorientierter regionaler Kooperationen, in der das Wettbewerbsprinzip eine besondere Rolle spielt, ist die vom Stadtentwicklungsministerium des Land Nordrhein-Westfalen initiierte „Regionale". Wechselweise wird die Regionale in verschiedene Räume des Landes vergeben, in denen Projekte formuliert werden, die eine bevorzugte Landesförderung erhalten.[12]

Eine Variante regionalisierter Strukturpolitik stellen die integrierten Regionalentwicklungskonzepte des ländlichen Raumes dar. So wurde in Hessen mit dem Programm zur ländlichen Regionalentwicklung ein Ansatz verfolgt, in dessen Rahmen Regionalforen eingerichtet und regionale Entwicklungskonzepte erstellt wurden, die später auch dem EU-Leader-Programm-Ansatz folgten (Schüttler 1998). In interministeriellen Arbeitsgruppen sind hier mehrere Ressorts zusammengeschlossen (StMLU 2000, 39).

Auf die Initiative des Bundesforschungsministeriums geht der Wettbewerb InnoRegio zurück, der zunächst für die alten, 1999/2000 auch für die neuen Bundesländer ausgelobt wurde und im Oktober 2000 abgeschlossen wurde. Die Akzente liegen hier etwas anders als in den anderen regionalen Kooperationen, geht es doch vor allem um die Initiierung von betrieblichen Netzwerken, die durch öffentliche Akteure nur flankiert werden (BMBF 2000). Ein ähnlicher sektoral spezialisierter Ansatz wurde mit dem Wettbewerb BioRegio verfolgt.

Einen weiteren wichtigen Typus innerhalb der Kooperationen mit primär wirtschafts- und strukturpolitischen Zielsetzungen stellen Regionalmarketingansätze dar. Sie werden von einzelnen Ländern wie Bayern und

---

12 Fallbeispiel in dieser Arbeit ist die Regionale 2000 in Ostwestfalen-Lippe.

Sachsen relativ systematisch, allerdings nicht flächendeckend betrieben.[13] Regionalmarketing-Ansätze überschneiden sich zum Teil mit raumordnungspolitischen Ansätzen insofern, als sie bisweilen die Fortsetzung von vorherigen, z. B. in Städtenetzen begonnenen Kooperationen darstellen. Die räumlichen Zuschnitte sind hier verschieden, aber meist großräumiger als etwa bei den Teilraumgutachten. Deutlich ist hier die Ausrichtung auf Themen der Wirtschaftsförderung, des Tourismus und der Imagebildung. Entsprechend ist auch der Akteurskreis ausgerichtet, hier werden z. B. auch regionale Betriebe mit einbezogen.

2.2.3 Regionale Bauausstellungen und ereignisorientierte Kooperationen

Der dritte Typus entwicklungsorientierter Kooperationen verfolgt zwar auch in erster Linie das Ziel der Regionalentwicklung. Jedoch reicht die Themenpalette dieser Kooperationen über die reine Raumordnungs- und Strukturpolitik hinaus in den Bereich der Stadtentwicklungspolitik. Auch sind diese Ansätze nicht als systematisch flächendeckende, sondern bewusst als singuläre Ansätze konzipiert, die besonders innovativ ausfallen und Beispielwirkung entfalten sollen. Schließlich sind diese Ansätze zeitlich begrenzt angelegt und sie enthalten „Events" als ein zentrales Element.

Ohne Zweifel das prominenteste Beispiel ist die IBA Emscher-Park. Sie wurde 1989 vom Land Nordrhein-Westfalen gemeinsam mit 17 Städten als ein auf zehn Jahre befristetes Strukturprogramm zur ökologischen und städtebaulichen Erneuerung des nördlichen Ruhrgebietes aufgelegt (Meise 1998, 30). Damit installierte das Land einen neuen Akteur, dessen Ziel die Aufbrechung des „sklerotischen Milieus" war und der neue soziale, kulturelle, ökonomische und ökologische Impulse liefern sollte. Charakteristisch für die IBA war die dreifache Dezentralisierungsstrategie: Thematisch durch die Absage an die flächenhafte und den Übergang zur projektorientierten Planung; organisatorisch durch die Steuerung von Kontroll-, Koordinations- und Umsetzungskompetenzen, instrumentell durch die weiche Steuerung in Verhandlungssystemen. Durch die Beschränkung auf zehn Jahre wurde einerseits einer übermäßigen Privilegierung vorgebeugt, andererseits wurden die Akzeptanzbarrieren in der Region gesenkt (Benz et al. 1999, 87ff; Siebel/Ibert/Mayer 1999, 163ff; Rommelspacher 1999, 443ff).

Mit der IBA Fürst-Pückler-Land Lausitz wird im südlichen Brandenburg seit 1995, mit einem offiziellen Startschuss im Jahr 2000, ein Ansatz

---

13 Beispiele im Rahmen der Fallstudien dieser Arbeit sind der Verein Oberfranken Offensiv und die Kooperation Regionalmarketing Westsachsen.

verfolgt, der dem der IBA Emscher-Park sehr ähnlich ist, dessen Volumen und Handlungsfelder aufgrund der regionalen Prägungen aber anders ausfallen (SEE 2000). Interessant ist ein Vergleich der Entstehungsgeschichte der beiden regionalen Bauausstellungen: Während in Nordrhein-Westfalen die IBA Emscher-Park von Anfang an als ein Instrument des Landes, um das „sklerotische Milieu" in der Region aufzubrechen, gesehen wurde, kam im Falle der IBA Fürst-Pückler-Land Lausitz der Impuls eher aus der Region selbst. Das Land tat sich hier mit einer Akzeptanz oder gar der Unterstützung eines regionalen Ansatzes zunächst wesentlich schwerer, hat aber inzwischen eine Finanzierungsgrundlage geschaffen.

Für einen weiteren Typus, der hier nicht im Blickpunkt der Betrachtungen steht, ist ein Element, das bei den regionalen Bauausstellungen bereits eine gewisse Bedeutung hat, zentral: die Ereignisorientierung. Nicht nur Großereignisse wie Olympische Spiele oder Weltausstellungen, sondern auch Ereignisse wie Gartenschauen werden inzwischen auch in Regionen der zweiten und dritten Liga als Element der Regionalentwicklung angesehen. Dabei verläuft die Schnittstelle zur projektorientierten Regionalentwicklung, die die meisten der oben genannten Typen auszeichnet, fließend. Beispiel ist die EXPO 2000, einerseits ein zentrales Event in Hannover, andererseits eine Fülle dezentraler Projekte, die zum Teil auch im Kontext anderer regionaler Kooperationen entstanden sind oder weiter geführt werden.[14]

2.2.4 Sonstige entwicklungsorientierte Kooperationen

In diese Gruppe fallen zum einen Ansätze, die in ihrer Kooperationsstruktur zwar gewisse Ähnlichkeiten etwa zu den REK-Prozessen aufweisen, aber thematisch anders ausgelegt sind und vom Land weniger systematisch betrieben werden. Unter den Fallstudien ist hier das Forum Mittelrheintal zu nennen, das im Land Rheinland-Pfalz in seiner Ausrichtung auf kulturlandschaftliche Aspekte eher einen Einzelfall darstellt.

Zum anderen fallen in diese Gruppe interkommunale Kooperationen, die an einer spezifischen räumlichen Situation ansetzen und auf ein Thema oder Gebiet konzentriert sind.[15]

---

14 Beispiel in den Fallstudien ist die EXPO-2000-Initiative für die Region Ostwestfalen-Lippe; in anderen Kooperationen wie dem Städtedreieck Saalebogen waren einige Projekte auch als EXPO-Projekte aufgenommen.

15 Als Fallstudie für diesen Typus steht der Masterplan Bitterfeld Wolfen, der 1996 unter der Unterstützung des Bauhaus Dessau als ein Modellvorhaben für einen innovativen kooperativen Planungsprozess mit regionaler Bedeutung ins Leben gerufen wurde und mit einer weiteren Planungswerkstatt 1997/1998 fortgeführt wurde (Masterplan 1996, EWG o. J.).

2.3 Konfliktlösungsorientierte Kooperationen

Den Gegentypus der entwicklungsorientierten Kooperationen stellen konfliktlösungsorientierte Kooperationen dar, hier als mediationsähnliche Verfahren bezeichnet. Von Interesse sind im Zusammenhang dieser Arbeit vor allem Umweltmediationsverfahren. Nachdem in den USA derlei Verfahren seit fast drei Jahrzehnten mit Erfolg angewendet wurden, wurden auch in Deutschland seit Beginn der neunziger Jahre die ersten Erfahrungen gesammelt. Den Ausgangspunkt bildet hier nicht ein eher strategisches Interesse an einer umfassenden kooperativen regionalen Entwicklung, sondern am Anfang steht in der Regel ein konkreter Konflikt. Mediationsverfahren werden zunächst von anderen Verfahren der Konfliktschlichtung unterschieden: Verwaltungsverfahren, Gerichtsverfahren, Schieds- oder Schlichtungsverfahren und Gutachterverfahren und politischen Entscheidungen (Runkel 2000, 32). Im Unterschied zu diesen anderen Verfahren verbleibt aber die Entscheidungskompetenz bei den Streitparteien, der Mediator unterstützt lediglich die Konfliktparteien bei der Entscheidungsfindung (Runkel 2000, 31).

Innerhalb der Mediationsverfahren sind wiederum zwei Typen voneinander zu unterscheiden (Kessen/Zillessen 2000): Der verhandlungs- und lösungsorientierte Ansatz folgt dem in den USA entwickelten Harvard-ADR (Alternative-Dispute-Resolution)-Konzept. Im Vordergrund steht hier die sachorientierte Lösung. Der Transformationsansatz dagegen, der seine Wurzeln eher im Bereich der therapeutischen Familienmediation hat, stellt vor allem die Beziehungsebenen zwischen den Akteuren in den Vordergrund. Im Zusammenhang mit Umweltkonflikten wurde bislang überwiegend das ADR-Verfahren diskutiert.

Nach dem Kriterienkatalog des Fördervereins für Umweltmediation gab es allerdings in Deutschland bislang noch kein Verfahren, das als wirkliches Mediationsverfahren bezeichnet werden kann. Handhabt man die Kriterien von Mediationsverfahren jedoch etwas großzügiger und sieht sie nur als Richtschnur an, so gab es in Deutschland 1996 bereits 64 Beispiele, die immerhin als umweltmediationsähnliche Verfahren aufgefasst werden können.[16] Schätzungen gehen davon aus, dass bis zum Ende des letzten Jahrzehntes in Deutschland über 100 umweltmediationsähnliche Verfahren durchgeführt wurden, davon ein großer Teil mit regional relevanten Problemstellungen (Günther 2000, 166).

---

16 Neben den hier untersuchten Fallbeispielen sind z. B. zu nennen: Sonderabfalldeponie Münchehagen; Abfallwirtschaftskonzept Landkreis Neuss; Runder Tisch Abfalldeponie Bremen; Verkehrsforum Heidelberg; Bürgerdialog Standortsuche Großflughafen Berlin-Brandenburg; Siedlungsabfalldeponie Sachsen; Sondermülldeponie Regierungsbezirk Arnsberg; Überdeckelung Autobahn A7 Hamburg (Runkel 2000, 35).

Aus welchen Gründen wurden nun Mediationsverfahren initiiert? Üblicherweise begünstigen das ausdifferenzierte Rechtssystem und die starke Stellung der Verwaltung in Deutschland tendenziell hierarchische Konfliktlösungsmodelle: Wenn keine Einigung erzielt werden kann, wird der Konflikt auf die nächsthöhere Instanz verlagert. Dieses Modell der Konfliktverlagerung stößt jedoch bei komplexen Umweltkonflikten an Grenzen der Effizienz (Kostka 2000, 76). Die Nachteile herkömmlicher Verwaltungsverfahren lassen sich in etwa so darstellen: Zwischen dem Träger eines Vorhabens und der zuständigen Genehmigungsbehörde finden in der Regel vor der Einleitung des offiziellen Genehmigungsverfahrens intensive Vorverhandlungen statt. Die Folge ist häufig eine faktische Vorwegfestlegung der Genehmigungsbehörde, nicht zuletzt aufgrund der bereits investierten Arbeit und Zeit. Die Behörde zeigt dann implizit oder explizit eine gewisse Affinität zu dem – ggf. schon modifizierten – Vorhaben, es kann sogar eine unausgesprochene Identifizierung entstehen. Gesetzlich vorgeschriebene Formen der Bürgerbeteiligung setzen oft erst dann an, wenn die Entscheidung im Grundsatz bereits getroffen ist (Zillessen 1998, 50). In den danach folgenden Einwendungsverfahren werden kritische Einwender tendenziell als potentielle Gegner nicht nur des Vorhabens, sondern auch der Behörde betrachtet, Träger und Behörde erscheinen als Verbündete. Während des gemeinsame Erörterungstermines werden Einwendungen eher widerwillig abgearbeitet, eine ernsthafte Fachdiskussion unter Einbeziehung aller Argumente findet nicht statt, auch Nulllösungen werden nicht erwogen. Im Gegenzug reagieren die Gegner häufig mit einer Vergröberung ihrer Argumentation, es entsteht ein Konflikt, der nicht selten sogar über die Medien ausgetragen wird. Ist die Vorentscheidung dann gefallen, wird von den Gegnern der Rechtsweg gesucht, was mit einem hohen Verlust an Zeit, großem Aufwand sowie der Möglichkeit des endgültigen Scheiterns nach jahrelangen Vorarbeiten verbunden sein kann (Schmidt 1999, 291f; Gaßner/Holznagel/Lahl 1992, 7ff).

Umweltmediationsverfahren werden im Vorfeld oder im Verlauf von entsprechenden Verwaltungsverfahren eingesetzt, um diesen Mängeln entgegenzuwirken (Kostka 2000, 61). Die Hoffnung, die sich mit Mediationsverfahren verbindet, ist, kooperative Auswege aus den Blockaden in festgefahrenen Standortkonflikten zu finden. Zum anderen soll die Legitimität politischer Grundsatzentscheidungen erhöht werden und der Intransparenz und Ineffizienz der herkömmlichen administrativen und politischen Entscheidungsverfahren entgegengewirkt werden (Karpe 1999, 189).

Umweltmediationsverfahren können jedoch die gesetzlich vorgeschriebenen Planungs- und Zulassungsverfahren nicht ersetzen, sondern nur ergänzen. Verschiedene Gesetze (BauGB §§ 3f; § 73, 6 VwVfG; §§ 14 bis

19 9. BImSchV; § 5 UVPG; §12f BBodSchGE) ermöglichen es, Mediation als Teil von Planungs- und Verwaltungsverfahren durchzuführen (Hehn 2000, 200; Gaßner/Holznagel/Lahl 1992, 92ff). Entscheidend ist, dass die Letztverantwortung über die Entscheidung trotz des Verfahrens bei der Verwaltung bzw. bei Gerichten verbleibt. Die Verwaltung muss sich auch nicht an das Verfahren binden, ja sie muss nicht einmal seine Ergebnisse einfließen lassen; daher sind solche Verfahren rechtlich unbedenklich (Zillessen 1998, 63). Mediationsverfahren können, insofern ein privater Vermittler eingesetzt wird, als Form der partiellen Verfahrensprivatisierung angesehen werden. Diese Privatisierung führt zwar zu keiner formalen Entlastung der Verwaltung, denn sie muss weiterhin die Letztentscheidung treffen, kann aber zu ihrer faktischen Entlastung beitragen (Hoffmann-Riem 1996, 14f).

In allen vier hier untersuchten Fallbeispielen für mediationsähnliche Verfahren, war das informelle Verfahren in formelle Entscheidungsprozesse eingebunden. Dabei setzen die Verfahren entweder an einem bereits deutlich sichtbaren Konflikt an und versuchen eine Blockade oder gar Eskalation zu vermeiden. Die Einbindung in das gesamte Verfahren fällt dabei sehr unterschiedlich aus.

In den meisten Fällen werden mediationsähnliche Verfahren bereits vor den formellen Verfahren eingesetzt, um einen aufgrund vergangener Erfahrungen vermuteten Konflikt im förmlichen Verfahren gar nicht erst aufkommen zu lassen.

Im Falle der *Abfallplanung Nordschwarzwald* hatte es bereits in der Vergangenheit Konflikte zwischen Landkreis und Kommunen um die Verortung der Abfalldeponien gegeben. Durch neue rechtliche Rahmenbedingungen und zu erwartende erhöhte Abfallmengen wurde nun das Problem um ein Abfallwirtschafts- und Abfallbehandlungskonzept virulent. Die betroffenen Landkreise und Städte schlossen sich zu einer Planungsgesellschaft zusammen, die Vorschläge zur weiteren Abfallbehandlung unterbreiten sollte. Diese entschied, die Bürgerinnen und Bürger an dem Entscheidungsfindungsprozess frühzeitig zu beteiligen (Renn et al. 1999, 23).

Das *Forum Elbtalaue* war Element in einem insgesamt fast achtjährigen Verfahren für das Schutzgebietsystem Elbtalaue. In der ersten Phase wurden naturschutzfachrechtliche und andere sektorale Grundlagen erarbeitet, Fragen in gutachtenbegleitenden Arbeitsgruppen diskutiert, zielgruppenspezifische Informations- und Besprechungstermine durchgeführt und die politischen und verwaltungstechnischen Voraussetzungen für die Bereitstellung von Haushaltsmitteln geschaffen. In der zweiten Phase wurden die Bestandsaufnahmeergebnisse veröffentlicht, eine Informationsstelle eingerichtet und Bemühungen zum schwerpunktmäßigen Mitteleinsatz verstärkt. In der dritten Phase wurde auf der Basis der erarbeiteten Grundlagen eine räumlich konkrete Schutzkonzeption erstellt, verfahrens- und verordnungstechnische Fragen geklärt sowie eine Lenkungsgruppe zur Projektsteuerung gebildet. In der vierten Phase wurde vor allem die Schutzverordnung für den Nationalpark Elbtalaue vorbereitet, in der fünften Phase die Träger beteiligt, in der sechsten Phase trat die

Verordnung in Kraft (Verordnung 1998). Hinzuzurechnen ist noch die siebte Phase der — erfolgreichen — Klage gegen die Verordnung.

Den sicherlich brisantesten Hintergrund aller hier untersuchten Kooperationen hatte das *Mediationsverfahren zum Flughafen Frankfurt/Main* aufzuweisen. Die zum Teil dramatischen Auseinandersetzungen um die Startbahn West in den frühen achtziger Jahren waren den politisch verantwortlichen Akteuren wie auch den Gegnern der Startbahn noch präsent, als im politischen Raum Diskussionen um einen steigenden Kapazitätsbedarf des Flughafens und damit eine neue Landebahn aufkamen. Die erklärte Zielsetzung des mediationsähnlichen Verfahrens war es vor allem, eine Eskalation bei der Auseinandersetzung um eine neuerliche Flughafenerweiterung zu vermeiden (Busch 1999; Mediationsgruppe 1999).

Ebenso dient das Verfahren jedoch auch zur Lösung von bereits bestehenden konkreten Konflikten in formellen Planungsverfahren:

Im Falle des *Gewerbegebietes Hechingen Bodelshausen* bildeten konkrete Konflikte im Rahmen der Verfahren zur Fortschreibung des Regionalplanes Neckar-Alb den Hintergrund. Die Regionalplanung versuchte durch die Initiierung einer Kooperation eine insgesamt reduzierte Gewerbeflächenausweisung der Gemeinden zu erreichen.

Dazu hatte die Regionalplanung bereits einen gemeinsamen Standort ausfindig gemacht, der im Zuge des Änderungsverfahrens zu einem Vorsorgestandort aufgewertet werden sollte. Eine Beteiligung der Gemeinden und anderer relevanter Träger hatte bereits stattgefunden, es war dort aber keine Akzeptanz für ein gemeinsames Gebiet hergestellt worden. Die Regionalplanung hielt aber dennoch an ihrem Vorschlag fest und initiierte das mediationsähnliche Verfahren (Langer/Renn 2000, 25ff).

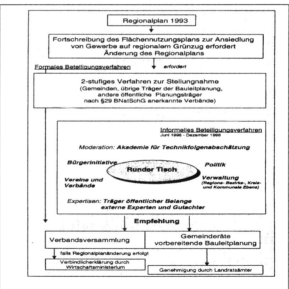

Abbildung II.6: Verortung des Runden Tisches zum Gewerbegebiet Hechingen/ Bodelshausen im formellen Planungsprozess
Quelle: Roch 2000, 15

Tabelle II. 2: Merkmale der wichtigsten Typen regionaler Kooperationen. Quelle: eigene Darstellung

Kooperationstyp	Konfliktlösungsorientierte Kooperationen/Mediationsähnliche Verfahren	Raumordnerische Ansätze		Regionale Agenda-21-Prozesse	Entwicklungsorientierte Kooperationen		Regionale Bauausstellungen/ereignisorientierte Ansätze
		Teilraumgutachten	Städtenetze		Wirtschafts- und Strukturpolitische Ansätze		
					Regionale Entwicklungskonzepte/Regionalkonf.	Regionalmarketing	
Räumliche Ebene	Standort/Fläche	Teilregion, Teilraum	Punkte in einer Region oder regionsübergreifend	Region, Teilregion	Region, Teilregion	Region, Teilregion	Region, Teilregion, dezentral kooperierende Regionen
Themen	Vor allem Verkehr, Abfall, Abwasser, sonst. techn. Infrastruktur, Naturschutz	Alle Themen integraler Planung	z. B. Verwaltungsmodernisierung, Tourismus, Radwegenetze	Alle Aspekte nachhaltiger Entwicklung	z. B.: Tourismus, Arbeitsmarkt, Technologie Innovation, Verkehr, Umwelt	Image, Innovation, Arbeitsmarkt, Betriebspflege	Je nach Motto: Freiraum, Industriebrachen, Technologie, Wohnen
Akteure	Fachplanungen, Kommunen, Bürger, Interessenvertreter	Kommunen, Landkreise, Landes-, Regional- und Fachplanung	Kommunen, Wirtschaft, Landkreise, Regionalplanung	Regionalplanung, Landkreise, Kommunen, Wirtschaft, Private	Privatwirtschaft, Kommunen, Landkreise, Region, Bürger, Projektträger	Privatwirtschaft, Kommunen, Landkreise, Region, Bürger, Projektträger	Entwicklungsagentur, Kommunen, überörtliche Stellen, Projektträger
Rolle des Prozessmotors	Mediator/Moderator	Gutachter, Moderator/Manager	Je nach Entwicklungsstand Moderator oder Manager				Manager
Vorreiterländer/Modellvorhaben	Niedersachsen/Nordrhein-Westfalen Baden-Württemberg	Bayern	Bundesweite Modellvorhaben		NRW/Niedersachsen, Modellvorhaben d. Raumordnung, Sachsen-Anhalt, Thüringen	Bayern, Sachsen	IBA Emscher-Park, EXPO Hannover mit dezentralen Projekten
Verzahnung mit formeller Planung	Berücksichtigung der Ergebnisse in Raumordnungsverfahren, Regional- und Bauleitplanung, aber nicht zwingend			Appellative Verankerung in formellen Plänen			Möglichst keine Widersprüche zu formellen Plänen

Kapitel III
Merkmale regionaler Kooperationen

Welche Merkmale zeichnen die regionalen Kooperationen aus und differenzieren sie? Gegenüber anderen Netzwerken heben sich die hier untersuchten Kooperationen dadurch ab, dass sie auf bestimmte Handlungsfelder gerichtet sind, einen wie auch immer gefassten regionalen Bezugspunkt haben und durch eher kooperative denn kompetitive Verhaltensweisen ihrer Akteure gekennzeichnet sind. In diesem Kapitel stehen nun weitere Merkmale der Kooperationen im Vordergrund. Vor allem auf der Basis der schriftlichen Erhebung werden die Gemeinsamkeiten und Unterschiede hinsichtlich der Aufbauorganisation und Arbeitsintensität (Teilkapitel 1), der Akteure und ihrer Beziehungsstrukturen (Teilkapitel 2), der Themen und Aktivitäten (Teilkapitel 3), der eingeschlagenen Strategien (Teilkapitel 4) sowie der Finanzierungsquellen (Teilkapitel 5) betrachtet. Abschließend werden einige diese Aspekte übergreifende Zusammenhänge zwischen Strukturmerkmalen untersucht (Teilkapitel 6).

1. Aufbauorganisation

Es mag daran liegen, dass Kooperationen meist im Zusammenhang mit dem Gegenbegriff zu streng arbeitsteiligen Organisationen, nämlich Netzwerken, diskutiert werden, dass der Frage nach den Formen ihrer inneren Arbeitsstruktur bislang relativ wenig Aufmerksamkeit geschenkt wurde. Kooperationen haben eine geringere innere Bindungskraft als feste Institutionen, das bedeutet aber nicht, dass sie keine klare innere Struktur aufweisen; ganz im Gegenteil haben sie sehr wohl eine im Kern mehr oder minder feste innere Aufbauorganisation. Diese Struktur unterscheidet sich zwar von der fester Organisationen insofern, als sie etwas weniger tief hierarchisch gegliedert ist als es Linien- und Divisionsmodelle sind bzw. dass sie weniger symmetrisch beschaffen ist als es Stabs- und Matrixstrukturen sind. Sie enthält dennoch ebenfalls klar auszumachende hierarchische Elemente. Die vorliegende Untersuchungsbasis machte es möglich, quantitative

Regelmäßigkeiten in der Struktur der Kooperationen aufzuzeigen sowie Zusammenhänge zwischen den einzelnen Elementen der Struktur näher zu betrachten.

1.1 Allgemeine Elemente der Aufbauorganisation

Die Vielfalt der Elemente der Aufbauorganisation, die die Kooperationen aufweisen, ist beeindruckend. In der Struktur der untersuchten Kooperationen konnten insgesamt 48 unterschiedlich bezeichnete Elemente ausgemacht werden.

Abbildung III.1: Anzahl von Strukturelementen der Aufbauorganisation nach Kooperationstypen

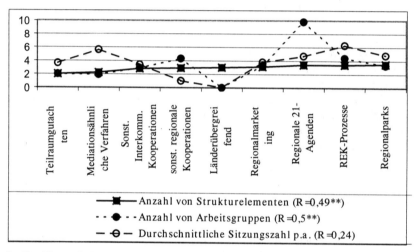

Quelle: Eigene Erhebung und Darstellung

Abbildung III.1 zeigt, dass die Kooperationen im Durchschnitt gleichzeitig über drei Strukturelemente der Aufbauorganisation verfügen. Kooperationen mit nur einem Element und komplexe Kooperationen mit mehr als vier Elementen (die Höchstzahl an Elementen der Aufbauorganisation liegt bei sieben) sind in der Minderheit.

Tabelle III.1 zeigt die wichtigsten Elemente der Aufbauorganisation und Abbildung III.2 zeigt, in welchen Kombinationen sie auftreten; es lassen sich „Aufbautypen" bilden.[1] In absolut 55, d.h. 36% aller Fälle verfügt die Kooperation sowohl über mindestens ein Gremium „Zentrale Versammlung" als auch über eine „Strategische Steuerung" und „Arbeitsebene". Dazu kommt in der Regel noch eine hier nicht explizit abgefragte zentrale Koordinationseinheit: ein zentraler Ansprechpartner, ein Moderator/Mediator oder aber eine Geschäftsstelle o. ä., die in den nachfolgenden Ausführungen jeweils nicht eigens gezählt ist.

Tabelle III.1: Strukturelemente der Aufbauorganisation

Element	Abs.	% Antworten	% Fälle	Element	Abs.	% Antworten	% Fälle
Arbeitsgruppen	97	19,6	63,8	Foren	12	2,4	7,9
Lenkungsgruppe/ausschuss	71	14,3	46,7	Zentraler Arbeitsausschuss	11	2,2	7,2
Plenum	70	14,1	46,1	Raumordnungs-/Regionalkonferenz	9	1,8	5,9
Öffentliche Veranstaltungen	60	12,1	39,5	Bürgermeisterrund	7	1,4	4,6
Vorstand	20	4,0	13,2	Fachbeirat	7	1,4	4,6
Projektgruppen	17	3,4	11,2	Regionalbeirat	7	1,4	4,6
Arbeitskreise	15	3,0	9,9	Gesellschafterversammlung	5	1,0	3,3
Werkstätten	14	2,8	9,2	Runder Tisch	5	1,0	3,3
Mitgliederversammlung	13	2,6	8,6	Kreistags-/Gemeindeausschüsse	5	1,0	3,3
Je 3x (0,6% der Antworten, 2% der Fälle)genannt: Planungsrat, zentraler Ansprechpartner in Verwaltung, Unterarbeitsgruppen, Aufsichtsrat, Regionalbüro, Verbandsversammlung							
Je 2x (0,4% der Antworten, 1,3% der Fälle) genannt: Kuratorium, Entwicklungsgruppe, Sprecherrat, Koordinationsgruppe, Ad-hoc-Arbeitskreise, Ausschüsse, Interministerielle Arbeitsgruppe							
Je 1x (0,2 % der Antworten, 0,7% der Fälle) genannt: Regionaler Planungsverband, Fachverbände, RAG, Kabinettssitzungen, Netzwerke, Exekutivbeirat, kommunale Arbeitsgemeinschaft, RP-interne Koordinationsgruppe, Landschaftstag, Verbandsausschuss, Kulturkonferenzen, fraktale Arbeitseinheiten, Dialoggespräche, Expertenrunde, Förderungsauschüsse							

Quelle: Eigene Erhebung und Darstellung

---

[1] Vereinfachend ist dabei von der genauen Anzahl der Elemente innerhalb eines Typus von Elementen der Aufbauorganisation abstrahiert, in der Regel liegt diese jedoch bei einem Element.

Abbildung III.2: Kombinationen der wichtigsten Strukturelemente der Aufbauorganisation

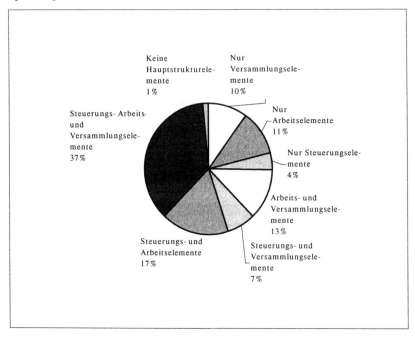

Quelle: Eigene Erhebung und Darstellung

Der typische Aufbau der hier untersuchten Kooperationen besteht damit in der Kombination von vier Elementen (vgl. Abb.III.3), nämlich:
- einem Element der strategischen Steuerung;
- einem zentralen Versammlungselement;
- vier Arbeitsgruppen;
- der (hier nicht eigens abgefragten) operativen Steuerung (Zentralverantwortlicher oder Geschäftsstelle u.ä.);

Zu den vier wichtigsten Elementen der Aufbauorganisation liegen im einzelnen folgende Befunde vor:

Lenkungsgremien: 64% der untersuchten Kooperationen verfügen über mindestens ein Lenkungsgremium, interessanterweise davon elf Fälle über zwei und ein Fall sogar über drei dieser Steuerungsgremien. Diese Elemente der Aufbauorganisation (Lenkungsgruppen, Vorstandssitzungen, Regional- und Lokalbeiräte, Gesellschafterversammlungen, Verbandsausschusssitzungen, Aufsichtsratssitzungen, ggf. Runde Tische) bilden den engen

Kreis der Kooperation und nehmen ihre strategisch-politischen Weichenstellungen vor. Hier treffen die Hauptverantwortlichen der politischen und der administrativen Ebenen aufeinander. Dies sind z.B. in Städtenetzen vor allem die Kommunen, aber auch die Landkreise, Kammern und bisweilen einzelne Unternehmen. In regionalen Kooperationen sind häufig die Landkreisvertreter zentral und spielen die Kommunen Nebenrollen. Die Aufgabe der Leitungsebene besteht im Entwurf der Strategie und des Programms der Kooperation; sie definiert Aufgaben für die Arbeitsebene und kontrolliert deren Durchführung. Außerdem übernimmt sie die Funktion der Außenvertretung (BBR 1999a). In den Lenkungsgremien sitzen im Durchschnitt zwölf Personen; die Spannbreite liegt dabei zwischen drei und 36 Personen; in 37% der Fälle sind es fünf bis zehn Personen. Sie tagen im Durchschnitt 4,7 mal im Jahr, der Höchstwert liegt bei 45 Sitzungen p.a. . Auch innerhalb eines Typus gibt es Variationen der Sitzungsintensität, bei den Modellvorhaben Städtenetze etwa schwanken sie zwischen zwei und sechs mal im Jahr.

Arbeits- und Projektgruppen: In diesen Gruppen (Arbeitsgruppen (AG), Unterarbeitsgruppen (UG), Projektgruppen (PG), fraktalen Arbeitseinheiten) erfolgt die kontinuierliche konkrete inhaltliche Arbeit im engen und erweiterten Kreis der Kooperation. 69,1 % der Kooperationen verfügen über diese Arbeitsebene; in zwölf Beispielen liegt sogar eine Doppelstruktur vor: Unterhalb der Ebene von Arbeitsgruppen befindet sich noch eine Ebene von Projektgruppen. Sofern eine Kooperation das Strukturelement Arbeits-/Projektgruppen aufweist, liegt die Zahl der Gruppen bei durchschnittlich 4,3 (37,2% aller Kooperationen verfügen über zwei und bis fünf AGs), im Höchstfall sind es 26 Projektgruppen. Die Zahl der Arbeits- und Projektgruppen korreliert hoch mit der Zahl der Strukturelemente der Aufbauorganisation ($R=0,42$) insgesamt. Auch innerhalb eines Kooperationstyps, hier z.B. den Städtenetzen, schwankt die Zahl der Arbeitsgruppen zwischen drei und sechs, je nachdem, wie viele Handlungsfelder bearbeitet und dabei ausdifferenziert oder zusammengefasst werden. In den vorhandenen Arbeitsgruppen arbeiten im Durchschnitt 14 Teilnehmende je Gruppe, das Spektrum reicht jeweils von drei bis zu 40 Personen; in 51,2% der Fälle sind es neun bis 20 Personen. In allen AG/PG einer Kooperation arbeiten damit durchschnittlich 54 Personen, der Maximalwert liegt bei insgesamt 312 Personen. Die AG/UG/PG tagen im Durchschnitt fünf mal jährlich, das Spektrum reicht von einer bis zu 27 Sitzungen p.a..

Zentralversammlungen: Diese Versammlungen (Plena, Mitgliederversammlungen, Verbandsversammlungen, Regionalkonferenzen, Bürgermeisterrunden, Landschaftstage, Kulturkonferenzen) dienen der groben strategischen Weichenstellung der Kooperation und — vor allem in großen gesamtregionalen Kooperationen — der breiten Einbindung von Verantwortlichen aus Politik und Verwaltung). 66,4% der hier untersuchten Kooperationen verfügen über solche Zentralversammlungen. In diesen Versammlungen, die durchschnittlich 3,4 mal pro Jahr tagen (Spannbreite von einem bis zu 26 Treffen p.a.)[2] besitzt der engere und mittlere, vor allem auch der äußere Kreis der Kooperation im Durchschnitt 63 Personen (Spannbreite von fünf bis 370), in 51,5% der Fälle sind es zehn bis 50 Personen. Auch wenn manche Kooperationsansätze sogar den Namen dieser Zentralversammlungen tragen, wie etwa Regionalkonferenzen, und sie für die breite Legitimation und Identitätsverankerung der Kooperation in der Region von großer Wichtigkeit sind, so sind sie dennoch gegenüber den Lenkungsgremien und Arbeitsgruppen von geringerer Bedeutung.

Operative Steuerung: Fast alle Kooperationen haben entweder einen externen Moderator/Mediator eingesetzt oder eine Art eigene Geschäftsstelle, ein Sekretariat eingerichtet. Deren Zweck liegt vor allem in der Entlastung der Leitungs- und Arbeitsebene von Routineaufgaben. Die interne Geschäftsstelle ist, abgesehen von privatrechtlichen Lösungen, direkt an die Verwaltung eines Akteurs angebunden. Interne Geschäftsstellen übernehmen häufig die Aufgaben, die anfänglich externe Moderatoren übernommen hatten (BBR 1999a, 63f). Trotz ihrer hohen Bedeutung besteht häufig die Gefahr, dass Geschäftsstellen zu viele Aufgaben übernehmen und dadurch das Engagement der anderen Akteure zu wenig gefordert wird (ARL 1998, 56).

Neben diesen wichtigsten Elementen der Aufbauorganisation sind noch folgende erwähnenswert:

23% der Fälle haben zusätzlich zu den Arbeits- und Projektgruppen noch mindestens eine *Zentraleinheit auf der Arbeitsebene*, wie eine Gruppe zentraler Ansprechpartner oder einen zentralen Arbeitskreis ausgebildet. Diese Zwischenebene wird vor allem in komplexeren Kooperationen wichtig, um die Lenkungsebene mit der Arbeitsebene und einzelne Arbeitsgruppen untereinander zu vermitteln, Entscheidungen vorzubereiten und den Informationsfluss sowie Ergebnisse rückzukoppeln.

Weitere *öffentlichkeitswirksame Veranstaltungen* spielen immerhin in 31,6% der Fälle eine Rolle. Hier werden nicht nur die im engeren oder weiteren Sinne Verantwortlichen mit einbezogen, sondern eine deutlich größere Anzahl von Personen; fachlich interessierte ebenso wie betroffene Bürger.

---

2 Diese Intensität scheint kaum geringer zu sein als die Sitzungsintensität der Lenkungsgremien; dies erklärt sich dadurch, dass bei Kooperationen ohne explizites Lenkungsgremium die Zentralversammlung als solches fungiert, was den Durchschnittswert nach oben treibt.

Abbildung III.3: Typische Aufbauorganisation der untersuchten Kooperationen mit ihren wesentlichen Merkmalen

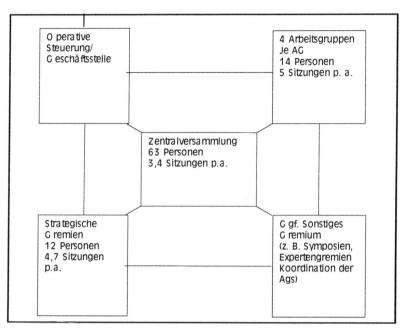

Quelle: Eigene Erhebung und Darstellung

Mit welchem Aufwand arbeiten nun die einzelnen Elemente der Aufbauorganisation? Die Zahl der Personen und die Zahl der Sitzungen p.a. sind Indikatoren für die jeweils absorbierten Ressourcen. Wenngleich strategische Steuerungsgremien und Arbeitsgruppen unterschiedliche Aufgabenstellungen haben, so sind sie in ihrer Größenstruktur und Arbeitsintensität doch eher ähnlich. Eine Arbeitsgruppe ist im Durchschnitt nur etwas größer (14 Personen) als ein strategisches Steuerungselement (zwölf Personen) und sie tagt fast genauso so häufig (ca. fünf mal jährlich). Die zentralen Versammlungen dagegen heben sich sowohl von Arbeitsgruppen als auch von strategischen Steuerungsgremien deutlich durch eine größere Personenzahl und auch durch eine geringere Sitzungsintensität ab: Durchschnittlich 64 Personen tagen hier im Durchschnitt dreimal jährlich.

Im Durchschnitt tagen die wichtigsten Gremien der Kooperationen quartalsweise. Dabei sind die Unterschiede zwischen den Kooperationstypen insgesamt nicht signifikant. Dennoch fällt die hohe Intensität von Regionalmarketingansätzen (6,3 Sitzungen p.a.) auf, für die zeitlich terminierten mediationsähnlichen Verfahren (5,6 Sitzungen p.a.) wäre dagegen sogar ein höherer Intensitätswert zu erwarten gewesen (Abb. III.1).

Arbeiten nun die zentralen Gremien der Kooperation in einem Gleichtakt der Intensität oder gibt es eher Hinweise auf eine gegenseitige Entlastung der Elemente der Aufbauorganisation der Kooperationen? Abbildung III.4 zeigt, dass die Sitzungsdichte der zentralen Versammlungselemente der Aufbauorganisation um so geringer ist, je mehr Elemente der Aufbauorganisation die Kooperation insgesamt aufweist (R= -0,28), ein Anzeichen dafür, dass zusätzliche Elemente der Aufbauorganisation die großen Versammlungen in ihrer Arbeit entlasten.

Dagegen steht die Sitzungszahl strategischer Steuerungselemente der Aufbauorganisation mit der Gesamtzahl der Elemente der Aufbauorganisation und der Zahl der AGs in keinem Zusammenhang. Und weitergehend korreliert die Zahl der Sitzungen des zentralen Versammlungsgremiums nahezu perfekt mit der Zahl der Sitzungen des strategischen Steuerungsgremiums (R=0,9) und deutlich mit der Sitzungsdichte der AGs (R=0,46). Die Intensität der Arbeit der Kooperation spiegelt sich also in allen Hauptelementen der Aufbauorganisation wider.

Insgesamt finden sich damit mehr Belege dafür, dass die Arbeitsintensität der einzelnen Elemente der Aufbauorganisation Hand in Hand geht als dass sich die einzelnen Elemente in ihren Sitzungen quantitativ wechselseitig entlasten. Eine intensiv arbeitende Kooperation arbeitet in allen ihren Gremien intensiver als eine weniger intensive Kooperation.

Abbildung III.4: Zahl von Strukturelementen der Aufbauorganisation und Sitzungsdichte der Zentralversammlungen

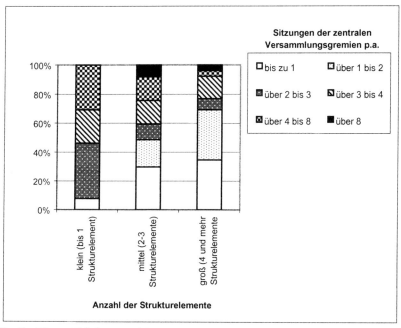

Quelle: Eigene Erhebung und Darstellung

1.2 Aufbauorganisation ausgewählter Kooperationstypen

Die einzelnen Kooperationstypen unterscheiden sich hochsignifikant in der Zahl der Strukturelemente der Aufbauorganisation voneinander. Abbildung III.1 zeigt eine Dreiteilung: Mediationsähnliche Verfahren, Teilraumgutachten und die sonstigen interkommunalen Kooperationen sind mit im Durchschnitt zwei Elementen relativ einfach aufgebaut, die regional angelegten Kooperationen weisen im Durchschnitt gut drei Strukturelemente auf. Am komplexesten sind die Städtenetzansätze ausgebildet, die im Durchschnitt fünf Strukturelemente aufweisen. Der Vergleich der durchschnittlichen Zahl der Arbeits- bzw. Projektgruppen ergibt ein ähnliches Bild.[3]

---

3 Der hohe Wert für die Agenda-21-Prozesse ist vor allem auf den Ausreißer Aller-Leine-Tal zurückzuführen, der 26 Projektgruppen angab.

Es sprechen alle Beobachtungen dafür, dass gerade die modellhaften Kooperationen eine relativ komplexe Aufbauorganisation aufweisen, weswegen ihre genauere Betrachtung hier interessant erscheint.

Bei den Städtenetzen des ExWost-Forschungsfeldes fällt auf, dass diese in der dreijährigen Laufzeit eine weitgehend identische hierarchische Organisationsstruktur entwickelt haben, die dem in Abb. III.3 dargestellten Modell weitgehend entspricht. Die Leitungsgremien (Lenkungsgruppen) bestehen überwiegend aus politischen oder Verwaltungsspitzen, und dies auch dann, wenn die Kooperation als Verein organisiert ist. In einzelnen Fällen sind auch die Landkreise, Kammern und einzelne Unternehmen hier repräsentiert. Die Aufgabe der Leitungsebene besteht im Entwurf der Strategie und des Programms der Kooperation; sie definiert Aufgaben für die Arbeitsebene und kontrolliert deren Durchführung. Außerdem übernimmt sie die Funktion der Außenvertretung. Die Sitzungszahl lag zwischen zwei und sechs Sitzungen p.a. (BBR 1999a). In den Arbeitsgruppen erfolgt die handlungsfeld-, projekt- und maßnahmebezogene Arbeit. Die Zahl der Arbeitsgruppen in den Kooperationen pendelte sich zwischen drei und sechs ein, je nachdem, wie viele Handlungsfelder bearbeitet und dabei ausdifferenziert oder zusammengefasst wurden. Üblicherweise bestehen Arbeitsgruppen aus Dezernenten und Amtsleitern. Häufig erhält jede der in der Kooperation beteiligten Städte in einer AG den Vorsitz. Die Arbeitsgruppen umfassten themenspezifisch unterschiedliche Partner, nicht jede Stadt muss immer in jeder Arbeitsgruppe vertreten sein, solange der Gesamtrahmen stabil ist (Brake 1996, 24).

Vor allem in Städtenetzen, in denen Städte mit verzweigten Verwaltungen kooperieren, wie in der Fallstudie des Städtenetzes Lahn-Sieg-Dill, ist der Aufbau einer Zwischenebene zu beobachten, die die Lenkungsebene mit der Arbeitsebene vermittelt. Die Aufgabe dieser zentralen Ansprechpartner in den Verwaltungen besteht in der Vorbereitung von Entscheidungen, der Sicherstellung des Informationsflusses und von Rückkopplungen. In den meisten Städtenetzen wurde auch eine Art Geschäftsstelle eingerichtet. Ihre Tätigkeit bestand in der Entlastung der Leitungs- und Arbeitsebene von Routineaufgaben. Die Geschäftsstelle ist, abgesehen von Vereinslösungen, direkt an die Verwaltung eines Netzpartners angebunden. Die Anbindung kann bei kleiner Mitgliederzahl rotieren, was aber zu Lasten der Kontinuität gehen kann. Personell wird die Geschäftsstelle häufig durch ABM finanziert, was jedoch zu Diskontinuitäten führen kann (BBR 1999a, 63f).

Abbildung III. 5: Aufbauorganisation des Städtenetzes Lahn-Sieg-Dill

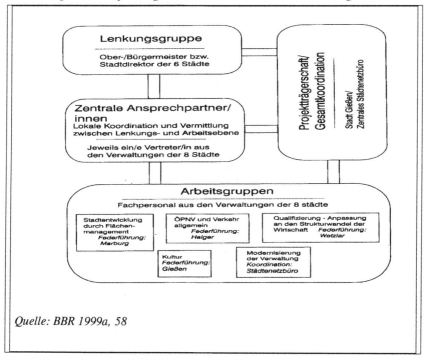

Quelle: BBR 1999a, 58

Die 15 Kooperationen im Rahmen der Regionalisierten Strukturpolitik in Nordrhein-Westfalen weisen ein untereinander sehr ähnliches Grundmuster der Aufbauorganisation auf, das meist aus den Elementen Regionale Lenkungsgruppe, Regionalkonferenz, Regionalausschuss/Regionalbeirat, Arbeitskreise, besteht. Mehrheitlich gibt es darüber hinaus eine eigene Geschäftsstelle, in Einzelfällen nimmt der RP diese Funktion wahr (Benz/Fürst 1998, 113).

Abbildung III.6: Aufbauorganisation des Städtebund Saalebogen

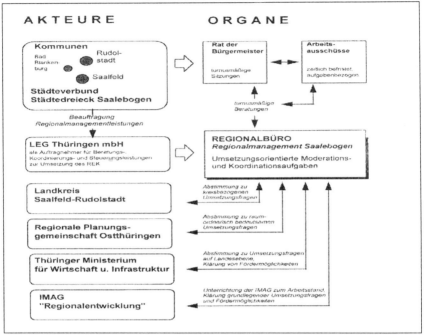

Quelle: Schach o. J.

Innerhalb eines Typs von Kooperationen können durchaus unterschiedliche Variationen der Aufbauorganisation bestehen. Eine komplexe Struktur weist auch die IBA Emscher-Park auf: Es wurde ein privatrechtlich (als GmbH) organisierter Kern mit ca. 20 Mitarbeitern und einer Basisfinanzierung installiert, der von ideengebenden, legitimierenden und kontrollierenden Gremien und Veranstaltungen flankiert als Koordinator in einem Netz von dezentral durchgeführten Projekten fungierte. Die Planungsgesellschaft Emscher Park GmbH war als intermediärer Akteur zu 100% eine Tochter des Landes — ohne den hierarchischen und haushaltsrechtlichen Entscheidungsstrukturen des Landes unterworfen zu sein. Das Kuratorium unter Vorsitz des Ministerpräsidenten hatte politische Legitimationsfunktionen. Der Aufsichtsrat unter Vorsitz des Staatssekretärs im Ministerium für Stadtentwicklung übte Kontrollfunktionen gegenüber der Geschäftsführung aus. Der Lenkungsausschuss unter Vorsitz des Ministers für Stadtentwicklung übernahm Beratungs- und Entscheidungsaufgaben, die IBA-Planungsgesellschaft mit den Einheiten Geschäftsführung, Direktorium und

Bereichsleiter Exekutivfunktionen; der Hauptteil des Geschehens spielte sich zwischen Lenkungsausschuss und Planungsgesellschaft ab.

Auch einige der Regionalen Agenda-21-Prozesse haben in kurzer Zeit eine sehr komplexe Aufbauorganisation entwickelt. Selbst kleine Kooperationen differenzieren ihre innere Struktur erstaunlich weit aus:

> Das *Aller-Leine-Tal-Projekt* beispielsweise weist die Strukturelemente der Bürgerversammlungen, Werkstattgespräche, sechs Regionale Themenarbeitskreise, 26 Projektgruppen, den Planungsbeirat sowie Expertenrunden auf (Knieling/Sinning 1997, 40f).

Mediationsähnliche Verfahren verfügen zwar im Durchschnitt über signifikant weniger Strukturelemente als entwicklungsorientierte Kooperationen. Jedoch lässt sich auch hier vom eher einfachen Modell („Runde Tische") ein stärker differenziertes Modell z.B. mit Ausschüssen, Plenum, Arbeitsgruppen sowie Beiräten unterscheiden (Wiedemann 1994, 186).

> Das Verfahren zum *Flughafen Frankfurt/Main* ist wohl das bislang von seiner Organisation komplexeste mediationsähnliche Verfahren in Deutschland. Neben der Mediationsgruppe und den Mediatoren waren drei Arbeitskreise tätig, in denen wiederum Arbeitsgruppen, Expertengruppen, Hearings und Fachgespräche stattfanden. Auch der organisatorische und fachliche Begleitapparat war mit fünf Organisationen sowie zahlreichen weiteren Gutachtern und Experten stark ausdifferenziert (Mediationsgruppe 1999).

Die dargestellten Beispiele zeigen, wie ausdifferenziert die Aufbauorganisation in den Kooperationen sein kann, nicht jedoch wie sie es sein muss. Die Mehrzahl der Kooperationen- die Durchschnittszahl von drei bzw. vier Strukturelementen weist darauf hin- ist einfacher aufgebaut, komplexere Strukturen finden sich eher in Kooperationen mit pilothaften Charakter. Auch ist die Differenziertheit der Aufbauorganisation nicht mit ihrer Festigkeit gleichzusetzen, im Gegenteil: Gerade die ausdifferenzierten Arbeitsstrukturen erweisen sich vielfach als sehr wandelbar, worauf später noch einzugehen sein wird (vgl. Kapitel V.2).

2. Akteure und ihre Beziehungsstrukturen

Welche Akteure agieren nun in den regionalen Kooperationen und wie stellen sich ihre Beziehungen — insbesondere unter dem Aspekt von Hierarchien und Macht — in Kooperationen dar?

2.1 Akteurszahlen

Zunächst ist ein Blick auf die Größenstruktur der Kooperationen interessant: Durchschnittlich besteht eine Kooperation aus insgesamt 53 Teilnehmern[4] (Spannbreite vier bis 370 Teilnehmende), kleine Kooperationen unter zehn Teilnehmern sind mit 16,3% ebenso in der Minderheit wir sehr grosse mit über 100 Teilnehmern (11,1%).

Die Kooperationstypen unterscheiden sich hinsichtlich der Anzahl der beteiligten Personen signifikant: Städtenetze weisen mit 24 die geringste, Regionale Agenda-21-Prozesse mit durchschnittlich 114 die größte Personenzahl auf. Bemerkenswert ist, dass mediationsähnliche Verfahren mit 34 Personen im Mittelfeld liegen, ein Beleg dafür, dass es sich auch bei diesem Typus nicht um klassische Zwei-Parteien-Konflikte, sondern um vielfältige Akteursnetzwerkstrukturen handelt.

Abbildung III. 7: Größenstruktur der Kooperationen

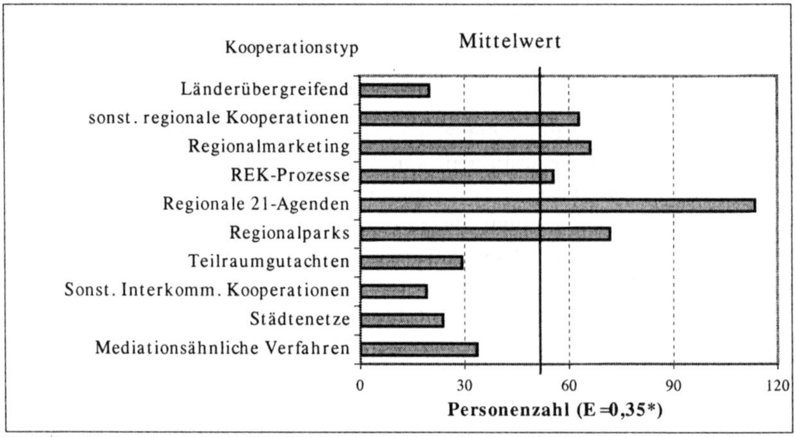

Quelle: eigene Erhebung und Darstellung

Abbildung III.8 macht einige weitere interessante Beobachtungen deutlich: Zwar ist der Zusammenhang zwischen der Akteurszahl und dem Regions-

---

4   Dieser Wert wird aus den Angaben zu den Personenzahlen der unterschiedlichen Elemente der Aufbauorganisation abgeleitet. Sofern vorhanden stellt dabei die Teilnehmerzahl des zentralen Versammlungselementes den Indikator für die Gesamtzahl der an der Kooperation beteiligten dar. Wenn diese Angabe nicht vorliegt, ist es die Zahl aller an den Arbeitsgruppen beteiligten Personen (Doppelnennungen, falls Personen in mehreren AGs auftreten werden dabei in Kauf genommen). Wenn auch hierfür keine Angaben vorliegen, wird die Zahl der Personen im strategischen Steuerungselement herangezogen.

typ nicht signifikant. Deutlich wird dennoch: Kooperationen mit einer großen Personenzahl konzentrieren sich vor allem in Verdichtungsräumen. Die Größe der Kooperation stellt gewissermaßen ein Abbild der Bevölkerungsdichte dieses Regionstyps dar.

Abbildung III.8: Kooperationsgröße nach Regionstypen

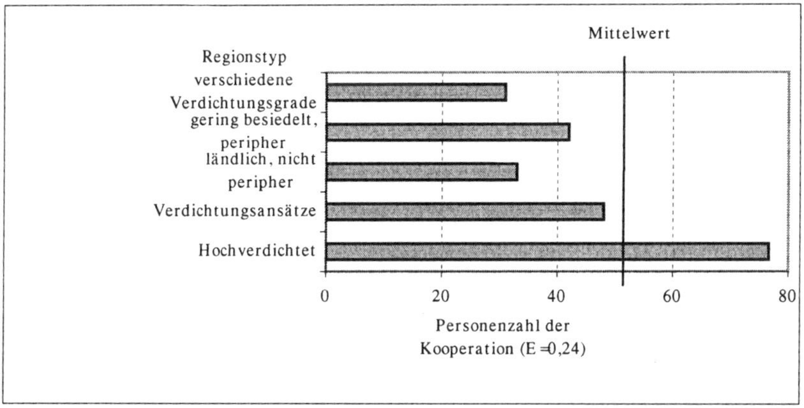

Quelle: eigene Erhebung und Darstellung

2.2 Akteurstypen

Trotz aller Vielfalt der Akteursstrukturen lassen sich doch bestimmte Akteurstypen identifizieren, die in den meisten Kooperationen auftreten. Diese können nach dem unterschiedlichen Grad ihrer Vernetzung unterschieden werden. Differenzierungsgrade der Vernetzung enthalten zum Beispiel die Kategorien „Clique", „soziale Zirkel" und „zentrale Zirkel": Einer Clique gehören einzelne Elitepersonen an, die miteinander z. T. freundschaftlich verbunden sind und die eine hohe Interaktionsdichte aufweisen. Ein sozialer Zirkel ist größer angelegt, er setzt sich aus vielen Cliquen zusammen, es gibt dabei Netzmitglieder, die eine Reihe von Cliquen verbinden. Ein zentraler Zirkel wiederum geht darüber hinaus, indem er den Rahmen verschiedener sozialer Zirkel bildet (Fürst/Schubert 1998, 352f).

In einer gewissen Analogie zu dieser Dreiteilung werden hier ein innerer, ein mittlerer und ein äußerer Akteurskreis der Kooperation voneinander unterschieden. Die Begriffe drücken allerdings nicht primär die Verbundenheit der Akteure untereinander aus, sondern eher die Bedeutung der Akteure für die gesamte Kooperation (Abb.III.9). Der äußere Kreis der

Kooperation besteht demnach aus Akteuren, die lediglich eine rein beobachtende oder eine passiv fördernde Funktion haben. Interessanter sind die Akteure aus dem mittleren oder inneren Kreis der Kooperation.

Abbildung III.9: Das Akteursgeflecht einer regionalen Kooperation

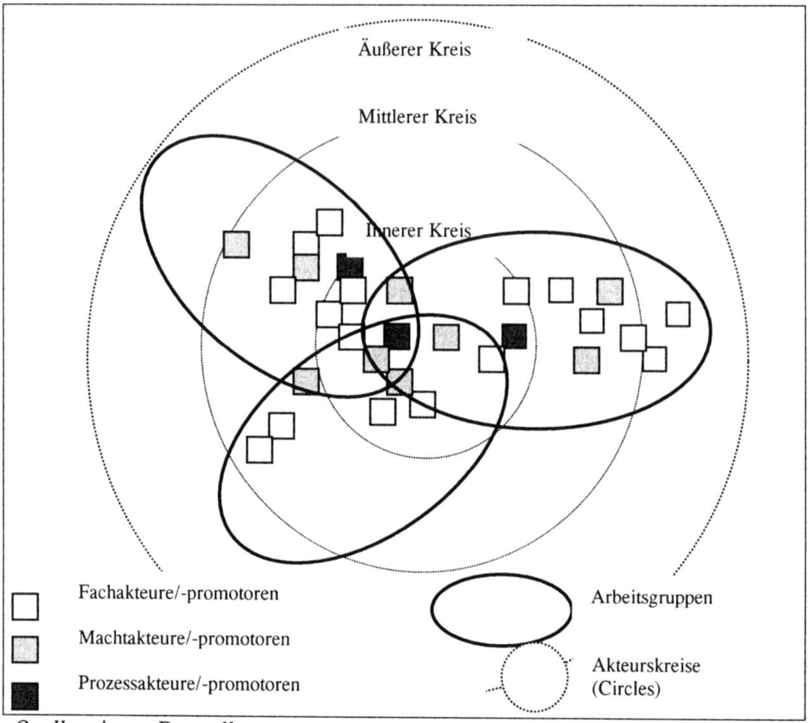

[Abbildung: Konzentrische Kreise mit Äußerer Kreis, Mittlerer Kreis, Innerer Kreis; Symbole: □ Fachakteure/-promotoren, ▨ Machtakteure/-promotoren, ■ Prozessakteure/-promotoren; Arbeitsgruppen, Akteurskreise (Circles)]

Quelle: eigene Darstellung

2.2.1 Der innere Kreis – die Promotoren

Die Akteure des inneren Kreises sind jene, die die Kooperation tragen. Das Entstehen eines Netzwerkes, das durch einen „Inner Circle" von mehreren führenden Akteuren gekennzeichnet ist, lässt sich modellhaft evolutionär aus den Defiziten anderer Steuerungsstrukturen erklären: Als Resultat der Defizite von Markt (A) und Hierarchie (B) können sich entweder Single-Leader-Networks (C) oder matrixartige Netzwerkstrukturen (D) ohne ein klares Steuerungszentrum entwickeln. Single-Leader-Networks weisen aber ähnliche Probleme wie Hierarchien auf: vor allem sind hier die Gefahr der Überlastung der zentralen Einheit und die damit einhergehende höhere

Fehleranfälligkeit sowie Demotivationstendenzen der nicht führenden Akteure zu nennen. Das Modell der Matrixsteuerung weist umgekehrt das Problem des Effizienzmangels aufgrund einer fehlenden zentralen Steuerungseinheit auf.

Als Resultat der Defizite der beiden Netzwerkmodelle können „Flexible Task Networks" entstehen, in denen einzelne Akteure für bestimmte Aufgaben und Funktionen Führungsfunktionen übernehmen. Aber hier stellt sich das Problem, wie die einzelnen führenden Akteure koordiniert werden. Die Lösung liegt in der Konstruktion des „Inner Circle" der aus Macht-, Fach- und Prozesspromotoren besteht, die jeweils Führungsaufgaben mit beschränkter Kompetenz wahrnehmen und Schnittstellen zu den erweiterten Kreisen der Kooperation darstellen (Meise 1998, 128ff). Ein solcher Vorentscheiderzirkel von Akteuren erhöht in der Regel die Effektivität der Kooperation (Fürst 1993, 30). Der Inner Circle sollte jedoch nicht als ein starr abgegrenztes Refugium der wichtigsten Akteure aufgefasst werden (Meise 1998, 130). In entwicklungsorientierten Kooperationen ist in der Regel die Lenkungsgruppe o. ä. das Forum, in dem der Innere Kreis der Kooperation die grundsätzlichen strategischen Entscheidungen trifft. Jedoch ist in diesen Kooperationen Führerschaft nicht alleine durch Gremienzugehörigkeit bestimmt. Nicht alle Akteure aus dem Inneren Kreis der Kooperation sind feste Mitglieder von Lenkungsgruppen und umgekehrt können nicht alle Mitglieder von Lenkungsgruppen wirklich zum Inner Circle gezählt werden (vgl. Abb. III. 10).

Die empirischen Untersuchungen zeigen, dass eine steigende Personenzahl des äußeren Kreises der Gesamtkooperation (ausgedrückt durch die Personenzahl der großen Versammlungen) auch zu steigenden Personenzahlen in Lenkungsgruppen (Gremium des inneren Kreises) der Kooperation „führt" (R=0,39; vgl. Tab. III.2.). Die Lenkungsebene ist also in ihrer quantitativen Besetzung ein signifikanter Spiegel des gesamten Akteurskreises der Kooperation.

Wie setzt sich der Inner Circle von Kooperationen zusammen? An erster Stelle sind hier die zentralen Figuren der Kooperation zu nennen, für die verschiedene Bezeichnungen existieren: „Spielmacher", „Broker" und – der am häufigsten verwendete Begriff – „Promotoren". Promotoren engagieren sich besonders stark für den Aufbau der Kooperation (Goldschmidt 1997, 102). Sie tragen dafür Sorge, dass das Netzwerk sich zu einem zielorientierten Ganzen entwickelt, das alle notwendigen Akteure mit einbezieht. Sie greifen Impulse aus dem Netzwerk auf und versuchen Blockaden zwischen Akteuren abzubauen (Goldschmidt 1997, 108). Eine jede Kooperation braucht Promotoren. Diese müssen für Ideen werben und Mehrheiten dafür gewinnen können. Sie nutzen ihre Definitionsmacht, um Situationen zu deuten, Themen aufzugreifen und den Nutzen von Kooperationen herauszustellen. Von ihrer Existenz und ihrem Agieren hängt der Erfolg der gesamten Kooperation ab. Kooperationen können sowohl versagen, weil potentielle Promotoren sich nicht genug engagieren, oder aber weil engagierte Promotoren als zu behaftet mit eigenen Interessen gelten (Fürst 1997, 132).

Abbildung III. 10: Die Evolution unterschiedlicher Netzwerkstrukturtypen

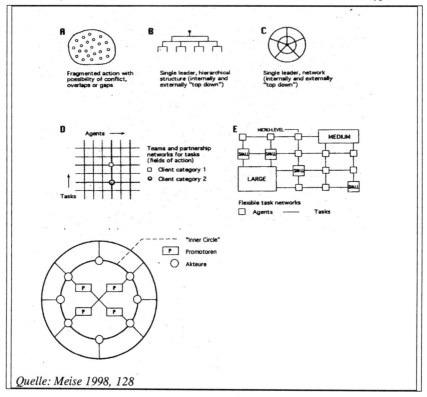

Quelle: Meise 1998, 128

Der Begriff „Promoter" ist insofern zweideutig, als er ja auf alle Akteure, die die Kooperation in irgendeiner Weise unterstützen, gemünzt sein kann. De facto sind damit aber jene Akteure gemeint, die die Kooperation kontinuierlich stark vorantreiben und dies sind in der Regel politisch Verantwortliche, Angehörige des mittleren Managements in Verwaltungen sowie Vertreter intermediärer Institutionen und — allerdings eher in Ausnahmefällen — Akteure gesellschaftlicher Gruppierungen oder regionale Unternehmen. Voneinander zu unterscheiden sind Machtpromotoren (politische Entscheider) von Fachpromotoren (Experten) und Prozesspromotoren. Dabei sichert die Machtpromotorengruppe die

Dabei sichert die Machtpromotorengruppe die politische Legitimation der Kooperation ab. Sie verfügt über die notwendigen Ressourcen und Durchsetzungspotenziale und entscheidet dadurch wesentlich über den Verlauf und Erfolg der Kooperation (StMLU 2000, 77). Die Fachpromotoren verfügen dagegen über das Expertenwissen und leisten die wesentliche inhaltliche Arbeit. Prozesspromotoren sind für die zielorientierte Ausgestaltung des gesamten Kooperationsprozesses verantwortlich (ARL 1998, 55; Knieling 2000, 107). In der Regel sind Akteure in Kooperationen überfordert, wenn sie gleichzeitig die Funktion von Macht- und von Fachpromotoren übernehmen sollen. Vielmehr müssen alle Funktionen durch unterschiedliche Akteure und Gruppen repräsentiert sein (Fürst/Schubert 1998, 358).

Das Zusammenspiel von Macht-, Fach- und Prozesspromotoren im inneren Kreis der Kooperation bestimmt den Kooperationserfolg maßgeblich. Die durch die Aufbauorganisation definierten Verantwortlichkeiten der einzelnen Akteursgruppen müssen sich sinnvoll ergänzen und innerhalb einer klaren Ablauforganisation richtig eingetaktet sein.

Der Typus des Prozesspromotors ist ein Hauptgegenstand dieser Arbeit, auf ihn wird später detailliert zurückgekommen (Kapitel VI). Näher betrachtet werden bereits hier die beiden anderen Promotorentypen, die in der Aufbauorganisation der Kooperation unterschiedliche Funktionen haben:

Tabelle III.2: Personenzahlen in Lenkungsgremien und großen Versammlungsgremien

Personen in Lenkungsgremien	Personen in Versammlungsgremien												
	bis 10		11-20		21-30		31-50		51-100		Über 100		gesamt
	Abs	in %	Abs	in %	Abs	in %	Abs	in %	Abs	in %	Abs	in %	Abs	in %
bis zu 5	2	40	1	14,3	3	27,3	2	22,2	1	7,1	1	7,7	10	16,9
6-10	2	40	5	71,4	5	45,5	4	44,4	9	64,3	4	30,8	29	49,2
11 bis 15	1	20	0	0	2	18,2	3	33,3	2	14,3	4	30,8	12	20,3
über 15	0	0	1	14,3	1	9,1	0	0	2	14,3	4	30,8	8	13,6
gesamt	5	100	7	100	11	100	9	100	14	100	13	100	59	100

Quelle: Eigene Erhebung und Darstellung

Machtpromotoren

Machtpromotoren sitzen meistens in dem Gremium, das die politischen und strategischen Weichen der Kooperation bestimmt. Sie müssen in der Regel repräsentativ ausgewählt werden (Fürst/Löb 1999, 70). Einzelne Machtpromotoren ragen dabei noch heraus. In gar nicht oder nur schwach institutionalisierten Kooperationen ist dies in der Regel der Vorsitzende der Lenkungsgruppe (z.B. Aller-Leine-Tal-Projekt, Müggel-Spree-Park, Städtebund Silberberg, Masterplan Bitterfeld/Wolfen, Städtenetz Lahn-Sieg-Dill, Städtedreieck Saalebogen). In stärker institutionalisierten Kooperationen ist es z.b. der Vereinsvorstand (Oberfranken Offensiv). In interkommunalen Kooperationen rotieren bisweilen die Lenkungsgruppenvorsitzenden in regelmäßigen Abständen (z.b. Städtebund Silberberg). In privatrechtlich institutionalisierten regionalen Kooperationen übernimmt mitunter der Regierungspräsident dauerhaft die Funktion des Vereinsvorsitzenden oder Hauptgesellschafters (z.b. Oberfranken Offensiv, OWL-Initiative).

Der Vorsitzende hat in der Regel ausgleichende Funktionen. Er vermittelt zwischen Prozesspromotoren und Fachpromotoren sowie anderen Akteuren. Vor allem in entwicklungsorientierten Kooperationen mit einer festen Struktur ist er sogar häufig eher der Konfliktvermittler, als es etwa der Prozesspromoter ist. Genau umgekehrt gibt es jedoch in mediationsähnlichen Verfahren einen Machtpromoter analog dem Lenkungsgruppenvorsitzenden von entwicklungsorientierten Kooperationen nicht, denn die politische Kontrolle erfolgt hier im Vorfeld und Nachgang der Kooperation selbst.

Fachpromotoren

Fachpromotoren sind es in erster Linie, die die Kooperation inhaltlich vorantreiben. Es sind Experten, die jedoch von punktuell tätigen externen Beratern zu unterscheiden sind. Sie geben Know-how zu Einzelfragen ein, bestimmen darüber hinausgehend auch die inhaltliche Richtung der Kooperation mit. Fachpromotoren wirken jedoch nicht nur als Experten, sondern sie haben durchaus auch Leitungsfunktionen. Vor allem in entwicklungsorientierten Kooperationen mit einer Vielzahl von Arbeitsgruppen sind es meist gar nicht die eigentlichen Prozesspromotoren, sondern Fachpromotoren aus beteiligten Verwaltungen(Dezernenten, Amtsleiter), die die Arbeitsgruppen leiten (z.B. Städtebund Silberberg, Modellregion Märkischer Kreis, Städtenetz Lahn-Sieg-Dill) und in diesem Sinne auch durchaus Funktionen von Prozesspromotern übernehmen.

2.2.2 Der mittlere Kreis

Akteure aus dem mittleren Kreis der Kooperationen zeichnen sich dadurch aus, dass sie entweder nur zu bestimmten Zeitpunkten (z.b. am Anfang und am Ende) oder nur in einem ganz speziellen Aspekt der Kooperation eine Rolle spielen, dann aber meist eine sehr wichtige. Dabei lassen sich zwei Gruppen unterscheiden: eine, die eher Initialisierungs- und Kontrollfunktionen ausübt, eine andere, die die Ziele der Kooperation inhaltlich qualifiziert oder — meist in Form von Projekten — umsetzt:

Initiatoren und Kontrolleure auf höherer Ebene

Regionale Kooperationen werden in der Regel auf höherer Ebene initiiert oder zumindest angeregt und unterstützt. Durch eine Anschubfinanzierung und eine programmatische Grundausrichtung werden bestimmte Rahmendaten gesetzt. Meist werden auch die Prozesspromotoren (vor allem Moderatoren und Mediatoren) von diesen höheren Ebenen ausgewählt (z.B. Aller-Leine-Tal-Projekt, Müggel-Spree-Park, Regionalmarketing Westsachsen, Städtebund Silberberg; Teilraumgutachten Ansbach/Hesselberg, sowie alle untersuchten mediationsähnlichen Verfahren).

In entwicklungsorientierten Kooperationen ziehen sich die Initiatoren nach der Anfangsphase in der Regel auf einen Beobachterstatus zurück und nehmen nach Ablauf der Förderung das Arbeitsergebnis ab — meist übrigens ohne große Korrekturen. Der Einfluss oberer Ebenen außerhalb der Kooperation schwindet in der Regel, wenn sich die Kooperation institutionalisiert hat, bleibt aber mitunter dennoch — etwa bei massivem Einsatz öffentlicher Mittel oder wenn die Institution im Auftrag des Landes operiert — durchaus latent vorhanden.

Am deutlichsten ist der Einfluss der Initiatoren und Kontrolleure der höheren Ebenen bei mediationsähnlichen Verfahren. Auch hier sind die Initiatoren fast nie am Verfahren direkt beteiligt. Sie fungieren aber als regelrechte Auftraggeber und Ergebnisempfänger, setzen die Aufgabenstellung und den zeitlichen Rahmen, bisweilen bestimmen sie sogar den Akteurskreis und den Ergebniskorridor maßgeblich.

Da Initiatoren und Kontrolleure somit entscheidende Rahmenbedingungen setzen und oft für die Umsetzung der Kooperationsergebnisse bestimmend sind, können sie in vielen Fällen durchaus als Promotoren (meist Fachpromotoren) bezeichnet werden. Unter der Maxime eigenständiger Regionalentwicklung können sie dennoch nur in Ausnahmefällen dem inneren Kreis der Kooperation zugerechnet werden.

Formulierer programmatischer Grundlagen

Ein ähnlicher Akteurstypus aus dem mittleren Kreis der Kooperationen ist die Gruppe jener, die erste allgemeine programmatische Grundlagen der Kooperation liefert. Bisweilen knüpft die Kooperation an eine Charta an, die unter Beteiligung von renommierten Persönlichkeiten verabschiedet wurde. Andere besonders anspruchsvolle Kooperationen leisten sich bisweilen sogar einen Beirat, der immer wieder programmatische Weichen stellt (z.B. OWL-Initiative, Masterplan Bitterfeld Wolfen). Häufig handelt es sich bei diesen Akteuren um regionsexterne Experten, die zum Transfer innovativer Ansätze eingebunden werden. Zwar besitzen auch diese Akteure entscheidende Weichenstellungsfunktionen und haben die Befugnis, Kooperationserfolge zu kontrollieren. Dennoch lassen sie sich von ihrer Arbeitsintensität her nur in Ausnahmefällen zum inneren Kreis der Kooperation rechnen.

Externe Gutachter, wiss. Begleitung

In mehr als drei Viertel der hier befragten Kooperationen wurde mindestens ein Gutachter zu einer insgesamt breiten Palette von Fragen eingesetzt. Besonders oft geschah dies in Städtenetzen, Teilraumgutachten und mediationsähnlichen Verfahren. Vor allem in mediationsähnlichen Verfahren spielen Gutachter eine entscheidende Rolle. Das massive Einbringen von Gutachterwissen ist in der Regel sogar der größte Kostenfaktor (im Falle Flughafen Frankfurt/Main z.B. wurden über 20 unterschiedliche Gutachten angefertigt), daher ist die massive Anhebung des Wissensniveaus unter allen beteiligten Akteuren häufig das wichtigste Ergebnis von mediationsähnlichen Verfahren.

Externe Projektträger

Da Kooperative Netzwerke, aber auch Institutionalisierte Kooperationen nur in wenigen Fällen die Trägerschaft für Projekte selbst übernehmen, treten häufig externe Projektträger auf den Plan. Die durch sie umgesetzten Projekte können Leitfunktion haben und damit das Bild der Kooperation nach außen und innen entscheidend prägen. Dennoch sind Projektträger in der Regel nur punktuell aktiv und versuchen nur wenig Einfluss auf die strategische Weichenstellung der Kooperation zu nehmen; sie sind daher nicht dem engeren Kreis der Kooperation zuzurechnen.

2.2.3 Der äußere Kreis

Der äußere Kreis der Kooperation ist naturgemäß größer und diffuser als es der innere und mittlere Kreis sind. Die Funktionen dieser Akteure sind sehr unterschiedlich. Die im Rahmen der regionalisierten Strukturpolitik durchgeführten Regionalkonferenzen bestehen zum großen Teil aus Akteuren im äußeren Kreis der Kooperation, nur wenige von ihnen sind wirklich dauerhaft in der Kooperation aktiv. In Institutionalisierten Kooperationen sind fördernde Akteure wie etwa normale Vereinsmitglieder typische Akteure aus dem äußeren Kooperationskreis. In der Summe führen sie dazu, dass die Kooperation auf einer ausreichenden Ressourcenbasis steht.

Jedoch sind die Grenzen zwischen den einzelnen Kreisen der Kooperation fließend. Akteure des äußeren Kreises können bei stärkerem Engagement in den mittleren oder – wenn dies dauerhaft geschieht – sogar den inneren Kreis der Kooperation vorstoßen. Umgekehrt ist aber häufig zu beobachten, dass formal zum inneren Kreis der Kooperation zugehörige Akteure de facto passiv bleiben und so im Grunde nur als Akteure des äußeren Kreises einzustufen sind.

2.3 Macht und Hierarchien

Welche Machtstrukturen und Hierarchien lassen sich nun in den Kooperationen feststellen und was folgen daraus für Konsequenzen?

Macht kann zunächst aus soziologischer Sicht als „...das Vermögen, kollektive Ergebnisse in einem sozialen System mitzubestimmen..." (Stokman 1993, 161); Machtgefälle können aus ökonomischer Sicht als „...die Existenz unterschiedlicher Austauschraten infolge ungleicher Ressourcenverteilung..." (Jansen/Schubert 1995, 15) definiert werden. Hierarchien lassen sich dann fassen als mehr oder minder verfestigte und formal legitimierte Machtgefälle zwischen Akteuren.

Sieht man Kooperationen im Gesamtkontext gesellschaftlicher Steuerungssysteme, so wird schnell deutlich, dass der Faktor Macht hier ambivalent wirkt: Machterhalt oder Machtgewinn kann ein zentraler Beweggrund für den Aufbau von Netzwerkstrukturen zwischen Akteuren sein, die ansonsten über keinen unmittelbaren Zugang zu Verhandlungsprozessen zwischen festen Organisationen verfügen (Benz 1995, 195). Netzwerkstrukturen können aber nicht nur zum Ausgleich einseitiger Machtverhältnisse, sondern ebenso zur dauerhaften Stabilisierung von Macht genutzt werden (Benz 1995, 201).

Interessanter sind hier die inneren Machtstrukturen. Dabei fällt auf, dass systemtheoretische wie institutionenökonomische Arbeiten zu Netzwerken und Kooperationen das Problem von Machtgefällen und Hierarchien weitgehend ausblenden (Hellmer et al. 1999, 65; Jansen/Schubert 1995, 15). Der Grund dafür liegt vermutlich darin, dass das Merkmal der nicht-hierarchischen Koordination ja gerade als Besonderheit von Netzwerken ausgemacht wird. Auch hebt der Begriff der Interdependenz das für Netzwerke konstitutive Moment der wechselseitigen Abhängigkeit von Akteuren hervor. Die Akteure eines Netzwerkes können nicht alle Ressourcen aus sich selbst schöpfen und wirken daher mit anderen Akteuren für einen kollektiven Output zusammen (Messner 1995, 211). Die gegenseitige Ressourcenabhängigkeit liefert überhaupt erst die Motivation, miteinander in Austausch zu treten bzw. dauerhaft zu kooperieren (Goldschmidt 1997, 94; Hellmer et al. 1999, 60). Da die Akteure in Kooperationen in wechselseitiger Abhängigkeit voneinander stehen ist zu vermuten, dass einseitige Herrschaft nicht so einfach durchgesetzt werden kann wie in hierarchischen Institutionen (Messner 1995, 234).

Was die Diskussion um Machtgefälle, Hierarchien und Führungsstrukturen in Kooperationen erschwert, ist die Tatsache, dass diese weniger transparent, weil informeller sind als in festen Institutionen. In der praktischen Arbeit von Kooperationen ist meist der Versuch unübersehbar, in Abgrenzung zu formalen Institutionen offensichtliche Machtgefälle und Hierarchien zu vermeiden. Bestimmte Typen regionaler Kooperationen wie etwa Städtenetze haben sogar den ausdrücklichen Anspruch innerer Machtgleichgewichte formuliert. Obwohl sich die Einwohnerzahlen der jeweils drei bis acht beteiligten Städte zum Teil erheblich unterscheiden — die Relationen liegen zwischen 1:2 und 1:15 — haben die Kooperationen bestimmte Modalitäten wie das Konsensprinzip oder Stimmengleichgewicht auch bei unterschiedlicher Stadtgröße entwickelt. Hierarchiefreiheit besteht vom Anspruch her vor allem zwischen den Mitgliedern einer Akteursebene, in erster Linie den beteiligten Kommunen oder allen Mitgliedern eines Vereins, in mediationsähnlichen Verfahren zwischen den Konfliktparteien. Dies drückt sich in entwicklungsorientierten Kooperationen z.B. in rotierenden Vorsitzen der Lenkungsgruppen aus oder darin, dass z.B. in Städtenetzen die verschiedenen Arbeitsgruppen bewusst von Verwaltungsangehörigen verschiedener Städte geleitet werden.

Dennoch weisen Netzwerke und Kooperationen durchaus Machtgefälle auf. Institutionalisierte aber auch informelle Kooperationen sind in der Regel formal-hierarchisch aufgebaut, insofern entweder die politische Steuerungsebene (Lenkungsgruppe, Vereinsvorstand, Gesellschafterversammlung) de facto letztliche Entscheidungskompetenz hat und diese vor allem in strategischen Grundfragen (Finanzierung, Personal, Leitprojekte) in der Regel auch nutzt. Die Arbeitsebene und meist auch die Prozesspromotoren sind hier formal — vor allem im Konfliktfall — durchaus weisungsgebunden. Wenn die Kooperationen rechtlich institutionalisiert werden, wird meist die ohnehin vorhandene Hierarchie mit einer Lenkungsebene festgeschrieben und verfestigt.

In den Kooperationen besteht zwar eine gegenseitige Abhängigkeit aller Akteure, diese kann aber vielfach durchaus sehr unausgewogen sein. Formal sind die Netzpartner zwar völlig autonom (Marin/Mayntz 1991, 15); die Mitgliedschaft im Netzwerk bedingt aber faktisch die teilweise Aufgabe der Autonomie (Messner 1995, 285; Wohlfahrt 1993, 43). Die Beziehungen in Netzwerken sind in der Regel nicht gleichgewichtig (Messner 1995, 212) und im Grundsatz reziproke Beziehungen heben dennoch asymmetrische Machtbeziehungen nicht auf (Mahnkopf 1994, 78). Das Ausmaß der Ausübung von Machtdifferenzen ist dabei ein Kriterium, das kompetitive von kooperativen Netzwerken unterscheidet. In kompetitiven Netzwerken wird Macht durchaus offen ausgeübt, ohne dass deshalb Austauschbeziehungen beeinträchtigt werden, in Kooperativen Netzwerken dagegen wird eher auf das Moment der kurzfristigen Machtausübung verzichtet (Fischer/Gensior 1995, 38).

Führungs- und Blockademacht durch persönliches Engagement und Nichtengagement

Macht in Kooperativen Netzwerken hängt zunächst von den den Akteuren jeweils zur Verfügung stehenden Ressourcen, Leistungen, Verweigerungs- und Koalitionsmöglichkeiten ab (Schubert 1995, 233). Über welche Macht Akteure verfügen, hängt auch mit ihrer Zentralität innerhalb der Kooperation und im Informationsnetz zusammen (Döhler 1993, 15). Empirisch nachweisbar ist, dass die am häufigsten kontaktierten Akteure in der Regel auch diejenigen sind, die als am wichtigsten eingestuft werden (Grote 1998, 76). Das Machtzentrum ist in kooperativen Netzwerken aber weniger leicht zu identifizieren als in formalen Hierarchien (Döhler 1993, 19).

Zwar steigt der potentielle Einfluss eines Akteurs mit den ihm grundsätzlich zur Verfügung stehenden Ressourcen. Entscheidend ist aber, welche Ressourcen wirklich eingebracht werden. Dabei muss es nicht die Größe und Finanzkraft etwa einer Kommune sein, denn auch kleine Institutionen haben Vetomacht, Sachwissen, Kontrolle über Informationen (Messner 1995, 212). Machtunterschiede und Hierarchien zwischen Akteuren sind durch potenzielle Ressourcen nicht vollständig determiniert, vielmehr spielt der Faktor persönlichen Engagements von Akteuren eine entscheidende Rolle.

Unterschiedliche Stufen des Engagements können in den Begriffen „Motor", „Bremser", „Mitläufer" und „Nachläufer" zum Ausdruck gebracht werden.

Motoren treiben die Kooperation kontinuierlich voran. Bremser stehen der Kooperation dagegen skeptisch gegenüber, engagieren sich aber dennoch, um keine Handlungsspielräume zu verlieren. Mitläufer beteiligen sich ohne vorantreibendes Engagement, behindern die Kooperation aber auch nicht aktiv. Nachläufer verweigern zunächst die Mitarbeit und stoßen erst dann dazu, wenn die Kosten-Nutzen-Relationen für sie erkennbar positiv ausfallen.

Motoren gelingt es meist, sich von ihren Herkunftsinstitutionen zumindest teilweise zu lösen, so dass sie der Kooperation eigene Akzente verleihen können. Bremser sind meist Akteure, die von Institutionen entsandt werden, um deren Belange zu vertreten, die sich aber scheuen, davon abweichende Konzepte mitzutragen; sie stellen ihre institutionellen Interessen gegenüber den Gesamtinteressen der Kooperation besonders stark in den Vordergrund. Sie bringen die üblichen Koordinationsroutinen der sektoralisierten Verwaltung ein und agieren durch „negative Koordination", prüfen also Vorlagen danach ab, inwieweit ihre Verwaltung betroffen ist. Mit- oder Nachläufer nehmen meist eine nur beobachtende Rolle in der Kooperation ein (Fürst/Löb 1999, 70).

Bei mediationsähnlichen Verfahren gibt es in der Regel eine Institution, der besonders an der Lösung des Konfliktes gelegen ist. Sie formuliert das Problem, die Rahmenbedingungen und ist entscheidend für die Ergebnisoffenheit des Verfahrens verantwortlich. Dennoch kann hier im Vergleich zu entwicklungsorientierten Kooperationen von einem eher gleichmäßig hohen Engagement aller wichtigen Beteiligten ausgegangen werden. Meistens werden am Anfang gewisse Zugangsbarrieren der Mitwirkung gesetzt, es wirken daher in der Regel nur die Akteure mit, die es wirklich wollen. Unter den Konfliktpartnern sind zwei Konstellationen typisch:
- Die klassische Mediationssituation: Es gibt zwei klar abgegrenzte Konfliktparteien, Vertreter aus übergeordneten Verwaltungen fungieren eher als Experten.
- Die erweiterte Mediationssituation: Es gibt einen größeren Kreis von Betroffenen, die anfänglich oder im Verlaufe des Verfahrens Fraktionen bilden – und zwar unter Umständen mehr als nur zwei.

In größeren regionalen Konflikten findet sich meist die zweite Situation, was Konfliktlösungen erschwert. Anders in Kooperationen zur regionalen Entwicklung: Der Fall, in dem alle relevanten Akteure hohes und gleichbleibendes Engagement aufweisen (übergeordnete Behörde als Motor, alle Gemeinden sehr aufgeschlossen, breite Bevölkerungskreise eingebunden) ist die Ausnahme und kennzeichnet die sehr erfolgreichen Kooperationen (z.B. Aller-Leine-Tal-Projekt).

In gesamtregional orientierten Kooperationen scheint allerdings das gleichmäßige Engagement aller Akteure zumindest in der Frühphase nicht so bedeutend wie in kleineren interkommunalen Kooperationen, ja mitunter nicht einmal so wünschenswert. Denn gleichmäßiges Engagement aller Akteure würde hier bisweilen sogar die Verarbeitungskapazitäten der Kooperation überfordern, demokratisch-selektive Mehrheitsbildungsmechanismen müssten dann Mechanismen von Kooperativen Netzwerken ersetzen.

In kleinen, a priori vom Teilnehmerkreis her begrenzten Kooperationen wie Städtenetzen wirkt sich faktisch ungleiches Engagement einzelner formal beteiligter Kommunen dagegen negativer aus; bereits ein bis zwei „Bremser" und einige Mit- und Nachläufer können hier sehr lähmend für die gesamte Kooperation wirken. In den Fallstudien sind z.B. folgende Konstellationen vorzufinden:

- Einige regionale Akteure und Moderatoren treiben die Kooperation voran, Gemeinden sind anfänglich eher skeptisch, wirken aber zunehmend mit, private Eigentümer erweisen sich zunächst als Bremser, werden erst allmählich gewonnen.
- Einer vom Land initiierten Kooperation fehlt es an der regionalen Führerschaft, nur ein Landtagsabgeordneter und eine von mehr als zwei Dutzend Kommunen ist besonders aktiv, die Kooperation verläuft daher schleppend.

Oft besteht die Gefahr der Dominanz großer Gemeinden, diese ist aber nicht zwingend. Folgende Konstellationen — die meisten in eher unterdurchschnittlich erfolgreichen Kooperationen — lassen sich vorfinden:

- 2 Motoren (dabei eine große Stadt), 2 Mitmacher, 1 Mitläufer, 1 Bremser;
- 2 Motoren, 3 Mitmacher, 1 Bremser;
- 2 Motoren (kleine Städte), 2 Mitmacher, 3 Mitläufer und Bremser;
- 4 von 18 Kommunen können als Motoren angesehen werden, die anderen sind eher Mit- und Nachläufer, Motoren wie Bremser sitzen auf Landesebene.

Typisch ist auch folgende regionale Konstellation: Als Motor der Kooperation fungiert vor allem die kleinste Kommune, die über das Vehikel der Kooperation versucht, ihr strukturell geringes Gewicht in der Region zu erhöhen. Als Bremser fungiert dagegen die eindeutig größte und strukturell für die Region bedeutendste Kommune. Sie befürchtet, sowohl durch eine gelungene Kooperation als auch bei einem Nicht-Mitwirken in der Kooperation ihren Einfluss im regionalen Steuerungssystem zu verlieren. Sie nimmt an der Kooperation Teil, um nicht zu kooperieren, formuliert darin weder Exit- noch Voice-Optionen, bleibt aus Sicht der anderen Akteure seltsam passiv und trägt daher zu einem strukturellen Patt bei, das die Kooperation dauerhaft lähmen kann.

In stärker institutionalisierten Kooperationen, die formale Hierarchien (Vereinsvorstand, Vereinsvorsitzender) aufweisen, werden diese durch unterschiedliches Engagement bedingten informellen Hierarchien von formellen überlagert. Dabei können Akteure aus auf den ersten Blick gar nicht bedeutsam erscheinenden Sphären, etwa dem kulturellen Bereich, einen hohen faktischen Einfluss in einer regionalen Kooperation erwerben, während sich anfänglich scheinbare Promotoren mit wichtigen formellen Funktionen als eher unbedeutend herauskristallisieren.

Strukturelle Ohnmacht kann also in Kooperationen bis zu einem gewissen Grad stärker durch persönliches Engagement kompensiert werden, als es in festen Institutionen der Fall ist. Aber strukturelle Macht wirkt auch in informelle Strukturen hinein und kann besonders schwach institutionalisierte Kooperationen blockieren.

3. Themen und Aktivitäten

3.1 Themen

Aus der breiten Palette der in der schriftlichen Befragung genannten Themen der Kooperationen wurden in der Auswertung 17 Themengruppen gebildet. Der Blickwinkel, was als ein eigenes „Thema" zu kategorisieren ist und was nicht, bestimmt sich vor allem aus den Systematisierungen, wie sie in formellen Raumordnungsplänen zu finden sind. Eine einzelne Kooperation weist gleichzeitig bis zu acht solcher Themennennungen auf. Abbildung III.12 vermittelt ein Bild der Verteilung der Themengruppen:

In 39% der Fälle wurde das Thema Tourismus und Naherholung genannt, in 32% der Fälle das Thema Verkehr; 27% der Kooperationen beschäftigen sich mit dem Thema Wirtschaftsentwicklung und für 24% ist das Thema Freiraumentwicklung von Bedeutung.

Zur weiteren Untersuchung wurden die o.g. 17 Themengruppen auf acht Themenfelder reduziert.[5] In den Kooperationen werden mehrere (im Durchschnitt 2,7) dieser Themenfelder behandelt. Von Interesse ist, inwiefern die bearbeiteten Themen nach den Strukturmerkmalen der Kooperationen, nach dem Kooperations- und Strukturtyp variieren. Die Themen der Projekte unterscheiden sich zum ersten nach der räumlichen Lage und dem Zuschnitt der Kooperationsformen. So stehen in verdichteten Räumen eher ökologisch orientierte Lösungen von Freiraumkonflikten an. Ökonomische Themen, wie sie vor allem innerhalb von Regionalmarketingansätzen im Vordergrund stehen und auch in den meisten Städtenetzen zentral sind,

---

5 Dazu wurde zunächst eine Faktorenanalyse (Hauptkomponentenanalyse mit Varimax-Rotation) durchgeführt. Die extrahierten Faktoren gaben zwar erste Hinweise auf typische Themenkombinationen, waren jedoch nicht durchweg inhaltlich interpretierbar. Daher wurden bei der Zusammenfassung von Themengruppen zu Themenfeldern gegenüber der Faktorenanalyse Umgruppierungen nach inhaltlichen Plausibilitätsgesichtspunkten vorgenommen.

werden eher in größeren räumlichen Zuschnitten bearbeitet, die mitunter sogar die Grenzen von Planungsregionen überschreiten.

Tabelle III.3: Themenfelder der Kooperationen

Themenfelder	Absolut	% der Nennungen	% der Fälle
Tourismus, Naherholung	43	14,5	38,7
Verkehr, Erreichbarkeit	36	12,2	32,4
Wirtschaft	30	10,1	27,0
Freiraum, Naturschutz, Wasser	27	9,1	24,2
Siedlungsentwicklung, Nutzungsansprüche	22	7,4	19,8
Regionalentwicklung allgemein	21	7,1	18,9
Bildung, Arbeit, Soziales	21	7,1	18,9
Kultur	17	5,7	15,3
Energie, Abfall, Abwasser	16	5,4	14,4
Gewerbeflächen, Industriebrachen	15	5,1	13,5
Ökologie allgemein	15	5,1	13,5
Landwirtschaft, Ernährung, Rohstoffe	14	4,7	12,6
Standort techn. Infrastruktur	5	1,7	4,5
Versorgung, Zentrale Orte	5	1,7	4,5
Sanierung, Ortsbildpflege	4	1,4	3,6
Soziale Infrastruktur	3	1,0	2,7
Wohnungen	2	0,7	1,8
Quelle: Eigene Erhebung und Darstellung			

Die Betrachtung der Zusammenhänge zwischen Themen und Kooperationsstrukturen lässt eine plausible Schlussfolgerung zu: Themen, die zur regionalen Entwicklung beitragen (Wirtschaft/ Tourismus, Humankapital, Verkehr) werden eher in flächenmäßig größeren Kooperationen auf oder oberhalb der Ebene von Landkreisen behandelt. Eine raumordnerisch-querschnittsorientierte inhaltliche Ausrichtung findet sich dagegen eher auf der Ebene zwischen Landkreisen und Kommunen (StMLU 2000, 65). Wenn es um konkrete standortbezogene Konflikte (Flächen, technische Infrastruktur) und Fragen des Ressourcenschutzes geht, werden diese eher in noch kleineren Kooperativen Netzwerken bearbeitet. Es gibt jedoch auch zahlreiche Gegenbeispiele, eine durchgängige oder gar zwingende Zuordnung der Strukturen der Kooperationen zu den Themengruppen kann nicht beobachtet werden.

Abbildung III. 11: Themenzahl nach Kooperationstypen

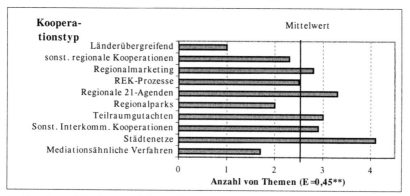

Quelle: eigene Erhebung und Darstellung

Die Themenschwerpunkte der Kooperationstypen unterscheiden sich: Nicht verwunderlich ist, dass mediationsähnliche Verfahren, die ja an einem konkreten Problem ansetzen, ein deutlich schmaleres Themenspektrum aufweisen als die entwicklungsorientierten Kooperationen. Mediationsähnliche Verfahren konzentrieren sich eindeutig auf die Themenfelder: Standortkonflikte technischer Infrastruktur, Gewerbeflächen, Koordination von Nutzungsansprüchen und das Thema Freiraumentwicklung. Dieser Befund wird durch Ergebnisse anderer Erhebungen (Mediator 1996) noch präzisiert, wonach abfallwirtschaftliche Fragestellungen (40%), Altlastensanierungsmaßnahmen (20%), Naturschutz/ Verkehr/ Chemie (26%) den Großteil der Mediationsverfahren ausmachten.[6]

Es zeichnet die meisten der entwicklungsorientierten regionalen Kooperationen aus, dass sie versuchen, ein Themenspektrum zu bearbeiten, das zum einen breiter ist als das der sektoralen Politiken, um Synergieeffekte zwischen Themenfeldern zu erzielen. Zum anderen ist für regionale Kooperationen eine Nischenpolitik typisch; es werden Themen gesucht, die innerhalb anderer Zusammenhänge nicht oder zumindest nicht auf diese Art bearbeitet werden.

---

6   Insgesamt ist das Themenspektrum von mediationsähnlichen Verfahren breiter. Im politisch-konzeptionellen Bereich sind die Integration von Ökologie und Ökonomie, Umsetzung des Leitbildes nachhaltiger Entwicklung, Agenda-21-Prozesse, Regelungen aus Energie-, Abfall- und Verkehrspolitik, technische und gesellschaftliche Normensetzungen grundsätzlich mediationsgeeignet. Innerhalb von Verwaltungsverfahren sind Standortfragen, Abfallgenehmigungen, UVP, Verkehrs- und Abfallkonzepte, Raum- und Landschaftsplanungen, Natur- und Landschaftsschutzgebiete, im Bereich Wirtschaft Industrieansiedlungen, Öko-Audits, umweltfreundliches Unternehmensmanagement, Duales System, Mehrwegquoten, Verpackungsverordnungen, Sanierungen, Rekultivierungsvorhaben grundsätzlich mediationsgeeignet (Kostka 2000, 75).

Vor allem fallen hier Modellansätze, nämlich die Städtenetze und die Regionalen Agenda-21-Prozesse, mit ihrem besonders breiten Themenspektrum ins Auge (Abb. III.11; Tab. III.3). Städtenetze und REK/Regionalkonferenzen und Regionalmarketing-Ansätze sowie sonstige regionale Kooperationen weisen Schwerpunktsetzungen in den Bereichen Wirtschaft/Tourismus und Verkehr sowie dem Faktor Humankapital auf. In den ExWost-Modellvorhaben Städtenetze sind diese Themen sogar in fast allen Fällen vertreten (BBR 1999a, 77). Hier werden sowohl Themen, bei denen ein grundsätzliches regionales Defizit ausgeglichen werden soll als auch Themen, bei denen es einen Austausch über das interne Angebot geben soll, bearbeitet (Jurczek et al. 1999, 137).

Die Regionalen Agenda-21-Prozesse fallen durch ihr besonders ausgeglichenes Themenspektrum auf, was dem Grundgedanken einer nachhaltigen Entwicklung entspricht.

Außerdem gibt es signifikante Zusammenhänge zwischen der Themenanzahl und der Kooperationsstruktur: Je mehr Strukturelemente und Arbeitsgruppen eine Kooperation aufweist, desto mehr Themen bearbeitet sie auch ($R=0{,}30$ bzw. $R=0{,}28$). Zu beobachten ist auch, dass sich die Themen im Verlauf der Kooperation verändern. Kooperationen laufen in der Regel langsam an, was dadurch bedingt ist, dass der Nutzen der Kooperation den Akteuren am Anfang noch nicht deutlich ist (ARL 1998, 53). Nicht von ungefähr wird daher meist mit Themen begonnen, die einerseits einen hohen Symbolcharakter haben, andererseits aber wenig konfliktträchtig sind und deren finanzieller Aufwand sich in Grenzen hält: gemeinsame Logos, Werbebroschüren, Vertretungen auf Ausstellungen und Messen etwa (Troeger-Weiss 1997, 194; Jurczek et al. 1997, 450; Schmidt 1997, 455). Bereits mit höherem Aufwand werden dann Projekte wie informationstechnische Vernetzungen der Verwaltungen der Kooperationspartner (z.B. Datenpool, Kompensationsflächenpool) (Kaufmann 1997, 447; Hammerich/Schneider 1997, 460) betrieben. Wenn solche gemeinsamen Projekte erfolgreich absolviert sind, hat die Kooperation ihre Anfangshürden genommen.

Erst wenn mit zunehmender Kooperationsdauer Projekte mit höheren finanziellen Aufwendungen angegangen und umgesetzt werden, die auch einen Gebrauchswert außerhalb des Akteursnetzwerkes (also z.B. für den einzelnen Bürger) besitzen, wie einheitliche Beschilderungen von Gebäuden in den Städten, Umnutzungen von Gebäuden und Neubauten (z.B. Energie-Holzhäuser, Technologie- und Gründerzentren) und Infrastrukturmaßnahmen (Radwanderwege, ÖPNV) (Kliemt 1997, 459) und hier die Kosten-Nutzen-Einschätzungen durch alle Akteure zumindest nicht deutlich negativ ausfallen, kann die Kooperation als stabil angesehen werden, denn dann steigt auch ihre öffentliche und politische Akzeptanz. Solche Projekte bedeuten eine neue Qualität der Kooperation. In erfolgreichen Kooperationen stellen diese Projekte mehr als den kleinsten gemeinsamen Nenner der Beteiligten dar (Jurczek et al. 1999, 189).

Tabelle III.4: Themenfelder nach Kooperationstypen

Kooperations-typ	Themen							
	Regionalentwicklung allgemein	Sanierung, Ortsbild	Wirtschaft Tourismus	Wohnen, soziale Infrastruktur, Bildung, Kultur	Verkehr, Erreic hbarkeit	Freiraum, Landwirtschaft, Rohsto ffe	Koordination Nutzun gsanspr üche	Standortfindung Techn. Infrastruktur, Gewerbeflächen
	In %							
Mediationsähnliche Verfahren		14,3	0	0	0	28,6	28,6	42,9
Städtenetze	18,8	25,0	75,0	62,5	75,0	12,5	18,8	25,0
Sonstige interkommunale Koop.	33,3	16,7	33,3	33,3	16,7	33,3	50,0	33,0
Teilraumgutachten	0	33,3	0	0	66,7	66,7	33,3	100
Regionalparks	0	0	33,3	33,3	33,3	33,3	33,3	0
Reg. Agenda-21-Prozesse	14,3	14,3	57,1	28,6	57,1	42,9	42,9	28,6
Reg. Entwicklungskonzepte/Regionalkonfer enzen	40,0	8,0	48,0	24,0	32,0	28,0	12,0	16,0
Regionalmarketing	21,4	7,1	64,3	57,1	14,3	7,1	0	21,4
Sonst. Regionale Koop.	5,0	20,0	65,0	40,0	25,0	60,0	20,0	15,0
Länderübergreifende Koop.	50,0	0	0	0	50,0	0	0	0
Insgesamt	19,1	14,5	48,2	33,6	32,7	30,9	20,0	24,5

Quelle: Eigene Erhebung und Darstellung

Auch innerhalb eines Handlungsfeldes ist die allmähliche Zunahme des Schwierigkeitsgrades von Themen deutlich. So wird etwa im Handlungsfeld Verkehr mit Lückenschlüssen oder Beschilderungen von Radwegen begonnen und dann zunehmend zum Bereich des ÖPNV übergegangen (BBR 1999a, 83).

3.2 Aktivitäten

Von den bearbeiteten Themen lassen sich nun Aktivitäten der Kooperation abgrenzen. Im Durchschnitt wurden in jeder Kooperation 1,7 Aktivitäten genannt, wobei es keine signifikanten Unterschiede zwischen den Kooperationstypen gab. Die wichtigsten genannten Aktivitäten waren:[7] Marketingaktivitäten (30%), Entwicklung gemeinsamer programmatischer Zielvorstellungen (27%), Kooperation, Konfliktlösung, Synergien (26%) und Information allgemein (23%).

Die gemeinsame Entwicklung von programmatischen Zielvorstellungen, Kooperation und Konfliktlösung sind die Gruppen von Aktivitäten, die nahezu über das gesamte Spektrum der Kooperationen genannt werden. Ansatzweise fallen Ungleichverteilungen über die Kooperationstypen auf: Die Marketingaktivitäten werden vor allem in den ExWost-Städtenetzen, den REK/ Regionalkonferenzen und — wie zu erwarten — den Regionalmarketing-Ansätzen (hier auch besonders der Medieneinsatz und allgemeine Kommunikation) betont. Die mediationsähnlichen Verfahren heben dagegen besonders den Aspekt der Information und Beteiligung hervor.

4. Strategien, Handlungsprinzipien und Verfahrensregeln

Die hier untersuchten Kooperationen zeichnen sich gegenüber formellen Planungen durch ein Planungsverständnis aus, dessen wichtigste Merkmale ein prozesshaftes Vorgehen, eine aktive Konsensbildung und eine strategische Orientierung durch Leitbilder sind. Die Kooperationen verfolgen in der Regel verkraftbare Zielsetzungen und verfahren umsetzungsorientiert, wobei sie sich auf Schwerpunkte konzentrieren, um Steuerungskapazitäten zu entlasten (Fürst 2000).

Jedoch stellen sich im Detail die strategischen Fragen, Handlungsprinzipien und Verfahrensregeln für entwicklungsorientierte Kooperationen einerseits und konfliktlösungsorientierte Kooperationen andererseits grundsätzlich anders dar. Strategisch taucht in entwicklungsorientierten Kooperationen vor allem die Frage auf, wie das Verhältnis zwischen einer langfristig tragfähige Zielorientierung einerseits und schnellen Umsetzungserfolgen andererseits gestaltet werden soll. Bei mediationsähnlichen Verfahren finden sich – je nach Mediationsschule – unterschiedliche Handlungsprinzipien, die gleichsam strategische Bausteine solcher kooperativer Prozesse darstellen. Verfahrensfragen sind bei entwicklungsorientierten Kooperationen – zumal den nicht institutionalisierten – eher untergeordnet. In mediationsähnlichen Verfahren ist dagegen aufgrund des höheren Konfliktgrades

---

[7] Eine weitergehende explorative Zusammenfassung der genannten Aktivitäten durch eine Faktorenanalyse führte hier zu inhaltlich nicht befriedigenden Ergebnissen. Die gewonnenen vier Hauptfaktoren erklärten nur 53% der Gesamtvarianz und waren inhaltlich nicht durchweg sinnvoll interpretierbar. Daher wird nachfolgend mit den nicht zusammengefassten Nennungen gearbeitet.

die gemeinsame Entwicklung von Verfahrens- und Spielregeln zwischen den Akteuren von größerer Bedeutung.

4.1 Strategien der leitbildorientierten Entwicklung regionaler Projekte

Bei der Diskussion der Strategie von entwicklungsorientierten Kooperationen werden meist drei Aspekte hervorgehoben: die Prozessorientierung, die Projektorientierung und die Funktion von Leitbildern.

Neben der fehlenden rechtlichen Bindung ist es vor allem die Prozessorientierung und die Orientierung an konkreten Projekten, die die regionale Kooperationen von formellen Planungen unterscheidet. Der gerne verwendete Begriff „Prozessorientierung" ist allerdings kein scharf definiertes Abgrenzungskriterium, denn natürlich werden auch formelle Planungen in einem Prozess erstellt. Betont wird mit diesem Begriff eher der informelle und offenere Charakter regionaler Kooperationen im Vergleich mit formellen Planungen auf regionaler Ebene. Ein klareres Abgrenzungskriterium der informellen Kooperationen gegenüber formalen Planungen ist dagegen das der Projektorientierung. Denn nahezu alle entwicklungsorientierten Kooperationen haben — in welchem Zeithorizont auch immer — das Ziel, Projekte zur Regionalentwicklung umzusetzen.

Merkmale und Funktionen von Leitbildern der zweiten Generation

Ein drittes strategisches Merkmal regionaler Kooperationen ist die Art der Leitbildorientierung. Leitbilder haben in regionalen Kooperationen einen anderen Stellenwert, eine andere Funktion und einen anderen Konkretisierungsgrad als ihr Gegenstück in formellen Planungen, Ziele und Grundsätze. Ziele und Grundsätze sind ein mittlerweile sehr ausdifferenziertes raumordnungspolitisches Instrument, sie haben in Raumordnungsplänen entweder verbindlichen (Ziele) oder stark orientierenden (Grundsätze) Charakter. In regionalen Kooperationen werden demgegenüber in der Regel orientierende Leitbilder erarbeitet. Leitbildprozesse sind Verfahrensinnovationen, die angesichts der neuen Steuerungsanforderungen an Bedeutung gewonnen haben (Knieling 2000, 20). Von der Definition her ist ein Leitbild zunächst ein sich „...*vom Ist-Zustand und vom Trend abhebender Sollzustand, der durch ein abgestimmtes koordiniertes Verhalten erreichbar ist und erreicht werden soll.*" (Lendi 1995, 624). Das Ziel muss erreichbar sein, ist aber nicht mit einem Zeithorizont verknüpft und auch nicht durch Maßnahmen konkretisiert. Leitbilder sollen vor allem dazu dienen, im Umfeld von „Risikogesellschaft" und „Individualisierung" kollektive

Orientierungen zu geben (Knieling 2000, 215). Dabei haben sie im einzelnen folgende vier Funktionen (Knieling 2000, 92ff):
- Eine Koordinationsfunktion; d.h. sie ermöglichen es, dass gemeinsame Ziele gefunden werden, verschiedene Konfliktebenen integriert werden, Konflikte temperiert werden und letztlich dadurch die regionalen Akteure integriert werden.
- Eine Reflexionsfunktion; d.h. sie tragen zur Qualifizierung der Inhalte der Kooperation bei, indem die Konsequenzen des Handelns im Diskurs bewusster gemacht werden.
- Eine Innovationsfunktion; d.h. sie können Denkblockaden unter regionalen Akteuren aufbrechen helfen, indem in Leitbildprozessen Akteure zusammengeführt werden.
- Eine Marketingfunktion, indem sie das regionale Bild nach innen und außen aufbauen und stabilisieren.

Alle diese Definitionen und Merkmale freilich heben Leitbilder nicht eindeutig von Grundsätzen und Zielen ab, denn auch diese können genau dieselben Funktionen erfüllen. Der Unterschied liegt eher in der Gewichtung der verschiedenen Funktionen, der Art der Verbindlichkeit, im Charakter der Formulierung und ihrer Ausdifferenzierung.

Bei Grundsätzen und Zielen dominiert eindeutig die Funktion der Koordination: In abgestimmten Grundsätzen und vor allem Zielen sind Konflikte vermittelt oder gar entschieden (abgewogen). Bei Leitbildern scheint demgegenüber zum einen die Innovationsfunktion und zum anderen die Marketingfunktion — die Schaffung einer gemeinsamen Identität zunächst vor allem nach innen — wichtiger zu sein.

Die „Leitbilder der zweiten Generation" (Knieling 2000, 23) sind im Unterschied zu Zielen der Raumordnung nicht rechtsverbindlich, sie haben eher einen orientierenden und anregenden Charakter für den Kooperationsprozess. Entsprechend sind sie im Charakter ihrer Formulierung bewusst weniger präzise gehalten, oft wird eine bildhafte Sprache gewählt.

Während rechtsverbindliche Raumordnungspläne ausdifferenzierte Systeme mit nicht selten hunderten von Zielen und Grundsätzen enthalten, werden Leitbilder sparsamer formuliert. Zwar findet sich auch hier häufig eine Hierarchisierung, etwa in ein allgemeines Leitmotto und mehrere Leitgedanken (Knieling 2000, 7f). Insgesamt ist das Leitbildsystem jedoch deutlich schlanker ausgelegt als ein System von Grundsätzen und Zielen.

Dies- und jenseits des Perspektivischen Inkrementalismus

Zwischen den regionalen Kooperationen lassen sich nun Unterschiede ausmachen, welchen Raum die Erarbeitung von strategischen Leitbildern auf der einen und die Umsetzung von Projekten auf der anderen Seite jeweils einnehmen und zu welchem Zeitpunkt dies geschieht. Dabei lassen sich drei Grundtypen identifizieren: der eher konventionelle Typ einer deduktiven Strategie, der induktive Typus und der perspektivisch-inkrementalistische Typus.

Am interessantesten ist dabei die Strategie des „Perspektivischen Inkrementalismus", gewissermaßen die Synthese zwischen der deduktiven und induktiven Strategie (Ganser/Siebel/Sieverts 1993, 114ff). Im Vergleich zu den formellen Planungen und dem Typus der integrierten Entwicklungsplanung, wie er in der Bundesrepublik Deutschland — zumindest programmatisch — in den siebziger Jahren betrieben wurde, zeichnet sich der perspektivische Inkrementalismus durch eine Abkehr von stark ausdifferenzierten, vertikalen Zielsystemen in Plänen und Programmen aus, sowie durch eine Orientierung zur schnellen Entwicklung von einfachen Leitbildern, vor allem aber zur gezielten Konzeption und Durchführung von machbaren Projekten.

Der perspektivische Inkrementalismus gilt als die Verschmelzung der Perspektivplanung mittels differenzierter Zielsysteme der siebziger Jahre und des umgekehrt einzelfallbezogen- aber weitgehend strategielos agierenden Inkrementalismus der achtziger Jahre. Damit wird eine Verbindung von Planen und Handeln — gewissermaßen die „gesunde Mitte" — zwischen einem langfristig strategischen Handeln und kurzzeitig erfolgsorientiertem Aktionismus gesucht (Gugisch/Maier/Obermaier 1998, 137). Dabei wird eine persuasive, auf Überzeugung ausgerichtete Strategie gewählt (Meise 1998, 34).

Den Prototyp projektorientierter Planung stellt die IBA Emscher-Park dar: In einer modifizierten Top-down Strategie wurden in einem Memorandum von Experten erste allgemeine Visionen implantiert, der Anspruch auf ein geschlossenes Leitbild wurde dabei nicht formuliert. Diesen Visionen liegt die Überzeugung zu Grunde, dass die zukünftige Entwicklungs- und Wettbewerbsfähigkeit von Regionen maßgeblich von deren ökologischen und urbanen Qualitäten abhängig sei. Im zweiten Schritt wurden rund 120 Projekte in einem überschaubaren Zeitraum in dezentraler Verantwortung durch einzelne Projektträger durchgeführt, die durch punktuelle Events garniert waren. Inhaltlich wurde diese pointillistische Strategie durch Qualitätsstandards und Wettbewerbe für die Projekte flankiert. Diese folgten ökonomischen, ökologischen, kulturellen und sozialen Kriterien, die in einem diskursiven Prozess entwickelt wurden. Durch die projektbezogene Förderung aus bestehenden Haushalten wurden wettbewerbsähnliche Momente in die Förderpraxis des Landes gebracht (Benz et al. 1999, 87ff; Siebel/Ibert/Mayer 1999, 163ff; Rommelspacher 1999, 443ff).

Die IBA Emscher-Park verzichtete also auf das langwierige Aushandeln konsensfähiger differenzierter Zielsysteme, die Arbeit am einzelnen Projekt stand frühzeitig im Vordergrund. Und am konkreten Projekt wurden auch spezifische Qualitätskriterien entwickelt, die anregenden Vorbildcharakter, keineswegs aber Allgemeingültigkeit besitzen sollten. Jedoch stand vor der Arbeit am Projekt noch die Entwicklung allgemeiner Leitbilder, hier in Form eines Memorandums.

Dieses perspektivisch-inkrementalistische Vorgehen hat im Grunde alle jüngeren Kooperationen maßgeblich beeinflusst. Eine regelrechte Übernahme aller strategischen Elemente der IBA ist dabei allerdings auf Ausnahmen beschränkt. So die Expo-Initiative Ostwestfalen-Lippe: Die Leitbilderarbeitung wurde im Grunde dem eigentlichen Prozess vorgeschaltet, auch hier erfolgt sie durch ein Memorandum namhafter Persönlichkeiten. Die Leitbilder sind plastisch formuliert, ihre Erarbeitung erforderte aber keine langwierigen Aushandlungsprozesse zwischen politisch legitimierten Akteuren; schnell wurde die Ebene der Auswahl (hier im Rahmen eines regionalen Wettbewerbs) und Umsetzung konkreter Projekte erreicht.

Wenngleich nahezu alle Kooperationen mittlerweile projektorientiert arbeiten und die Prozesse kooperativen Charakter haben, so verfolgen jedoch nicht alle eine dezidiert perspektivisch-inkrementalistische Strategie, sondern es findet sich häufig auch ein eher deduktiver und ein eher induktiver Strategietypus.

Teilraumgutachten und Regionale Entwicklungskonzepte wurden noch eher in einer konventionellen Strategie erarbeitet. Im Aufbau ähneln Teilraumgutachten noch sehr stark formellen Planwerken: Es werden deduktiv Leitlinien und Entwicklungsziele für eine breite Themenpalette formuliert. Anders als in formellen Planungen wurde hier zwar auch die Ebene konkreter Schlüsselprojekte und kleinräumiger Konfliktlösungsvorschläge erreicht. Vor der Formulierung der Projekte stand jedoch noch immer die Entwicklung konsensfähiger und vor allem relativ differenzierter Zielsysteme, die Strategie war daher klassisch deduktiv, sie ging vom Allgemeinen zum Besonderen. Im Prozess neuerer Teilraumgutachten, wie dem Beispiel Ansbach-Hesselberg zeigt sich jedoch, dass die Ebene konkreter Projekte schon früher erreicht wird, als dies in älteren Teilraumgutachten der Fall war.

Auch die Prozesse der REK-Erarbeitung im engeren Sinne verlaufen eher deduktiv. Die Regionalen Entwicklungskonzepte, wie sie etwa in Thüringen durchgeführt werden, stellen in ihrem Grundablauf eher einen konventionellen Typ dar: Die Schritte Aufgabenstellung – Datensammlung – Stärken/ Schwächen-Analyse — Leitbilder/ Entwicklungsziele/ Szenarios — Entwicklungsprogramm/Handlungsrahmen — Operationelles Programm und Projekte zur Umsetzung sind Stationen, der klassisch-deduktiven Abfolge von Schritten, wie sie auch formellen Planungen eigen sind (Thüringer Ministerium 1997). Aber auch hier wird das Prozesshafte bei der Konkretisierung betont.

Wer in REK-Prozessen das Leitbild formuliert — Gutachter spielen hier häufig eine entscheidende Rolle — ist gleichgültig, es muss nur die Strategien der Akteure bündeln können. Je spezifischer das Leitbild ist, desto eher erspart es späteren Koordinationsaufwand (Benz et al. 1999, 76).

Bevor Projekte angegangen werden, werden in der Regel zunächst umfangreiche Projektlisten auf der Basis von regionalen Leitvorstellungen formuliert, in denen die gesammelten Projekte mit Prioritäten versehen werden. So hatte die Regionalkonferenz Halle-Leipzig 1997 in ihrem Maßnahmeprogramm 75 Projekte mit Prioritäten formuliert (Schädlich 1997, 172), im Handlungsrahmen der Regionalkonferenz Bremen-Niedersachsen wurden z.B. 250 Projekte, davon 100 Leitprojekte, genannt (Baumheier 1997).

Neben dem eher deduktiv und dem perspektivisch-inkrementalistisch agierenden Typus gibt es noch einen dritten, der als eher induktiv bezeichnet werden kann.

> Das Beispiel des *Aller-Leine-Tal-Projektes* kann als ein Extremfall einer Bottom-Up-Kooperation mit einer sehr schnellen Umsetzungsorientierung gelten. Die Hauptakteure sammelten praktisch von Anfang an konkrete Projektideen und begannen sehr schnell, diese mit der Bevölkerung umzusetzen. In Projekten wie „Telehaus", „Historische Gebäude- und Baustoffbörse", „Land schafft Kunst" waren bereits frühzeitig Arbeitsplatzeffekte absehbar und wurden Ziele der Ressourcenschonung und der Identitätsstärkung umgesetzt (Weber/Banthien 1999, 444). Die Kooperation erhielt durch diesen Einstieg eine derartige anhaltende Dynamik, dass sie es sich leisten konnte, den programmatischen Überbau, das Abstimmen von langfristig tragfähigen Leitlinien, peu a peu nachzuholen (Agrarstrukturelle Entwicklungsplanung 1998). Voraussetzung für diese schnelle Projektorientierung war allerdings, dass von Anfang an zwischen den Hauptakteuren ein nicht abzustimmender Grundkonsens über die Ziele der Kooperation bestand.

Städtenetze sind durch ein ähnliches strategisches Vorgehen gekennzeichnet: Am Anfang wird in Städtenetzen zunächst einmal sehr viel Informationsaustausch betrieben. Dabei steht die schnelle Orientierung an praktischen Problemen im Vordergrund (Zoubeck 1999, 76). Ziel ist meist die schnelle Realisierung kleiner Projekte ohne großes Konfliktpotenzial. Grundsätzlichere Leitbilddiskussionen werden meist gar nicht oder später geführt (BBR 1999a, 87). Werden Leitbilder diskutiert, so werden sie nie als starr aufgefasst (Jurczek et al. 1999, 176). Die Kooperationen müssen dabei nicht alle möglichen relevanten regionalen Themen aufgreifen, sondern orientieren sich am unmittelbar Machbaren (Jurczek et al. 1999, 189).

Neben diesen drei Grundtypen finden sich auch Mischformen; nicht selten werden innerhalb verschiedener Phasen eines Kooperationstyps sowohl deduktive als auch induktive Strategien angewendet.

Betrachtet man die Regionalisierte Strukturpolitik im Nordrhein-Westfalen als ganzes, so kann sie als eher induktiv gelten. Denn in der ersten Phase des ZIM 1987 und landesweit ZIN 1989 wurden konkrete Projekte vorgeschlagen, erst in der zweiten Phase ab 1990 wurden umfassende Regionale Entwicklungskonzepte, die einen programmatischen Überbau enthielten, erarbeitet (Voelzkow 1998, 222). Die Phase der REK-Erarbeitung selbst verlief jedoch eher wieder deduktiv.

Die Problematik sowohl eines induktiven als auch eines deduktiven Vorgehens wurde im Falle der Regionalisierten Strukturpolitik in Sachsen-Anhalt besonders gut deutlich, da auch hier nacheinander beide Strategien angewendet wurden. Zunächst wurden innerhalb der Erarbeitung des REK Leitbilder deduktiv von externen Gutachtern erstellt und in den Regionen abgestimmt. Dies führte zwar zu konsistenten Ergebnissen, die REK-Erstellung wurde dabei aber selten als wirklicher kollektiver Diskussionsprozess genutzt. Die Leitbilder hatten einen hohen Abstraktionsgrad und eine geringe Ausschlusskraft. Die Regionalen Aktionsprogramme (RAP) wurden dagegen überwiegend mit Unterstützung der Berater in induktivem Verfahren erarbeitet. Im Ergebnis stellten sich die RAP jedoch eher als Addition von Projektvorschlägen dar, die formal in eine interne Ordnungshierarchie gesetzt werden, um logische Bezüge deutlich zu machen, denn als eine wirklich organische Einheit als Resultat eines gemeinsamen, auf Synergien gerichteten Abstimmungsprozesses. Projekte wurden nur selten einer Projektfamilie, einem Leitprojekt zugeordnet, selten beteiligten sich mehrere Akteure an einem Projekt, auch war eine landkreisübergreifende Kooperation die Ausnahme und Ansätze der Projektüberwachung nicht erkennbar (Benz/Fürst 1998, 104).

Mit Leitprojekten bestehen unterschiedliche Erfahrungen. Sie haben zwar einen konkreten Nutzen, schaffen Öffentlichkeit und — bei erfolgreichem Verlauf — motivierende Erfolgserlebnisse für die Akteure. Leitprojekte sind jedoch sehr aufwendig und riskant. Vor allem aufgrund der erforderlichen finanziellen Ressourcen müssen sie auf einer breiten politischen Ebene (den einzelnen Gemeindeparlamenten) getragen werden, die jedoch am Anfang der Kooperation meistens eher skeptisch gegenüberstehen. Es gibt daher Beispiele, wo die Absicherung von Schlüsselprojekten einige Jahre in Anspruch nahm, wie etwa im Städtekranz der Brandenburger Regionalen Entwicklungszentren (Arndt et al. 1999, 60f). Die reine Themenbenennung für Projekte gestaltete sich zwar auch hier recht einfach. Wesentlich längere Zeit erforderte jedoch der Übergang von dem rein kognitiven Benennen von Themen zur tatsächlichen Umsetzung (Arndt et al. 1999, 59). Eine etwas weniger ambitionierte Strategie kleiner Schritte mit weniger anspruchsvollen Projekten ist dagegen unaufwendiger und hat eine höhere Wahrscheinlichkeit von Umsetzungserfolgen (Jurczek et. al. 1999, 136).

4.2 Verfahrensregeln und Handlungsprinzipien

Generell gilt, dass in entwicklungsorientierten Kooperationen Verfahrensregeln geringer formalisiert sind als in rechtsverbindlichen Planungen. Zwar gibt es z.b. in REK-Prozessen auch Formen formalisierterer Beteiligungsverfahren (Benz/Fürst 1998, 113) und in Kooperationen wie Städtenetzen, wo vor allem Akteure aus öffentlichen Verwaltungen tätig sind, ist die Kommunikation naturgemäß stark von Routinen, die im sonstigen Verwaltungshandeln eingeübt wurden, geprägt. Jedoch werden diese Routinen etwas kollegialer und weniger formal ausgeübt (Zoubeck 1999, 75). Nur in wenigen Städtenetzen werden Formalien wie Abstimmungsmodalitäten, Aufgaben, Gemeinkostenfinanzierung, Mitgliedsaufnahme und Ausscheiden verbindlich geregelt (BBR 1999a, 65). Fragen wie die Bestimmung von Sprechern und Ansprechpartnern, Arbeitsgruppenvorsitze, Sitzungsorte, Protokolle, Berichtspflichten werden eher informell geregelt, sind allerdings dennoch durchaus verbindlich (BBR 1999a, 66; Jurczek et al. 1999, 176). In der Regel gilt in kleineren Kooperationen wie Städtenetzen das Konsensprinzip (BBR 1999a, 6), der Mechanismus von Mehrheitsentscheidungen kommt eher bei großen Kooperationen wie Regionalkonferenzen zum Tragen und ist auch dort nicht die Regel.

Die Bedeutung von expliziten Handlungsprinzipien und Verfahrensregeln ist in konfliktorientierten Kooperationen wesentlich höher als in entwicklungsorientierten. Der Eskalationsgrad der Konflikte macht es meist erforderlich, dass die Akteure sich zum Beginn des Prozesses über bestimmte Verfahrens- und Verhaltensregeln verständigen. Mediationsverfahren benötigen ein Minimum an Verfahrensregeln im Sinne einer Verstehensordnung (Wiedemann 1994, 187). Je nachdem, wie geübt die Akteure in Gruppenprozessen sind, kann es sogar notwendig sein, einfache Verhaltensregeln („ausreden lassen") zu vereinbaren; je nach Ausrichtung des Prozesses ist es sinnvoll, dass Regeln wie „keine Killerphrasen verwenden" aufgestellt werden. Vor allem in politisch brisanten Verfahren sind z.B. Übereinkünfte über die Form der Öffentlichkeitsarbeit bzw. den Grad der Vertraulichkeit erforderlich.

Auch gibt es bestimmte Handlungsprinzipien für Mediationsverfahren, die dazu dienen, die festgefahrenen Fronten stufenweise aufzuweichen. Je nach Mediationsschule finden sich dabei unterschiedliche Prinzipien.

Als Handlungsprinzipien für Mediationsverfahren nach dem ADR-(„Harvard")-Konzept können die Trennung von Personen und Sachen, die Konzentration auf Interessen anstelle von Positionen und die Entwicklung von Lösungsoptionen zum beiderseitigen Vorteil nach objektiven Kriterien angesehen werden (Kessen/Zillessen 2000, 46ff). Die Handlungsprinzipien

spiegeln auch ungefähr den idealtypischen Verlauf von Mediationsverfahren wider:
- Durch die Trennung von Personen und Sachen wird versucht zu verhindern, dass sich die Auseinandersetzung über den Konfliktgegenstand negativ auf die Akteure auswirkt oder umgekehrt persönliche Ressentiments die Klärung von Sachfragen negativ beeinflussen.
- Die Konzentration auf Interessen anstelle von Positionen stellt die wohl zentrale Handlungsmaxime bei sachorientierten Verhandlungen dar. Indem die hinter den vertretenen und sich gegenseitig blockierenden Positionen liegenden Interessen aufgedeckt werden, können neue Handlungsmöglichkeiten erkannt werden, es kann zum Beispiel Verhandlungsmasse für Kompensationslösungen ausgemacht werden.
- Die gemeinsame Suche nach Lösungsoptionen sollte deutlich von der folgenden Phase der Bewertung der Optionen getrennt werden; es gilt, den durch das zweite Handlungsprinzip geöffneten Korridor auszumalen.
- Die Bewertung der Optionen sollte nach vor Beginn des Prozesses vereinbarten Kriterien erfolgen; die Einigung auf objektive Kriterien dient der Vermeidung des bloßen Feilschens um Positionen.

Ein weiteres leitendes Handlungsprinzip für Konfliktlösungsprozesse ist der Perspektivenwechsel, *„in den Schuhen des andern zu gehen"* (Kessen/Zillessen 2000, 49). Bei der Lösungssuche erweitert das Einbringen zusätzlicher Verhandlungsgegenstände den Verhandlungsspielraum; unspezifische oder finanzielle Kompensationen ermöglichen einen Ausgleich durch Entgegenkommen in Punkten ausserhalb des eigentlichen Konfliktgegenstandes. Im Rahmen des „Logrolling" geben Parteien jeweils bei den für sie nachrangigeren Themen zugunsten des Ergebnisses bei einem für sie wichtigeren Thema nach. „Bridging" schließlich meint die Umdeutung konträrer Positionen zu Optionen, die im Interesse beider Parteien stehen.

Mediationsverfahren nach dem Transformationsansatz folgen dagegen vor allem den Zielgrößen der Befähigung (Empowerment) und Anerkennung (Recognition) der beteiligten Akteure (Kessen/Zillessen 2000, 52). Indem die Akteure befähigt werden, ihre Konflikte zu lösen, gewinnen sie an Selbsterkenntnis und Selbstbewusstsein und lernen somit allmählich auch, die Situation der Andersdenkenden zu respektieren. Dadurch eröffnen sich sukzessive Handlungsräume für Lösungen. Innerhalb des Perspektivenwechsels werden hier nicht die Positionen und Interessen, sondern die unterschiedlichen Sichtweisen deutlich. So wird es möglich, dass nicht nur Interessen gegeneinander ausgetauscht werden, sondern sich auch die Wertemuster der Parteien schrittweise annähern (Kessen/Zillessen 2000, 54).

5. Finanzen

Innerhalb der Befragung konnten zwar nicht die finanziellen Größenordnungen, mit denen die Kooperationen operieren, ermittelt werden. Immerhin aber vermittelt die Art und Zahl der Finanzierungsquellen und einiger Finanzierungszwecke einen gewissen Eindruck über die finanziellen Handlungsspielräume der Kooperationen. Je diversifizierter die Quellenstruktur, desto größer dürften ceteris paribus die finanziellen Möglichkeiten der Kooperationen sein.

Über 90% der untersuchten Kooperationen verfügen zumindest über eine Finanzierungsquelle, davon zwei Drittel über eine bis drei Quellen. Tabelle III.4 zeigt, dass den Kooperationen vor allem eigene Mittel zur Finanzierung der Organisation (63% der Fälle), eigene und fremde Mittel zur Finanzierung von Projekten (44% bzw. 48%) und Gutachten (38% bzw. 43% zur Verfügung standen. Aus Abbildung III.12 deutlich, dass sich die einzelnen Kooperationstypen hinsichtlich der Anzahl der Finanzierungsquellen und -zwecke (Durchschnitt 2,7 Quellen) voneinander unterscheiden: Regionalmarketingansätze haben durchschnittlich 3,5, mediationsähnliche Verfahren durchschnittlich 1,5 Finanzierungsquellen aufzuweisen. REK-Prozesse und Regionalmarketing-Ansätze sind typische Kooperationen, die mit eigenen Mitteln zur Finanzierung ihrer Organisation ausgestattet sind und auch über eigene Mittel zur Finanzierung von Projekten verfügen. Modellvorhaben wie die ExWost-Städtenetze werden mit festen Mitteln ausgestattet, mit denen sie ihre Organisationsstruktur ausdifferenzieren können. Mediationsähnliche Verfahren dagegen entwickeln eine eigene dauerhaft finanzierte Organisationsstruktur gar nicht erst. Externe Mittel werden hier meist für Gutachten eingesetzt.

Betrachtet man auch andere Strukturmerkmale (Abb. III.13), so fällt plausiblerweise auf, dass es die alten und großen Kooperationen sind, deren Finanzierungsstruktur am diversiziertesten ist, während jungen Kooperationen sich auf wenige Finanzierungsquellen und -zwecke beschränken müssen: Exemplarisch für die diversifizierte Finanzierungsstruktur einiger regionaler Kooperationen ist die IBA Emscher-Park: Für den institutionellen Kern der Kooperation, die IBA-Planungsgesellschaft, wurde eine Basisfinanzierung zur Verfügung gestellt, die Projekte selbst wurden jedoch gemischt aus bestehenden Haushalten finanziert. Auf eineigenes Förderprogramm wurde verzichtet, vielmehr fassten die einzelnen Landesressorts projektbezogene Förderungsbeschlüsse eher nach technischen denn nach politischen Kriterien, wobei IBA-Projekte generell (dies markiert einen wichtigen Unterschied zu anderen regionalen Kooperationen) Privilegien genossen (Benz et al. 1999, 87ff; Siebel/Ibert/Mayer 1999, 163ff; Rommelspacher 1999, 443ff).

Tabelle III.5: Finanzierungsquellen und -zwecke

Finanzierungsquellen und -zwecke	absolut	% Nennungen	% Fälle
Eigene Mittel Organisation	88	20,6	63,3
Fremde Mittel Projekte	67	15,7	48,2
Eigene Mittel Projekte	61	14,3	43,9
Fremde Mittel Gutachten	60	14	43,2
Eigene Mittel Gutachten	53	12,4	38,1
Fördermittel	26	6,1	18,7
Fremde Mittel für Prozessmotoren	18	4,2	12,9
Haushaltsmittel der Mitglieder	18	4,2	12,9
Sponsorenzuschüsse	14	3,3	10,1
Begleitforschung	14	3,3	10,1
Fremdmittel Organisation	4	0,9	2,9
Fremdmittel Honorare	3	0,7	2,2
Fremdmittel Geschäftsführung	2	0,5	1,4
Quelle: Eigene Erhebung und Darstellung			

Abbildung III.12: Finanzierungsquellen und –zwecke nach Kooperationstypen

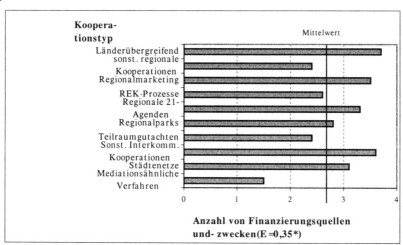

Quelle: eigene Erhebung und Darstellung

Abbildung III.13: Finanzierungsquellen und -zwecke nach Strukturtypen

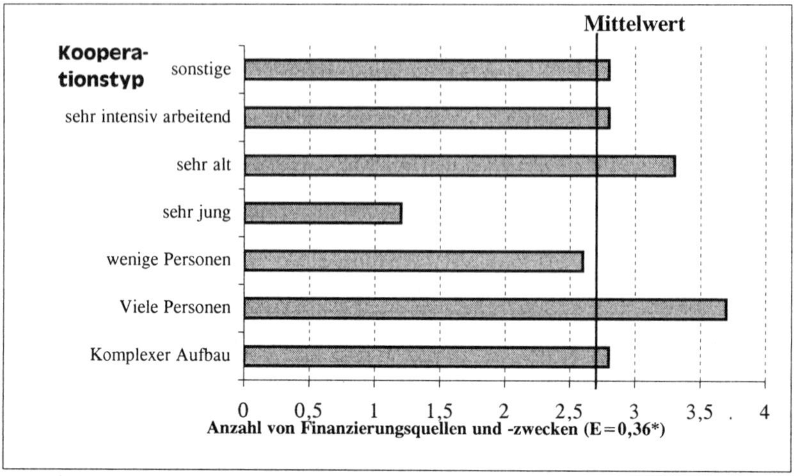

[Balkendiagramm: Kooperationstyp – Anzahl von Finanzierungsquellen und -zwecken (E=0,36*), Mittelwert
- sonstige: ~2,7
- sehr intensiv arbeitend: ~2,7
- sehr alt: ~3,4
- sehr jung: ~1,3
- wenige Personen: ~2,5
- Viele Personen: ~3,5
- Komplexer Aufbau: ~2,7]

Quelle: eigene Erhebung und Darstellung

6. Merkmalsübergreifende Aspekte der Strukturlogik

In den vorangegangenen Teilkapiteln wurden einzelne Merkmale der Kooperationen diskutiert. Nunmehr geht es um die Betrachtung von Zusammenhängen zwischen diesen Merkmalen. Vier Erkenntnisse sind hier hervorzuheben: Die Elastizität der Aufbauorganisation gegenüber der Akteurszahl, das weitgehend entkoppelte Verhältnis zwischen Akteurszahl und Arbeitsintensität und schließlich die Wechselwirkungen des Themenkatalogs sowie der Finanzierungsstruktur mit der Komplexität der Aufbauorganisation.

Die Elastizität der Aufbauorganisation gegenüber der Akteurszahl

Die erste Frage ist, wie die Kooperationen in ihrer Aufbauorganisationen Quantitäten von Akteuren bewältigen. Zu vermuten wäre, dass steigende Akteurszahlen und eine steigende Komplexität der Aufbauorganisation Hand in Hand gehen; die Komplexität der Akteursstruktur müsste sich auch in der Komplexität der Aufbauorganisation abbilden. Das Ergebnis jedoch überrascht: Insgesamt gibt es zwischen der Gesamtzahl der Akteure und der Zahl der Elemente der Aufbaustruktur der Kooperation keinen signifikanten

(R=0,17) und zwischen der Gesamtzahl der Akteure und der Zahl von Arbeitsgruppen nur einen schwach signifikanten statistischen Zusammenhang (R=0,22). Analog dazu gibt es überhaupt keinen statistischen Zusammenhang zwischen der Zahl der Arbeitsgruppen und der Teilnehmerzahl je AG (R=0,03). Der Gremienaufbau der Kooperationen erklärt sich also nur zum geringen Teil dadurch, zwischen wie vielen Personen Interaktionsstrukturen geschaffen werden müssen.

Statistisch ist dieses Ergebnis dadurch zu erklären, dass es eine Fülle von Kooperationen gibt, wie etwa Städtenetze, die nur einen vergleichsweise kleinen Akteurskreis aufweisen, der aber in einer relativ komplexen Aufbaustruktur und einer großen Zahl von Arbeitsgruppen arbeiten, während viele andere Kooperationen einen großen mittleren und äußeren Akteurskreis aufweisen, aber in einer sehr schlanken aufbauorganisatorischen Struktur tätig sind. Die Kooperationen bewältigen also die Komplexität eines äußeren Akteurskreises nicht, wie zu vermuten war, primär durch quantitative Ausdifferenzierungen der Elemente ihrer Aufbaustruktur. In einer gegebenen Gremienstruktur können insgesamt offenbar sehr unterschiedliche Akteursquantitäten absorbiert und repräsentiert werden, ohne dass statistisch nachweisbare Kapazitätsgrenzen erreicht werden.

Das weitgehend entkoppelte Verhältnis zwischen Akteurszahl und Arbeitsintensität

Definiert man die in eine Kooperation eingebrachten personellen Ressourcen als das Produkt aus der Zahl der Akteure und der Arbeitsintensität, so kann man zwei entgegengesetzte Hypothesen aufstellen: Entweder steigt die Sitzungsintensität mit der Akteurszahl, weil Diskussionen länger und vielschichtiger verlaufen und mehr Zeit erfordern. Oder genau umgekehrt sinkt die Sitzungsintensität mit steigender Akteurszahl, weil der Aufwand für die einzelnen Sitzungen mit ihrer Personenzahl steigt und bei gegebenen Ressourcen zur Vorbereitung die Sitzungsfrequenz gering gehalten werden muss.

Tatsächlich ist ein Zusammenhang zwischen der Akteurszahl und Sitzungsintensität lediglich auszumachen, was den äußeren Akteurskreis angeht. Die Sitzungsdichte der zentralen Versammlungen sinkt signifikant mit steigender Personenzahl der Kooperation (R= - 0,27). Je größer der äußere Akteurskreis ist, desto seltener wird er in Form großer Versammlungen eingebunden. Je weniger exklusiv die Versammlungen für Akteure sind, desto exklusiver sind sie in temporärer Hinsicht.

Für die wichtigeren Elemente der Kooperationen, nämlich die Lenkungsgremien und die Arbeitsgruppen, ist dagegen ein signifikanter Zusammenhang zwischen ihrer Personenzahl und ihrer Sitzungsfrequenz in beiden Richtungen nicht auszumachen (R= -0,18 bzw. R= -0,02).

Die Wechselwirkungen des Themenkataloges mit der Aufbauorganisation

Mehr Anhaltspunkte ergeben sich dafür, dass die Kooperationsstruktur mit der Anzahl der Themen in einem engen Zusammenhang steht. Sowohl zwischen der Gesamtzahl der Elemente in der Aufbauorganisation der Kooperationen als auch der Zahl der Arbeitsgruppen auf der einen Seite und der Zahl der Themen auf der anderen Seite besteht ein deutlicher stetiger positiver Zusammenhang (R= 0,28 bzw. R=0,28). Je differenzierter die Themenpalette ist, desto ausgedehnter ist auch die Aufbauorganisation und umgekehrt

Die Zahl der Aktivitätsschwerpunkte jedoch wird aus dem Katalog der organisationsstrukturellen Merkmale nur durch die durchschnittliche Personenzahl der AGs signifikant beeinflusst (R=0,3). Da die AG-Größe aber in überhaupt keinem statistischen Zusammenhang zur Themenanzahl steht (R=0,04), könnte dies bedeuten: Größere AGs dienen im Vergleich zu kleineren AGs nicht dazu, mehr Themen zu bearbeiten, sondern sie bearbeiten vielmehr eine gleiche Themenzahl intensiver, etwa durch eine differenzierte Palette von Aktivitäten.

Die Zahl der Themen, Aktivitäten, Effekte und Konflikte steht in keinem Zusammenhang mit der Personenzahl der Kooperation. Auf eine steigende Zahl von Themen reagieren Kooperationen also mit einer Ausdifferenzierung der Zahl ihrer Gremien, die Größen der Gremien (Personenanzahl) bleiben dagegen unverändert. Oder umgekehrt: In strukturell differenzierteren Kooperationen können mehr Themen bearbeitet werden, unabhängig davon, wie viele Personen daran beteiligt sind. Mit mehr Personen können jedoch Themen mit einer breiteren Palette von Aktivitäten bearbeitet werden.

Die Intensität der Kooperation, gemessen in der Anzahl der Sitzungen p.a., steht in keinem statistischen Zusammenhang zur Zahl der Themen (R= - 0,05) und Aktivitäten (R= -0,08). Die Vermutung, dass eine hohe Sitzungsdichte für die Bearbeitung vieler Themen erforderlich ist, kann nun ebenso wenig belegt werden wie die Hypothese, dass sie die Vielfalt der Aktivitäten und die Zahl der Effekte steigert.

Die Konkordanz zwischen Aufbaustruktur und Finanzierungsstruktur

Deutlich und plausibel sind die Zusammenhänge zwischen dem Aufbau der Kooperationen und ihrer Finanzierungsstruktur. Die Zahl der Gremien (R=0,3) ebenso wie die Gesamtzahl der an der Kooperation beteiligten Personen (R=0,24) sowie die absolute Zahl von Arbeitsgruppen (R=0,31) korrelieren hochsignifikant mit der Zahl der Finanzierungsquellen der Kooperation. Beide Merkmale liegen auf einer Dimension, die sich als Komplexität umschreiben lässt.

Generierung von Strukturtypen

Die vorangegangene Darstellung machte deutlich, dass es durchaus quantitative Zusammenhänge zwischen Strukturmerkmalen der Kooperationen gibt. Diese weisen auf bestimmte Aspekte einer formalen Funktionslogik der Kooperationen hin. Aber es gibt auch zum Teil überraschende Indifferenzen wie etwa die Unabhängigkeit der Zahl der Elemente der Aufbauorganisation von der Zahl der Akteure. Bezieht man noch den erst in Kapitel V näher betrachteten Faktor des Alters der Kooperationen ein, so lassen sich Strukturtypen von Kooperationen bilden, im einzelnen aus folgenden Merkmalen:

- Das Alter der Kooperation, das sich zum einen aus dem Zeitraum seit den ersten Kontakten der Akteure, zum andern aus dem Zeitraum seit der festen Vereinbarung zur Kooperation ergibt.
- Die Komplexität der Kooperation. Diese ist zum ersten an der unterschiedlichen Zahl von Gremien, zum zweiten an der unterschiedlichen Zahl von Arbeitsgruppen und zum dritten an der unterschiedlichen Zahl von Themen abzulesen.
- Die Größe der Kooperation, die durch die Zahl der insgesamt beteiligten Personen dargestellt wird.
- Die Intensität der Arbeit, die an der durchschnittlichen Zahl der Sitzungen der zentralen Gremien p.a. ablesbar ist.

Tabelle III.6 zeigt die wichtigsten — durchweg hochsignifikant — differenzierenden Merkmale der Strukturtypen im Überblick.

Tabelle III.6: Merkmale der Strukturtypen

Strukturtyp	Zeit seit den ersten Akteurs-kontakten in Jahren (E=0,70**)	Anzahl von Struktur-elementen (E=0,66**)	Anzahl von Arbeits-gruppen (E=0,52**)	Anzahl von Personen (E=0,84**)	Durch-schnittliche Sitzungs-zahl p.a. (E=0,74**)
Komplexer Aufbau	6,4	5,0	6,6	37,5	3,8
Sehr groß	4,6	3,7	5,8	197,7	3,7
Sehr klein	5,3	2,3	2,0	10,4	3,7
Sehr jung	1,4	1,9	2,0	32,4	4,1
Sehr alt	12,8	3,5	3,5	54,9	2,3
Sehr intensiv arbeitend	4,1	3,3	4,0	28,9	15,4
Sonstige	5,1	2,6	3,1	37,4	2,6
insgesamt	5,6	3,2	4,3	52,9	4,4

Quelle: Eigene Erhebung und Darstellung

Kapitel IV
Die Leistungsbilanz regionaler Kooperationen

Was haben regionale Kooperationen geleistet und welche Faktoren waren dabei maßgeblich? Eine differenzierte Bilanz aus nunmehr eineinhalb Jahrzehnten neuer regionaler Kooperationen in Deutschland muss zunächst einmal ermitteln, welche greifbaren Ergebnisse und welche Effekte sie auf die beteiligten Akteure hatten, wie sich die Auswirkungen auf die Entwicklung von Regionen gestalteten und welche Funktionen sie im System der Steuerung räumlicher Prozesse übernehmen können (Kapitel IV.1). Gleichzeitig sind aber auch die Leistungsgrenzen aufzudecken: Die begrenzte Fähigkeit zur Lösung von Konflikten wird hier als das entscheidende Manko der regionalen Kooperationen herausgearbeitet. Daran anknüpfend ist zu fragen, welche Faktoren die Erbringung der genannten Resultate begünstigen oder negativ beeinflussen, wobei die Ebenen der vertikalen und regionalen Einbettung der Kooperationen, vor allem aber kooperationsinterne Faktoren beleuchtet werden (Kapitel IV.2).

1. Ergebnisse, Effekte, Auswirkungen und Grenzen

Es ist zunächst sinnvoll, sich die unterschiedlichen zeitlichen und kausalen Ebenen zu vergegenwärtigen, auf denen Kooperationsansätze generell Wirkungen zeigen können (Abb.IV.1). Im Sinne der Implementations- und Evaluationsforschung wird dabei zunächst der Ressourceneinsatz (rechtlich-programmatische Verankerung, Anschubfinanzierung, Information, Betreuung), der auf der überörtlichen Ebene geleistet wird, um überhaupt eine Kooperation anzustoßen, als „Input" bezeichnet. Dieser Input kann nun auf drei Ebenen Wirkungen hervorrufen:
- Ebene 1 — Ergebnisse: Die Ebene der mehr oder minder sichtbaren Resultate der Kooperationen. Im Falle der untersuchten Kooperationen sind dies in erster Linie Projekte, Pläne und Vereinbarungen.
- Ebene 2 — Effekte: Darunter werden hier die kooperationsinternen Effekte verstanden, die sich im Zuge der Arbeit an Ergebnissen der ersten Wirkungs-

ebene — beabsichtigt oder als Nebeneffekt — ergeben. Zum einen sind hier weiche Effekte auf der Ebene der beteiligten Akteure zu nennen. Zum anderen sind Effekte wie die Institutionalisierung der Kooperation, etwa durch eine feste Rechtsform, hervorzuheben. In der Regel stellen diese Effekte eine Bedingung dafür dar, Ergebnisse auf der ersten Wirkungsebene zu erzielen oder fördern dies zumindest.

- Ebene 3 — Auswirkungen: Auf dieser Ebene finden sich kooperationsexterne Auswirkungen der Kooperationen auf die Gesamtentwicklung der Regionen. Damit hängt die Rolle, die die Kooperationen im Gesamtsystem der Steuerung räumlicher Prozesse übernehmen können, zusammen.

Abbildung IV.1: Wirkungsebenen einer Leistungsbilanz regionaler Kooperationen

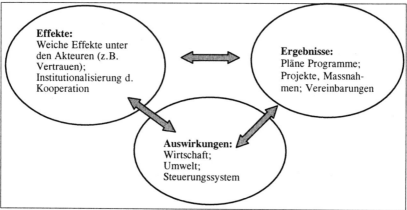

Quelle: eigene Darstellung

Die Ebenen stehen in Wechselbeziehung zueinander. Die Kooperationen haben die Absicht regionale Entwicklungen zu beeinflussen (Ebene 3). Die geschieht, in dem sie versuchen Ergebnisse (Ebene 1 zu erzielen). Gleichsam als Nebenprodukt dieser Aktivitäten, aber auch als Voraussetzung für Ergebnisse entstehen kooperationsinterne Effekte (Ebene 2).

Bislang gibt es noch keine umfassende Gesamtbilanz regionaler Kooperationen und nur wenige Untersuchungen, die systematisch querschnittsorientiert (insofern als mehrere Formen regionaler Kooperationen gleichzeitig betrachtet werden) angelegt sind (ARL 1998; Meise 1998). Tiefergehende systematische Analysen der Ergebnisse, Effekte und Auswirkungen liegen meist nur für einzelne Kooperationstypen vor: Vor allem sind hier die Untersuchungen für die Ansätze der regionalisierten Strukturpolitik (Blotevogel 1994; Benz et al. 1999; Benz/Fürst 1998) und die IBA Emscher-Park zu nennen (Kilper 1992). Für die in Bayern verfolgten Ansätze des Regionalmanagements (Troeger-Weiss 1997; StMLU 1999) und für Teilraumgutachten (Haase-Lerch 1994) wurden im Rahmen von Implementationsstudien ebenfalls einige Auswirkungen betrachtet. Gewisse Erkenntnisse zu den Auswirkungen der geförderten Kooperationen wurden auch im Rahmen der Begleitforschung der Modellvorhaben zur Raumordnung, insbesondere des Forschungsfeldes Städtenetze im Experimentellen Wohnungs- und Städtebau (ExWoSt) gewonnen (BBR 1999a). Ansonsten handelt es sich um Einschätzungen, die eher zusammenfassend aus vielfältigen Forschungszusammenhängen (z.B. Fürst 1993, 1995, 1997) gewonnen wurden.

1.1 Ergebnisse

Die materiellen Ergebnisse sind Pläne, Programme, Vereinbarungen, Resolutionen und vor allem: Projekte und Maßnahmen. Auffallend ist dabei, dass auch Kooperationen, die primär einen gemeinsamen Plan oder Konfliktlösungen erarbeiten, zunehmend Maßnahmen und sogar konkrete Projekte angehen.

Pläne, Programme, Vereinbarungen und Resolutionen

Die typischen Ergebnisse von eher standortbezogenen Kooperationen und insbesondere von mediationsähnlichen Verfahren stellen Resolutionen, Pläne, Programme und Vereinbarungen dar. Beispiele aus den Fallstudien sind:

> Mit dem *Masterplan Bitterfeld-Wolfen* lag Mitte 1996 erstmalig ein abgestimmtes Konzept der Kommunen und der Chemiepark GmbH zur Flächenentwicklung in dieser Teilregion vor. Darin wurden Entwicklungshorizonte geöffnet und Projekte können nun in einem Gesamtkonzept der Entwicklung diskutiert werden. Auch ein Wettbewerbserfolg im Rahmen des europäischen Planerpreises konnte verbucht werden.
>
> Im *Mediationsverfahren Flughafen Frankfurt/Main* wurde als Ergebnis ein Paket mit fünf Komponenten erarbeitet. Die Mediationsgruppe einigte sich – wobei nahezu die Hälfte der Teilnehmer Abweichungen in Form von Protokollnotizen hinzufügte – auf eine Gesamtlösung, die die Optimierung bestehender Systeme, eine Kapazitätserweiterung durch den Ausbau einer neuen Bahn, ein Nachtflugverbot, ein Anti-Lärm-Paket und ein regionales Dialogforum vorsieht. Weitere Zwischenergebnisse der Kooperation sind ca. 20 Gutachten sowie Szenarien und die Formulierung von mehreren Varianten des Flughafenausbaus (Mediationsgruppe 2000a, 15ff).

> Im *Forum Elbtalaue* haben sich, auch wenn der Hauptkonflikt nicht gelöst werden konnte (der Punkt der Ausweisung einer 5%-Zone der Nullnutzung als Nationalpark blieb bis zuletzt strittig), im Verfahren neue Erkenntnisse über die Potentiale der Region ergeben. Von allen Beteiligten wurde die Einrichtung eines Biosphärenreservates akzeptiert. Darüber hinaus wurden weiterführende Maßnahmen wie

ein Beirat und eine Entwicklungsgesellschaft vorgeschlagen. Das Gesamtpaket wurde mit 36 zu zwei Stimmen ohne Enthaltungen angenommen. Die Empfehlungen des Forums flossen in die Einrichtung des Nationalparks ein (Donner/Schmidt 1997, 74). Zwar erfüllten sich die Hoffnungen des Landes auf eine breitere Akzeptanz des geplanten Nationalparks nicht. Jedoch ist durch das Forum und andere Maßnahmen ein breiter Konsens entstanden, die Region entsprechend dem UNESCO-Gütesiegel als Biosphärenreservat zu entwickeln (Schmidt 1996, 102).

In der Kooperation *Hechingen/Bodelshausen* wurde, auch wenn keine konsensuale Stellungnahme für oder gegen das Gewerbegebiet erarbeitet werden konnte, ein von allen getragener Empfehlungstext formuliert (Langer/Renn 2000, 44). Es wurden Auflagen über Bauhöhen und Flächenerweiterungen erarbeitet, dabei kam es ansatzweise zu einem Verzicht auf Siedlungsflächen seitens der Gemeinden.

Im Verfahren zur *Abfallplanung Nordschwarzwald* wird die faire Erarbeitung von sachlich fundierten und tragfähigen Lösungen positiv eingeschätzt. Es wurde eine konkrete Empfehlung zur anzusetzenden Abfallmenge und differenzierte Empfehlungen zu den Abfallbehandlungsverfahren sowie Szenarien zu den möglichen Standorten der Anlagen und gemeinsame Schlussempfehlungen formuliert (Renn et al. 1999, 26ff).

Auch die mittelfristig projektorientierten Kooperationen haben in ihren ersten Phasen zunächst „papierene Produkte" aufzuweisen: Memoranden *(OWL-Initiative)*, Regionale *Entwicklungskonzepte (Städtedreieck Saalebogen, Weida-Talsperren)*, Resolutionen *(Städtenetz Lahn-Sieg-Dill)*, Aktionsprogramme und Projektlisten, UNESCO-Anträge *(Forum Mittelrheintal)*. Im Ausnahmefall bildete sogar die gemeinsame Erstellung eines formellen Flächennutzungsplans einen Bestandteil einer entwicklungsorientierten Kooperation *(Städteverbund Silberberg)*. Auch führte in manchen Fällen die Diskussion um Innenentwicklungsmöglichkeiten zu einem teilweisen Verzicht auf Neuausweisungen von Siedlungsflächen *(Städtenetz Lahn-Sieg-Dill)*.

Projekte, Maßnahmen und Events

Sichtbar und von größerer Dauerhaftigkeit als bloße Vereinbarungen scheinen Projekte und konkrete Maßnahmen zu sein. Insofern fast allen entwicklungsorientierten Kooperationsansätzen das Leitbild des perspektivischen Inkrementalismus zugrunde liegt, das ja die Abkehr von allzu abstrakten Plänen und Programmen hin zu konkreten, schnell mach- und sichtbaren Projekten fordert, müssen sich diese Ansätze natürlich in erster Linie an den konkretisierten und realisierten Projekten messen lassen.

Nur ausschnitthafte Aussagen liegen aus der schriftlichen Befragung zur Zahl der durchgeführten Projekte vor. In 15 Fällen — nur regionale Kooperationen und Städtenetze im ExWoSt machten hier Angaben — wurde auch die Zahl der in der Kooperation mehr oder minder intensiv bearbeiteten Projekte genannt, die Spannbreite reicht dabei von acht bis 250, im Durchschnitt waren es 63.

Illustrativer als diese quantitativen Angaben sind Belege aus den Fallstudien, sie zeigen deutlich das Spektrum von Projekten auf:

> Im *Städtedreieck Saalebogen* wurden folgende Projekte verbindlicher bearbeitet: Revitalisierung und Qualifizierung der Gewerbegebiete Rudolstadt-Schwarza (Expo-Projekt), Rudolstadt-Ost, Blankenburg Ost, Gummiwerk Maxhütte Unterwellborn; Spaßbad Rudolstadt; Stadthalle Blankenburg; Konversion Militärischer Liegenschaften. Die Kooperation wird insofern als wirkungsvoller eingeschätzt als die meisten regionale Kooperationen in den alten Ländern, da hier über tatsächlich grundlegende regionale Infrastrukturprojekte und nicht nur über ergänzende kleine Infrastrukturmaßnahmen entschieden wurde.

> Im *Städtenetz Lahn-Sieg-Dill* ist als das beste Beispiel für ein Projekt mit Öffentlichkeitswirkung der gemeinsame Fahrradweg zu nennen. Weitere Ergebnisse sind etwa die gemeinsame Evaluierung von neuen Steuerungsmodellen der Verwaltung. Die Öffnungszeiten der Verwaltung wurden auch als Ergebnis der Arbeit der AG verbessert.

> Im *Städtebund Silberberg* sind Projekte das Kurmittelhaus, der Unternehmerstammtisch sowie Veranstaltungen wie der Kinderjahrmarkt, eine Bahnhofsbefragung und Beiträge zu Ausstellungen die sichtbarsten Ergebnisse.

> Im Anschluss an die Erstellung des *Teilraumgutachtens Ansbach-Hesselberg*, in dem fast ausnahmslos durchsetzbare Projekte formuliert waren, werden jetzt Projekte wie ein Telematikzentrum, ein Kompetenzzentrum Biomasse, ein Biomassestandort und ein Siedlungsgebiet angegangen.

> Im Rahmen der EXPO-Initiative der *OWL-Marketing* wurden in dreijähriger Arbeit 54 Projekte umgesetzt wie der patentierte Mäander-Fischpaß, Heilgarten 2000, Sonne an Schulen etc.

> Im Prozess der *Modellregion Märkischer Kreis* sind bislang 34 Projekte zu nennen, die zum Teil öffentlichkeitswirksam sind,. Es handelt sich zwar um keine Millionenprojekte, dennoch haben sie Auswirkungen. Auch die entwickelten Indikatoren stellen ein innovatives Ergebnis dar.

> In der Kooperation *Oberfranken-Offensiv* werden pro Jahr zehn bis 20 Projekte umgesetzt. Beispiele sind Innovationspreis Oberfranken, Kulturkalender, Fest der Bayern, Einkaufspool oberfränkischer Kommunen.

> Im Müggel-Spree-Park wurden zahlreiche Projekte formuliert, erste Leitprojekte (Rundwanderweg) wurden umgesetzt.

> Im *Aller-Leine-Tal-Projekt* wurden Projekte wie das Telehaus, die Gebäudebörse und ein Nachbarschaftsladen umgesetzt.

Interessanterweise ergeben sich auch aus anfänglich an einem Plan orientierten Kooperationen und sogar aus mediationsähnlichen Verfahren zur Konfliktlösung entwicklungsorientierte Projekte:

> In Folge der Erarbeitung des Masterplans Bitterfeld-*Wolfen* wurden *Expo-Projekte wie das Quartiersmanagement* in der Siedlung Wolfen-Nord und das neue Berufsschulzentrum Bitterfeld angegangen, Teile der Landschaftsbrücken sind im Entstehen.

> In der *Elbtalaue* wurden 1,1 Mrd. DM für Agrarentwicklungsprojekte investiert. Projekte wie das Elbtalhaus in Bleckede wurden realisiert.

Intensive Kooperation wird in der Regel nur über Projekte erreicht. Viele Kooperationen orientieren sich daher frühzeitig auf konfliktarme Projekte, wie etwa leicht finanzierte im Kultur- oder Tourismusbereich (ARL 1998, 55). Auffallend ist auch, dass Kooperationen in den Frühphasen sich häufig auf Maßnahmen und Projekte konzentrieren, die zunächst einmal für die Akteure selbst unmittelbaren Nutzen haben. Besonders in interkommunalen Städtenetzen finden sich in den ersten Phasen Maßnahmen wie Dienstleistungspools oder die gemeinsame Evaluierung von Steuerungsmodellen. Erst in späteren Phasen werden Projekte mit Außenwirkungen angegangen.

Welche Projekt- und Maßnahmetypen lassen sich bei den neuen regionalen Ansätzen unterscheiden?

1. *Leuchtturmprojekte*: Vor allem aus den regionalen Bauausstellungen ist der Typus der Leuchtturmprojekte bekannt. Es sind Projekte, die nach innen, vor allem aber nach außen ausstrahlen. Es sind Projekte mit einem zwar hohen Symbolwert für Geschichte und Zukunft der Region, aber sie haben eher künstlerischen und symbolischen als praktischen Gebrauchswert.

2. *Große Infrastrukturprojekte*: Der zweite Typus ist das Gegenteil der symbolträchtigen Leuchtturmprojekte, nämlich Projekte mit einen sehr hohen materiellen und Gebrauchswert: klassische Infrastrukturprojekte vor allem der Verkehrs- und sozialen Infrastruktur. Alleine die Tatsache jedoch, dass bei aller Projektorientierung der Querschnittsplanung noch nirgendwo eine umsetzende Fachplanung abgeschafft oder deutlich in ihren Kompetenzen reduziert wurde, ist ein Hinweis darauf, dass diese Projekte keine Domänen der neuen regionalen Kooperationen sind. Von Ausnahmen aus Kooperationen, die dezidiert im Zeichen der Regionalisierung der Strukturpolitik stehen, einmal abgesehen, führen regionale Kooperationen in den alten Ländern solche „harten" Projekte nicht durch; nicht verwunderlich, denn hier gilt ja diese Art von Infrastruktur meist als ubiquitär. Anders sieht es allerdings bisweilen in den neuen Ländern aus: Hier gibt es tatsächlich regionale Kooperationen, in denen z.B. Prioritäten für kostenträchtige Umgehungsstraßen zumindest diskutiert werden (Städtenetz Saalebogen). Aber das sind auch hier die Ausnahmen und meist ist das Land besonders aktiv ein-

gebunden, etwa in Form einer Entwicklungsgesellschaft eingebunden. In der Regel sind dies Themen, die sich offenbar generell nicht für eine Bearbeitung in solchen Netzwerken eignen (Zarth 1997, 157f).
3. *Ergänzende Infrastrukturprojekte*: In der Regel konzentrieren sich die regionalen Kooperationen auf Projekte unterhalb der Dimensionen, in denen die sektorale Landespolitik arbeitet. Das fast schon klassische Beispiel einer solchen Nischenpolitik, mit dem sich viele regionale Kooperation beschäftigt haben und das nicht selten ein typisches erfolgreiches Startprojekt ist, ist ein Radrundwanderweg oder ein Radwegenetz oder die einheitliche Beschilderung bestehender Wege ; Windkraftanlagen waren vor einigen Jahren ein ähnliches Thema. Gegenstände, die der bestehenden Fachplanung nicht wichtig genug, die aber durch einen Fremdenverkehrsverband oder durch eine einzelne Kommune nicht sinnvoll zu realisieren sind. Diese kleinen Infrastrukturprojekte haben für die Kooperation häufig eine hohe physisch und symbolisch verbindende Wirkung, sie sind aber gleichzeitig auch praktisch nützlich für die Bevölkerung. Sie können, müssen aber nicht wirklich innovativ im Sinne einer Modellfunktion nach außen sein. Ein ähnlicher Projekttypus findet sich vor allem in interkommunalen Kooperationen wie Städtenetzen. Projektgruppen etwa zur Informationsvernetzung zwischen Kommunalverwaltungen sind im Kontext von Bestrebungen zur Effizienzsteigerung öffentlicher Einrichtungen zu sehen und richten sich direkt vor allem an die Verwaltungsakteure, für die Bevölkerung hat diese Art von Kooperation nur indirekt wahrnehmbare Effekte.
4. *Innovative Projekte*: Der vierte Typus von Projekten ist derjenige, den sich die IBA Emscher-Park besonders auf die Fahnen geschrieben hatte. Es sind die wirklichen Modellprojekte mit möglichst weitgehender Vorbildwirkung nach außen, wie neue Wohnformen, neue Modelle der Brachflächenwiedernutzung etc. . Sie würden eigentlich in das Handlungsfeld sektoraler staatlicher oder kommunaler Politiken fallen, daher werden Kooperationen zu diesem Projekttypus nicht selten besonders misstrauisch beäugt. Durch die integrierte und innovationsbetonte Entwicklung innerhalb der regionalen Kooperationen   oder unter dem Dach der regionalen Entwicklungsagentur werden aber Qualitäten erlangt, die anders nicht möglich gewesen wären.
5. *Events*: Als ein letzter Projekttypus können Ereignisse oder Events bezeichnet werden (Häussermann/Siebel 1993). Zwar hat ereignisorientierte Stadt- und Regionalplanung ursprünglich einen völlig anderen Entstehungshintergrund als projektorientierte Regionalentwicklung. In den letzten Jahren ist jedoch eine deutliche Konvergenz (Diller 2000) dieser beiden Typen zu beobachten. Einerseits werden dabei Projekte zur Umgestaltung regionaler Entwicklung durch eine bisweilen nicht

mehr abreißende Kette von Events inszeniert (Beispiele: Regionale Bauausstellungen Emscher Park und Lausitz, Ferropolis im Raum Dessau). Zum anderen wird bei der Konzeption von Großereignissen zunehmend ihre dauerhafte Einbindung in die Städte und ihre Nachnutzungen thematisiert (z.b. Gartenschauen); oder zentrale Events werden durch eine Fülle von dezentralen Projekten ergänzt (Beispiel: Expo Deutschland 2000).

Nicht alle Maßnahmen eignen sich also für regionale Kooperationen, wie z.b. in der Regel große Infrastrukturprojekte, oder einzelbetriebliche Fördermaßnahmen. Und auch die beschriebenen für regionale Kooperationen geeigneten Projekttypen sind Idealtypen, im Einzelfall treten häufig Mischformen auf. Die Listen der Projekte und ihre Durchführung sind relativ offen und einem „Trial and Error"-Prozess unterworfen, der aufgrund der sehr allgemeinen Zielsysteme auch relativ schnell zu veränderten inhaltlichen Schwerpunktsetzungen führen kann. So haben sich im Falle der noch jungen IBA Fürst-Pückler-Land Lausitz den ursprünglich sieben Leitprojekten, die den Schwerpunkt vor allem auf die Freiraumentwicklung der Region legten, nunmehr weitere hinzugesellt, in denen eher Ansätze der Technologieförderung im Vordergrund stehen.

1.2 Effekte: Die kooperationsinternen weichen Benefits

Die in den Kooperationen mehr oder minder realisierten Projekte sind zwar das sichtbarste, aber nicht das allein wichtige Ergebnis. Die wichtigsten nachweisbaren bzw. am häufigsten von Akteuren genannten Effekte der regionalen Kooperationen betreffen zumindest in den ersten Kooperationsphasen meistens die Akteure selbst.

Aus Sicht der Akteure in einigen Fallbeispielen entwicklungsorientierter Kooperationen stellen sich diese Effekte im einzelnen folgendermaßen dar:

> In der Kooperation *Oberfranken-Offensiv* hat sich mittlerweile ein regionales Denken durchgesetzt. Das Thema der Kooperation an sich hat stärkere Akzeptanz gefunden, niemand in der Region verneint mehr, dass Kooperation Sinn macht. Kontakt und Austausch der Akteure sind gestiegen, die Mitgliederzahl des Vereins ist gestiegen.

> Im *Städtenetz Lahn-Sieg-Dill* bestehen die wichtigsten Ergebnisse der Kooperation im gegenseitigen Austausch von Erfahrungen zu bestimmten Themenfeldern zwischen den Akteuren der Verwaltung. Dies hat sich auch auf Kontakte in anderen Zusammenhängen positiv ausgewirkt. Synergieeffekte entstanden durch eine Annäherung der Akteure.

> In der *Region Märkischer Kreis* gehen die Akteure deutlich erfolgreicher miteinander um. Es sind Dialogstrukturen eines Netzwerkes entstanden. Auch Auszeichnungen wie im Wettbewerb Regionen der Zukunft sind als Erfolg zu verbuchen.

> Im *Städteverbund Silberberg* hat sich die Arbeit verstetigt und intensiviert. Auf der Arbeitsebene wurden längerfristige Ziele gesetzt. Auch wird die Frage der Einheitsgemeinde verstärkt diskutiert.

> Im *Regionalmarketingprozess Westsachsen* sind die Erfolge der Kooperation in erster Linie im Zusammenrücken der regionalen Akteure zu sehen.

> Im *Müggel-Spree-Park* wurde die Regionalparkidee erfolgreich vermittelt, die Chancen der Kooperation wurden aufgezeigt, durch Institutionalisierung ist die Grundlage einer dauerhaften Zusammenarbeit gegeben und Konflikte konnten in produktive Konkurrenz umgesetzt werden, so dass die Motivation der Akteure auch am Ende der Kooperation noch vorhanden war.

> Im *Alle-Leine-Tal-Projekt* war auffallend, dass sich Akteure, die sonst zentrale Bedeutung haben, bei der Ideenentwicklung bewusst zurückgehalten haben, so dass ein breiter Querschnitt der Bevölkerung zum Zuge kam. Es gab ein gegenseitiges Lernen der Akteure und es wurden feste Kooperationsstrukturen geschaffen.

Ähnliche Effekte werden auch in einigen mediationsähnlichen Verfahren festgestellt:

> Im Fall des *Gewerbegebietes Hechingen/Bodelshausen* z.B. wird der Verlauf des Verfahrens insgesamt als sehr gut eingeschätzt. Auch wenn unter den Akteuren Unzufriedenheit mit dem Kernergebnis besteht, da es alle Optionen offen lässt, wird doch bemerkt, dass sich das Gesprächsklima und die Streitkultur verbessert hatten. Die Glaubwürdigkeit und das Vertrauen zwischen den Akteuren haben sich erhöht (Langer/Renn 2000; Roch 2000).

Die schriftliche Erhebung ermöglicht noch eine weitergehende Systematisierung (Tabelle IV.1).

Ein Drittel der Befragten gab auf die offen formulierte Frage nach den Effekten eine Antwort.[1] 43 % der gültigen Fälle nannten explizit verbesserte Information, Kommunikation und Wissenstransfer; von einem Viertel wurde das Entstehen einer Vertrauensbasis genannt, in 23 % der Fälle Faktoren, die sich unter dem Begriff „verbesserte Kooperation"[2] subsummieren lassen.

Ein verbesserter Informations- und Kommunikationsfluss ist der am häufigsten genannten Effekt der Kooperation. Auch wenn bisweilen die

---

[1] Die Kooperationstypen unterschieden sich nicht darin, ob sie auf diese Frage Antworten gaben oder nicht.
[2] Die hier durchgeführte Faktorenanalyse brachte keine weiterführenden Ergebnisse, zu vielfältig sind die inhaltlichen Dimensionen und Überschneidungen der genannten Effekte.

Mobilisierung neuer Akteure nur „millimeterweise" gelang (Kilper 1992, 137), so wurde doch wurde in nahezu allen Ansätzen die Stufe erreicht, dass sich überhaupt die Kommunikation zwischen den Akteuren intensivierte. Kooperationen, in denen diese Effekte überhaupt nicht registriert werden, sind seltene Ausnahmen und können meist als vollständig gescheitert angesehen werden. Überdurchschnittlich oft werden diese Effekte in Prozessen der REK-Erarbeitung, in Kooperationen mit dem Themenfeld Regional- und Ortsentwicklung allgemein sowie dem Themenfeld Humankapital genannt. Aber auch in mediationsähnlichen Verfahren gelingt es meist, die Konfliktparteien in einen fachlichen Dialog einzubinden. Signifikante Unterschiede zwischen den Kooperationstypen hinsichtlich dieser Effekte gibt es daher insgesamt nicht.

Tabelle IV.1: Kooperationseffekte

Effekt	Abs.	% Antworten	% Fälle	Effekt	Abs.	% Antworten	% Fälle
Bessere Information, Kommunikation, Wissenstransfer	19	20,4	43,2	Abbau von Konkurrenzen	5	5,4	11,4
Vertrauenszuwachs	11	11,8	25,0	Identifikation	5	5,4	11,4
Kooperation	10	10,8	22,7	Transparenz	4	4,3	9,1
Abbau von Extrempositionen, Toleranz	7	7,5	15,9	Synergien, Mobilisierung endogener Potentiale	4	4,3	9,1
Akzeptanz von Spielregeln und Sachverhalten	6	6,5	13,6				

Je 3x (3,2% der Antworten, 6,8% der Fälle) genannt:
Konsensbildung, Formulierung gemeinsamer Ziele, Interessenvertretung nach aussen.
Je 2x (2,2% der Antworten, 4,5% der Fälle) genannt:
Umsetzung eines komplexen Ansatzes, Bessere Themenbearbeitung/ gestiegene Effizienz, Ausdehnung der Kooperation auf andere Themen, Mobilisierung/Sensibilisierung, Abschluss weiterführender Vereinbarung.
Je 1x (1,1 % der Antworten, 2,3% der Fälle) genannt:
Koordinierung, Stärkung des Bottom-up-Ansatzes, Rückwirkungen auf Fördergrundsätze.

Quelle: Eigene Erhebung und Darstellung

Die verbesserten Kommunikationsbeziehungen betreffen vorwiegend den inneren und mittleren Kreis der Kooperation. Hier werden Informationsflüsse verbessert und ein reger Fachaustausch vor allem auf der Arbeitsebene gepflegt. Optimierte Informationsflüsse entstehen aber auch durch die Einbindung externen Sachverstandes und in Einzelfällen durch die Beteiligung von Bürgern. Studien zur Regionalisierten Strukturpolitik in Sachsen-Anhalt z.B. konstatieren eine deutliche Verbesserung der Kommunikationsbeziehungen zwischen dem Land und den Regionen (Benz/Fürst 1998, 112).

Durch diese verbesserten Informations- und Kommunikationsbeziehungen ergeben sich gegenseitige Lerneffekte, die zusammen mit dem eingebrachten externen Wissen zu einem erheblichen Know-how-Zuwachs unter den Akteuren führen können (Jurczek et al. 1999, 138; BBR 1999a, 2). Vor allem in konfliktorientierten Kooperationen können durch das gegenseitige Kennenlernen und die verbesserte Informationspolitik Positionen und Entscheidungen transparenter gemacht werden.

Nicht ganz so häufig, aber dennoch in der Mehrzahl der Fälle, wird eine wachsende Vertrauensbasis zwischen den Akteuren konstatiert, die eng mit der Entwicklung einer gemeinsamen Identität zusammenhängt.

Der Abbau von Misstrauen (ARL 1998, 54) ist zunächst einmal die Voraussetzung dafür, in Kooperationen auch sichtbare Outputs zu erzielen. Die durch Kommunikation geschaffene vertrauensvolle Atmosphäre führt ökonomisch gesehen bei längeren Kooperationen zu einem Sinken der Transaktionskosten (Bade 1998, 5). Gestiegenes Vertrauen und gemeinsame Identität, atmosphärische Verbesserungen und größeres gegenseitiges Verständnis, ein Zusammenrücken der Akteure zeigen sich z.B. an Begrüßungen per Handschlag, im gemeinsamen Logo und Namen, in gemeinsame Messeauftritten und sonstigen Veranstaltungen, in gemeinsamen Presseerklärungen und systematischer Lobbyarbeit nach außen.

Neben diesen allgemeinen Faktoren gibt es durchaus Nuancen zwischen den Kooperationstypen, die auch auf ihre unterschiedlichen Zielsetzungen zurückzuführen sind:

- Eine verbesserte Identifikation, ein regionaler Konsens, das Einordnen der örtlichen Situation in den regionalen Kontext und eine gemeinsame Imagebildung nach innen wurde vor allem in Kooperationen mit den Themenfeldern Wirtschaft/Tourismus und Humankapital beobachtet.
- Die Effekte der Offenlegung von Interessen, der Akzeptanz von Spielregeln und des Abbaus von Vorurteilen, Extrempositionen und Blockadepositionen, der Herausbildung von Toleranz, finden sich vor allem in den besonders konfliktträchtigen Kooperationen (mediationsähnliche Verfahren u.ä.), wo es primär um Standortfragen der technischen Infrastruktur/Gewerbeflächen geht.

Die Erhöhung von Glaubwürdigkeit und Selbstbindungsgrad, die gegenseitige Information über Betriebe oder gar die gegenseitige Unterstützung bei Infrastrukturentscheidungen sind Ausdruck einer bereits stärker ausgeprägten gemeinsamen Identität. Gemeinsame Identität in Form einer Annäherung der Akteure zeigt sich selbst in konflikthaften Kooperationen auch meist dann, wenn die Konflikte insgesamt nicht gelöst wurden. Das verbesserte Konfliktklima, die gemeinsame Wahrnehmung einer neuen Qualität der Diskussion kann auch dann identitätsfördernd wirken, wenn letztlich keine einheitlichen Positionen erzielbar sind. Auch in entwicklungsorientierten Kooperationen wird die gemeinsame Identität oft selbst dann gefestigt, wenn die Kooperation insgesamt erfolglos verlief, und dies vor allem dann, wenn die Verantwortung für den Fehlschlag ausserhalb der Region, bei staatlichen Fachbehörden oder externen Moderatoren ausgemacht werden kann.

Gemeinsame Identität breitet sich meist von innen nach außen und eher von oben nach unten aus als umgekehrt. Identität zeigt sich zuerst in der Verbesserung des Klimas bei Politikern und bei Akteuren in Verwaltungen. In privatrechtlich organisierten Institutionen zeigt sie sich zuerst im Präsidium und dann z. T. in der Mitgliederversammlung. Sie entsteht aber mitunter auch zuerst „unten" in Projekten und dann „oben" in den strategischen Bereichen der Kooperation.

Nur in wenigen Fällen wird im Verlauf der Kooperation unter den Akteuren so gut wie keine Festigung des Vertrauens und einer gemeinsamen Identität bemerkt. Dies ist praktisch ausschließlich in konfliktträchtigen mediationsähnlichen Verfahren der Fall und zwar dann, wenn das Verfahren aus Sicht von Akteuren nicht ergebnisoffen angelegt ist. In diesen Fällen sind auch gezielte vertrauensbildende Maßnahmen (gemeinsame Begehungen etc.) nur von geringem Erfolg gekrönt.

Die gemeinsame Identität in den regionalen Kooperationen erreicht aber nur in Ausnahmefällen die Bevölkerung. Überraschend oft – und gerade auch bei den Kooperationen mit hohen modellhaften Ansprüchen – ist der räumliche Zuschnitt der Kooperation, der sich oft aus zufälligen Akteurskonstellationen ergibt, mit den realen Verflechtungen, in denen die Bevölkerung lebt, nicht identisch. Damit bleibt das Themenspektrum und die praktische Relevanz der Kooperation nach außen gering, sie hat daher – trotz der grundsätzlichen Orientierung an sichtbaren Projekten — keine Ausstrahlung auf die Bevölkerung. In ihrem Zuschnitt bleibt sie auch bei längerem Fortbestehen ein Kunstprodukt, das in der Bevölkerung nicht verankert wird.

Aus den gleichen Gründen, geringen funktionalen Verflechtungen und schmaler gemeinsamer Interessen- und Themenbasis, ist die in Kooperationen entstandene gemeinsame Identität oft sehr fragil. Sie droht auseinander zu brechen, wenn sie nicht durch Institutionalisierung oder andere Maßnahmen weiter gepflegt wird.

Nur in einer der untersuchten Kooperationen konnten fehlende funktionale Verflechtungen in der Region derart überwunden werden, dass sich auch bei der Bevölkerung unterschiedlicher Teilräume eine gemeinsame Identität entwickelte :

> Beim *Aller-Leine-Tal-Projekt* wirkten mehrere Faktoren begünstigend zusammen: Von Anfang an bestanden Gemeinsamkeiten bei allen zentralen Akteuren, die Region war so klein, dass weite Bevölkerungsteile aktiv mit einbezogen werden

konnten und die Moderation agierte von Anfang an sehr umsetzungsorientiert an konkreten Bedürfnissen der Bevölkerung.

1.3 Auswirkungen für die regionale Entwicklung und Funktionen innerhalb regionaler Steuerung

Den wichtigsten Maßstab zur Erfolgseinschätzung der Kooperationen bilden ihre externen Auswirkungen auf die Entwicklung der Region und die Funktion, die sie im Gesamtsystem regionaler Steuerung übernehmen. Denn nahezu alle Kooperationen wurden ja unter der Zielsetzung initiiert, regionale Entwicklung zu beeinflussen, seien es Aspekte der Wirtschaftsentwicklung und soziale Fragen, seien es Lösungen regionaler Konflikte zu umweltrelevanten Themen. Angesichts der in der Regel noch kurzen Laufzeit der Kooperationen kann freilich nicht davon ausgegangen werden, dass solche Wirkungen, etwa auf den Arbeitsmarkt oder die Umweltsituation, überhaupt schon messbar sind. Und selbst auf längere Sicht werden die Auswirkungen solcher Kooperationen auf regionale Entwicklungen angesichts ihrer – etwa im Vergleich zu sektoralen Politiken — noch immer geringen eingesetzten Ressourcen wohl zu gering sein, um quantitativ relevant zu werden.

Die noch zu geringen Erfahrungen verbieten es fast von selbst, zu spekulieren, inwieweit wirtschaftliche, ökologische und soziale regionale Entwicklungen durch die neuen kooperativen Ansätze der Regionalentwicklung beeinflusst wurden. Es ist einzusehen, dass auf der einen Seite wechselnde globale Rahmenbedingungen, auf der anderen Seite aber eine über Jahrzehnte hinweg auffallende Stabilität der Entwicklung von Regionen – illustrativ ist hier das Bild eines Tankers, dessen Kurs sich nur langsam ändern lässt (Bade 1998, 5)- die Wirkung dieser regionalen Kooperationsansätze erheblich dämpfen.

Nicht von ungefähr hat sich denn auch z.B. die IBA Emscher-Park mit ihrer punktuellen Strategie von innovativen und symbolhaften Projekten einer systematischen Abschätzung der Auswirkungen ihrer Projekte mit Methoden, wie sie üblicherweise zur Evaluierung von Wirtschaftsförderungs- oder Städtebauförderungsprogrammen angewendet und innerhalb derer z.B. Input-Output- und Arbeitsplatzindikatoren herangezogen werden, mit einer hartnäckigen Konsequenz entzogen und betont demgegenüber ihre qualitative, prozessuale und innovative, ohnehin kaum seriös messbare Dimension. Der Förderbedarf der IBA Emscher-Park lag in zehn Jahren bei 2,5 Mrd. DM (Meise 1998, 33). Es steht außer Zweifel, dass die IBA Emscher-Park in ihren rund 120 Projekten und etwa 5 Mrd. DM an induzierten Investitionen hochwertige Impulse in die Region getragen hat.

Werden jedoch aggregierte Daten regionaler Entwicklung zur Beurteilung der möglichen Wirkungen der IBA herangezogen, so sind die Ergebnisse erwartungsgemäß reichlich unplausibel (Wegener 1999, 146ff).

Einzelne Beispiele zeigen jedoch, dass zu einzelnen Aspekten durchaus quantitative Abschätzungen der regionalen Wirkungen der Kooperationen vorzunehmen sind, sie betreffen induzierte private Investitionen und Arbeitsplätze (Troeger-Weiss 1998, 194):

Eine vertiefte quantitative Abschätzung liegt für z.B. die Kooperation Rottal/Inn vor: Zwischen 1994 und 1998 wurden von einer am Landkreis angegliederten Regionalmanagementinitiative ca. 40 Projekte angegangen und umgesetzt. In diesem Rahmen wurden 300 Arbeitsplätze im Landkreis neu geschaffen bzw. gesichert; die Mehreinnahmen aus der Einkommenssteuer lagen bei 3 Mio. DM, die Arbeitslosenversicherung wurde mit 5,4 Mio. DM entlastet. Alleine durch das Projekt Sonnenwende wurden 350.000 Liter Heizöl pro Jahr eingespart und der CO_2-Ausstoß um 1000 Tonnen jährlich reduziert (StMLU 1999, 3).

Derlei präzisere quantitative Abschätzungen regionalökonomischer oder ökologischer und sozialer Wirkungen sind Ausnahmen. Dennoch lassen sich aus der Beobachtung regionaler Kooperationen qualitative und durchaus plausible Abschätzungen ihrer Auswirkungen vornehmen. Neben diesen ökonomischen und fiskalischen Effekten sind es die schwer zu messenden und langfristig wirksamen Effekte auf die regionale Identitäts- und Imagebildung, die Entwicklung kreativer Milieus, die als Ergebnisse von Kooperationen resümiert werden (Blotevogel 1994, 36). Im Vordergrund stehen außerdem die Auswirkungen der regionalen Kooperationen auf die politischen und administrativen Steuerungssysteme und Planungsprozesse. Wie die zahlreichen theoretischen und empirischen Arbeiten zeigen, die zu dem Themenfeld Netzwerke entstanden, können Netzwerke bestimmte Funktionen im politisch-wirtschaftlichen-sozialen Gesamtsystem übernehmen und sie sind gleichzeitig Indikator und Bestandteil von Strukturwandlungen der Systeme.

Die unmittelbarste Funktion sowohl von ökonomischen als auch von politischen Netzwerken ist die der Mobilisierung und Poolung von vormals unter verschiedenen Akteuren verstreuten Ressourcen. Wenn Ressourcen dispers verteilt oder akteursabhängig sind, stellt das Netzwerk bisweilen sogar die einzige Möglichkeit der Ressourcenpoolung dar. Aus Sicht des Einzelnen werden im Netzwerk innere Restriktionen durch Zugriff auf externe Ressourcen überwunden und neue Handlungspotentiale erschlossen (Semlinger 1993, 343). Die Komplementarität der Ressourcen, dass also sich ergänzende Ressourcen unter Akteuren ungleich verteilt sind, ist die unerlässliche Vorbedingung von Kooperationen in Netzwerken. Netzwerke bringen Ressourceneigner dazu, ihre spezifischen Ressourcen einzubringen.

Ein erklärtes Ziel bei den meisten von staatlicher Seite aus angestoßenen Kooperationen ist es vor allem, eine Bündelung staatlicher und kommunaler Ressourcen und eine Mobilisierung privater Ressourcen zu erreichen (Troeger-Weiss 1998, 194). Aus kommunaler Sicht ist mit der Erlangung erhöhter Förderprioritäten zunächst scheinbar der gleiche Sachverhalt umrissen. In den Fallstudien finden sich vereinzelte Abschätzungen der monetären Mobilisierungswirkungen:

> Im Rahmen der *OWL-Marketing-Initiative* wurden öffentliche Fördermittel und private Mittel (Faktor 1:5) akquiriert, die ansonsten in geringerem Umfange oder gar nicht mobilisiert worden wären.

> In der Kooperation *Oberfranken Offensiv* wurden 200-300 Tsd. DM an öffentlichen Fördermitteln eingesetzt und dabei ein Umsatz von 1 Mio. DM erzielt.

Aus kommunaler Sicht ist die Bündelung von staatlichen Ressourcen grundsätzlich ein positiver Effekt. Aus staatlicher Sicht stellt sich jedoch die Frage, ob mit der Bündelung von Ressourcen tatsächlich Synergieeffekte erzielt wurden und nicht lediglich Maßnahmen, die ohnehin gefördert worden wären, früher gefördert wurden, was aus langfristiger Perspektive nur ein Nullsummenspiel wäre. Die Frage, ob das Ziel der Ressourcenbündelung in den Kooperationsansätzen erreicht wurde, wird unterschiedlich beantwortet, sofern ihr in den Untersuchungen überhaupt systematisch nachgegangen wird. In einzelnen Städtenetzen z.B. wurden höhere Prioritäten durch die Einbindung von Projekten in den regionalen Kontext bzw. eine Poolung von Fördermitteln erzielt (Schmidt 1997, 456). Schwieriger stellt sich die Situation bei größeren Kooperationen dar, wenn die Ressourcen unterschiedlicher Ressorts auf Landesebene gebündelt werden sollen. Innerhalb der Regionalkonferenzen in Nordrhein-Westfalen wurden zwar die erarbeiteten Prioritätenlisten z. T. von der Landesregierung übernommen. Nach Meinung der Kritiker sind diese Maßnahmen jedoch einseitig auf die Aufgabenfelder der Strukturpolitik orientiert und es konnte hier eine ressortübergreifende Zielfindung und Ressourcenbündelung nicht erreicht werden (Blotevogel 1994).

Die Hauptfunktion eines politischen Netzwerkes ist die Formulierung und Durchführung öffentlicher Politiken (Marin/Mayntz 1991, 16; Grote 1998, 64). Netzwerke stehen damit im Kontext interorganisatorischer Verhandlungssysteme. Die Wahrscheinlichkeit, dass in solchen interorganisatorischen Verhandlungssystemen Entscheidungen durchgesetzt werden, steigt, wenn diese trotz unterschiedlicher Strukturen durch Netzwerke miteinander verbunden werden (Benz 1995, 194). Netzwerke schaffen damit die Voraussetzung zur Überwindung struktureller Dilemmata (Benz 1995, 200). Sie entlasten formale Verhandlungssysteme und tragen zur Reduktion von Transaktionskosten in komplexen Entscheidungssituationen bei (Benz 1995, 201). Netzwerke können so die Dysfunktionen von Märkten und Hierarchien überwinden (Mayntz 1992, 25; Fürst/Kilper o. J., 12f). Sie wirken der Tendenz der funktionalen Ausdifferenzierung von Teilsystemen und ihrer gleichzeitigen Abschottung gegeneinander entgegen.

Netzwerke dienen politischen Akteuren dazu, Zugang zu politischen Arenen zu schaffen, Informationen zu sammeln, Einfluss zu nehmen, politische Entscheidungen abzustimmen (Verhandlung und Konsensbildung), durchzusetzen und zu legitimieren (Jansen/Schubert 1994, 12). Sie ermöglichen Beratungen und damit die Koordination ansonsten unabhängiger Handlungen. Sie haben Mobilisierungsfunktionen, um Akteure aus egoistischen Sichtweisen zu lösen, sie haben Forums- und Innovationsfunktionen, um gemeinsam interessierende Probleme wahrzunehmen (Fürst/Schubert 1998, 353). Netzwerke eröffnen Möglichkeiten für Verhandlungen und den Tausch von Ressourcen, Leistungen und Gegenleistungen. Sie bieten die Chance zur Kooperation bei der Entwicklung, Realisierung und ggf. Rechtfertigung von Handlungen und erleichtern so Koalitions- und Durchsetzungsstrategien (Schubert 1995, 232).

Netzwerke formieren sich als Reaktion auf den Anpassungsbedarf in einem turbulenten Umfeld (Fürst/Schubert 1998, 345). Gegenüber bestehenden Institutionen übernehmen sie eine Vermittlungs- und Pufferfunktion. Durch Verflechtungen von Organisationen durch Netzwerke soll die bedrohliche Umwelt unter Kontrolle gebracht werden (Mayntz 1996, 471). Sie lösen Probleme, indem sie die Funktionen des kontinuierlichen Erfahrungsaustausches und der Entwicklung von Konsens- und Kompromissstrukturen übernehmen (Messner 1995, 212). Netzwerke können dafür sorgen, dass veränderte Umweltbedingungen in bestehende Organisationen einfließen und diese dadurch evolutionär modernisiert werden, denn Informationen aus der Umwelt sickern durch schwache Beziehungen besser in die Organisatoren ein als durch starke (Schenk 1983, 94). Netzwerke verbinden bisher nicht verbundene Akteure und schaffen so Voraussetzungen für Innovationstransfer. Sie reduzieren Unsicherheit und Risiko des Wandels durch Kommunikation und Solidarität. Sie organisieren Veränderungen, indem sich in ihnen Promotoren des Wandels herauskristallisieren, die Paradigmenwechsel einleiten (Fürst/Schubert 1998, 355f).

Für die Kooperationstypen der IBA Emscher-Park, die regionalisierte Strukturpolitik, Städtenetze und Regionale Agenda-21-Prozesse können diese Erkenntnisse noch präzisiert werden:

IBA Emscher-Park

Für die IBA Emscher-Park werden nach zehnjähriger Arbeit mehrheitlich positive Bilanzen gezogen: Konstatiert wird, dass die professionelle Vermarktung das Image nach außen und das Eigenbild der Emscher-Region, des gesamten Ruhrgebietes, gestärkt hat. Damit ist es gelungen, die kulturelle Hegemonie des sozialdemokratisch-gewerkschaftlich geprägten Milieus zumindest zeitweilig zu überbrücken (Rommelspacher 1999, 159). Die IBA hat sich im Land Nordrhein-Westfalen den Sonderstatus eines „Hechtes im Karpfenteich" schaffen können. Durch ihre Projekterfolge zeigte sie, wie sich ein geschlossenes Binnensystem nach außen öffnen kann (Benz et al. 1999, 110).

Darüber hinaus ergaben sich durch die Arbeit an Projekten der IBA häufig bei den Akteuren gegenseitige Lerneffekte zu allen möglichen Themen, die auf andere Aktivitäten übertragen werden können und damit letztlich die Kompetenzen des gesamten administrativen Systems stärkten (Kilper 1992, 145). Wie in einem Billard-Spiel wurden mitunter durch erfolgreiche Kooperationen mehrere Kugeln angestoßen, deren Richtung und Geschwindigkeit dann auch von anderen Kräften bestimmt werden mussten (Kilper 1992, 143).

Der Erfolg der IBA beruht auf der Durchsetzung zunächst fast unsichtbarer Innovationen (Meise 1998, 147). Die IBA hat mit der Definition von Qualitätskriterien und der Planung in Alternativen/Wettbewerbsverfahren neue Elemente in die regionale Entwicklungs- und Strukturpolitik eingeführt (Benz et al. 1999, 111). Durch diese internen Erfolge haben sich auch das Organisationsmodell dezentraler Kompetenzen und die Planungsphilosophie des Perspektivischen Inkrementalismus fast zu Exportschlagern entwickelt. Trotz oder gerade wegen ihres eher technokratisch-expertenorientierten und politikfernen Ansatzes konnte die IBA mit neuen Beteiligungsformen experimentieren (Meise 1998, 148).

Dennoch werden der IBA Grenzen attestiert, die sich vor allem auf ihre Breitenwirkung beziehen. Strukturänderungen brauchen längere Zeit, auf die die IBA nicht angelegt war und die sie mit ihrer dezentralen Struktur nicht leisten konnte. Organisatorisch eignet sich die IBA nicht für den Planungsalltag, ihre Routinen können hier nicht übernommen und harte, tiefer liegende Konflikte können nicht gelöst werden.

Regionalisierte Strukturpolitik

Auch für die Prozesse der flächendeckend landesweiten regionalisierten Strukturpolitik wird eine insgesamt positive Bilanz gezogen, die sich auch in weiteren programmatischen Ausgestaltungen etwa der GRW-Förderung zeigt. Dabei wird in den ersten Phasen der Prozessnutzen, die Profilierung regionaler Akteure, höher eingeschätzt als die tatsächlichen Projektergebnisse (Benz et al. 1999, 72). Die flächendeckend angelegten Ansätze regionalisierter Strukturpolitik wurden in allen Regionen Sachsen-Anhalts und in den meisten Regionen Nordrhein-Westfalens positiv aufgenommen und können als akzeptiert gelten. Kooperationen sind entstanden und es wurden REK/RAP erstellt (Benz/Fürst 1998, 112). Trotz aller Mängel handelt es sich um einen reflexiven Lernprozess, der an Dynamik gewonnen hat (Benz et al. 1999, 81). Regionalisierungsprozesse führen zu neuen Governance-Strukturen im Zuge der Modernisierung des Staates: sie verändern Politikinhalte, erzeugen neue Strukturen und Verfahrensmodi und führen zu neuen Akteurskonstellationen (Benz et al., 1999, 49ff). Im einzelnen werden folgende Auswirkungen konstatiert:

- Der wichtigster Erfolg der Regionalisierung ist die Etablierung von organisatorischen Kernen als Spinnen im Netz (Benz et al. 1999, 82).
- Funktionierende Regionalkonferenzen können innovativ sein, indem sie etablierte und neue Akteure und Fachpromotoren wie Unternehmer, Wissenschaftler, vor allem Akteure aus dem Mittelmanagement der Kommunalverwaltungen miteinander vernetzten (Fürst 1993).
- Die regionale Ebene wurde aufgewertet, weil sie Umsetzer der Strukturpolitik der EU und des Bundes wurde. Die Region wandelte sich zur Schnittstelle zwischen horizontaler und vertikaler Koordination (Fürst 1993.) Der Verdacht, dass Regionalisierung lediglich eine angepasstere Form staatlicher Implementationsprogramme, nicht aber Ausdruck dezentraler Selbstorganisation oder innerregionalen Gestaltungswillens sei, scheint dabei insgesamt nicht haltbar (Meise 1998, 131).
- Es konnten Effekte der Bündelung regionaler Kräfte gegen Fremdbestimmtheit, die Mobilisierung von Selbsthilfekräften komplementär zum Staat festgestellt werden. Bestimmte Prozesse der regionalen und landesweiten Ressourcenallokation wurden verändert. Die Förderung von Projekten wird einer stärkeren gemeinsamen regionalen Kontrolle unterzogen, vertikale Alleingänge werden zumindest erschwert. Schwächere Kommunen erhielten Zugänge zu Ressourcen (Benz et al. 1999, 113).
- Regionalisierung steigert damit die Effektivität öffentlichen Handelns generell, da sie problemnäher ist, eine höhere Informationsqualität entsteht und fragmentierte Handlungsmuster im Sinne positiver Koordination überwunden werden können. Sie erhöht als Entscheidungsvorbereitung die Legitimität von politischen Entscheidungen auf kommunaler und Landesebene (Benz et al. 1999, 57f).

Städtenetze

Die Einschätzungen der Modellvorhaben Städtenetze fallen zwar insgesamt ebenfalls eher positiv aus. Die empirische Basis dieser Einschätzungen ist jedoch schmaler als bei den beschriebenen Kooperationsansätzen. Städtenetzen werden folgende Wirkungen auf die Entwicklung von Regionen zugesprochen (BBR 1999a, 2): Sie

- befähigen Kommunen zu Projekten, die eine einzelne überfordern würden, können kritische Massen erzeugen, die jedes einzelne Element nicht zustande bringt (Sinz 1999, 28);
- schaffen Synergieeffekte durch gemeinsame Infrastrukturnutzung (Spehl/Albrech-Struckmeyer 1997) oder Mengenrabatte und die gemeinsame Informationsnutzung (Schmidt 1997, 456);
- befördern die allgemeine interkommunale Kooperation und die Einbeziehung privater Akteure (BBR 1999a, 3), stärken regionale Identität und Verantwortung (BBR 1999a, 77), befruchten Identifikation und Vertretung des regionalen Gemeinschaftsinteresses;
- verbessern indirekt nicht nur die netzinterne, sondern auch die allgemeine vertikale Kommunikation zwischen Steuerungsebenen (Kliemt 1997, 23; Jurcek et al. 1999, 163) und können sogar als „Troubleshooter" in kooperationsexternen Zusammenhängen (Tomys 1997, 465) fungieren;
- haben Sprachrohrfunktion gegenüber Land und angrenzenden Regionen (Zoubeck 1999, 77); überschreiten administrative Grenzen wie Ländergrenzen (BBR 1999a, 3);
- erhöhen die Wirksamkeit von Fördermaßnahmen (BBR 1999a, 72).

Die These, dass Städtenetze Defizite strukturschwacher Regionen kompensieren, kann jedoch insgesamt weder gestützt noch verworfen werden. Mehrheitlich wird davon ausgegangen, dass sie die Bedeutung des Raumes stärken (Kliemt 1997, 23). Ihre Ergebnisse sind jedoch weniger raumbedeutsam im klassischen physischen Sinne, sondern sie beeinflussen eher die Funktionsfähigkeit der Gebietskörperschaften einer Region vor allem durch Know-how-Steigerung und Best Practices. Tatsächliche Gemeinschaftsprojekte sind eher selten (BBR 1999a, 71), die regionale Wirkung einzelner Maßnahmen eher sekundär; bedeutsamere regionale Auswirkungen ergeben sich eher aus der Summe und den Synergieeffekten der Maßnahmen (BBR 1999a, 72). Am Beispiel der Städtenetze wird jedoch auch deutlich, dass die Wirkungen regionaler Kooperationen für das Gesamtsystem nicht nur positiv sind. Ein Spezifikum von Städtenetzen ist, dass ihre Auswirkungen z. T. externalisiert werden, die Netzmaschen können ebenfalls betroffen sein. Dabei gibt es Bereiche mit Interessenidentität und Konfliktbereiche (BBR 1999a, 46). Ein typisches Thema, in dem die Netzmaschen in einigen Fällen profitieren können, in anderen Fällen aber negative Auswirkungen zu befürchten haben, ist das Thema Verkehr (Kliemt 1997, 21).

Regionale Agenda-21-Prozesse

Für die vom Bund im Wettbewerb „Regionen der Zukunft" initiierten und verstetigten regionalen Agenda-21-Prozesse steht eine systematische Evaluierung der Erfolge der zweijährigen Arbeit in den Regionen noch aus. Jedoch zeigt der Blick auf die Beurteilungskriterien, welche Auswirkungen zumindest die besonders erfolgreichen der 26 Regionen (u.a. *Region*

Märkischer Kreis, Aller-Leine-Tal-Projekt) erkennen ließen (BBR 1999b, 2):
- Die Konzepte sind regionsspezifisch und auf komparative Vorteile von regionalem gegenüber einzelkommunalem Handeln abzielend;
- Sie versprechen einen hohen Beitrag für eine nachhaltige Regionalentwicklung;
- Sie sind handlungsfeldübergreifend angelegt und zielen auf Synergieeffekte;
- Zielkonflikte werden in Dialog- und Kooperationsprozessen be- und verarbeitet;
- Die betroffenen Interessen sind frühzeitig identifiziert, geeignete Vertreter einbezogen, die Öffentlichkeit informiert worden;
- Die Projekte sind organisatorisch in den Regionen gut verankert;
- Sie sind Bestandteil eines auf Dauerhaftigkeit und Korrekturfähigkeit angelegten Konzeptes.

Fallstudien

Die Einschätzungen der Akteure in den untersuchten Fallstudien betreffen eher die in Kapitel IV.1.1 und IV.1.2 genannten Ergebnisse und Effekte der Kooperationen. Über ihre möglichen Auswirkungen auf die gesamte Region oder gar darüber hinaus werden nur wenige und insgesamt eher vorsichtige Vermutungen angestellt:

> Die wichtigsten Erfolge er Kooperation liegen im Verfahren und in der damit erregten öffentlichen Aufmerksamkeit. Das Arbeitsprinzip der Planungswerkstatt wurde in anschließenden Werkstätten übernommen (*Masterplan Bitterfeld Wolfen*).
>
> Außenwirkung hatten diverse Veranstaltungen. Darüber hinaus wurde die Kooperation auch als ein Interessenverbund gegenüber anderen Akteuren genutzt (*Städtenetz Lahn-Sieg-Dill*).
>
> Das regionale Kooperationsniveau wurde für bestimmte Themen gehoben (*Region Südostniedersachsen.*)
>
> Im regionalen Grundtenor hat eine optimistischere Einstellung das „Jammerimage" verdrängt (*Oberfranken Offensiv*).
>
> Das Thema Nachhaltigkeit konnte in der Region weiter verankert werden. Die Vernetzungen mit anderen Regionen wurden verstärkt (*Modellregion Märkischer Kreis*).

1.4 Die Funktions- und Leistungsgrenze regionaler Kooperationen: Die Lösung harter Konflikte

Allen vorab genannten positiven Ergebnissen, Effekten, Wirkungen und Funktionen steht gegenüber, was in Kooperationen nicht erreicht wurde. Projekte etwa im Bereich der klassischen sektoralen Infrastruktur werden von regionalen Kooperationen meist gar nicht erst angegangen. Fast jede entwicklungsorientierte Kooperation ging Projekte an, die dann doch nicht umgesetzt werden konnten. Interessanter ist hier aber eine andere strukturelle Grenze von Kooperationen, nämlich die Fähigkeit zur Lösung verhärteter Konflikte.

Die untersuchten Kooperationen gaben im Durchschnitt 1,7 bzw. 1,6 Konfliktthemen bzw. Konflikterde an. Tabelle IV.1 zeigt, dass das Konfliktfeld „Einzelinteressen der beteiligten Akteure" mit Abstand am häufigsten (in 56% der Fälle, die Konflikte nannten) angegeben wurde. „Ungleiche Aktivitätslevel und atmosphärische Spannungen" sind ebenfalls häufig genannt. Deutlich wird auch, dass die Themen Siedlungsflächen und Freiraum/Naturschutz/Wasser am meisten genannt werden, vor Standortfragen der technischen Infrastruktur.

Tabelle IV.2: Konflikterde und Konfliktthemen

Konflikterd	Abs.	% Antworten	% Fälle	Konflikterd	Abs.	% Antworten	% Fälle
Einzelinteressen der Akteure	24	32,9	55,8	Effizienz, Vorteile/Lasten, Kosten/Nutzen	5	6,8	11,6
Fehlende Aktivität, geringe Konstanz	13	17,8	30,2	Selbstverständnis der Gremien	4	5,5	9,3
Finanzierung	8	11,0	18,6	Informationsaustausch, Kommunikationsstrategien	4	5,5	9,3
Konkurrierende Kooperationen, Planungen	5	6.8	11,6	Abstimmung von Projekten und Handlungsempfehlungen	3	4,1	7,0

Je 2x (2,7% der Antworten, 4,7% der Fälle) genannt:
Zeitbedarf, Abgrenzung der Interessen von Akteuren und Moderator
Je 1x (1,4% der Antworten, 2,37% der Fälle) genannt:
Unzureichende(r) Bekanntheitsgrad, Akzeptanz, Abbau der Moderatorenstelle, unklare Eigentumsverhältnisse

Konfliktthema	Abs.	% Antworten	% Fälle	Konfliktthema	Abs.	% Antworten	% Fälle
Freiraum, Naturschutz, Wasserversorgung	8	16,7	25,8	Zentralörtliche Funktionen, Einzelhandel	5	10,4	16,1
Siedlungs- und Freiflächen,	8	16,7	25,8	Naherholung, Tourismus	4	8,3	12,9
Technische Infrastruktur	6	12,5	19,4				

Je 3x (6,3% der Antworten, 9,7% der Fälle)genannt:
Regionalentwicklung allgemein, Ökologie allgemein, Ökonomie, Verkehr.
2x (4,2% der Antworten, 6,5% der Fälle) genannt:
Landwirtschaft
Je 1x (2,1 % der Antworten, 3,2% der Fälle) genannt:
Telematik, Bildung, Marketing.

Quelle: Eigene Erhebung und Darstellung

Wie wird nun mit diesen Konflikten umgegangen? Bei entwicklungsorientierten Kooperationen werden harte Konflikte in der Regel ausgeklammert. Städtenetze zu Beispiel sind zwar für Win-Win-Lösungen, für deren Erarbeitung eine Vertrauensbasis unter den Akteuren besteht, vermutlich geeigneter als formalisierte Abstimmungsgremien. Bei Konfliktsituationen, in denen es Gewinner und Verlierer gibt, sind Städtenetze allerdings weniger geeignet (BBR 1999a, 75).

Das Ausklammern von Konflikten gelingt freilich nicht immer, natürlich bleiben auch inhaltliche (Verkehr) und organisatorische (z.B. Mitgliedsbeiträge) Konflikte offen, vor allem, wenn sich einzelne Akteure als dauerhaft unkooperativ erweisen. Im Regelfall gelingt es entwicklungsorientierten Kooperationen jedoch, die störenden Auswirkungen von Konflikten gering zu halten. Zwar können sie Konflikte nicht lösen, wohl aber früh erkennen, minimieren (BBR 1999a, 3) und umdefinieren.

Unter Umständen können informelle Kooperationen die Funktion des Konfliktmanagements nach außen sogar besser wahrnehmen als nach innen (Jurczek et al. 1999, 185). Grundsätzlich gibt es verschiedene Wege: In Plänen oder Projektlisten werden Konflikte durch Kompromisse und Ausgleichsregelungen gelöst; personell bedingte Konflikte lösen sich oft mit Weggang einer Person auf. Der Konflikt um eine Umgehungsstraße kann zur Suche nach Potentialen für die dadurch entlastete Innenstadt umdefiniert werden.

Dass aber auch ein gezieltes Angehen von Konflikten auf strukturelle Grenzen stößt, zeigt sich besonders bei den mediationsähnlichen Verfahren. In den USA wurden die Ergebnisse von Umweltmediationsverfahren überwiegend als positiv eingeschätzt; in der Mehrzahl der Fälle wurden Einigungen erzielt, die auch umgesetzt wurden (Bingham 1985, nach Sünderhauf 1997, 83). So wurden denn an die ersten in Deutschland durchgeführten Mediationsverfahren große Erwartungen gestellt: Sie sollen die Bürgerfreundlichkeit der Verwaltung erhöhen, Konflikte versachlichen und eine höhere Entscheidungsqualität sichern. Sie sollten Zeiten von Genehmigungsverfahren verkürzen, flexiblere konsensfähige Lösungen finden helfen, die Legitimation von Entscheidungen sichern, eine höhere Akzeptanz schaffen, Politik und Verwaltung entlasten, unnötige Eskalationen und Rechtsstreite vermeiden (Schmidt 1999, 295f; Wiedemann 1994, 180).

Diese teilweise sehr hoch gesteckten Hoffnungen auf die Problemverarbeitungskapazität von mediationsähnlichen Verfahren wichen bald einem realistischeren Bild (Wiedemann 1994, 178). In der Gesamtbilanz wurden zwar meist durchaus positive Effekte bemerkt: Die verbesserte Informationslage, ein verbessertes Gesprächsklima; Konsens oder Kompromisse in Teilbereichen, Kompensationsregelungen und klare Fronten bei verbliebenen Dissensen werden in den meisten mediationsähnlichen Verfahren erreicht (Kostka 2000, 74). Befragungen von Beteiligten zeigten: Selbst wenn sie mit dem Sachergebnis nur bedingt zufrieden waren, so äußerten sie dennoch meist Zufriedenheit mit den Lernprozessen und der damit einhergehenden Verbesserung der sozialen Beziehungen. Sie glaubten, dass die Sachergebnisse durchweg besser waren, als sie es ohne Mediation gewesen wären und die Entscheidungsfindung nun transparenter ist. Die meisten Akteure würden sich wieder an solchen Verfahren beteiligen oder sie anderen empfehlen (Fietkau/Weidner 1998; Fietkau 2000, 129).

Auf der anderen Seite aber ist auch deutlich, dass Verfahrensbeteiligte die Tragfähigkeit der geschlossenen Vereinbarungen bei der Umsetzung mehrheitlich anzweifeln (Fietkau/Pfingsten 1995, 64). Und in der Tat zeigen praktisch alle bisherigen mediationsähnlichen Verfahren, dass das Maximalziel, nämlich ein von allen Beteiligten gemeinsam getragener vollständiger Konsens mit einer Lösung, die auch umgesetzt wurde, nicht erreicht werden konnte. Vor diesem Hintergrund ist ein realistischer Erwartungshorizont für mediationsähnliche Verfahren abzustecken:

Im Normalfall kommt es zur Verbesserung des allgemeinen Informationsgrades und einer erweiterten Partizipation der Betroffenen, der Verbesserung ihrer Einfluss- und Mitwirkungsmöglichkeiten und zu Einigungen in Teilbereichen. Ermutigend ist vor allem, dass das Informationsniveau angestiegen ist und der verbliebene Dissens entemotionalisiert ist, was nachfolgende Prozesse erleichtern kann.

Bei günstigem Verlauf kann durch die Deeskalation der Konflikte ein Gerichtsverfahren vermieden werden, Koexistenz tritt an die Stelle dauerhafter Blockaden. Es wird eine Verbesserung des politischen Klimas erreicht, Streitkultur entwickelt und die Sachentscheidung optimiert. Nicht realistisch sind dagegen Erwartungen wie ein vollständiger Konsens in der strittigen Kernfrage, eine Kostenersparnis und eine Verfahrensbeschleunigung. Nicht erwartet werden kann eine gute Presse und eine weitgehende Bürgermitbestimmung (Kostka 2000, 215). Mediation ist keine Akzeptanzbeschaffungsmaßnahme, sie kann nur die Legitimität und Qualität von dennoch für Beteiligte schmerzhaften Entscheidungen steigern (Kostka 2000, 216). Da die Entscheidungsgewalt letztlich in den formal zuständigen Instanzen in Politik und Verwaltung verbleibt, beschränkt sich Mediation zumeist auf die Phase der Entscheidungsvorbereitung (Kessen/Zillessen 2000, 55). Wird kein vollständig tragfähiger Konsens erzielt, so wird der Konflikt meist in das formelle Verfahren verlagert. Die Fallstudien belegen diese Ergebnisse:

> In den meisten der hier betrachteten Verfahren konnten Teilkonflikte gelöst werden, indem Varianten erarbeitet wurden und Voten ausgesprochen wurden, indem Teilkonsense über Einzelaspekte (Arbeitsplätze, Biotop, Regelungen der Bauhöhe, Erweiterungsmöglichkeiten für Betriebe) erstellt wurden. In allen Verfah-

ren kam es so zu einer gewissen Annäherung von Positionen. In keinem der untersuchten Verfahren wurde jedoch ein Konfliktlösungsvorschlag erarbeitet, der dauerhaft von allen intern Beteiligten als auch von den externen Umsetzenden getragen wurde, also der Hauptkonflikt tatsächlich tragfähig gelöst. Meistens stimmten die Verfahrensbeteiligten dem Kompromiss nicht zu oder nur unter Vorbehalten, die einer Nichtzustimmung gleichkamen *(Flughafen Frankfurt/Main, Gewerbegebiet Hechingen/Bodelshausen, Forum Elbtalaue).*

In anderen Fällen wurde ein aus dem Verfahren konsensfähig verabschiedetes Ergebnis von der Politik und der breiten Öffentlichkeit nicht akzeptiert *(Abfallplanung Nordschwarzwald).*

Ernüchternd fällt das Urteil über die Leistungsfähigkeit von mediationsähnlichen Verfahren also aus, wenn man einen gemeinsamen Konsens in der Hauptfrage zum alleinigen Maßstab macht:

Dies kann vor allem nicht gelingen, wenn eine Partei die gesamte Maßnahme in Frage stellt, die andere aber vor allem Varianten innerhalb eines grundsätzlich zu entwickelnden Standortes sucht, wie im Fall des Verfahrens für den *Flughafen Frankfurt/Main.*

Für das Verfahren zur *Abfallwirtschaft im Nordschwarzwald* wird zwar eine insgesamt positive Einschätzung vorgenommen, was den Verlauf des Verfahrens selbst angeht. Im Hinblick auf die Kriterien der strukturellen und prozessualen Fairness (Repräsentanz und Rechte während des Verfahrens), auf das Kriterium der Sachkompetenz und der kommunikativen Kompetenz und auch der Effizienz wird das Verfahren von Beobachtern und Teilnehmern fast durchweg als positiv bewertet. Die Schwächen des Verfahrens liegen im Bereich seiner Legitimation. Zum einen war die Einbindung der breiten Öffentlichkeit offenbar zu gering, vor allem aber wurde die Hürde der Integration der Entscheidungen des Forums in den politischen Prozess nicht genommen. Die politischen Entscheidungen zur regionalen Abfallwirtschaft folgten nicht den Entscheidungen des Forums. Aus Sicht der Mediatoren gelang es den Verfahrensinitiatoren der eigens zur Planung der Restabfallbehandlung gegründeten GmbH nicht, eine Akzeptanz des Verfahrens in ihren eigenen regionalen politischen Gruppierungen herzustellen (Renn et al. 1999, 22ff).

Auch im Mediationsverfahren zum *Gewerbestandort Hechingen/ Bodelshausen* wurden atmosphärische Verbesserungen festgestellt, die Transparenz der Positionen erhöht und die Informationslage verbessert und sogar Selbstverpflichtungen erzielt; Konsens in der Grundfrage des Standortes wurde jedoch nicht erzielt.

Durch das *Forum Elbtalaue* wurden sicherlich Fragen im Zusammenhang mit dem entstehenden Biosphärenreservat geklärt und die gesamte Problematik transparenter gemacht. Dennoch kam es zu einer erfolgreichen Klage gegen den geplanten Nationalpark.

Bei mediationsähnlichen Verfahren handelt es sich um eine Art der nicht hierarchischen Konsensfindung „im Schatten der Hierarchie". Das Verfahren stellt insofern keinen völlig neuen Politikmodus dar, da es sich im Spannungsfeld zwischen Zwang und Konsens befindet, neu ist jedoch der Mix der beiden Grundelemente. Die Ergebnisse der mediationsähnlichen Verfahren zeigten, dass diese Verfahren die normalen gesellschaftlichen Konflikt-Konsens-Prozesse nicht ersetzen oder außer Kraft setzen können. Die Verfahren können von den Gravitationskräften des politischen Normalprozesses zwar zeitweilig abgeschirmt werden, dadurch werden diese jedoch nicht aufgehoben (Fietkau/Weidner 1994, 43).

2. Erfolgsbedingungen und Restriktionen

Garantien für Kooperationserfolge gibt es nicht. Jedoch gibt es eine Reihe von Faktoren, die den Erfolg von Kooperationen begünstigen oder die zum Scheitern der Kooperation führen. Dabei sind Faktoren der Abstimmung mit überregionalen Ebenen, die Einbettung in die Region und eine Reihe von kooperationsinternen Ursachen zu nennen.

Innerhalb der schriftlichen Erhebung wurde die Frage nach der Einschätzung des Erfolges der Kooperation auch direkt an die Befragten gestellt. Innerhalb einer Schulnotenskala (von 1 bis 6) konnten sie dabei ihre Kooperationen bewerten. Im Durchschnitt gaben die Befragten allen Kooperation eine Schulnote von 2,6 (abgeschlossene 2,52, laufende 2,65). Dies ist ein Mittelwert, wie er für derlei sechsstufige „Schulnoten"-Skalen durchaus geläufig ist.[3]

Die unterschiedlichen Typen regionaler Kooperationen zeichnen sich durch unterschiedliche Ausgangslagen, Zielsetzungen, Akteursstrukturen und Ergebnisse aus. Interessante erste Hinweise auf die Faktoren, die die Kooperationserfolge erklären, kann daher die differenzierte Betrachtung der Erfolgseinschätzung für die einzelnen Kooperationstypen liefern.

Abbildung IV. 2 zeigt zunächst, dass es insgesamt keine signifikanten Unterschiede zwischen den Kooperationstypen gibt. Die konfliktlösungsorientierten Kooperationen werden etwas – jedoch nicht signifikant – schlechter eingeschätzt als die entwicklungsorientierten Kooperationen (Note 2,8 vs. 2,6). Teilraumgutachten und Regionalparks werden vergleichsweise schlecht, Regionale Agenda-21-Prozesse und länderübergreifende Kooperationen vergleichsweise gut bewertet.

---

3 Die statistischen Zusammenhänge zwischen der Institution des Befragten und seiner Erfolgsbewertung waren insgesamt nicht signifikant. Die nachfolgend festgestellten statistisch erklärenden Faktoren der Erfolgsbewertung verschwanden nicht, wenn die Herkunft der Befragten als Einflussfaktor eliminiert wurde.

Abbildung IV. 2: Einschätzung der Kooperation nach Kooperationstypen

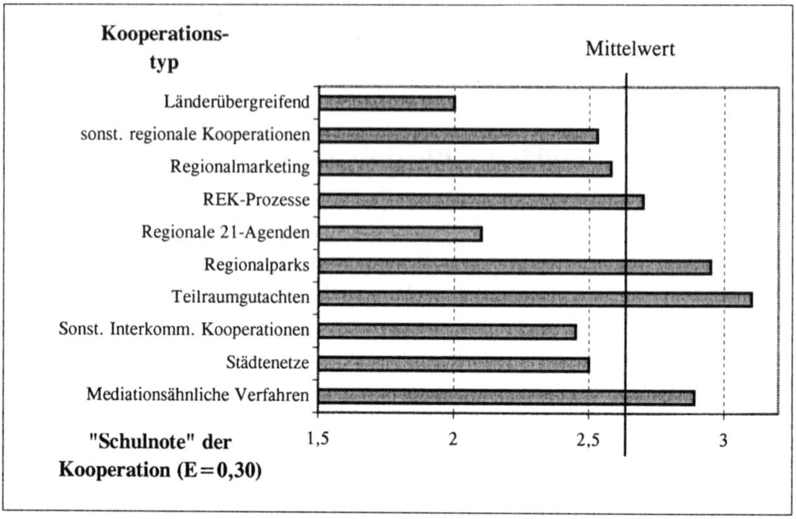

Kooperationstyp	Mittelwert
Länderübergreifend	
sonst. regionale Kooperationen	
Regionalmarketing	
REK-Prozesse	
Regionale 21-Agenden	
Regionalparks	
Teilraumgutachten	
Sonst. Interkomm. Kooperationen	
Städtenetze	
Mediationsähnliche Verfahren	
"Schulnote" der Kooperation (E=0,30)	1,5 2 2,5 3

Quelle: eigene Erhebung und Darstellung

2.1 Faktoren der vertikalen Koordination: Regionale Kooperationen am „seidenen Zügel" der Länder

Netzwerke gelten vor allem unter turbulenten (Fritsch 1992, 99) oder zumindest moderaten (Schneider/Kenis 1995, 28) Umweltveränderungen als besonders erfolgreich. Dabei ist die Frage, wie die Kooperationen in ihr institutionelles Umfeld eingebunden sind, entscheidend. Einer der wesentlichen Faktoren, der den Erfolg oder Misserfolg regionaler Kooperationen miterklären kann, ist der der vertikalen Integration. Denn auch und gerade Ansätze endogener Regionalentwicklung oder Verfahren zur Lösung regional bedeutsamer Konflikte sind immer mehr oder weniger in Landespolitiken und administrative Strukturen auf Landesebene eingebettet. Interessant ist daher ein erster Blick auf mögliche Unterschiede in der Erfolgsbewertung für die Kooperationen zwischen den einzelnen Bundesländern, sie könnten Hinweise auf unterschiedlich erfolgreiche Kulturen der vertikalen Integration geben.

Abbildung IV. 3: Einschätzung der Kooperation nach Bundesländern

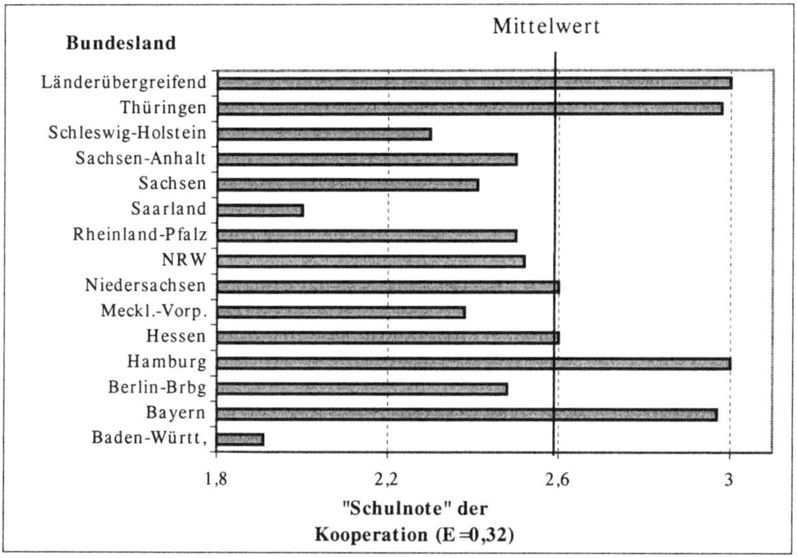

Bundesland	Mittelwert "Schulnote" der Kooperation (E=0,32)
Länderübergreifend	3,0
Thüringen	3,0
Schleswig-Holstein	2,3
Sachsen-Anhalt	2,7
Sachsen	2,5
Saarland	2,0
Rheinland-Pfalz	2,7
NRW	2,5
Niedersachsen	2,6
Meckl.-Vorp.	2,4
Hessen	2,6
Hamburg	3,0
Berlin-Brbg	2,4
Bayern	3,0
Baden-Württ.	1,9

Quelle: eigene Erhebung und Darstellung

Abbildung IV.3 zeigt, dass tatsächlich die Kooperationen in den einzelnen Bundesländern unterschiedlich eingeschätzt werden: An den Extrempolen stehen die Kooperationen in Baden Württemberg (Note: 1,9) und Saarland (2,0), die um eine ganze Note besser bewertet werden als die in die Thüringen und Bayern (je 3,0). Es fällt auf, dass gerade in den zwei Ländern, die eine eher passive Rolle gegenüber regionalen Kooperationen einnehmen, die Erfolgsbewertung besser ausfällt als in Ländern, die durch ihre systematischen Regionalisierungsansätze bekannt sind (Bayern: Teilraumgutachten, Regionalmarketing, Regionalmanagement; Thüringen: Regionale Entwicklungskonzepte). Jedoch sind diese statistischen Abweichungen insgesamt nicht signifikant und sollten daher nicht überinterpretiert werden. Auch finden sich in den Untersuchungen für einzelne Kooperationen keine Hinweise darauf, dass einzelne Bundesländer das Problem der vertikalen Integration derart viel besser oder schlechter gelöst haben, dass die Kooperationen insgesamt besser oder schlechter verlaufen.

2.1.1 Entwicklungsorientierte Kooperationen

Alle regionalen Kooperationen arbeiten innerhalb extern vorgegebener Hierarchien. Die Integration der informell entwickelten Konzeptionen in formelle raumordnerische Planungen gelingt nicht immer ohne Widersprüche. Wo Außenanreize fehlen (z.B. Regionalisierte Strukturpolitik in Niedersachsen), wird die Hürde der sektorübergreifenden Kooperation nicht genommen (ARL 1998, 54).

Einige Schlaglichter aus den Fallstudien belegen dies. Als den Kooperationserfolg negativ beeinträchtigende Faktoren werden genannt:
- Zentrale Arbeiten des REK scheitern an fachplanerischen Vorgaben;
- Fehlende Koordination auf Landesebene (funktionsuntüchtige interministerielle Arbeitsgruppe);
- Länderkompetenzen verhindern Projekterfolge;
- zu wenig sektorübergreifende Koordination, zu enge Denkweise eines sektoralen Planungsträgers.

Bei der genaueren Analyse sind vor allem zwei Probleme zu differenzieren, die praktisch eng miteinander verzahnt sind: zum einen die Frage, ob eine von oben angeregte Verankerung der Kooperation in der Region gelingt. Zum anderen die Frage, ob die Rückkopplung regionaler Prioritäten in eine abgestimmte Landespolitik gelingt.

Regionale Netzwerke kommen nicht zum Tragen, wenn sie zwanghaft „Top-down" initiiert sind (Fürst/Schubert 1998, 354). Den Absichten des Landes, regionale Kooperationen zu initiieren, steht dann häufig ein bloßes Subventionsdenken von regionalen Akteuren entgegen. Diese machen sich die Kooperation nicht zu eigen; das Netzwerk entwickelt keine eigene tragfähige Grundlage (Fürst 1993, 23f; ARL 1998, 58). Ebenso kann aber auch eine sich selbst tragende regionale Kooperation behindert werden, weil die Verzahnung ihrer Prioritäten mit denen der sektoralen Landespolitiken nicht gelingt. Auch wenn eine regionale Kooperation „von unten" getragen werden muss, so muss sie in der Regel erstens von oben angestoßen werden — ohne jedoch erzwungen zu werden. Soll die Kooperation tragfähig werden, so müssen zweitens zumindest perspektivisch Umsetzungsmöglichkeiten auf höherer Ebene existieren, vor allem in Form staatlicher Fördergelder (Fürst 1997, 132). Dazu muss ein konkreter Ansprechpartner auf der höheren Ebene vorhanden sein, der sich aktiv um die Kooperation kümmert und vor allem dafür sorgt, dass die Kooperationsvereinbarungen (z.B. Projektlisten) auf der höheren Ebene angemessen berücksichtigt werden. Dies sollte möglichst kein Fachvertreter eines einzelnen Ministeriums sein (ausgenommen u. U. querschnittsorientierte Abteilungen in Ministerien wie die Landesplanung), um eine zu einseitige sektorale Ausrichtung zu vermeiden; ideal aber kaum praktiziert ist die Verortung in der Staatskanzlei. Wenn landespolitische Initiativen nicht ressortübergreifend konstruiert sind, fehlen den Kommunen die Anreize für regions- und querschnittsbezogene Kooperationen, die Kooperation wird dann zu schnell sektoral eingeengt (ARL 1998, 54).

Die IBA Emscher-Park auf der einen und die bayerischen Teilraumgutachten auf der anderen Seite stellen wohl die Extrempole auf der Skala der Integration in Landespolitiken dar: In den Teilraumgutachten scheint die Integration in formelle Planungen am weitesten entwickelt zu sein, ihre mit der Landesplanung abgestimmten Inhalte können direkt in Regional- und Fachpläne einfließen und als Belange in Raumordnungsverfahren eingehen. Umgekehrt die IBA Emscher-Park: Da sie von vornherein als ein zeitlich befristeter innovationsfördernder „Hecht im Karpfenteich" (Kilper 1992, 140) konzipiert war, war eine konstruktive Verknüpfung mit konventionellen Planungsverfahren zumindest in den ersten Jahren kaum gegeben und wohl auch gar nicht angestrebt.

Für zwei der wichtigsten Kooperationstypen, nämlich Ansätze regionalisierter Strukturpolitik und Städtenetze, wird dieses Problem der vertikalen Integration vertiefend diskutiert:

Regionalisierte Strukturpolitik

In keinem Typus regionaler Kooperationen stellt sich die Frage der vertikalen Integration so sehr wie im Falle der regionalisierten Strukturpolitik. Denn Regionalisierte Strukturpolitik geht vom Anspruch her weiter als etwa das raumordnerische Konzept der Städtenetze, da sie nicht nur das bestehende Instrumentarium ergänzen soll, sondern tatsächlich einen eigenen Verteilungsmodus darstellt, der den konventionellen sektoralen Modus zumindest teilweise ersetzt. Das Gegenstromprinzip wird dabei zu einem generellen Modell der vertikalen Politikformulierung erweitert (Benz/Fürst 1999, 115). Die Integration regionaler Prioritäten in querschnittsorientierte und sektorale Pläne sowie Förderkonzepte des Landes ist somit zwar ein zentrales Ziel, aber auch immer ein Konfliktfeld der regionalisierten Strukturpolitik.

Vor allem die Regionalisierte Strukturpolitik in Nordrhein-Westfalen war in ihrem Pilotcharakter Gegenstand der Diskussionen. Und trotz ihrer Weiterentwicklungen ist sie noch immer der Kritik der mangelhaften Lösung des Problems der vertikalen Integration ausgesetzt. Die Kritikpunkte kommen dabei aus unterschiedlichen Richtungen: Die Fördermittelvergabe des Landes an Regionalkonferenzen wird als widersprüchlich eingeschätzt. Das Land bekannte sich nicht dazu, die Ergebnisse der Regionalkonferenzen zu übernehmen, sondern behielt die Definitionsmacht über den Erfolg der Konferenzen, da es im Wettbewerbsprinzip die Bezuschussung bestimmt, dies erhöhte die Unsicherheit der regionalen Akteure (Hellmer et al. 1999, 52). Auch werden die Vorgaben des Landes als zu ergebnisorientiert kritisiert, da dies keine Chance zur regionalen Evolution lässt. Die regionalisierte Strukturpolitik gilt insgesamt als zu sehr in die Förderkulisse des Lands integriert und auf sie ausgerichtet, als dass sie wirklich als Form regionaler Selbstorganisation betrachtet werden kann (Meise 1998, 132). Die landespolitische überlagert die regionalpolitische Dimension, dadurch wird das regionale Netzwerk zum Anspruchskartell nach oben und die Akteure werden auf Fördermittel anstelle auf eine eigene Problembearbeitung hin konditioniert.

Jüngere Untersuchungen deuten darauf hin, dass diese Probleme auch in neueren Regionalisierungsansätzen virulent sind: So wird auch für die ersten Phasen der Regionalisierten Strukturpolitik in Sachsen-Anhalt die fehlenden Ausrichtung der Förderung auf die Prioritäten der Region kritisiert, die Relevanz der Regionalen Entwicklungskonzepte sei unklar und insgesamt gebe das Land zu wenig gesicherte Unterstützung (Benz/Fürst 1998).

Städtenetze

Wenngleich in den Diskussionen Konsens darüber besteht, dass die informellen regionalen Kooperationen die Instrumente der formellen Landes- und Regionalplanung lediglich ergänzen und nicht ersetzen sollen (BBR 1999a, 38), so ist das Verhältnis dennoch nicht spannungsfrei. Städtenetze sind in erster Linie als ein raumordnerisches Instrument konzipiert. Insofern stellt sich vor allem die Frage nach der Passfähigkeit des Konzeptes mit formellen Raumordnungsplänen. Grundsätzlich agieren Städtenetze im vorgegebenen Rahmen der Raumordnung und stehen von ihrer Grundidee her weitgehend im Einklang mit anderen Konzepten der Raumordnung (Jurczek et al. 1999, 160). So haben Instrumente wie Entwicklungszentren und Achsen ähnliche Zielsetzungen. Auch ist die Einbettung in das Konzept der endogenen Entwicklung denkbar und die Versorgungsfunktion grundsätzlich in Einklang damit zu bringen. Ebenfalls entspricht die Städtenetzidee der ökologisch orientierten Raumordnung, da kleinräumige Arbeitsteilungen gefördert werden, wobei allerdings das Problem des Verkehrs durch Vernetzung bewältigt werden muss.

Die Tatsache, dass die formale Integration der Städtenetze in die Landesplanung in nahezu allen Bundesländern verschieden vorgenommen wird, deutet allerdings darauf hin, dass die Passfähigkeit der Städtenetze in die Konzepte der Raumordnung durchaus unterschiedlich eingeschätzt wird (BBR 1999a, 100ff). Eher zurückhaltend wird mit diesem Instrument in Bayern umgegangen, hier wird die Priorität des Zentrale-Orte-Konzeptes betont. Grundsätzlich offener haben Niedersachen und Rheinland-Pfalz in ihren Landesplänen zu diesem Instrument Stellung bezogen, ohne es jedoch konkreter zu verankern. Räumlich konkret sind Aussagen in Landesplänen und entsprechenden Regionalplänen zu Städtenetzen in Brandenburg,

Hessen und Nordrhein-Westfalen Die Bundesländer mit einer direkten Verknüpfung von Zentrale-Orte-Konzept und Städtenetzen in Form von Städteverbünden sind Sachsen und Mecklenburg-Vorpommern (Pretzsch 1999).

Eine Hauptursache für die in manchen Ländern eher zurückhaltend beurteilte Integrationsmöglichkeit in formelle Planungen auf Landes- und Regionalebene ist der eher selektive räumliche Bezug der Städtenetze, das Überspringen der Netzmaschen. Sie stehen damit als entwicklungspolorientierte Konzepte im Gegensatz zu den in der Raumordnung vorherrschenden flächendeckenden Konzepten wie etwa Vorranggebieten oder dem Konzept der zentralen Orte (BfLR1996, 37).

Wie stellt sich nun die Frage der vertikalen Integration von Städtenetzen unter dem Aspekt der finanziellen Förderung dar? Der Integrationsanspruch war im Falle der ExWoSt-Modellvorhaben niedrig gesteckt, sie erhalten in der Regel keine bzw. eine nur sehr geringe finanzielle Landesförderung. Untersuchungen von Städtenetzen außerhalb der ExWoSt-Modellvorhaben mit weitergehenden vertikalen Koordinationsansprüchen kommen zu differenzierteren Ergebnissen, was die Einbindung in die investive Landespolitik angeht: Dem querschnittsorientierten Brandenburger Städtekranz der Regionalen Entwicklungszentren z.B. lag das Ziel der Verbesserung sowohl der horizontalen Koordination zur Selbststärkung der Kommunen als auch der dadurch verbesserten vertikalen Integration der Stadtentwicklungs- in die Landespolitik zugrunde. Es handelte sich um die Inszenierung vertikaler Politikkoordination und die Initiierung horizontaler Koordination durch Schlüsselprojekte mit dem Ziel der Institutionalisierung der Interessengemeinschaft. Die politische Arena bestand aus Landesministerien und der Staatskanzlei sowie kommunalen Akteuren (Baudezernenten). Auf horizontaler Ebene konnten durchaus kollektive Lernprozesse konstatiert werden, daher wurde die Top-Down-Initialisierung eines Bottom-up-Prozesses als gelungen bezeichnet und dabei vor allem die Institutionalisierung der Kooperation als herausragende Ergebnis angesehen. Jedoch gab es auf allen Ebenen erhebliche Defizite, die die Einigung auf gemeinsame Schlüsselprojekte zwischen den Kommunen und dem Land erschwerten. Die sektorale Förderpolitik des Landes wurde nur in Ansätzen auf eine projektbezogene umgestellt. Zwar wurden Schwerpunktsetzungen zugunsten der Städte vorgenommen, aber Ressortinteressen wurden nicht zurückgestellt, es gab Ressortblockaden, die aus unterschiedlichen Gewichtungen von Ausgleichs- und Entwicklungszielen sowie Rahmensetzungen von Förderprogrammen (Zweckbindungen, keine Kumulationsmöglichkeiten) resultierten. Dazu kam ein ungenügender Entwicklungsstand der Schlüsselprojekte auf Seiten der Kommunen. Das koordinierende Stadtentwicklungsministerium konnten seine Funktion nicht wahrnehmen, es fehlte die Hilfe der Staatskanzlei. Auch die geforderte Kooperation der REZ mit den Umlandgemeinden fand nicht statt (Arndt et al. 1999).

Die Beispiele der ExWoSt-Städtenetze und des Brandenburger Städtekranzes machen deutlich, dass eine vertikale Koordinationsmöglichkeit dieser Kooperationen zwar im Grundsatz gegeben ist und eine Top-down Initiierung eines regionalen Prozesses oftmals gelang. Das Problem lag jedoch in der Rückkopplung zur Landespolitik, vor allem Förderpolitik. Im Rahmen der ExWoSt-Städtenetze ist eine systematische Verzahnung mit der Förderpolitik meist gar nicht angestrebt, die Städtenetze erhalten in der Regel keine nennenswerte Landesfinanzierung. Wo dies aber mit einem hohen querschnittsorientierten und auch strukturpolitischen Anspruch angestrebt war, wie im Städtekranz der REZ Brandenburg, gelang dies nur bedingt.

2.1.2 Konfliktlösungsorientierte Kooperationen

Die Einbindung von mediationsähnlichen Verfahren in Prozesse vertikaler Koordination steht unter bestimmten rechtlichen Rahmenbedingungen. Zwar stehen der Durchführung von Mediationsverfahren keine grundsätzlichen verfassungsrechtlichen Bedenken wie das Demokratie- und Rechtsstaatprinzip entgegen und es gibt sogar zunehmend Fachgesetze, die Mediationsverfahren explizit vorsehen. Jedoch werden hier deutliche rechtliche Grenzen gesetzt, was die Verbindlichkeit der Übernahme der Ergebnisse von Mediationsverfahren angeht (Sünderhauf 1997, 97ff). Mediationsverfahren können formelle Verwaltungsprozesse nicht ersetzen und es gibt keine rechtliche Grundlage, eine definitive Bindung der letztlich entscheidenden Politik und Verwaltung an die Ergebnisse eines mediationsähnlichen Verfahrens durchzusetzen oder zu verlangen.

Auf der anderen Seite ist es eine der wesentlichen Erfolgsbedingungen für Mediationsverfahren, dass die Teilnehmer des Verfahrens diejenigen, die sie vertreten, auf das Ergebnis der Mediation festlegen können (Zillessen 1998, 32). Die Möglichkeit zur Abkehr von eigenen Positionen der Akteure zugunsten des Gesamtfortschrittes, die Offenheit und Flexibilität von Positionen sind weitere wichtige Voraussetzungen für den Erfolg von Mediationsverfahren (Kostka 2000, 74). Von vornherein muss klargestellt sein, dass die Beteiligten grundsätzlich kompromissbereit sind, der Mediator von allen akzeptiert und ausreichend Verhandlungsmasse für eine Win-Win-Situation vorhanden ist (Vossebürger/Claus 2000, 82). Der Erfolg ist entscheidend davon abhängig, ob die Führungsspitze der beteiligten Behörde einen Einblick in die Konfliktstruktur hat und nicht nur auf Akzeptanzbeschaffung aus ist (Wiedemann/Claus 1994, 232).

Die wichtigsten Eckpunkte, die über den Erfolg von mediationsähnlichen Verfahren entscheiden, werden in der Regel schon in der Konzipierungsphase gesetzt (Kostka 2000, 216). Der Zeitpunkt des Einsatzes von mediationsähnlichen Verfahren und wie groß überhaupt noch zum Verfahrensbeginn die Verhandlungsspielräume sind, wie weit das Mandat gefasst ist, wirkt sich auf den gesamten Verlauf des Verfahrens aus (Langer/Renn 2000, 51). Dabei geht es nicht nur um die objektive Einschätzung der Verhandlungsspielräume, sondern das Argument eines geringen Entscheidungsspielraumes ist bereits selbst Gegenstand des Konfliktes.

Und hier ist es in der Regel die überregionale, meist die Landesebene, die die strategischen Entscheidungen über den Einsatzpunkt und die Ausgestaltung des Verfahrens trifft. Die Fallstudien zeigen hierzu drei Hauptgründe, die ein mediationsähnliches Verfahren zum Scheitern verurteilen können:

- Das Verfahren ist nicht im Sinne aller Konfliktparteien ergebnisoffen angelegt, da bestimmte Optionen (z.B. Nullvarianten) gar nicht in die Betrachtung einfließen oder politische Vorentscheidungen gefallen sind, die nicht reversibel erscheinen.
- Die ausgewählten, vom Land bestätigten und finanzierten Mediatoren genießen nicht das Vertrauen aller Parteien und gelten nicht als unabhängig.
- Es werden nicht alle Konfliktparteien angemessen beteiligt bzw. es nehmen wichtige Konfliktparteien aufgrund der oben genannten Gründe nicht am Verfahren teil.

Diese Faktoren können zusammentreffen und verstärken sich dann wechselseitig, so dass ein Verfahren — zumindest wenn man strenge Anforderungskriterien an Mediationsverfahren richtet — im Grunde schon als gescheitert angesehen werden kann bevor es richtig begonnen hat. Dafür gibt es einige Beispiele aus den Fallstudien:

> Die wohl konfliktträchtigste der hier untersuchten Kooperationen, das *Mediationsverfahren für den Flughafen Frankfurt/Main* wird zwar aus Sicht der hessischen Landesregierung und der Mediatoren als erfolgreich eingeschätzt, da in insgesamt konstruktivem Dialog ein ausgewogenes Ergebnispaket erzielt wurde, das — Monate vorher noch undenkbar — als Grundlage politischer Entscheidungen dienen kann (Mediationsgruppe 2000a; Niethammer 2000). Auch neutrale Beobachter teilen diese Einschätzung zum Teil: Bestimmte Fragestellungen wie das Nachtflugverbot sind forciert worden und wurden von der Landesregierung aufgenommen. Die wirtschaftliche Notwendigkeit des Flughafens ist mit Gutachten untersucht worden. Jedoch zeigt vor allem die Betrachtung der Argumentationen der Bürgerinitiativen, die sich nicht an dem Verfahren beteiligten, aber auch von anderen neutralen Beobachtern, die Schwachstellen des Verfahrens deutlich auf. Und diese liegen zum großen Teil schon in der Initiierung und Einbettung in den politischen Entscheidungsprozess. Die Kritiker der Bürgerinitiativen, die eine Kapazitätserweiterung grundsätzlich ablehnen, bezogen sich sowohl auf das Verfahrens selbst, als

auch auf seine Inhalte. Die Nichtteilnahme wurde zunächst damit begründet, dass die dem Dissens zugrundeliegenden Wertkonflikte nicht verhandelbar wären bzw. eine Diskussion nur möglich sei, wenn ökologische und soziale Fragen Vorrang hätten. Die zugrundeliegenden Arbeitsplatzprognosen seien „hanebüchen", betroffene Städte und Gemeinden wären unvollständig eingebunden. Zudem wurde die Unabhängigkeit und Neutralität der — nach Auffassung der Bürgerinitiativen vom Land ausgewählten — Mediatoren angezweifelt, auch seien die Zielvorgaben des Gesprächskreises für das Mediationsverfahren nicht offen genug formuliert gewesen und galten als unveränderbar. Das gesamte Verfahren sei damit als eine Instrumentalisierung einer längst getroffenen Entscheidung zu werten, nämlich der zu einem Ausbau, der nun nur noch in Varianten zu diskutieren sei(Busch 1999).

Kritisiert wird weiterhin, dass im Rahmen der intensiven Vorbereitung des Verfahrens Naturschutzverbände und Bürgerinitiativen im Gegensatz zu den Ausbaubefürwortern nicht mit eingebunden waren. Die Entscheidungsfrist zur Teilnahme sei mit zwei Wochen zu kurz angesetzt und überdies von ersten politischen Drohungen begleitet gewesen. Erklärungen von politischer Seite vor und nach dem Verfahren (Ministerpräsident, Staatskanzlei) hätten deutlich gemacht, dass das Verfahren nur der Akzeptanzbeschaffung diene. Damit sei es trotz gegenteiliger Zusicherung nicht ergebnisoffen. Bei drei der vier Landtagsparteien sei zudem acht Monate vor der Wahl keine Bindungsbereitschaft an das Verfahren erkennbar gewesen.

Die fehlende Ergebnisoffenheit aufgrund extern fest vorgegebener Rahmenbedingungen, vor allem bereits getroffener politischer Grundsatzentscheidungen, stellt auch in anderen Beispielen einen Hauptgrund dar, warum die Ergebnisse in mediationsähnlichen Verfahren suboptimal ausfallen.

So wurden im Falle des *Forums Elbtalaue* die politischen Grundsatzentscheidungen über die Kernfrage der Ausweisung des Nationalparks schon vor dem Beginn des Verfahrens getroffen. Es müssen nicht einmal strenge Kriterien an den Mediationsbegriff angelegt werden, um daher dieses Verfahren lediglich als ein Verfahren zur Akzeptanzbeschaffung (Schmidt 1996) zu bezeichnen.

Wenn auch die Konstellation in diesen beiden genannten Verfahren unterschiedlich konflikträchtig war, so lässt sich doch eine Gemeinsamkeit festhalten: Die initiierenden übergeordneten Ebenen haben bereits vor dem Beginn des Verfahrens Vorentscheidungen getroffen, die den Verhandlungsspielraum soweit einengten, dass zumindest in den Augen einiger Akteure nur noch Fragen der Ausgestaltung, kaum aber die Sinnhaftigkeit der Maßnahme als Ganzes verhandelt werden konnte. Damit werden grundlegende Bewertungsfragen ausgeklammert und bisweilen grundsätzliche Verweigerungspositionen von Akteursgruppen verstärkt, was die Umsetzungsaussichten der Ergebnisse der mediationsähnlichen Verfahren reduziert.

2.2 Aspekte der regionalen Einbettung

Ein weiteres Bündel von Faktoren, das den Erfolg von Kooperationen erklären kann, bezieht sich auf die Frage der regionalen Einbindung der Kooperationen.

Dabei ist zunächst einmal interessant, ob es empirische Hinweise dafür gibt, dass die allgemeine Struktur der Regionen den Kooperationserfolg beeinflusst.

Im Vergleich einzelner Kooperationen eines Typs kommen andere Untersuchungen durchaus zu Unterschieden zwischen Regionstypen. In Kooperationen im Rahmen der regionalisierten Strukturpolitik scheint vor allem in Regionen mit einer großen Kernstadt der Abstimmungsbedarf besonders hoch. Aber gerade hier sind konfligierende Konstellationen so verfestigt, dass eher die Frage nach einer „harten" Koordinationslösung auftaucht. Dezentral strukturierte Regionen mittlerer Siedlungsdichte scheinen hier eher kooperationsgeeignet zu sein. Positive Voraussetzungen für Vernetzungen liegen vor, wenn die Städte mittelgroß sind, nahe zu Verdichtungsräumen liegen, kleine Distanzen im Netz aufweisen und eine relativ gleiche Größe der Partner haben, was besonders für mehrdimensionale Netze gilt (Brake 1999, 36). Im ländlichen Raum, wo Kleinbetriebe und Landwirtschaft dominieren, fehlt dagegen häufig die strukturelle Basis kooperativer Regionalentwicklung (Benz et al. 1999, 84).

Abbildung IV.4 macht deutlich, dass es zwar insgesamt statistisch signifikante Unterschiede in der Erfolgsbewertung der Kooperationen zwischen den Regionstypen in Höhe von bis zu einer Note gibt. Jedoch entsprechen diese Differenzen nicht den o.g. Befunden aus anderen Untersuchungen und sind inhaltlich nicht zu erklären. Besonders ist unklar, warum gerade die beiden unterschiedlichen Typen ländlicher Räume in der Bewertung voneinander am stärksten abweichen.

Abbildung IV. 4: Einschätzung der Kooperation nach Regionstypen

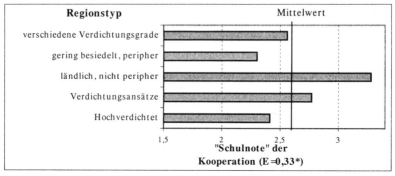

Quelle: eigene Erhebung und Darstellung

Zwei Fragen sind weitergehend von Interesse: zum einen, wie stark die Kooperationen in der Region selbst akzeptiert sind, zum anderen, wie ihr Verhältnis zu anderen Kooperationen oder zu festen Institutionen, die sich mit räumlichen Steuerungsfragen befassen, ausgestaltet ist.

Nahezu allen regionalen entwicklungsorientierten Kooperationen fehlt die breite Einbindung in der Bevölkerung (Benz et al. 1999, 131). Kooperationen, die bis auf die Ebene des unorganisierten Einwohners gelangen, sind auch in projektorientierten Ansätzen eher die Ausnahme und sind vor allem in kleinen ländlichen Räumen zu finden, wie etwa das Aller-Leine-Tal-Projekt mit einem Einzugsbereich von etwa 20.000 Einwohnern. Diesem Umstand ist grundsätzlich kaum abzuhelfen, denn auch wenn regionale Kooperationen projektorientiert und damit für den Einzelnen konkreter agieren als etwa die konventionelle Regionalplanung, so bleibt ihr Handlungsmaßstab abstrakter als der der lokalen oder gar Quartiersebene. In den konfliktlösungsorientierten Kooperationen allerdings wird die Ebene einzelner Bürger häufiger direkt erreicht; in den Fallstudien war dies besonders beim Forum Elbtalaue und dem Abfallkonzept Nordschwarzwald der Fall. Zumindest häufiger als bürgerorientierte Kooperationen sind solche vorzufinden, die sich direkt an regionale Unternehmen richten, entweder in Form punktueller Wettbewerbe (OWL-Initiative) oder kontinuierlicher Mitarbeit (Regionalmarketingansätze). Regionale Akzeptanz in den Kooperationen bezieht sich jedoch in den meisten entwicklungsorientierten Kooperationen von vornherein eher auf eine Verankerung in der regionalen und lokalen Politik und bei organisierten Interessenvertretern. Vor allem in größeren mediationsähnlichen Verfahren sind neben den Kommunen meist Vertreter organisierter Interessen, etwa Umwelt- oder Bauernverbände zugegen. Aber auch bezogen auf diese Klientel kann nur im Einzelfall davon ausgegangen werden, dass die regionalen Kooperationen von Anbeginn an eine breite Akzeptanz finden. Meist konnte in den Kooperationen das grundsätzliche Legitimationsproblem intermediärer Strukturen nicht gelöst werden.

Auf längere Sicht ist fehlende politische Legitimation und regionale Akzeptanz ein Hauptgrund des Stagnierens kooperativer Netzwerke. Regionale Politiker initiieren in der Regel keine Netzwerke und tragen sie auch nicht unbedingt (BfLR 1996, 37), Anstöße und dauerhaftes Engagement für Netzwerke kommen in der Regel aus den Verwaltungen. Wenn aber wichtige Entscheidungsträger nicht hinter der Arbeit des Netzwerkes stehen, kann das politische Legitimationsproblem der in ihrer Konstruktion politisch kaum zu kontrollierenden Netzwerke nicht gelöst werden, es kommt zu Störeinflüssen von außen (ARL 1998, 58). Umgekehrt kann es aber auch vorkommen, dass die Kooperationsforen durch latente politische Probleme belastet sind und damit ihre Fähigkeit zum flexiblen problembezogenen Handeln verlieren. Erforderlich ist daher ein Kräftegleichgewicht auf politischer und Arbeitsebene. Es muss sich eine regionale politische Führerschaft etablieren, die die Ideen der Experten aufgreift und in den politischen Gremien weiter vertreten muss (ARL 1998, 57). Dazu muss die politische Legitimationsfrage der Kooperation frühzeitig geklärt werden (Fürst 1997, 125). In ihrer eigentlichen Alltagsarbeit muss die Kooperation zwar als fachliche Politikvorbereitung von politischen Machtverhältnissen und Verteilungskonflikten relativ autonom bleiben, dennoch muss die politische Ebene eng eingebunden werden (Fürst 1995a, 255); die Kooperation bedarf der Inszenierung auch auf politischer Ebene (ARL 1998, 60). Auch wenn Vertreter von Institutionen formal am Netzwerk beteiligt sind, gelingt mitunter die Verbindung zwischen den Netzwerken und der Herkunftsinstitution der Teilnehmenden nicht (ARL 1998, 58). Die Balance zwischen den Machtstrukturen in den etablierten Institutionen und den diskursiven Strategien der Netzwerke wurde dann nicht gefunden (Kilper 1996, 122). Wenn Konkurrenzbeziehungen (etwa zur Mittelinstanz oder den Kreisen) nicht konstruktiv aufgefangen werden können, kommt es zu Störeinflüssen der etablierten Institutionen.

Die Frage der regionalen Akzeptanz und der Einbettung in formale Planungsebenen stellt sich für einzelne Kooperationstypen unterschiedlich dar.

Regionalisierte Strukturpolitik

Ansätze regionalisierter Strukturpolitik sind von vornherein eher auf breite regionale Akzeptanz ausgerichtet. Die prioritären Projekte werden in gesamtregionalen Konsensfindungsprozessen beschlossen. Jedoch sind sie, besonders die Regionalkonferenzen in Nordrhein-Westfalen, häufig dem Vorwurf ausgesetzt, die Zielsysteme querschnittsorientierter regionaler Planungsebenen seien unterrepräsentiert, da es sich um einen vertikalsektoralen Kooperationsansatz handele (Blotevogel 1994, 31).

Formal gibt es allerdings durchaus Integrationsbestrebungen: In Sachsen-Anhalt wird z.b. die Regionalplanung im Rahmen der regionalisierten Strukturpolitik insofern berücksichtigt, als die Planungsreferenten der Landkreise und der Regierungspräsidenten formal eingebunden sind; es erfolgt aber keine explizite Abstimmung (Benz/Fürst 1998, 113).

In Nordrhein-Westfalen wird zwar die wachsende Bedeutung Regionaler Entwicklungskonzepte der regionalen Strukturpolitik ausdrücklich in Landesentwicklungsplänen hervorgehoben (Tilkorn 1999, 62) und bei Fortschreibungen der Gebietsentwicklungspläne wurde versucht, Flächenplanung und Projektplanung stärker zu verknüpfen. Dies wurde jedoch durch unterschiedliche Kompetenzen auf der Landesebene erschwert. Die Fachaufsicht über die Regionalplanung hat das Raumordungsministerium, Initiator der regionalisierten Strukturpolitik ist das Wirtschaftsministerium (Tilkorn 1999, 65). Eine Koordinierung würde daher am besten in der Staatskanzlei erfolgen (Tilkorn 1999, 66). Damit liegen die Ursachen dafür, dass sich die Regionalplanung inhaltlich durch die regionalisierte Strukturpolitik kaum umgestellt hat, eher auf regionsexterner und nicht regionaler Ebene. Faktisch haben sich die sektoralen Strukturen durchgesetzt, teilweise an der Regionalplanung vorbei (Fürst 1999, 9). Regionalisierte Strukturpolitik blieb sektoral und etablierte weitere Diskussionsforen neben der Regionalplanung.

Städtenetze

Städtenetze entwickeln sich in der Regel nicht auf einer von Anfang an breiten regionalen Basis getragen von der Grundeinsicht in die Notwendigkeit interkommunaler Kooperation. Zum einen liegt dies daran, dass sie regional selektiv geschnitten sind, sie überspringen Netzmaschen. Auf das Verhältnis zur Regionalplanung wirkt sich dies allerdings selten negativ aus. Die Einbindung von Landes- und Regionalplanung erfolgte in den ExWoSt-Städtenetzen in der Regel kollegial, zumindest über Protokolle (Jurczek et al. 1999; Zoubeck 1999, 77). Differenzierter und zum Teil schwieriger stellte sich das Verhältnis der ExWoSt-Städtenetze zu den Landkreisen dar: Fünf Modellvorhaben beteiligten Landkreise institutionell, in fünf wirkten sie themenbezogen zusammen, in einem lag nur Informationsaustausch vor und in einem war ausdrücklich keine Verzahnung gewünscht (BBR 1999a, 52f). Von der Sache her war es meist sinnvoll, Landkreise in die Arbeit von Städtenetzen einzubeziehen. Da diese sich aber mitunter als Vertreter aller Gemeinden einer Region verstehen, kann dies zu Spannungen führen. Städtenetze müssen offenbar zunächst ihre eigene Vertrauensbasis und Position finden und können sich dann ggf. zu Landkreisen öffnen (BBR 1999a, 52).

Aber auch innerhalb der teilnehmenden Kommunen von Städtenetzen ist die Verankerung zumindest am Anfang eher gering. Denn Städtenetze werden in der Regel zwar von den Hauptverantwortlichen von Politik und Verwaltung gestützt, nicht aber von der breiten Kommunalpolitik. Wenn überhaupt, findet nur eine punktuelle Rückkopplung in die städtischen Gremien statt (Zoubeck 1999, 75). Die Beschäftigung der Gremien mit Städtenetzen wird allerdings gerade in der Anfangszeit häufig als kontraproduktiv für die Netzarbeit selbst abgelehnt. Besonders in großen Städten, in denen parteipolitische Konstellationen dominieren, wird dies oft erst für sinnvoll gehalten, wenn greifbare Ergebnisse vorliegen (Kliemt 1997, 4). Jedoch ist auf Dauer auch bei diesem Kooperationstyp eine ausreichende finanzielle Manövriermasse nur durch die Einbindung der Kommunalpolitik sicherzustellen (BBR 1999a, 65).

IBA Emscher-Park

Dass eine fehlende konzeptionelle regionale Einbettung von Kooperationen letztlich dazu führt, dass eine regionale Breitenwirkung ausbleibt, wird besonders in der Kritik deutlich, die der IBA Emscher-Park entgegengebracht wird. Verglichen mit den anderen Kooperationstypen ging sie exklusiver vor. Denn ihre Hauptzielsetzung, innovative Prozesse in einem sklerotischen regionalen Milieu hervorzurufen, widersprach geradezu einer von Anfang an vorzunehmenden breiten regionalen Einbettung.

Aber auch zehn Jahre nach ihrem Start werden die Probleme der IBA weniger in der inhaltlichen Qualität der Angebote oder der kommunikativen Kompetenz ihrer Promotoren gesehen, sondern darin, dass sie das mittelfristige Ziel, bei den lokalen und regionalen Akteuren Mobilisierungseffekte über die IBA hinaus zu erreichen, nicht erfüllt hat (Meise 1998, 36). Das hohe Niveau der Problemwahrnehmung und Sachdiskussion in den IBA-Projektgruppen wirkte sich kaum auf die lokale Politik aus, nur ansatzweise gelang es, die Städte als Ganzes zu mobilisieren (Meise 1998, 149). Die Politik- und Projektnetzwerke der IBA waren sozial exklusiv. Viele der Entscheidungen waren nicht Ausdruck eines breiten Konsenses, sondern Einzelfallentscheidungen. Die Projekte wurden in ausgewählten Public-Private-Partnership in einem technokratischen, politikfernen Handlungsstil realisiert. Anliegen sozial schwacher Gruppen konnten sich kaum durchsetzen.

Zudem trieb der systematische Projektbezug die Fragmentierung der Region weiter voran. Die gegenseitige Integration aller Projekte war unmöglich und ihre Integration in formelle Planungen gar nicht erst angestrebt. Die Region, die als Akteur hätte geweckt werden müssen, wurde auf kleine politische Arenen reduziert, wobei auf der mittleren Akteursebene agiert wurde. Der Verzicht auf das Austragen harter Verteilungskonflikte ließ das tradierte Gesamtsystem unangetastet. Insgesamt konnte damit das Paradoxon, dass die IBA Innovationen gerade mit den Akteuren durchsetzen musste, gegen die sie sich richteten, nicht aufgelöst werden.

Mediationsähnliche Verfahren

Da regional bedeutsame mediationsähnliche Verfahren meist von Seiten des Landes initiiert wurden, ist hier das Problem der vertikalen Koordination zentral. Es gibt aber durchaus mediationsähnliche Verfahren, bei denen das Land eine Nebenrolle spielte und die Gründe für die fehlende Akzeptanz unter regionalen Akteuren eher auf der regionalen Ebene selbst zu suchen sind:

> Im Falle des Gewerbegebiets *Hechingen/Bodelshausen* hatte die Regionalplanung bereits einen Standort ausfindig gemacht, der im Zuge des Änderungsverfahrens zu einem Vorsorgestandort aufgewertet werden sollte. Verfahrensbeteiligte und Externe kritisierten dabei, dass die Mediation zu spät einsetzte, da es nur noch über Varianten zu entscheiden gelte, nicht aber über grundlegende Bedarfe. Dies war einer der Gründe, warum die kooperativ erarbeitete Lösung nach dem Verfahren nicht mehr von den beteiligten Kommunen getragen wurde.

> Auch im Falle der *Abfallplanung Nordschwarzwald* war das Problem der regionalen Einbindung ausschlaggebend: zum einen gelang die politische Rückbindung der Ergebnisse nicht, zum anderen konnte in der breiten Bevölkerung keine Akzeptanz hergestellt werden. Würde man hier alleine zum Maßstab nehmen, ob das ursprüngliche Planungsziel erreicht wurde, so würde sich ein dürftiges Bild der Bürgerbeteiligung ergeben. Es wurde weder eine politische Mehrheit für die Übernahme eines Standortes in der Stadt Pforzheim, noch in den übrigen betroffenen Kreisen erreicht. Der Hauptgrund, warum die in dem aufwendigen mehrstufigen Verfahren erarbeiteten Empfehlungen zur Abfallplanung nicht umgesetzt wurden, liegt in der fehlenden Anbindung des Beteiligungsverfahrens an den politisch legitimierten Entscheidungsprozess. Die Verlagerung der abschließenden Entscheidungsfindung vom Aufsichtsrat zurück in die politischen Gremien scheint hingegen im nachhinein für die Umsetzung der erzielten Planungsergebnisse höchst nachteilig gewesen zu sein. Die meisten politischen Vertreter der Kreise und der Stadt Pforzheim waren zu wenig mit dem komplizierten Planungsverlauf vertraut, als dass sie die Vorteile und Risiken der vorgeschlagenen eigenständigen regionalen Lösung hätten nachvollziehen und einschätzen können. Die zweite Ursache war der ungenügende Erreichungsgrad der Bevölkerung und Politiker der Region durch die Öffentlichkeitsarbeit und die Informationspolitik zum Beteiligungsverfahren selbst

und zur Bürgerarbeit. Die langwierige und aufwendige Bürgerbeteiligung in Phase 1 und 2 führte zunächst zu einer Bürgerempfehlung, in der sich sowohl die Befürworter der thermischen Behandlung als auch diejenigen der biologisch-mechanischen wiederfinden konnten. Dieser Kompromiss war allerdings außerordentlich empfindlich. Mit der Verlagerung der Beteiligung von den engagierten Gruppen auf zufällig ausgewählte Bürger geriet der fragile Kompromiss in ein solches Störfeuer, dass das Bürgervotum zur Technik der Restabfallbehandlung von einem Teil der zuvor beteiligten Gruppen massiv in Frage gestellt wurde. Aus den zuvor Beteiligten wurden im nachhinein teilweise stärkste Gegner des Planungsgemeinschaft Abfallplanung Nordschwarzwald (P.A.N)-Konzeptes, die sich z.b. in einer Bürgerinitiative gegen Müllverbrennung in Pforzheim weiter engagierten. Ungeachtet der starken Proteste erarbeiteten im letzten Beteiligungsschritt zufällig ausgewählte Bürger zwar eine Standortempfehlung für Anlagen zur Restabfallbehandlung in der Region, ihr Votum ging aber in den sich anschließenden heftigen politischen Diskussionen und Bürgerprotesten völlig unter. Der Meinungsaustausch zwischen Politik und Bürger, aber auch innerhalb der verschiedenen politischen Lager, wurde in der Phase der abschließenden politischen Entscheidung zumeist sachlich und fachlich losgelöst von den vorangegangenen Planungs- und Beteiligungsergebnissen geführt. Es wird vermutet, dass ein professionell organisierter Dialog zwischen Politik, Verwaltung und Bürgerschaft über die vorliegenden Gutachten und Empfehlungen sowie die zu fassenden Beschlüsse ein besseres Ergebnis hätte hervorbringen können. Auch kann der Rückschluss gezogen werden, nur noch Gremien mit dem Planungsprozess zu betrauen, die auch politisch legitimiert sind, über regionale Problemlösungen zu entscheiden bzw. in künftigen Verfahren die abschließende Phase der politischen Entscheidungsfindung stärker mit dem Beteiligungsprozess zu verzahnen (Renn et al. 2000).

2.3 Kooperationsinterne Faktoren

Wenden wir uns nun von den externen Rahmenbedingungen der Kooperationen zu den Faktoren, die im Mittelpunkt der Untersuchung stehen: den inneren Strukturelementen. Gibt es Merkmale, die den unterschiedlichen Erfolg von Kooperationen erklären können?

Abbildung IV.5 ermöglicht eine erste Einschätzung. Sie zeigt zunächst die von den Befragten abgegebene Erfolgsbewertung differenziert nach den einzelnen Strukturtypen. Die Abweichungen sind insgesamt zwar nicht signifikant, geben jedoch Hinweise: Ältere, größere, komplexer organisierte Kooperationen werden tendenziell besser eingeschätzt als kleine und jüngere Kooperationen. Am deutlichsten ist der Abstand zwischen den sehr großen und den sehr kleinen Kooperationen.

Die wichtigsten internen Faktoren, die den Erfolg oder Misserfolg der Kooperationen beeinflussen, sind zum ersten die Ressourcenausstattung, die eng mit der Frage der organisatorisch-institutionellen Konsolidierung zusammenhängt, zum zweiten sind es Aspekte der inneren Akteurskonfiguration, zum dritten die Frage des räumlichen Zuschnitts, der Themenwahl und der Strategie der Kooperation.

Abbildung IV. 5: Einschätzung der Kooperation nach Strukturtypen

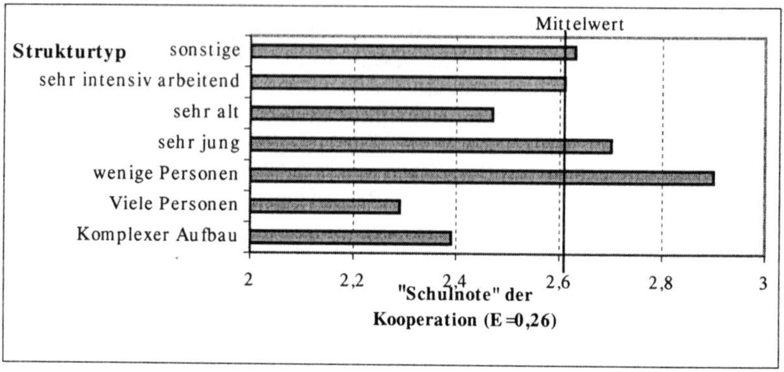

Quelle: eigene Erhebung und Darstellung

2.3.1 Ressourcenausstattung und organisatorisch-institutionelle Konsolidierung

Ressourcenknappheit ist sicherlich der Faktor, der am häufigsten als Ursache für Störungen in Netzwerken genannt wird. Die Frage der Ressourcenausstattung hängt eng mit der Frage der organisatorischen und institutionellen Konsolidierung der Kooperation zusammen.

Ressourcenausstattung

Ressourcenknappheit bezieht sich meist zum einen auf den Faktor Zeit, denn wenn diese fehlt, kann keine Vertrauensbildung und Ideenentwicklung unter den Akteuren stattfinden. Zum anderen sind es häufig begrenzte finanzielle und personelle Ressourcen und die damit verbundenen Verteilungsprobleme, die Störungen von Kooperationen verursachen (Goldschmidt, 1997, 111f; ARL 1998, 59). Wenn die finanziellen Anreize von außen fehlen, überschreiten vor allem interkommunale Kooperationen ein gewisses Stadium nicht und stagnieren. Jedoch ist auf längere Sicht auch die latente Abhängigkeit von fremden Ressourcen wegen der geringen Bereitschaft der regionalen Akteure, selbst in Vorleistungen zu gehen, ein entscheidender Hemmnisfaktor für Kooperationen.

Die Frage, mit welchen Ressourcen die Kooperation von ihren Akteuren ausgestattet wird, steht auch statistisch nachweisbar in Wechselwirkung mit dem Kooperationserfolg. Vor allem ist von Bedeutung, ob die Kooperation eigene Mittel zur Finanzierung der Organisation aufweist: Kooperationen werden signifikant besser eingeschätzt, wenn sie eigene Mittel zur Finanzierung der Organisation aufweisen, als wenn dies nicht der Fall ist (Noten 2,5 vs. 2,8). Dass vor allem für eine eigene Geschäftsstelle Ressourcen zur Verfügung gestellt werden, ist eine entscheidende Voraussetzung für den Erfolg der Kooperation (ARL 1998, 60).

Eine angemessene Ressourcenausstattung ist ebenso das Ergebnis erfolgreicher Kooperation wie auch die Ursache des Erfolges. Die Frage der finanziellen und personellen Kapazitäten ist besonders für die Kooperationen von Bedeutung, die — anders als etwa Regionen im Rahmen der regionalisierten Strukturpolitik — nicht systematisch in eine Förderstrategie des Landes eingebunden sind, wie z.B. Städtenetze. Gänzlich ohne finanzielle Anreize oder zumindest ohne die Aussicht darauf, bleiben Erfolge von Kooperationen in der Regel Zufallsprodukte (Zoubeck 1999, 77). Es ist dabei weniger die Finanzierung von Großprojekten, sondern bereits die Finanzierung kleinerer Maßnahmen und vor allem die organisatorische Grundfinanzierung der Kooperation, die angesichts der Haushaltslage der Kommunen zum Problem werden kann.

Während vor allem die IBA Emscher-Park wie auch die Mehrheit der Ansätze regionalisierter Strukturpolitik eine gewisse Finanzierungsbasis durch die Länder besitzen, sind die vom Bund initiierten Modellvorhaben finanziell eher auf schwache Füße gestellt. Der Kooperationstypus der Städtenetze sah sich latent Finanzierungsproblemen ausgesetzt, da die staatliche Förderung auf die Laufzeit der Modellvorhaben begrenzt und darüber hinaus knapp bemessen war. Es dauerte in manchen Städtenetzen Jahre, bis sich alle Kommunen zu einer gewissen eigenen Finanzierungsbasis entschließen konnten, festgefügte Programmstrukturen und Budgetvorgaben wirkten sich dabei erschwerend aus (Kliemt 1997, 2f). Unterschiedliche Ansichten bestehen vor diesem Hintergrund darüber, ob ein eigener Etat der Kooperationen notwendig sei. Zwar wäre der kooperative Grundgedanke der Städtenetze durch die Finanzierung von Organisation und Projekten über Haushalte besser zu realisieren als im Falle eines eigenen Etats (BBR 1999a, 67).

Andererseits aber liegen Erfahrungen vor, dass politische Aussagen alleine nicht ausreichen, um die Organisation und Maßnahmen über laufende Kommunalhaushalte abzudecken, was die Kontinuität der Arbeit gefährden kann (Jurczek et al. 1999, 173). Unterschiedliche Finanzierungsmodelle haben verschiedene Vor- und Nachteile: Wenn Beiträge nach Einwohnerschlüsseln geleistet werden, bedeutet dies faktisch einen Finanzausgleich zu

Lasten größerer Gemeinden, der aber nicht durch größere Stimmgewichte kompensiert werden kann — denn dann wäre das Prinzip der Hierarchiefreiheit verletzt. Umgekehrt können bei Gleichheit der Finanzierungsbeiträge kleine Gemeinden die auftretenden Lasten häufig nicht tragen. Die aus diesem Anspruch der Hierarchiefreiheit resultierenden Probleme bei der Bemessung der Finanzierungsanteile für die Kooperation können dadurch beseitigt werden, dass die Kosten-Nutzen-Relationen im erweiterten Kontext definiert werden und finanzkräftigere Mitglieder vor diesem Hintergrund zunächst höher erscheinende Kosten tragen (Fürst 1997, 133).

Hand in Hand mit dem Problem der finanziellen geht das der personellen Ausstattung. Meist stehen die Personalkapazitäten für die Netzarbeit nicht zur Verfügung, die hier anfallende Arbeit muss zusätzlich zur übrigen Verwaltungsarbeit geleistet werden. Daher sind in vielen Städtenetzen auch nicht alle Arbeitsgruppen mit Vertretern aus allen Mitgliedskommunen besetzt (Kliemt 1997, 4).

Organisatorische und institutionelle Konsolidierung

Mit der Frage der organisatorischen und institutionellen Konsolidierung ist eines der wesentlichen Spannungsverhältnisse der Kooperationen angesprochen: Die Konsolidierung ist einerseits eine Voraussetzung für die Funktionsfähigkeit von Netzwerken; gelingt diese Stabilisierung nicht, bleibt der Selbstbindungsgrad der Akteure zu gering und das Netzwerk ist von rapider Desintegration bedroht, in regionalen Politiknetzwerken meist in der Form des „Einschlafens" (ARL 1998, 58). Mit der institutionellen Festigung des Netzes ist andererseits jedoch die Gefahr einer retardierenden Kompromisslogik gegeben, sind funktionale und kognitive Blockierungen und Ingroup-Outgroup-Logiken zu befürchten, die die Innovationskraft des Netzwerkes schwächen können. Es besteht immer die Gefahr, dass sich produktive zu nicht nicht-produktiven Netzwerken und im Extremfall zu Strukturkonservierungskartellen entwickeln (Fürst/Schubert 1998, 354).

In der Anfangszeit der Kooperation kann es bereits ausreichen, dass ein gemeinsamer Gegner vorhanden ist; allein dies stärkt bereits den inneren Zusammenhalt. Mit fortwährender Dauer stellt sich jedoch die Frage nach der von solchen Zufälligkeiten unabhängigen Festigung eigener innerer Strukturen (BBR 1999a, 62). Die empirischen Untersuchungen zeigten, dass dabei die Frage der Ausdifferenzierung der inneren Aufbauorganisation nicht die primäre zu sein scheint. Zwar werden Kooperationen mit einer steigenden Anzahl von Gremien kontinuierlich positiver bewertet, dies scheint dafür zu sprechen, dass eine komplexere Organisation die Kooperation leistungsfähiger macht. Jedoch ist die Korrelation ist nicht signifikant

($R=0,16$). Und weitergehend kann eine komplexe Verfahrensorganisation auch ein Faktor sein, der die Aufwand-Nutzen-Relation der Kooperation verschlechtert. So wird vor allem für mediationsähnliche Verfahren festgestellt, dass sie sehr aufwendig waren und der ausdifferenzierte Begleitapparat zu hohem internen Koordinationsaufwand führte. Bei sehr komplexen mediationsähnlichen Verfahren wird nicht selten angemerkt, dass sachliche Lösungen auch mit geringerem organisatorischen Aufwand zu erarbeiten gewesen, dass aber eine gewisse Akzeptanz der Ergebnisse nur durch diesen hohen organisatorischen Aufwand herzustellen war.

Unabhängig von der bloßen Komplexität gibt es einzelne Elemente der Aufbauorganisation, die besonders erfolgsfördernd sind. Die Einrichtung einer Geschäftsstelle intensiviert die Kooperation. Dies kann allerdings auch dazu führen, dass die Gesamtverantwortung der Akteure für die Kooperation sinkt. Erfahrungen aus den Fallstudien zeigen, dass es nicht nur entscheidend ist, eine bestimmte feste interne Arbeitsstruktur aufzubauen, sondern es vor allem darum geht, eine Struktur zu entwickeln, die flexibel den veränderten Erfordernissen angepasst werden kann.

Insgesamt wichtiger als die Frage der Aufbauorganisation, die in den meisten Kooperationen ja vorhanden ist, ist die Frage ihrer Institutionalisierung, vor allem durch eine eigene Rechtsform. Eines der wichtigsten Ergebnisse der Untersuchung ist: Institutionalisierte Kooperationen, also solche mir einer festen Rechtsform, weisen eine signifikant positivere Bewertung auf als kooperative Netzwerke, also Kooperationen ohne feste Rechtsform (Note 2,4 gegenüber 2,7; $E=0,24$).

Für die Mehrzahl der Kooperationen wird eine fehlende eigene Institutionalisierung als Problem angesehen. Dies hat mehrere Gründe: Nicht institutionalisierte Kooperationen sind empfindlicher gegenüber Abhängigkeiten und Störeinflüssen von außen. Sie sind auch labiler gegenüber den Zufälligkeiten des punktuellen Engagements einzelner Akteure. Wenn Kooperationen ein entlastender institutioneller Rahmen fehlt, verstärkt sich das Problem der personellen Ressourcenknappheit der Akteure noch weiter (Fürst/Schubert 1998, 354).

Die fehlende rechtliche Normierung und Verankerung der Netzwerke ist vor allem dann ein Problem, wenn bestimmte Aufgaben, vor allem konflikthafte Themen zu bearbeiten sind. (Troeger-Weiss 1997, 221; Bade 1998). Kooperative Netzwerke sind wegen einer fehlenden institutionellen Essenz labile und fragile Gebilde und können Verteilungskonflikte besonders schlecht verarbeiten (Wirtz 1993, 39).

Auch treffen in der Regel in Akteursnetzwerken über Jahrzehnte gewachsene unterschiedliche Organisationskulturen aufeinander. Dies kann zu Reibungsverlusten der Netzwerke führen, die ihre Funktionsfähigkeit

beeinträchtigen. Eine organisationskulturelle Annäherung wird durch eine eigene Institutionalisierung begünstigt.
Die empirischen Untersuchungen zeigten eindeutig, dass bei der Mehrheit der Kooperationen aus den o.g. Gründen eine Verfestigung durch eine Institutionalisierung mit einem positiven Kooperationsverlauf einhergeht (vgl. Kap. V). Die möglichen langfristigen negativen Folgen einer Verfestigung, die Abnahme der Innovationskraft etwa, stellen sich dagegen in den Kooperationen derzeit noch nicht als Problem dar.

2.3.2 Die Akteurskonfiguration

Es erscheint plausibel, dass der Output von Kooperationen maßgeblich von ihrer inneren Akteurskonfiguration abhängig ist (Jansen 1995, 104), dass unterschiedliche Netzwerkstrukturen unterschiedlich unterstützend sind (Kenis/Schneider 1991, 30).

Akteurszahl

Die erste Frage ist, inwieweit sich die Zahl der beteiligten Akteure auf den Erfolg der Kooperation auswirkt. Eine große Akteurszahl der Kooperation ist einerseits ein Indikator für die breite Einbettung der Kooperation. Andererseits rücken mit zunehmender Akteurszahl auch die Grenzen der Verarbeitungskapazitäten der Kooperationen näher. Die Abgrenzung der Kooperationsräume kann sich als ungünstig erweisen, entweder dergestalt, dass die Regionen zu klein geschnitten sind, um komplexe Probleme anzugehen oder aber, dass der Akteurskreis — bedingt durch Repräsentanzdenken — zu groß gerät und das Netzwerk nicht arbeitsfähig ist. Der erste Vorwurf wurde zum Beispiel der Regionalkonferenzen in Nordrhein-Westfalen gemacht (Blotevogel 1994, 21ff), einige der Regionen wurden als zu klein für eine innovative Regionalentwicklung angesehen (Mielke 1999, 21). Aber auch das umgekehrte Problem kann auftreten: Typisch für kooperative Netzwerke, ein permanenter wechselseitiger Austausch der Akteure (reziproke Interdependenz). Daher scheint gerade dieser Steuerungstypus besonders anfällig für Funktionsstörungen aufgrund der großen Zahl von Beteiligten zu sein (ARL 1998, 58), denn es fehlen im Vergleich zu festen Institutionen harte Mechanismen, diese Komplexität zu reduzieren (Messner 1995, 216ff). So wird denn auch in einzelnen Fallstudien eine geringe Akteurszahl, ein überschaubarer Kreis als Erfolgsvoraussetzung für Kooperationen angesehen. Für mediationsähnliche Verfahren wird gar eine ungefähre Obergrenze angegeben, die bei 25 Personen liegt (Zillessen 1998, 34). Für Vereinsvorstände in entwicklungsorientierten Kooperationen werden vereinzelt Obergrenzen der Verarbeitungsfähigkeit in einer Größenordnung von etwa 20 Personen genannt.

Insgesamt ergeben aber die empirischen Untersuchungen ein anderes Bild: Die Kooperationen werden tendenziell um so besser eingeschätzt, je mehr Personen in ihnen mitwirken (R=0,2, vgl. Abb. IV.6); vor allem Kooperationen mit über 100 Akteuren erfahren eine positive Einschätzung.

Dabei ist weniger entscheidend, wie aufwendig die Steuerungs- und Entscheidungsgremien besetzt sind, sondern es ist — sofern als eigenes Strukturelement vorhanden — die Arbeitsebene ausschlaggebend: Kooperationen, in denen insgesamt viele Personen in allen Arbeitsgruppen tätig sind, werden systematisch besser bewertet als solche, in denen sich die inhaltliche Detailarbeit auf weniger Personen konzentriert (R=0,39, vgl. Abb. IV.7):

Abbildung IV. 6: Einschätzung der Kooperation nach Gesamtpersonenzahl

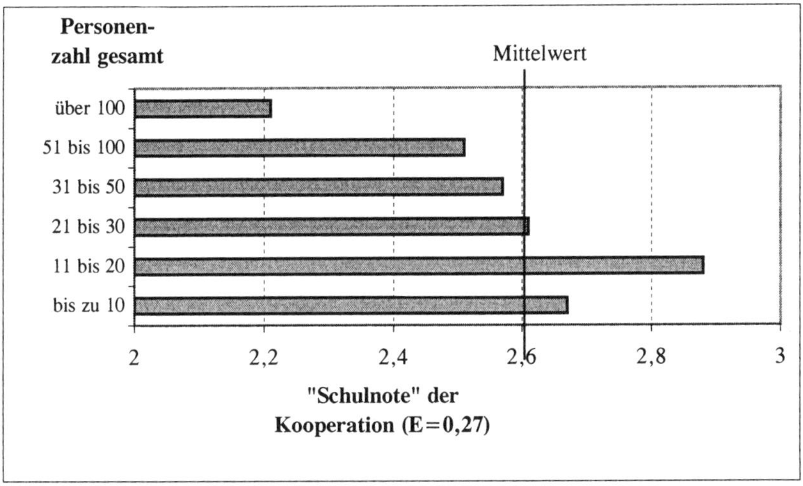

Quelle: eigene Erhebung und Darstellung

Offenbar haben die meisten Kooperationen also interne Mechanismen entwickelt, um eine steigende Zahl von Akteuren zu bewältigen. Die Versammlung von ausreichenden Humanressourcen ist ein für den Kooperationserfolg eher positiver Faktor, der die daraus entstehenden Koordinationsprobleme überkompensiert.

Abbildung IV. 7: Einschätzung der Kooperation nach Personenzahl in allen Arbeitsgruppen

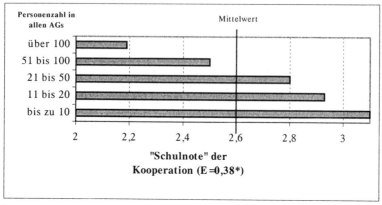

Quelle: eigene Erhebung und Darstellung

Die Grenzen horizontaler Koordination: Zwischen externer Interessengebundenheit und vertrauensvoller Kooperation

Wenn ein Netzwerk funktionieren soll, muss es anreizgerecht konstruiert sein, seine Partner dürfen nicht dauerhaft gegen ihr rationales Interesse verstoßen (Wolf/Neuburger, 1993, 93). Kooperationen unterliegen daher dem Grundproblem horizontaler Koordination: Der nicht-hierarchische Steuerungsmodus von Netzwerken ignoriert im Entscheidungsfall häufig Varianten mit optimalen Auswirkungen für das Gesamtwohl, wenn sie nicht auch den Interessen der einzelnen verhandelnden Akteure entsprechen. Der Kooperationsnutzen erscheint den Akteuren im Vergleich zu den sehr konkreten Kooperationskosten zu gering, zumal wenn das Gesamtinteresse nicht definiert wurde und auch ein emotionaler Zusatznutzen fehlt (ARL 1998, 58). Die Kooperanden nehmen zunächst nur die Kosten der Kooperation wahr. Im Unterschied zu privatwirtschaftlichen Akteuren in Unternehmensnetzen sind Politiker und Verwaltungsleute einem Anreizsystem ausgesetzt, das auf Fehlervermeidung und nicht auf Risikobelohnung angelegt ist; am Anfang einer jeden Kooperation stehen Ängste vor Autonomieverlusten (Fürst 1995a, 254) und Machtverschiebungen. Anders als in hierarchischen Koordinationsmechanismen, wo ein Gesamtinteresse gegen individuelle Nutzeninteressen der Akteure von oben durchgesetzt werden kann, muss ein Netzwerk von allzu kompetitiven Neigungen der Akteure frei sein. Es muss eine Fähigkeit zum Kompromiss vorhanden sein, die in der Hierarchie nicht erforderlich ist (Messner 1995, 226ff).

In erfolgreichen Kooperationen müssen kurzfristig individueller Nutzen und langfristiger Systemnutzen auf einer Ebene vermittelt sein (Mayntz 1992, 82). Das Grundmotiv der Kooperation muss daher zunächst eine Reaktion auf eine gemeinsame spezifische Problemlage sein (BBR 1999a, 39). Dauerhaft erfolglose Kooperationen fallen häufig dadurch auf, dass sie auch nach Jahren eine solche gemeinsame Problemdefinition unterließen oder sich tatsächlich keine Anhaltspunkte dafür ergaben.

Steuerungsprobleme in regionalen Kooperationen können entweder durch direkte Störeinflüsse von bestehenden Institutionen entstehen, die sich einer Konkurrenz durch das Netzwerk ausgesetzt sehen (ARL 1998, 59) oder – was häufiger ist – es tritt das Mehrebenenproblem auf: Die Akteure der Kooperationen sind „double-bound", d.h. sie sind nicht nur der Kooperation verpflichtet, sondern auch ihrer Herkunftsorganisation oder anderen Netzwerken (Fürst/Schubert 1998, 354; Benz et al. 1999, 123). So können auch vertikale Kontakte zwischen dem Land und Kommunen stärker ausgeprägt sein als horizontale Kontakte innerhalb einer Kooperation. Häufig gelingt es dabei nicht, die Interessen des Netzwerkes gegenüber denen der Herkunftsinstitution oder den relevanten Entscheidungsträger der Region zu vermitteln (ARL 1998, 58). Die Institutionenbindung der Akteure bleibt bestehen und die sektoralen Denkmuster und das imperatives Mandat gegenüber den Herkunftsorganisationen werden aufrechterhalten. So wird nicht selten auch von den in die Kooperation involvierten Akteuren sogar die Kompetenz der Kooperation für die Bearbeitung bestimmter Themen angezweifelt.

Daher sind Situationen häufig, in denen kurzfristige Interessen von Akteuren (in Kommunen etwa „Kirchturmdenken") langfristige Systeminteressen der Kooperation in den Hintergrund drängen, vor allem dann, wenn die beiden Kalküle auf unterschiedlichen sachlichen Ebenen liegen. Dies äußert sich dann häufig im Beharren auf Nichtzuständigkeit, die starke Konzentration auf bestimmte eigene Themen (ARL 1998, 58) und latente Ressentiments von Institutionen und Akteuren gegeneinander. Kommunen fürchten Autonomieverluste und die Beteiligten binden sich nicht hinreichend an Beschlüsse.

Einerseits sind in Netzwerken Koordinationserfolge nur auf der Basis von vertrauensvollen und kooperativen Orientierungen der Akteure möglich. Andererseits wird permanent über die Verteilung von Kosten und Nutzen zu streiten sein. Daher sind Verhaltensweisen wie strategisches Handeln wahrscheinlich und auch in Kooperationen Informationsmanipulierung, Bluff und Drohungen möglich. Es besteht die Gefahr, dass gerade diejenigen Akteure, die ein Gesamtoptimum erzielen wollen, in der Verteilungsfrage übervorteilt werden (Messner 1995, 232).

Kooperation können sogar scheitern, wenn ihre Vorteile schwer zu vermitteln sind und wenn Vorteile und Lasten unter den Akteuren dauerhaft ungleich verteilt sind (Fürst 1997, 12). Wenn es nicht gelingt, notwendiges Vertrauen aufzubauen, etwa weil Partner sich nicht als gleichwertig anerkennen (ARL 1998, 58), weil tatsächlich die Interessenlagen zu unterschiedlich sind, das Engagement der Beteiligten dauerhaft zu stark divergiert (Motoren, Trittbrettfahrer/„Free-Rider", Bremser) oder gar die Promotoren als mit Einzelinteressen behaftet gelten, ist die Kooperation zum Scheitern verurteilt. Vor allem Verteilungskonflikte bei notwendigen Prioritätensetzungen können dann nicht mehr gelöst werden.

Dieses Scheitern kann jedoch unterschiedliche Formen annehmen (Anheier/Romo 1992). Ein Differenzierungskriterium sind dabei die Möglichkeiten, die die Akteure haben, auf Mängel des Netzwerkes aus ihrer Sicht zu reagieren. Ihnen bleiben grundsätzlich zwei Optionen: Die „Voice-Option", d.h. der Versuch der Veränderung, zumindest das Artikulieren von Unzufriedenheit, und die „Exit-Option", der Ausstieg aus dem Netzwerk.

- Drastische Beispiele für das Scheitern aufgrund der Wahrnehmung der Voice-Option sind Aufruhr und Massenbewegung: das Netzwerk wird dann in seinen Grundfesten erschüttert und von den Akteuren umgestaltet.
- Wenn ganze Cliquen von Akteuren die Exit-Option wahrnehmen, kann es zum Zusammenbruch des Netzwerkes kommen.
- Cliquenhaftigkeit ist geprägt durch dauerhafte Koalitionen, die andere ausschließen, die dann häufig zu Sündenböcken gemacht werden. A und B beispielsweise einigen sich gegen C, der versuchen kann, die Situation zu verändern oder die Exit-Option wahrnimmt. Damit würde sich die Leistungsfähigkeit des Netzwerkes wieder erhöhen.
- Die komplizierteste Form des Scheiterns ist das strukturelle Patt. Es entsteht dann, wenn es starke Überschneidungen zwischen kooperativen und konflikthaften Bindungen gibt. A kooperiert beispielsweise mit B, steht aber mit C im Konflikt. B kooperiert dagegen mit beiden, oder alle Akteure unterhalten sowohl kooperative als auch konfligierende Beziehungen. Aus Loyalitätsgründen werden dann weder Exit- noch Voice-Optionen wahrgenommen und die Leistungen des Netzwerkes bleiben insgesamt mangelhaft.

Die letzten beiden Formen sind in regionalen Kooperationen eher zu finden als die beiden ersten. In der dritten Form können aus erfolglosen erfolgreiche Kooperationen werden. Dauerhaft erfolglose Kooperationen lösen sich jedoch nur selten einfach auf, sondern in ihnen tritt permanentes Scheitern als eine Sonder- und Extremform des strukturellen Patts auf. Trotz anhaltender Erfolglosigkeit bleibt aufgrund wechselseitiger Loyalität und komplexer partieller Interessensverflechtungen der Akteure die Kooperation bestehen. Das Ziel der Kooperation verschiebt sich allerdings von der Leistung auf den bloßen Fortbestand.

Erfolgreichen Kooperationen dagegen gelingt es, ihre Akteure funktional über Innovationsanreize, Vorgaben und Regelsysteme, Vorkehrungen zur Konfliktregelung und -entlastung einzubinden und die Bindung gegenüber ihren Herkunftsinstitutionen zumindest partiell zu senken. Eine entscheidende Rolle spielen dabei funktionierende Kommunikationsstrukturen (Fürst/Kilper 1993, 15): Eine gemeinsame Problemlösung wird erleichtert durch Kommunikation zwischen den Akteuren, dadurch entsteht ein Mindestmaß an Vertrauen (Messner 1995, 283). In der Regel muss auch ein emotionaler Zusatznutzen geschaffen werden (ARL 1998, 60), der dafür sorgt, dass sich personenbezogene Erfolgsfaktoren wie Einsatz und Enthusiasmus, gegenseitiger Respekt durch persönliche Kontakte entfalten können. Wenn eine Kooperation vollständig scheitert, dann meist auch an einer ausgeprägten Misstrauenskultur, die nicht aufgebrochen werden konnte. Von den Kooperierenden wird ein Vertrauensvorschuss verlangt, der auch nicht vertraglich abgesichert werden kann (Fürst 1997, 129). Gelingt der Aufbau einer Kooperationskultur, so tritt anstelle individueller Nutzenkalküle der Gesamtnutzen (Jansen/Schubert 1995, 17).

Zwischen Machtgleichgewicht und Führungslosigkeit

Der Erfolg von Kooperationen hängt auch entscheidend davon ab, inwiefern sie das Spannungsverhältnis bewältigen, das einerseits aus dem Anspruch auf Hierarchiefreiheit und die Abwesenheit von Machtstrukturen und andererseits der Tatsache, dass Kooperationen Führungsfiguren und Promotoren benötigen, entsteht.

Grundlage von Macht ist die Verfügbarkeit über Ressourcen. Ressourcen wie Information (Stokman 1995, 164), Kommunikationsmittel und Wissen sind dabei neben finanziellen Ressourcen von besonderer Bedeutung (Hellmer et al. 1999, 188). Macht in Netzwerken ist zwar per Definition keine formale Macht, wohl aber gibt es faktische Macht im Sinne von wechselseitigen, aber unausgewogenen Beziehungen zwischen den Akteuren. Die bisweilen vorherrschende Vorstellung, dass in kooperativen Netzwerken machtfreie Kommunikation oder herrschaftsfreie Beziehungen dominieren, ist empirisch falsch. Resultiert daraus ein Problem?

Vor allem in mediationsähnlichen Verfahren ist die Frage der Machtgleichgewichte zwischen Akteuren eine der entscheidenden Bedingungen für den Erfolg. Denn wenn sich die Partner nicht als gleichwertig akzeptieren, kommt es in der Regel auch zu keiner kooperativen Suche nach Lösungen.

In entwicklungsorientierten Kooperationen mit ihrem grundsätzlich längeren Verlauf stellt sich das Problem des Machtungleichgewichts meist erst in einer späteren Entwicklungsphase. In den ersten Phasen leiden diese Kooperationen eher darunter, dass es keine oder zu wenige Akteursgruppen gibt, die zentrale Positionen im Machtgefüge der Kooperation einnehmen. Entwicklungsorientierte Kooperationen entstehen in der Regel nicht auf einer von Anfang an breiten regionalen Basis der Grundeinsicht in die Notwendigkeit interkommunaler Kooperation, sondern es sind immer einzelne Akteure, die den Prozess tragen. In der Kooperation muss sich eine Führerschaft, müssen sich regionale Promotoren auch personell herausbilden. Die Existenz solcher Spielmacher oder Promotoren hat sich als zumindest erfolgsfördernd, wenn nicht gar –bedingend erwiesen. Diese Promotoren haben gerade in der Anfangsphase eine besonders identitätsstiftende Funktion, in ihrer Person wird die gesamte Kooperation verkörpert. Sie müssen hinter der Kooperation stehen und Störungen von außen abfangen. Die Seriosität und Kompetenz des Initiators ist wesentliche Voraussetzung für das Gelingen der Kooperation (Hellmer et al. 1999, 241). Initiatoren können Lenkungsgruppen, Moderatoren, anerkannte Persönlichkeiten, in Ausnahmefällen auch Institutionen sein. Diese Promotoren müssen die Ideen der Akteure aufgreifen und gegenüber der politischen Ebene verteidigen (ARL 1998, 57). Ohne regionale Promotoren bleibt eine Kooperation von außen aufoktroyiert.

Dies ist die eine Seite, die andere ist: Machtungleichgewichte führen auf Dauer zu Kooperationsproblemen bis hin zu strukturellen Pattsituationen, die Kooperationen lähmen können. Ein Problem, das zum Beispiel den Kooperationstyp der Städtenetze betrifft, resultiert aus dem Anspruch der formalen Gleichheit aller Netzpartner aber der faktischen Ungleichheit der Kommunen, die z. T. erhebliche Größenunterschiede und damit Unterschiede in der Verwaltungsstruktur aufweisen. Schwierigkeiten können daher z.B. bei der gemeinsamen Themensuche auftreten, wenn sich herausstellt, dass die Zuständigkeiten bei den einzelnen Kommunen unterschiedlich sind (Kliemt 1997, 2f). Weiterhin entstehen durch die Größenunterschiede der Kommunen starke Differenzen in den personellen Kapazitäten und in der Sachkompetenz, die bereitgestellt werden kann. Auch erhöht die Maximal-Inklusio der Akteure die Komplexität und die Transaktionskosten, die in den meisten Kooperationen höher ausfallen als zunächst vermutet (Benz et al. 1999, 73). Faktisch wird durch diese Rahmenbedingungen der Gleichheitsanspruch der Kommunen unterminiert.

Aber nicht nur zwischen unterschiedlich strukturierten Kommunen bestehen Machtungleichgewichte, sondern auch zwischen Akteursgruppen. Dies betrifft zunächst den inneren Akteurskreis: Ein häufig vorzufindendes

Problem von Kooperationen ist das unausgewogene Engagement von Machtpromotoren auf der einen und Fachpromotoren auf der anderen Seite. Politiker, also Machtpromotoren, zeigen eher eine eingeschränkte Autonomie, weil sie in erste Linie für ihre Kommune schnell sichtbare Erfolge erzielen müssen. Jedoch liegen auf regionaler Ebene in der Regel keine politischen Anreize vor (Organisationen, Wähler). Fachleute dagegen sehen in Kooperationen eher ein Forum des konstruktiven Fachaustausches für regionale Problemlagen, das sie im Alltag nicht haben (Fürst/Kilper 1993). Zwar ist es in entwicklungsorientierten Kooperationen und mediationsähnlichen Verfahren entscheidend, dass das mittlere Management der Verwaltung aktiv mit diesen Kooperationsformen umgehen kann. Dass eine Kooperation am fehlenden Engagement von Fachpromotoren krankt, ist jedoch seltener. Die Arbeitsintensität des gesamten Netzwerkes steht im direkten Bezug zum Engagement auf der politischen Lenkungsebene. Wenn sie der Fachebene vermittelt, dass ihre Arbeit ernst genommen wurde, wirkt sich diese deutlich positiv auf die Kooperation aus.

Abbildung IV. 8: Einschätzung der Kooperation nach Sitzungsdichte der Lenkungsgremien

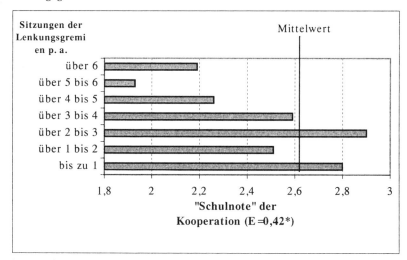

Quelle: eigene Erhebung und Darstellung

Dieser Zusammenhang ist auch quantitativ ablesbar: Abb. IV.8 macht deutlich, dass Kooperationen, in denen die strategischen Gremien im Durchschnitt mindestens vier mal im Jahr tagen, als deutlich erfolgreicher eingeschätzt werden als der Durchschnitt der Kooperationen. Diese repräsentative Erkenntnis wird auch durch Beobachtungen aus einzelnen Kooperationen, die weniger erfolgreich verliefen, bestätigt. Denn hier trat bisweilen die strategisch verantwortliche Lenkungsgruppe kaum in Erscheinung, was sich auch hemmend auf die Arbeitsgruppen und das Projektbüro auswirkte — einer der Haupterklärungsfaktoren für eine stagnierende Kooperationsarbeit (Zoubeck 1999, 75). Auch in einzelnen Fallstudien wurde dies deutlich: In als Vereinen organisierten Kooperationen wurde angemerkt, dass eine größere Durchschlagskraft der Kooperation vor allem durch eine Erhöhung des Anteils der aktiven Mitglieder des Vereinsvorstandes zu erreichen sei.

Die Kooperation bedarf der Inszenierung durch hochrangige regionale Persönlichkeiten, die sich aber nicht nur auf die Inszenierung beschränken, sondern bisweilen auch operative Tätigkeiten (z.B. Leitung von AGs) übernehmen müssen (ARL 1998, 60). Der häufige Wechsel von zentralen Akteuren oder die Entsendung von Vertretern wirkt sich hier störend aus.

Dabei können sich das fehlende Engagement von Machtpromotoren und die Dominanz von Fachpromotoren auch wechselseitig bedingen. Die Kooperation wird in ihren von den Experten geprägten innovativen Zielstellungen zu politikfern, was zu einem Rückzug der Machtpromotoren führen kann. Netzwerke, in denen sich Politiker engagieren, sind meist stärker ergebnisorientiert ausgerichtet als expertendominierte Kooperationen (Fürst 1993, 25).

Die Tatsache, dass auch in Kooperationen Machtgefälle und Hierarchien bestehen, muß nun nicht per se negative Konsequenzen haben. Denn Hierarchien, die u. U. auch gegen Widerspruch von Betroffenen entscheiden können, sind möglicherweise handlungsfähiger als egalitäre Strukturen und in diesem Sinne effizienter. Zu stark verfestigte Hierarchien - unabhängig ob offen oder nicht - gefährden aber langfristig die Innovationskraft und Effizienz von Kooperationen. Sie sind für die unterlegene Seite gefährlicher und machen die Kooperation insgesamt für Fehler anfälliger (Scharpf 1991, 13). Durch interne Machtstrukturen und Hierarchien besteht latent die Gefahr, dass aufgrund der Definitionsmacht von einzelnen Akteuren strategische Interessen des gesamten Netzwerkes ausgeblendet werden und dass von Einzelnen Macht als eine *"Fähigkeit nicht lernen zu müssen"* (Deutsch 1963, 21) gebraucht wird, was die Innovationsorientierung der gesamten Kooperationen blockieren kann, denn Innovationsanreize sind in Hierarchien im Vergleich zum Markt oder Netzwerk schwächer ausgeprägt (Williamson 1996, 178). Die Überkontrolle der Beteiligten durch einen zentralen Akteur kann sich, ebenso wie in hierarchischen Organisationen, lähmend auf die Interaktionen im Netzwerk auswirken und seine Funktionsfähigkeit stören (Miles/Snow 1992, 58). Auch können feste Hierarchien die Funktion haben, Macht unabhängig von Effizienz zu erhalten (Mahnkopf 1994, 70). In Kooperationen muß daher ein Mindestmaß von Autonomie der Beteiligten und ein Machtgleichgewicht zwischen den Akteuren bestehen bleiben, sonst besteht kein Unterschied zur institutionalisierten Hierarchie mehr und drohen Kooperationen ihre spezifischen Leistungsvorteile zu verlieren(Meßner 1995, 205; Hellmer et al. 1999, 65).

Darüber hinaus sind Kooperationen dauerhaft erst dann erfolgreich, wenn das Engagement sich von den Promotoren auf einen breiteren Kreis von Akteuren ausdehnt. So wird in vielen Fällen die Relation des Aufwandes der Promotoren und der Aktivitäten der Akteure (Multiplikatoreffekte) als unbefriedigend eingeschätzt.

2.3.3 Räumlicher Zuschnitt, Themen und Strategien

Eine entscheidende strategische Frage für regionale Kooperationen ist die des räumlichen Zuschnittes und damit eng zusammenhängend der Themenwahl und der Strategie der Kooperation.

Der räumliche Zuschnitt der Kooperationen folgt selten systematisch-strategischen Überlegungen, sondern ergibt sich meist eher zufällig aufgrund der partiellen Interessengleichheit verschiedener regionaler Akteure. Eine Region kann aber ungeeignet für die Bearbeitung bestimmter fachlicher Themen sein, weil diese entweder subsidiär, also durch einzelne Kommunen, oder großräumiger besser lösbar sind (Bade 1998, 6). Ein falscher räumlicher Zuschnitt kann sich vor allem in Städtenetzen als latentes Kooperationshemmnis darstellen. So weisen zum Beispiel die Orte in Städtenetzen, die regionsübergreifend ausgelegt sind, völlig unterschiedliche Verflechtungsbereiche auf (Zoubeck 1999, 76ff) oder unterscheiden sich in ihrer inneren Struktur erheblich.

Dadurch verengt sich aber mitunter die Zahl der alle Kooperanden interessierenden Themen so stark, dass ein allgemeiner Kooperationsüberbau kaum noch zu rechtfertigen ist. Letztlich kann es in einer solchen Kooperation passieren, dass eine ausreichend tragfähige, weil breite Problemdefinition aller Gemeinden über Jahre hinweg ausbleibt und die Kooperation bremst. Eine zu große Entfernung zwischen kooperierenden Kommunen führt hier zu Reibungsverlusten, die partielle Interessengleichheit verhindert aber den Ausstieg von Akteuren, das Ergebnis kann ein strukturelles Patt sein. Daher muss eine relative räumliche Nähe (BfLR 1996, 37), ein gemeinsamer Problembezug und, daraus resultierend, die Bereitschaft zu einer freiwilligen Kooperation vorhanden sein. Kooperationen, die entstanden um administrative Grenzen wie etwa Bundesländer zu überwinden können genau an diesen Grenzen scheitern, wenn nicht auch zwischen den Ländern ausreichende Absprachen erfolgen.

Die Anzahl und Art der behandelten Themen ist ein Faktor, der den Kooperationserfolg maßgeblich bestimmt. Zum einen verläuft interkommunale Zusammenarbeit erfolgreicher, wenn die Kooperation klar und eng begrenzt formuliert wird (Bade 1998, 7), sonst besteht die Gefahr, dass sich das Netzwerk sich in zu vielen Themen und Produkten verzettelt (Miles/Snow 1992, 59); in Themen eindringt, für die ihm die Kompetenz fehlt. Zum anderen müssen aber in erfolgreichen Kooperationen ausreichend viele Themen und Projekte definiert werden, die alle Akteure interessieren (Jurczek et al. 1999, 138). Statistisch zeigt sich ein positiver Zusammenhang zwischen dem Kooperationserfolg und der Breite der Themenpalette. Der Zusammenhang ist zwar nicht linear, jedoch unterscheiden sich vor allem die auf ein Thema konzentrierten Kooperationen hochsignifikant durch schlechtere Bewertungen von den thematisch vielfältiger ausgelegten Kooperationen (Note: 3,0 vs. 2,4; E=0,31). Dies ist nicht nur auf den Unterschied zwischen den auf wenige Themen bezogenen konfliktlösungsorientierten Kooperationen und den entwicklungsorientierten Kooperationen zurückzuführen: Auch innerhalb der entwicklungsorientierten Kooperationen verbessert sich die Erfolgsbewertung mit steigender Themenzahl signifikant (R=0,28).

Für die entwicklungsorientierten regionalen Kooperationen ist eine sektorübergreifende Themensetzung typisch (Kilper 1993, 57). Grundsätzlich sind die Kooperationen geeignet, neue Themen und Problemlösungen aufzunehmen und zu generieren (Fürst/Kilper 1993, 24). Kooperationen entstehen vor allem in Bereichen, in denen durch Einbindung von Akteuren zusätzliche Inputs geleistet werden können (Wohlfahrt 1993, 43). Themen müssen nach innen und außen vermittelbar sein, in absehbarer Zeit Früchte tragen; als ungünstig erweisen sich dagegen zeit- und kostenaufwendige Themen (Kliemt 1997, 20).

Aus dem breiten Themenspektrum der Gesamtheit der hier untersuchten Kooperationen lassen sich zwei Themenschwerpunkte ausmachen, deren Bearbeitung mit einer signifikant positiveren Bewertung der Kooperation verbunden ist, nämlich zum einen das Themenfeld Wirtschaft/Tourismus, zum anderen das Feld Wohnen, soziale Infrastruktur, Bildung, Kultur. Kooperationen, die diese Themenfelder bearbeiteten erzielten eine Gesamtnote von 2,4, während die restlichen Kooperationen mit 2,7 beurteilt wurden (E=0,18).

Die Behandlung von Themen der Freiraumentwicklung oder von Standortfragen der technischen Infrastruktur sind dagegen tendenziell mit negativeren Erfolgseinschätzungen verbunden, jedoch ist der Zusammenhang hier nicht signifikant.

In entwicklungsorientierten Kooperationen werden konfliktträchtige Themenfelder wie etwa Straßenbaumaßnahmen oder Fragen der Abfallentsorgung meist bewusst ausgeklammert, denn durch die schwache Konfliktregelungsstruktur sind Netzwerke hier überfordert und können bestenfalls Vorentscheidungen leisten. Sie blenden oft genau die Konfliktthemen aus, an denen mediationsähnliche Verfahren ansetzen (Selle 1993, 82).

Entwicklungsorientierte Kooperationen sind grundsätzlich mittel- bis langfristig angelegt (Bade 1998, 5). Der Erfolg einer Kooperation hängt entscheidend davon ab, wie überschaubar bestimmte Schritte innerhalb der Strategie angelegt sind und wie zügig sie abgearbeitet werden. In entwicklungsorientierten Kooperationen werden zunächst Transaktionskosten erzeugt, weil Akteure gleichzeitig zusammenkommen und Probleme lösen sollen, aber die in formellen Verfahren übliche serielle und partielle Problemlösung nicht beabsichtigt ist. Gerade vor diesem Hintergrund gelten ein langsames Arbeitstempo und damit verbunden eine geringe Effizienz der Projektgruppen als besonders kooperationshinderlich.

In mediationsähnlichen Verfahren wirkt sich eine kurze Dauer in der Regel günstig auf das Engagement der Akteure aus. Erfolgreich werden Kooperationen besonders dann eingeschätzt, wenn das Arbeitsprogramm stringent formuliert war, der Aufwand für die Akteure gering gehalten wurde (Konzentration auf zwei- bis dreistündige Sitzungen) oder der enge zeitliche Rahmen zu effizienter Arbeit zwang. In länger andauernden Verfahren treten nicht nur Ermüdungserscheinungen der Akteure auf, sondern es besteht auch die Gefahr, dass sich grundlegende Sachverhalte (z.B. Prognosen von Abfallaufkommen im Verfahren der Abfallplanung Nordschwarzwald) derart ändern, dass mühsam erarbeitete Konsensgrundlagen hinfällig werden.

Seltener wird auch umgekehrt kritisiert, dass Kooperationen keine ausreichende Zeit des Reifens gelassen wurde. Dies gilt besonders dann, wenn von politischer Seite schnelle Erfolge erwartet wurden, oder wie im Rahmen der regionalisierten Strukturpolitik, das Land seine Förderbereitschaft an kurzfristigen Erfolgskriterien ausrichtete.

Von Anfang an muss es in der Kooperation eine enge Verzahnung der operativen Handlungen mit normativen Orientierungen geben. Ein Grund für das Scheitern einer Kooperation kann darin liegen, dass die mit dem perspektivischen Inkrementalismus angestrebte ausgewogene Balance zwischen Zielentwicklung und Projektumsetzung nicht gefunden wurde. Entweder wurden durch die schnelle Orientierung auf Projekte alle wesentlichen strategischen Überlegungen vergessen, es wurde keine Zeit zum Reifen gelassen oder es wurden umgekehrt nicht schnell genug sichtbare Erfolge erzielt und die Motivation der Teilnehmer bröckelte rapide ab, da die Kosten-Nutzen-Relation als zunehmend ungünstig eingeschätzt wurde.

Kooperationen, die sehr schnell Projekte angehen, haben in der Regel schnelle Erfolge zu verzeichnen. Sie beginnen meist mit Themen, bei denen alle Beteiligten gewinnen können und sich kurzfristig erste Erfolge erzielen lassen: Tourismus, Bildung, Identität, Radwegenetze, Fremdenverkehrswerbung und vor allem Themen, die gegenseitiges Lernen ermöglichen wie z.b. Verwaltungsmodernisierung. Günstig ist ein Start mit Themen, die nicht durch sektorale Konkurrenzen belastet sind (Jurczek et al. 1999, 157) und wo sich Verteilungskonflikte von anderen Fragen trennen lassen (Kegel/Knieling 1998, 151). Durch dieses pragmatische Ausklammern sperriger Projekte wird zunächst das erforderliche Vertrauen zwischen den Akteuren hergestellt (BfLR 1996, 36).

2.4 Die hohen Erfolgsvoraussetzungen von konfliktlösungsorientierten Kooperationen

Wichtige Erfolgsvoraussetzungen für entwicklungsorientierte Kooperationen sind tragfähige Anlässe, eine Gewinnmöglichkeit für alle und eine hohe kurzfristige Erfolgswahrscheinlichkeit (BflR 1996, 22). Aus diesem Grunde werden angesichts des hohen politischen Erfolgsdruckes in diesen Kooperationen konflikträchtige Themen zunächst in der Regel ausgeklammert (ARL 1998, 60). Darin kann aber auch bei entwicklungsorientierten Kooperationen eine Schwäche liegen, wenn etwa im Rahmen der regionalisierten Strukturpolitik in Sachsen-Anhalt Projekte lediglich additiv eingebracht werden und die Priorisierung von Leitprojekten nicht gelingt (Benz/Fürst 1998, 113f). Auf mittlere Sicht ist die Strategie der Planung durch einfach zu realisierende Projekte begrenzt, weil nur hoch selektive Inhalte aufgegriffen werden können. Projekte müssen vielmehr auch zum Erreichen der längerfristigen Ziele beitragen. Auch wenn zunächst machbare Projekte ausgewählt werden sollten, sollte es nicht bei Insellösungen bleiben, sondern eine strategische Vernetzung der Projekte vorgenommen werden.

Netzwerke basieren zwar auf dem Grundgedanken der Kooperation. Das Interesse an der langfristigen Stabilität des Netzwerkes kann zur Tendenz der Konfliktvermeidung führen. Wird daraus jedoch eine harmonistische Kultur oder einem allzu pragmatisches Handeln (Kilper 1993), besteht die Gefahr von innovationshemmenden Blockierungen und einengenden Status-Quo-Orientierungen, es werden nur noch nicht-innovative Lösungen im bereits eingeschlagenen Entwicklungskorridor entwickelt (Messner 1995, 219ff). Konflikte können zwar zerstörend wirken, sie haben aber auch ein verbindendes Moment. Eine zu große Harmoniesucht unter den Akteuren, dies zeigten einige Fallstudien, kann sich ebenso lähmend auf eine Kooperation auswirken wie ein zu hohes Konfliktniveau. Notwendig ist vielmehr, dass das Spannungsverhältnis zwischen Kooperation und Konflikt aufrechterhalten und permanent produktiv bewältigt wird (Messner 1995, 238ff). Bei mediationsähnlichen Verfahren stellt sich dieses Problem freilich etwas anders dar, denn das Konfliktniveau liegt hier grundsätzlich höher als bei entwicklungsorientierten Kooperationen; der Konflikt bildet ja überhaupt erst den Kooperationsgegenstand. Die Fallstudien zeigen, dass bei konfliktlösungsorientierten Kooperationen die Erfolgsvoraussetzungen für das Gelingen auf einem insgesamt höheren Niveau liegen. Ein erster Beleg dafür ist die Tatsache, dass konfliktlösungsorientierte Kooperationen von ihren Akteuren im Durchschnitt etwas schlechter bewertet werden als entwicklungsorientierte Kooperationen (vgl. Abb. IV.2). In den meisten Fallbeispielen waren keine Veränderungen der Grundpositionen der Akteure zu erkennen, der eigentlich angestrebte Konsens unter den Akteuren wurde nicht erzielt bzw. ein gegen die favorisierte Lösung mobilisierender Akteur konnte nicht eingebunden werden.

In — letztlich vor allem an nicht verhandelbaren Wertkonflikten — gescheiterten konfliktlösungsorientierten Kooperationen kumulieren in der Regel die Faktoren, die verhindern, dass das Verfahren die anfänglichen Erwartungen erfüllt: Der Misserfolg von mediationsähnlichen Verfahren ist um so wahrscheinlicher, je unrealistischer die Erwartungen der Teilnehmer sind, je feindseliger die Beziehungen zwischen den Kontrahenten sind und je knapper die zu verteilenden Ressourcen sind. Mediationsähnliche Verfahren scheitern besonders dann, wenn zu viele Aspekte mit in die Verfahren gebracht werden, wenn die Akteursgruppen zersplittert sind und die Machtverhältnisse zwischen den Akteursgruppen unausgewogen sind (Fietkau/Pfingsten 1995, 60).

Konflikte können auch in mediationsähnlichen Verfahren nicht gelöst werden aufgrund von strukturellen Problemen wie zersplitterten Entscheidungskompetenzen, fehlenden Daten und Informationen oder ihrer kontroversen Interpretation, aufgrund von Problemen auf der Beziehungsebene der Akteure und aufgrund von Interessen- und Wertdivergenzen (Vosseburger/Claus 2000, 90). Nicht funktionieren dürfte Mediation vor allem dann, wenn die Eskalation schon weit vorangeschritten ist oder maßgebliche Beteiligte nicht ernsthaft an einer Lösung interessiert sind, falsche Erwartungen an den Mediator bestehen, ein vollständiger Konsens erwartet wird, Mediation von der Politik instrumentalisiert wird, um unpopuläre Entscheidungen abzuwenden, nicht genügend Zeit vorhanden ist und nicht alle wichtigen Konfliktparteien teilnehmen (Kostka 2000, 217). Insbesondere wenn mediationsähnliche Verfahren de facto als Maßnahmen der Akzeptanzbeschaffung eingesetzt werden, werden die Potenziale einer wirklichen Konfliktlösung nicht eingelöst (Runkel 2000, 26).

Dieses häufige zumindest teilweise Scheitern hat Ursachen in der Kommunikationsstruktur dieser Verfahren: Aller Erfahrung nach stellen mediationsähnliche Verfahren lediglich eine Verdopplung der Realität unter anderem Namen dar. Die kognitiven Grundordnungen werden erhalten und selektiv mit Informationen angereichert. Die Analyse von Sprechakten zeigt, dass in den bisherigen mediationsähnlichen Verfahren meist etwas festgestellt wird, seltener aber eine Frage gestellt und praktisch überhaupt nicht verhandelt wird. Die Beteiligten reden kaum miteinander, sondern kommunizieren meist über den Mediator. Fragen richten sich nicht an die Mitbeteiligten, sondern an Experten. In relativ erfolgreichen mediationsähnlichen Verfahren wurden Probleme eher verlagert oder die Behandlung wurde aufgeschoben — genau in dieser Umstrukturierung bestand die „Problemlösung". Faktisch erfüllten die meisten mediationsähnlichen Verfahren die Funktion, Informationen zu generieren, das Handeln unterschiedlicher Akteure sichtbar zu machen und unterschiedliche Sichtweisen zu verdeutlichen. Die wertbesetzten Konflikte konnten nicht entschieden werden (Fietkau 1999).

Derlei Erfahrungen aus den in Deutschland so genannten Mediationsverfahren haben in den letzten Jahren die Diskussion um Qualitätsstandards und die Reinheit der Begriffe verstärkt. Denn es hat sich bisweilen ein undifferenziertes Verständnis breit gemacht, wonach „...*fast alles schon „Mediation" genannt wird, wo eine Handvoll Leute um einen Tisch sitzen und unter Leitung eines Moderators ihre Probleme/Konflikte besprechen.*"(Sellnow 1998, 49) Nach den ersten Erfahrungen mit mediationsähnlichen Verfahren, in denen sich längst nicht alle Erwartungen erfüllten, wurde zunehmend die Diskussion geführt, welche Merkmale für Mediationsverfahren im engeren Sinne idealtypischerweise konstitutiv sein sollen.

Als der am weitesten gehende normative Standard können in Deutschland die Kriterien gelten, die durch die Arbeit des Fördervereins Umweltmediation aufgestellt wurden (Runkel 2000, 21; Sellnow 1998, 51).[4] Mediationsverfahren müssen diese Voraussetzungen erfüllen:

- Fachliche und soziale Kompetenz bei den Beteiligten;
- dringenden Handlungsbedarf;
- einen allparteilichen/überparteilichen Dritten;
- vorhandene und tauschbare Macht bei den Verhandlungspartnern. Es nehmen möglichst alle betroffenen Parteien teil, auch jene, deren Mitwirkung in klassischen Konfliktschlichtungsverfahren nicht gegeben oder nur schwach ausgeprägt ist;

---

4   Noch einen Schritt weiter gehen Überlegungen zur Einführung eines Mediationsgesetzes, das die Anwendungsbereiche und den Ablauf von Mediationsverfahren stärker regelt (Sünderhauf 1997, 205ff).

– die Konfliktparteien führen ihre Verhandlungen freiwillig und ergebnisoffen und haben einen Verhandlungs- und Einigungswillen; es gibt einen Konsensgestaltungsraum im Konflikt; das Ergebnis ist verbindlich für jede Gruppe.

Das Beispiel des Verfahrens Flughafen Frankfurt/Main zeigt, inwieweit derlei normative Anforderungen de facto erfüllt werden:

> Die Kritik, die am mediationsähnlichen Verfahren für den *Flughafen Frankfurt/Main* geübt wurde, umfasst eine Reihe von Punkten und betrifft nahezu den gesamten Verfahrensverlauf Kritisiert wird, dass bei der Auswahl der Mediatoren keine Mitwirkungsmöglichkeit der Umweltverbände bestanden hätte. Während des Verfahrens wären Vereinbarungen zur Darstellung von Ergebnissen nicht eingehalten worden und die Vertraulichkeit ungeprüfter Daten wäre gebrochen worden. Einige Gutachten hätten keiner Qualitätskontrolle unterlegen. Die Mediatoren hätten Arbeitsplatzzahlen aus Gutachten falsch zitiert und ohne Rücksprache mit der Mediationsgruppe ein Zusatzgutachten zu einer Variante anfertigen lassen. Kritisiert wird auch, dass letztlich zwölf von 21 Teilnehmern der Mediationsgruppe bei der Abstimmung über das Mediationspaket nicht mitgestimmt oder dem Mediationspaket in Einzelpunkten widersprochen hätten. Auch sei das Nachtflugverbot als zentrale Schutzbestimmung rechtlich nicht durchsetzbar. Insgesamt sei die Möglichkeit der Anwendbarkeit der Mediation im Frankfurter Fall überschätzt worden. Das Verfahren sei daher insgesamt als Etikettenschwindel zu betrachten, denn wenn im Vorfeld keine Win-Win-Lösung abzusehen sei, sollte das Verfahren nicht als solches bezeichnet werden. Allenfalls sei es als Verfahren mit mediativen Elementen zu betrachten (Norgall 2000).
>
> Spätestens die Protokollnotizen und die öffentlichen Erklärungen von sechs Bürgermeistern zu den nicht konsensfähigen Passagen des Endberichtes nach Abschluss des Verfahrens waren Anlass für eine deutliche Kritik auch von Seiten des Fördervereins für Umweltmediation: Die Kritikpunkte lagen in der trotz großen Aufwandes nicht transparenten Öffentlichkeitsarbeit, dem teilweise eigenmächtigen Handeln des Mediatorentrios, das gegen den Grundsatz der Eigenverantwortlichkeit der Beteiligten verstieß, der Nicht-Beteiligung vieler Betroffener am Verfahren (der sich auch gegen die Nicht-Teilnehmer selbst richtete), der Nicht-Prüfung bestimmter Alternativen, der Nicht-Austragung von Konflikten und der Nicht-Allparteilichkeit der Mediatoren. Der Begriff Mediation würde als Etikette für ein Verfahren verwendet, das mit Mediation nur wenig gemein hätte. Der externe allparteiliche Dritte sei nicht gegeben, es seien nicht alle Konfliktparteien einbezogen und auch die Eigenverantwortlichkeit der Teilnehmer und Ergebnisoffenheit nicht gewährleistet. Auch die Professionalität der Mediatoren sei nicht gegeben (Kessen 1999). Insgesamt hätten diese Faktoren dazu geführt, dass das Verfahren nur als ein Anschauungsobjekt wie Mediation nicht durchzuführen sei, geeignet sei (www.ag-recht_2000). Freilich sind dies dezidierte Positionen, denen – vor allem von Seiten der Verfahrensbeteiligten – völlig andere Einschätzungen gegenüberstehen. Nach deren Einschätzung wurden im Verfahren zweifellos die Handlungsspielräume erweitert und es gibt Anzeichen, dass die erarbeitete Lösung einen zwar nicht allseitig akzeptierten, aber dennoch tragfähigen Kompromiss darstellt (Ewen/Hertlein/Pfeiffer 2000).

Zu dem aus Sicht einiger Kritiker vernichtenden Urteil über das Verfahren Frankfurt muss angemerkt werden, dass, legt man die o.g. Qualitätskriterien an Mediationsverfahren zu Grunde, eine solche idealtypische Umweltmediation, die alle diese Charakteristika aufweist, in Deutschland bislang praktisch noch nicht durchgeführt wurde (Runkel 2000, 24).

Mediationsähnliche Verfahren für komplexe und politikbeladene Problemstellungen weisen gegenüber Verfahren wie sie vor allem im Bereich der Familienmediation erfolgreich angewandt wurden (und aus denen auch die strikten Qualitätskriterien abgeleitet sind), einen entscheidenden Unterschied auf: die Akteure handeln als Funktionsträger, sie sind nicht nur ihren eigenen, sondern vor allem den Interessen ihrer Klientel gegenüber verpflichtet. Sie haben nur ein begrenztes Mandat und ohne eine Rückbindung zu ihren Interessengruppen bleiben ausgehandelte Kompromisse folgenlos. Alle Strategien — gerade auch die einer Nichtteilnahme — unterliegen politischen Kalkülen, die mit den Grundvoraussetzungen von Mediationsverfahren kaum vereinbar sind. De facto wird auch die Anwendung von Qualitätsstandards für Mediationsverfahren wenig Einfluss auf diese Rahmenbedingungen haben. Ihre Anwendung dürfte eher dazu führen, dass nahezu alle räumlichen Konfliktlagen nicht mehr als mediationsgeeignet im strengen Sinne angesehen werden können.

Einer rigiden Formulierung von Qualitätsstandards kann von daher auch ein Plädoyer gegenübergestellt werden, „unterschiedliche Schattierungen" (Weidner 1995, 65) der Art der Konfliktregelung wahrzunehmen und Mediation lediglich deutlich gegenüber Verfahren zur Akzeptanzschaffung abzugrenzen (Zillessen 1998, 18). In jedem Fall sollte aber die Mediationsmethode zumindest den Kern von Mediationsverfahren ausmachen (Runkel 2000, 25, 31). Offen bleiben muss dabei die Frage, ob solche Verfahren dennoch als Mediationsverfahren bezeichnet werden können und die genannten Qualitätskriterien als eine bloße Richtschnur aufgefasst werden können, die mehr oder minder einzuhalten sind. Eventuell wäre es hier sinnvoller, anstelle von Konfliktmediation von Konfliktmoderation zu sprechen (Sellnow 1998, 55). Aus diesen Gründen wird in dieser Arbeit in der Regel auch nicht der Begriff „Mediationsverfahren" sondern der Begriff „mediationsähnliche Verfahren" gewählt.

Kapitel V
Die Verstetigung der Kooperation

Was sind die Kennzeichen, Ursachen und Folgen der Verstetigung der Kooperationen? In den vorangegangenen Kapiteln wurde ein Rückblick auf eineinhalb Jahrzehnte regionaler Kooperationen gegeben, bis hin zu einer Bilanz ihrer Leistungsfähigkeit. Ein Teil der regionalen Kooperationen hat mittlerweile an Stabilität gewonnen, ein anderer Teil befindet sich noch auf dem Wege der Verstetigung, andere haben ihre Zwecke erfüllt und sind beendet. In diesem Kapitel wird die Frage der Verstetigung regionaler Kooperationen systematisch behandelt. Dabei Fwerden zunächst allgemeine Überlegungen zu Lebenszyklen von netzwerkartigen Kooperationen angestellt und am empirischen Material Aspekte der strukturellen Veränderung von Kooperationen im Zuge ihrer Alterung diskutiert. Ein Faktor spielt bei der Entwicklungsdynamik und Verstetigung von Kooperationen eine treibende Rolle: das Spannungsverhältnis zwischen Innovation und Effizienz (KapitelV.2) und ein Meilenstein wird von vielen Kooperationen auf ihrem Entwicklungsweg erreicht: die Institutionalisierung der Kooperation, ihre Festigung durch eine eigene Rechtsform. Eingehend analysiert wird daher, ob es signifikante strukturelle Unterschiede zwischen Institutionalisierten Kooperationen und nicht institutionalisierten Kooperativen Netzwerken gibt (Kapitel V.3) und welche Implikationen unterschiedliche Rechtsformen für die Kooperationen haben (Kapitel V.4). Schliesslich wird ein Überblick über die Landschaft möglicher regionaler Steuerungsformen unter dem Begriff des Regionalmanagements gegeben (Kapitel V.5.)

1. Die zeitliche Dimension von Netzwerken

Wohl eines der größten Defizite der empirischen Netzwerkforschung ist die weitgehende Vernachlässigung der zeitlichen Komponente (Jansen/Schubert 1995, 17). Obgleich stets die wichtige Rolle von Netzwerken innerhalb von Politikprozessen betont wird, ist die prozessuale Dimension, die zeitliche Entwicklung der Netzwerke selbst praktisch nie Gegenstand konkreter

Netzwerkanalysen; in der Regel werden nur einzelne Zeitpunkte isoliert betrachtet (Schubert 1995, 235). Zum großen Teil ist dies sicherlich forschungsmethodisch zu erklären: Die Zeiträume der Entwicklung von regionalen Kooperationen sind in der Regel zu lang, um kontinuierlich begleitet zu werden und signifikante Veränderungen feststellen zu können.[1]

Dennoch lässt sich die Frage, wie die Stabilität und Entwicklungsdynamik von Netzwerken einzuschätzen ist, ob sie auf Dauer angelegt sein können und was für Folgen dies hat, hier behandeln. Von den hier untersuchten Typen regionaler Kooperationen betrifft die Frage der Verstetigung in erster Linie den Grundtypus der entwicklungsorientierten Kooperationen. Konfliktlösungsorientierte Kooperationen also mediationsähnliche Verfahren sind in der Regel von vornherein zeitlich begrenzt, eine Verstetigung ist hier nicht angestrebt. Jedoch spielt auch hier der Faktor Zeit eine Rolle und es lassen sich für die Kooperationen unterschiedliche Phasen voneinander abgrenzen.

1.1 Alterungsfähigkeit

In der Diskussion um die Frage der Stabilität, Dauerhaftigkeit und Alterungsfähigkeit von Netzwerken lassen sich zwei Richtungen ausmachen: Die eine betont die größere Dauerhaftigkeit der Netzwerke gegenüber der Marktform von Transaktionen. Die andere sieht gerade die Veränderungsdynamik der Netzwerke als ihre Stärke und sieht in der Tendenz zur Dauerhaftigkeit und Verstetigung eher die problematischen Parallelen zu festen hierarchischen Organisationen.

Vergleicht man das Steuerungsmodell der Netzwerke mit dem Modell des marktförmigen Austausches, so ist ihre relative Dauerhaftigkeit unbestritten (Jansen 1995, 107). Die Stabilisierung der Beziehungen der Akteure ist geradezu einer der wesentlichen Vorteile von Netzwerken gegenüber der marktförmigen Transaktion (Schneider/Kenis 1996, 29). Die Beziehungen von Akteuren in Netzwerken sind dauerhaft, weil sie über die reine punktuelle Tauschlogik hinausgehen (Mayntz 1996, 479), die Perspektive der Wiederkehr der Interaktion („Shadow of the Future") ist ein kennzeichnendes wichtiges Element von Netzwerken (Helmer et al. 1999, 61).

---

1 Auch diese Untersuchung weist diesen Mangel auf. Es werden hier nicht Kooperationen in ihren Entwicklungsverläufen begleitet, sondern Erkenntnisse über mögliche Alterungsfolgen aus Vergleichen zwischen unterschiedlich alten Kooperationen gezogen. Daher kann es ebenso sein, dass eventuelle Strukturunterschiede durch einen Alterungsprozess entstanden sind oder dass zu unterschiedlichen Zeitpunkten entstandene Kooperationen systematische Unterschiede in ihren Strukturen aufweisen.

Das Interesse der Akteure an einer gewissen Dauerhaftigkeit des Netzwerkes ergibt sich aus der wechselseitigen Abhängigkeit von den Ressourcen der anderen sowie den hohen Transaktionskosten für die anfänglichen Aushandlungsprozesse im Zuge der Knüpfung der Netzwerke (Meßner 1995, 220). Dauerhafte Beziehungen entstehen, wenn Akteursgruppen sich auf bestimmte Muster von gegenseitig akzeptierten Identitäten, Kompetenzen und Interessenssphären einigen (Mayntz 1996, 484). In solchen dauerhaften Beziehungen ist die egoistische Orientierung vergleichsweise schwächer ausgeprägt und aufgrund der dauerhaften Perspektive verstärkt sich die Gegenseitigkeit der Beziehungen (Powell 1996, 226). Mit Dauer des Netzwerkes werden Regeln und Normen erzeugt, die opportunistisches Verhalten begrenzen (Mahnkopf 1994, 78). Durch die Konsolidierung und Verstetigung von Netzwerkbeziehungen wird die „Voice-Option" von Akteuren, d.h. die Möglichkeit des kooperativen Dialogs, gegenüber der „Exit-Option", der Möglichkeit des Ausstiegs aus der Interaktion, die kennzeichnend für den marktförmigen Austausch ist, gestärkt. (Hellmer et al. 1999 77). Ein Netzwerk ist somit letztlich ein Geflecht von Reputation, gegenseitiger Verpflichtung und Abhängigkeit, das — um ein Alltagsbild zu wählen — eher an Ehe als an flüchtige Beziehung erinnert (Schneider/Kenis 1996, 29).

Verglichen mit festen hierarchischen Organisationen wird Netzwerken die Fähigkeit zugesprochen, sich aufgrund ihrer flexibleren Strukturen besser und schneller an veränderte Umweltbedingungen anpassen zu können. Da sie in ihrer Gestalt wandlungsfähiger sind, müssten sie — scheinbar paradox — als Ganzes sogar eine längere Überlebensdauer aufweisen als hierarchische Organisationen. Auffallend in der Diskussion der allerletzten Jahre ist jedoch, dass von den meisten Autoren diese vermeintlichen Vorteile von Netzwerken gegenüber hierarchischen Organisationen relativiert werden. Netzwerken werden in der Tendenz ähnliche Alterungsprobleme wie hierarchischen Organisationen attestiert. Die Fähigkeit zur permanenten Selbsterneuerung von Netzwerken in dem Sinne, sich zu verändern, ohne Effektivität und Innovationskraft zu verlieren, wird durchaus als begrenzt eingeschätzt.

Die im Vergleich zum Marktmodell relative Stabilität und Dauerhaftigkeit der Transaktionen in Netzwerken ist gleichzeitig die Ursache, warum sie im Zeitverlauf ihre spezifischen Vorteile im Vergleich zu festen Institutionen zum Teil einbüßen können. Auch Netzwerke können in der Regel schlecht altern. Die wahrscheinlichste Vorhersage ist, dass sich die Effektivität von Netzwerken im Zeitablauf verschlechtert (Miles/Snow 1992, 53). Regionen wie das Ruhrgebiet sind Beispiele, an denen die effektivitäts- und vor allem innovationsmindernde Funktion von Netzwerken häufig diskutiert wird. Das Interesse der Akteure an der Stabilität und Dauerhaftigkeit von

Netzwerken kann, wenn klare Mechanismen zur Konfliktaustragung fehlen, einen Trend zur Konfliktvermeidung und Konsens-Kultur begünstigen, der letztlich innovationsfeindlich sein kann (Hellmer et al. 1999, 77). Je älter Netzwerke sind, desto eher verstärkt sich die interne Ideologiebildung und findet Provinzialisierung statt, desto enger werden die Grenzen dessen definiert, was kollektiv bearbeitet werden kann und desto weiter werden Tabuzonen gezogen (Fürst 1993, 28). Es kommt zu Routinisierungen und Ritualisierungen, die kollektiven Denkmuster vereinheitlichen sich in Richtung der Überbewertung des Status Quo (Fürst/Schubert 1998, 359). Machtstreben von Akteuren, das zur internen Ausdifferenzierung von Macht führt und ein steigender Druck zur Bürokratisierung sind weitere Faktoren, die mit einer Stabilisierung von Netzwerken einher gehen (Jansen 1995, 105). Es ist wahrscheinlich, dass sich mit der Alterung die Machtdifferenzen in Netzwerken verstärken (Fürst o. J., 28).

Dabei finden sich Alterungsfolgen wie Provinzialisierung, Tabuthemen, Verstärkung interner Machtdifferenzierung schon bei jungen Netzwerken. Diese Alterungserscheinungen müssen nicht per se dramatisch sein. Problematisch wird es aber, wenn eine Blockade des Netzwerkes insgesamt entsteht (Wohlfahrt 1993, 47), die sich dann auch auf die Umgebung auswirkt. Netzwerke haben mit zunehmender Stabilität auch eine stabilisierende Funktion für das Gesamtsystem, die innovationsfeindlich wirken kann. Erstaunlicherweise ist dies häufig um so mehr der Fall, je weiter sie von politischen Entscheidungszentren entfernt sind. So lässt sich z.B. feststellen, dass innovative Grundsatzentscheidungen, z.B. als Folge von politischen Machtwechseln, in sektoralen Politiknetzwerken versickern und bisweilen sogar folgenlos bleiben (Benz 1995, 202).

1.2 Idealtypische Phasenverläufe

Die beiden Positionen, von denen die eine eher die Vorteile der relativen Dauerhaftigkeit von Netzwerken im Vergleich zum Marktmodell, das andere eher die Nachteile betont, lassen sich weitgehend in Einklang bringen, wenn man einerseits unterschiedliche Typen von Netzwerken unterscheidet und andererseits Phasenverläufe in der Entwicklung von Netzwerken definiert.

Die Dauerhaftigkeit und Entwicklungsdynamik von Netzwerken hängt zunächst einmal sehr stark von der Dauerhaftigkeit der Institutionen, zwischen denen sie bestehen, ab (Heritier 1993, 207f). Auch variiert die Dauerhaftigkeit sehr stark nach einzelnen Typen von Netzwerken. Soziale Netzwerke heben sich z.B. von netzwerkartigen Arbeitskreisen dadurch ab, dass sie a priori zeitlich offen sind (Fürst/Schubert 1998, 352). Generell ist die zeitliche Dauer von Netzwerken, die sich gezielt auf ein Thema richten, kürzer als die von ungerichteten Netzwerken (Mayntz 1996, 479). Erstere verändern sich häufig grundlegend, wenn das Thema abgearbeitet ist. Ungerichtete Netzwerke dagegen befinden sich in einem permanenten Wandel, bleiben aber als ganzes eher erhalten. Solche Netzwerke sind nicht permanent aktiv, aber permanent aktivierbar (Sydow 1995, 630).

Häufig ummanteln zeitlich unbegrenzte Netzwerke zeitlich begrenzte Kooperationen. Finden sich in unterschiedlichen Netzwerktypen unterschiedliche Dauerhaftigkeiten, so lassen sich die o.g. Argumente ebenfalls miteinander vereinbaren, wenn die Phasenverläufe von Netzwerken differenziert betrachtet werden. Netzwerke können, wie feste Institutionen, Lebenszyklen durchlaufen (Fürst 1993, 27). Feststellen lässt sich z.B. ein grober dreistufiger Entwicklungszyklus von Netzwerken(Meßner 1995, 325ff):

- In der ersten Phase dienen Netzwerke dazu, einen gesellschaftlich, politisch, ökonomisch vorgegebenen Entwicklungskorridor auszufüllen. Die Phase ist im wesentlichen durch die gegenseitige Annäherung und das Lernen der Akteure voneinander sowie das Aufbrechen egoistischer Sichtweisen geprägt.[2]
- In der zweiten Phase, der Reifephase, vollbringt das Netzwerk seine effizientesten Leistungen. Gleichzeitig aber wandeln sich die anfänglich noch stimulierenden Interaktionsbeziehungen zunehmend in Entwicklungsblockaden: Da Abweichungen von Entwicklungslinien — namentlich erfolgreichen — strategische Interessen von Akteuren verletzen würden, kommt es zu verengten Wahrnehmungen; Akteursbeziehungen werden zunehmend symbiotisch und nach außen hermetisch abgeschlossen. Der Trend zu „Strong Ties" zwischen den Akteuren erschöpft allmählich die Innovationskraft des Netzwerkes. In diesen stabilisierten Netzwerken erhöht sich gleichzeitig die Gefahr der einseitigen Ausrichtung der Ressourcen aller Mitglieder (Miles/Snow 1992, 63). Der anfangs innovativ beschrittene Entwicklungskorridor scheint zunehmend ausgefüllt, für einen neuen gibt es aber noch keinen Ansatzpunkt. Damit stellt sich die für feste Organisationen typische „Luhmann-Problematik" selbst-referentieller, hierarchisch-institutionalisierter Systeme auch in den interorganisatorischen Netzwerken ein. Gerade Netzwerke, die in ihrer ersten Phase erfolgreiche Interaktionsmuster entwickelten, geraten jetzt in eine Krise, die dritte Phase einleitet.
- Die dritte Phase, die Umbruchphase oder Phase des Untergangs, ist durch die rapide Auflösung der Funktionslogik des Netzwerkes gekennzeichnet. Die Fähigkeit der gemeinsamen Problemlösung geht verloren, es kommt zum Verlust des gegenseitigen Vertrauens der Akteure (v. Alstyne 1997, 28), was zur Auflösung der Kernbeziehungen des Netzwerkes führen kann. Gleichzeitig aber entsteht allmählich ein neuer Entwicklungskorridor, der den nächsten Netzwerkzyklus einleitet. Neue strategisch relevante Akteure treten auf den Plan und bauen eine neuen stabilen Erwartungshorizont auf.

---

2 Diese Phase in der Terminologie von Meßner lässt sich mit Fürst (1993, 27) noch in eine Anfangsphase und eine Phase der institutionellen Strukturierung unterteilen.

Netzwerke haben ihre spezifischen Stärken eindeutig in ihrer ersten Phase, wo es um die innovative Ausgestaltung von Entwicklungskorridoren geht. Die Frage der Dynamik der Netzwerke wird besonders dann interessant, wenn ein eher fließendes Verständnis der Akteurskonstellationen zugrundegelegt wird (Fürst/Kilper 1993, 13). Die innere Erstarrung, das Erlahmen evolutionärer Kraft kann der Grund für das krisenhafte Ende der Netzwerke und ihre abrupte Transformation in eine neue Steuerungsform sein.

Die Unterschiede zwischen Netzwerken und festen Organisationen sind hier keine grundlegenden. Ob Netzwerke insgesamt dauerhafter sind als feste Organisationen, ist eine Frage, die pauschal nicht beantwortet werden kann. Für beide Argumente gibt es Belege. Gesamtgesellschaftlich gesehen handelt es sich bei Netzwerken auch deshalb nicht per se um eine gegenüber Markt und Hierarchie höhere Entwicklungsstufe der Steuerung. Zwar übernehmen sie in ihrer ersten Entwicklungsphase Aufgaben von formalen Hierarchien (Mayntz 1996, 477). Netzwerke haben jedoch ebenfalls Schwächen, aufgrund derer sie sich durchaus als zeitlich befristete Übergangsformen oder gar als Notlösung auffassen lassen; eine Form, die sich entweder auf dem Weg zur Integration in eine stabile Hierarchie oder zur Desintegration in einen marktförmigen Steuerungsmechanismus befindet (Döhler 1993, 15).

Entwicklungsorientierte Kooperationen

Eine mehrstufigere Typisierung, die eher die Rolle einer festen Kerninstitution im Prozess der Netzwerkkonstituierung hervorhebt, nimmt Goldschmidt (1997, 99) in Anlehnung an Bennet/MacCoshan (1993) vor. Diese Typisierung kann auch auf die hier untersuchten Kooperationen, vor allem die mit Fragen der Regionalentwicklung befassten, übertragen werden:

- In der Regel werden Kooperationen durch einen externen Input (z.B. Anreize durch Ressourcen des Landes) angestoßen. In der ersten Stufe machen einzelne Akteure erste gemeinsame Erfahrungen bei der Durchführung einzelner Projekte oder bei Diskussionen um Leitbilder. Es kann sich dadurch eine Vertrauensbasis zwischen ihnen entwickeln. Die erste Stufe der Verstetigung ist erreicht, wenn die beteiligten Akteure selbst Ressourcen einbringen. In den ersten Phasen der Kooperation sind dies vor allem personelle und zeitliche Ressourcen; das Spektrum reicht von politischen Schirmherrschaften bis zu erheblichen Zeitaufwendungen auf der Arbeitsebene. Es bildet sich eine ablauforganisatorische Struktur heraus und Besprechungen werden regelmäßig durchgeführt. Die Kooperation wird von den regionalen Akteuren in Eigenverantwortung getragen, es wird der politische Wille zur Fortsetzung der Arbeit bekundet.
- In der zweiten Stufe wird dieses erarbeitete Know-how für den Start des regelrechten Networking genutzt. Ein Kern von Akteuren interagiert zielgerichteter und effektiver. Die Chancen der Kooperation werden aufgezeigt, das

Thema Kooperation wird von den Akteuren zunehmend bejaht, der Akteurskreis ausgedehnt und es werden längerfristige Kooperationsfelder identifiziert sowie langfristige Ziele auf der Arbeitsebene gesetzt. Anzeichen einer weiteren Verstetigung sind zu beobachten, wenn weitere regionale Akteure einbezogen werden. In den wenigen Fällen, in denen die Kooperation tatsächlich zuerst von unten aus der Region entstand (z.b. liegt mit der IBA Fürst-Pückler-Land Lausitz solch ein Fall vor), ist umgekehrt die sichtbare Unterstützung durch das Land als ein erstes Merkmal der Verstetigung zu bewerten. Das Kooperationsniveau wird so für bestimmte Themen auf eine neues Level gehoben.

- In der dritten Stufe nimmt die Kooperation wohl den wichtigsten Schritt zur dauerhaften Verstetigung, wenn neben den personellen Ressourceneinsatz der Akteure auch eine eigene Finanzierung tritt. Erst diese Zäsur markiert in der Regel den „Take off" der Kooperation. In den Fällen, wo eine Anschubfinanzierung der höheren Ebene auf einen kurzen Zeitraum begrenzt war, wie im ExWoSt-Forschungsfeld Städtenetze, war dies zu Ende der Modellförderung in vielen Modellvorhaben der Fall. In den von unten angestoßenen Kooperationen ist diese Stufe erreicht, wenn durch eine höhere Ebene eine regelmäßigere Finanzierung zugesichert wird. Mit diesem qualitativen Sprung im Ressourceneinsatz ist häufig auch eine feste Institutionalisierung der Kooperation verbunden. Es werden feste Umsetzungsstrukturen geschaffen und es wird eine zunehmende Zahl von Projekten mit steigenden Volumina umgesetzt. Eine Geschäftsstelle oder eine autonome Organisation mit Fachwissen übernimmt dauerhaft Führungsfunktionen. Eine weitere Verstetigung in bereits institutionalisierten Kooperationen findet dann durch die Erweiterung des inneren Kernes der Kooperation — z.B. durch den Zuwachs von Vereinsmitgliedern — und die Verdichtung des äußeren Netzwerkes statt. In seltenen Fällen ist eine noch weitergehende Verstetigung auszumachen, wenn in einer interkommunalen Kooperation die Frage der Einheitsgemeinde verstärkt diskutiert wird.
- In Stufe vier liegt ein reifes Netzwerk vor, das alle Schlüsselakteure einbindet. Das Netzwerk ist nun aktiv und eigenständig, die Kernorganisation tritt zurück. Die Stufe vier wird allerdings nur erreicht, wenn das Netzwerk als ein permanentes lernfähiges System angelegt ist. Wenn das Netzwerk die Lernfähigkeit verliert, kommt es zur fünften Stufe: der Auflösung des Netzwerkes oder zur Konservierung überholter Strukturen (Goldschmidt 1997, 100).

Konfliktlösungsorientierte Kooperationen

Mediationsähnliche Verfahren sind generell zeitlich limitiert und kürzer angelegt als entwicklungsorientierte Kooperationen. Sie sind zwar zu vielfältig, um nach einem einheitlichen Schema zu verlaufen. Dennoch lassen sich idealtypisch bestimmte Phasen festhalten, die zumindest ein gewisses zeitliches Gerüst für ein Mediationsverfahren abgeben. Über die Inhalte der einzelnen Phasen gibt es unterschiedliche Auffassungen. Am plausibelsten erscheint die Vierteilung in eine Initiierungs-, eine Vorbereitungs-, eine Durchführungs- und eine Entscheidungs- und Umsetzungsphase (Förderverein Umweltmediation 1999, 28):

- In der Initiierungsphase (Prenegotiation) erfolgt der Anstoß für das Verfahren, im Falle der deutschen Umweltmediationsverfahren waren dies fast immer die zuständigen Behörden. Die potenziellen Teilnehmer werden informiert. Ist der Wille der wesentlichen Beteiligten und finanzielle Mittel vorhanden, wird ein vorläufiges Mediatorenteam beauftragt.
- In der Vorbereitungsphase erstellt das Mediatorenteam sein Mediationskonzept. Zentral im Sinne des Harvard-Konzeptes ist hierbei eine Konfliktanalyse, die Mediatoren auf der Basis von Einzelgesprächen erstellen und auf deren Grundlage der Kreis der verfahrensbeteiligten Akteure zusammengestellt wird (Voßebürger/Claus 2000, 84).
- In der anschließenden Durchführungsphase (auch Verhandlungs- und Vermittlungsphase) werden zunächst die Ziele, Themen und das Konzept des Mediators vorgestellt bzw. die Probleme gemeinsam beschrieben und es werden Spielregeln vereinbart. In – je nach Verfahrenskomplexität – mehreren gemeinsamen Runden und/oder Arbeitsgruppen werden Informationen erarbeitet, Lösungen gesucht und Verhandlungspakete geschnürt.
- Am Ende der Verhandlungen steht ein Übereinkunftspaket, das in der Entscheidungs- und Umsetzungsphase beschlossen und – zumindest idealtypischerweise – umgesetzt wird.

Von diesem Ablauf gibt es Abweichungen: Manche Autoren (Voßebürger/Clauß 2000, 84) trennen die beiden ersten Phasen nicht voneinander. Andere (z.B. Sünderhauf 1997 in Anlehnung an Susskind & Cruikshank) siedeln die Vorstellung des Mediationskonzeptes in die erste Phase an, erst danach erfolgt die Auftragserteilung des Mediators. Auch Spielregeln und Materialsammlung werden noch in der ersten Phase erstellt (Sünderhauf 1997, 63). Diese Abweichungen lassen jedoch den Grundablauf der Mediationsverfahren unberührt. In komplexen Verfahren wird die Vorbereitungsphase sogar manchmal bewusst einem anderen Mediatorenteam (Vor-Mediation) überlassen, das überhaupt erst den Mediationsgegenstand genau herausarbeitet, womit der Gefahr einer frühzeitigen inhaltlichen Involvierung der Mediatoren vorgebeugt werden kann.

In den Fallstudien finden sich noch weitaus komplexere Verfahrensstrukturen:

> Im Beteiligungsverfahren zur *Abfallwirtschaft Nordschwarzwald* finden sich drei Hauptphasen, von denen jede im Grunde schon ein eigenes Verfahren darstellt; in den aufeinander aufbauenden Phasen wurden für unterschiedliche Fragestellungen unterschiedliche Methoden eingesetzt (Renn et al. 1999, 26ff). In der ersten Phase ging es um eine Restabfallmengenprognose; die 16 beteiligten Bürgerexperten diskutierten unter der Leitung des Mediators in vier im Monatsabstand stattfindenden Sitzungen vorliegende Prognosen und erarbeiteten so ein Bürgergutachten zu dieser Frage. In der zweiten, drei Monate andauernden Phase wurde im selben Akteurskreis eine Empfehlung über die anzuwendende Restabfallbehandlungstechnik erarbeitet, neben Mediationsmethoden wurde hier die Methode einer Wertbaumanalyse eingesetzt.

Nach einer fast einjährigen Zwischenphase, in der sich die Politik auf Richtungsentscheidungen zur Restabfallbehandlungstechnik einigte, wurden in der dritten Phase in einem Verfahren nach dem Konzept der Bürgerforen/Planungszellen in sechs moderierten Foren in jeweils sechs bis sieben Sitzungen von Laiengutachtern aus den potenziell betroffenen Gemeinden mögliche Standorte diskutiert und Empfehlungen erarbeitet.

Abbildung V. 1 Ablauf des Forums Elbtalaue

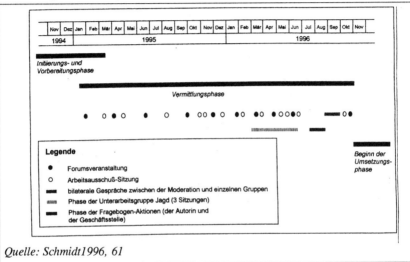

Quelle: Schmidt 1996, 61

Die Erfahrungen der ersten mediationsähnlichen Verfahren in Deutschland zeigen eindeutig das Erfordernis einer strikten zeitlichen Begrenzung. Der Münchehagen-Ausschuss kann als ein klassisches Negativbeispiel einer zu langen Verfahrensführung dienen. Während in der Aufbauphase (1990 – 1992) eine relativ günstige Akteurskonstellation vorherrschte, allgemeine Hoffnung auf konsensfähige Arbeit bestand und erste Teilkonsense erzielt wurden, verschlechterte sich das Verfahren im Zeitverlauf zusehends. Vor allem auch der ständige Wechsel von Akteuren und der zweimalige Wechsel des Mediators führte zusammen mit zu geringen finanziellen Spielräumen für Gutachten zu einer Stagnation, gekennzeichnet unter anderem durch die Redundanz der Themenbearbeitung. Diese Stagnation mündete in eine regelrechte Abbauphase (ab 1994) etwa vier Jahre nach Beginn des Verfahrens. Das Verhältnis zwischen Behördenvertretern und Bürgerinitiativen wurde irreparabel, das Land nahm wesentliche Forderungen der anderen Akteure nicht mehr auf. Ab 1996 wurden dann sogar wesentliche vorher konsensfähige Positionen verlassen. Am Ende der acht Jahre war die

Unzufriedenheit der Beteiligten mit Verlauf und Ergebnis groß, das Verfahren kann als rundweg gescheitert angesehen werden (Anhelm/Hammerbacher 1999, 48ff; 76ff).

1.3 Phasen und Alterungsfolgen in den untersuchten Kooperationen

Lassen sich nun die oben diskutierten Phasen und Alterungsfolgen in den hier untersuchten regionalen Kooperationen finden? Leider bieten die o.g. Phasenmodelle trotz aller Plausibilität zu wenig Ansatzpunkte einer Operationalisierung, da hier eine Fülle von eher weichen Kriterien genannt werden, die eine neue Phase einleiten können, die aber in der Praxis nicht zeitgleich auftreten. Zumindest eine Phase konnte in den untersuchten Kooperationen jedoch operationalisiert werden: der Zeitpunkt von den ersten Akteurskontakten bis zum Zeitpunkt des Abschlusses einer festen Kooperationsvereinbarung, der die zweite oder dritte Kooperationsphase im Modell Goldschmidts einleitet. Zwischen dem Zeitraum der ersten Kontakte der Akteure und dem Ende der Kooperation bzw. dem jetzigen Zeitpunkt vergingen im Durchschnitt 5,6 Jahre (Abb. V.2) [3], die Spannbreite reicht von einem halben Jahr bis zu 37 Jahren; 51,2% der Kooperationen dauerten bzw. dauern zwischen zwei und sechs Jahren an. Zum Zeitpunkt der Erhebung bereits beendete Kooperationen — überwiegend waren dies plausiblerweise mediationsähnliche Verfahren — wurden im Durchschnitt 3,1 Jahre alt.

Seit dem Zeitpunkt der festen Vereinbarung zur Kooperation — nicht zwingend identisch mit der aktuellen Vereinbarung oder Rechtsform — vergingen im Durchschnitt 4,1Jahre; dabei in 78,7% der Fälle bis zu sechs Jahre, die Spannbreite reicht von einem Monat bis zu 13 Jahren.

Die Kooperationstypen unterscheiden sich insgesamt signifikant nur voneinander, was den Zeitraum seit den ersten Kontakten angeht: Während die mediationsähnlichen Verfahren und regionalen Agenda-21-Prozesse noch relativ jung sind, fallen bundesländerübergreifende Kooperationen durch ihr hohes Alter auf. Hinsichtlich der Zeitpunkte der festen Vereinbarung zur Kooperation treten dagegen keine signifikanten Unterschiede auf.

Im Durchschnitt liegen zwischen den ersten Akteurskontakten und der festen Kooperationsvereinbarung 1,6 Jahre. In 19% der Fälle wurde die feste Vereinbarung gleich mit den ersten Kontakten abgeschlossen, in weiteren 45,7% innerhalb eines Jahres nach den ersten Akteurskontakten.

---

3   18,5% der untersuchten Kooperationen waren zum Zeitpunkt der Erhebung beendet, für die noch laufenden Kooperationen wurde der Dezember 1999 als „Ende" angesetzt.

Sieht man bereits die Kontakte als Beginn der Kooperationen an, so liefen die Kooperationen im Durchschnitt also etwa 1/3 ihrer bisherigen Gesamtlaufzeit ohne feste Vereinbarung.

Abbildung V. 2: Kooperationsdauer nach Kooperationstypen

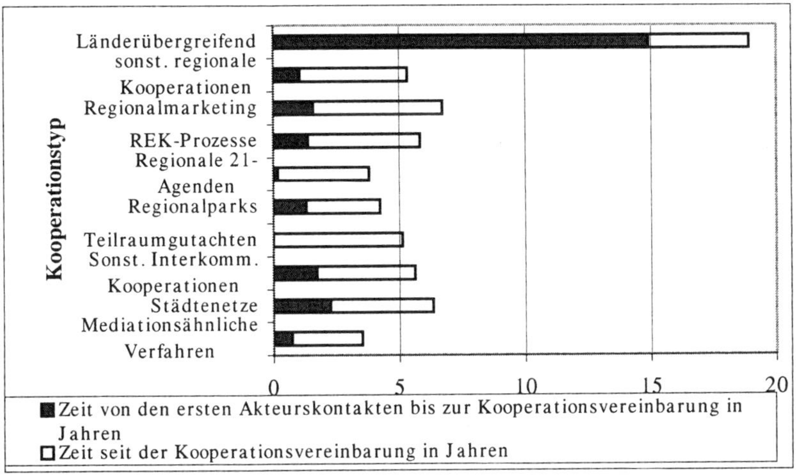

[Balkendiagramm: Kooperationstyp (y-Achse) gegen Jahre (x-Achse, 0 bis 20)
Kategorien: Länderübergreifend sonst. regionale Kooperationen, Regionalmarketing, REK-Prozesse, Regionale 21-Agenden, Regionalparks, Teilraumgutachten, Sonst. Interkomm. Kooperationen, Städtenetze, Mediationsähnliche Verfahren
Legende:
■ Zeit von den ersten Akteurskontakten bis zur Kooperationsvereinbarung in Jahren
□ Zeit seit der Kooperationsvereinbarung in Jahren]

Quelle: Eigene Erhebung und Darstellung

Die Abbildungen V.2 und V.3 machen ein interessantes Ergebnis deutlich: Die Phasenverläufe der Kooperationstypen liegen relativ eng zusammen: Auffallend sind lediglich die länderübergreifenden Kooperationen (in Abb. V3 aus Darstellungsgründen nicht aufgeführt), in denen eine sehr lange Zeit vergeht, bis die ersten Akteurskontakte zu verbindlicheren Kooperationsvereinbarungen führen und umgekehrt die Teilraumgutachten, bei denen praktisch mit den ersten kooperationsbezogenen Akteurskontakten auch eine Kooperationsvereinbarung abgeschlossen wird. Beides ist plausibel: im ersten Fall aufgrund der Komplexität des Kooperationsgegenstandes, im zweiten Fall, weil mit der Gutachtenerstellung das Kooperationsziel zunächst sehr klar umrissen ist und schnell in eine Vereinbarung (vor allem hier nicht mit einer festen Rechtsform identisch) gegossen werden kann. Auffallend ist, dass mediationsähnliche Verfahren sich, was die Dauer der ersten Phase angeht, von entwicklungsorientierten Kooperationen kaum unterscheiden.

Abbildung V.3: Zeit von den Erstkontakten bis zur Kooperationsvereinbarung nach Kooperationstypen

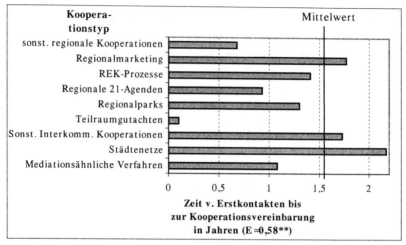

Quelle: Eigene Erhebung und Darstellung

Nach dem obigen Phasenmodell haben die meisten der untersuchten entwicklungsorientierten Kooperationen die zweite, viele die dritte Phase erreicht. In keiner Kooperation waren jedoch die Anzeichen der vierten Phase, vor allem das Zurücktreten der Kernorganisation, und auch nicht die Phänomene der Überalterung der Kooperation in der fünften Phase zu beobachten. Daraus lässt sich folgern, dass die Phasen in den Entwicklungsmodellen von Meßner und insbesondere Goldschmidt sehr unterschiedlich lang ausfallen. Während die erste Phase recht kurz andauert, dürfte sich vor allem die dritte Phase über mehrere Jahre, wenn nicht Jahrzehnte hinweg erstrecken. Ob eine vierte Phase, in der sich die Kernorganisation auflöst, das Netzwerk aber erhalten bleibt und selbständig arbeitet, empirisch überhaupt auftritt, muss offen bleiben bzw. ist eher zu bezweifeln. Die meisten untersuchten konfliktlösungsorientierten Kooperationen dagegen haben ihren kürzeren Phasenzyklus, in dem die vollständige Auflösung ja meist von Anfang an vorgesehen war, bereits durchlaufen.

Finden sich nun — vor dem Hintergrund der methodischen Restriktionen — Hinweise auf eine Veränderung der Ergebnisse und der Leistungsfähigkeit der Kooperationen mit ihrer zunehmenden Alterung? Der Zeitpunkt der ersten Akteurskontakte und der Zeitraum seit der festen Vereinbarung stehen in überhaupt keinem Zusammenhang zur Anzahl der genannten Themen (R=-0,005 bzw. 0,15). Wohl aber werden von den Befragten mit zunehmender Dauer ihrer eigenen Einbindung in die Kooperation signifikant mehr Themen genannt (R=0,26). Dies kann sinnvoll folgendermaßen interpretiert werden: Die Kooperationen greifen im Zeitverlauf Themen auf, geben aber dafür wieder andere Themen ab und halten so ihre Themenzahl insgesamt konstant. Die länger an der Kooperation beteiligten Akteure nannten jedoch auch Themen früherer Kooperationsperioden, die heute u. U. keine Rolle mehr spielen.

Grundsätzlich wird die von den Kooperationen genannte Themenpalette in fast allen Altersklassen der Kooperationen genannt. Hinweise auf einen durchgängigen und regelrechten Alterungszyklus von Themen gibt es nicht. Auch sind plausible und signifikante Zusammenhänge zwischen dem Alter der Kooperationen und der Zahl und Art der Kooperationseffekte nicht auszumachen; gleiches gilt für die Konfliktthemen und -herde sowie ihren Lösungsstand. Weiterhin gibt es keine stetigen Zusammenhänge zwischen dem Alter der Kooperation und ihrer Erfolgseinschätzung, ganz gleich, ob der Zeitraum seit den ersten Kontakten (R=0,04) oder der Zeitraum seit der festen Vereinbarung zur Kooperation betrachtet wird (R=0,03). Kooperationen im höheren Alter werden also von ihren Akteuren insgesamt nicht besser oder schlechter bewertet als jüngere Kooperationen.

Insgesamt deuten die Ergebnisse der schriftlichen Erhebung auf keine systematischen Veränderungen der Ergebnisse und Leistungsfähigkeit der Kooperationen im Zeitverlauf hin. Diese Veränderungen dürften eher in qualitativen, in der schriftlichen Erhebung nicht erfassbaren Faktoren liegen.

1.4 Die Evolution der Aufbauorganisation

In Kapitel III.1 wurde deutlich, dass die Kooperationen über eine Vielzahl von Elementen der Aufbauorganisation verfügen, sich aber durchaus typische Muster des Aufbaus ausmachen lassen. Wie entstehen und entwickeln sich diese Muster? Die Aufbauorganisation wird ganz wesentlich von externen Faktoren bestimmt. Dies wird besonders bei den Kooperationsansätzen deutlich, die modellhaft auf Bundesebene oder systematisch flächendeckend innerhalb einzelner Länder initiiert wurden. Hier wurden entweder, so im Falle der regionalisierten Strukturpolitik in Nordrhein-Westfalen oder Thüringen, Orientierungen für die Aufbauorganisation gegeben, die trotz aller Variationen auch nach Jahren noch das Grundmuster der Kooperationsstruktur bilden. Oder es wurden, dies ist eher bei Modellvorhaben des Bundes der Fall, von oberen Ebenen gegenseitige Lernprozesse von Kooperationen eines ähnlichen Typus organisiert, die sich in einer deutlichen Konvergenz der aufbauorganisatorischen Muster niederschlagen.

Illustrativ für einen Entwicklungsverlauf ist die Regionalisierte Strukturpolitik in Nordrhein-Westfalen. Die 15 Regionen weisen eine sehr ähnliche Gremienstruktur auf die aus einer regionalen Lenkungsgruppe, eine Regionalkonferenz, einem Regionalausschuss oder Regionalbeirat, Arbeitskreisen und ggf. einer REK-Arbeitsgruppe und in den meisten Fällen aus einem Regionalbüro besteht. Die Motoren waren hier in der Regel die Regierungsbezirke (Ministerium o. J.). Richtlinien zur Durchführung von REK in Ländern wie Sachsen-Anhalt und Thüringen haben auch hier zu ähnlichen Aufbauorganisationen geführt.

Anders als im Falle der klaren organisatorischen Vorgaben der regionalisierten Strukturpolitik lässt sich im Falle der Ex-WoSt-Modellvorhaben Städtenetze eine eher allmähliche, von Seiten des Bundes „weich" gesteuerte Evolution der Struktur der Aufbauorganisation nachweisen. Gegenseitige Lernprozesse der Modellvorhaben z.B. in Projektwerkstätten führten hier zu relativ ähnlichen Mustern: In den meisten Modellvorhaben existierte zunächst keine Organisationsstruktur. Es entwickelte sich dann aber sehr schnell ein einfacher zweistufiger Aufbau mit einer Leitungsebene und einer Arbeitsebene der Fachleute vor allem aus den kommunalen Verwaltungen (zwei bis sechs Arbeitsgruppen). Im nächsten Schritt wurde in manchen Fällen eine Zwischenebene eingeschaltet (zentrale Ansprechpartner in den Verwaltungen) und zusätzlich eine Art Geschäftsstelle aufgebaut. In späteren Phasen entspricht die Aufbauorganisation der Städtenetze damit im wesentlichen dem in Kapitel III.1 beschriebenen am häufigsten vertretenen Typus. Die Städtenetze des ExWoSt-Forschungsfeldes haben so in der dreijährigen Laufzeit eine weitgehend identische Organisationsstruktur mit einzelnen hierarchischen Elementen entwickelt, die sich nach einhelliger Einschätzung auch bewährt hat (BBR 1999a; Kliemt 1997, 31; Jurczek et al. 1999, 172).

In der Mehrzahl der regionalen Kooperationen fehlten jedoch klare Vorgaben von Seiten des Landes zur Aufbauorganisation und meist auch die Gelegenheit des direkten Lernens von anderen regionalen Kooperationen. Gibt es hier messbare Anhaltspunkte für eine innere Evolution der Aufbaustruktur? Der statistische Vergleich von Altersgruppen der Kooperationen liefert, auch wenn er eine Längsschnittuntersuchung nicht ersetzen kann, hier einige Hinweise:

Je älter Kooperationen sind ,desto signifikant mehr Gremien weisen sie auf ($R=0{,}25$). Deutlich sind vor allem die Unterschiede zwischen sehr jungen Kooperationen (erste Akteurskontakte bis zu zwei Jahren), die im Durchschnitt zwei Gremien haben und sehr alten, die im Durchschnitt fast fünf Gremien aufweisen. Allerdings ist der Zusammenhang kein kontinuierlicher: Acht bis zehn Jahre alte Kooperationen weisen weniger Aufbauelemente auf als vier bis sechs Jahre alte. Je älter die Kooperationen sind,

desto stärker differenzieren sie auch ihre Finanzierungsstruktur aus. Die Korrelation sinkt allerdings unter das geforderte Signifikanzniveau, wenn die Zahl der Gremien als Kontrollvariable eingeführt wird. Eine andere wichtige Erkenntnis ist, dass es zwischen dem Alter der Kooperation und
- der Zahl ihrer Arbeitsgruppen (R=-0,05)
- der Größe der Arbeitsgruppen (R=0,13)
- der Zahl der insgesamt beteiligten Akteure (R=-0,07)

überhaupt keinen Zusammenhang gibt.

Abbildung V. 4: Evolution der Aufbauorganisation

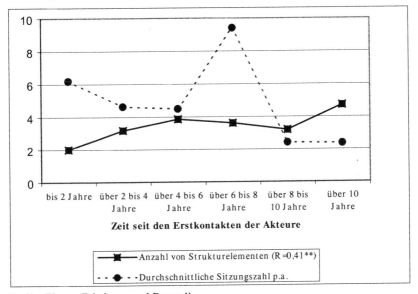

Quelle: Eigene Erhebung und Darstellung

Überträgt man diese Erkenntnisse von Momentaufnahmen auf die Evolution der Kooperationen, so folgt daraus: Die Kooperationen differenzieren mit ihrer Alterung zwar ihre Gremientypen aus, die Größenmerkmale der Gremien und die Zahl der Arbeitsgruppen (hier ist die Parallele zur Konstanz der Themen deutlich) bleiben jedoch relativ unverändert.

Ein gewisser Zusammenhang zwischen dem Alter der Kooperation und der Intensität ihrer Arbeit (gemessen in der durchschnittlichen Sitzungszahl der wichtigsten Gremien p.a.), ist zwar zu beobachten (vgl. Abb. V.4): Ältere Kooperationen arbeiten etwas weniger intensiv als jüngere. Der Zusammenhang zeigt sich jedoch nur, wenn der Zeitraum seit den ersten Akteurskontakten betrachtet wird. In linearer Form ist er nicht signifikant;

deutlich ist aber ein Abfallen der durchschnittlichen Sitzungsfrequenz in den Gruppen, bei denen mehr als acht Jahre seit den ersten Akteurskontakten vergangen sind.

Abbildung V.5: Evolution der Aufbauorganisation der Modellregion Märkischer Kreis

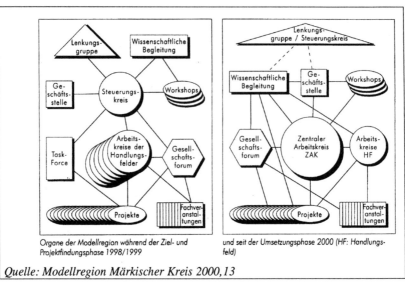

Quelle: Modellregion Märkischer Kreis 2000,13

Diese Befunde lassen den Schluss zu, dass sich die Aufbauorganisation einer Kooperation im wesentlichen bereits in den ersten Jahren herausbildet und sich soweit dauerhaft stabilisiert, dass zumindest in eine eindeutige Richtung gehende Veränderungsmuster danach nicht mehr auszumachen sind. Kooperationen können zwar theoretisch nach ihrer Konsolidierungsphase ihre Gremien- und Arbeitsgruppenzahl ebenso ausweiten wie verkleinern. Die Fallstudien zeigen jedoch, dass nach der Konsolidierungsphase die Kooperationen eine formale Stabilität der Aufbauorganisation aufweisen, die derjenigen von festen Institutionen kaum nachsteht, ja — da Kooperationen nicht von politischen Wechseln betroffen sind, in deren Verlauf ja meist ganze Administrationen umstrukturiert werden — sogar größer sein kann. Die häufigsten Veränderungen betreffen die Arbeitsebene, häufig werden Arbeitsgruppen flexibel je nach Themen und Arbeitsanfall zusammengefasst und aufgeteilt — ohne dass sich die Gesamtzahlen der Arbeitsgruppen signifikant verändern.

Kooperationen, in denen sich die organisatorische Aufbaustruktur auch nach einer gewissen Konsolidierung noch wesentlich ändert, sind eher die

Ausnahme als die Regel. Nicht von ungefähr sind dies häufig die sich selbst als „lernende Kooperationen" bezeichnenden Fälle, wie der in Abb. V.5 dargestellte.

Diese Aussagen betreffen freilich vor allem die formale Struktur. De facto können aber sogar Kernelemente der Aufbaustruktur der Kooperationen — wie bei Städtenetzen die Lenkungsgruppen oder bei Regionalkonferenzen die Konferenzen selbst — erheblich an Bedeutung verlieren und dennoch auf dem Papier bestehen bleiben.

2. Das Spannungsverhältnis zwischen Innovation und Effizienz

Die Entwicklungsdynamik kooperativer Netzwerke und Institutionalisierter Kooperationen wird ganz wesentlich durch das vielschichtige Spannungsverhältnis zwischen Innovation auf der einen und Effizienz auf der anderen Seite bestimmt: Kooperationen entstehen in der Absicht, Innovationen hervorzubringen und dadurch die Effizienz des gesamten Systems räumlicher Steuerung zu steigern. Damit sie Innovationen zur Reifung bringen können, müssen Kooperationen ihre innere Effizienz steigern. Durch die gesteigerte Effizienz kann aber wiederum ihre Innovationskraft verloren gehen. Dieses strukturelle Dilemma ist freilich keines, was die alltägliche Arbeit der hier untersuchten Kooperationen wesentlich prägt oder was gar den zentralen Konflikten zwischen ihren Akteuren zugrunde liegt. Das Spannungsverhältnis zwischen Innovation und Effizienz, genauer: ob und wie es aufgelöst wird, ist eher eine Frage, die — gleichsam hinter dem Rücken der Akteure — den langfristigen Verlauf einer Kooperation bestimmt.

2.1 Innovation

Die Diskussion um regionale Netzwerke und Kooperationen erhält einen großen Teil ihrer Brisanz aus der Tatsache, dass diesen Steuerungsformen eine größere Innovationsfähigkeit als etablierten Institutionen zugesprochen wird. Besonders in den Ansätzen der Regionalforschung, die Verflechtungen zwischen Betrieben und mit den politischen Institutionen zum Gegenstand hatten, gewann in den achtziger Jahren die Innovationsperspektive gegenüber der Perspektive der regionalen Effizienz zunehmend an Bedeutung (Hellmer et. al 1999, 47). Dabei wurde besonders die Funktion innovationsorientierter Netzwerke für den regionalen Strukturwandel betont

(Fürst/Schubert 1998, 353), regionale Innovation wurde dabei als abhängig von der systematischen Leistungsfähigkeit von komplexen Akteursstrukturen begriffen (Ache 2000, 245).

2.1.1 Innovative und konservierende Funktionen von Netzwerken

Grundsätzlich beeinflussen sich die Innovationskraft von regionalen Teilsystemen, regionalem und überregionalem Gesamtsystem wechselseitig. Regionale dezentral-kooperative Politikmodelle haben in der Regel zumindest eine implizite Innovations- oder Experimentierfunktion für das Gesamtsystem Staat, sowohl was die bestehenden Institutionen selbst als auch was die Handlungsroutinen zwischen ihren Akteuren angeht. Regionale Politik ist somit auch der Versuch des gesamten politisch-administrativen Systems, seine eigenen Handlungsweisen zu transformieren, die Region wird damit zum Experimentierfeld (Meise 1998, 118). Regionale Netzwerke und Kooperationen wiederum haben vor allem die Aufgabe, regionale Innovationen hervorzubringen.

Für die grundsätzlich größere Innovationsfähigkeit von Netzwerken wird vor allem das Argument angeführt, dass sie besser als andere Mechanismen und Institutionen geeignet sind, „Tacit Knowledge", „ungerichtetes Wissen" also, zu transportieren (Hellmer et al. 1999, 70). In Netzwerken wird eine Vielzahl von Akteuren, die Informationen miteinander austauschen, institutionenübergreifend gebündelt. Die elastische Kopplung der Akteure untereinander ermöglicht ein schnelleres kollektives Lernen und Vergessen (Hellmer et al. 1999, 72, 244). Wiederholte Interaktion führt zu Vertrauen und weiterer Zusammenarbeit. Die im Vergleich zur festen Institution lose kooperative Arbeitsteilung mit mehreren Partnern induziert Lerneffekte. Die Innovationsfähigkeit eines Unternehmens, generell einer Institution, erhöht sich damit in dem Maße, in dem sie sich selbst spezialisieren kann, aber durch ein loses Netzwerk Zugang zum Wissen anderer hat (Semlinger 1991, 338).

Innovationen sind grundsätzlich durch Unsicherheit gekennzeichnet, Kooperationen in Netzwerken können demgegenüber unsicherheitsreduzierend wirken (Hellmer et al. 1999, 81). Im Vergleich zum Markt ist im Netzwerk somit eine vertrauensvolle kooperative Entwicklung von Innovationen möglich (Fritsch 1992, 98f). Insgesamt fördert die für Netzwerke typische Mischung aus Kooperation, Konkurrenz, Kommunikation und wechselseitigem Vertrauen sowie Lernen regionale Innovations- und Diffusionsprozesse (Schubert 1995, 238; Benz et al. 1999, 43; Hellmer et al. 1999, 47; Goldschmidt 1997, 89).

Diese Argumente für die potenzielle Überlegenheit von netzwerkartigen Steuerungsmodi gegenüber festeren Institutionen, was die Flexibilität und Innovationsfähigkeit angeht, lassen jedoch nicht den Schluss zu, dass Netzwerke per se innovativ oder innovationsfördernd für Regionen sind; sie können vielmehr sowohl innovationsfördernd als auch innovationshemmend sein, sowohl innovative als auch sklerotische Milieus stabilisieren (Mayntz 1996, 478; Goldschmidt 1997, 112; Czada 1995; Knieling 2000; 110, Rösch 2000, 168). Ob eine Region innovationsfähig ist oder nicht, hängt nicht von ihrem Vernetzungsgrad an sich ab, sondern eher von der jeweiligen Verflechtungsordnung der Netzwerke bzw. zwischen Netzwerken und Institutionen sowie von den Orientierungen, vor allem von der Risikobereitschaft der zentralen Akteure (Fürst/Schubert 1998, 353, 357). Maßgeblich ist auch die Ausstattung der Region mit Inputfaktoren wie Information und Wissenstransfer, das Investitonsklima und die Einschätzung von Marktchancen von Innovationen (Rösch 2000, 163).

So gibt es in der Geschichte und aktuell ebenso viele Beispiele für innovationshemmende wie für innovationsfördernde regionale Netzwerke. Erstere lassen, wenn sie stabil sind, innovative Lösungen entweder gar nicht erst zu, oder sie sind, wenn sie zu lose geknüpft sind, dafür verantwortlich, dass Innovationen sukzessive versickern (Benz 1995, 203). Als Exempel für nicht-produktive festgeknüpfte Netzwerke wird dabei in Deutschland häufig das Ruhrgebiet angeführt: Kognitive und politische Blockaden, paradigmatische Zwänge ließen hier die Akteure Veränderungsnotwendigkeiten ignorieren. Netzwerkartige Strukturkonservierungskartelle führten dazu, dass Innovationen nicht Platz greifen konnten und die Strukturkrise verschärfte Dimensionen annahm (Fürst/Schubert 1998, 355). Innovationsdefizite in solchen Regionen resultieren aus Mängeln: an verfahrenstechnischer Phantasie, an exekutiv-methodischer Experimentierfreude, an administrativer Kreativität, an sozialer und kommunikativer Kompetenz und an politisch-administrativer Strategiefähigkeit (Wirtz 1993, 37).

Da Innovationsstrategien grundsätzlich zunächst einmal riskant sind, werden sie meist erst dann eingeschlagen, wenn ein hinreichender Problemdruck vorhanden ist. Die Einführung von Innovationen ist in der Regel auch mit Veränderungen, wenn nicht gar Umwälzungen bestehender sozialer Beziehungen, Traditionen und Normen verbunden, gegen die sich die dominierenden Akteure zunächst sperren (Knieling 2000, 106). Dies ist der Grund dafür, warum die Ausgangsimpulse für innovative regionale Entwicklungen häufig nicht aus der Region selber kommen, sondern maßgeblich von höherer Ebene initiiert werden müssen, in Deutschland meist den Bundesländern. Um innovativ zu sein, erhalten regionale Kooperationen meist externe Innovationsanreize (z.B. Zweckzuweisungen, aber auch Wettbewerbe) (Fürst/Kilper 1993, 14).

Die in Kapitel V.1 dargestellten Innovationszyklen von Netzwerken oder regionalen Milieus ermöglichen es, diese unterschiedlichen Charaktere von Netzwerken zu systematisieren. Um den scheinbar widersprüchlichen Charakter von Netzwerken weiter aufzuklären, sind dabei zunächst weitere Differenzierungen des Innovationsbegriffes sinnvoll.

Ein gesamter Innovationszyklus kann in drei Phasen aufgeteilt werden. Zu unterscheiden ist zum ersten die „Inventionsphase" im Sinne einer technischen Neuentwicklung; zum zweiten die „Innovationphase" im engeren Sinne als Markteinführung und schließlich die „Diffusionsphase" als weitergehende allgemeine Übernahme der Innovation in einer Region oder in anderen Regionen (Ewers 1995, 499). Eine Invention ist idealtypischerweise eine spontane Eingebung eines einzelnen oder eines kleinen Kreises; Innovationen sind systematisch in einer Institution oder — hier von Bedeutung — institutionenübergreifend entwickelte Kollektivleistungen; erst durch die Diffusion wird die Innovation zum State of the Art in einer Region. In der Inventionsphase sind in erster Linie offene unstrukturierte Probleme zu lösen; in der Innovationsphase, erst recht in der Diffusionsphase, liegen bereits geschlossene, strukturierte Probleme vor (Knieling 2000, 107).

Weiterhin ist auch die Differenzierung von Bedeutung, worauf sich Inventionen, Innovationen und Diffusionen beziehen. Hier ist vor allem die Unterscheidung zwischen Prozessen (Kooperations- und Organisationsstrukturen, Verfahren) und Produkten (in entwicklungsorientierten Kooperationen vor allem Projekte und Maßnahmen, in mediationsähnlichen Verfahren vor allem Verhandlungslösungen) relevant.

Neben diesen Differenzierungen des Innovationsbegriffes ist hier auch die Unterscheidung zwischen ungerichteten und gerichteten Netzwerken sinnvoll (vgl. Kap. II.1). Es kann vermutet werden, dass die Innovationsfähigkeit einer Region entscheidend von ihrer jeweiligen Konstellation, dem Ineinandergreifen ungerichteter und gerichteter Netzwerke, den jeweiligen Funktionen im gesamten Innovationsprozess abhängt.

- Vor allem aber ungerichtete Netzwerke kennzeichnen zunächst ein regionales Milieu oder Klima, das sich entweder fördernd oder behindernd auf die Entstehung von Inventionen auswirkt. Sie sind sie der Nährboden, auf dem überhaupt spontane neue Ideen entstehen können.
- Gerichtete, also problembezogene Netzwerke zwischen Akteuren und Institutionen haben dann die Funktion, Inventionen zu Innovationen zu machen. Sie überbrücken Informationsbarrieren und tragen dazu bei, dass neue Ideen in der Region zunächst einmal zur Marktreife entwickelt werden können. Ihre relativ geringe innere Bindungskraft („Weak Ties") und Reichweite erschwert aber, dass die Innovationen weiter und dauerhaft in der Region diffundieren.
- Es sind dann wiederum ungerichtete Netzwerke, die durch ihre größere Dauerhaftigkeit, ihre „Strong Ties" zwischen den Akteuren, genau diese dau-

erhaften Diffusionsfunktionen besser übernehmen können. In solchen Netzwerken mit untereinander eng verflochtenen Machtzentren können sich einmal eingeführte Innovationen schneller ausbreiten. Je hierarchischer das Netzwerk ist, desto leichter lassen sich hier Innovationen durchsetzen, vorausgesetzt, sie sind mit dem Machtzentrum des Netzwerkes kompatibel (Jansen 1995, 106). In dieser Funktion ähneln ungerichtete Netzwerke eher festen Institutionen als gerichteten Netzwerken.

Die schwachen Beziehungen in gerichteten Netzwerken sorgen dafür, dass Inventionen die Grenzen zwischen Institutionen und festen Gruppen, deren Horizont damit erweitert wird, überwinden und potenziell zu kollektiven Innovationen werden können. Die eigentliche Adoption von Innovationen, ihre regionale Diffusion hängt dagegen eher von den starken Beziehungen einer Gruppe oder Institution ab, sie sorgen dafür, dass diese nicht vollständig versickern, sondern sich in der Region ausbreiten (Schenk 1983, 94). Innovationen sind dabei um so erfolgreicher und schwächen sich um so weniger ab, je kompatibler diese mit bestehenden Beziehungsmustern der regionalen Netzwerke sind.

2.1.2 Innovation in den untersuchten Kooperationen

Was bedeutet dies nun für die hier untersuchten regionalen Kooperationen? Hier ist zwischen entwicklungs- bzw. projektorientierten Kooperationen auf der einen und konfliktlösungsorientierten Kooperationen auf der anderen Seite zu unterscheiden. Im Kontext projektorientierter regionaler Kooperationen besteht die Invention in der Grundidee der Kooperation und in der Erfindung und Formulierung gemeinsamer Leitbilder und Projekte, die in anderen Kontexten so nicht entwickelt worden wären. Die Innovation besteht dann in der Abstimmung der gemeinsamen Ziele und vor allem in der tatsächlichen Realisierung der Projekte. Eine regelrechte Diffusion läge dann vor, wenn sukzessive weitere Projekte in der Region auf derart kooperative Weise realisiert würden.

Bei mediationsähnlichen Verfahren besteht die Invention zum einem im Willen zur Erarbeitung einer gemeinsamen Konfliktlösung. Die Innovation liegt zunächst in der Formulierung, vor allem aber in der tatsächlichen Realisierung der Konfliktlösung. Eine breite Diffusion läge dann vor, wenn andere Formen der Konfliktlösung (z.B. Verwaltungs- oder Gerichtsverfahren) zumindest teilweise durch solche neuen Konfliktlösungsformen ersetzt würden. Die Befunde für die untersuchten regionalen Kooperationen, die durchweg dem Typus der gerichteten Netzwerke zuzuordnen sind, fallen differenziert aus. Gemessen an den o.g. Phasen ist die Leistung entwicklungsorientierter Kooperationen im regionalen Innovationsprozess als höher einzuschätzen als die von mediationsähnlichen Verfahren.

Die Leistungen entwicklungsorientierter regionaler Kooperationen bestehen in erster Linie in der inkrementellen Reifung von Prozessinventionen zu Prozessinnovationen bzw. der Adaption regionsexterner zu regionsinternen Prozessinnovationen und in zweiter Linie in der inkrementellen Reifung von Produktinventionen zu Produktinnovationen. Kennzeichen einer breiteren Diffusion von innovativen Prozessen und Produkten können insofern festgestellt werden, dass die Kooperationen – zumal die modellhaften – Nachahmer in der eigenen oder sogar in anderen Regionen finden. Jedoch ist ihr Einfluss auf andere Formen der Steuerung räumlicher Entwicklung innerhalb einer Region, vor allem auf formalisierte Prozesse, nur in geringem Maße auszumachen und zum Teil in den Regionen auch gar nicht gewünscht. Dabei gibt es deutliche Unterschiede zwischen einzelnen Typen entwicklungsorientierter Kooperationen. Interessant ist dabei, dass diese spezifischen Unterschiede schon in ihrer Ausgangskonstruktion angelegt waren:

Die IBA Emscher-Park kann als das klassische Beispiel gelten, in dem eine im Kreise weniger Akteure entstandene bundesweite radikale Prozessinvention, nämlich die Kombination von Elementen wie der Strategie des perspektivischen Inkrementalismus, einer spezifischen Organisationsstruktur sowie Qualitätskriterien und Wettbewerben, unter konsequenter Unterstützung des Landes zu einer Innovation entwickelt wurde (Freye 1993, 76; Fürst/Kilper 1993, 18), in dem Sinne, dass der Prozess erprobt wurde und letztlich „Marktreife" erlangte. Durch diese Prozessinnovationen wurden auch erfolgreich Anreize für Produktinnovationen in Gestalt der einzelnen Projekte gesetzt. Diese Prozesselemente verstärkten sich gegenseitig, so dass innovative Projekte kreiert und nicht-innovative selektiert wurden. Die IBA wird somit als Organisation begriffen, die durch eine Reihe von innovativen Projekten die Region mit modernisierte (Fürst/Kilper 1993, 21). Umstritten ist jedoch, inwiefern diese Prozess- und Produktinnovationen tatsächlich in der Breite wirksam werden, also diffundierten. Der Anspruch der IBA war es, einen Vorbildcharakter in der Region und für andere Regionen zu haben. Es gibt Indikatoren, die zeigen, dass dieser Anspruch durchaus eingelöst wurde: Z.B. werden konventionelle Projekte mit denen der IBA kritisch verglichen und eine Fülle von anderen regionalen Kooperationen hat alle oder einzelne Arbeitsprinzipien der IBA Emscher-Park übernommen. Zum anderen wird aber — gerade in der Region selbst — auch eine gewisse Resistenz von bestehenden Strukturen beobachtet, Prinzipien der IBA auch auf andere Planungsprozesse zu übertragen. Die IBA erhöht zwar die Innovationschance im Einzelfall, strukturelle Innovationen sind jedoch unwahrscheinlich (Benz et al. 1999, 107). Zwar erhielt die IBA selbst insofern ausreichende Spielräume, um von der radikalen Invention zur Innovation zu reifen, als sie in ihrer Struktur und in ihren Ressourcen tatsächlich mit einer erheblichen Eigenkompetenz gegenüber dem sonstigen Steuerungssystem ausgestattet war. Ihre von Anfang an gegebene zeitliche Beschränkung markiert aber gleichzeitig die begrenzte Reichweite, die Grenzen der Diffusion ihrer Innovationen.

Die ZIN-Regionalkonferenzen sind im Vergleich zur IBA als eine weniger radikale Invention einzuschätzen, die aber dafür einen breiteren Diffusionsgrad erreichte. Auch hier wurden zunächst neue Inhalte, Handlungsformen, Verfahrensmodi und Strukturen geschaffen (Benz et al. 1999). Eine Prozessinvention und -innovation der regionalisierten Strukturpolitik ist zwar im Vergleich zur etablierten Strukturpolitik zu beobachten, denn es wurde jetzt auf regionaler Ebene über Prioritäten entschieden. Im Vergleich zum IBA-Prozess ist der Prozess der regionalisierten Strukturpolitik jedoch eher als konventionell zu bezeichnen. Lediglich bei der Projektfindung waren die Verfahren zum Teil inventiv und innovativ, die Durchführung erfolgte jedoch in konventionellen Regelverfahren (wie ressortspezifische Antragsverfahren, trägerabhängige Unterstützungsmaßnahmen (Fürst/Kilper 1993, 23). Im Bereich der Produkte (der Projekte und Maßnahmen) kann bei den Regionalkonferenzen sogar nur in Ausnahmefällen von regelrechten Inventionen und Innovationen gesprochen werden, in der Regel wurden Prioritäten durch eher konventionelle Projekte und Maßnahmen der Strukturpolitik gesetzt. Produktinventions-/innovationsanreize konnten nicht ausgemacht werden und die Selektionskraft der Regionalkonferenzen zugunsten inventiver bzw. innovativer Projekte war eher gering. Zwar besteht ein unausgesprochener Konsens, dass Regionalkonferenzen nicht nur als Vehikel für alte Projekte dienen sollen, dennoch sind Inventions-/ Innovationsimpulse eher zufälliger Art (Fürst/Kilper 1993, 19). Die spezifische Leistung der regionalisierten Strukturpolitik, wie sie in Nordrhein-Westfalen und in Sachsen-Anhalt vorzufinden ist, liegt in der von Anfang an angelegten landesweiten Diffusion einer moderaten inkrementellen Prozessinvention bzw. -innovation. Dies bedeutet aber nicht, dass in diesen Regionen eine grundsätzlich andere Politik entsteht (Benz et al. 1999, 15).

Die Mehrheit der befragten Akteure schätzt ihre Kooperation als innovativ ein. Betrachtet man die entwicklungsorientierten Kooperationen, so fallen zunächst unterschiedliche Bewertungen auf, was die Genese kreativer Ideen angeht. Zumeist werden Prozessinnovationen betont, die Kreativität der gesamten Kooperation wird vor allem unter dem Aspekt der innovativen Prozesse gesehen. Die Ergebnisse selbst (Pläne, Projekte) werden seltener als wirkliche Innovationen eingestuft. Dennoch wird aber meist angemerkt, dass auch die Genese innovativer Projektideen nicht das Problem sei, denn sie kämen von alleine. Nur in wenigen Fällen wird das zu geringe Kreativitätsniveau der Kooperationen bemängelt. Vor allem wird hier negativ angemerkt, dass wenig Einfälle von den Akteuren kämen und nur die Prozesspromoter Kreativideen hätten bzw. Kreativideen erst entstanden, als der Prozesspromotoren eigene Projektvorschläge umsetzte. Bemängelt wird außerdem, dass die Kooperation wegen des Beharrungsvermögens der Verwaltungsstruktur nur bedingt kreativ sei, und dass die Kreativität durch Programmatiken (REK) und höhere Behörden eingeschränkt werde.

Wie innovativ die untersuchten Kooperationen sind, ist auch eine Frage des räumlichen Bewertungsmaßstabes: Im internationalen oder nationalen Maßstab erstmals vorgenommene radikale Prozessinventionen, wie sie seinerzeit die IBA Emscher-Park einführte, sind in diesen regionalen Kooperationen praktisch nicht aufzufinden. Vielmehr geschieht eher ein Austausch und eine gemeinsame Weiterentwicklung von Ideen, die bei Akteuren schon länger vorhanden sind oder die von außen in die Region getragen werden. Die Leistung besteht in den allermeisten Fällen in der inkrementellen regionalen situationsgerechten Implementierung und zum Teil auch in der innovativen Weiterentwicklung von bereits vorliegenden Inventionen regionaler Akteure und von ausgereiften Innovationen aus anderen Regionen. Auch Produkte werden in den Kooperationen im Sinne einer nationalen „Invention" nur in Ausnahmefällen völlig neu kreiert, sondern in der Regel bestehen seit längerem erste Projektideen bei den einzelnen Akteuren oder es werden von Schlüsselpersonen Ideen aus anderen Regionen in die Region implantiert. Die Innovationsleistung besteht eher in der Adaptierung, Implementierung und Ausgestaltung der Projektideen, in der gemeinsamen Prioritätensetzung und in der arbeitsteiligen Organisation der Umsetzung. Die im nationalen Maßstab insgesamt moderate Inventionsneigung der Kooperationen im Sinne völlig neuer Ideen wird jedoch von ihren Akteuren kaum als ein Problem angesehen, es genügt meist schon, wenn andernorts erprobte Inventionen implantiert werden.

Tendenziell variiert die Funktion der Kooperationen im Innovationszyklus mit ihrem Institutionalisierungsgrad. Kooperative Netzwerke haben demnach ihre Stärke in den allerersten Stufen der Reifung von Inventionen zu Innovationen, wenn es zunächst gilt, Akteure aus unterschiedlichen Kontexten zusammenzubringen. Institutionalisierte Kooperationen haben ihre Stärken eher in späteren Schritten der Transformation von Inventionen zu Innovationen. Ihre stärkere Institutionalisierung aufgrund einer festen Rechtsform ermöglicht zum einen den Zugang zu finanziellen Ressourcen und schafft zum anderen die Voraussetzung für eine effiziente arbeitsteilige Struktur, um Projekte auch tatsächlich umzusetzen. Aber keine regionale Kooperation ist mit einer Kompetenz ausgestattet, die eine breite Diffusion ihrer Ergebnisse in die Region ermöglichen würde.

Für die mediationsähnlichen Verfahren muss im Vergleich zu entwicklungsorientierten Kooperationen eine deutlich skeptischere Einschätzung ihrer regionalen Innovationsfunktionen insgesamt vorgenommen werden, die allerdings zu differenzieren ist:

Was die Prozessinventionen angeht, stehen diese Verfahren den entwicklungsorientierten Kooperationen in nichts nach, ja weisen sogar bisweilen Vorsprünge auf. Praktisch kein mediationsähnliches Verfahren gleicht einem anderen in seinem Aufbau, immer ist eine individuelle Verfahrensinvention vonnöten. Die spezifische Problemsituation und die zeitliche Beschränktheit macht hier zu Beginn eine kreative und flexible Verfahrenskonstruktion erforderlich. Am Ende der Prozesse steht meist eine kooperativ weiterentwickelte Verfahrensstruktur, die durchaus als Innovation betrachtet werden kann und sich nach Meinung der Akteure auch bewährt hat. Anders sind jedoch die Produkte im engeren Sinne, nämlich die Verhandlungslösungen einzuschätzen: Sie sind zwar innovativ insofern sie Verhandlungsergebnisse beinhalten. Sie sind jedoch de facto — auch als Einzelfall — nicht marktfähig, da sie keine Bindungswirkungen enthalten, faktisch unterlaufen werden und damit nicht zu den erhofften Entlastungen der etablierten Verwaltungsverfahren geführt haben.

Diffusionsprozesse sind bei mediationsähnlichen Verfahren differenziert einzuschätzen. Zwar fanden mediationsähnliche Verfahren in den letzten Jahren eine geradezu inflationäre Verbreitung. Jedoch hat auch die Diffusion auf andere Steuerungsmechanismen deutliche Grenzen, denn Verwaltungsverfahren sollen durch sie nicht ersetzt werden.

Sieht man damit zusammenfassend die primäre Aufgabe von gerichteten Netzwerken darin, Inventionen zu Innovationen zu entwickeln, so konnten entwicklungsorientierte Kooperationen diese Funktionen weitgehend, mediationsähnliche Verfahren dagegen bislang nicht oder nur in sehr geringem Maße erfüllen.

2.2 *Effizienz*

Unter Effizienz ist klassischerweise die Relation zwischen eingesetzten Mitteln und erzielten Ergebnissen zu verstehen. Bei der Diskussion ist zum einen die Frage nach der internen Effizienz der Netzwerke und Kooperationen selbst und zum anderen die Frage, welchen Einfluss die Netzwerke und Kooperationen für die Effizienz der regionalen Entwicklung haben, voneinander zu unterscheiden.

2.2.1 Netzwerke als effizienzsteigernde institutionelle Arrangements im Lichte des Transaktionskostenansatzes

Die wichtigsten theoretischen Überlegungen zur Frage der internen Effizienz von Netzwerken kommen von Vertretern der neuen Institutionenökonomie und beziehen sich vor allem auf Unternehmensnetzwerke. Im Transaktionskostenansatz werden die Ergebnisse der möglichen Formen des Leistungsaustausches von Wirtschaftseinheiten — idealtypischerweise werden hier meistens Markt, Hierarchie und als Zwischenform Netzwerke genannt — in Relation zu den jeweils entstehenden Kosten gesetzt. Hierbei kommt weniger den eigentlichen Produktionskosten als vielmehr den Transaktionskosten besondere Aufmerksamkeit zu. Transaktionskosten sind im wesentlichen Kosten zur Koordinierung und zur Sicherstellung des Informationsflusses sowie Kontrollkosten zur Leistungsüberwachung. Auch wenn demnach ein Unternehmen eine Teilleistung nur zu relativ höheren Produktionskosten herstellen kann als andere, so kann es dennoch unter Umständen für das Unternehmen günstiger sein, diese Leistung selbst durchzuführen, anstelle sie bei einem anderen günstiger einzukaufen, dann nämlich, wenn die Transaktionskosten für den Fremdbezug die Produktionskostenersparnisse übersteigen. Die Einsparung von Transaktionskosten ist demnach zwar nicht der einzige, aber der Hauptgrund, warum sich hierarchische große Betriebe, aber auch Formen wie Netzwerke überhaupt herausbilden (Williamson 1996, 195).

Alle Koordinationsformen haben ihre jeweils spezifischen Kosten. Netzwerke stellen unter bestimmten Bedingungen die nach Transaktionskosten-Minimierungs-Kalkülen effizienteste Organisationsform dar (Hellmer et al. 1997, 55). Sie weisen unter Umständen im Vergleich mit dem Marktmodell Transaktionskostenvorteile auf: Kooperation in Netzwerken setzt zwar zunächst einen Informationsaustausch voraus, der zu erhöhten Transaktionskosten führt (Semlinger 1993, 51). Aber Netzwerke senken auf mittlere Sicht ihre Koordinationskosten dadurch, dass sie eine gemeinsame Aufteilung der Kosten und die gemeinsame Verteilung des Outputs unter den Beteiligten garantieren (v. Alstyne 1997, 18). Wenn dagegen — wie auf dem Markt — eine Vielzahl von Akteuren im punktuellen Austausch miteinander steht, so führt dies für den einzelnen zu permanenten Transaktionskosten vor allem in der Form von Kontrollkosten, da Mechanismen wie kurzfristige Verträge benötigt werden. Netzwerke aber basieren auf dem Vertrauen der Teilnehmer in eine langfristige Zusammenarbeit und einen permanenten Informationsaustausch ohne differenzierte vertragliche Regelungen und weisen daher geringere Transaktionskosten in Form von Kontrollkosten auf (Hellmer et al. 1997, 66). Verglichen mit dem Markt sind die Austauschprozesse in Netzwerken standardisierter und daher auf mittlere Sicht die Koordinierungskosten geringer (v. Alstyne 1997, 8f; Semlinger 1991, 338). Netzwerke sind effektiv, weil durch den Rückgriff auf fremde Ressourcen neue Handlungsmöglichkeiten eröffnet werden.

Auf der anderen Seite spricht im Vergleich zu Hierarchien zunächst einiges gegen die komparative Effizienz des Netzwerkes als Form des Ressourcenaustausches. Denn die stärker standardisierten Strukturen von Hierarchien können Koordinationskosten besser senken (v. Alstyne 1997, 12). In diesem Sinne können Hierarchien also effizienter für wiederkehrende Austauschprozesse sein als Netzwerke. Sie senken Transaktionskosten durch dauerhafte Integration von Fremdleistungen. Doch sind Hierarchien Netzwerken nur solange überlegen, wie die Organisationskosten niedrig sind, die Wahrscheinlichkeit von Fehlentscheidungen gering ist und Economies of Scale geltend gemacht werden können (Semlinger 1991, 323). Hierarchien stoßen aber an Grenzen der internen Komplexität: Ab einem gewissen Punkt steigen wieder die Transaktionskosten in Form von internen Koordinierungskosten, die sie z.B. für die Leistungskontrolle erbringen müssen, je mehr Funktionen in eine Institution integriert werden (Miles/Snow 1992, 58). In Netzwerken dagegen hält sich ein Unternehmen mehrere potenzielle Partner für dieselbe Leistung. Die Redundanz, das permanente Bereithalten von Alternativen, erhöht zwar die Zahl der Partner und insofern die Kommunikationskosten; je Partner sinken Transaktionskosten jedoch, da dieser weniger kontrolliert werden muss (Fritsch 1992, 97). Die Kontrollkosten können in Netzwerken geringer sein als in Institutionen, weil allen Netzpartnern des Unternehmens bewusst ist, dass ihr nun Alternativen zur Verfügung stehen, auf die bei der nächsten Transaktion zurückgegriffen werden könnte, was opportunistisches Verhalten der Partner begrenzt. In der Summe können daher für das Unternehmen die Kontrollkosten geringer sein, als wenn die Leistung in einer eigenen, womöglich gar unübersichtlichen Hierarchie erbracht würde. In Unternehmensnetzen können weiterhin auch kleine Unternehmen Größenvorteile ausschöpfen, weil sie für mehrere Abnehmer produzieren; umgekehrt müssen Großunternehmen nicht Kapazitäten für alle Fertigungsschritte bereithalten, was kostensparend sein kann (Fritsch 1992, 94).

Die Transaktionskosteneffizienz einer Konstellation des Leistungsaustausches variiert mit den Eigenschaften der Transaktionen und den Umweltbedingungen. Welche Transaktionsform — Markt, Hierarchie oder Netzwerk — sich als die günstigste erweist, hängt von Faktoren ab wie dem Spezifizierungsgrad, der Häufigkeit, Unsicherheit, Komplexität strategischen Bedeutung der Leistung (Wolff/Neuburger 1995, 78). Insgesamt ist das Netzwerk hinsichtlich der Kosten ein effizienter Kompromiss, wenn die Umweltbedingungen eine Mischung aus der flexiblen Kontrolle des Marktes und geringen Stückkosten der Hierarchie fordern (v. Alstyne 1997, 11). Solche Hybridformen sind besonders bei moderaten Umweltbedingungen, also Bedingungen, die sich zwar verändern, aber nicht zu Turbulenzen führen, gut angepasst (Schneider/Kenis 1996, 28).

Diese Überlegungen zur Effizienz von Unternehmensnetzwerken werden von einigen Vertretern des Transaktionskostenansatzes auch auf Politiknetzwerke übertragen. Die Entscheidung für eine Governance-Struktur variiert demnach mit den Eigenschaften der dort zu tätigenden Transaktionen (Williamson 1996, 167). Es wird dabei davon ausgegangen, dass für bestimmte Problemstellungen die Effizienz von Politiknetzwerken größer ist als von hierarchischen Politikmustern (Hellmer et al. 1997, 58). Meist wird dabei die Frage der Effizienz über die Betrachtung der internen Effizienz der Struktur hinaus ausgedehnt. Kooperationen und Netzwerke können dazu beitragen, in komplexen Entscheidungssituationen Transaktionskosten von Gesamtsystemen zu reduzieren (Benz 1995, 201). Die positive Koordination in Form von Kooperationen ist der Versuch, die Effektivität und Effizienz des gesamten politischen Systems zu steigern (Scharpf 1996, 513). Vor allem dann, wenn die Ressourcen zur Umsetzung einer Politik breit verteilt sind, erscheinen Netzwerke als effektive und effiziente Variante (Kenis/Schneider 1991, 43). Politische Netzwerke tragen zur Reduktion von Transaktionskosten in komplexen Entscheidungssituationen bei, da sie einen Grundbestand an gemeinsamen Kenntnissen, Erfahrungen und normativen Orientierungen der Akteure beinhalten (Benz 1995, 201). Die Einbettung von Verhandlungen in den relativ stabilen Rahmen von Politiknetzwerken reduziert Transaktionskosten und erhöht die Reichweite und Wirksamkeit positiver Koordination (Scharpf 1996, 525). Netzwerke sind auf die langfristige Verbesserung der Aufwand-Ertrag-Relation regionaler Akteure angelegt (Wohlfahrt 1993, 49), der faire Austausch, die gerechte Verteilung von Kosten und Nutzen gehört zu den wichtigsten Regeln eines Netzwerkes (Meßner 1995, 285). Entscheidend ist: Diese effizienzsteigernde Funktion für das Gesamtsystem können Kooperationen und Netzwerke auch dann haben, wenn sie selbst nicht effizient sind (Wolff/Neuburger 1995, 94).

Der Transaktionskostenansatz kann zunächst als ein plausibles Modell zur Erklärung der Existenz unterschiedlicher Steuerungsformen gelten, indem er Effizienz als zentrales Entscheidungskriterium über eine Steuerungsform heranzieht. Inwieweit lassen sich nun diese Überlegungen in den hier untersuchten regionalen Kooperationen verifizieren?

2.2.2 Das Effizienzkriterium in den untersuchten Kooperationen

Generell existiert kein allgemein akzeptiertes Bewertungsraster zur Messung der Effizienz von kooperativen Planungsprozessen. Quantitative Indikatoren sind in derlei Kostenbetrachtungen zentral, mit Sicherheit darf jedoch die Beurteilung der Effizienz nicht nur auf rein monetäre Größen reduziert werden (Renn et al. 1999, 297). Neben diesen Operationalisierungsproblemen wird die empirische Einschätzung der Effizienz von regionalen Kooperationen im Sinne des Transaktionskostenansatzes, der stets unterschiedliche institutionelle Arrangements miteinander vergleicht, dadurch erschwert, dass die meisten der Kooperationen über kein direkt gegenüberzustellendes Referenzmodell verfügen. Denn Kooperationen wie Städtenetze oder Regionale Agenda 21-Ansätze gehen Themen an, die ansonsten nicht in einem anderen institutionellen Arrangement, sondern in dieser Weise überhaupt nicht behandelt werden würden. Lediglich die Ansätze regionalisierter Strukturpolitik verfügen mit der konventionellen staatlichen Strukturpolitik über ein gewisses Vergleichsmodell. Und auch mediationsähnliche Verfahren, insofern sie formelle Verfahren zumindest teilweise entlasten sollen, weisen mit diesen zumindest einen ähnlichen Referenzrahmen auf.

Vorliegende empirische Untersuchungen zu Fragen der Effizienz von entwicklungsorientierten regionalen Kooperationen verzichten auf eine geschlossenen Ableitung von Indikatoren aus einer konsistenten theoretischen Erklärungsgrundlage wie dem Transaktionskostenansatz, sondern tragen eher Beobachtungen von Auswirkungen zusammen, die sich im weiteren Sinne in den Kontext von Effizienzbetrachtungen stellen lassen.

- Für die regionalisierte Strukturpolitik beispielsweise wird festgestellt, dass sie gegenüber der herkömmlichen Strukturpolitik Effizienzen erhöht, indem sie die Adressaten intensiv einbindet und so bloße Mitnahmeeffekte reduziert. Auch konnten bei ursprünglich lokalen Projekten Skalen- und Spezialisierungseffekte genutzt werden (Benz et al. 1999, 57). Regionalisierte Strukturpolitik ist daher im Vergleich zu zentralstaatlicher Steuerung effektiver und effizienter, da sie näher an den Problemen ist; fragmentierte Handlungsmuster der Fachpolitiken können überwunden werden.
- Mediationsähnliche Verfahren in Deutschland erreichen bei Großprojekten bisweilen mehrjährige Laufzeiten, bei der großen Zahl der Beteiligten und der komplexen Arbeitsstruktur werden mittlerweile Millionenbeträge an Kosten erreicht. Sieht man die Inhalte der Mediationsverfahren als ursprüngliche Aufgabe des Verwaltungshandelns an, so müssten bei einem Effizienzvergleich nicht nur die Verfahrenskosten, sondern auch noch die Transaktionskosten hinzugerechnet werden, d.h. die Kosten, die der Verwaltung durch die Übertragung der Mediationsaufgabe an Dritte, die Privatisierung, entstehen (Hill 1996,

315). Für diese Verfahren sind die quantitativen Aussagen zur Frage der Effizienz zwar etwas fundierter als für entwicklungsorientierte Kooperationen. Aber letztlich kann in der Literatur zur quantitativen Relation von Aufwand und Ertrag auch zu diesem Verfahrenstypus noch keine abschließende Antwort gegeben werden. Als ein — nur unbefriedigender — Ersatzindikator für nicht ermittelbare Aufwand-Nutzen-Relationen wird hier z.b. die Relation der Verfahrenskosten zu den Investitionskosten herangezogen, sie bewegt sich in der Regel im Promillebereich (Zilleßen 1998, 28).

Die meisten Analysen jedoch stellen die Effizienzfrage für Kooperationen nicht in einer komparativen Weise, sondern sie stellen im Sinne eines einfachen Effizienzbegriffes vor allem Betrachtungen zu den Relationen von Aufwand und Nutzen an, die in den Kooperationen vorzufinden sind. Eine erste Einschätzung ermöglichen dabei Stellungnahmen von beteiligten Akteuren. Generell ist die Frage nach der Effizienz häufig diejenige, die in Befragungen von Teilnehmern kooperativer Verfahren am negativsten bewertet wird (Renn et al. 1998, 136f). Der Aufwand für die Verfahren wird vielfach von den Beteiligten selbst als im Verhältnis zum Ergebnis zu hoch kritisiert (Fietkau/Pfingsten 1995, 64). Auch objektivere qualitative Effizienzabschätzungen, die für mediationsähnliche Verfahren vorliegen, deuten darauf hin, dass diese Verfahren selbst nicht effizient und zumindest in Deutschland auch nicht effizienzsteigernd für das Gesamtsystem sind, und dies selbst dann nicht, wenn sie von den Akteuren als insgesamt erfolgreich eingeschätzt werden. Das Ziel der Verfahrensbeschleunigung wurde selbst in den insgesamt — da sie umsetzbare Lösungen erarbeiteten — positiv eingeschätzten US-amerikanischen Verfahren nicht erreicht. Auch Kostenersparnisse konnten hier nicht realisiert werden, da in der Regel formelle Gerichtsverfahren dennoch stattfanden (Bingham 1985 nach Sünderhauf 1997, 93). Die Betrachtungen deuten — mehr noch für deutsche als für US-amerikanische Verfahren — sogar darauf hin, dass durch Mediationsverfahren die Effizienz im Sinne von Kosten-Nutzen-Relationen sogar sinkt, da den zusätzlichen Aufwendungen keine oder keine adäquaten Kosten- und Zeitersparnisse in den formellen Verfahren gegenüberstehen (Sünderhauf 1997, 277).

Bei den Verfahren der Umweltmediation in Deutschland muss die Frage der Verfahrenseffizienz noch kritischer beantwortet werden, da hier in der Regel entweder keine umsetzungsfähigen Ergebnisse erzielt wurden oder aber die erreichten Ergebnisse nicht umgesetzt wurden. Im Falle des Münchehagen-Ausschusses z.B. kam es unter der Führung von drei Mediatoren nacht acht Jahren zu einem Teilkompromiss. Die Lösung war aber nur zum Teil zufriedenstellend. Die Frage, ob der Verfahrenserfolg noch im angemessenen Verhältnis zu den Aufwendungen steht, muss hier eher negativ beantwortet werden. Auch im Falle des 1991 - 1993 durchgeführten Verfahrens für die Müllverbrennungsanlage im Landkreis Neuss, in der Gutachten in Höhe von 1,7 Mio. DM in Auftrag gegeben wurden, verbesserte sich zwar die Informationslage unter den Teilnehmenden. Letztlich setzte aber doch die Verwaltung ihr Konzept entgegen den Aussagen des Mediationsverfahrens durch (Karpe 1999, 199).

Die hier durchgeführten Fallstudien erbrachten zur Frage der Effizienz weitere Ergebnisse: Effizienzkriterien stehen in den Kooperationen insgesamt nicht im Vordergrund der Einschätzung der Qualität der Kooperationen durch die Akteure. Diese eher untergeordnete Bedeutung zeigt sich schon daran, dass keine Kooperation objektive Indikatoren entwickelt hat, um — hinausgehend über die erzielten Effekte — die Effizienz der Kooperation zu beurteilen. Selbst bei den bisweilen sehr aufwendigen mediationsähnlichen Verfahren, die in sechs bis 18 Monaten zwischen einer und sechs Mio. DM kosteten, wird die Frage nach der Effizienz von den Befragten bisweilen sogar ausdrücklich als irrelevant zurückgewiesen. Dabei scheint es für die Akteure im Rückblick bedeutsamer, dass überhaupt Ergebnisse erzielt wurden als die Frage, in welcher Kosten-Nutzen-Relation dies geschah. Insbesondere bei mediationsähnlichen Verfahren wird nur ausnahmsweise eingeräumt, dass die Ergebnisse auch mit einem geringeren Aufwand hätten erzielt werden können. In der Regel wird betont, dass auch die erzielten Teilergebnisse einen Qualitätssprung erbrachten, der nur mit diesem hohen Aufwand zu erzielen war. Daher seien strikte Effizienzbetrachtungen unangemessen.

In der Regel erfolgt die Einschätzung der Effizienz der Kooperationen subjektiv und fällt insgesamt eher positiv aus. Fast alle Kooperationen werden im Rückblick von den Schlüsselakteuren als sehr effizient oder zumindest als insgesamt eher effizient eingeschätzt.[4] Dafür werden von den Akteuren Belege genannt, die sich auch mit Aussagen aus anderen Untersuchungen decken:

Effizienzsteigernd sind zum einen Synergieeffekte zwischen den Akteuren: Sie werden vor allem von gesamtregionalen Kooperationen genannt; signifikante Unterschiede zwischen den Kooperationstypen zeigen sich insgesamt aber nicht. Synergieeffekte zwischen Akteuren, die zu Effizienzsteigerungen führen, ergeben sich neben gemeinsamen Wissenszuwächsen auch durch die gemeinsame Nutzung von Infrastruktureinrichtungen oder die gemeinsame Außenvertretung (BBR 1999a, 77). Eine Effizienzsteigerung im Sinne von Beschleunigungseffekten für das gesamte administrative System, also hinausgehend über die eigentliche Kooperation, haben Kooperationen, indem Vorgänge durch informelle Vorabsprachen beschleunigt

---

4 Dieser Einschätzung der Befragten liegt in der Regel die subjektive Einschätzung der eigenen Arbeit zu Grunde, die auf die gesamte Kooperation projiziert wird.

werden oder gegenüber außen gemeinsamer Druck durch Stellungnahmen oder gemeinsame Pressemitteilungen ausgeübt wird (Jurczek et al. 1999, 159).

Entwicklungsorientierte Kooperationen können zwar durchaus stagnieren, weil Akteure vor allem am Anfang für sich eine ungünstige Aufwand-Nutzen-Relation ausmachen und deswegen ihr Engagement gering halten. Aber lediglich bei den wenigen „Bad Cases"[5] werden von den Akteuren offen fehlende Effizienzen (etwa durch Steuerungsfehler von Zentralakteuren) genannt. Mangelnde Effizienz tritt in den entwicklungsorientierten Kooperationen weniger in der Form auf, dass bestimmte Funktionen von den falschen Akteuren zu ungünstigen Kosten-Nutzen-Relationen ausgeführt werden, dass also in diesem Sinne die interne Arbeitsteilung und die gesamten Transaktionskosten suboptimal sind. Derlei Schieflagen können zwar mitunter zu Zeitverzögerungen führen; sie werden in den lernenden Kooperationen — und hier durchaus im Sinne des Transaktionskostenansatzes — meist schnell korrigiert. Mangelnde Effizienz ist in den regionalen entwicklungsorientierten Kooperationen eher als eine strukturelle Ineffizienz zu verstehen, die sich vor allem dadurch erklärt, dass einerseits bestimmte Akteure („Bremser") Impulse von außen oder innen grundsätzlich gar nicht oder zu spät aufnehmen und die Impulse Engagierter dadurch ins Leere laufen, dass andererseits diese Bremser aber aus unterschiedlichen Motiven ihre Exit-Option nur in Ausnahmefällen wahrnehmen und der Kooperation der Wille und die Mechanismen fehlen, sie zu entfernen, ohne gegen die Ausgangsintention, nämlich eine breite regionale Kooperation herzustellen, zu verstoßen. Im Ergebnis ergibt sich daraus in den relativ erfolglosen Kooperationen eine Ineffizienz, die einem strukturellen Patt ähnelt (vgl. Kap. III.2 und V.2).

Diese effizienzsenkenden Faktoren sind in entwicklungsorientierten Kooperationen nicht selten, aber sie sind freilich nicht nur für regionale Kooperative Netzwerke typisch. Sie können in allen institutionellen Arrangements — auch in formellen Institutionen — im selben Maße auftreten und ermöglichen daher keine präzise komparative Effizienzbeurteilung regionaler Kooperationen im Sinne des Transaktionskostenansatzes.

Für die näher untersuchten mediationsähnlichen Verfahren liegen darüber hinaus auch quantitative Grundlagen zur Beurteilung vor:

> Für das Verfahren zur *Abfallplanung Nordschwarzwald* wurden vertiefte Effizienzüberlegungen angestellt. Durch den Einbezug von fachlichem Wissen, kleine Gruppengrößen sowie verschiedener teilstandardisierter Entscheidungsverfahren wurde die interne Effizienz gesteigert. Das Verfahren kostete insgesamt gut 1,4 Mio. DM und es wurden knapp 40.000 Arbeitsstunden von Mediatoren (Anteil ca.

---

5   In der Regel sind dies die Kooperationen, denen von den befragten Akteuren eine Gesamtnote von 4 und schlechter verliehen wurde.

60 % der Kosten) und Interessengruppen/Bürgern geleistet. Diese Summen mögen zunächst hoch erscheinen. Setzt man sie aber in Relation zu den Investitionskosten des Verhandlungsgegenstandes, so relativiert sich das Bild. Die Investitionssumme für die Behandlungsanlage läge bei 300-400 Mio. DM. Die Ausgaben des Beteiligungsverfahrens liegen bei 0,5 % des Investitionsvolumens. Dabei ist noch nicht berücksichtigt, dass ein Ergebnis des Beteiligungsverfahrens die Korrektur der bis dato vorliegenden Bedarfsprognose war, was bereits zu einem deutlichen Rückgang der Dimensionierung der Anlage führte, also die Kosten durch „Post-Decisional-Regrets" gesenkt wurden (Renn et al. 1999, 297). Insofern kann das Verfahren selbst durchaus als effizient bezeichnet werden, auch was Kosten- und monetäre Nutzen-Relationen angeht. Da jedoch seine Ergebnisse in der breiten Öffentlichkeit und vor allem auf politischer Ebene nicht akzeptiert wurden und die Entscheidungen in eine andere Richtung liefen, muss dieses Urteil differenziert werden (Renn et al. 1999, 282ff).

Das Mediationsverfahren für den *Flughafen Frankfurt/Main* kann bislang als das mit Abstand aufwendigste mediationsähnliche Verfahren in Deutschland bezeichnet werden. An direkten Kosten entstanden ca. 6 Mio. DM, vor allem für die Mediatoren und deren Betreuung, die Organisation, Öffentlichkeitsarbeit und die insgesamt 20 erstellten Gutachten. Zu diesem hoch differenzierten Kernapparat kommen die zeitlichen Aufwendungen der 21 Mitglieder der Mediationsgruppe in insgesamt 24 Sitzungen und insgesamt 38 Sitzungen der drei Arbeitskreise, 15 Anhörungen, in denen insgesamt 129 Akteure zu Rate gezogen wurden (Mediationsgruppe 2000b, Niethammer 2000, 6); diese inoffiziellen Aufwendungen der Akteure können nicht abgeschätzt werden. Dieser Aufwand ist zum einen in Relation zu den erreichten Ergebnispaket zu setzen zu setzen. Zum andern muss aber auch konstatiert werden, dass — sichtbar bereits jetzt vor allem an den Nicht-Teilnahmen der meisten Umweltgruppierungen — dennoch zukünftig mit Konflikten um einen Flughafenausbau zu rechnen sein wird, der die gerichtlichen Instanzen in Anspruch wird. Inwieweit durch das Verfahren die folgenden Gerichtsverfahren entlastet wurden oder öffentliche Eskalationen verhindert werden konnten, kann noch nicht abgeschätzt werden.

Im *Forum Elbtalaue* fanden sich die Vertreter in zehn Forumssitzungen und zwölf Arbeitsausschusssitzungen zusammen (Donner/Schmidt 1997, 77). Durchschnittlich brachten die Mitglieder des Forums einen Tag Arbeitsaufwand pro Monat ein (Schmidt 1996, 83). Das eigentliche Ziel der Akzeptanz des Nationalparks wurde dabei nicht erreicht.

Zusammenfassend bedeutet dies: Generell werden mediationsähnliche Verfahren hinsichtlich ihrer Effizienz kritischer bewertet als entwicklungsorientierte regionale Kooperationen, weil der Erwartungsdruck höher ist und die Kosten meistens deutlich zu beziffern sind, vor allem aber weil die Ergebnisse meist nicht so umgesetzt werden wie im Verfahren beschlossen. Damit stellt sich oftmals die Frage, ob die erzielten Nebenergebnisse — etwa das gestiegene Informationsniveau — sonst nicht auf andere Weise erreichbar gewesen wären.

> Zumindest bei kleineren mediationsähnlichen Verfahren wie dem Runden Tisch zum Gewerbegebiet *Hechingen/Bodelshausen* mit Vorgesprächen, insgesamt fünf gemeinsamen Sitzungen und bis zu 17 Akteuren sowie Kosten in Höhe von DM 110.000 (inklusive Evaluation) ist zu beobachten, dass die Teilnehmenden vor allem aufgrund der verbesserten Informationslage und der weichen Effekte des Kooperationsklimas eine eher positive Aufwand-Nutzen-Relation angeben, auch wenn am Ende kein Gesamtkonsens erzielt wurde (Roch 2000, 25).

Erfolgreiche entwicklungsorientierte Kooperationen haben dagegen in der Regel sichtbare Projekte hervorgebracht, die über einen unmittelbaren Gebrauchswert oder zumindest Symbolwert verfügen und — zumindest in dieser Qualität — nicht entstanden wären. Und selbst entwicklungsorientierte Kooperationen ohne sichtbare Ergebnisse haben im Normalfall nicht allzu viele Ressourcen verschlungen.

An den mediationsähnlichen Verfahren wird der Faktor, der die Effizienz von regionalen Kooperationen im Vergleich zu festen Instituten und Verfahren wohl am meisten beeinträchtigt besonders deutlich: es ist die begrenzte Fähigkeit der Kooperationen zur Lösung von Konflikten. Weniger stark aber grundsätzlich auch, betrifft dies entwicklungsorientierte Kooperationen: Die ineffizientesten sind jene, in denen Konflikte nach außen oder nach innen nicht angemessen ausgeblendet, temperiert oder ausgetragen werden können.

2.3 Innovation und Effizienz im kooperativen Reifungsprozess

Die obigen Ausführungen machen deutlich: Die spezifischen Leistungen der regionalen Kooperationen liegen in der Reifung von moderaten Inventionen zu Innovationen. Die Effizienz, mit der die Kooperationen dabei arbeiten, ist — in Abwesenheit befriedigender Indikatoren und aussagekräftiger Referenzmodelle — schwer exakt einschätzbar. Vor allem aber stellt sie in den Augen ihrer Akteure gar kein zentrales Kriterium dar, Kooperationen einzugehen oder aufrechtzuerhalten. Diese Beobachtungen aus den Fallstudien relativieren die Überlegungen der Transaktionskostentheorie mit dem Effizienzkriterium als zentralem Merkmal in zweifacher Hinsicht: Sie gibt zwar einen analytischen Einblick in eine Funktionslogik der Organisationsentwicklung, sie kann aber empirisch die Entstehung, die Gesamtlogik und die Kernmerkmale konkreter Kooperationen und Netzwerke nur in Ausschnitten erklären (Semlinger 1991, 340). Auch schätzt sie die Rolle des Effizienzkriteriums zu hoch und zu undifferenziert in einer zu kurzfristigen Perspektive ein. Unbestritten gibt es aus der Transaktionskostenökonomie eine Reihe von Argumenten dafür, dass Effizienz unter bestimmten Umständen als ein konstituierendes Merkmal von ökonomischen, aber auch von politischen Kooperationen und Netzwerken zu betrachten ist. Die Anwendung auf die untersuchten Kooperationen zeigte jedoch, dass ein komparativer punktueller, auf das Kriterium der Effizienz von Transaktionsstrukturen ausgerichteter Ansatz zu kurz greift, weil hier langfristige strategische Momente unberücksichtigt bleiben (Bellack 1992, 79).

Die ambivalente Rolle des Effizienzbegriffes in diesen Kooperationen ist besser zu fassen, wenn der Faktor der zeitlichen Entwicklungsdynamik der Kooperationen mit einbezogen wird. Regionale Kooperationen werden in erster Linie aufgebaut, um Prozess- und Produktinnovationen voranzutreiben, die das gesamte System regionaler Steuerung effizienter (im Sinne der Treffsicherheit des Einsatzes öffentlicher Ressourcen) gestalten sollen. Es zeigt sich in Kooperationen, die über ein Referenzmodell verfügen, wie die regionalisierte Strukturpolitik in Nordrhein-Westfalen, dass ihre moderaten Prozessinnovationen durchaus zu gewissen Effizienzsteigerungen des gesamten politischen Steuerungssystems geführt haben — hier im Sinne der Erhöhung der Treffsicherheit der Strukturförderung. Dabei müssen die Kooperationen selbst einen gewissen Grad an Effizienz im Sinne einer effizienten internen Arbeitsteilung und eines nicht zu hohen Transaktionskostenniveaus aufweisen, um Inventionen zu Innovationen reifen zu lassen. Die Effizienz ihrer Arbeit können sie durch Prozessinnovationen steigern.

Jedoch ist das Kriterium der Effizienz im Sinne minimaler Transaktionskosten und günstiger Aufwand-Nutzen-Relationen kein primäres Merkmal, um eine Kooperation einzugehen. Es werden durchaus auch ineffiziente Kooperationen von ihren Akteuren über einen langen Zeitraum aufrecht erhalten. Die strukturelle Ineffizienz vieler entwicklungsorientierter Kooperationen wird auch von ihren aktiven Akteuren im Interesse ihrer langfristigen strategischen Zielsetzung einer regionalen Zusammenarbeit häufig bewusst dauerhaft toleriert.

Es gibt Belege dafür, dass Effizienz nur eines von vielen Merkmalen von kooperativen Netzwerken ist, ja dass sie in einem kurzfristigen Betrachtungshorizont sogar nachgeordnet ist, weil sie konträr zu dem primären Wesensmerkmal von Netzwerken, nämlich der Innovationskraft, stehen kann. Eine zu effizienzorientierte Ausrichtung einer Kooperation im Sinne minimierter Transaktionskosten und kurz- bis mittelfristig optimierter Kosten-Nutzen-Relationen kann Kooperationen durchaus ihres notwendigen innovativen Charakters berauben.

Deutlich wird dies im Begriff der Redundanz, der ein Merkmal von Netzwerken darstellt: Vereinfacht vor dem Hintergrund des Effizienzbegriffes der Transaktionskostenökonomie ausgedrückt, wäre Redundanz mit „Verschwendung" gleichzusetzen. Es werden nämlich Informationen mehrfach gegeben, Funktionen und Beziehungen mehrfach aufrechterhalten, auch wenn sie im Normalfall nur einmal benötigt werden. Das damit verbundene Parallelhalten von Informationen und Funktionen führt zu zahlreichen Konstellationen, die im strengen Sinne des Transaktionskostenansatzes eben nicht effizient sind, da die gesamten Transaktionskosten zur Unterhaltung paralleler Beziehungen ungleich höher ausfallen, als wenn die Beziehung nur zu einem Partner bestünde. Dem reinen Transaktionskostenansatz nach wäre jedoch die Unterhaltung mehrerer paralleler Beziehungen in einem Netzwerk schlicht zu teuer. Solchermaßen ineffiziente Netzwerke haben jedoch gegenüber straff organisierten effizienten Organisationen den Vorteil der geringeren Fehleranfälligkeit und größeren Anpassungsfähigkeit. Durch ungebundene Ressourcen werden mehrere Entwicklungspfade offen gehalten, um besser auf veränderte Umweltbedingungen zu reagieren. In redundanten Systemen bleiben latent Optionen offen und werden negative Rückkopplungsschleifen nach falschen Entscheidungen unwahrscheinlicher. In dem Maße, in dem Rationalisierungen Transaktionskosten reduzieren, merzen sie aber auch Redundanz aus, die ja die Anpassungsfähigkeit und Innovationskraft von Netzwerken ausmacht (Grabher 1992, 105).

Inventionen benötigen in erster Linie ein kreatives Milieu, um zu entstehen. Dieses kreative Milieu zeichnet sich häufig gerade durch die teilweise Abwesenheit effizienter Strukturen im Sinne einer klar festgelegten Arbeitsteilung oder gar hierarchischer Strukturen aus und ist mitunter durch Redundanzen gekennzeichnet. Solchermaßen entstandene Inventionen reifen jedoch erst dann zu marktfähigen Innovationen, wenn sie in effizient arbeitenden Strukturen eingebettet werden, die ihre Realisierung ermöglichen. Im Sinne der vorab dargestellten Lebens- und Innovationszyklen ist somit bei Netzwerken und Kooperationen grundsätzlich mit zunehmender Alterung eine gewisse Tendenz vorhanden, Innovationsfähigkeit durch Effizienz zu ersetzen.

Am Anfang ist die innere Effizienz der Kooperationen vergleichsweise eher gering. Die hier untersuchten regionalen Kooperationen entstehen nicht, weil sie bestimmte Leistungen effizienter erbringen, sondern sie entstehen, weil bestimmte innovative Leistungen in anderen Steuerungsformen überhaupt nicht erbracht werden könnten. Dies setzt bisweilen geradezu voraus, dass sie selbst — zumindest in den ersten Phasen — nicht effizient im Sinne transaktionskostentheoretischer Überlegungen sind. Regionalkonferenzen z.B. erhöhen zunächst politische und ökonomische Komplexitätskosten, weil sie vielen Akteuren Relevanz geben, was zu Redundanzen führen kann (Fürst 1993, 29). Die Transaktionskosten für Mitglieder können vor allem am Anfang sehr hoch sein, wenn ihnen zunächst ein entlastender institutioneller Rahmen fehlt (Fürst/Schubert 1998, 354). Eine an kurzfristigen Effizienzkriterien orientierte Reduzierung von Optionen würde aber zu diesem Zeitpunkt als Innovationsbremse wirken (Knieling

2000, 110). Erst durch längere vertrauensvolle Zusammenarbeit sinken die Transaktionskosten und entstehen Synergieeffekte, so dass das Netzwerk allmählich effizient zu arbeiten beginnt (Bade 1998, 5; Fürst/Kilper 1993, 9). Die Transformation vom Kooperativen Netzwerk zur Institutionalisierten Kooperation stellt einen gewissen qualitativen Sprung dar, da die Verbindlichkeit steigt und neue Ressourcen die Effizienz der Kooperation erhöhen können.

Die Kosten-Nutzen-Relation ist — dies reduziert das Kooperationsinteresse vieler Akteure — für sie am Anfang nicht einsehbar, sondern wird erst allmählich, bei günstigem Verlauf der Kooperation deutlich (Hellmer et al. 1997, 184). Dies ist kooperationswilligen Akteuren jedoch bewusst. Wenn von ihnen überhaupt — explizit geschieht dies selten — regelrechte Effizienzmängel festgestellt werden, in dem Sinne, dass die erzielten Ergebnisse im Verhältnis zum Aufwand noch zu niedrig waren, wird häufig betont, dass diese Relationen in einer langfristigen Perspektive gesehen werden müssen (Zoubeck 1999, 77). Kurzfristige Effizienzmängel werden in der Hoffnung auf innovationsbedingte langfristige Effizienzsteigerungen bis zu einem gewissen Grad in Kauf genommen.

Der Substitutionsprozess von Innovationsfähigkeit durch Effizienz, der mit der Gefahr der Erstarrung der Kooperationen einhergeht, ist allerdings ein sehr langfristiger. Bei den hier untersuchten Kooperationen ist er noch nicht auszumachen. So ist das strukturelle Dilemma zwischen Innovation und Effizienz keines, was die alltägliche Arbeit der hier untersuchten Kooperationen wesentlich prägt oder was gar den zentralen Konflikten zwischen Akteuren zugrunde liegt. Die meisten von ihnen befinden sich entweder noch auf der Suche nach einem Effizienzgrad, der ihre Innovationspotenziale zur vollen Entfaltung kommen lässt, oder aber sie haben ihn erreicht und können in den nächsten Jahren diese Vorteile ausspielen.

3. Die Einflüsse der Institutionalisierung

Die Verstetigung der Kooperation muss nicht durch eine eigene Rechtsform gesichert werden, sondern es gibt auch andere Möglichkeiten: etwa durch die feste Verankerung in einer Behörde in Form einer Stabsstelle oder die Einrichtung permanenter Anreizstrukturen wie Wettbewerbe. Dennoch wird in den meisten Fällen die Kooperation durch die Schaffung einer eigenen Rechtsform verstetigt. Diese Manifestierung ist freilich nur ein — wenn auch wesentlicher — Meilenstein auf dem Weg zur dauerhaften Verstetigung. Sie ist Teil eines Institutionalisierungsprozesses und gleichzeitig eines seiner Ergebnisse.

Bei 13% der hier untersuchten Kooperationen handelt es sich um mediationsähnliche Verfahren, bei denen sich die Frage der festen Institutionalisierung nur in Ausnahmefällen stellt. 51% sind als entwicklungsorientierte Kooperative Netzwerke einzuordnen, haben also keine Rechtsform, 35% sind als entwicklungsorientierte institutionalisierte Kooperationen zu bezeichnen. Diese Kooperationen verfügten zum Zeitpunkt der Befragung seit durchschnittlich 4,3 Jahren über die Rechtsform.

3.1 Strukturdifferenzen zwischen Kooperativen Netzwerken und Institutionalisierten Kooperationen

Es verwundert nicht, dass mediationsähnliche Verfahren kürzer andauern oder andauerten als entwicklungsorientierte Kooperationen. Erstaunlich ist aber der geringe Unterschied zwischen den beiden Typen entwicklungsorientierter Kooperationen:

Abbildung V.6: Entwicklungsphasen nach Kooperationsgrundtypen

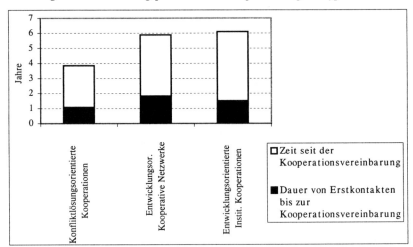

Quelle: eigene Erhebung und Darstellung

Die Institutionalisierten Kooperationen sind im Durchschnitt nur wenig älter als die Kooperativen Netzwerke (Abb. V.6). Institutionalisierte Kooperationen und kooperative Netzwerke unterscheiden sich praktisch überhaupt nicht, was die Länge der Anfangsphase angeht, bei den mediationsähnlichen Verfahren ist diese Vorlaufphase etwas kürzer. Die Rechtsform institutionalisierter Kooperationen wurde durchschnittlich 1,9 Jahre nach den ersten Akteurskontakten festgesetzt.

Wie zu erwarten haben die konfliktlösungsorientierten Kooperationen eine einfachere Struktur (weniger Arbeitsgruppen, einen insgesamt etwas kleineren Akteurskreis) und eine höhere Sitzungsdichte als die entwicklungsorientierten Kooperationen. Innerhalb der entwicklungsorientierten Kooperationen sind jedoch die strukturellen Unterschiede zwischen den Grundtypen gering: Institutionalisierte Kooperationen haben eine etwas komplexere Aufbauorganisation, etwas mehr Arbeitsgruppen, etwas mehr Akteure und tagen etwas öfter als Kooperative Netzwerke. Jedoch sind die Unterschiede zu gering, um statistisch signifikant zu sein.

Bei der Betrachtung der Themenpalette fällt auf, dass Themenfelder wie Wirtschaftsentwicklung und Tourismus, die traditionell eher zu den „weicheren" Bereichen im Handeln öffentlicher Akteure auf der regionalen Ebene zählen, ebenso selbstverständlich von Institutionalisierten Kooperationen wie in Kooperativen Netzwerken bearbeitet werden. Umgekehrt werden Themen wie die technische Infrastruktur, die üblicherweise eher in festgefügten Institutionen innerhalb geregelter Prozeduren bearbeitet wurden, nun auch häufig in den als „weicher" einzuschätzenden Kooperativen Netzwerken bearbeitet.

Bei der Differenzierung der Effekte nach den Kooperationsgrundtypen fällt auf, dass die Institutionalisierten Kooperationen den Effekt des Abbaus von Konkurrenzen und der Identifikation überdurchschnittlich oft nennen. Der Effekt der Akzeptanz von Spielregeln wird ausschließlich, der Abbau von Extrempositionen und von Misstrauen besonders häufig in Kooperativen Netzwerken genannt.

Abbildung V.7: Aufbauorganisation nach Kooperationsgrundtypen

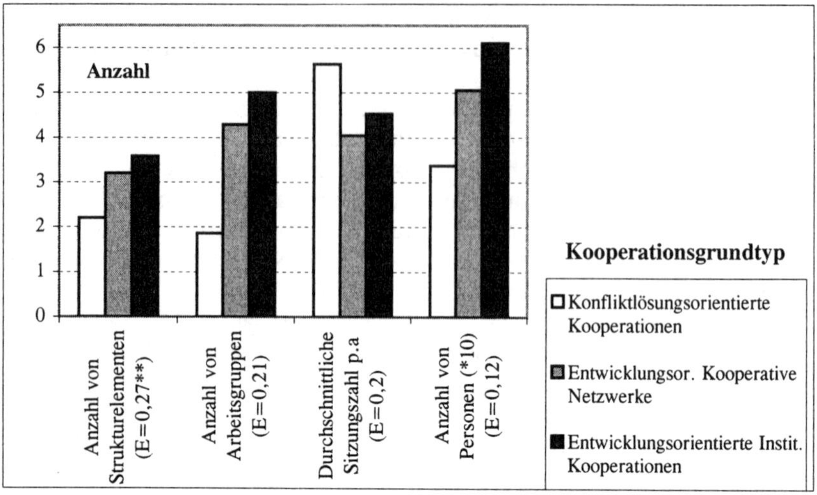

Kooperationsgrundtyp
- ☐ Konfliktlösungsorientierte Kooperationen
- ▨ Entwicklungsor. Kooperative Netzwerke
- ■ Entwicklungsorientierte Instit. Kooperationen

Kategorien: Anzahl von Strukturelementen (E=0,27**); Anzahl von Arbeitsgruppen (E=0,21); Durchschnittliche Sitzungszahl p.a (E=0,2); Anzahl von Personen (*10) (E=0,12)

Quelle: Eigene Erhebung und Darstellung

3.2 Die bessere Erfolgseinschätzung Institutionalisierter Kooperationen gegenüber Kooperativen Netzwerken

Eines der prägnantesten Ergebnisse der Erhebungen zeigt Abbildung V.8: Erstens werden entwicklungsorientierte Kooperationen besser bewertet als konfliktlösungsorientierte. Zweitens werden innerhalb der entwicklungsorientierten Kooperationen jene mit einer eigenen Rechtsform besser bewertet als diejenigen, die eine solche nicht haben. Diese insgesamt signifikanten Abweichungen gelten sowohl für abgeschlossene als auch für laufende Kooperationen, wobei die Unterschiede besonders bei den abgeschlossenen Kooperationen zu Tage treten.

Die Unterschiede zwischen Kooperativen Netzwerken und Institutionalisierten Kooperationen sind erstaunlich robust gegenüber Einflüssen anderer Variablen. Institutionalisierte Kooperationen werden besser bewertet als Kooperative Netzwerke, unabhängig davon, welcher Institution die Befragten angehören, zu welchem Bundesland und Regionstyp die Kooperationen gehören, unabhängig davon, ob die erfolgsträchtigeren Themengruppen Wirtschaft/ Tourismus, Wohnen/soziale Infrastruktur und Verkehr/ Erreichbarkeit behandelt werden oder nicht, oder ob Konflikte im Themenfeld technische Infrastruktur auftreten oder nicht.

Abbildung V. 8: Einschätzung des Kooperationsergebnisses nach Kooperationsgrundtypen

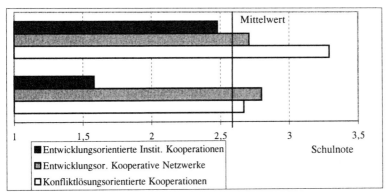

Quelle: Eigene Erhebung und Darstellung

Bei den entwicklungsorientierten Kooperationen ist die Betrachtung der Unterschiede zwischen den institutionalisierten und den nicht institutionalisierten Kooperationen innerhalb eines Typus besonders interessant (Abb. V.9). Es sind gerade die prominentesten Ansätze, nämlich Städtenetze, Regionale Agenda-21-Prozesse, Regionalkonferenzen/ REK-Prozesse und Regionalmarketingansätze, bei denen die Institutionalisierten Kooperationen deutlich besser eingeschätzt werden als die Kooperativen Netzwerke.

Innerhalb der entwicklungsorientierten Kooperationen heben auch die Merkmale der Kooperationsstruktur diesen Unterschied in der Erfolgsbewertung nicht auf (Abb. V.10):
Unabhängig davon,
- wie viele Gremien die Kooperation hat,
- wie viele Personen an ihr beteiligt sind und
- wie hoch ihre Sitzungsfrequenz ist:

Institutionalisierte Kooperationen erhalten durchweg eine bessere oder zumindest keine schlechtere Bewertung als Kooperative Netzwerke. Abbildung V.11 macht ein weiteres interessantes Ergebnis in der Gruppe der entwicklungsorientierten Kooperationen deutlich: Betrachtet man den Zeitpunkt der ersten Akteurskontakte, so fällt auf, dass sich bei den bis zu zwei Jahre alten Kooperationen jene mit und jene ohne Rechtsform nicht in der Erfolgsbewertung unterscheiden. Die Differenzen zeigen sich erst bei den älteren Kooperationen. Nach einer gewissen Dauer der Zusammenarbeit, die sich mit etwa zwei Jahren ansetzen lässt, scheint es also der Erfolgsbewertung förderlich zu sein, wenn eine eigene Rechtsform gefunden wurde.

Abbildung V. 9: Einschätzung des Kooperationsergebnisses nach Kooperationstypen und -grundtypen

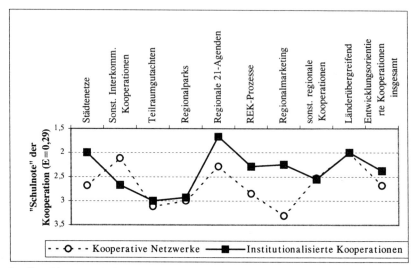

Quelle: Eigene Erhebung und Darstellung

Abbildung V. 10: Einschätzung des Kooperationsergebnisses nach Strukturtypen und Kooperationsgrundtypen

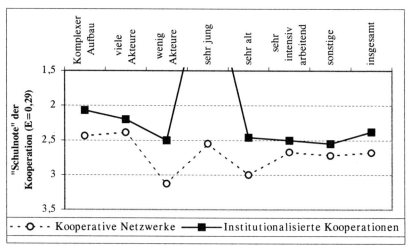

Quelle: Eigene Erhebung und Darstellung

Mit diesen Erkenntnissen ist freilich über die Ursache-Wirkungs-Beziehungen noch nichts ausgesagt. Eine bessere Kooperationseinschätzung kann, muss aber nicht Resultat einer Rechtsform sein; ebenso kann sich umgekehrt ein größerer Kooperationserfolg in einer Institutionalisierung ausdrücken. Wahrscheinlich ist, dass sich Kooperationserfolg und Institutionalisierung gegenseitig bedingen.

Abbildung V. 11: Einschätzung des Kooperationsergebnisses nach Kooperationsdauer und Kooperationsgrundtypen

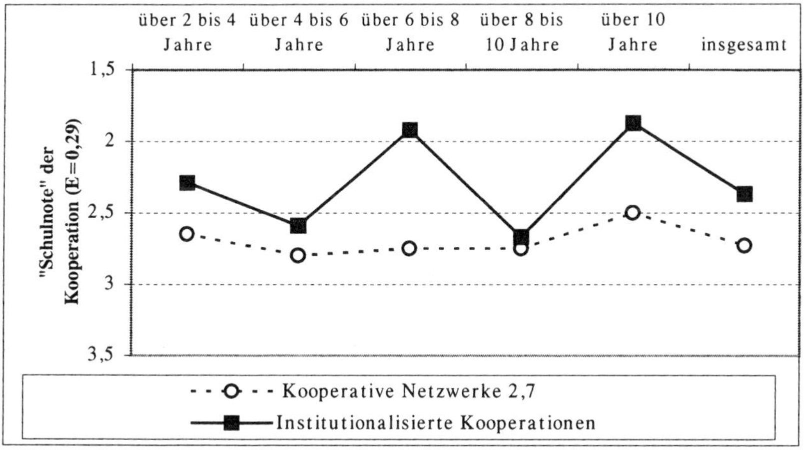

Quelle: Eigene Erhebung und Darstellung

3.3 Die Gründe für eine Institutionalisierung und für ihr Ausbleiben

In den Fallstudien, die über eine feste Rechtsform verfügen, wurden praktisch nur Vorteile einer Institutionalisierung angemerkt. Die Rechtsform ist Indikator des Kooperationswillens, stabilisiert das Innen- und Außenbild und steigert die Attraktivität der Kooperation; sie ist Garantie für Langlebigkeit, Verlässlichkeit und das Nichtversanden der Kooperation, schafft Finanzierungsmöglichkeiten und steigert die Informationsbreite innerhalb der Kooperation.

Die Erhebungen zeigten deutlich, dass die Institutionalisierung der Kooperation in einer festen Rechtsform sowohl einen Indikator der Stabilität der Kooperation als auch einen Garanten dafür darstellt. Vereinzelt wird sogar angemerkt, dass in der Konzeptphase eher an der fachlichen Tiefe hätte gespart, dafür aber die Frage der Institutionalisierung hätte geklärt werden sollen.

Allerdings lagen die Gründe der Institutionalisierung etwas anders als erwartet und stellen sich auch in ihren Auswirkungen etwas anders dar. Tabelle V. 1 macht deutlich, dass bei den entwicklungsorientierten Kooperationen eine eigene Rechtsform zwar eine begünstigende, aber keine unabdingbare Voraussetzung für die Ausstattung mit Finanzmitteln ist. Immerhin 55% der nicht institutionalisierten Kooperationen haben eigene Finanzmittel für ihre eher informelle Organisation (gegenüber 74% der Institutionalisierten Kooperationen). Auch bei den eigenen Mitteln für die Finanzierung der Projekte ist der Unterschied nicht eklatant, höher fällt er lediglich bei den fremden Mitteln zur Projektfinanzierung aus (37% gegenüber 70%).

Angenommen worden war, dass eine Steigerung der Effizienz durch eine klarere Arbeitsteilung ein Hauptmotiv der Wahl einer festen Rechtsform ein könnte. Und in der Tat vermuten einige der nicht institutionalisierten Kooperationen derlei Vorteile: Eine Institutionalisierung würde die Zahl der Ansprechpartner des Koordinators verringern, zu einer stärkeren Autonomie von Politik und Verwaltung führen und die Kooperation somit effizienter machen. Jedoch zeigten die Untersuchungen in Institutionalisierten Kooperationen, dass die Auswirkungen der Rechtsform weniger in einer Neudefinition der internen Hierarchien und Arbeitsteilungen der Kooperation liegen, mit der eine erhöhte Effizienz im Sinne transaktionskostentheoretischer Überlegungen verbunden wäre. Vielmehr werden durch die Rechtsform meist lediglich ohnehin informell bestehende Strukturen formalisiert und die Arbeitsteilungskonstellation konserviert.

Etwas größer als der Einfluss auf die Effizienz der Aufgabenteilung der Kooperation scheint die Bedeutung der Rechtsform für die Möglichkeiten zur Konfliktlösung zu sein. Angemerkt wird dass

- nach außen die Position der Kooperation durch eine eigene Rechtsform gestärkt wird;
- nach innen eine GmbH eine geeignete Rechtsform für Konfliktlösung ist, da hier die Strukturen klarer sind;
- eine Vereinsstruktur dem Manager bessere Möglichkeiten gibt, eigene Wege zu gehen, ohne gleich einen breiten Konsens erzielen zu müssen.

Jedoch sind auch dies keine allgemeingültigen Beobachtungen. Vielfach wird der Einfluss der Rechtsform auf die Kapazitäten zur Konfliktlösung als gering bewertet. Angemerkt wird hier, dass Konflikte eher personenabhängig sind, was sich in einer Rechtsform nicht ändern würde bzw. die kommunalen Entscheidungsträger auch bei Einrichtung einer Rechtsform die selben blieben. Im Einzelfall wird sogar festgestellt, dass in einer Vereinsstruktur anstelle der komplexen an die Verwaltung angehängten informellen

Kooperationsstruktur die Möglichkeiten, Konflikte im Sinne nachhaltiger Entwicklung zu lösen, geringer ausfallen würden.

Tabelle V.1: Die wichtigsten Finanzierungsquellen nach Kooperationsgrundtypen

Art der Finanzmittel	Kooperationsgrundtypen		
	Konfliktlösungsorientierte Kooperation	Entwicklungsorientiertes Kooperatives Netzwerk	Entwicklungsorientierte Institutionalisierte Kooperation
	sind vorhanden (Angaben in %)		
Eigene Mittel für die Organisation	20	55,1	73,6
Eigene Mittel für Projekte	20	30,8	58,8
Fremde Mittel für Projekte	0	37,2	69,8

Quelle: Eigene Erhebung und Darstellung

Der positive Einfluss einer festen Rechtsform besteht also weniger in einer Optimierung der Arbeitsteilung im Sinne der Transaktionskostentheorie oder der Schaffung von Strukturen zur Konfliktlösung, sondern vor allem in einer generellen größeren symbolischen Verbindlichkeit, die das Engagement aller Akteure steigern und durch gemeinsame Identität Reibungsverluste mindern soll. Die Ergebnisse, der gesamte Aktivitätslevel der Kooperation können durch eine Rechtsform zum Teil gesteigert werden, da nunmehr Zugriffe auf mehr Ressourcen bestehen. Die Effizienz wird durch eine feste Rechtsform eventuell in dem Sinne gesteigert, dass durch eine allgemeine höhere Verbindlichkeit der Leerlauf engagierter Akteure reduziert wird.

Deutlich seltener sind demgegenüber Aussagen über die Nachteile einer festen Rechtsform. Nur in Einzelfällen wird die Gefahr einer Überbürokratisierung bemerkt. Vor allem sind — entgegen den Ausgangsvermutungen — keine grundsätzlichen Unterschiede zwischen Kooperativen Netzwerken und Institutionalisierten Kooperationen auszumachen, was die Inventions- und Innovationsfreudigkeit angeht. Erläutert wird, dass die Rechtsform nicht notwendig mit einer Formalisierung der Arbeitsweisen verbunden sei und daher kein Einfluss auf den Kreativitätsgrad der Kooperation vorläge. Umgekehrt könne die Arbeitsform auch ohne eine Rechtsform weiter formalisiert werden, was zu Einschränkungen der Kreativität führen könnte. Eher wird sogar betont, dass eine eigene Rechtsform Innovationsspielräume schaffe. Vereinzelt wird angemerkt, dass die Art der gegenwärtigen Rechtsform die Kooperation noch zu stark den Befindlichkeiten der Gebietskörperschaften unterwerfe und daher ihre Innovationsspielräume einschränke.

Wenn in entwicklungsorientierten Kooperationen Institutionalisierungen nicht vorgenommen werden, dann deshalb, weil
- der politische Wille, Kompetenzen abzugeben und finanzielle Ressourcen bereitzustellen nicht vorhanden ist;
- zusammenschweißende Interessen fehlen;
- sich kein Träger findet;
- ein großer Akteur in Koordinatorenrolle gesehen wird, diese aber faktisch nicht ausfüllen kann und will;
- die Art der Institutionalisierung nicht geklärt werden kann.

4. Die Bedeutung der unterschiedlichen Rechtsformen

Grundsätzlich institutionalisieren sich die regionalen Kooperationen in unterschiedlichen Formen, die verschiedene Vor- und Nachteile aufweisen. Auch sind einige Zusammenhänge zwischen der Kooperationsstruktur und den Rechtsformen auszumachen.

4.1 Häufigkeiten

Die Vielfalt der Rechtsformen lässt sich in vier Gruppen zusammenfassen (Abb. V.12):
- Fast die Hälfte institutionalisierten Kooperationen (16,6% der Gesamtzahl der Fälle) hat die etwas weichere privatrechtliche Variante des eingetragenen Vereins gewählt;
- Weitere 10% wählten relativ weiche Kooperationsformen des öffentlichen Rechts: Kommunale Arbeitsgemeinschaft, öffentlich-rechtlicher Vertrag, AG nach Bayerischem KomZG, interkommunale Verwaltungsvereinbarung
- Die härteren privatrechtliche Formen GbR und GmbH wurden in 5,3% der Fälle gewählt: GmbH 4,0%, GbR 1,3%;
- Ein Zweckverband als härtere öffentlich-rechtliche Form wurde in 4% der Fälle gegründet.
- Privatrechtliche Formen (22,1% aller Fälle) sind stärker vertreten als öffentlich-rechtliche (14,6%) und die jeweils weicheren Varianten (27,2%) stärker als die jeweils härteren (9,2%);

Abbildung V.12 zeigt auch, dass einige Rechtsformen in einigen Kooperationstypen häufiger vertreten sind, auch wenn der Zusammenhang statistisch insgesamt nicht signifikant ist:

Abbildung V. 12: Rechtsformen nach Kooperationstypen

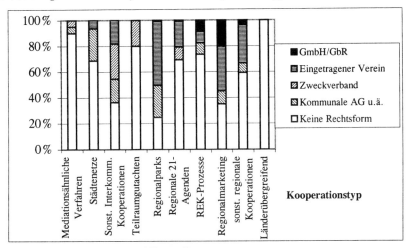

Quelle: Eigene Erhebung und Darstellung

- Mediationsähnliche Verfahren verfügen in der Regel über keine feste Rechtsform.
- Regionale Entwicklungskonzepte/Regionalkonferenzen sind häufiger nicht institutionalisiert oder es werden weichere öffentlich-rechtliche Formen gewählt. Bei den Kooperationen der regionalisierten Strukturpolitik in Sachsen-Anhalt beispielsweise ist nur die Region Harz als Verein organisiert, die anderen sind nicht institutionalisiert; vereinzelt zeigen sich hier aber Tendenzen der härteren Institutionalisierung in Richtung eines Regionalverbandes (Benz/Fürst 1998, 113).
- Auch Städtenetze werden besonders häufig in den weicheren öffentlich-rechtlichen Formen organisiert. Dabei bleiben großräumig agierende Städtenetze eher informell, auf eine einengende Rechtsform wird hier bewusst verzichtet (Jurczek 1999, 171). Bei kleinräumiger agierenden Städtenetzen dagegen wird eine feste Institutionalisierung durchaus als sinnvoll angesehen (Baumheier 1994, 386). Die kommunale Arbeitsgemeinschaft mit zentralem Projektbüro, das im Umlageverfahren nach Einwohnerschlüssel finanziert wird, ist eine typische Institutionalisierungsform der Städtenetze (Kliemt 1997, 25). Als etwas verbindlichere Rechtsform hat sich auch in Städtenetzen die Vereinslösung bewährt. Sie verbindet die Merkmale Freiwilligkeit, Gleichberechtigung und Flexibilität mit einem gewissen Grad an Formalisierung.
- Bei den Regionalmarketingansätzen ist auffallend, dass sie zum einen besonders häufig überhaupt eine Rechtsform aufweisen und dass sie zum andern besonders häufig (in über der Hälfte der Fälle) in den privatrechtlichen Formen Verein, GmbH und GbR durchgeführt werden. Vor allem in den bayerischen Regionalmarketing-Ansätzen ist die Vereinslösung häufig vorzufinden (StMLU 2000, 149).

- Der eingetragene Verein ist auch für die Regionalparks und das breite Spektrum der sonstigen regionalen Kooperationen eine häufig gewählte Rechtsform.
- Auffallend sind aus der Gruppe der teilregionalen Kooperationen die Teilraumgutachten, die meist keine Rechtsform aufweisen, wenn, dann aber oft als Zweckverband organisiert sind.
- Für standortbezogene interkommunale Kooperationen ist die klassische Form des Zweckverbandes typisch.

Abbildung V.13 macht deutlich, dass sich die Arten der Rechtsform insgesamt recht homogen über die einzelnen Strukturtypen Institutionalisierter Kooperationen verteilen.

Auffallend ist lediglich, dass sehr junge Kooperationen meist keine Rechtsform aufweisen (mehrheitlich sind dies mediationsähnliche Verfahren) und dass alte Kooperationen überproportional häufig als Verein und Zweckverbände organisiert sind. Sehr kleine Institutionalisierte Kooperationen sind bei den öffentlich-rechtlichen Formen überrepräsentiert. Aber auch komplexe Institutionalisierte Kooperationen wählen überproportional häufig die weicheren öffentlich-rechtlichen Organisationsformen.

Abbildung V. 13: Rechtsform nach Strukturtypen

Quelle: Eigene Erhebung und Darstellung

4.2 Vor- und Nachteile der einzelnen Rechtsformen

Abbildung V.14 zeigt, dass die Bewertung des Erfolges in allen Typen der Rechtsformen besser ausfällt als beim Typus der Kooperativen Netzwerke ohne Rechtsform. Die Unterschiede in der Bewertung zwischen den Rechtsformen sind jedoch nicht signifikant.

Tendenziell wird allerdings die bessere Erfolgseinschätzung der Kooperationen mit härteren Rechtsformen deutlich. Sehr weiche Rechtsformen sind mitunter nur von begrenzter Dauer und werden in härtere Rechtsformen transformiert. Generell kann gelten: Je härter die Organisationsform ist, desto weniger schlagen Persönlichkeitsmerkmale der Akteure und andere Zufälligkeiten durch (Fürst 1997, 128). Keinesfalls kann daraus jedoch abgeleitet werden, dass es pauschal geeignete Rechtsformen für Kooperationen gibt. Vielmehr haben die unterschiedlichen öffentlich-rechtlichen und privatrechtlichen Formen spezifische Einsatzbereiche und unterschiedliche Vor- und Nachteile (DSSW o. J.; Thüringer Ministerium 1998, 29ff).

Abbildung V. 14: Einschätzung des Kooperationsergebnisses nach Rechtsformen

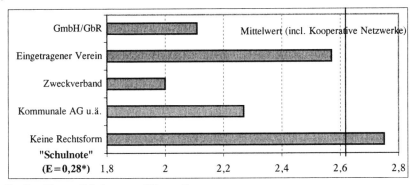

Quelle: Eigene Erhebung und Darstellung

4.2.1 Öffentlich-rechtliche Formen

In interkommunalen Kooperationen herrschen meist die weicheren öffentlich-rechtlichen Formen vor. Sehr einfache Formen stellen dabei interkommunale Abstimmungen und interkommunale Arbeitsgruppen dar, die hier jedoch nicht als Institutionalisierung erfasst sind. Die hier relevanteren Formen basieren auf einer eigenen Vertragsgrundlage: Interkommunale Arbeitsgemeinschaften sind die einfachste Möglichkeit der Zusammenarbeit, da bei der Gründung keinerlei juristische Zwänge und Regeln vorgegeben sind. Sie bilden häufig die erste Stufe der Kooperation. Meist sind hier Politik und Verwaltung vertreten; grundsätzlich können aber auch private Akteure eingebunden werden. Die Arbeit der Mitglieder ist ehrenamtlich. In der Regel liegt eine Mischfinanzierung vor, Personalkosten werden von der Stadt oder dem Landkreis getragen. Die Finanzierungsgrundlage ist jedoch meist unsicher, da sich kein Mitglied zur langfristigen Finanzierung verpflichtet. Größere Maßnahmen können nur mit zusätzlichen Geldern durchgeführt werden. Die geringe rechtliche und finanzielle Einbindung erschwert die Zuweisung von Verantwortlichkeiten und eine Ergebniskontrolle. Arbeitsgemeinschaften werden vor allem als symbolisches Zeichen des Bekenntnisses zur Kooperation gesehen, im Ausnahmefall — und dies auch nicht immer offen ausgesprochen — als Vorstufe zur Gemeindereform. In einigen Ländern wie Sachsen und Thüringen sind Städtebünde, Städteverbünde oder Städtenetze als spezifische Kooperationsformen entweder nach Gesetzen zur kommunalen Gemeinschaftsarbeit oder zusätzlich auf landesplanerischer Grundlage vorgesehen. Trotz ihrer programmatischen Verankerung bedarf es in der Regel einer zusätzlich festgelegten Kooperationsvereinbarung, eines regelrechten Vertrags der Kommunen, in dem die Aufgaben und Zuständigkeiten geregelt sind. Der Verbindlichkeitsgrad liegt etwa zwischen dem einer Arbeitsgemeinschaft und festeren Rechtsformen.

Gegenüber dem Zweckverband haben diese weicheren Formen den Vorteil der breiten Aufgabendefinition. Jedoch werden in fortgeschritteneren Kooperationen, zumal jenen, in denen Projekte umgesetzt werden, die Mängel der weichen Rechtsformen deutlich: ihre geringe Bindungskraft und relative Offenheit der Ziele und Zuständigkeiten. Eine zu weiche Rechtsform kann Grund einer Stagnation der Kooperation sein.

Seltener ist in den hier untersuchten regionalen Kooperationen die klassische interkommunale Kooperationsform, der Zweckverband vorzufinden. Diese Form hat gegenüber anderen deutliche Effizienzvorteile, da der Zweckverband eine eigene Rechtskörperschaft darstellt, also z.B. direkt als Empfänger öffentlicher Fördermittel fungieren kann. Während der Zweckverband für die Übertragung begrenzter hoheitlicher Aufgaben der Daseinsvorsorge, klassischerweise z.B. der Abwasserentsorgung, aber in den letzten Jahren auch zur interkommunalen Gewerbeflächenplanung eingesetzt wird und sich dort als effizientes Instrument bewährt hat, findet er für thematisch breiter angelegte regionale Kooperationen nur selten Anwendung. Wo dies geschieht, ist sein Aufgabenprofil im Vertrag sehr allgemein gehalten, dient er bisweilen als „Tarnform" in Ermangelung von Erfahrungen mit weicheren Kooperationsformen.

Die anderen konventionellen härteren öffentlich-rechtlichen Kooperationsformen wie Planungsverbände waren nicht Gegenstand dieser Untersuchung.

4.2.2 Privatrechtliche Formen

Gerade die dynamischeren regionalen Kooperationen weisen häufiger privatrechtliche Rechtsformen auf. Privatrechtliche Formen können auch für primär interkommunale Kooperationen Anwendung finden, wenn der Kooperationszweck mit öffentlich-rechtlichen Formen nicht zu erfüllen ist.

Verein

Die am häufigsten eingesetzte Organisationsform stellt der Verein dar. Die Form ist deshalb so verbreitet, weil es weder eine persönliche Haftung gibt noch finanzielle Einlagen von den Mitgliedern zu leisten sind. Die Gründung erfolgt durch Eintrag in das Handelsregister, Beitritt und Austritt sind jederzeit möglich.

In der Satzung werden Vereinszweck, Art der Entscheidungsfindung und Beitragshöhe festgelegt. Kennzeichnend ist eine relativ flexible, offene und unbürokratische Struktur. Daher können unterschiedliche Partner aus Verwaltung, Wirtschaft und Politik zusammengeführt werden und auch Bürger mitarbeiten. Dadurch wird die Akzeptanz der Maßnahmen breiter. Fiskalisch ist ein Verein günstig, da durch Mitgliedsbeiträge eine gewisse breite Grundfinanzierung vorhanden ist. Dennoch werden in vielen Fällen Zuwendungen von öffentlicher Seite oder Sponsoren erforderlich, um größere Maßnahmen durchzuführen.

Steuerlich ist für Beitragszahler und Spender der gemeinnützige oder Förderverein interessant. Dieser darf allerdings nicht gewinnorientiert arbeiten. Wenn größere Projekte finanziert werden sollen, die über die Mitgliedsbeiträge hinausgehen, kann diese fehlende Gewinnerzielungsmöglichkeit zu Problemen führen. Der gewerbliche Verein dagegen darf Rücklagen bilden und Gewinne erzielen. Sein Nachteil gegenüber dem Förderverein ist wiederum vor allem das finanzielle Handling in Bezug auf Gemeinnützigkeit bestimmter Projekte und die strenge Regulierung der Bilanzen. Auch ist bei jeder Mitgliederänderung ein modifizierter Handelsregistereintrag vonnöten, was den Verwaltungsaufwand erhöht. Der Nachteil des gewerblichen Vereins gegenüber der GmbH ist, dass er nicht haftungsbeschränkt ist.

Vereine bieten gute Mitwirkungsmöglichkeiten für einen großen Kreis von Akteuren und eine breite Basisfinanzierung. Wesentliche regionale Zielgruppen können hier ihre Maßnahmen selbst erarbeiten. Vereine sind jedoch — auch wenn sie häufig private Sponsoren haben — verglichen mit anderen privatrechtlichen Formen nicht sehr wirtschaftsnah. Die Ergebnisse der Vereinsarbeit hängen vor allem vom Engagement der ehrenamtlich

Tätigen ab. Diese Argumente werden auch in den Fallstudien genannt. Ein Verein
- schafft einen gewissen Rechtsrahmen, erhält aber große Handlungsspielräume;
- gilt als leichter zu realisieren als eine öffentlich-rechtliche von den Gemeinden getragene Form;
- ist gut für die Beteiligung einer Vielzahl von Akteuren; ist eine unkomplizierte Form um private Akteure einzubinden.
- ermöglicht die Beratungstätigkeit und den Empfang von öffentlichen Fördermitteln.

GmbH

Die zweite wichtige privatrechtliche Form stellt die GmbH dar. Für die Gründung sind ein Eintrag in das Handelsregister und mindestens 50.000 DM Gründungskapital erforderlich. Die Mitgliedschaft ist an eine Stammeinlage gebunden, was in der Regel zu einer hohen Identifikation mit der Kooperation führt. Die Strukturen einer GmbH sind relativ stabil, sie bietet schnelle Entscheidungsmöglichkeiten und große Entscheidungsspielräume. Erforderlich sind eine hauptamtliche Geschäftsführung und meist auch Personal, um den erhöhten Anforderungen an die Buchführung gerecht zu werden. Die Zusammensetzung unterscheidet sich nach dem Ziel stark, manchmal sind mehr öffentliche Akteure, manchmal mehr private vertreten. Durch die Gewinnerzielungsmöglichkeiten können Wirtschaftsunternehmen intensiver eingebunden werden. So liegen denn auch in GmbH die Etats am höchsten, die Quellen gehen von Spenden über Einnahmen aus Veranstaltungen, Werbemaßnahmen und Beratung. Im Vergleich zum Verein sind die Mitwirkungsmöglichkeiten für kleinere, weniger finanzkräftige Mitglieder jedoch eingeschränkt, die breite Öffentlichkeit ist kaum eingebunden. Die GmbH wird gegenüber dem Verein eher eingesetzt, wenn weniger, aber dafür sehr aufwändige Projekte zu finanzieren sind. Grundsätzlich bieten sich auch noch andere privatrechtlichen Formen an. Sie haben jedoch gegenüber der GmbH haftungsrechtliche Nachteile (z.B. BGB-Gesellschaft) oder erfordern eine höhere Einlage (Aktiengesellschaft), die nur in sehr wenigen Fällen durch die Gewinnerwartungen gerechtfertigt erscheint.

Auffallend sind in einigen Kooperationen zum einen Veränderungen der Rechtsform, zum andern die Existenz mehrerer paralleler Rechtsformen, in denen im Grunde die gleiche Kooperation institutionalisiert wird: In der Regel wird bei einem Wechsel der Rechtsform eine härtere Institutionalisierung gewählt, um eine größere Verbindlichkeit herzustellen und größere Finanzierungsspielräume zu erhalten. So wird z.B. zuerst ein Verein gegründet, der dann, wenn sich die Kooperation auf größere Projekte fokussiert hat, in eine GmbH umgewandelt wird. Nur in Ausnahmefällen wird die Institutionalisierung im Zeitverlauf weicher, etwa weil sich die ursprüngliche Form wie ein Zweckverband als zu formalisiert und eingeschränkt für den Kooperationszweck erwiesen hat.

In entwickelten Kooperationen sind häufig sogar institutionelle Doppellösungen zu finden. Damit wird versucht, die Vorteile einzelner Rechtsformen zu kombinieren. In mehrerlei Hinsicht können so Balancen hergestellt werden. Ein Gleichgewicht zwischen einer strategisch-politischen und einer umsetzungsorientierten Ausrichtung kann z.B. folgendermaßen gefunden werden: Eine Kommunale AG fungiert als weiche Form, um den gesamten Kooperationswillen nach außen zu signalisieren und der Kooperation eine gewisse politische Legitimation zu verschaffen. Parallel dazu wird ein Verein gegründet, um private Akteure mit ihren Finanzierungsquellen einzubeziehen und AB-Mittel für Leitprojekte empfangen zu können. Die Gesamtkooperation ist öffentlich-rechtlich ausgelegt und die Projekte werden von Vereinen durchgeführt (Beispiel: Müggel-Spree-Park). Möglich ist aber auch die umgekehrte Konstellation.

Ebenso kann die Kombination aus einem Förderverein und einem gewerblichen Verein die Palette möglicher Finanzierungsquellen für Projekte erweitern (Beispiel: Oberfranken Offensiv).

4.3 Strukturunterschiede zwischen Kooperationen unterschiedlicher Rechtsformen

Inwieweit korrespondieren nun die einzelnen Rechtsformen mit Strukturmerkmalen der Kooperationen? Abbildung V.15 macht deutlich, dass die Zweckverbände und eingetragenen Vereine im Durchschnitt die ältesten hier untersuchten Kooperationen sind; aber auch die Akteure der GmbH/GbR haben im Durchschnitt seit über sechs Jahren Kontakte zueinander. Auffallend ist, dass die kommunalen Arbeitsgemeinschaften noch jünger sind als die Kooperationen ohne feste Rechtsform. Die Unterschiede zwischen den Kooperationstypen sind deutlicher, wenn nicht die Zeit seit den ersten Akteurskontakten, sondern die Zeit seit der festen Kooperationsvereinbarung herangezogen wird. Diese liegt vor allem bei den weicheren öffentlich-rechtlichen Formen kürzer zurück als bei den anderen.

Nicht signifikant, aber dennoch ablesbar ist, dass die härteren Kooperationsformen, vor allem die GmbH/GbR, einen etwas kürzeren Vorlauf von den ersten Akteurskontakten bis zur Rechtsform aufweisen als die weicheren Formen.

Aus Abbildung V.16 gehen weitere interessante Zusammenhänge hervor: Zunächst sind gewisse Unterschiede zwischen den Rechtsformen in der

Zahl der Personen in der Kooperation deutlich. Die Institutionalisierten Kooperationen insgesamt (59 Personen) und die Kooperativen Netzwerke (49 Personen) unterscheiden sich zwar nur unwesentlich voneinander. Innerhalb der Institutionalisierten Kooperationen gibt es jedoch markante Unterschiede: Es sind die härteren Rechtsformen GmbH/GbR (29 Personen) und Zweckverband (20 Personen) die die geringste Zahl an beteiligten Personen aufweisen; Vereine sind dagegen die typische Rechtsform für eine Kooperation mit vielen Beteiligten (im Durchschnitt 86). Dies bestätigt den oben genannten Zusammenhang: Je härter eine Rechtsform ist desto exklusiver ist sie, desto weniger Akteure bindet sie ein.

Abbildung V. 15: Kooperationsdauer nach Rechtsformen

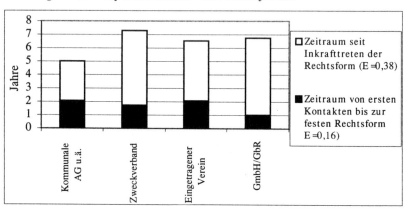

Quelle: Eigene Erhebung und Darstellung

In dieser Deutlichkeit überraschend ist das Ergebnis, dass die Schwankungen der einzelnen Rechtsformen um den Mittelwert von drei Gremien insgesamt nicht signifikant sind. Dabei haben allerdings eingetragene Vereine im Durchschnitt fast ein Strukturelement mehr als GmbH/GbR, was mit ihrer generell breiteren Einbindungsfunktion zu erklären ist.

Es fällt auf, dass die Kombination, die alle zentralen Gremien (Steuerungs-, Versammlungs- und Arbeitselemente) enthält, in den eingetragenen Vereinen und den weicheren öffentlich-rechtlichen Formen etwas häufiger anzutreffen ist als in den anderen Rechtsformen.

Hinsichtlich der Zahl der Arbeitsgruppen unterscheiden sich die Rechtsformen zwar statistisch signifikant voneinander; dies ist jedoch vor allem auf den Ausreißer Zweckverbände (konkret: das Aller-Leine-Tal-Projekt) zurückzuführen; die anderen Rechtsformen unterscheiden sich nur geringfügig in der durchschnittlichen Zahl von Ags (Abb. V16).

Abbildung V. 16: Strukturmerkmale nach Rechtsformen

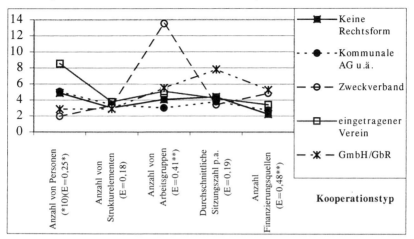

Quelle: Eigene Erhebung und Darstellung

Es gibt insgesamt keine signifikanten Unterschiede zwischen den Rechtsformen in der Intensität der Arbeit (gemessen in der durchschnittlichen Sitzungszahl der wichtigsten Gremien p.a.). Lediglich die GmbH/GbR fallen mit 7,8 Sitzungen p.a. nach oben etwas aus dem Rahmen.

Zu erwarten war, dass Kooperationen ohne Rechtsform die am wenigsten diversifizierte Finanzierungsstruktur (2,2 Quellen) aufweisen und die härteren öffentlich-rechtlichen (Zweckverband 4,8) und privatrechtlichen Formen (GmbH, GbR: 5,2) über die meisten Quellen verfügen (Abb. V.16). Die Frage nach dem Vorhandensein der wichtigsten Finanzierungsquellen, ob also eigene Mittel zur Finanzierung der Organisation oder fremde Mittel zur Finanzierung von Projekten und Gutachten oder eigene Mittel zur Finanzierung von Projekten vorhanden sind, wird für die einzelnen Typen von Rechtsformen zwar nicht signifikant unterschiedlich beantwortet (vgl. Abb. V.17), dennoch gibt es Auffälligkeiten: Die privatrechtlich organisierten Kooperationen finanzieren ihre Organisationsstruktur zu einem größeren Anteil selbst. Die GmbH/GBR haben durchweg eigene Mittel zur Finanzierung von Projekten, während Vereine und kommunale Arbeitsgemeinschaften höhere Anteile an fremdfinanzierten Projekten aufweisen.

Grundsätzlich werden in den Kooperationen alle Themenfelder in allen Rechtsformen behandelt und ist die Zahl der Themen zwischen den einzelnen Rechtsformen nicht signifikant verschieden. Es gibt jedoch gewisse Konzentrationen: Zweckverbände behandeln etwas häufiger als der Durchschnitt Fragen der Freiraumentwicklung und der Standortfindung technischer Infrastruktur/Gewerbeflächen. Die anderen öffentlich-rechtlichen Kooperationen sind etwas stärker mit Fragen der Koordination von Nutzungsansprüchen, des Wohnens und der sozialen Infrastruktur sowie dem Thema Verkehr Erreichbarkeit beschäftigt. Die privatrechtlichen Formen GmbH/GbR sind etwas stärker auf Fragen von Wirtschaftsentwicklung/Tourismus konzentriert.

Abbildung V. 17: Wichtigste Finanzierungsquellen nach Rechtsformen

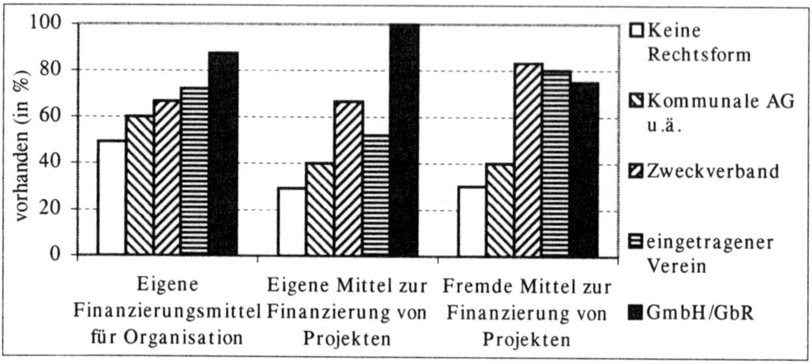

Quelle: Eigene Erhebung und Darstellung

5. Regionalentwicklung der Zukunft: Zwischen Pluralismus der Steuerungsformen und ganzheitlichem Regionalmanagement

In welchen Formen wird regionale Entwicklung in der Zukunft gesteuert? In den vorangegangenen Kapiteln wurde deutlich, dass regionale Kooperationen schon heute rein quantitativ eine Bedeutung erreicht haben, die die von formellen Institutionen übersteigt. Zum zweiten haben sie aber auch einen Evolutionsprozess vollzogen, der in Richtung einer institutionellen Festigung ihrer Strukturen geht. In diesem Kapitel wird ein Blick in die Zukunft der regionalen Kooperationen gewagt. Eine Hintergrundfrage ist dabei, ob es zu einer weiteren Zunahme von Kooperationen oder eher zu einer „Marktbereinigung" kommen wird. Ersteres liefe auf einen forcierten Pluralismus der Steuerungsformen auf regionaler Ebene hinaus, gleichsam eine Fortschreibung des Status Quo. Zu einer Marktbereinigung käme es dagegen, wenn sich einzelne Institutionen durchsetzen würden, die die

Aufgabe des regionalen Managements, verstanden als ein ganzheitliches regionales Führungskonzept, übernehmen würden.

Regionalisierung wird sich besonders dort entwickeln, wo es um Querschnittsvernetzungen geht, wo neue Themen, die noch keine Heimat haben, bearbeitet und Selbsthilfekräfte mobilisiert werden müssen. Dabei sind für die zukünftige Form von Regionalisierungsprozessen mehrere Optionen denkbar (Benz et al. 1999, 140ff): Regionalisierung kann zum einen in feste Institutionalisierung und eine Vereinheitlichung im Sinne eines ganzheitlichen Regionalmanagements münden. Das bestehende institutionelle System begünstigt diese Option. Institutionelle Vereinheitlichung ist jedoch nur ein Entwicklungspfad. Möglich ist z.B. auch, dass dauerhafte regionale korporatistische Verhandlungssysteme zwischen mehreren Institutionen entstehen, wie sie auf Bundesebene seit langem existieren. Dann wäre Regionalmanagement als „Steuerung ohne Zentrum" (Fürst 1993, 553) zu begreifen. Regionalisierung kann aber möglicherweise auch nur als ein temporärer Vermittlungsprozess angesehen werden, der nicht dauerhaft und damit nur begrenzt in der Lage ist, regionale Probleme zu lösen.

Analysen regionaler Steuerungsstrukturen zeigen, dass sich praktisch kein Fall identifizieren lässt, der sich ausschließlich auf einzelnen Steuerungsformen wie Markt, Hierarchie und Netzwerk reduzieren ließe (Schneider/Kenis 1996, 21). Regionale Steuerung ist nicht über isolierte einzelne Steuerungsformen zu verstehen, sondern über die Kombination aus verschiedenen Steuerungstypen. Im gesamten regionalen Innovationsprozess müssen Inventions-, Innovations- und Diffusionsphasen abgedeckt sein und die Steuerungsstrukturen an die jeweilige Phase angepasst werden (Knieling 2000, 107). In einem solchen Mix aus Steuerungsformen (Hellmer et al. 1999, 247) haben einzelne Steuerungsmodelle keine absolute, sondern bestenfalls eine kontextabhängige Überlegenheit (Semlinger 1991, 322).

Wenn sich der in den letzten Jahren zu beobachtende Trend regionaler Steuerung fortsetzt, wird es auch weiterhin einen Pluralismus unterschiedlicher Steuerungsformen geben, ja es kann sogar davon ausgegangen werden, dass sich die regionalen Steuerungsstrukturen noch weiter diversifizieren. Dieser Prozess ist durch zwei Elemente gekennzeichnet: Zum ersten differenzieren einzelne Kooperationen ihre eigenen Steuerungselemente noch weiter aus, wobei sich institutionelle Elemente und Netzwerkstrukturen noch stärker wechselseitig ergänzen. Erfolgreiche Kooperationen werden sich dadurch auszeichnen, dass sie in ihrer Struktur ein relatives Gleichgewicht aus Stabilität und Dynamik schaffen, erhalten und weiterentwickeln können.

Gleichzeitig wird sich die Zahl sich überlagernder regionaler Kooperationen noch erhöhen, weil immer wieder neue Themenfelder (derzeit z.B. soziale Aspekte) auftauchen und eine spezialisierte Bearbeitung erfordern.

Als Gegengewicht zu dieser Ausdifferenzierung bilden sich zwischen regionalen Kooperationen und etablierten Institutionen weitere horizontale Verflechtungen heraus, die prägnant als regionale Metanetzwerke bezeichnet werden können. Erfolgreiche Regionen werden über eine eng verflochtene, sich ergänzende Kombination aus stabilisierenden Institutionen und dynamisierenden Kooperativen Netzwerken verfügen. Wenngleich hier eher der Diversifizierungshypothese gefolgt wird, stellt sich dennoch die Frage, ob sich bestimmte Institutionen für die Übernahme des ganzheitlichen Regionalmanagements besonders eignen.

5.1 Netze und institutionelle Kerne

Meist bestehen regionale Kooperationen aus differenzierten Mischstrukturen von festen Organisationen und losen Netzwerken. In den vorangegangenen Kapiteln wurden die spezifischen Leistungsvorteile einerseits von Netzwerkstrukturen, andererseits von festen Institutionen aufgezeigt. Ein Defizit der Netzwerke ist: Sie verbinden zwar Entscheider und Entscheidungsgremien, können jedoch keine eigene Politik formulieren (Fürst 1994, 36), denn ihre weiche Institutionalisierung bietet zu wenig Puffer gegenüber Umwelteinflüssen, auch wirkt die latente Knappheit von Ressourcen auf die Akteure unter Umständen entsolidarisierend. Daher ist ein harter organisatorischer Kern im Netzwerk unabdingbar, durch den die Kooperation die Rigidität gänzlich formalisierter Strukturen einerseits und die Unverbindlichkeit von Netzwerken andererseits umschiffen kann. Nicht verwunderlich gehen daher die Überlegungen zur Weiterentwicklung regionaler Kooperationen überwiegend in die Richtung, wie deren Effektivität und politisch-demokratische Legitimation gesteigert werden kann. Neben die bestehenden Netzwerkstrukturen soll dabei eine stärker institutionalisierte und durch Entscheidungsregeln bestimmte Struktur treten. Eine Institutionalisierung lässt über interne Führungsstrukturen und Entscheidungsregeln die Transaktionskosten senken. Konsenskosten werden reduziert, indem Vorentscheiderstrukturen geschaffen werden. Effizienzmindernde Vetopositionen können durch Mehrheitsregeln übergangen werden. Informationsverarbeitungskosten können gesenkt werden, indem z.B. arbeitsteilig Arbeitskreise und Sekretariate eingerichtet werden. Durch eine eigene Institution kann der verhandelbare Problemlösungsraum dadurch erweitert werden, dass die Kooperationsmitglieder von ihrer Entsenderorganisation unabhängiger werden (Fürst 1994, 30). Eine förmliche Institutionalisierung führt dazu, dass für die Akteure die Exit-Option unwahrscheinlicher wird und es einen Zwang zu einvernehmlichen Lösungen gibt.

Es ist mit Sicherheit kein Zufall, dass gerade die als erfolgreiche geltenden regionalen Kooperationen sehr schnell ein gewisses Gleichgewicht von effizienzsteigernden festen und innovationsfördernden losen Elementen gefunden haben, ja, dass dieses relative Gleichgewicht aus straffen und lockeren Strukturen schon in ihrer Anfangskonstruktion angedacht war. Dabei lassen sich zwei Typen von institutionalisierten Elementen unterscheiden, die die kooperativen Netzwerke ergänzen: zum einen solche, die politische Legitimität absichern, zum anderen operative Institutionen, die die Umsetzung der Kooperationsziele ermöglichen.

Die Diskussion konzentrierte sich dabei zumeist auf die operativen Institutionen und hier scheint besonders das Modell der regionalen Entwicklungsagentur attraktiv: Die Besonderheit der Internationalen Bauausstellungen auf regionaler Ebene gegenüber anderen regionalen Kooperationen liegt in der starken Rolle eines zentralen Promoters, einer eigens gegründeten Entwicklungsgesellschaft, die das Kernelement in einem größeren Netzwerk darstellt. Im Falle der Internationalen Bauausstellungen Emscher-Park und Fürst-Pückler-Land-Lausitz ist dies eine privatrechtlich als GmbH organisierte Planungsgesellschaft (Emscher-Park: IBA Emscher-Park GmbH: 100% Landeseigentum, 30 Mitarbeiter; Lausitz: SEE, 80% Landesfinanzierung, Rest Landkreise, 15 Mitarbeiter). Dieser Kern, der für die straffe Organisation des Gesamtprozesses zuständig ist, wird durch eher informelle Arbeitsgruppen und strategische Gremien flankiert, in denen fachliche Synergieeffekte erzielt und politische Legitimationen abgesichert werden. Die eigentliche Umsetzung der Projekte liegt jedoch bei verschiedenen regionalen öffentlichen und privaten Projektträgern, vor allem Städten und Unternehmen, wobei private oder privat-öffentliche Trägerschaften zugelassen sind. Durch die Trennung von Planung und Umsetzung kann der private Charakter der IBA gewahrt bleiben, insofern ihr keine hoheitlichen Aufgaben zugesprochen sind (Meise 1998, 33).

Bei der Kern-IBA handelt sich also um eine mittel- bis langfristig angelegte, aber zeitlich limitierte feste Organisationsstruktur, die vor allem als schlagkräftiger Networker in einem weiter gefächerten regionalen Netz von Akteuren fungiert. In dieser Kombination aus einer fest institutionalisierten Entwicklungsagentur und sie umgebenden politischen und Expertennetzwerken wird vielfach ein Lösungsmodell für die Grundprobleme regionaler Kooperationen gesehen. Eine Agentur bietet dabei als eigenständiges Unternehmen die Möglichkeit, die Wirtschaft in ein zielorientiertes Konzept einzubinden, sie kann enger an den Bedürfnissen von regionalen Adressaten handeln als eine Verwaltungsstruktur. Sie kann als Impulsgeber fungieren, Ideen entwickeln und umsetzen, kann aber auch Moderatorenrollen einnehmen, regionale Promotorin sein und Öffentlichkeitsarbeit leisten. Der organisatorische Kern muss verschiedene Akteure durch Leitbilder zusammenführen. Er muss zwischen Akteuren aus unterschiedlichen Netzwerken moderieren, Akteure verbindlich in Projekte einbinden und dabei keinesfalls nur neutral moderieren (Benz et al. 1999, 76).

Der IBA Emscher-Park wurde von Anfang an durch einen festen institutionellen Kern eine gewisse Durchschlagkraft gewährleistet, wie ihn kaum eine regionale Kooperation aufweisen kann. Als Gegengewicht dazu wurde die IBA jedoch zeitlich limitiert. Nur weil die institutionelle Durchschlagskraft auf einen bestimmten Zeitraum begrenzt blieb, konnten externe Widerstände reduziert und der Kooperation in der Region ein gewisser Raum gegeben werden, so dass sie ein breites und dichtes Netzwerk um ihren institutionellen Kern herum aufbauen konnte.

Die IBA Emscher-Park war von vornherein als eine *„...zeitlich befristete Sonderanstrengung in einer Region..."* (Siebel 1992, 218) konzipiert. Als solche wurde sie in der Region akzeptiert (Benz et al. 1999, 87ff; Siebel/Ibert/Mayer 1999, 163ff; Rommelspacher 1999, 443ff). Dem Modell liegt die Überlegung zu Grunde, dass *„Innovationen (...) so lange nicht weh tun, so lange man nicht zu einer totalen Reform von Ideologien oder Privilegien oder Interessenvertretungen oder Institutionen gezwungen ist."* (Ganser/Siebel/Sieverts 1993, 113). Innovationsanstrengungen führen zu Spannungen. Da Spannungen in festen Institutionen auf Dauer zu deren Verschleiss führen können, ist ihre zeitliche Begrenzung sinnvoll (Selle 1993, 80). Institutionalisierung und zeitliche Begrenzung stehen im Wechselverhältnis, das eine macht das andere erforderlich (Kilper 1993, 56).

Die IBA Emscher-Park macht besonders gut deutlich, dass die traditionellen Steuerungsmittel Hierarchie/Macht, Recht und Geld in der politischen Praxis keinesfalls ausgedient haben, dass sie aber mit weichen Instrumenten wie Kooperation, Verhandlung, Information, Überzeugung, Informalität, Teamarbeit, Moderation vielfältig verschränkt sind (Benz et al. 1999, 111).

Auch wenn die IBA Emscher-Park und mit ihr das Agenturmodell gemeinhin als geeignet eingeschätzt werden, um innovative Prozesse in Regionen in Gang zu setzen so werden doch vielfach ihre Mängel kritisiert. Mehrheitlich geht die Kritik in Richtung einer zu schwachen Institutionalisierung. Zum einen hätte die IBA mehr eigene Trägerschaften für Projekte übernehmen sollen (Meise 1998, 41). Vor allem aber weist sie kaum institutionalisierte Elemente auf, die einen politischen regionalen Konsens und Mehrheitsbildungen ermöglichen. Ihr Modell ist daher nicht auf Kooperationen übertragbar, wie sie z.B. im Rahmen der regionalisierten Strukturpolitik angesiedelt sind. Anders als die IBA werden sich z.B. Regionalkonferenzen, wenn sie institutionalisiert werden sollen, immer mehr in Richtung verbandsartiger Strukturen hin entwickeln (Fürst 1994,

24), wofür aber eigene Rechtsgrundlagen erforderlich sind (Wirtz 1994, 41f).

5.2 Horizontale Koordination in kooperativen Metanetzen

Die o.g. Grenzen regionaler Kooperationen sind nicht neu. Denn die Kooperationen wurden ja nicht konzipiert, um formelle Planungen zu ersetzen, sondern es wurden ihnen ergänzende Funktionen zugedacht. Weiche Kooperationsformen sind geeignet, eine Kooperation in Gang zu bringen. Wenn jedoch starke Verteilungskonflikte anstehen, schnell Mehrheitsentscheidungen getroffen werden müssen und politisch legitimierte Repräsentanten benötigt werden, haben weiche Kooperationsformen Schwächen (Fürst 1997, 133f). Aus diesem Grunde dürften sich in den Regionen letztlich Kombinationen aus harten und weichen regionalen Steuerungsformen durchsetzen: Die festen regionalen Organisationen beschränken sich auf Planung, Organisation, Moderation und Außenvertretung, während die materiellen Aufgaben an private und andere selbständige Einrichtungen übertragen werden (Benz et al. 1999, 55). Innerhalb dieser Spannungsverhältnisse zwischen formellen Institutionen und informelleren Kooperationen verändern sich die regionalen Steuerungslandschaften und ihre Institutionen selbst. Für einen solchen Wandel ist die allmähliche Aushöhlung des Kommunalverbands Ruhrgebiet (KVR) ein illustratives Beispiel. In den letzten 30 Jahren verlor der ehemals für die Steuerung der Siedlungsentwicklung des Ruhrgebiets zuständige Verband zum einen harte Kompetenzen an die Landkreise, staatlichen Mittelbehörden und Sonderverwaltungen. Andererseits sicherten sich Initiativen wie Regionalkonferenzen, der Initiativkreis Ruhr und die IBA Emscher-Park neue weiche Kompetenzen für die Regionalentwicklung. Eine Folge der Neuordnung von regionalen Kompetenzen ist die Agentur Ruhr, in der vereinfacht ausgedrückt die Arbeit der IBA Emscher-Park auf das gesamte Ruhrgebiet ausgedehnt wird und die dazu mit dem KVR verflochten wird (Ganser 1999).

Das Spannungsverhältnis zwischen Institutionen und Kooperationen muss kein Konkurrenz, sondern kann auch ein sich ergänzendes Miteinander sein. Die entscheidende Voraussetzung dafür ist aber deren stärkere Verflechtung. Regionale Kooperationen und Institutionen können sich zu kooperativen regionalen Metanetzen verbinden. In den Fallstudien sind drei Grundformen zu beobachten:

a) Etablierte regionale Institutionen und eine Entwicklungsagentur sind durch ein regionales kooperatives Metanetzwerk miteinander verbunden

Ein Beispiel für die kooperative Aufhebung des Spannungsverhältnisses zwischen mehreren regionalen Institutionen ist das regionale „Steuerungsdreieck" der *Region Südostniedersachsen*. Der Zweckverband Großraum Braunschweig übernimmt im Rahmen des RROP die Leitbildentwicklung, die Regionale Entwicklungsagentur RESON organisiert die Umsetzung über einen REK-Prozess, die Bezirksregierung stellt die Verknüpfung zur staatlichen Ebene her und bietet den Verhandlungsrahmen. Durch diese bewusste Kompetenzverteilung wurden Rollenkonflikte zwischen den Institutionen vermindert (Knieling 2000, 232). Freilich trat auch hier nach kurzer Zeit eine eher pragmatische Arbeitsteilung an Stelle des etwas emphatischen Anspruches einer gleichberechtigten horizontalen Steuerung, ohne dass es dabei aber bislang zu Kompetenzstreitigkeiten gekommen wäre.

b) Kooperative Netzwerke und institutionalisierte Kooperationen (z.B. Vereine) sind über ein regionales kooperatives Metanetz miteinander verbunden.

Abbildung V. 18: Regionales Metanetz Oberfranken

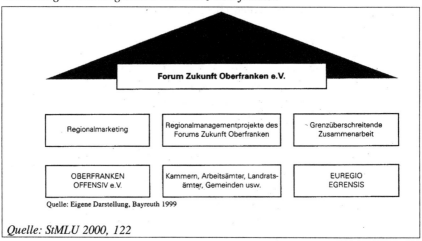

Quelle: Eigene Darstellung, Bayreuth 1999

Quelle: StMLU 2000, 122

In der Region *Oberfranken* beispielsweise zeichnet sich die Bildung eines Meta-Netzwerkes ab (vgl. Abb.V.18). Der Verein Zukunft Oberfranken hat in seinem Mitgliederstamm Akteure, die gleichzeitig auch in den Kooperationen EUREGIO EGRENSIS bzw. im Verein Oberfranken-Offensiv eingebunden sind; deren Geschäftsstellen sind für den Dachverein tätig (StMLU 2000, 121f).

c.) Eine feste Institution fungiert als Verbindungselement zwischen mehreren Kooperationen bzw. kooperativen Netzwerken.

Im *Städtedreieck Saalebogen* wird ein Netzwerk, das eher auf ökonomische Entwicklung ausgerichtet ist, mit einem Kooperativen Netzwerk, das eher das Ziel der nachhaltigen Entwicklung verfolgt, lose verknüpft. Hierbei fungiert die Thüringer LEG als Ankerinstitution zwischen den beiden Kooperationen (vgl. Abb. V. 19).

Abbildung V. 19: Regionales Metanetz Saalebogen

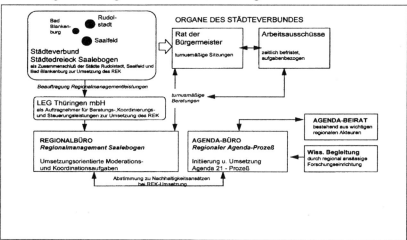

Quelle: Schach o. J., 49

Durch solche Metanetze erhalten regionale Kooperationen und Institutionen neue Handlungsoptionen. Kooperationen können sich in einem solchen Kontext auch dauerhaft als „Durchlauferhitzer" von neuen Themen begreifen, die sie dann zur weiteren Bearbeitung an feste Institutionen abgeben, die dafür besser geeignet sind. Dadurch können sich diese Kooperationen eine eigene Institutionalisierung ersparen und die spezifischen Vorteile einer Netzwerksteuerung eher behalten. Etablierte Institutionen öffnen sich neue Handlungsfelder und erweitern so ihre regionale Akzeptanz.

5.3 *Kennzeichen und Einsatzfelder des Regionalmanagements*

Regionalmanagement ist das Management kollektiver Prozesse der Problemlösung mit Bezug zur regionalen Entwicklung (Fürst 2000). Eine über diesen Minimalkonsens hinausgehende einheitliche Definition des Begriffes Regionalmanagement gibt es nicht. Die Akzente werden aus verschiedenen Perspektiven anders gesetzt: In raumordnerischer Sicht ist Regionalmanagement ein ganzheitliches Führungs- und Gestaltungskonzept für die regionale Entwicklung, das an den Kernproblemen der Region ansetzt und damit eine Weiterentwicklung des raumordnerischen Instrumentariums in Richtung der Umsetzung bildet. Dem wirtschaftspolitischen Ansatz nach dient Regionalmanagement dagegen eher der Aktivierung regionaler Ressourcen. Der Akzent liegt hier auf der Selbstorganisation der Akteure (StMLU 2000, 22). Systematisch lassen sich drei verschiedene Zugangsweisen zum Regionalmanagement unterscheiden: Ein mehr von der Mobilisierung von Selbsthilfekräften kommender Ansatz zielt auf die Animation und Koordination heterogener Akteure ab, Management ist hier die Steuerung kollektiver Konsensbildung und Handlungsorientierung. In einem zweiten Ansatz wird Regionalmanagement eher mit Regionalmarketing gleichgesetzt, welches die Region als ein nachfragegerecht zu gestaltendes Produkt begreift. Ein dritter Ansatz richtet sich gezielt auf zentrale konflikthaltige Problemstellungen und versucht hier den Korridor von Handlungsmöglichkeiten zu erweitern (Fürst 1998, 238).

Regionalmanagement kann als ein Methodenset begriffen werden, das die regionale Raumordnungspolitik auf der Grundlage der Theorie endogener Entwicklung handlungs- und prozessorientiert ergänzt (Knieling 2000, 8). Endogene regionale Potenziale sollen in Form einer regionalen Selbststeuerung durch die Kooperation von Akteuren innerhalb regionaler Netzwerke vor dem Hintergrund einer strategischen Planung entwickelt werden (Knieling 2000, 43ff). Im Unterschied zur formellen Planung wird im Regionalmanagement selektiv problembezogen, aktionsorientiert und nicht flächenbezogen ordnungsorientiert vorgegangen(Fürst 2000). Regionalmanagement grenzt sich von der Regionalplanung vor allem dadurch ab, dass es ein dynamisches Konzept ist, in dem der Prozess und nicht der Plan entscheidend ist. Der Projektbezug im Kontext übergreifender regionaler Prozesse, die kollektive Selbstorganisation der Akteure und der zentrale Stellenwert netzwerkartiger Kooperation sind die zentralen Elemente. Probleme werden durch innovativen Informationsaustausch und Verhandlungen gelöst (Fürst 2000).

Regionalmanagement ist zwar primär handlungs- und projektorientiert, es bindet jedoch einzelne Projekte in sektorübergreifende Strategien ein (Fürst 1995b, 416). Im Unterschied zum Projektmanagement hat es Regionalmanagement meist mit mehreren konkreten Projekten zu tun und erhält einen gesamtregionalen Bezug aufrecht (Fürst 1998, 240).

Im Zusammenhang dieser Arbeit ist vor allem die Frage interessant, auf welche Phasen des regionalen Kooperationsprozesses sich Regionalmanagement bezieht. Die o.g. Definitionen sind zwar breit genug angelegt, um keinen wesentlichen Aspekt des Regionalmanagements außen vorzulassen. Jedoch lassen sich demnach praktisch alle regionalen Kooperationen als Ansätze des Regionalmanagements bezeichnen. Präziser ist daher die Definition: „Regionalmanagement bezeichnet die umsetzungsorientierte Initiierung und Weiterführung querschnittsorientierter regionaler Entwicklungsprozesse durch qualifiziertes Personal auf der Grundlage der Entwicklungsvorstellungen regionaler Akteure bei Beachtung externer Rahmenbedingungen" (StMLU 2000, 22). In dieser Definition wird zum ersten der Akzent klar auf die Phase der Umsetzung gesetzt. Regionalmanagement ist hier vor allem die Umsetzungsstruktur für alle Arten von fachübergreifenden teilräumlichen Entwicklungs- und Marketingkonzepten (StMLU 1998, 10). Die Existenz von Entwicklungsvorstellungen der regionalen Akteure und damit ein abgeschlossener oder zumindest erfolgreich laufender Prozess der Entwicklung von Leitbildern ist hier die Voraussetzung, auf der ein Regionalmanagement aufbauen kann.

Zum zweiten wird in dieser Definition der Aspekt einer spezifischen personellen Zuständigkeit hervorgehoben. Legt man diese Definition zu Grunde, dann wird eine regionale Kooperation erst dann zum Regionalmanagement, wenn sie eine Struktur entwickelt hat, die auf die tatsächliche Umsetzung regionaler Entwicklungsvorstellungen angelegt ist. Der Akzent liegt auf dem Vollzug. Regionalmanagement muss die regionalen Zielvorstellungen nicht selbst entwickeln; es muss auch Projekte nicht selbst umsetzen. Es muss aber regionale Entwicklungsvorstellungen und Projektumsetzung miteinander verzahnen und vorantreiben.

Regionalmanagement ist ein freiwilliges Instrument, das nicht über Zwang oder Verordnungen funktionieren kann, sondern durch regionale Selbstorganisation bestimmt ist (StMLU 2000, 11). Regionalmanagement entstand in Deutschland vor allem als regionale Initiative in Reaktion auf Ausgangsanreize von Bund oder Land; der Staat begleitete die Regionalmanagementansätze koordinierend (StMLU 2000, 13). Letztlich können dabei die meisten systematisch geförderten Ansätze der Regionalentwicklung zumindest als Vorformen des Regionalmanagements bezeichnet werden. Nach Vorläufern in der Programmplanung von unten (EU-Strukturfonds seit 1988, und der GRW (seit 1995) sieht nunmehr der 29. Rahmenplan der GRW vom August 2000 explizit Regionalmanagement als Konzeption einer Regionalplanung von unten vor. Bis zum Jahr 2003 werden drei bis fünf Modellprojekte je Bundesland gefördert (Fürst 2000).

Die staatliche Rolle im Regionalmanagement-Prozess variierte zwischen den Bundesländern: Vor allem Baden-Württemberg verfolgte einen stark an der Eigeninitiative der Regionen orientierten Ansatz; Länder wie

Thüringen und Sachsen griffen z.B. durch eigene Richtlinien zur Durchführung von REK etwas stärker ein (StMLU 2000, 40).

Bayern ist sicherlich das Bundesland, das Regionalentwicklung unter dem Begriff des Regionalmanagements am systematischsten betrieben hat: Es existieren mehr als 20 räumliche Entwicklungskonzepte, vielfach resultierend aus Teilraumgutachten, deren Aussagen nun in festen Managementstrukturen umgesetzt werden sollen (StMLU 1998, 20). Das Land übernimmt dabei zunächst die Hauptkostenanteile, zieht sich dann aber sukzessive aus der Finanzierung zurück.

Methodisch ist Regionalmanagement durch eine strategische Planung, ein nutzerorientiertes Vorgehen, prozessbezogene Handlungs- und Organisationsformen, motivierende Zielsetzungen und eine intensivierte Rückkopplung zwischen Planung und Raum gekennzeichnet (Fürst 1995b, 416). Regionalmanagement umfasst vier strategische Managementbereiche (StMLU 2000, 77ff):

- ein Innovationsmanagement zur Generierung neuer Ideen;
- ein Projektmanagement zur Umsetzung von Projekten;
- ein Relationshipmanagement zum Aufbau und zur Pflege des Akteursnetzes;
- ein Reflexionsmanagement im Sinne eines Controlling des Prozesses und seiner Ergebnisse.

Regionalmanagementansätze vollziehen mehrfache Spagate: zwischen der Unverbindlichkeit von Netzwerken und den engen Spielräumen fester Institutionalisierung, dem Handeln zwischen Konsens- und Mehrheitsprinzipien, dem Schulterschluss nach innen und der Offenheit für Impulse von außen. Sie versuchen Spielräume für Innovationen auszuloten und Verbindungen zwischen Leitbildern und dem Projektmanagement zu schaffen (Benz et al. 1999, 86).

Regionalmanagement übernimmt weniger eine fachliche Funktion, sondern wirkt vor allem als Prozesspromoter (StMLU 2000, 21). Die Aufgaben des Regionalmanagements liegen in der Beschaffung der Informationen für die Regionalentwicklung, in der Zusammenführung der Akteure, der Bündelung und Abstimmung der regionalen Interessen, der Arbeit am regionalen Leitbild, in der Koordinierung, Abstimmung und Begleitung laufender Initiativen und Projekte, in der Prüfung von Realisierungschancen sowie in der Darstellung nach innen und außen und der Sicherung der Kontinuität der Kooperation (StMLU 1998, 26).

In jedem Fall ist Regionalmanagement an bestimmte Voraussetzungen gebunden. Es muss auf der regionalen Ebene politische Rückendeckung haben und die Kommunen einbeziehen. Es muss zumindest ansatzweise einen Zugang zu Landesressourcen oder eine eigene leistungsfähige Finanzausstattung und operative Kompetenzen haben und einen angemessenen Wirkungsbereich finden (StMLU 2000, 132).

Abbildung V. 20: Regionalmanagement-Ansätze in Bayern

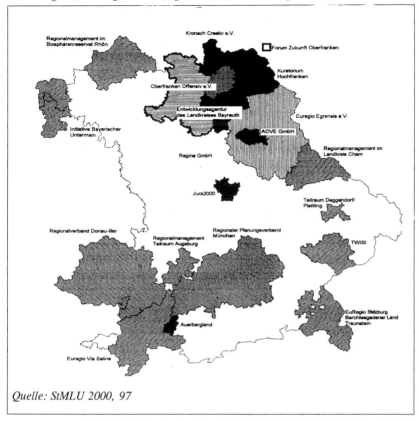

Quelle: StMLU 2000, 97

5.4 Mögliche Träger des Regionalmanagements

Regionalmanagement entsteht als Reaktion auf die Defizite einerseits der stark institutionalisierten Steuerung, anderseits der Kooperation in losen Netzwerken. Regionalmanagement versucht, die Vorteile härterer Institutionalisierung und weicherer Formen problemadäquater Bearbeitung zu kombinieren.

Die aktuelle Diskussion dreht sich vor allem darum, ob, wo und wie Regionalmanagement institutionell verankert werden sollte. Die Frage ist heikel, denn jede Formalisierung wirkt in gewisser Weise der Idee von Netzwerken kontraproduktiv entgegen, weil mit der Institutionalisierung die Offenheit der Kooperation und die Flexibilität der Interaktion der Netzwerke verloren gehen kann (Fürst/Kilper 1993, 26). Eine Institutionalisierung birgt auch immer die Gefahr, dass Mitgliederautonomie auf die Institution übertragen wird und Macht- wie Einflussunterschiede der Akteure weiter ausdifferenziert werden, weil einige Mitglieder formalisierte Aufgaben erhalten, andere sich aber weniger engagieren. Wenn die Institutionalisierung dazu führt, dass alle Arbeit über eine Geschäftsstelle oder feste Arbeitsgruppen abgewickelt wird, ohne dass weiterhin auch ein informelles ´Networking´ zwischen den Akteuren geschieht, dann ist ein wesentliches Element aufgehoben, das die spezifische Leistungsfähigkeit regionaler Kooperationen ausmacht (Goldschmidt 1997, 79).

Eine Regionalmanagementstruktur besteht im wesentlichen aus diesen Elementen: Getrennte politische und technisch-administrative Ebenen, meist eine Moderation als Führungs-Ersatz sowie eine Sekretariatsfunktion (Regionalbüro, beauftragtes Institut, Entwicklungsagentur). Dazu kommt externer Sachverstand (Wettbewerbe, Gutachten, Fortbildungsmaßnahmen) und zumindest in anspruchsvollen Ansätzen ein Monitoring (Evaluation, Beirat) der Prozesse. Bildlich gesprochen ist Regionalmanagement der Anlasser und die Steuerungselektronik, der Motor sind die Akteure und die Maßnahmenträger, die legitimierten Politiker sind die Karosserie des Fahrzeuges (StMLU 2000, 86). Wie kann nun eine solche Struktur regional implementiert werden?

Ausländische Erfahrungen mit der Institutionalisierung des Regionalmanagements lassen sich nur bedingt auf Deutschland übertragen, denn in Ländern wie der Schweiz, Österreich und Großbritannien gibt es zwar weitergehende Erfahrungen mit dem Regionalmanagement, hier ist jedoch keine Verknüpfung mit der Landesplanung vorgesehen, sind also die Anforderungen an den institutionellen Background anders gelagert (StMLU 2000, 12).

Der Blick auf die bayerische Landschaft zeigt zunächst die Vielfalt der möglichen organisatorischen Implementierung. Hier lassen sich unterscheiden:

- Kommunale Allianzen, oftmals als lokale Aktionsgruppen an die Leader-II-Programmatik gebunden;
- Landkreisinitiativen, als Stabsstellen (Kelheim) oder als eigene Rechtspersönlichkeit in Form von Public-Private-Partnership (Neustadt a.d. Waldnaab, Rottal/Inn);
- Regionalmanagement aufbauend auf Teilraumgutachten (Kronach), in Regionalverbänden (Donau-Iller, München, Ingolstadt) oder auf Bezirksebene;
- grenzüberschreitendes Regionalmanagement mit starkem Bezug zur INTERREG-Programmatik (StMLU 2000, 13f).

Diese institutionelle Vielfalt macht deutlich, dass Regionalmanagement grundsätzlich eine Handlungsmaxime für alle Ebenen — kommunale, regionale und staatliche — sein kann. Die genaue institutionelle Implementierung muss den Regionen freigestellt sein (StMLU 2000, 140). Mit Sicherheit hängt die Organisationsstruktur von den Akteuren ab, die das Management einsetzen (Jekel 1998, 102). Wo geeignete institutionalisierte Kooperation bestehen, übernehmen sie häufig das Regionalmanagement, wo solche Institutionen fehlen, treten mitunter andere Träger auf den Plan. (StMLU 1998). Wenn sowohl die institutionellen Voraussetzungen als auch eine geeignete Akteursstruktur fehlen, wird vermutlich auch kein Regionalmanagement installiert werden.

Das Instrument Regionalmanagement befindet sich erst in der Erprobung, so dass optimale Steuerungsmodelle noch nicht auszumachen sind (StMLU 2000, 129). Es lassen sich aber zumindest drei Grundmodelle in ihren Vor- und Nachteilen gegenüberstellen (Fürst 1995b, 419):
- Weiterentwicklung der institutionalisierten Regionalplanung;
- Durchführung in privatrechtlichen Organisationsformen, vor allem in einer Entwicklungsagentur;
- Verankerung in Landkreisen.

Weiterentwicklung der institutionalisierten Regionalplanung

Die Entwicklungen in den meisten Bundesländern – vor allem in Ostdeutschland lässt sich dies im Zeitraffertempo beobachten – zeigen, dass die Regionalplanung neben ihrer Kernaufgabe, der Erstellung und Fortschreibung von rechtsverbindlichen Regionalplänen, zunehmend auf der Suche nach neuen, mehr umsetzungsorientierten Aktionsfeldern ist. In vielen Ländern hat die Regionalplanung durch die regionalisierte Strukturpolitik oder durch starke sektorale Institutionen wie Landschaftspflegeverbände, die gesamträumlich und mit steigender Querschnittsorientierung agieren, massive Konkurrenz bekommen. Diese Institutionen haben häufig mehr Umsetzungskompetenzen und Ressourcen als die Regionalplanung.

Regionalmanagement kann, auch wenn das Instrument als Weiterentwicklung der Regionalplanung und nicht als ihr Ersatz begriffen wird (Kegel/Knieling 1998, 150), sehr wohl in Konkurrenz zur Institution Regionalplanung treten. Da es wie die Regionalplanung ebenfalls im Grundsatz querschnittsorientiert ausgerichtet ist, macht es ihr weitaus eher die Themen streitig als etwa der Fachplanung (Troeger-Weiss 1998, 208). Insofern stellt sich die Frage, ob die Regionalplanung als Träger eines Regionalmanagements fungieren sollte, nicht nur aus der Perspektive der angemessenen Steuerung regionaler Entwicklungen, sondern auch aus Sicht des Erhaltes der Institution Regionalplanung selbst. Troeger-Weiss kommt in ihrer Untersuchung für das Land Bayern zu dem Schluss, dass die

Implementierung des Regionalmanagements in Regionalen Planungsverbänden die beste Lösung darstellt (Troeger-Weiss 1998, 210ff). Kommunale Ansätze oder auf den Landkreis bezogene Ansätze seien demgegenüber zu kleinräumlich ausgerichtet. In anderen Ländern wie Mecklenburg-Vorpommern wird diskutiert, Regionalmanagement in den Ämtern für Raumordnung, die für die Erstellung der Regionalpläne zuständig sind, zu installieren. Allgemein hat die Regionalplanung gewichtige Argumente auf ihrer Seite: Vor allem sind dies der räumliche Bezugsrahmen und die strategische und querschnittsorientierte thematisch breite Ausrichtung. Organisationswissenschaftlich wäre eine Regionalverbandslösung zu bevorzugen, weil hier Aufgaben, Kompetenzen, Ressourcen und Entscheidungsbefugnis dauerhaft zusammengefügt werden. Die Regionalplanung arbeitet in dauerhaften Legitimationsstrukturen und ist es gewöhnt, langfristige Konzeptionen in einem regionalen Kontext auf einem breiten Konsens zu erarbeiten. In Bundesländern mit einer staatlich verfassten Regionalplanung wie Nordrhein-Westfalen bestehen gewisse institutionelle Voraussetzungen für eine Verzahnung von Regionalplanung und Regionalentwicklung. Die Geschäftsstellen der Regionalkonferenzen sind in der Bezirksplanungsabteilung verankert, in einer Abteilung sitzen sowohl die für die Regionalplanung als auch die für die Regionalkonferenzen zuständigen Mitarbeiter, die jeweils Kontakte zu den unterschiedlichen Ministerien halten. Diese Struktur kann durchaus als ein institutionelles Element eines ganzheitlichen Regionalmanagements angesehen werden (Tilkorn 1999, 66). Sie würde z.B. die Integration des Regionalplanes in ein übergeordnetes informelles entwicklungsorientiertes Rahmenkonzept erleichtern (Fürst 1999, 12).

Obwohl die Regionalplanung über konzeptionelle und organisatorische Voraussetzungen verfügt, müsste sie allerdings — sollte sie Träger des Regionalmanagements werden — mit noch mehr Kompetenzen ausgestattet werden um neue Themen zu initiieren und stärker in den Vollzug wirken zu können. Ein von der institutionalisierten Regionalplanung getragenes Regionalmanagement würde eher vom Raum her und auf Grundlage von ökologischen Ressourcenkonzept gestaltet werden und dürfte sich vor allem auf fachplanerische Koordination und Flächennutzungskonflikte konzentrieren (Fürst 1995b, 417).

Es gibt jedoch ebenfalls gewichtige Argumente, die gegen die Institution der Regionalplanung als Träger des Regionalmanagements sprechen. Die Federführung staatlich verfasster Regionalplanung über entwicklungsorientierte Regionalkonferenzen führt meist zur Doppelbelastung der Institution, die dann häufig zu einer Seite hin aufgelöst wird. Häufig stehen die Regierungspräsidien nicht hinter der Regionalplanung und auch die Kommunen sind an einer verstärkten Steuerungsmacht dieser Institution nicht interessiert. Auch eine kommunal verfasste harte Verbandsform kann regionalpolitisch problematisch sein, weil sie Gemeinden in ihrer Souveränität beeinträchtigt (Fürst 1997, 126). Ungeachtet aller möglichen Modifikationen bleibt die Regionalplanung mit einer eigenen legalistischen Systemlogik behaftet, die ihre Eignung für das Regionalmanagement beeinträchtigt (StMLU 2000, 22). Mit der Institution Regionalplanung wird in der Regel bei regionalen Akteuren keine wirtschaftliche Entwicklung verbunden, die aber das wichtigste Grundmotiv des Regionalmanagements darstellt. Regionalverbände haben daher in der Regel einen schweren Stand auf der kommunalen Ebene, sie gelten als zu problemfern und nicht geeignet für eine flexible problembezogene Raumabgrenzung, wie sie dem Regionalmanagement eigen ist. Darüber hinaus bleibt ein Regionalverband dem politisch-administrativen Kontext stark verhaftet, gesellschaftliche Akteure werden kaum und wenn, dann nur über Beiräte eingebunden. Es dominieren formale Entscheidungsregeln; Regionalverbände sind institutionalisierte Verhandlungen (Benz et al. 1999, 77). Selbst von den Befürwortern eines Regionalmanagements durch die Institution Regionalplanung wird eingeräumt, dass hier zum Beispiel satzungsrechtliche Restriktionen abgebaut werden müssten, um die Flexibilität für die Durchführung eines Regionalmanagements herzustellen (Troeger-Weiss 1998 210ff). Es stellt sich die Frage, inwieweit solche Modifikationen zur Preisgabe der traditionellen Ordnungsfunktionen der Regionalplanung führen würden. Will man die Kernkompetenzen der Regionalplanung aber nicht in Frage stellen, so könnte es angemessener sein, diese eher in Richtung eines regionalen Planungsmanagements als in Richtung eines projektorientierten Regionalmanagements zu entwickeln (Fürst 1995a, 1995b). Regionalmanagement bedarf nicht unbedingt einer regional flächendeckenden Institution, wichtiger ist der Bezug auf konkrete Probleme und Projekte (Fürst/Löb 1999, 11).

Durchführung in privatrechtlichen Organisationen; regionale Entwicklungsagenturen

Die Entwicklung der regionalen Kooperationen in den letzten Jahren, dies zeigen die vorausgegangenen Analysen, liefen in die Richtung eines Pluralismus mittelharter Steuerungsformen etwa in Form von Kommunalen Arbeitsgemeinschaften oder — für das Regionalmanagement aufgrund der größeren finanziellen Handlungsspielräume interessanter — in Form privatrechtlicher Vereine oder GmbH. Bei diesen Formen des Regionalmanagements ist der Problembezug primär, der Bezug auf eine dauerhaft abgegrenzte Region dagegen sekundär (Fürst 2000).

Solche neu etablierten Institutionen haben gegenüber der Regionalplanung schon deshalb Vorteile, weil sie nicht an deren Rollenvorurteilen kranken. Diese Form der Institutionalisierung ist in Nordrhein-Westfalen mit den Regionalbüros, die im Rahmen der regionalisierten Strukturpolitik als Schnittstelle innerhalb der Netzwerke dienen, bereits angedeutet. Jedoch scheinen rechtlich selbständige Einheiten noch tragfähiger und umsetzungsstärker zu sein (StMLU 2000, 84; Fürst 1998). Ein solchermaßen institutionalisiertes Regionalmanagement wäre eher als ein Interessensverband zu verstehen, der von Systemtypen administrativer Prägung zu unterscheiden ist; ihm stehen vor allem die Anreize eines konkreten Nutzens für seine Akteure zur Verfügung (StMLU 2000, 26).

Wie in Kapitel V.5.1 bereits beschrieben, ist der Verein das am weitesten verbreitete privatrechtliche Modell. Es kennzeichnet eher Ansätze regionaler Selbsthilfeorganisationen, erreicht aber oft seine Grenze, wenn es darum geht, tatsächlich große Projekte umzusetzen. Es ist sicherlich vor allem auf die Popularität der IBA Emscher-Park GmbH in Fachkreisen zurückzuführen, dass das Modell der regionalen Entwicklungsagentur in Form einer GmbH mit dem Begriff des Regionalmanagements wohl am stärksten identifiziert wird (Fürst 1995a, 257). Im IBA-Ansatz sind alle Kern-Elemente des Regionalmanagements vorhanden: Projektorientiertes Vorgehen mit Regionalbezug, neues Kooperationsmodell, Orientierung auf kurze Projekte. Einzelne Regionalkonferenzen in Nordrhein-Westfalen haben der Schwäche ihrer Netzwerke bereits durch die Einrichtung solcher Agenturen entgegengewirkt. Mit den Entwicklungsagenturen ist in der Regel eine umsetzungsstarke Institution entstanden, aber Agenturmodelle benötigen ergänzende Mechanismen, die ihre breite Einbettung und politische Legitimation absichern. Agenturen wie die IBA Emscher-Park werden von den regionalen Akteuren auf bestimmte Kompetenzen beschränkt, sei es durch eine zeitliche Befristung, sei es durch ein enges, auf bestimmte Projekte orientiertes Themenspektrum. Eine dauerhafte, in der gesamten Breite regionaler Themen engagierte privatrechtliche Agentur dürfte von anderen regionalen Akteuren kaum zugelassen werden. Und dies sicher nicht zu Unrecht, denn dauerhaft etabliert wohnt einer solchen Institution immer die Gefahr einer zu starken Orientierung auf machbare Projekte und der Vernachlässigung der Bildung eines regionalen Konsenses für die Gesamtentwicklung inne. Es ist daher unwahrscheinlich, dass eine solche Agentur alleine das komplexe Management einer Region bewältigen kann, wohl aber kann sie sich z.B. auf besonders große Projekte konzentrieren.

Verankerung in Landkreisen

Die Defizite anderer Institutionen — seitens der Regionalplanung die fehlende Umsetzungskraft und Akzeptanz als Lieferant für regionale Entwicklungsimpulse, seitens der Entwicklungsagenturen die fehlende regionale Einbettung, mangelhafte strategische Ausrichtung und demokratisch-politische Legitimation — lässt die Frage nach einem Kompromissmodell aufkommen. Und hier haben in den letzten Jahren die Landkreise als mögliche Träger des Regionalmanagements einen auffallenden Popularitätsschub erhalten. Es sind vor allem die Bundesländer, in denen entweder die Landkreise ohnehin mit regionalen Fragestellungen betraut sind, wie in Niedersachsen, wo die Landkreise Träger der Regionalplanung sind (Fürst/Löb 1999), oder in denen die Landkreise sehr groß geschnitten sind, wo sich die Frage eines Regionalmanagements unter der Regie der Landkreise stellt. In Ländern wie Brandenburg und Mecklenburg-Vorpommern haben die geringe Bevölkerungsdichte, das gegebene zentralörtliche System und Aspekte der Verwaltungseffizienz zu einem Zuschnitt der Planungsregionen geführt, der bisweilen oberhalb dessen liegt, was sich im Bewusstsein der Akteure vor Ort als eine einheitliche Region fassen lässt. Die Landkreise sind hier z. T. zumindest der Fläche nach so groß wie es in alten Bundesländern bisweilen Regierungsbezirke und stellen insofern eher eine regionale Einheit dar als die Planungsregionen. Schließlich wurden auch einige der erfolgreichen Regionalmanagement-Ansätze in Bayern auf der Ebene der Landkreise implementiert. Es bestehen außer den räumlichen Zuschnitten noch andere Gründe dafür, dass sich die Landkreise verstärkt als regionale Management-Institution verstehen und sich dabei auf ihre Qualitäten als Kommunalverband besinnen. Denn Landkreise agieren traditionell auf der Ebene des Vollzugs. Sie sind an Entwicklungsaufgaben in der gesamten Breite regionaler Entwicklung gewöhnt; nicht wenige Landkreise haben in den letzten Jahren Kreisentwicklungskonzepte formuliert. Auch verfügen Landkreise über direkt gewählte Vertreter und damit über eine politisch-demokratische Legitimation. Diese Kombination aus Vollzugskompetenz, Querschnittsorientierung und politischer Legitimation macht sie geradezu prädestiniert für die Aufgabe des Regionalmanagements. Allerdings sind sie gegenüber privatrechtlichen Formen mit dem Makel des typischen administrativen Handelns behaftet. Konkretere Modellüberlegungen gehen daher vor allem in die Richtung, Regionalmanagement nicht allzu tief in der Verwaltung der Landkreise zu integrieren, sondern entweder als eine Stabsstelle an der Verwaltungsspitze anzusiedeln oder eine formal eigenständige Entwicklungsagentur zu initiieren, die aber in ihren Ressourcen (Organisation, Räumlichkeiten, Personal) an die Verwaltungsstrukturen des Landkreises angehängt ist.

Kapitel VI
Motoren der Regionalentwicklung — Die Rolle von Moderatoren, Mediatoren und Managern

Ein wichtiger Bestandteil regionaler Kooperationen ist eine Gruppe von Akteuren, die bislang (vgl. Kapitel III.2) als Prozesspromotoren, Prozessmotoren oder Spielmacher bezeichnet und damit von anderen Akteursgruppen abgegrenzt wurden. Dieser Akteurstyp prägt das Gesicht, den Verlauf und auch den Erfolg regionaler Kooperationen maßgeblich, so dass seine nähere Betrachtung sinnvoll ist. In diesem Kapitel werden zunächst drei Typen von Prozessmotoren unterschieden, die in den untersuchten regionalen Kooperationen relevant sind.: Moderatoren, Mediatoren und Manager (Kapitel VI.1). Nach dieser definitorischen Abgrenzung wird ein Streiflicht auf ihr Tätigkeitsprofil geworfen (Kapitel VI.2). Vertieft wird sodann die Frage nach ihren Handlungsspielräumen diskutiert, wobei Aspekte wie die Einbindung in die Kooperation, der Grad ihrer Eingriffsintensität und sie Probleme der Unabhängigkeit, Überparteilichkeit und Neutralität diskutiert werden (Kapitel VI.3). Abschließend wird die Frage behandelt, welche Aspekte maßgeblich für den Erfolg von Prozessmotoren sind und inwieweit sie selbst den Erfolg regionaler Kooperationen beeinflussen (Kapitel VI.4).

1. Die drei Typen von Prozessmotoren

Bevor die unterschiedlichen Rollen der drei Typen von Prozessmotoren näher betrachtet werden, sind zunächst einige Fakten zu ihrer empirischen Relevanz zu nennen:

In der überwiegenden Mehrheit der im dieser Arbeit untersuchten Kooperationen – nämlich in 82,8% der Fälle – wurde mindestens ein Prozessmotor eingesetzt; in immerhin 19,9% aller Kooperationen waren sogar mehrere Prozessmotoren aus unterschiedlichen Institutionen tätig.[1]

---

[1] Die nachfolgenden Angaben des Kapitels beziehen sich nur auf die 128 Kooperationen in denen Moderatoren/Mediatoren tätig waren.

Abbildung VI. 1: Einsatz von Prozessmotoren nach Kooperationsalter

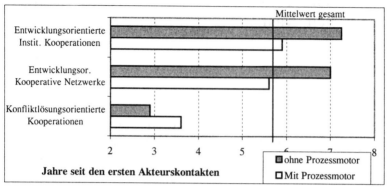

Quelle: eigene Erhebung und Darstellung

Es gibt keine nennenswerten Unterschiede der Einsatzhäufigkeit von Prozessmotoren zwischen den untersuchten Kooperationstypen. Jüngere Kooperationen verfügen tendenziell eher über Prozessmotoren als ältere, jedoch ist der Unterschied nicht signifikant, entwicklungsorientierte Kooperationen mit Prozessmotor sind ca. 1 ½ Jahre jünger als jene ohne (Abb. VI.1).

In der Literatur gibt es keine Definition, die alle drei hier relevanten Typen von Prozessmotoren, nämlich Moderatoren, Mediatoren und Manager explizit voneinander abgrenzt. Abbildung V.2 zeigt dass verschiedene Autoren unterschiedliche Systematiken der Typisierung von Prozessmotoren anwenden, jedoch kein Ansatz alle drei in den untersuchten Kooperationen relevanten Typen enthält.

Bisweilen wird versucht, Moderatoren, Mediatoren und Manager durch ihre unterschiedlichen Tätigkeiten voneinander abzugrenzen, mit nur teilweise befriedigendem Ergebnis, da in den Tätigkeitsprofilen der Prozessmotoren die Gemeinsamkeiten (vor allem Informationsvermittlung, Kommunikation, Koordination) die Unterschiede eher überwiegen (vgl. Kapitel VI.2). Auch bestimmte fachliche, soziale und prozessuale Kompetenzen, wie sie mitunter Typus gefordert werden, sind keine trennscharfen Kriterien, denn sie werden letztlich von allen drei Typen verlangt. Schließlich — und diese Erkenntnis ist hier zentral — stellt auch die Eingriffsintensität kein befriedigendes Abgrenzungskriterium zwischen Moderatoren, Mediatoren und Managern dar, denn innerhalb eines jeden Typs finden sich Prozessmotoren, die mehr und solche, die weniger stark eingreifen und die das Neutralitätsdilemma verschieden lösen (vgl. Kap. VI.3).

Abbildung VI. 2: Vergleich unterschiedlicher Typologien von Prozessmotoren.

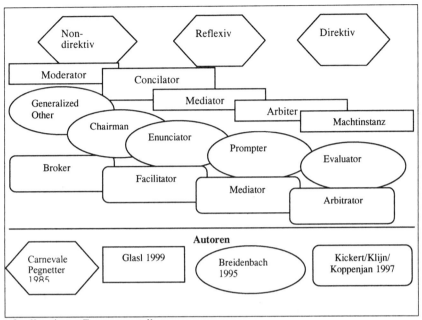

Quelle: eigene Zusammenstellung

Um dennoch eine definitorische Grundlage für die weitere Analyse zu schaffen, ist es sinnvoll, die Begriffe Moderatoren, Mediatoren und Manager nach der grundsätzlichen Zielrichtung der Kooperation und dem Grad ihrer Verstetigung, den die Prozessmotoren vorfinden, abzugrenzen. Dabei gilt: Mediatoren unterscheiden sich von Moderatoren und Managern vor allem dadurch, dass die Kooperation, in der sie tätig sind, einen hohen Konfliktgrad aufweist und die Lösung dieses Konfliktes ihr zentrales Ziel ist. Moderatoren und Manager ähneln sich darin, dass sie anders als Mediatoren in Kooperationen zur projektorientierten Regionalentwicklung tätig sind. Jedoch agieren Manager anders als Moderatoren innerhalb eines bereits festeren und dauerhafter ausgerichteten Kooperationsrahmens und tragen nicht nur zur kooperativen Formulierung von Zielen bei, sondern vor allem zur Umsetzung von Projekten.

Im einzelnen ist es sinnvoll, die Unterscheidungen zwischen den drei Typen stufenweise vorzunehmen und dabei zunächst idealtypisch Moderatoren von Mediatoren, dann beide von Managern zu unterscheiden und schließlich alle drei Typen zusammenfassend vor dem Hintergrund der hier untersuchten regionalen Kooperationen gegenüberzustellen.

Konfliktintensität als Abgrenzungskriterium zwischen Moderatoren und Mediatoren

Die beste Abgrenzung der Rollenprofile von Moderatoren und Mediatoren ist die nach der Stärke des Konfliktes, der kooperativ zu behandeln ist. Es wird dabei davon ausgegangen, dass die Prozessmotoren zum Teil ihr Agieren dem vorgefundenen Konfliktlevel der Kooperation anpassen (Carnevale/Pegnetter 1985, 68).

Dieser Konfliktlevel lässt sich näher beschreiben. So definiert Glasl (1999, 215ff) eine insgesamt neunstufige Skala des Eskalationsgrades von Konflikten. Sie reicht von der Stufe „Verhärtung" bis zur Stufe „Gemeinsam in den Abgrund". [2] Eine solche Skala kann durchaus als eine Grundlage zur Abgrenzung der Typen von Prozessmotoren dienen, wenngleich in den hier relevanten regionalen Kooperationen die höchsten Eskalationsstufen keine Bedeutung besitzen. An Prozessmotoren lassen sich bei Glasl (1999, 355ff) unterscheiden:

- Der Moderator für die Stufen 1-3; er vertraut darauf, dass die Beteiligten ihre Konflikte selbst lösen können und sucht auftretende Interaktionsprobleme durch die Aktivierung von Selbstheilungskräften zu lösen. Der „Chairman" stellt eine Unterform dar, er beschränkt sich besonders zurückhaltend auf rein prozedurale Funktionen.
- Der Concilator („Schlichter, Vermittler") oder Prozessbegleiter für die Stufen 3-5 arbeitet an bereits länger fixierten Perzeptionen, Attitüden, Intentionen und Verhaltensweisen der Konfliktparteien.
- Der Mediator tritt ein, wenn die Parteien bereits außer Stande sind, den Konflikt für sich selbst zu lösen (Stufen 5-7). Er bemüht sich um einen akzeptablen Konsens, der allen Interessen Rechnung trägt.
- Der Arbiter („Schiedsrichter") für die Stufen 6-8 entscheidet aufgrund einer eigenen Beurteilung wie der Konflikt gelöst werden kann.
- Die Machtinstanz für die Stufen 7-9 verfügt darüber hinausgehend über die Mittel, die Einhaltung der Lösung auch gegen den Willen der Parteien durchzusetzen.

Mit dem Moderator weitegehend gleichzusetzen ist der Facilitator („Erleichterer"). Facilitation kann auch als eine Vorstufe zur Mediation, als Pre-Mediation aufgefasst werden, sie soll die Voraussetzungen zur Konfliktmediation schaffen.

---

2 Im einzelnen: 1:Verhärtung; 2:Debatte; 3:Taten; 4:Images/Koalitionen; 5:Gesichtsverlust; 6:Drohstrategien; 7:Begrenzte Vernichtungsschläge; 8:Zersplitterung; 9:gemeinsam in den Abgrund.

Die Typisierung ist hier insofern weiterführend, als sie den von den Prozessmotoren vorgefundenen Konfliktgrad, der empirisch in den untersuchten Kooperationen meist gut auszumachen ist, als Differenzierungskriterium einführt. Bei den Mediatoren bildet ein verhärteter oder zumindest ein zu erwartender gravierender Konflikt den Ausgangspunkt ihrer Tätigkeit, bei Moderatoren geht es zunächst nur darum, verschiedene Akteure zu gemeinsamer gerichteter Tätigkeit unter dem Ziel regionaler Entwicklung zusammenzuführen. Konflikte können zwar auch hier auftreten, bilden aber nicht den Ausgangspunkt der Kooperation und sind in der Regel auch geringer.

Jedoch hat diese Typisierung eine Schwäche: sie unterstellt, dass die Stärke des Eingriffes des Prozessmotors stetig mit dem Eskalationsgrad des Konfliktes korreliert. Diese Parallelsetzung wird jedoch den unterschiedlichen Schulen und mehr noch dem realen Agieren der Prozessmotoren nicht gerecht. Auch bei niedrigem Eskalationsgrad können Moderatoren durchaus erfolgreich stark eingreifen und bei hohem Eskalationsgrad kann ihre Zurückhaltung gefordert sein. Der Grundidee des — vom Harvard-Konzept zu unterscheidenden — Transformationsansatzes der Mediation nach wird vom Mediator gerade bei einem sehr hohem Konflikteskalationsgrad eine stärkere Zurückhaltung gefordert. Denn es gilt, die Akteure zunächst einmal zur Einsicht in die gemeinsame Verantwortung zur Erarbeitung der Lösung zu befähigen. Erst wenn hier die Voraussetzungen vorliegen, kann stärker sachorientiert agiert werden, wobei dann der Mediator stärker eingreifen kann.

Verstetigung der Kooperation und Umsetzungsorientierung als Abgrenzungskriterium von Managern gegenüber Moderatoren und Mediatoren

In der Literatur ist keine Definition der Rollenprofile von Regionalmanagern zu finden, die diese befriedigend von anderen Typen von Prozessmotoren abgrenzt. Eine vorliegende Definition von Netzwerkmanagern spannt den Bogen des Tätigkeitsprofils soweit, dass auch die Tätigkeiten der Moderation und Mediation mit eingeschlossen sind (Kickert/ Klijn/Koppenjan 1997, 12, 47ff). Gegenüber dem klassischen betriebswirtschaftlichen Manager versteht sich demnach ein regionaler Netzwerkmanager nicht als System-Controller, sondern eher als Netzwerkknüpfer und Prozessmanager. Er erstellt keine zentralen Planungen mehr, sondern wirkt vor allem als

- Netzwerk-Aktivator, der Kooperationen in Gang setzt;
- Broker („Makler"), der Probleme sammelt und Akteure zusammenbringt, um gemeinsame Lösungen zu entwickeln;
- Facilitator („Erleichterer"), der noch stärker Interaktionen fördert;
- Mediator, der zu einer gemeinsamen Konfliktlösung führt;
- Arbitrator, der über Konflikte entscheidet.

Damit ist das gesamte Tätigkeitsprofil aller Typen von Prozessmotoren abgedeckt. Wiedemann/Claus (1994, 229) wiederum grenzen Manager deutlich von Mediatoren und anderen ab. Sie unterscheiden:

- Verfahrensmanagement im Sinne einer Geschäftsführung;
- Garant für fachliche Kompetenz;
- Mittler;
- Schlichter.

Für die erstgenannte Abgrenzung spricht zweifelsohne, dass Manager in ihrer täglichen Arbeit natürlich auch moderierende und konfliktvermittelnde Tätigkeiten ausüben. Jedoch trifft auf Moderatoren und Mediatoren ebenfalls zu, dass sie in Teilkonflikten vermitteln und Abläufe managen und auf Mediatoren, dass sie ebenfalls managen und bisweilen „nur" moderieren.

Insofern erscheint eine Definition, die die formale Tätigkeit der Prozessmotoren als Differenzierungskriterium zugrunde legt, kaum weiterführend. Es ist auch hier wiederum sinnvoll, eher Merkmale der Kooperation, ihre Zielsetzung und ihren Verstetigungsgrad als Abgrenzungskriterium des Typus des Managers heranzuziehen: In den hier untersuchten Kooperationen sind demnach Manager erst ab einem gewissen Grad der Verstetigung der Kooperation tätig, der häufig mit ihrer Institutionalisierung durch eine Rechtsform gleichzusetzen ist. Das Ziel der Manager in Kooperationen ist es vor allem, Projekte zur regionalen Entwicklung umzusetzen. Als Netzwerkmanager verdichten sie gleichzeitig das Akteursfeld um den Kern der Kooperation herum.

Bezogen auf die hier untersuchten Kooperationen, ihre Ziele und ihren Entwicklungsstand lassen sich die drei Typen von Prozessmotoren damit folgendermaßen voneinander abgrenzen:

Moderatoren sind Motoren in noch nicht verstetigten Kooperationen zur regionalen Entwicklung

Moderatoren sind in Kooperativen Netzwerken zur Regionalentwicklung tätig. Ihre Aufgabe ist es, die Kooperation aus der Initiierungsphase in späteren Phase zu begleiten und sie dabei zu verstetigen. Sie entwickeln die prozessuale Strategie für die Kooperation und ihre inhaltliche Ausrichtung im permanenten Dialog mit den Akteuren. Moderatoren können sowohl interne als auch externe Moderatoren sein. Interne Moderatoren gehören einer kooperationsbeteiligten Institution an, die Moderation der Kooperation ist aber meist nicht ihre einzige Aufgabe. Externe Moderatoren gehören meist nicht zum engeren, sondern nur zum mittleren Kooperationskreis, sie sind eher lose in informelle regionale Hierarchien eingebunden und arbeiten nur für einen begrenzten Zeitraum. Sie haben dabei aber einen hohen inhaltlichen Gestaltungsspielraum, vor allem wenn sie sowohl als Moderator als auch als konventionelle Planer oder Gutachter in der Kooperation tätig sind.

Moderatoren agieren vor allem konfliktvermeidend und konfliktvorbeugend, wenn ein abgestimmtes Planwerk das Ergebnis ist, verstärkt konfliktaustragend. Die Arbeit von Moderatoren ist erfolgreich, wenn sich die Kooperation als ganzes trägt und verstetigt hat; in der Regel wird dies durch eine Institutionalisierung ausgedrückt. Dann werden nicht mehr Moderatoren, sondern Manager benötigt.

Manager sind Motoren in verstetigten Kooperationen zur regionalen Entwicklung

In der Regel lösen Manager Moderatoren ab, wenn die Kooperation zur Regionalentwicklung einen gewissen Verbindlichkeitsgrad erreicht hat und sich auf Grundlage von (mit Hilfe von Moderatoren) erarbeiteten Zielsetzungen stärker auf die Umsetzung von Projekten konzentriert. In den (selteneren) Kooperationen, in denen die Umsetzung von Projekten vor der Erarbeitung von regionalen Leitbildern steht, ist die Steuerung der Leitbilderarbeitung in der Regel ebenfalls Aufgabe der Manager.

Auch Manager können in Verwaltungen angestellt sein und die Aufgabe des Managements der Kooperation übertragen bekommen. Der Übergang zum internen Moderator ist hier eher fließend und bestimmt sich vor allem durch den höheren Arbeitsaufwand für die Kooperation. Sie können aber auch in einer institutionalisierten Kooperation eigens als Regionalmanager eingestellt werden und ausschließlich für diese arbeiten. Ihre Arbeit ist langfristig und operativer angelegt, ihr primäres Ziel und Erfolgskriterium ist die Koordination der Umsetzung von Projekten und die weitere Festigung und Ausweitung der Kooperation. In einer institutionalisierten Kooperation haben Manager zwar häufig formal geringe Spielräume, denn sie sind gegenüber Vorsitzenden und Gremien weisungsgebunden, also fest in Hierarchien eingebunden. Sie agieren meist nur im Einvernehmen mit Machtpromotoren. Faktisch aber haben Manager große inhaltliche Spielräume, es gibt sogar Kooperationen, die sich in Richtung einer One-Man-

Show des Managers entwickelt haben. Im inneren Kreis der Kooperation agieren sie verglichen mit den anderen Typen von Prozessmotoren am wenigsten konfliktausgleichend, da andere Akteure (z.B. Vereinsvorsitzender) diese Funktion übernehmen. Nach außen verstehen sie sich zum einen als Netzwerkknüpfer zur Erweiterung des Spektrums der Kooperation, aber auch als durchsetzungswillige Vertreter von Interessen gegenüber anderen. Erfolgreich sind sie, wenn sich regionale Projekte tragen und die Kooperation lebendig bleibt bzw. sich erweitert.

Mediatoren sind Motoren zur Reduzierung und Lösung regional bedeutsamer Konflikte

Mediatoren werden für einen begrenzten Zeitraum gezielt zur Lösung von räumlichen Konflikten eingesetzt. Durch die angestrebte Kürze der Kooperation wird eine starke Verfahrensstrukturierung erforderlich, die sie meist selbst vornehmen. Ihre Rolle ist strikt von der Expertenrolle getrennt. Sie wirken als Vermittler, beziehen aber nicht selten auch eigene inhaltliche Positionen und werden mitunter bewusst zur dritten Konfliktpartei. Sie haben hohen Einfluss während des Verfahrens, unterliegen aber einer großen externen und Selbstkontrolle hinsichtlich ihrer Überparteilichkeit. Sie arbeiten zwar mit dem Ziel der Konfliktlösung im Vorfeld institutionalisierter formeller Steuerung, die faktischen Ergebnisse deuten aber günstigenfalls auf eine Konfliktreduzierungsfunktion hin. Mediatoren sind erfolgreich, wenn Konflikte deutlich reduziert sind oder alternative Entwicklungspfade aufgezeigt werden.

Es werden bereits einige Gemeinsamkeiten und Unterschiede zwischen den drei Typen deutlich: Manager agieren wie Moderatoren in Kooperationen, deren Ziel letztlich Projekte zur regionalen Entwicklung sind; Moderatoren und Mediatoren wiederum haben die Gemeinsamkeit, dass sie anders als Manager von Anfang an zeitlich begrenzt tätig sind. Bei Moderatoren in Kooperativen Netzwerken steht die Entwicklung einer programmatischen Kooperationsbasis im Vordergrund. Die Beispiele, in denen ein Programm, ein Plan, eine Konzeption das Endergebnis der Kooperation darstellt, sind jedoch selten. In der Regel werden mittlerweile neben den klassischen konzeptionellen Arbeiten (Stärken-Schwächen-Profil, Leitbilderstellung) die gemeinsame Erarbeitung von Projekten und Maßnahmen sowie Initial- und Marketingmaßnahmen im Anforderungsprofil für die Moderatoren formuliert. Bisweilen verschwimmen auch die Grenzen der Profile:

- In einigen entwicklungsorientierten Kooperationen bringen externe Moderatoren die Umsetzung von Projekten soweit voran, dass sie fast schon als Regionalmanager zu bezeichnen sind.

- Kooperationen haben sich institutionalisiert und setzen Projekte um, ohne Leitbilder erarbeitet zu haben; die Moderation des Leitbildprozesses ist dann Aufgabe der Manager.
- In ursprünglich als Mediation angelegten Verfahren wiederum kann bisweilen der eigentliche Konflikt nicht mehr bearbeitet werden, die Prozessmotoren steuern daher die Suche nach alternativen Entwicklungsoptionen im Sinne von Moderatoren.

Kombinationen von unterschiedlichen Prozessmotoren

Vor allem in großen Kooperationen sind häufig mehrere Prozessmotoren — auch unterschiedlicher Typen — tätig. So finden sich in den Fallstudien häufig Teams von Moderatoren und Comoderatoren bzw. Mediatoren und Comediatoren, aber auch von Moderatoren und Managern und von Mediatoren und Moderatoren.

Haupt- und Comoderatoren/-mediatoren

Moderatoren arbeiten häufig als Moderationsteam. Noch häufiger gilt dies für Mediatoren, hier gibt es in der Regel mindestens zwei Personen: einen Hauptmediator, der als Frontperson fungiert, die Sitzungen leitet und einen Komediator, der eher im Hintergrund agiert. Die Aufgaben der Comediatoren sind vielfältig und variieren: Sie übernehmen organisatorische Aufgaben und entwerfen in Abstimmung mit dem Hauptmediator das Verfahrensdesign. Bisweilen sind sie aber auch die Hauptträger der Pendeldiplomatie und führen die Verhandlungen außerhalb der offiziellen Sitzungstermine. Überraschenderweise wirken dabei die Comediatoren bisweilen ausgleichender als die Hauptmediatoren, vor allem dann, wenn mit zunehmender Verfahrensdauer der Hauptmediator zum Träger der Kompromisslösung wird, die er gegenüber Akteuren auch konfrontativ behaupten muss. Diese Arbeit im Duo ermöglicht Moderatoren und Mediatoren in der Regel größere Flexibilitätsspielräume bei ihrer Rollendefinition.

Comanager im Sinne eines dem Hauptmanager nahezu gleich Gestellten sind dagegen nicht vorzufinden. Manager haben zwar meist einen kleinen Mitarbeiterstab (Sekretariat), der aber geringeren Einfluss auf die Kooperation nimmt als ein Comoderator/-mediator.

Im Falle des Verfahrens Flughafen Frankfurt/Main lag eine besondere Konstellation insofern vor, als hier ein dreiköpfiges Team gleichberechtigter Mediatoren tätig war, wobei zwei eher inhaltliche Positionen vertraten — in gewisser Weise als Anwälte der Konfliktparteien fungierten — und der Dritte „in der Mitte" zwischen den Positionen stand. Diese Konstellation wird unterschiedlich bewertet: Der Vorteil lag sicherlich darin, dass das Mediatorentrio für alle Akteure sichtbar den Prozess der Annäherung der Positionen vorleben konnte. Der Nachteil lag darin, dass die Glaubwürdigkeit vor allem der parteiergreifenden „Mediatoren" erheblichen Belastungen ausgesetzt war.

Externe Moderatoren und interne Manager

In der Regel lösen Manager Moderatoren ab, wenn sich die Kooperation verstetigt hat. Es ist jedoch kennzeichnend für die differenzierte Entwicklungsdynamik und Aufgabenstellung von entwicklungsorientierten Kooperationen, dass bisweilen gleichzeitig sowohl externe Moderatoren als auch interne Manager in ihnen tätig sind. Hier vor allem zwei Konstellationen zu unterscheiden:

- Nach der Institutionalisierung der Kooperation existiert neben dem externen Moderator, der die ersten Phasen der Kooperation steuerte, die Kooperation in Gang brachte und bis zur Institutionalisierung führte, nunmehr eine interne Geschäftsstelle mit einem Regionalmanager, die die alltägliche Steuerungsarbeit vornimmt. Der Moderator bleibt erforderlich, er wird aber von alltäglichen Koordinationsfunktionen entlastet, die der Manager aufgrund seiner größeren Ortsnähe besser übernehmen kann, und wandelt sich eher zum inhaltlichen Impulsgeber von außen.
- In einer institutionalisierten Kooperation zieht der Manager punktuell — etwa zu strategischen Workshops — gezielt in einzelnen Phasen externe Moderatoren ein. Diese Moderatoren sind dann ausgewiesene Kommunikationsspezialisten, die kurzfristig „für frischen Wind" sorgen, der Manager bleibt aber für die langfristige Umsetzung der Ziele der Kooperation zuständig.

Diese Arbeitsteilung, die Kombination aus externer Moderation mit einem gewissen Abstand zur Kooperation, die entweder inhaltliche oder prozessualen Impulse setzen soll und der operativen Koordination durch vor Ort agierende Manager kann sehr fruchtbar sein. Sie kann jedoch – z.B. wenn die Zusammenarbeit nicht funktioniert, weil die Aufgaben nicht klar verteilt sind – Grund der Stagnation von Kooperationen selbst in einem scheinbar gefestigten Stadium sein.

Mediatoren und Moderatoren/Manager

In sehr aufwendigen Verfahren wie dem Mediationsverfahren Flughafen Frankfurt/Main wurden neben den Mediatoren noch weitere externe Moderatoren eingesetzt — für die Moderation einzelner Arbeitsgruppen und das Coaching der Mediatoren — und dazu noch eine Geschäftsstelle (mit managementartigen Funktionen). Eine solch ausdifferenzierte Arbeitsteilung ermöglicht die Bearbeitung komplexer Aufgaben, bedingt jedoch einen höheren internen Koordinationsaufwand.

2. Nuancen der Tätigkeitsprofile

Der Blick in die Literatur und die hier durchgeführten empirischen Erhebungen machen deutlich, dass sich die drei Typen von Prozessmotoren in ihrer alltäglichen Arbeit eher ähneln als dass sie sich sie sich voneinander unterscheiden. Tätigkeitsprofile, wie sie z.B. für Manager in Netzwerken formuliert sind, können auf die anderen Typen von Prozessmotoren übertragen werden: Beziehungen aufrechterhalten, Prozess überwachen, Ressourcen zur Prozessentwicklung benennen, Standpunkte erforschen, Parteien mit Interessen von außen konfrontieren, Parteien für Lösungen begeistern (Kickert/Klein/Koppenjan 1997, 50). Alle drei Typen von Prozessmotoren leisten nicht nur neutrale Consulting-Dienste, sondern haben die Funktion des Zielfindungsmoderators (Rautenstrauch 1992, 39). Sie übernehmen die Rolle des Netzknüpfers. Sie geben Anstöße und machen Aufgaben diskussionsfähig. Sie stellen Querbezüge her und machen Nebenfolgen von Einzelaktivitäten deutlich, helfen Doppelarbeit zu vermeiden und stellen Synergieeffekte her. Sie sind eine wichtige oder sogar die einzige Anlaufstelle gegenüber außen. Sie bilden die Kommunikationsstruktur des Netzwerkes aus und stellen sie gleichzeitig nach aussen und innen dar.

Jedoch gibt es durchaus auch Nuancen in den Tätigkeitsprofilen. Die vergleichende Auswertung ermöglichte es, zumindest tendenzielle Unterschiede herauszuarbeiten.

Tätigkeitsschwerpunkte

Zunächst wurde innerhalb einer offen gestellten Frage[3] nach den Tätigkeiten der Prozessmotoren gefragt; im Durchschnitt wurden je Befragten 1,6 Tätigkeiten angegeben. Das breite Spektrum von Nennungen lässt sich in Gruppen zusammenfassen (vgl. Abb. VI.3). An erster Stelle der Nennungen stehen Tätigkeiten, die sich als Koordinationstätigkeiten[4] bezeichnen

---

3   Bei der offen gestellten Frage fallen Nennungen von Tätigkeiten geringer aus als es bei geschlossenen Abfragen bestimmter Tätigkeiten der Fall gewesen wäre. Somit sind weniger die absoluten Nennungen, sondern die Relationen zwischen den einzelnen Kategorien von Aussagekraft.

4   Im einzelnen: Öffentlichkeitsbeteiligung, Planung der weiteren Vorgehensweise, Konzepterstellung für Veranstaltung, Organisation, Abstimmung zu anderen Regionen, Umsetzung der Leitidee der Kooperation, Koordinierung allgemein, Projektbegleitung, Zusammenführen der Gruppe, Zentrale Anlaufstelle für Regionale Fragestellungen, Projektbezogene Umsetzung des Maßnahmenplanes, Unterstützung bei der Beschaffung von Fördermitteln, Treibende Kraft zur Einführung neuer Planungsverfahren, Entwickler neuer Planungsmodelle, Bremser von Fehlentwicklungen, Projektentwicklung, Lösungsansätze zur Projektentwicklung anbieten, Lenkung behördlicher Maßnahmen; administrative Koordination, Strukturierung der Arbeitsweisen und Ziele, Organisatorische und in-

lassen (in 43% der Kooperationen mit Prozessmotor genannt). Informationstätigkeiten[5], Beratungstätigkeiten[6] Kommunikationstätigkeiten[7]- und die als schwieriger einzuschätzenden Vermittlungstätigkeiten[8] werden etwas weniger, aber durchaus noch häufig genannt. Seltener werden die Tätigkeiten genannt, die hinausgehend über prozedurale Einflussnahmen auch

---

haltliche Vor- und Nachbereitung, Projektsteuerung, Akzeptanzfördernde Aktivitäten, Mitglieder-Motivation, Antrieb für die Gruppe, Motivation zu Gutachten und Projekten Organisation von Veranstaltungen, Unterstützung der Partner bei Veranstaltungen, Durchführung von Workshops, Motor für das Zustandekommen der Kooperation, Impulsgeber für Sachanalyse, Abstimmung mit politischen Führungskräften, Netzwerk mit Stakeholdern der Region, Konzeptentwicklung, Abstimmung mit lokalen Akteuren, Gründung eines Vereins, Betreuung Projektgruppen, Koordination der Projektumsetzung, Terminmanagement, Koordination Beratungen und Vorschläge Tagesordnung, Fördermittelakquise, Netzwerkmoderation, Exkursionen organisieren, Organisation kleiner Gesprächsrunden, Projektvernetzung, Analyse und Entwicklung neuer Marketingstrategien, Betreuung Projekte AG -Vernetzung, Einzelgespräche mit den politischen Spitzen, Vorbereitung interner Organisationsstrukturen, Verknüpfungsfunktion, Kooperation starten, Übersicht bewahren, Begleitung und Kontrolle angeschobener Maßnahmen, Lobbyarbeit, Strategieentwicklung, Prozesssteuerung, Alltägliche Sekretariatsarbeit, Straffe Gesprächsführung, Entscheidungsvorbereitung; Vorbereitung und Erstellung Entwicklungskonzept, Motivation zu Gutachten und Projekten, Konzeption Gesamtprozess, Sektorübergreifende Regionalentwicklung.

5   Im einzelnen: Darstellung auf Kongressen; Darstellung in der Fachliteratur; Informationsbeschaffung; Werbung für Projekt; Informationsvermittlung; Öffentlichkeitsarbeit; Repräsentation in Öffentlichkeit und vor Landesregierung; Dokumentationen anfertigen, Pressearbeit; Informationen über Ziele des Verfahrens; Datensammlung; Vorstellung Prioritätenprojekte REK in Behörden und Gemeinden; Logoentwicklung; Dokumentenanalyse; Ortsbegehungen; Interviews; Informations- und Bildungsarbeit; Mitarbeit bei EU-Untersuchung; Werbung um Mitarbeit; Darstellung der Ergebnisse gegenüber dem Gesetzgeber.

6   Im einzelnen: Prozessberatung, Beratung allgemein, Beratung der AG bei Aufbereitung ihrer Anliegen, Unparteischer Ratgeber, Analytische Tätigkeit von Außen, Wissenschaftliche Begleitung, Bewertung Stärke-Schwächen-Potential, Erfahrungsvermittlung, Fachliche Begleitung, Einbringen fachlich-wissenschaftlicher Aspekte, Fachliche Ausarbeitung von Inhalten, rechtliche Beratung, Argumentationshilfen zur Konfliktlösung, Ausbildung von Organisations- und Evaluierungsteams, Fachliche Beratung der Verbandsversammlung bei Entscheidung, Mitarbeit in Ags zur Verbesserung des Fördermitteleinsatzes, Empfehlungen zur Projektumsetzung , Überprüfung d. betr. Städte zur Zusammenarbeit.

7   Im einzelnen: Kontaktvermittlung; Hintergrundgespräche mit allen Beteiligten; Ansprechpartner für Bürger und Politiker; Ansprechpartner und Verbindungsperson für Behörden und Institute; Kontaktaufnahme zu potentiellen Dialogpartnern; Konsultationen von Entscheidungsträgern; Kommunikation; Einzelgespräche mit Akteuren vor Ort; Kontaktperson der EU; Entwicklung neuer Kommunikationsstrukturen, Kommunikationsprozess initiieren und aufrechterhalten Kontakte halten, Unterstützung multipolarer Kontakte, Gespräche mit anderen Akteuren der Region.

8   Im einzelnen: Konfliktvermittlung, Vermittlung zwischen Bürgern und Verwaltungsangestellten, Neutrale Gesprächsführung , Mittler zwischen den Fronten; Mittler zwischen verschiedenen Planungsebenen und -sektoren, Konsens zwischen Partnern schaffen, Neutraler Vermittler zwischen kommunalpolitischen Interessen, Interessen ausgleichen, Aufgreifen von Problemfällen, Konsensfindung, Vermittlungsfunktion, Hintergrundgespräche als ehrlicher Makler, Mittler zwischen Akteuren und Unterbreiten von Lösungsansätzen, Bilaterale Gespräche mit Konfliktparteien, Vermitteln unterschiedlicher Befindlichkeiten der Städte, Inhaltliche Kompromissvorschläge.

deutliche inhaltliche Weichenstellungen[9] hinsichtlich des Ergebnisses des Prozesses implizieren — etwa die Formulierung eigener Ziele und Bewertungskriterien durch den Prozessmotor (vgl. Kapitel VI.3).

Prozessmotoren sind hauptverantwortlich für den Informations- und Kommunikationsfluss und innerhalb der Kooperation. Die wichtigsten Elemente sind dabei:

- Vorbereitung, Leitung und Nachbereitung von Arbeitssitzungen der Akteure;
- Bilaterale Verhandlungen mit den Akteuren;
- Organisation der Einbringung von fachlichen Grundlagen und Beratungsleistungen;
- Öffentlichkeitsarbeit und nach außen gerichtete Ereignisse.

Abbildung VI. 3: Tätigkeiten von Prozessmotoren nach Kooperationsgrundtypen

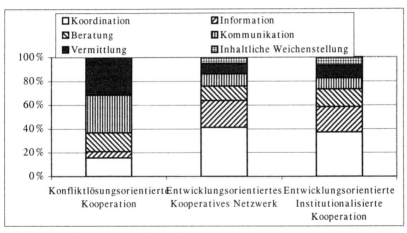

Quelle: eigene Erhebung und Darstellung

Abbildung VI.3 zeigt, dass es einige Unterschiede zwischen den Kooperationsgrundtypen hinsichtlich der Tätigkeiten der Prozessmotoren gibt. In entwicklungsorientierten Institutionalisierten Kooperationen werden insgesamt fast alle Arten von Tätigkeiten häufiger genannt als in entwicklungsorientierten Kooperativen Netzwerken. Die Unterschiede in der Tätigkeit zwischen Moderatoren in Kooperativen Netzwerken und Managern in Institutionalisierten Kooperationen sind vor allem durch den unterschiedli-

---

9 Im einzelnen: Bewertungskriterien, Erarbeitung Konzeptentwurf, Einbringen Argumentationsmaterial und Lösungsvorschläge, Benotung fremder Projekte, Benchmarking, Erarbeitung prioritärer Maßnahmen, Herausarbeitung von Prioritäten, Erarbeitung von Leitbildern, Erarbeitung eines Zielsystems, Definition Schlüsselprojekte und Maßnahmen, Konkretisierung von Themen.

chen Kooperationsstand zu erklären: Manager in Institutionalisierten Kooperationen haben in weiten Teilen zwar ein ähnliches Tätigkeitsprofil wie Moderatoren und Mediatoren. Es werden aber etwas andere Schwerpunkte gesetzt, die vor allem auf den fortgeschrittenen Stand der Kooperation, ihren stärkeren Institutionalisierungsgrad zurückzuführen sind. Vor allem aber ist die Arbeit intensiver: Manager initiieren und koordinieren in erster Linie Projekte regionaler Entwicklung. In der Tätigkeit von Managern hat die alltägliche Verwaltungsarbeit, die sich aus der größeren Organisiertheit und größeren finanziellen Volumina ergibt eine größere Bedeutung als für Moderatoren in kooperativen Netzwerken. Während sich Moderatoren und Mediatoren vor allem auf den inneren Kreis der Kooperation orientieren, agieren Manager eher im Auftrag des gefestigten inneren Kreises im mittleren Kreis der Kooperation und versuchen diesen durch dauerhaftes Networking nach außen zu erweitern. Die gemeinsame Erarbeitung von tragenden Leitbildern in Gruppenprozessen hat dagegen eine insgesamt geringere Bedeutung als in moderierten Prozessen, da eine solche tragende Basis durch die oder vor der Institutionalisierung meist bereits besteht. Die Formen identitäts- und öffentlichkeitsstiftender Aktionen ändern sich, z.B. werden Wettbewerbe ausgeschrieben.

Während sich also Prozesssteuerer in Kooperativen Netzwerken von Prozessmotoren in Institutionalisierten Kooperationen weniger durch die Art als eher durch die Intensität der Tätigkeiten voneinander unterscheiden, weisen Mediatoren ein von beiden deutlich abweichendes Tätigkeitsprofil auf: Sie üben relativ häufiger Tätigkeiten zur direkten Förderung der Kommunikation zwischen Akteuren und zur Konfliktvermittlung aus. Reine Koordinations- und Informationstätigkeiten haben insgesamt demgegenüber eine geringere Bedeutung. Auffallend und durch die zeitliche Begrenzung der Verfahren zu erklären ist die hier größere Bedeutung einer stringenten Konzeption des Ablaufes. Sie entwickelt sich weniger wie bei entwicklungsorientierten Kooperationen schrittweise evolutionär, sondern sie hat eine strengere Zeitplanung und wird stärker durch die Mediatoren beeinflusst.

Gremienarbeit

Auch wenn sich ein Großteil der Kommunikation in den Kooperationen im alltäglichen informellen Rahmen bewegt, nicht selten die entscheidenden Gespräche bilateral erfolgen, so ist dennoch der formelle Rahmen, nämlich die Sitzungen in den Gremien der Kooperation, das wichtigste Aktivitätsfeld der Prozessmotoren. Prozessmotoren beeinflussen hier maßgeblich die Rahmenbedingungen der Interaktion: durch die Räumlichkeiten, die Sitzungsdauer und Frequenz, die Regeln, nach denen Wortmeldungen berücksichtigt werden, die Gestaltung von Sitzungspausen, das Protokollieren von Zwischenergebnissen, die Arbeit in Kleingruppen, bilaterale Gespräche, Vereinbarungen zur Vertraulichkeit (Fietkau 2000, 106).

Mit geschlossenen Fragen wurde die Funktion der Prozessmotoren innerhalb der Gremien der Kooperationen ermittelt. Das Ergebnis zeigt: Prozessmotoren beeinflussen die Rahmenbedingungen der meisten Kooperationsgremien maßgeblich, aber sie sind nicht allgegenwärtig: Im Durchschnitt wurden 69% der Kooperationsgremien von den Prozessmotoren vor- und nachbereitet und 60% der Gremien von den Prozessmotoren geleitet (Abb. VI.4).

Abbildung VI. 4: Gremientätigkeit der Prozessmotoren nach Kooperationsgrundtypen

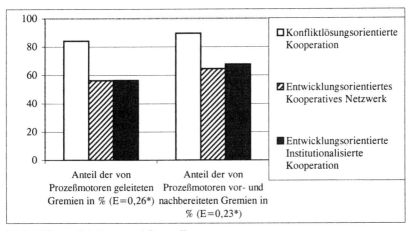

Quelle: Eigene Erhebung und Darstellung

Die Moderatoren, Manager und Mediatoren der einzelnen Kooperationstypen unterscheiden sich weniger dadurch, wie viele dieser Gremien sie absolut vor- und nachbereiten bzw. leiten, sondern vor allem darin, in welchem Anteil der Gremien sie diese Funktionen ausüben. Dabei fallen die Unterschiede zwischen Moderatoren und Managern auf der einen und Mediatoren auf der anderen Seite ins Auge. Von den Prozessmotoren in entwicklungsorientierten Kooperationen werden 56% der Gremien geleitet und 68% vor- und nachbereitet. In den Gremien mediationsähnlicher Verfahren sind dagegen die Mediatoren präsenter: sie leiten hier 84% der Gremien und bereiten sogar 90% der Gremien vor und nach. Diese relativ größere Präsenz der Mediatoren ist vor dem Hintergrund zu sehen, dass mediationsähnliche Verfahren eine schlankere Aufbauorganisation aufweisen als entwicklungsorientierte Kooperationen. Auch innerhalb der entwicklungsorientierten Kooperationen gibt es Unterschiede (Abbildung VI.5).

Abbildung VI. 5: Gremientätigkeit der Prozessmotoren nach Kooperationstypen

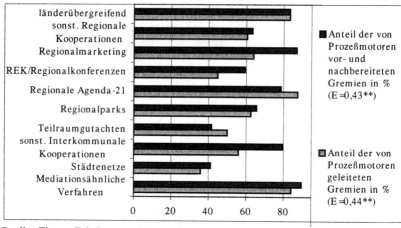

Quelle: Eigene Erhebung und Darstellung

Es sind vor allem die Regionalen Agenda-21-Prozesse, in denen die Prozessmotoren einen hohen Anteil der Gremien vor- und nachbereiten sowie leiten. Umgekehrtes zeigt sich beim Typus der Städtenetze. Diese weisen eine relativ komplexe Aufbauorganisation auf, deren Gremien die Prozessmotoren nur zu einem relativ geringen Anteil leiten bzw. vor- und nachbereiten. Bei den Regionalmarketingansätzen fällt die große Differenz zwischen dem Anteil der vor- und nachbereiteten Gremien und dem deutlich geringeren Anteil der von den Moderatoren und Managern geleiteten Gremien ins Auge. Hier üben offenbar besonders häufig andere Personen (z.B. Vereinsvorsitzende) die Funktion des Sitzungsleiters aus.

Wenn die Prozessmotoren ein Gremium vor- und nachbereiten bzw. leiten, dann üben sie diese Funktion meist auch regelmäßig aus, die Skalenwerte lagen bei der Vor- und Nachbereitung bei 3,6 und bei der Leitung bei 3,5 (Skalenwert 3: „meistens", Skalenwert 4: „immer".) Die Abweichungen zwischen den Kooperationstypen sind hier nicht signifikant.

Tabelle VI.1 zeigt einige weiterführende Aspekte zur Frage der Leitung der Gremien durch Prozessmotoren. Zwar steigt die Zahl der Gremien, die die Prozessmotoren leiten, mit der Zahl der Gremien der Kooperation. Dieser Anstieg ist jedoch nicht linear, sondern deutlich schwächer. Mit steigender Gremienzahl reduziert sich also deutlich der Anteil der Gremien, den die Prozessmotoren leiten.

Tabelle VI.1: Gremientätigkeit der Prozessmotoren und Komplexität der Aufbauorganisation der Kooperation

	Anzahl von Strukturelementen	Anzahl der von Prozessmotoren geleiteten Gremien	Anteil der von Prozessmotoren geleiteten Gremien in%	Häufigkeit der Leitung von Gremien durch Prozessmotoren
Anzahl von Strukturelementen	1	0,33**	-0,41**	-0,3**
Anzahl der von Prozessmotoren geleiteten Gremien	0,33**	1	0,62**	-1,07
Anteil der von Prozessmotoren geleiteten Gremien in %	-0,41**	0,62**	1	0,32**
Häufigkeit der Leitung von Gremien durch Prozessmotoren	-0,3**	-1,07	0,32**	1

Quelle: Eigene Erhebung und Darstellung

Die relative Häufigkeit, mit der die Prozessmotoren die Gremien leiten, sinkt signifikant mit zunehmender Gesamtzahl von Gremien und schwach mit steigender absoluter Zahl der von den Prozessmotoren geleiteten Gremien. Sie steigt jedoch — und das ist überraschend — mit dem Anteil der Gremien, den die Prozessmotoren leiten.

Es gibt bestimmte Gremientypen in komplexen Kooperationen, in denen Moderatoren und Manager seltener Führungsaufgaben aufweisen. In strategischen Entscheidungsgremien etwa haben meist politische Funktionsträger die Sitzungsleitung inne. Aber in komplexen Kooperationen zur Regionalentwicklung oder in sehr großen mediationsähnlichen Verfahren wie dem zum Flughafen Frankfurt/Main wird häufig auch die Vor- und Nachbereitung sowie Leitung von Arbeitsgruppen nicht mehr von den Prozessmotoren, sondern von Fachpromotoren übernommen. Die Prozessmotoren konzentrieren sich hier auf Arbeitsgruppen, für die sich keine anderen Verantwortlichen finden, vor allem aber auf die Elemente, in denen Ergebnisse einzelner Arbeitsgruppen zusammengeführt werden (zentrale Arbeitskreise etc.).

Ähnliche Zusammenhänge lassen sich hinsichtlich der Vor- und Nachbereitung von Gremien ausmachen. Zusammengefasst ergeben diese Befunde folgendes Bild: Moderatoren, Mediatoren und Manager vollziehen in ihrer Arbeitsintensität in den Gremien die Ausdifferenzierung der Aufbauorganisation der Kooperationen nur tendenziell mit. In einer ausdifferenzierten Aufbauorganisation konzentrieren sie sich auf bestimmte Gremien und arbeiten in diesen intensiver.

Die Veränderungsdynamik des Tätigkeitsprofils

Das Tätigkeitsprofil von Prozessmotoren ist Veränderungen im Zeitablauf unterworfen. Abbildung VI.6 zeigt allerdings zunächst, dass ein klarer Zusammenhang zwischen der Schwierigkeit der ausgeübten Tätigkeiten und der Zeit, in der Prozessmotoren in der Kooperation tätig waren, nicht auszumachen ist: Keinesfalls beginnen Prozessmotoren also etwa nur mit „einfachen" Tätigkeiten, etwa um die Informationslage und die allgemeine Kommunikationsstruktur der Kooperation zu verbessern. Vielmehr nehmen auch Prozessmotoren, die der Kooperation noch nicht lange angehören, durchaus schon die als schwieriger einzuschätzenden Vermittlungstätigkeiten und auch weitgehende inhaltliche Weichenstellungen vor. Und umgekehrt befassen sich auch Prozessmotoren, die bereits lange in einer Kooperation tätig sind, noch immer mit vermeintlich einfacheren Tätigkeiten der Informations- und Kommunikationsförderung.

Was die wichtige Frage nach der Arbeit der Prozessmotoren in Gremien angeht zeigt die Abbildung VI.6 einige interessante Ergebnisse; die Entwicklungstendenzen in den Kooperationstypen sind hier unterschiedlich:

Abbildung VI. 6: Tätigkeiten der Prozessmotoren nach ihrer Mitarbeitszeit

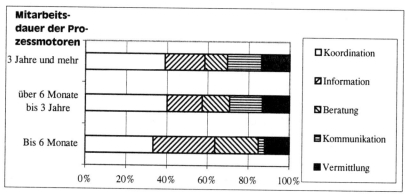

Quelle: Eigene Erhebung und Darstellung

- Bei konfliktlösungsorientierten Kooperationen steigt sowohl die Zahl als auch der Anteil der Gremien, in denen die Mediatoren eine zentrale Funktion ausüben mit ihrer Mitarbeitszeit kontinuierlich an.
- Bei entwicklungsorientierten Kooperativen Netzwerken steigt das absolute und relative Volumen der Gremienleitung des Moderators zunächst — nach einem halben bis zu drei Jahren Mitarbeit — deutlich an. Bei einer Mitarbeitszeit von mehr als drei Jahren ist jedoch die Anzahl wie auch der Anteil der geleiteten Gremien wieder geringer. Die Häufigkeit der Vor- und Nachbereitung sowie Leitung von Gremien ändert sich jedoch kaum.
- Bei Institutionalisierten Kooperationen schließlich sinkt der Anteil der von den Managern geleiteten Sitzungen kontinuierlich ab, je länger sie in der Kooperation tätig sind.

Interpretiert man nun diese Ergebnisse aus dem Vergleich unterschiedlich alter Kooperationen als Entwicklungsprozess so scheint deutlich: Mediatoren vollziehen ein strukturelles Wachstum (Gremienanzahl) konfliktlösungsorientierter Kooperationen mit, während Moderatoren und Manager in Gremien eher als anfängliche Impulsgeber wirken, die im Zeitablauf von anderen Akteuren ersetzt werden. Noch deutlicher als aggregierte Daten bringen Einzelfallbetrachtungen die Veränderungen der Tätigkeitsprofile im Zeitablauf zum Ausdruck. Selbst in kurzen Kooperationen lässt sich oft die Konzeptionsphase deutlich von der Durchführungsphase unterscheiden. In sehr lange bestehenden Kooperationen hängen Arbeitsintensität und -profil stark von den sich wandelnden politischen Rahmenbedingungen ab, vor allem dann, wenn die Kooperation nur schwach oder überhaupt nicht institutionalisiert ist. Länger andauernde Kooperationen sind immer durch die Konkretisierung von Ideen gekennzeichnet, was Auswirkungen auf die Rollen der Prozessmotoren hat:

- Moderatoren entwickeln sich in längeren Prozessen häufig von einem „Missionar", der zunächst eine Akteursbasis im Kern der Kooperation herstellt, über den Sammler von Ideen in großer Breite zum Verfechter, Drängler und Durchsetzer von einzelnen Ideen.
- Bei Managern steht die Organisation der Umsetzung einzelner Projekte von Anfang an im Zentrum der Tätigkeit. Mit stärkerer Strukturierung der Kooperation bleibt dabei häufig weniger Spielraum für die programmatische Weiterentwicklung. Zunehmend richten die Manager der Institutionalisierten Kooperation aber ihre Aktivitäten auf eine Erweiterung und Verdichtung des Netzwerkes und eine Ausweitung des Themenspektrums.
- Für Mediatoren lässt sich eine zeitliche Folge einzelner Stufen des Prozesses ausmachen, innerhalb derer die Schwerpunkte der Tätigkeiten unterschiedlich sind, etwa in folgender Chronologie .(Higgins 1997, 260f; Shapiro/Drieghe/Brett 1985, 105): Zuhören, Risiken analysieren, zum Kompromiss auffordern, eigene Lösungen einbringen, Diskussion eines Kompromisses erreichen, separiert treffen, Prognose des Ausgangs treffen. Häufig ist bei Mediatoren die Veränderung der Tätigkeit von der anfänglichen Organisation des

Prozesses und von der breiten Informationssammlung über die eigentlichen Verhandlungen hin zu ergebniskorrigierenden Maßnahmen zu beobachten.

Tabelle VI. 2: Gremientätigkeit der Prozessmotoren in den Kooperationsgrundtypen nach Dauer der Kooperation

Kooperations-grundtyp	Mitarbeitszeit der Prozessmotoren	Anzahl der von Prozessmotorengeleiteten Gremien (E=0,13)	Anteil der von Prozeß-motoren geleiteten Gremien (E=0,26*)	Anzahl der von Prozess-motoren geleiteten Gremien (E=0,13)	Anteil der von Prozess-motoren geleiteten Gremien (E=0,23*)
Konfliktlösungsorientierte Kooperation	Bis ½ Jahr	1	75,0	1,5	91,7
	Über ½ bis 3 Jahre	1,7	84,8	1,8	87,9
	3 Jahre und mehr	3,7	93,3	3,7	93,3
	insgesamt	1,9	84,1	2,0	89,6
Entwicklungsorientiertes Kooperatives Netzwerk	Bis ½ Jahr	1,3	47,5	1,3	49,6
	Über ½ bis 3 Jahre	1,8	72,0	2,3	78,9
	3 Jahre und mehr	1,7	42,0	2,3	59,4
	insgesamt	1,6	56,4	2,0	64,5
Entwicklungsorientierte Institutionalisierte Kooperation	Bis ½ Jahr	1,9	62,7	1,9	59,1
	Über ½ bis 3 Jahre	2,2	56,4	2,9	75,4
	3 Jahre und mehr	1,6	51,8	2,1	63,3
	insgesamt	1,9	56,4	2,4	67,6
Insgesamt	Bis ½ Jahr	1,4	55,4	1,5	57,4
	Über ½ bis 3 Jahre	1,9	69,0	2,4	79,4
	3 Jahre und mehr	1,8	50,6	2,3	64,0
	insgesamt	1,8	60,3	2,1	69,2

Quelle: Eigene Erhebung und Darstellung

Neben diesen typischerweise vorzufindenden Mustern einer Veränderung der Tätigkeitsprofile finden sich auch Wechsel in den Tätigkeitsprofilen, die durch Besonderheiten der einzelnen Kooperationen zu erklären sind:

- Anfänglich als Planer/Gutachter eingesetzte Akteure übernehmen durch den teilweisen Rückzug des strategischen Steuerers zunehmend Moderationsfunktionen.
- Anfänglich als Mediatorencoache fungierende Akteure übernehmen im Laufe des Verfahrens zunehmend eigene Moderationsfunktionen.
- Die Strategie eines Managers in einer Agentur, selbst Projekte zur regionalen Entwicklung umzusetzen, scheitert an den Mitgliedskommunen, daher wird sein Profil eher in Richtung einer reinen Beratungstätigkeit definiert.

- Genau umgekehrt scheitert die Strategie, als Moderator gemeinsamer Arbeit bei der Konkretisierung von Projekten zu fungieren, an mangelhafter Zusammenarbeit mit den Kommunen, es kommt zu einer regelrechten Krise. Danach wird die Umsetzung von Projekten – im bescheidenen finanziellen Rahmen – vom Moderator selbst übernommen.
- Mit einer gestiegenen Basisfinanzierung sind mehr Mittel umzusetzen, daher ist die Umorientierung des Moderators von der einzelfallbezogenen Arbeit hin zu einer stärkeren Gesamtsteuerung notwendig.

Ein besonders deutlicher Rollenwechsel lässt sich bei einem Mediator in einer Fallstudie beobachten:

> *Im Verfahren* Abfallplanung Nordschwarzwald *ging es in ersten beiden Phasen, den ersten acht Monaten, in einem fachlichen Diskurs um Fragen wie Bedarfsmengen und Behandlungsmethoden. Hier fungierte ein Mediator, der in Fachfragen auch Lösungsvorschläge unterbreitete. In der dritten Phase (sechs Monate) ging es um die Frage des Standortes. Hier wurden Bürgerforen durchgeführt, die die Aufgabe der breiten Information über die Auswirkungen hatten, der Mediator wurde zum Informationsgeber. Zu Beginn des Verfahrens war dieser Rollenwechsel nicht absehbar, wurde dann jedoch sehr bewusst durchgeführt.*

Es gibt zwar einige Fälle, in denen die Tätigkeit der Prozessmotoren von Strukturänderungen der Kooperation kaum beeinflusst zu sein scheint. In der Regel stehen aber die Tätigkeit der Prozessmotoren, die Kooperationsstruktur in einem evolutionären Wechselverhältnis, in dem Ursache und Wirkung nicht genau festzustellen sind. In der Grundtendenz ist mit zunehmender Verfestigung der Kooperation eine Umorientierung von strategischen zu mehr operativen und korrigierenden Aufgabenprofilen verbunden. Es gibt jedoch in den meisten Kooperationen immer wieder Zäsuren (z.B. klar trennbare Phasen in mediationsähnlichen Verfahren, Wettbewerbe in Institutionalisierten Kooperationen), in denen dann wieder stärker inhaltlich-strategische Arbeit gefordert ist.

3. Handlungsspielräume und Eingriffsintensität

Die wohl wichtigsten Fragen im Rollenprofil von Moderatoren, Mediatoren und Managern betreffen die Intensität, mit der sie in den Kooperationsprozess eingreifen, welche strategischen Einflussmöglichkeiten sie haben und das Maß, mit dem sie die Kooperationsergebnisse auch inhaltlich mitgestalten. Am brisantesten, durch das hier generell hohe Konfliktniveau zu erklären, stellen sich diese Fragen im Rahmen von mediationsähnlichen Verfahren. Bei der Diskussion müssen die Begriffe Unabhängigkeit, Unparteilichkeit und Neutralität getrennt behandelt werden (Morris 1997, 318).

Dabei ist folgende Abgrenzung sinnvoll: Unabhängigkeit meint, dass die Prozessmotoren in keinem materiellen Abhängigkeitsverhältnis zu den Akteuren der Kooperation stehen. Unparteilichkeit meint, dass die Prozessmotoren nicht der Position eines Akteurs näher stehen als der Position anderer Akteure. Neutralität meint, dass die Prozessmotoren keine eigene Position zu den Inhalten der Kooperation entwickeln, sondern sich ausschließlich auf die Gestaltung des Prozesses beschränken.

3.1 Unabhängigkeit und Unparteilichkeit

Empirische Untersuchungen in Mediationsverfahren zeigen, dass die Einschätzung der Gesamtleistung eines Mediators durch die Akteure zentral von der Beurteilung seiner Unparteilichkeit abhängt. Personen, die den Mediator eher negativ bewerten, tun dies vor allem, weil sie ihre Position zu wenig im Mediator repräsentiert sehen (Pfingsten/Fietkau 1995, 52). Die Frage der Unparteilichkeit hängt einerseits eng mit der der Unabhängigkeit zusammen, ist andererseits aber von dieser zu unterscheiden. In der Regel sind Prozessmotoren nicht unabhängig, bemühen sich aber um Unparteilichkeit.

Die Frage der Abhängigkeit bezieht sich bei externen Moderatoren und Mediatoren vor allem auf den Auftraggeber und den Finanzier der Tätigkeit, bei Managern auf die Institution, für die sie arbeiten. Sie stellt sich schon mit ihrem Einstieg in die Kooperation und der Art ihrer Finanzierung.

Abbildung VI. 7: Mitarbeitsdauer der Prozessmotoren nach Kooperationsgrundtypen

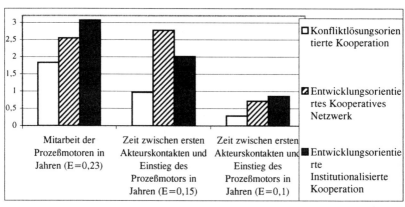

Quelle: Eigene Erhebung und Darstellung

Durchschnittlich waren die Prozessmotoren in den Fallbeispielen der schriftlichen Erhebung zum Zeitpunkt der Befragung 2,6 Jahre in den untersuchten Kooperationen tätig. Sie waren 2,2 Jahre nach den ersten Akteurskontakten (im Durchschnitt liegen diese 5,6 Jahre zurück) und 0,7 Jahre nach dem Abschluss einer festen Kooperationsvereinbarung (im Durchschnitt ist dies 4,2 Jahre her) zur Kooperation gestoßen: Die Kooperationen bestanden also, zieht man die ersten Akteurskontakte als Anfang der Kooperation heran, knapp die Hälfte ihrer Laufzeit ohne Prozessmotor; sieht man die feste Vereinbarung als Beginn der Kooperation, so liefen diese durchschnittlich nur ein gutes halbes Jahr ohne Prozessmotor (Abb. VI.7).

Dies bedeutet: In der Regel findet die erste Phase meist ohne Prozessmotoren statt – vor allem in entwicklungsorientierten Kooperationen. Der Beginn der Tätigkeit der Prozessmotoren ist relativ eng an die feste Kooperationsvereinbarung, die den Beginn der zweiten Kooperationsphase markiert. Mediatoren in konfliktlösungsorientierten Kooperationen treten deutlich früher in der Kooperation auf als Moderatoren und Manager in entwicklungsorientierten Kooperationen, der mediatorenfreie Vorlauf der Akteursfindung ist hier kürzer. In den Fallstudien lassen sich folgende Konstellationen unterscheiden:

- Interessanterweise gibt es einige Ausnahmefälle, in denen die Moderatoren/Mediatoren die Projektidee selbst entwickelten bzw. Handlungsbedarf selbst erkannten, aktiv auf mögliche Finanziers zugingen bzw. im Ausnahmefall sogar Aktivitäten starteten, um eigene Finanzmittel umzusetzen
- Im Regelfall werden vor allem Moderatoren nach Ausschreibungen beauftragt. Dies gilt insbesondere für Kooperationen, in denen Steuerungsleistungen eng mit Gutachterleistungen verknüpft sind (vgl. KapitelVI.3.3).
- Vorrangig in mediationsähnlichen Verfahren, aber auch anderen Kooperationen werden größere Forschungseinrichtungen, Universitäten oder Einzelakteure freihändig beauftragt, weil sie sich in ähnlich gelagerten Kooperationen einen guten Ruf erworben haben oder ihre Institution ein hohes Renommee hat.
- Manager in institutionalisierten Kooperationen (Verein, Entwicklungsagentur) werden in der Regel als Geschäftsführer oder in ähnlicher Funktion eingestellt. Ist die Kooperation an eine bestehende Verwaltung angegliedert, so werden sie zum Teil für diese Tätigkeit ein- oder abgestellt.

Die Finanzierung der Prozessmotoren erfolgt in unterschiedlichen, z. T. vermischten Formen: durch Landesmittel, Mittel der Landkreise und Kommunen, durch nicht projektgebundene eigene Mittel (Stiftung o. ä.); durch Umlage der Mitglieder, durch andere Organisationen oder Sponsoren. Ein vollständiges Unabhängigkeitsverhältnis der Prozessmotoren von den Akteuren wäre nur dadurch zu sichern, dass sich die Prozessmotoren selbst finanzieren bzw. aus Quellen finanziert werden, die einen sehr großen institutionellen Abstand zur Kooperation aufweisen. Ersteres ist fast nie, letztgenanntes nur bei einigen Kooperationen der Fall, die gewissermaßen als Modellvorhaben völlig unabhängig von ihrem Ergebnis finanziert wurden. Generell lässt sich dabei festhalten, dass Mediatoren fast immer durch höhere Ebenen (Land) finanziert werden. Auch für Moderatoren trifft dies zu, hier kommt jedoch häufig noch eine Cofinanzierung durch die Akteure hinzu. Manager werden dagegen meist durch die Institution finanziert, für die sie arbeiten. Sie sind in der Regel Angestellte der Kooperation und weisen daher formal die größte Abhängigkeit aller Typen von Prozessmotoren auf, ihre Vorgesetzten sind ihnen gegenüber regelrecht weisungsbefugt.

Die Handlungsspielräume der Prozessmotoren werden in der Regel durch den zeitlichen Rahmen ihrer Arbeit entscheidend mitgeprägt. Hier gibt es Unterschiede zwischen den Typen von Prozessmotoren, wie die Fallstudien zeigen:

- Die Mitarbeit von Moderatoren und Mediatoren war in der Mehrzahl der Fälle von Anfang an definitiv begrenzt. In den meisten Fällen wurde diese Begrenzung eingehalten bzw. leicht überschritten. In einigen Fällen war die Mitarbeit der Moderatoren zunächst begrenzt (z.B. Planungsphase), wurde dann mit deutlich modifizierter Aufgabenstellung weitergeführt (Umsetzungsphase).
- Bei Managern ist eine zeitliche Begrenzung der Mitarbeit dagegen in der Regel entweder gar nicht oder weicher formuliert: Vor allem bei in der Verwaltung eingegliederten Koordinationsstellen werden ihre Verträge zwar nicht automatisch, aber immer wieder jahresweise oder in größeren Tranchen verlängert. Mitunter ist die Mitarbeit an die Erfüllung bestimmter Aufgaben (Wettbewerbe, Schlüsselprojekte) gebunden.

Die durch diese Rahmenbedingungen entstandenen formellen und materiellen Abhängigkeiten von Moderatoren und Managern werden jedoch überraschend selten zu einem wirklichen Problem für eine Kooperation. Dies ist darauf zurückzuführen, dass sie in der Regel von allen Akteuren der Kooperation gemeinsam finanziert werden oder das Land, das zwar Interesse am Entstehen der Kooperation hat, jedoch ihren Ergebnissen gegenüber häufig indifferent ist, eine Anschubfinanzierung vornimmt. Manager sind zwar als Angestellte noch stärker abhängig als externe Moderatoren, jedoch in der Regel nicht von einzelnen Akteuren sondern von der gesamten Kooperation oder zumindest von autorisierten Machtpromotoren.

Aufgrund des generell höheren Konfliktpotentials der Kooperationen, in denen sie eingesetzt sind, stellt sich demgegenüber bei Mediatoren die Frage der Unabhängigkeit dringlicher, die Anforderungen an den Grad der Unabhängigkeit hier höher. Es besteht durchweg Konsens darüber, dass Mediatoren zumindestens in dem Sinne unabhängig sein müssen, dass sie in keinem direkten Abhängigkeitsverhältnis zu einer einzelnen Konfliktpartei stehen dürfen; ganz klar ist der Mediator damit z.B. vom Anwalt abzugrenzen (Sinning 1995a, 262; 1996, 74). Im günstigen Fall werden Mediatoren durch eine Institution (meist das Land) finanziert, die zwar Interesse daran hat, dass der Konflikt ausgeräumt wird, jedoch selbst keine Konfliktpartei darstellt. Im ungünstigen – und durchaus nicht seltenen – Fall ist jedoch der Auftraggeber zwar keine Konfliktpartei im engeren Sinne, hat aber selbst ein gewisses inhaltliches Interesse am Kooperationsausgang. So wird zum Beispiel alleine durch die Initiierung eines Mediationsverfahrens häufig die Nulloption explizit (wenn bereits politische Beschlüsse gefasst sind) oder zumindest implizit ausgeschlossen, was dann grundsätzliche Kritiker des Vorhabens auf den Plan ruft.

Mediatoren oder die Institution, der sie angehören, müssen eine sehr hohe Reputation aufweisen. Sie werden nur akzeptiert, wenn sie oder ihre Institution insgesamt als materiell unabhängig gelten. Aber auch dann werden Mediatoren oft am Anfang von den Akteuren als eng mit dem Auftraggeber verbunden angesehen. Sie müssen daher häufig durch ihr Agieren — vor allem in den ersten Phasen der Kooperation — gegen diese Identifizierung mit dem Auftraggeber systematisch angehen. Die Fallstudien zeigen, dass auch bei formaler Abhängigkeit die Mediatoren durchaus Spielräume gegenüber den Auftraggebern erarbeiten können. Sie können gegenüber den Akteuren aber meist auch gegenüber dem Auftraggeber sehr wohl deutlich machen, dass ihre formale Abhängigkeit mit ihrer Un- oder Überparteilichkeit vereinbar ist. Entscheidend für ihre Akzeptanz ist, dass die Prozessmotoren nicht nur von einem Akteur abhängig sind, sondern von allen Akteuren etwa im gleichem Maße. Vor allem Mediatoren müssen über den gleichen Abstand zu den Konfliktparteien verfügen, sie dürfen keiner Partei näher sein als der anderen und müssen gegenüber allen gleich fair sein (Morris 1997).

3.2 Strategische Einflussmöglichkeiten

Alle Typen von Prozessmotoren brauchen für ihre Arbeit gewisse Machtbefugnisse und strategische Einflussspielräume (Strunz 1998, 440). Dabei ist die Frage des richtigen Grades der Einbindung der Prozessmotoren in die Kooperation von großer Bedeutung. Die Einbindung muss intensiv genug sein, um alle Akteure zu erreichen, aber es muss ein ausreichender Abstand zu den Akteuren gewahrt sein um gewisse Handlungsspielräume zu erhalten. Empirisch fällt die Einordnung der Prozessmotoren in die Kooperationshierarchien sehr unterschiedlich aus:
- Sie variiert vor allem in der Gruppe der Moderatoren. Da sich die Hierarchie in frühen Phasen von Kooperationen häufig noch nicht gefestigt hat, können Moderatoren in informellen Hierarchien recht hoch angesiedelt sein. Anderer-

seits gehören Moderatoren – zumal wenn sie extern sind – oft nur zum mittleren Kreis der Kooperation, was z.B. daran deutlich wird, dass Krisensitzungen auch ohne sie abgehalten werden; sie arbeiten eindeutig im Auftrag des Entscheiderzirkels.
- Mediatoren und Manager lassen sich dagegen in der Regel zum inneren Kreis der Kooperationen rechnen. Manager haben hier formal zwar oft nur eine untergeordnete Rolle, sie arbeiten im Auftrag der institutionalisierten Kooperation und sind einzelnen Akteuren gegenüber weisungsgebunden. De facto können sie aber durch ihr Wissen und ihre Kompetenz große Handlungsspielräume aufweisen und Einfluss auf Multiplikatoren gewinnen.
- Die stärkste Position in der Kooperationshierarchie — allerdings nur für einen begrenzten Zeitraum — haben insgesamt Mediatoren. Sie sind in den Verfahren die zentralen Figuren als Drittpartei und Lockerer der Fronten. Zwar können auch sie nicht dauerhaft gegen die Akteure agieren. Umgekehrt können aber auch wichtige Beschlüsse nicht gegen die Mediatoren gefasst werden, wie dies bei Moderatoren und Managern durchaus des öfteren geschehen kann. Die zeitliche Beschränkung von Mediationsverfahren ermöglicht und erfordert es gleichzeitig, Mediatoren in diesem limitierten Zeitrahmen einen hohen Rang in den Hierarchien zu verleihen. Diese Macht macht sie aber gleichzeitig besonders kritikanfällig, ihr Agieren ist am meisten strengen Regeln unterworfen.

Prozessmotoren haben unterschiedliche strategische Einflussmöglichkeiten auf die Kooperationen, vor allem, was Aspekte der Prozessgestaltung der Kooperation angeht. Sie beeinflussen maßgeblich, wie effizient der Kooperationsprozess angelegt ist, welche Spielräume für Innovation und Kreativität bestehen und wie mit Konflikten umgegangen wird.

Wie groß die strategischen Einflussmöglichkeiten der Prozessmotoren sind, hängt von ihrer jeweiligen Stellung im Akteursgeflecht der Kooperation ab. Moderatoren, Mediatoren und Manager können prozessuale Weichenstellungen vornehmen durch:
- die Priorisierung ihrer eigenen Aufgaben, das Grunddesign des Verfahrens, wobei Änderungen auch gegenüber dem Auftraggeber vorgeschlagen werden;
- den strategischen Rahmen zur Projektumsetzung z.B. in Anknüpfung an ein REK;
- das Eintakten der Durchführung von Teilpaketen (z.B. Wettbewerbe), die Mitbestimmung, welche Schritte umzusetzen sind;
- die Evaluierung der Kooperation und von Projekten;
- Einfluss auf Meinungsträger durch im Vorfeld geknüpfte Kontakte.

Gestaltung des Akteurskreises

Ein wichtiges strategisches Einflussfeld von Prozessmotoren ist die Mitgestaltung des Akteurskreises der Kooperation.

- Moderatoren können nur in Ausnahmefällen völlig autonom „am Reißbrett" die genaue Zusammensetzung des inneren Teilnehmerkreises der Kooperation bestimmen. Meist steht der innere Kreis der Kooperation fest, wenn die Moderatoren in Aktion treten, oder er wird sehr früh interaktiv zwischen Moderatoren und einigen Promotoren definiert.
- Auch Manager arbeiten meist von Anfang für einen bereits vorgegebenen engeren Kreis der Kooperation (z.B. Verein, GmbH), dessen Zusammensetzung sie nur indirekt und langfristig beeinflussen können. Sie sehen ihren Gestaltungsspielraum in erster Linie in der permanenten Ausweitung und Verdichtung des Netzwerkes um den Kern der Kooperation herum. Hier haben sie große Spielräume, denn sie haben größere Kapazitäten für das Networking als Moderatoren in Kooperativen Netzwerken, die eher im Kernbereich der Kooperation agieren müssen.
- Auch bei Mediatoren sind die Einflussmöglichkeiten unterschiedlich: Durch die Problemstellung steht zwar auch hier häufig ein Kernkreis von Akteuren fest und bisweilen wird der Kreis der einzubeziehenden Akteure vollständig vom Auftraggeber vorgegeben, bevor die Mediatoren überhaupt tätig werden. Je nach Finanzierungsart des Verfahrens haben die Mediatoren aber durchaus Einfluss durch die gezielte Einbeziehung weiterer strategisch wichtiger Akteure. Dies geschieht allerdings in der Regel im Einvernehmen mit den anderen Akteuren. Durch die Formulierung der Konfliktlösungsschritte und ihre Fachkenntnisse und Kontakte haben Mediatoren meist einen sehr hohen Einfluss auf die Einbeziehung von Gutachtern, wobei sie zu diesen dennoch immer ausreichend Distanz wahren müssen.

Die Vorzeichen der Beteiligung von Akteuren sind bei den Grundtypen von Kooperationen unterschiedlich. Bei konfliktträchtigen Verfahren ist die Aktivierung der Kontrahenten in der Regel nicht nötig, es sei denn, das Verfahren wird von ihnen aus strategischen Gründen bewusst boykottiert. Die Aufgabe der Mediatoren besteht hier oft in der negativen Selektion von Akteuren, um überhaupt einen arbeitsfähigen Kreis zu erhalten. In Kooperationen zur regionalen Entwicklung stellt sich dagegen für Moderatoren die Notwendigkeit seltener, Akteure negativ zu selektieren; eher besteht die Aufgabe in der kontinuierlichen Aktivierung möglichst vieler relevanter Akteure. In diesem Rahmen haben Moderatoren, Manager und Mediatoren Einfluss durch

- Vorschläge, welche Akteure und Experten zu welchen Themen einzubeziehen sind und wie die Arbeitsteilung nach innen und außen aussieht;
- gezielte Förderung von Allianzen zwischen Akteuren;
- breites Ansprechen von Personen in Form von Öffentlichkeitsarbeit.

Dazu werden u.a. folgende Taktiken angewandt:
- Alle Themen positiv besetzen, die freie Entwicklung von Gedanken zulassen;
- Gespräche und Appelle auf allen Ebenen, Touren durch Gemeinden;
- Zentrale Veranstaltungen.

Es werden differenzierte Strategien verfolgt, die dem unterschiedlichen Engagement der Akteure Rechnung tragen:
- Motoren: schmieren und unter zarten Korrekturen laufen lassen;
- Mitläufer: bei Bedarf in die Verantwortung nehmen;
- Bremser: Ignorieren oder auf andere Gleise setzen.

Prägung der Organisations- und Arbeitsformen

Ebenso können Prozessmotoren die Organisationsform und die Arbeitsformen der Kooperation stark mitprägen:
- Bei Moderatoren erfolgt die Entwicklung der Arbeitsstruktur in der Regel evolutionär im Dialog mit den Akteuren. Vorgegeben ist in der Regel das politische Gremium (Lenkungsgruppe). Es gibt durchaus Moderatoren, die von Anfang an klare Vorstellungen von der Arbeitsstruktur haben oder hierzu immer wieder dezidierte Vorschläge unterbreiten und auch durchsetzen wollen. Andere passen ihre Strukturierungsvorschläge stärker den Bedürfnissen und Fähigkeiten der Akteure an bzw. verstehen sich vor allem als Berater der Akteure zu adäquaten Arbeitsformen. Am häufigsten sind Veränderungen von Arbeitsgruppen, die zusammengelegt oder separiert werden; dies entscheiden Moderatoren und Akteure meist pragmatisch. Eine bruchartige strategische Umorientierung der Arbeitsweise, vorgeschlagen durch die Moderatoren — z. B. in Folge einer Krise — ist die Ausnahme. Zeichnet sich eine weitere Institutionalisierung der Kooperation ab, so ist es eine wichtige Aufgabe der Moderatoren, über mögliche Rechts- und Finanzierungsformen zu beraten bzw. externe Beratung heranzuziehen. Ein entscheidendes Defizit erfolgloser Moderatoren ist es häufig, sich zu wenig Gedanken über strukturelle Voraussetzungen der langfristigen Tragfähigkeit der Kooperation gemacht zu haben bzw. diese gegenüber den Akteuren nicht genug eingefordert zu haben.
- Manager treffen anders als Moderatoren in der Regel auf eine durch die Institutionalisierung im Kern bereits gefestigte Arbeitsstruktur. Sie erweitern diese Grundstruktur vor allem um Elemente zur Generierung (Wettbewerb) und Umsetzung von Projekten. Haben es Manager mit komplexen Kooperationen unter kommunaler Beteiligung zu tun, so sind sie meist nicht in allen bestehenden Arbeits- und Projektgruppen tätig, sondern verstehen sich vor allem als Schnittstelle zwischen Arbeitsgruppen und Projektgruppen. Auf die Organisationsform haben sie Einfluss, indem sie z.B. Sätze für Mitgliedsbeiträge vorschlagen. Es ist selten, dass sie selbst weitreichende systematische Veränderungen der gesamten Arbeitsstruktur — etwa auf Basis einer Struktur- und Prozessanalyse — vornehmen.
- Mediatoren haben in der Regel einen noch größeren Einfluss auf die Arbeitsstruktur der Kooperation. Die strikte zeitliche Begrenzung erfordert in der Regel eine genaue Planung des Ablaufes und der Strukturelemente des Verfahrens. Mediatoren nehmen diese Strukturierung meist schon vor Beginn des

Verfahrens vor, was jedoch Modifizierungen innerhalb des Verfahrens — auch durch Wünsche der Akteure — nicht ausschließt.

Mobilisierung finanzieller Ressourcen

Strategischen Einfluss haben Prozessmotoren auch durch die Mobilisierung finanzieller Ressourcen, etwa der Akquisition von Fördermitteln. Hier unterscheiden sich die Typen deutlich voneinander:
- Mediatoren steht in der Regel von Anfang an ein festes Budget zur Verfügung (meist von außen, ausnahmsweise durch eigene Mittel), selten helfen sie bei der Einwerbung der Finanzierungsgrundlagen mit; die Mittelakquisition ist für sie insgesamt von geringer Bedeutung. Auch Moderatoren steht in der Regel ein Sockelbeitrag zur Finanzierung ihrer selbst und einiger Aktivitäten der Kooperation zur Verfügung.
- Moderatoren zeigen je nach dem Grad der Umsetzungsorientierung der Kooperation den Akteuren Möglichkeiten der Finanzierung auf bzw. akquirieren Mittel bisweilen sogar selbst.
- Für Manager ist das Einwerben von Finanzierungsmitteln und der Mitteleinsatz eine, wenn nicht die wichtigste Kernaufgabe.

Eine der wichtigsten Funktionen regionaler Kooperationen ist die Förderung von Innovationen (Kap. V.2.1). Prozessmotoren haben auch hier strategischen Einfluss, Inventionen und Innovationsprozesse in doppelter Hinsicht zu unterstützen: Zum einen, indem sie selbst kreative Ideen in die Kooperation einbringen, zum andern, indem sie die Kreativität anderer fördern.

Prozessmotoren bringen selbst in starkem Maße vor allem eigene kreative Ideen ein, die sich auf die Gestaltung des Prozesses beziehen. Im Hinblick auf die Methoden der Kreativitätsförderung für die Akteure wird in den Fallstudien betont, dass das gesamte Verfahren auf Kreativitätsförderung ausgerichtet sei oder es werden einzelne Arbeitsformen genannt. Hier finden sich interessanterweise auch sehr konventionell anmutende Arbeitsformen, die sich aber bewährt zu haben scheinen: Präsidial- und Arbeitssitzungen, bilaterale Gespräche, Anhören vieler Projektideen, zugespitzte Protokolle. Das Repertoire moderner Kreativitätsmethoden und –techniken (Workshops, Zukunftswerkstätten, Ideenwettbewerbe, Öffentlichkeitsarbeit, Bürgerbeteiligung, Brainstorm -Techniken und Metaplantechniken) ist in den meisten Kooperationen gängig und gehört zu den professionellen Standards. Weitere Methoden/Techniken sind: Arbeitsbeispiele, Aufgabenblätter zur Abschätzung von Auswirkungen, Vorgabe von Fragen, Sortieren von Antworten, Bilden von Überschriften. Vor allem in den Mediationsverfahren wird die massive Einbindung von Sachverstand als eine kreativitätsfördernde Methode genannt.

Abnutzungserscheinungen dieser Methoden bei den Akteuren werden auch bei häufigem Einsatz nicht beobachtet, eher schon bei den Prozessmotoren selbst. Trotz mehrheitlich positiver Einschätzung dieser Methoden und Techniken werden aber auch ihre Grenzen erkannt bzw. sie werden bisweilen sogar abgelehnt. Bei den untersuchten Kooperationen wird angemerkt dass:
- der Wechsel zwischen diesen Methoden und offenen Diskussionen wichtig sei;
- die Gruppengröße (z.B. 40 Personen) Grenzen des Einsatzes von Kreativinstrumenten setze;
- Workshops nur bedingt erfolgreich waren, weil Projektträger schon zu spezialisiert waren, um sich gegenseitig zu befruchten;
- die Metaplan-Technik („neumodischer Krimskrams") entbehrlich sei, sondern artikulationsschwache Akteure eher „beim Bier danach" aktiviert worden wären, wobei sich die regionale Herkunft der Mediatoren positiv auswirkte.

Prozessmotoren fördern die Kreativität von Kooperationen vor allem durch die Gestaltung von Prozessen, aber überraschend oft bringen sie eigene innovative Inhalte wie Projektideen selbst ein (vgl. Kapitel VI.3.2). Wichtiger als spektakuläre Inventionen zu kreieren, scheint es für Prozessmotoren zu sein, dauerhaft tragfähige Ideen zu produzieren. Zwar unterscheiden sich die Grundtypen von Prozessmotoren geringfügig im Gegenstand der Innovationen, die sie einbringen (Moderatoren: Themen und Projekte, Mediatoren: Konfliktlösungsvorschläge, Manager: Projektideen); systematische Unterschiede in den Spielräumen, in denen sie Innovationen einbringen können und dem Ausmaß wie sie dies tun, sind jedoch nicht auszumachen. In einigen Fällen treten Differenzen in der Innovationsneigung von Prozessmotor auf der einen und Akteuren auf der anderen Seite auf, besonders wenn der Prozessmotor eher in dynamischen Ballungsräumen, die Akteure eher in ländlichen Regionen verankert sind. Dann droht die Gefahr, dass der Prozessmotor dauerhaft in die Rolle gerät, innovative Impulse von außen einzubringen, die aber vor Ort nicht erwidert werden.

Umgang mit Konflikten

Ein weiteres Feld, in dem Prozessmotoren wesentlichen strategischen Einfluss auf die Kooperation haben, ist der Umgang mit Konflikten, und zwar sowohl zwischen den Akteuren als auch solche, in die die Prozessmotoren selbst involviert sind. Grundsätzlich gibt es für sie vier mögliche Strategien: Konflikte bewusst ausklammern, sie im Vorfeld reduzieren, sie umdefinieren und sie austragen.

In entwicklungsorientierten Kooperationen stellt sich der Umgang mit Konflikten grundsätzlich anders dar als in mediationsähnlichen Verfahren:

Die Hauptaufgabe von Mediatoren ist das Lösen von Konflikten. Zwar werden auch von Mediatoren offensichtlich (etwa aufgrund von bundesrechtlichen Vorgaben oder grundsätzlichen Werthaltungen) unlösbare Konflikte mitunter bewusst ausgeklammert. Jedoch ist das Ausklammern von Konflikten vor allem in entwicklungsorientierten Kooperationen geboten, da es hier überhaupt erst einmal gilt, Akteure zusammenzubringen und gemeinsame Erfolgserlebnisse zu vermitteln. Moderatoren in entwicklungsorientierten Kooperationen suchen in der Anfangszeit bewusst Themen mit geringem kooperationsexternem und vor allem kooperationsinternem Konfliktgrad. Typische Themen, die ausgeklammert werden, um externe Konflikte zu vermeiden, sind solche, in denen starke fachplanerische Belange wie Verkehr, Trinkwasserschutz, Emissionsschutz, Denkmalschutz berührt sind. Denn hier sind meist Akteure maßgeblich, die nicht de Kern der Kooperation angehören. Umgekehrt können aber auch Konflikte mit Externen eine Möglichkeit darstellen, den Zusammenhalt der Kooperation nach innen zu erhöhen. Werden daher auch in entwicklungsorientierten Kooperationen externe Konflikte mitunter sogar bewusst gesucht, so werden interne Konflikte zwischen den Kernakteuren der Kooperation — etwa um Nutzungen und Verteilungen von Potentialen wie Siedlung/Freiraum, Einzelhandel, Gewerbeentwicklung — fast immer bewusst ausgeklammert. Dies fällt leichter, wenn diese Konflikte parallel in anderen Zusammenhängen bearbeitet werden. Wenn möglich, so werden auch parteipolitisch motivierte Themen und in frühen Kooperationsphasen Konflikte um Finanzierungen zunächst ausgeblendet. Aber auch werden zu weit gehende kooperative Vorstöße einzelner Akteure — etwa in interkommunalen Kooperationen in Richtung einer Einheitsgemeinde — von Moderatoren gebremst, um Konflikte zu vermeiden. Konfliktvermeidend bei der Tätigkeit von Moderatoren und Managern ist es außerdem,

- nicht erfolgträchtige Projekte hintenan zu stellen;
- konkurrierende Akteure oder Institutionen in die Kooperation einzubinden;
- entweder ein Projekt so zu gestalten, dass die Nutzen und Lasten regional etwa gleich verteilt sind (typische Beispiele hierfür sind Wanderausstellungen oder ein Radrundwanderweg für die gesamte Region);
- oder bei der Gesamtverteilung der Projekte und Maßnahmen auf einen entsprechenden räumlichen Proporz zu achten, was bei interkommunalen Kooperationen mit weniger Akteuren deutlich einfacher ist als in großen regionalen Kooperationen.

Die Mehrheitsbeschaffung im informellen Vorfeld ist eine weitere konfliktvermeidende Strategie, die vor allem von Prozessmotoren mit politischen und Verwaltungserfahrungen beherrscht wird.

Die regelrechte Umdefinition eines konflikthaften in Richtung eines konsensbildenden Themas ist eine strategische Meisterleistung, die nur wenigen Prozessmotoren gelingt. So wurde in einer Kooperation das Konfliktthema Umgehungsstraße zum Thema des Potenzials der Innenstadtentwicklung umdefiniert.

Tabelle VI.3: Beispiele für Tätigkeiten von Moderatoren/Mediatoren innerhalb unterschiedlicher Rollenprofile

Eingriffsintensität	Orientierung		
	Innovations- und Kreativitätsorientierung	Konfliktlösungsorientierung	Effizienzorientierung
Niedrig	Schaffen der Voraussetzungen für kreative Atmosphäre	Voraussetzungen schaffen, dass Parteien sich selbst einigen können	Selbstorganisationsfähigkeit der Kooperation fördern
Mittel	Selbst kreative Atmosphäre verbreiten, Ideen für Themenschwerpunkte zusammenfassend benennen	Konfliktpositionen herausarbeiten, Lösungen abfragen und komprimiert wiedergeben	Induktiv Aufgabeninteressen der Akteure sammeln und sortieren, an Einhaltung von Aufgaben erinnern
Hoch	Eigene Leitlinien und Projektideen formulieren und durchsetzen.	Konflikte restriktiv ausklammern. Konfliktlösungen durchsetzen (u.a. auch mit Drohung zum Verfahrensrückzug)	Aufgaben selbst formulieren, erledigen oder durch eigenen Apparat erledigen lassen

Quelle: eigene Darstellung

Prozessmotoren tragen mitunter bewusst Ziel- und Kompetenzkonflikte mit einzelnen Akteuren nicht offen, sondern verdeckt aus, um die Kooperation als Ganzes nicht zu gefährden. Jedoch sind sie in Konflikten überraschend häufig nicht Konfliktvermittler, sondern eher selbst Konfliktpartei, etwa bei der internen Prioritätensetzung für Projekte oder Maßnahmen. Moderatoren, Mediatoren und Manager unterschieden sich dabei tendenziell in ihrer Konfliktorientierung:

- Bei Moderatoren sind Konflikte um die kooperationsinterne Arbeitsteilung nicht selten; häufig zwischen externen Moderatoren und internen Akteuren in der Verwaltung; vor allem, wenn Aufträge am Anfang nicht eindeutig formuliert waren. Generell weisen aber gerade Moderatoren häufig auf ihre beschränkte Kompetenz hin, Konflikte einzugehen und durchzustehen. Nicht selten müssen gerade sie im Konfliktfall die Akteure per Mehrheitsentscheid auch gegen ihre eigenen Vorschläge abstimmen lassen.
- Mediatoren sehen sich zwar primär als Konfliktvermittler zwischen anderen Akteuren. Dies schließt aber — je nach Rollenverständnis — ausdrücklich ein, dass sie in einem fortgeschrittenen Stadium des Verfahrens selbst zu einer Konfliktpartei werden können, die den Vermittlungsvorschlag gegenüber den anderen Parteien behauptet.

- Die offensivste Konfliktorientierung im Sinne einer konfrontativen Haltung findet sich bei Managern. Zwar werden auch hier vor allem in Kooperationen, die noch sehr stark mit öffentlichen Administrationen verflochten sind, Zurückhaltungen der eigenen Position genannt. Häufig aber gehen Manager bewusst Konflikte mit anderen Akteuren ein. Sie stehen dabei nicht selten in Konflikt zu ihrer eigenen Institution, etwa wenn es um finanzielle Ressourcen geht. Ihre — verglichen mit Moderatoren — festere Verankerung in der Kooperation ermöglicht ihnen jedoch diese offensivere Konfliktorientierung. Für die Vermittlung der Konflikte ist dann eher z.B. der Vorsitzende der Kooperation verantwortlich.

Tabelle VI.3 zeigt exemplarisch unterschiedliche Grade des Eingriffes in unterschiedlichen Orientierungen hinsichtlich Effizienz, Innovations- und Konfliktorientierung.

3.3 Inhaltliche Neutralität

Während über die Frage der Unabhängigkeit und Unparteilichkeit von Prozessmotoren zumindest eine gewisse Einigkeit besteht, gehen bei der Frage der inhaltlichen Neutralität die Lehrmeinungen weit auseinander. Die primäre Aufgabe von Prozessmotoren ist es – daran besteht kein Zweifel – einen Kooperationsprozess so zu gestalten, dass die beteiligten Akteure gemeinsame inhaltliche Lösungen erarbeiten können. Sie sollen in erster Linie als Verfahrensexperte und nicht als Fachexperte fungieren (Zilleßen 1998, 23) und werden meist ausdrücklich vom Berater (Gaßner/Holznagel/Lahl 1992, 62) oder Experten (Sinning 1995a, 262; 1996, 74) unterschieden. Mit dem Begriff Neutralität wird aber dabei die Frage aufgeworfen, ob und inwieweit sich Prozessmotoren — ungeachtet dieser Hauptaufgabe — eigener inhaltlicher Wertungen und Vorschläge völlig zu enthalten haben oder ob sie durchaus auch inhaltliche Positionen beziehen und diese vielleicht sogar gegenüber anderen Akteuren durchsetzen sollen.

Diese Frage stellt sich auch für Moderatoren und Manager; sie wird aber für Mediatoren am intensivsten und kontroversesten diskutiert:

Neutralität ist zunächst ein zentrales Konzept der Mediation, das diesen Typus von anderen Alternative-Dispute-Resolution (ADR)-Verfahren (z.B. Arbitration) unterscheidet, in denen die Prozessmotoren dezidierte inhaltliche Positionen einnehmen. Aber innerhalb verschiedener Mediationsschulen wird der Grad der Neutralität unterschiedlich stark gewichtet. Der einen Auffassung nach sollen Mediatoren das Kräftegleichgewicht der Parteien – auch wenn es asymmetrisch ist – nicht durch eigene inhaltliche Wertungen beeinflussen, da sonst das Gebot der Überparteilichkeit verletzt wird (Moore 1996, 69). Nur die Parteien sind verantwortlich für die Inhalte, die Mediatoren ausdrücklich nur für den Prozess (Kovach 1994, 29.) Mediatoren sollen sich auf den Prozess beschränken (Stulberg 1981), weil die Konfliktparteien ohnehin besser über die Inhalte informiert sind als es eine dritte Partei seien könnte.

Die andere Schule unterscheidet dagegen, inwieweit der Mediator eingreifen darf davon wieweit er eingreifen muss (Breidenbach, 1995, 169). Mediatoren verfolgen zwar keine originär eigenen Interessen. Sie übernehmen aber dennoch eine inhaltliche Mitverantwortung für das Verfahren, insofern geht ihre Aufgabe über die eines reinen Verfahrensvermittlers hinaus (Runkel 2000, 23). In mehr oder minder starkem Maße kann der Mediator dabei durchaus eigene inhaltliche Positionen beziehen und im Extremfall auch gegenüber den Konfliktparteien durchsetzen. Dafür gibt es vor allem ethische, aber auch inhaltliche Gründe: Zum einen — diese Situation ist vor allem in Konflikten zwischen Zivilpersonen vorzufinden — kann es das Gebot der Fairness gebieten, dass der Mediator die Position einer Partei stärkt, wenn diese der anderen strukturell (aufgrund geringerer Bildung oder materieller Ressourcen) unterlegen ist und so die Gefahr eines ungerechten Verhandlungsergebnisses besteht. Dies wäre sogar eine Abweichung vom Gebot der Überparteilichkeit. Zum anderen – diese Situation ist eher bei Konfliktfällen um Planungsvorhaben vorzufinden – kann der Mediator dafür sorgen dass Allgemeinwohlinteressen gewahrt bleiben, die als solche von keiner der Konfliktparteien vertreten werden (Susskind 1981, 46f). Die Abkehr von der strikten inhaltlichen Neutralität kann dann sogar geboten sein. Akzeptiert wird hier, dass Mediatoren auch inhaltlich eingreifen, wenn einzelne Parteien erheblich benachteiligt werden, das Allgemeinwohl deutlich beeinträchtigt wird oder das ausgehandelte Ergebnis nicht dauerhaft oder umsetzbar erscheint.

Letztlich stellen diese beiden unterschiedlichen Grundrollen, nämlich zum einen sich auf die reine Prozessgestaltung zu konzentrieren und dabei die fachlichen Inhalte in der eigenen Arbeit außen vor lassen oder zum anderen auch inhaltlich an der Materie mitzuarbeiten oder Interessen Unbeteiligter mit einzubringen, die beiden wichtigsten unterschiedlichen Mediatorenschulen dar (Moore 1996, 75).

Im Harvard-Konzept verfolgt der Mediator einen lösungsorientierten Ansatz, er versucht dabei, die hinter den Positionen der Parteien liegenden Interessen herauszuarbeiten.Im Transformationsansatz nimmt er demgegenüber eine passivere Rolle ein (Abb.VI.8). Er vermeidet eigene Lösungsvorschläge, sondern ermutigt die Beteiligten, ihre Handlungs- und Wahlmöglichkeiten reflexiv zu erkennen, unterstützt sie, ihre Interessen und Bedürfnisse selbst zu definieren und eigene Konfliktlösungen zu finden (Kessen/Zilleßen 2000, 53). Diesen beiden Schulen entsprechen auch andere Typisierungen:

- . Auf Kressel (1972) ist die Unterscheidung von direktiven und non-direktiven Mediatoren zurückzuführen. Non-direktive Mediatoren vertrauen auf die eigene Fähigkeit der Betroffenen zur Lösung ihrer Konflikte und schaffen lediglich die Voraussetzung dazu, dass diese zum Tragen kommen kann (Hiltrop 1985, 93). Direktive Mediatoren greifen wesentlich stärker ein, indem sie z.B. eigene Lösungen des Konfliktes vorschlagen. Erstgenanntes Profil wäre Mediationsverfahren nach dem Typus des Transformationsansatz zuzuordnen, während das Harvard-Konzept den Typus des direktiven Mediators zulässt.
- Analog unterscheidet Sünderhauf (1997, 57f): passive Mediatoren, die die Funktion von Verfahrensmanagern, Kommunikatoren und Helfern haben von aktiven Mediatoren, die eine stärkere Verantwortung für die Teilnehmer, die fachlichen Inhalte und die Orientierung am Gemeinwohl übernehmen.

Bei diesen beiden Typisierungen handelt es sich vor allem um idealtypische Lehrmeinungen. In der Praxis ist das Handeln von Mediatoren meist zwischen diesen beiden Extrempositionen angesiedelt (Moore 1996, 76). So lassen sich auch feinere Differenzierungen vornehmen. Die Typisierung von Breidenbach beispielsweise (Breidenbach 1995, 150ff) nimmt weitere Stufungen der Beeinflussung der Kooperationsinhalte durch die Prozessmotoren vor. Voneinander unterscheiden lassen sich:

- Der "Generalized Other" („passiver Katalysator"), der für die Beachtung minimaler Regeln in der Verhandlung sorgt. Seine Anwesenheit hat vor allem symbolischen Charakter, er greift kaum ein.
- Der „Chairman" („aktiver Verhandlungsführer"), er bestimmt das Prozedere, nicht aber den Inhalt.
- Der „Enunciator" ("Verkünder"), er weist auf Fakten, Regeln, Normen hin, erweitert sie aber bereits um einige fachliche Aspekte.
- Der „Prompter" („Souffleur"), er nimmt eine Interpretation und Reformulierung der Aussagen der Parteien vor.
- Der „Evaluator" („Bewerter") nimmt eigene inhaltliche Bewertungen vor und versucht dabei besonders, unrealistische Erwartungen aufzudecken („Agent of Reality").

Innerhalb dieser Rollenprofile (die auch innerhalb einer Kooperation variieren können) kann der Mediator verschiedene strategische Positionen einnehmen, die zwischen den Polen Verhandeln auf der einen und therapeutische Integration auf der anderen Seite liegen (Breidenbach 1995, 139).Auch für andere Typen, so für „Broker" können bestimmte Eingriffstärken unterschieden werden (Mandell 1990, 47):

- Der Dirigent mit einer klaren Vorstellung vom Ergebnis der Arbeit;
- Der Laissez-faire-Broker, der kein eigenes Interesse am Verfahrensergebnis hat und sich auf das Zusammenbringen der Parteien beschränkt;
- Der Produzent, der selbst stark involviert aber von anderen abhängig ist und diese im Prozess halten muss.

Abbildung VI. 8: Unterschiedliche Mediationsorientierungen

Orientierung in der Mediation	Verhandlung/ Problemlösung	Transformation
Ziel der Mediation	Entwicklung von Konfliktlösungen zum allseitigen Nutzen	Veränderung des Menschen durch soziales Lernen
Ansatz zur Konfliktregelung	Interessenorientiertes Verhandeln	Befähigung und Anerkennung (Empowerment und Recognition)
Rolle des Mediators	eher aktiv	eher passiv
Normativer Rahmen	Verhandlungen geprägt durch normative Vorgaben	Selbsterkenntnis im Vordergrund
Mediationsverlauf	Konflikthintergrund … Definition des Problems → Sammlung von Optionen → Bewerten → Einigung/Lösung	Einzelne Aussagen der Konfliktbeteiligten / Befähigung (Empowerment) & Anerkennung (Recognition) / Soziales Lernen & Regelung des Konflikts
Mediationspraxis	Der Mediator identifiziert sich mit dem Verfahren und hat das Ziel, eine gemeinsame Lösung zu finden. Der Mediator klammert nicht-lösbare Spannungen in Beziehungen aus und konzentriert sich auf sachorientierte Verhandlungsoptionen	Der Mediator ermutigt die Konfliktparteien, ihre eigenen Interessen und Bedürfnisse zu erkennen. Der Mediator vermeidet eigene Themen- und Lösungsvorschläge und unterstützt die Parteien, eigene Konfliktregelungen zu finden.

Quelle: Kessen/Zileßen 2000, 53

Die Tatsache, dass Prozessmotoren nicht primär als Fachexperten fungieren, bedeutet bei weitem nicht, dass die inhaltliche Kompetenz über den Kooperationsgegenstand nicht von erheblichem Nutzen für alle Beteiligten wäre. Die entsprechende Fachkompetenz für die Gegenstände der Kooperationen und Verhandlungen wird von vielen Akteuren sogar als erforderlich angesehen.

Die Untersuchungen lieferten zu der Frage der inhaltlichen Neutralität der Prozessmotoren aufschlussreiche Ergebnisse: Zunächst ist die Frage interessant, inwieweit Prozessmotoren auch explizit als inhaltliche Experten (in erster Linie als Gutachter) fungieren. Das Ergebnis überrascht: Über 40% der in den hier untersuchten Kooperationen eingesetzten Prozessmotoren erstellten zumindest als einer unter mehreren Gutachtern selbst auch Gutachten/Expertisen etc. für die Kooperation, wobei allerdings bisweilen diese beiden Rollen nicht parallel, sondern nacheinander ausgeübt wurden. Bei den konfliktlösungsorientierten Kooperationen ist diese Doppelrolle zwar deutlich seltener als bei den entwicklungsorientierten Kooperationen, aber durchaus im Einzelfall anzutreffen (Abb. VI.9). Es zeigen sich aber deutliche Unterschiede zwischen den drei Typen von Prozessmotoren, was diese Doppelfunktion angeht:

Bei den in kooperativen Netzwerken zur Regionalentwicklung eingesetzten externen Moderatoren ist es nicht die Ausnahme, sondern eher die Regel, dass der Moderator gleichzeitig auch planerische/gutachterliche Aufgaben übernimmt, die durchaus auch mit eigenen starken inhaltlichen Bewertungen versehen sind. Rein prozessual und nicht inhaltlich orientierte Moderatoren sind die Ausnahme und haben meist nur punktuelle und die Arbeit von Mediatoren und Managern in großen Kooperationen ergänzende Funktionen. Allerdings wird meistens nicht das ganze inhaltliche Spektrum von den Moderatoren selbst abgedeckt, sondern es werden je nach eigenem Know-how Teilaspekte (Fachplanung, Rechtsfragen) zur Bearbeitung an andere weitergegeben. Die Moderatoren selbst erarbeiten vor allem die übergreifenden Aspekte und integrierenden Konzepte. Wenn es in einer entwicklungsorientierten Kooperation eine formale Trennung von Steuerung/Moderation und konzeptioneller oder rein forschender Tätigkeit gibt, so ist sie de facto nicht sehr strikt; im Gegenteil wird häufig die enge Zusammenarbeit von Moderator und Gutachter betont.

Diese überraschend häufig vorzufindende Doppelrolle von Moderator und Gutachter hat sich planungsgeschichtlich in den letzten 15 Jahren entwickelt. Die zu den ältesten Typen der regionale Kooperationen gehörenden Teilraumgutachten machen die Evolution vom reinen Gutachter zum gleichzeitig moderierenden Gutachter besonders deutlich: In der ersten Generation der Teilraumgutachten Ende der 80er Jahre war die Tätigkeit der Gutachter noch die des klassischen Experten für die inhaltliche Konzeption (Maier/Troeger-Weiß 1989, 139). Bei ihnen wurden alle wichtigen Informationen gebündelt, sie bildeten die Hauptknoten der Kommunikationsbeziehungen. Es gab jedoch bei diesen ersten Teilraumgutachten in der Regel keine begleitenden Foren o.ä., in denen die anderen Akteure regelmäßig kommunizierten. Dies änderte sich in den Teilraumgutachen der letzten Jahre: Hier verlagerte sich das Tätigkeitsprofil der Gutachter immer mehr in die Richtung der Moderation von begleitenden Foren, ihre fachliche Verantwortung für das inhaltliche Produkt der Kooperation blieb jedoch weitgehend bestehen.

Abbildung VI. 9: Prozessmotoren- und Gutachterfunktionen

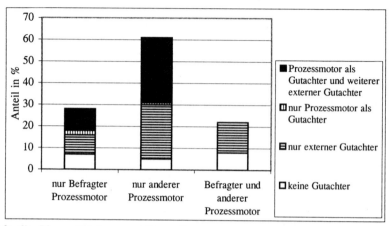

Quelle: Eigene Erhebung und Darstellung

Die enge Kopplung von Moderatoren- und Gutachtertätigkeit in entwicklungsorientierten Kooperativen Netzwerken ist vor allem durch die geringen Ressourcen der Kooperation in ihrer Anfangszeit zu erklären. Diese Rollenverknüpfung wird dabei von den Akteuren meist nicht als Problem angesehen, sondern — angesichts begrenzter Ressourcen — sogar erwartet, es wird von Akteuren sogar oft bemängelt, dass externe Büros sich auf nur eine Funktion beschränken. Damit verfügen Moderatoren über einen erheblichen inhaltlichen Gestaltungsspielraum in den ersten Phasen der Kooperation.

Manager fungieren dagegen nur in Ausnahmefällen als Gutachter einer Kooperation und nur ab und an als Consulter für Betriebe, Landkreise oder Kommunen der Region. Dies hängt vor allem mit dem fortgeschrittenen Arbeitsstand der Kooperation zusammen. Der Bedarf nach der Klärung grundsätzlicher inhaltlicher Fragen ist hier bereits geringer, da die wesentlichen strategischen Weichenstellungen sind getroffen, Konzeptionen vorliegen und die Arbeit an konkreten Projekten im Vordergrund steht. Durch den fortgeschrittenen Kooperationsstand zu erklären ist auch, dass Manager bisweilen — etwas häufiger als Moderatoren — die systematische Begutachtung und Evaluierung des Kooperationsprozesses durchführen. Meistens nehmen Manager jedoch für derlei Tätigkeiten Externe in Anspruch bzw. vermitteln die Einbringung von fachlichem Know-how. In der Regel ist die Ressourcenausstattung der Kooperation jetzt so beschaffen, dass solche Expertisen nach außen an Dritte vergeben werden können.

Wiederum anders stellt sich die Situation für Mediatoren dar. Der höhere Konfliktlevel mediationsähnlicher Verfahren macht die ausdrückliche personelle Nicht-Identität und ausreichende institutionelle Distanz von Mediatoren und Fachgutachtern zu einer zentralen Voraussetzung ihres Erfolgs. Die vergleichsweise große Finanzierungsbasis der Verfahren lässt diese Trennung in der Regel auch zu. Die Mediatoren fertigen — obwohl sie teilweise durchaus das fachliche Know-how besitzen — keine Gutachten/Planungen selbst an, unterbreiten aber Themenvorschläge und spielen eine wichtige Rolle bei der Eintaktung der Gutachten und der Auswahl der Gutachter: auch sind sie in der Regel in der Lage, die Qualität der Gutachten/Planungen einzuschätzen.

Nun ist die ausdrückliche inhaltliche Mitwirkung in Form von Gutachten nur ein Aspekt der „Verletzung" des Neutralitätsgebotes durch Prozessmotoren. Was die Frage der inhaltlichen Neutralität im Alltag der Kooperation, in Sitzungen und bilateralen Gesprächen angeht, so lassen sich bei den befragten Prozessmotoren — und zwar bei allen Typen — drei Hauptpositionen ausmachen. Die erste Gruppe hält an dem Anspruch der inhaltlichen Neutralität fest, bemerkt aber die faktischen Grenzen dieser Position:

- Es wird versucht, sich weitgehend inhaltlich zurückzunehmen und auf strategische Vorschläge zu beschränken.
- Mitunter schimmert zwar eine inhaltliche Position in Äußerungen durch, es wird aber versucht, dies zu korrigieren.
- Im Interesse der Gesamtkooperation werden offene Konflikte des Prozessmotors mit Akteuren in Sachfragen (z.B. Interpretation des Denkmalschutzes) vermieden.

Die zweite und größte Gruppe hält zwar durchaus am Anspruch der inhaltlichen Neutralität fest, sie steht aber offensiv zu bestimmten Situationen, in denen eine inhaltliche Einflussnahme im Sinne der (expliziten oder impliziten) Gesamtziele der Kooperation stattfinden kann und sogar muss. Den Bewertungsmaßstab für inhaltliche Stellungnahmen der Prozessmotoren bilden dabei entweder formulierte Leitlinien, ein mehr oder minder fest definiertes Gesamtinteresse der Kooperation oder aber rein pragmatische Machbarkeitskriterien:
- Zwar wird versucht, bei der kritischen Begleitung der Kooperation neutral zu bleiben, da aber der Prozessmotor zum Erfolg verdammt sei, müsse er den Prozess vorantreiben und könne deshalb nicht immer neutral sein.
- Der Moderator hat eigene allgemeingültige Bewertungsmaßstäbe wie das Prinzip der Nachhaltigkeit, die sich im Zeitverlauf konkretisieren.
- Es wird Einfluss auf Inhalte durch Tagesordnungen genommen.
- Anregungen im Sinne des Gesamtprozesses werden gezielt selektiert aufgegriffen.

- Konflikte werden umdefiniert, z.B. wurde ein mögliches Konfliktthema Umgehungsstraße zum Thema Potenzial der Innenstadtentwicklung uminterpretiert.
- Es werden im Rahmen der Leitbilderarbeitung Vorschläge für Überschriften und Prioritäten bei Themen unterbreitet.
- Projekte werden von Moderatoren nach Machbarkeitskriterien unterstützt.

Die dritte und extremste Position lässt sich so formulieren, dass Neutralität im Sinne der Absenz von inhaltlicher Positionierung nicht nur im Einzelfall, sondern grundsätzlich gar nicht wünschenswert sei. Folgende Meinungen und Situationen lassen sich vorfinden:

- Der Manager sei keinesfalls neutral, weil er als Umsetzer eines Memorandums fungiere.
- In Konfliktfällen vertritt der Moderator zu bestimmten Fragen (z.b. Einzelhandel) deutliche Positionen gegenüber Akteuren, sofern es nach Ansicht im Interesse der Gesamtkooperation liegt.
- Der Mediator bezieht während des Verfahrens dezidiert Position für eine zwischen den Varianten der Konfliktparteien liegenden Variante, wird damit zur Drittpartei. In ihm ist der Kompromiss der Kooperation ausgedrückt, den er offensiv durchsetzen muss.
- Neutralität des Mediators ist nicht möglich und nicht wünschenswert. Eine fachlich fundierte Position bildet sich im Verfahren heraus, der Mediator bezieht diese Position, ohne dass ihm Neutralitätsverletzung vorgeworfen wird, wobei sich der Status einer gewisse Unabhängigkeit (z.B. Universitätsprofessor) als vorteilhaft erweist. Die vollständige inhaltliche Neutralität von Prozessmotoren — und zwar auch von Mediatoren (Morris 1997, 329) — entpuppt sich in den hier durchgeführten Fallstudien als ein Mythos. Obgleich eine ausdrückliche konfrontative inhaltliche Einmischung nur selten genannt wird, ist de facto ein hoher inhaltlicher Einfluss der Prozessmotoren deutlich. Dabei ist der Übergang zwischen den eigenen Ideen der Prozessmotoren, die sich auf die Prozessgestaltung beziehen und den Ideen, die sich auf das inhaltliche Ergebnis der Prozesse beziehen fließend.

In der Regel besteht ein Wechselverhältnis zwischen den inhaltlichen Ideen und Schwerpunktsetzungen der Prozessmotoren und denen der Akteure. Prozessmotoren bringen dabei reflexiv und direktiv eigene inhaltliche Vorstellungen ein. Reflexiv beziehen sie sich auf die Akteure z.B. durch

- die Aufnahme bereits vorhandener Ideen;
- das Herstellen von Zusammenhängen zwischen von Akteuren genannten Themen und das Herausarbeiten von Interdependenzen zwischen Zielen;
- das Zusammenfassen und Sortieren von Arbeitsergebnissen (Bewertungskriterien sind dabei: Leitbildübereinstimmung, Praktikabilität, Vordringlichkeit, Finanzierbarkeit).

Darüber hinaus bringen sie aber — und dies stärker als vermutet — eigene Inhalte direktiv ein, auf die sich wiederum die Akteure reflexiv beziehen, z.B. durch:

- Leitfragen an die Akteure bei der Leitbilderarbeitung;
- die Einführung des strategischen Hauptthemas, das Setzen inhaltlicher Schwer- und Schlusspunkte;
- die Formulierung von Leitbildern;
- die Erarbeitung einer Charta und von Rahmenplan-Entwürfen und Leitprojekten;
- Entscheidungspapiere (Themen, Prioritäten), die vorbereitet und gegenüber den Akteuren vertreten werden, zwar oft nur zögerlich aufgenommen, aber selten direkt abgelehnt werden;
- Überlegungen zur Spezifizierung und Qualifizierung der Projekte;
- Überlegungen zu regionalen Prioritäten;
- Konfliktlösungsvorschläge.

Externe Moderatoren und Mediatoren, aber auch Manager fungieren sehr häufig als Transformationsstelle von Innovationen aus anderen Regionen in die eigene Region. In der Regel bringen dabei Prozessmotoren umso mehr eigene inhaltliche Überlegungen ein, je weniger dies die anderen Akteure tun. Dieses inhaltliche Engagement kann sogar bis zu einer Art begrenzter Führerschaft gehen, etwa bei Formulierung übergeordneter Zielstellungen.

Die Fallstudien belegen insgesamt auch für Moderatoren und Manager die andernorts für die Mediatoren getroffene Aussage, wonach sie ihre Rolle faktisch in einem „... *Kontinuum von je nach Mediator und Programm unterschiedlichen zulässigen Eingriffsintensitäten, das von dem uniformen Lippenbekenntnis zu Neutralität in der Regel verdeckt wird.*" (Breidenbach 1995, 172) ausüben. Definiert man Neutralität als Abwesenheit von inhaltlicher Arbeit oder inhaltlicher Positionen, so lässt sich für alle drei Typen von Prozessmotoren feststellen, dass in der Praxis von diesem Anspruch mehr oder minder stark abgewichen wird: Moderatoren, vor allem wenn sie gleichzeitig als Gutachter tätig sind, Mediatoren, indem sie selbst Träger der Kompromisslösung werden und Manager, indem sie Prioritäten bei der Entwicklung von Projekten auf der Basis erarbeiteter Leitlinien setzen, prägen die Kooperation inhaltlich weitaus stärker — und dies mit Erfolg — mit, als es die Rollenprofile in Lehrbüchern vermuten lassen. Dieser inhaltliche Einfluss ist mit ihren prozessualen Aufgabenstellungen und Handlungsspielräumen untrennbar verbunden. Eine strikte Beschränkung auf die Gestaltung des Prozesses kann nur selten eingehalten werden, weil ja stets Inhalte moderiert werden (Fürst 1993, 26) und weil jeder Prozessmotor eigene Grundwerte aufweist, die nicht völlig außen vorgelassen werden können.

Weiterhin machten die empirischen Untersuchungen deutlich, dass die unterschiedliche Eingriffsstärke der Prozessmotoren, das Maß der inhaltlichen Neutralität und die Einbringung fachlich-inhaltlicher Positionen kein klares Abgrenzungskriterium zwischen den drei Typen von Prozessmotoren ist. Damit erweisen sich Abgrenzungen, die etwa Moderatoren einerseits und Mediatoren andererseits systematisch eine unterschiedliche inhaltliche Mitverantwortung (Runkel 2000, 33) oder Eingriffsintensität (Glasl 1999, 365ff) zusprechen, für die hier untersuchten Kooperationen insgesamt als nicht passend. Vielmehr gibt es in jedem Typus sowohl Beispiele von Vertretern mit hoher Eingriffsintensität und inhaltlicher Einflussnahme als auch solche, die das normative, aber nie vollständig eingehaltene Gebot der inhaltlichen Neutralität stärker befolgen.

Unterschiede zwischen den drei Typen von Prozessmotoren in der Verletzung des Neutralitätsgebotes bestehen eher in qualitativer Hinsicht; in der Art der Weise des inhaltlichen Eingriffes, die sich aus dem Hintergrund der Kooperation erklärt:

- Moderatoren sind in der Regel in einem Stadium der Kooperation tätig, wo sich diese noch nicht verstetigt hat und noch keine tragfähige programmatische Grundlage existiert. Es wird angesichts begrenzter Ressourcen von den Moderatoren in dieser Phase nicht selten ausdrücklich erwartet, dass sie nicht nur inhaltliche Impulse der Akteure aufnehmen, sondern selbst wesentliche eigene Inhalte in die Kooperation einbringen. Da das Konfliktniveau hier noch gering gehalten wird, ist es in vielen Fällen durchaus auch möglich, dass Moderatoren in die Nähe zu einzelnen Akteuren rücken, wenn sie inhaltliche Positionen beziehen.
- Manager agieren dagegen in der Regel bereits vor dem Hintergrund konsensfähiger Leitlinien und Ziele der Kooperation. Sie dürfen gar nicht streng neutral sein, weil sie diesen von den regionalen Akteuren formulierten Zielen gegenüber verpflichtet sind und sich diese zu eigen machen und sie — zum Teil auch gegen Einzelakteure — durchsetzen müssen (Strunz 1998, 438). Viele Manager in umsetzungsorientierten Kooperationen sehen sich darüber hinausgehend dezidiert nicht als neutral an, sondern als Personen, die ihre eigene Position zur regionalen Entwicklung beziehen und durchsetzen. Nicht Moderations- sondern Konfliktdurchsetzungsfähigkeit ist hier gefragt.
- Mediatoren fungieren zwar so gut wie nie als ausdrückliche Fachexperten. Dennoch ist es eher die Regel, dass sie sich im Laufe der Verfahren dezidierte eigene inhaltliche Positionen mehr oder minder aktiv erarbeiten. Mediatoren werden meist mit zunehmender Verfahrensdauer zum Träger einer Kompromissposition, die sie auch fachlich gegenüber den Akteuren vertreten können. Der Typus des Mediators, der durchgängig eine völlig neutrale Position zum Gegenstand der Kooperation einnimmt war bei den untersuchten Kooperationen nicht zu finden.

3.4 Loyalitäts- und Rollenkonflikte

Fast alle Prozessmotoren haben es mit Akteuren zu tun, denen sie in unterschiedlicher Weise verpflichtet sind und sie üben in der Kooperation unterschiedliche Rollen aus. Diese Doppelrollen können Vorteile haben, sie

bringen z.B. für den Prozessmotor häufig Informationsvorteile. Jedoch können sie auch zu Loyalitäts- und Rollenkonflikten führen. Zu finden sind:
- Konflikte gegenüber dem Auftraggeber zur Frage von Aufwand und Entgelt;
- Als privater Auftragnehmer ist der Moderator latent an einer positiven Darstellung der Kooperation gegenüber dem Auftraggeber interessiert;
- Loyalitäts- und Rollenkonflikte als Vermittler zwischen Auftraggeber und Akteuren;
- Rollenkonflikt als Planungsbüro und Moderator;
- Rollenkonflikt als vorantreibender Impulsgeber und Moderator;
- Konflikt, weil ein Thema vom Moderator inhaltlich zu stark forciert wurde;
- Loyalitätskonflikte, welche Akteure einzubeziehen sind;
- Loyalitätskonflikte durch unterschiedliche Funktionen (Koordination der Kommunen, Vermittlung gegenüber dem Land).

Indem Prozessmotoren durchaus nicht selten eigene inhaltliche Positionen beziehen, können sie — zumindest temporär — zu einer eigenen Interessenpartei werden. Sie sehen sich dann als Vertreter der Gesamtidee der Kooperation gegenüber Einzelinteressen von Akteuren. Dieses Agieren als ideelle Gesamtpartei wird meist von den Akteuren durchaus akzeptiert, allerdings muss dann im Konfliktfall die Rolle des Vermittlers von anderen Akteuren — meist von Machtpromotoren oder anderen Prozesspromotoren — übernommen werden. Vor allem bei Mediatoren kann allerdings das implizite oder explizite Beziehen von Positionen zum Problem werden, nämlich dann, wenn sie sich damit in ungleichem Maße den Positionen einzelner Akteure annähern und damit das Gebot der Unparteilichkeit verletzt zu werden droht.

Rollen- und Loyalitätskonflikte finden sich bei allen Typen von Prozessmotoren, aber bei Mediatoren können sie besonders scharf ausfallen:
- Moderatoren benennen zwar häufig den Spagat zwischen Moderatoren- und Gutachterrolle, er wird aber als zu bewältigen eingeschätzt; eher wird sogar betont, dass beide Aufgaben untrennbar miteinander verbunden sind.
- Ähnlich sehen Manager keine Probleme in der Verbindung der beiden Rollen, wenn bei ihnen das fachliche Know-how vorhanden ist.
- Rollenkonflikte sind auch der Tätigkeit von Mediatoren immanent und dies um so stärker, je mehr sie den erarbeiteten Lösungsvorschlag gegenüber Akteuren durchsetzen müssen, gleichzeitig aber weiter zentraler Ansprechpartner für diese sein müssen. Bei Mediatoren können Loyalitätskonflikte gegenüber Auftraggebern besonders stark sein: Sie müssen in besonderem Maße als inhaltlich unabhängig und unparteiisch gelten, die Auftraggeber haben in der Regel aber häufig sehr klare eigene Interessen am Verfahren und seinem Ausgang. Konfliktlösungsorientierte Verfahren sind besonders anfällig für eine von Auftraggeber und Mediator kontrovers aufgefasste Aufgabenstellung. In einem der untersuchten Fälle war die zwischen Auftraggeber und Mediator offiziell abgesprochene Aufgabenstellung weich formuliert, inoffiziell war sie kontrovers: Dem Auftraggeber ging es um Akzeptanzbeschaffung für getroffene politische

Grundsatzentscheidungen, dem Mediator dagegen um tatsächliche Ergebnisoffenheit und Kompromissvorschläge. Diese Konflikte zogen sich durch das gesamte Verfahren.

Auch wenn solche Loyalitäts- und Rollenkonflikte in den untersuchten Kooperationen vielfach auftraten, so scheinen doch in der Mehrzahl in den Kooperationen Möglichkeiten gefunden worden zu sein, diese zu bewältigen. Die unterschiedlichen Anforderungen an Prozessmotoren führten nicht zwangsläufig zu störenden Loyalitäts- und Rollenkonflikten, teils weil sich Prozessmotoren für eine Rolle entscheiden bzw. ihre eigen Meinung zu Sachfragen in den Hintergrund stellten, teils weil sie bewusst die Doppelrolle bzw. Rollenwechsel deutlich machten:

- Die Mischung von eigener Ideenentwicklung und Moderation führte zu keinen grundsätzlichen Rollenkonflikten, allerdings war jede eigene Idee auf die Gesamtwirkung für die Kooperation zu überprüfen.
- Es gab ein permanentes Umschalten zwischen Moderatoren- und Gutachterfunktion; Positionen zur Neuausweisung von Siedlungsflächen mussten bei der Funktion als Moderator zurückgehalten werden.
- Ein Konflikt wäre aufgetreten, wenn stärkeres Engagement für kontroverse Themen aufgebracht worden wäre.
- Zeitweise schimmerte eine bestimmte Position durch, was vereinzelt kritisiert und korrigiert wurde, die Mediatorenrolle geriet daher insgesamt nicht ins Wanken.
- Der Spagat zwischen Gutchter- und Moderatorenrolle wurde deutlich gemacht und die Doppelrolle von den Akteuren akzeptiert.
- Mediatoren definierten gegenüber den Akteuren explizit ihr Rollenbild und markierten dabei beide Enden der Eingriffsskala. Dabei musste bisweilen auch falschen Erwartungen der Akteure entgegengewirkt werden, etwa jener, Mediatoren sollten eine Schiedsrichterrolle einnehmen..
- Verdächtigungen von Befangenheiten des Mediators für bestimmte Akteurs- oder noch eher Auftraggeberpositionen wurden ausgeräumt, indem Akteure eigene Recherchen zur Position des Mediators durchführten.

Vor allem Manager, aber auch Moderatoren in entwicklungsorientierten Kooperationen können Rollenkonflikte durch Rollenaufteilungen mit wichtigen Funktionsträgern der bereits etablierten Kooperation umgehen. Diese Machtpromotoren (z.B. Vereinsvorsitzende) fungieren als Vermittler zwischen den sich inhaltlich stark profilierenden Moderatoren und Managern und anderen Akteuren. Bisweilen sind sie dann Konflikten ausgesetzt, weil sie die Interessen ihrer eigenen Institution mit denen der Kooperation abwägen müssen

Ein bewährtes Lösungsmittel für Rollenkonflikte in den untersuchten Kooperationen waren klare Rollenverteilungen in Moderations- und Mediationsteams:

- Es gab keine Konflikte, da es im Mediationsteam eine interne Rollenverteilung mit einem konfrontierenden Frontmann und einem eher verständnisvollen bilateralen Verhandler gab. Auch die umgekehrte Rollenaufteilung ist zu finden.
- Es gab eine klare interne Rollenverteilung zwischen der Geschäftsführung und einem Mitarbeiter vor Ort.

> *Nicht abschließend einzuschätzen ist dabei das im* Verfahren Flughafen Frankfurt/Main *erprobte Modell eines Trios von drei formal gleichberechtigten Mediatoren. Zwei Mediatoren bezogen von Anfang an dezidiert unterschiedliche Positionen zum Thema (Wirtschaft vs. Umwelt), der dritte war inhaltlich neutral. Das Trio versuchte während des gesamten Verfahrens als Einheit aufzutreten. Dieses Vorgehen hatte einen Vorteil: Während des Verfahrens symbolisierte das Mediatorentrio in seinen Diskussionen die wechselseitige Annäherung der Positionen und wurde damit gewissermaßen zum Vorbild für die anderen Akteure. Die klare Formulierung von inhaltlichen Positionen machte jedoch die Mediatoren anfällig für Angriffe hinsichtlich von Neutralitätsverletzungen (zumal es doch zu punktuellen Alleingängen einzelner Mediatoren kam), was ein Anlass für grundsätzliche Kritik am ganzen Verfahren in der Öffentlichkeit wurde.*

4. Erklärungsfaktoren des Einflusses auf den Kooperationserfolg

Kooperationserfolg bemisst sich an verschiedenen Kriterien (vgl. Kapitel IV.1). Die durchgeführten Fallstudien in regionalen Kooperationen zeigten, dass die spezifischen Kriterien des Erfolgs in der Arbeit von Moderatoren, Mediatoren und Managern tendenzielle Unterschiede aufweisen, die auf die jeweiligen Zielsetzungen der Kooperationstypen zurückzuführen sind:

- Für Moderatoren ist es ein Erfolgskriterium, ob auf einer breiten Vertrauensgrundlage unter den Akteuren eine dauerhaft programmatisch und organisatorisch selbsttragende Struktur und eine ausreichende materielle Basis für die Kooperation geschaffen wurde. Umgesetzte Projekte sind hier vor allem wegen ihrer symbolischen Bedeutung und Anschubfunktion für die Kooperation wichtig.
- Für Manager ist dagegen die erfolgreiche Koordination der Umsetzung zahlreicher Projekte das entscheidende Kriterium. Nicht nur die symbolische Wirkung der Projekte sondern auch umgesetzte finanzielle Volumina sind hier wichtige Bewertungskriterien. Hinsichtlich der Kooperationsstruktur sind Kriterien wie eine stabile Finanzierungsbasis oder der Übergang von einer weichen in eine harte Form der Institutionalisierung Erfolgskriterien.
- Für die Bewertung des Erfolges der Arbeit von Mediatoren oder auch von Moderatoren, deren Kooperation ein gemeinsames Planwerk erarbeitet, ist das wichtigste, ob im Plan oder der Abschlusserklärung ein nach innen und außen tragfähiger Konsens erzielt wurde. Obwohl alle Mediationsverfahren ein Emp-

fehlungspaket formulierten, also ihre Arbeit auftragsgemäß beendeten, hat allerdings nach diesem Kriterium keines der hier untersuchten mediationsähnlichen Verfahren sein Ziel erreicht; entweder, weil ein gefundener Konsens nicht umgesetzt wurde oder eine getroffene Kernentscheidung von den Akteuren nicht akzeptiert wurde bzw. breiten Widerstand von außen ausgelöst hat.

Nachfolgend ist hier zu diskutieren, wie hoch der Einfluss der Tätigkeit der Prozessmotoren auf den gesamten Kooperationserfolg einzuschätzen ist Daran schließt sicht die Frage an, welche Faktoren in ihrem Tätigkeitsprofil den Einfluss positiv und welche ihn negativ gestalten.

4.1 Der Einfluss auf den Kooperationserfolg

Inwieweit bestimmt die Arbeit der Prozessmotoren den Erfolg der gesamten Kooperation? Alleine die Tatsache, dass 84 % der hier untersuchten Kooperationen einen oder mehrere zentrale Prozessmotoren einsetzen, ist ein deutlicher Hinweis darauf, dass ihre Mitwirkung eine notwendige Bedingung des Kooperationserfolges ist. Sie gehören zumindest temporär zu den zentralen Akteuren einer Kooperation. Insofern erscheint die Vermutung plausibel, dass der Erfolg der Kooperation insgesamt maßgeblich vom Erfolg der Arbeit der Prozessmotoren abhängt (Kovach 1994, 28). Wie aber ist der Grad des Einflusses der Tätigkeit der Prozessmotoren im Vergleich zu anderen Einflussfaktoren einzuschätzen?

Untersuchungen, die dieser Frage genauer nachgehen, sind im wesentlichen auf Beurteilungen von Kooperationsakteuren angewiesen. Sie gehen methodisch unterschiedlich vor und kommen zu unterschiedlichen Ergebnissen:

- Nach den Ergebnissen einer Erhebung unter allen 19 bayerischen Regionalmanagement-Ansätzen wurden die soziale Kompetenz und die Außendarstellung des Regionalmanagers zusammen mit der Unterstützung durch die regionale Politik, der gesicherten institutionellen Finanzierung und Projektumsetzung zu den fünf wichtigsten Erfolgsfaktoren gerechnet — noch vor Faktoren wie Projektfördermitteln und der Unterstützung durch die Landespolitik (StMLU 2000, 130).
- In einer Befragung unter den Akteuren des Mediationsverfahrens zum Abfallkonzept für den Landkreis Neuß erwies sich dagegen die Beurteilung des gesamten Verfahrens als statistisch unabhängig von der Beurteilung der Arbeit des Mediators. Wie positiv die einzelnen Akteure die Kooperation einschätzten, hing nicht damit zusammen, wie positiv sie den Mediator einschätzten (Pfingsten/Fietkau 1995, 71).

Abbildung VI. 10: Bewertung der Kooperation nach Einsatz von Prozessmotoren

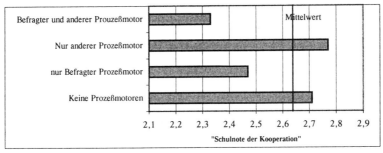

Quelle: eigene Erhebung und Befragung

Die Ergebnisse der hier durchgeführten Befragungen sind zunächst eher dazu angetan, die Bedeutung der Prozessmotoren für den Erfolg der gesamten Kooperation zwar zu würdigen, jedoch auch nicht zu hoch einzuschätzen. Auch wurde in der Antwort zur offen gestellten Frage nach den Gründen der Gesamtbewertung der Kooperation in nur 14 von 151 Fällen (8%) die Funktion der Prozessmotoren ausdrücklich thematisiert. Es wurden hier folgende Antworten genannt, die – ob mit positivem oder negativem Vorzeichen – einen Zusammenhang zwischen Kooperationsergebnis und der Tätigkeit der Prozessmotoren herstellen:

- Mit dem Wegfall der externen Moderation verließ die Kooperation die Erfolgsbahn, zerfiel in einzelne isolierte Aktivitätslinien.
- Die Umsetzung der Konzepte muss extern moderiert werden.
- Der Erfolg der Kooperation ist auch auf die gute Moderation zurückzuführen.
- Der Wechsel der Mediatoren während des Verfahrens wirkte sich maßgeblich negativ aus;
- Die Moderation musste gewechselt werden, da mit der alten Moderation kein Erfolg zu erzielen war.

Auffallend ist: In den als sehr erfolgreich eingeschätzten Kooperationen wurde auch die Arbeit der Prozessmotoren positiv bewertet. In den sehr erfolgreichen Verfahren haben immer auch die Moderatoren, Mediatoren und Manager engagierte professionelle Arbeit geleistet. Jedoch wurden häufig gerade gute Prozessmotoren von den Akteuren nicht als solche bemerkt — gute Arbeit wird vorausgesetzt — und daher seltener als Grund des Kooperationserfolges genannt, als es ihrer wirklichen Bedeutung entspricht. Umgekehrt wurde in den besonders negativ eingeschätzten Kooperationen auch die Arbeit der Prozessmotoren stärker kritisiert. Es gibt in fast allen misslungenen Kooperationen Anhaltspunkte dafür, dass auch die Prozessmotoren latent ein zu geringes Engagement aufwiesen oder — seltener — schwere Fehler begingen.

Besonders gut lässt sich der individuelle Einfluss des Prozessmotors auf den Erfolg der Kooperation in den Fällen ablesen, in denen der Prozessmotor wechselte: Im Falle des Münchehagen-Ausschusses z.b. galt der erste Mediator als Mitinitiator des Verfahrens. Sein Stil war durch die umfangreiche Vorbereitung der Sitzungen gekennzeichnet. Die Sitzungen dienten sogar oft nur noch der formellen Bestätigung der bilateralen Vorabsprachen und folgten bisweilen einem regelrechten Sitzungsdrehbuch. Dazu kam die charismatische und allseits akzeptierte Persönlichkeit des Mediators, der sich auf prozessuale Fragen beschränkte und keine inhaltlichen Positionen bezog. Nach seinem Weggang entstand in der Kooperation offenbar ein Machtvakuum, das von einzelnen Akteuren genutzt wurde. Der neue Mediator verstand sich eher als ein passiver Gesprächsführer, verfügte außerdem nicht über die Geschichts-, Personen und Ortskenntnisse seines Vorgängers. Deswegen, aber auch weil sich in dieser Zeit die Ressourcen der Kooperation (Mittel für Gutachten etc.) verknappten, stagnierte sie. Die dritte Mediatorin strukturierte dann das Verfahren wieder stärker. Trotzdem konnte auch sie nicht verhindern, dass die Kooperation weiter auseinanderbrach. Sie wurde trotz ihrer wiederum aktiveren Rolle von den Akteuren als externe Auftragnehmerin betrachtet (Anhelm/Hammerbacher 1999, 105ff).

In diesen Beschreibungen wird gut sichtbar, dass es auch — aber nicht ausschließlich — die Rolle der Prozessmotoren ist, die den Erfolg der Kooperation bestimmt. Zum Wechsel der Mediatoren kamen hier verschlechterte Rahmenbedingungen durch knappe Ressourcen und ein permanenter Wechsel der Akteure hinzu. Daher hätte es der erste — am erfolgreichsten eingeschätzte — Mediator in weiteren Verlauf des Verfahrens vermutlich ebenfalls schwerer gehabt. Er hätte jedoch wohl seine Verwurzelung nutzbringend einsetzen können und somit eventuell den generellen Abwärtstrend in der Kooperation stoppen oder abmildern können.

Die meisten Kooperationen sind so angelegt, dass strategische Fehler der Prozessmotoren entweder von ihnen selbst korrigiert werden können oder die Macht- und Fachpromotoren zumindest mittelfristig die Möglichkeit haben, die unengagierten oder unqualifizierten Prozessmotoren durch andere zu ersetzen. Jedoch agieren Moderatoren, Manager und Mediatoren unter festen kooperationsexternen und kooperationsinternen Rahmenbedingungen, die sie auch bei noch so engagierter und kompetenter Arbeit nicht überwinden können. Wenn das Akteursengagement dauerhaft zu gering bleibt, Vorgaben oberer Ebenen zu restriktiv oder unverbindlich und finanzielle Mittel zu knapp sind, kann die Tätigkeit der Prozessmotoren nicht gelingen. Macht- und Fachpromotoren können von ihnen in der Regel eben nicht einfach ausgewechselt werden.

Besonders erfolgslose Kooperationen sind durch die Kulmination und wechselseitige Verstärkung von Passivität der Akteure, strategischen Fehlern der Prozessmotoren und ungünstigen Rahmenbedingungen gekennzeichnet. Die Prozessmotoren sind hier den Anforderungen der Kooperation auch deswegen nicht gewachsen, weil es keine engagierten Akteure gibt, keine Führungsfunktionen wahrgenommen werden, keine selbstbindenden Regelungen entwickelt werden, die Rückkopplung in etablierte Institutionen nicht gelingt, Konflikte nicht adäquat bearbeitet werden, sich die arbeitsteilige Differenzierung verselbständigt und die AGs ihre strategische Linie verlieren, oder sachliche, institutionelle und persönliche Konflikte nicht getrennt behandelt werden.

Moderatoren und Manager, am meisten wohl Mediatoren, können einen erheblichen Einfluss auf die Gestaltung des Kooperationsprozesses haben. Sie können phasenweise sogar durchaus zu Symbolfiguren einer gemeinsamen Identität der Kooperation werden. Je weniger formalisiert die Kooperation ist, desto größer ist in der Regel der Einfluss der persönlichkeitsabhängigen Merkmale der Prozessmotoren (Fürst 1998, 242, 249). Auf Dauer können sie jedoch fehlende regionale Promotoren in dieser Funktion nicht ersetzen. So wird der Begriff der regionalen Führerschaft von praktisch allen Prozessmotoren kategorisch abgelehnt. Die Gründe dafür sind unterschiedlich. Regionale Führungskompetenz von Prozessmotoren kann limitiert sein, weil

- die administrative Zugehörigkeit des Moderators/Managers nicht die gesamte Region umfasst;
- keine Umsetzungskompetenz besteht;
- die Tätigkeit zeitlich und thematisch begrenzt ist;
- eine andere Institution explizit Führerschaft übernimmt;
- zwar durch Berichterstattung in den Gremien ein gewisser strategischer Einfluss besteht, die Entscheidungsbefugnis jedoch letztlich bei den Gremien liegt.

4.2 Bedingungen des Erfolgs von Prozessmotoren

Was sind nun die Faktoren, die die Tätigkeit der Prozessmotoren erfolgreich machen und damit die Wahrscheinlichkeit für Kooperationserfolge erhöhen?

Zunächst machte die hier durchgeführte schriftliche Erhebung deutlich, dass sich ein Zusammenhang zwischen einem quantitativ definiertem Aktivitätsniveau der Prozessmotoren und der Bewertung des Erfolges der

Kooperation durch die Akteure, nicht ausmachen lässt. Tabelle VI.4 zeigt, dass von den hier quantitativ standardisiert erhobenen Indikatoren der Aktivität der Prozessmotoren nur die absolute Zahl der vor- und nachbereiteten Gremien in einem positiven Zusammenhang zur Erfolgsbewertung der Kooperation steht. Aber auch dieser Zusammenhang ist kein kontinuierlicher und er sinkt unterhalb des geforderten Signifikanzniveaus, wenn die Gesamtzahl der Gremien der Kooperation als Kontrollvariable eingeführt wird.[10] Die Anzahl und der Anteil der geleiteten Gremien und die Dauer der Mitwirkung des Prozessmotoren steht deutlich ablesbar zur Erfolgseinschätzung der Kooperation in keinem Zusammenhang.

Tabelle VI.4: Zusammenhänge zwischen Kooperationsbewertung und Tätigkeitsmerkmalen der Prozessmotoren (Pearson-R-Koeffizienten)

	Gesamteinschätzung der Kooperation	Mitarbeitszeit der Prozessmotoren	Anzahl der von Prozessmotoren vor- und nachbereiteten Gremien in %	Anteil der von Prozessmotoren vor- und nachbereiteten Gremien in %	Häufigkeit Vor- und Nachbereitung von Gremiensitzungen durch Prozessmotoren	Häufigkeit Leitung von Gremiensitzungen durch Prozessmotoren	Anzahl der Tätigkeiten von Prozessmotoren
Gesamteinschätzung der Kooperation	1	-0,81	-0,21*	-0,12	0,04	0,14	-0,08
Mitarbeitszeit der Prozessmotoren	-0,81	1	0,38*	0,32*	0,00	-0,09	0,2*
Anzahl der von Prozessmotoren vor- und nachbereiteten Gremien in %	-0,21*	0,38*	1	0,74*	-0,05	-0,22	0,37
Anteil der von Prozessmotoren vor- und nachbereiteten Gremien in %	-0,12	0,32*	0,74*	1	0,16	0,19	0,38**
Häufigkeit Vor- und Nachbereitung von Gremiensitzungen durch Prozessmotoren	0,04	0,00	-0,05	0,16	1	0,63*	0,02
Häufigkeit Leitung von Gremiensitzungen durch Prozessmotoren	0,14	-0,09	-0,22	0,19	0,63*	1	-0,0,5
Anzahl der Tätigkeiten von Prozessmotoren	-0,08	0,2*	0,37	0,38**	0,02	-0,0,5	1

Quelle: Eigene Erhebung und Darstellung

Die Erfolgsbedingungen für Prozessmotoren sind also offensichtlich schwieriger zu erfassen als mit quantitativen Indikatoren des Aktivitätsni-

---

10 Korrelation der Erfolgsbewertung mit der absoluten Zahl der durch die Moderation vor- und nachbereiteten Gremien (R=0,21; wenn die Gesamtzahl aller Strukturelemente der Kooperation als Kontrollvariable eingeschaltet wird R=0,12)

veaus in den Gremien einer Kooperation. In den Fallstudien wurden sowohl Faktoren genannt, die den Erfolg der Kooperationen förderten, als auch solche, die sich hinderlich auswirkten. Positiv wurde u.a. hervorgehoben:
- Viele Vorarbeiten wurden durch die Moderation geleistet.
- Die Moderatorentätigkeit bestimmte die Konzeptimplementierung.
- Durch die externe Moderation wurden die Entwicklungslinien aus einem Guss zusammengefasst.
- Die Moderation konzentrierte sich auf in Eigenarbeit zu erbringende Leistungen.

Die Prozessmotoren haben nach eigener Einschätzung
- hohes Engagement eingebracht,
- Dynamik in die Kooperation gebracht,
- der Kooperation ein Gesicht gegeben,
- neue Qualitätsstandards in den Prozess eingeführt,
- das Kooperationsniveau gesteigert,
- als Impulsgeber von außen fungiert,
- Kompromissvarianten und Plädoyers „als Steinbruch für die Parteien" formuliert,
- die Strategie der schnellen Projektorientierung mit nachholender strategischer Arbeit eingeschlagen,
- Kontakte zu Ministerien hergestellt.

Es überrascht umgekehrt nicht, dass die befragten Prozessmotoren selbst nur in Ausnahmefällen eigene Fehler einräumen, die den Erfolg und die Effizienz der Kooperation, ihren Ausgang dauerhaft negativ beeinflusst haben. Werden eigene Steuerungsfehler benannt, so wird betont, dass diese in der Regel im Prozess korrigiert werden konnten. Negative Einschätzungen zur Arbeit von Prozessmotoren werden dagegen eher von anderen an den Kooperationen beteiligten Akteuren geäußert:
- Es gab keine zentrale Steuerung.
- Die Moderation steuerte nicht genügend und entsprach didaktisch nicht den Anforderungen.
- Die Moderation scheute Konflikte.
- Die Moderation verstand sich nur als Organisationsmanagement.
- Gutachter/Moderatoren haben zu regionsfern agiert.
- Der Mediator versäumte es, einen wichtigen Akteur einzubinden;
- Es wurde nur Termin- und Organisationsmanagement, keine Moderation betrieben.
- Schlechte Selbst- und Außendarstellung bzw. Öffentlichkeitsarbeit der Moderation.

Lassen sich nun über diese Einzelbeobachtungen hinausgehend systematischere Erkenntnisse über die Erfolgsträchtigkeit verschiedene Taktiken von Prozessmotoren gewinnen? Einzelne US-amerikanische Autoren gingen der Frage nach dem Erfolg von Mediationstaktiken mit unterschiedlicher

Eingriffsstärke durch breit angelegte quantitative Untersuchungen nach. Als Erfolgskriterium fungiert dabei der einfache Indikator, ob es zu einer Vereinbarung zwischen den Parteien kam oder nicht. Nach einer Untersuchung von Kolb waren von 13 beobachteten Mediationstaktiken sieben mit einem signifikant hohen oder geringen Mediationserfolg – gemessen am Abschluss einer Vereinbarung – assoziiert. Mit einem Erfolg war dabei vor allem die Taktik des separierten Treffens und die Unterstützung der Verbindung der Verhandelnden mit ihrer Klientel mit den Parteien korreliert, ferner das Fungieren als Kommunikationsbindeglied zwischen den Parteien und die Drohung, die Mediationstätigkeit bei Nicht-Fortschritt niederzulegen. Mediationsverfahren in denen die Mediatoren dagegen die Interaktionen zwischen den Parteien durch ausdrückliche prozedurale Vorschläge zu regeln versuchten und sich bemühten, emotionale Spannungen zwischen Akteuren zu reduzieren, scheiterten dagegen überdurchschnittlich oft (Kolb 1989, 251f).

Aus diesen Erkenntnissen lassen sich jedoch keine Anhaltspunkte für ein generell erfolgreiches Verhalten von Mediatoren ableiten, denn diese Untersuchungen differenzieren nicht den Kontext der verfolgten Taktiken. Andere Untersuchungen, die ebenfalls den Abschluss einer Vereinbarung als ein messbares Kriterium ansetzten, konnten dagegen keine durchgängig erfolgreichen Mediationstaktiken identifizieren. Sie kommen zu dem Schluss, dass die Mediatorentaktik eher eine abhängige als eine das Ergebnis bestimmende Variable ist. Die Fähigkeit von Mediatoren besteht nicht darin, generell erfolgreiche Taktiken einzusetzen, sondern vielmehr in einer recht frühen Phase die Problemkonstellation richtig zu lesen und danach ihre Taktiken auszuwählen (Shapiro/Drieghe/Brett 1985, 111ff). Aussagekräftiger für die Frage nach den Erfolgsquoten bestimmter Taktiken sind daher Untersuchungen, die Mediationstaktiken als kontingentes Verhalten betrachten und dieses in Abhängigkeit von bestimmten Rahmenbedingungen sehen. Als Variablen der Rahmenbedingungen können dabei z.B. der grundsätzliche Zwang zur Einigung, der Grad der Feindseligkeit zwischen den Parteien und die Kluft zwischen ihren Positionen herangezogen werden: Bei Verfahren mit großen Zwistigkeiten zwischen den Akteuren bewährten sich vor allem Taktiken wie „Verständnis der Position des anderen erhöhen", „Stärken und Schwächen beider Positionen erörtern" und "Spezifische Punkte der Übereinstimmung oder des Dissenses herausarbeiten". Besonders in diesen Fällen waren sowohl gemeinsame als auch separierte Treffen und die direkte Kommunikationsunterstützung förderlich. Harte Taktiken wie die Drohung des Verhandlungsabbruches durch den Mediator erwiesen sich dagegen nur bei sehr verhärteten Fronten und weit auseinanderliegenden Positionen als erfolgsfördernd. Wenn die Parteien dagegen auch ohne Einwirken des Mediators unter großem Einigungsdruck standen bzw. einen Einigungswillen aufwiesen, erwies es sich dagegen als besonders effektiv, konkrete Vorschläge zur Lösung zu unterbreiten (Hiltrop 1989).

Die unterschiedlichen Taktiken von Mediatoren drücken sich also nicht in generellen Erfolgsquoten sondern eher in qualitativ unterschiedlichen Ergebnissen aus (Shapiro/Drieghe/Brett 1985, 105). Quantitative Erfolgsquoten in Mediationsverfahren werden vielmehr vor allem durch die Themen bestimmt (z.B. ob Geldangelegenheiten betroffen sind oder nicht) (Hiltrop 1985, 94). Die Themen bestimmen sowohl die von Mediatoren gewählten Taktiken als auch die Erfolgsquoten, d.h. Taktiken können nur im Rahmen der vorgegebenen Themen zu Erfolgen oder Misserfolgen führen. Diese Befunde belegen die Vermutung — auch wenn sie aus Mediationsverfahren mit anderen Inhalten als den hier untersuchten ermittelt wurden —, dass das sachorientierte Konzept der Harvard-Mediation insofern höhere Anforderungen stellt als das Konzept des Transformationsansatzes, als es einen grundsätzlichen Einigungswillen der Akteure voraussetzt. Bei fundamentalen Dissensen dagegen scheint ein derart sachorientiertes Vorgehen ins Leere zu laufen. Hier muss – und dies auch durch härtere Maßnahmen wie den drohenden Rückzug – zuerst einmal die grundsätzliche Einigungswilligkeit der Parteien erreicht werden.

Die hier durchgeführten Fallstudien und andere Untersuchungen machen deutlich, dass vor allem die folgenden fünf Faktorenbündel den Erfolg von Prozessmotoren ausmachen:

- ein Mindestmaß an kommunikativen und sozialen Kompetenzen;
- die Fähigkeit zur flexiblen Anpassung an die Rahmenbedingungen der Kooperation;
- die Fähigkeit, das angemessene Tempo für die Kooperation einzuschlagen;
- der angemessene Grad der Einbindung in das Akteursgeflecht, Unparteilichkeit und relative Unabhängigkeit;
- das richtige Maß an inhaltlicher Einmischung bzw. Neutralität.

Kommunikative und soziale Kompetenzen, persönliche Ausstrahlung

Zunächst gibt es unbestreitbar einen Kanon von Grundanforderungen an Prozessmotoren, die mit ihrer erfolgreichen Arbeit einhergehen. Sie sollten fachkompetent, unabhängig, dynamisch, teamfähig, sehr kommunikativ und professionell sein (StMLU 2000, 90). Gefragt sind vor allem Fähigkeiten und Kenntnisse, die den Informations- und Kommunikationsfluss der Kooperationen fördern. Die Anforderungen, die für Regional-Manager formuliert sind, nämlich fachliche, regionale und soziale Kompetenz, Führungskompetenz, Verhandlungsgeschick, zeitliche Flexibilität, Fähigkeit zur Motivation, Kontaktfreudigkeit, Teamfähigkeit, Kreativität und Fähigkeit zum Querdenken, Unabhängigkeit von bestehenden Strukturen, Vertrauenswürdigkeit und Korrektheit, Mut, Frustrationstoleranz und Humor (StMLU 2000, 142), sind auch für die beiden anderen hier interessanten Typen von Prozessmotoren gültig. Zentral sind dabei die sozialen Kompetenzen, denn es sind vor allem sozial bedingte atmosphärische Spannungen, die kooperationsinterne Informations- und Kommunikationsflüsse hemmen. Auch zeigen empirische Untersuchungen für Mediatoren, dass besonders die gesprächsstrukturierenden und -integrierenden Fähigkeiten eines Mediators die Zufriedenheit der Teilnehmer mit ihm determinieren (Pfingsten/Fietkau 1995, 52).

Das Mindestanforderungsprofil, wie es für Moderatoren formuliert wird (Sinning 1995a, 262; 1996, 74),enthält bestimmte Verhaltensanforderungen bezüglich

- der eigenen Person: wirkt positiv, ruhig und gelassen; ist ablauforientiert, hört zu; zeigt persönliche Autorität; wirkt nicht autoritär; zeigt Durchsetzungsvermögen; manipuliert nicht; formuliert klar, zeigt Sachkenntnis, zeigt sicheres Auftreten; zeigt Ausstrahlung; hat eine gute Rhetorik; kann Fehler zugeben.
- der Gruppe: schafft Atmosphäre; baut Hemmungen ab; stellt keinen in der Gruppe bloß; bremst Schwätzer; fördert Schweiger; vermittelt allen das Gefühl zur Gruppe zu gehören; hält Blickkontakt zur Gruppe; stellt sich auf Gruppe ein.
- des Ablaufes: wirkt als Spielmacher, Steuermann; hält den roten Faden; berät, vermittelt, fördert Meinungen, stellt Fragen; führt Konsens herbei; zeigt gute Vorbereitung, hat Ablauf festgelegt; gibt die Rahmenbedingungen; bleibt neutral; macht transparent.

Diese Faktoren kulminieren im Begriff der „persönlichen Ausstrahlung". Sie wird umso wichtiger, je konfliktbeladener die Kooperation ist und sie setzt in der Regel vor allem bei Mediatoren einen gewissen Erfahrungshorizont voraus.

Anpassungsfähigkeit an die Rahmenbedingungen der Kooperation

Die zweite Anforderung ist, dass Prozessmotoren ihre Arbeit und dabei besonders die Stärke ihrer Eingriffe den individuellen Bedingungen einer Kooperation flexibel anpassen können müssen. Ein Beispiel aus den Fallstudien zeigt, dass die Zufriedenheit der Akteure mit Mediatoren aus unterschiedlichen – zum Teil gegensätzlichen – Gründen schwanken kann und wie die Verhaltensweisen von Prozessmotoren angepasst werden können.

> *Die Mehrheit der Teilnehmenden des Runden Tisches zum* Gewerbegebiet Hechingen-Bodelshausen *bewerteten die Moderation insgesamt als sehr gut oder gut und sprachen vereinzelt sogar Bewunderung aus. Kritisiert wurde dennoch in Einzelfällen ein zu wenig stringentes Eingreifen, aber auch umgekehrt ein zu starkes Antreiben der Diskussion aus Zeitgründen (Roch 2000, 58). Drei kleinere Krisenzeitpunkte der Mediatorentätigkeit ließen sich ausmachen: Zum einen wurde die Art der Beauftragung eines Ingenieurbüros durch die Mediatoren von verschiedenen Parteien aus unterschiedlichen Gründen kritisiert. Weiterhin wurden von einzelnen Vertretern (Naturschutzverbände) gewisse Zweifel an der Neutralität der Moderatoren geäußert, da diese in den Protokollen bestimmte Aspekte anders gewichtet hatten, als sie nach den Eindrücken der Teilnehmer geäußert wurden. Auch wurde z. T. eine abschließende fachliche Empfehlung der Mediatoren im Sinne eines Schlichters vermisst. Das jeweils entstehende zwischenzeitliche Misstrauen bzw. die Enttäuschungen wurden jedoch schnell abgebaut bzw. von den Parteien selbst korrigiert, sie führten zu keinen Beeinträchtigungen des Verfahrens (Roch 2000, 39f).*

Angemessener Grad der Einbindung in das Akteursgeflecht, weitgehende Unabhängigkeit und strikte Unparteilichkeit

Drittens müssen Prozessmotoren den richtigen Grad der Einbindung in das Geflecht der Akteure der Kooperation aufweisen. Dabei muss das Gebot der Unparteilichkeit von den Prozessmotoren insgesamt penibel eingehalten werden. Die vollständige Unabhängigkeit der Prozessmotoren dagegen wäre zwar wünschenswert, ist aber eher die Ausnahme. In den ersten Phasen von entwicklungsorientierten Kooperationen und in konfliktlösungsorientierten Kooperationen hat es sich meist bewährt, regionsexterne Moderatoren und Mediatoren mit einem gewissen Abstand zum regionalen Akteursgeflecht einzusetzen. Für Externe stellt sich das Problem des Primus inter Parem nicht (ARL 1998, 60). Sie sind in ihrem paradigmatischen Denken noch offen, nicht Freund-Feind-Beziehungen unterworfen und können sich daher in verschiedenen sozialen Bezügen der Region bewegen und den Prozess unbeschwerter vorantreiben als eingesessene regionale Akteure (ARL 1998, 54; Benz et al. 1999, 76).

Gerade bei besonders erfolglosen Kooperationen fällt auf, dass Prozessmotoren entweder zu stark oder zu schwach in das regionale Akteursgeflecht eingebunden sind. Wenn die Prozessmotoren in die Kooperation zuwenig eingebunden sind bzw. selten vor Ort präsent sind und selbst nicht genug aktiv sind, bewegt sich in der gesamten Kooperation in der Regel nur sehr wenig. Dies mag phasenweise misslich sein, jedoch werden solche passiven Prozessmotoren nach Ablauf ihres Vertrags in der Regel durch andere ersetzt. Das Problem kann auf diese Weise beseitigt werden, jedoch ist ein Wechsel der Prozessmotoren auch immer ein Risiko.

Wechsel der Prozessmotoren auch immer ein Risiko. Erfahrungen vor allem in weitgehend gescheiterten Mediationsverfahren zeigen, dass ein dauernder Wechsel von Mediatoren auch negative Folgen für ein Verfahren haben kann. Im Falle des Münchehagen-Ausschusses z.B. konnte der Weggang des ersten Mediators insgesamt nicht mehr kompensiert werden, denn dieser hatte bei der Vorgeschichte und Konstruktion des Verfahrens eine wichtige Rolle und sich eine Position erarbeitet, die seine Nachfolger nicht mehr einnehmen konnten (Anhelm/Hammerbacher 1999).

Auf lange Sicht problematischer als zu große Passivität, weil schwerer zu korrigieren, kann eine zu starke Aktivität und Dominanz des Prozessmotors sein. Zwar lehnen Prozessmotoren in der Regel für sich selbst den Begriff einer regionalen Führerschaft ab. Im Einzelfall sind jedoch Kooperationen sehr stark auf die Prozessmotoren zugeschnitten. Ist deren Dominanz zeitlich limitiert, wie in der Regel bei Mediatoren und bei Moderatoren, kann sie noch eher akzeptiert werden und der Kooperation eine hohe Dynamik verleihen. Zum Problem wird die Dominanz der Prozessmotoren, wenn sie unbegrenzt ausgeübt wird, denn dann bringen andere Akteure nicht mehr das für eine Kooperation notwendige Engagement auf (BBR 1999a, 43f). Gerade Regionalmanager tendieren dazu, dauerhaft zu regionalen Alleinunterhaltern oder gar zu „Regionalpäpsten" zu werden, die das kreative Potential anderer regionaler Akteure vernachlässigen (StMLU 2000, 90). Nicht-direktive Taktiken der Prozessmotoren scheinen daher zwar kurzfristig weniger Kooperationsfortschritte hervorzubringen, sie können sich aber auf lange Sicht als erfolgreicher erweisen als direktive Taktiken (Hiltrop 1989, 259).

Was die Maximen der Unabhängigkeit und Unparteilichkeit angeht, so lässt sich festhalten: Werden Prozessmotoren als dauerhaft parteilich betrachtet, weil sie der Position bestimmter Akteure latent näher stehen als Positionen anderer, so können vor allem Mediatoren ihre eigentliche Aufgabe nur noch mangelhaft erfüllen. Eine vollständige Unabhängigkeit der Prozessmotoren gibt es zwar nicht. Jedoch ist eine relative Unabhängigkeit oder zumindest eine nicht einseitige Abhängigkeit der Prozessmotoren vor allem im Falle der Mediatoren die Voraussetzung dafür, dass sie erfolgreich agieren können. Vor allem Mediatoren müssen nicht nur von einzelnen Akteuren relativ unabhängig sein, es gibt auch Hinweise darauf, dass die Abhängigkeit von einem begleitenden Organisationsapparat den Eindruck der Intransparenz hervorrufen und die Stellung des Mediators schwächen kann, sich also eine starke organisatorische Trennung von Sitzungsvorbereitung, Protokollführung und Mediation negativ auswirken kann (Anhelm/Hammerbacher 1999, 97).

Vorgabe des richtigen Tempos der Kooperation

Viertens wird von Prozessmotoren verlangt, dass sie der Kooperation das angemessene Arbeitstempo verleihen. Es muss hoch genug sein, um eine effiziente Arbeit zu gewährleisten, darf aber nicht zu hoch sein, damit die Kreativitätsspielräume der Akteure nicht eingeschränkt werden und der Kooperation Zeit zum Reifen gelassen wird. In der Regel wird von Prozessmotoren ein höheres Arbeitstempo verlangt, als es der Durchschnitt der Akteure ohne Prozessmotoren einschlagen würde. Nach den Aussagen der Teilnehmer des Münchehagen-Ausschusses scheint die Stringenz der Verfahrensführung des Mediators einen entscheidenden Einfluss auf den Kooperationserfolg zu haben. In eine ähnliche Richtung weisen die empirischen Untersuchungen des Mediationsverfahrens für die Abfalldeponie im Landkreis Neuß: Eine aktive — und das bedeutet in diesem Fall verfahrensbeschleunigende — Rolle des Mediators korreliert signifikant mit einer positiven Gesamteinschätzung seiner Tätigkeit. Selbst dann — und dies ist besonders auffällig — wenn die befragten Teilnehmer des Verfahrens einen Mediator bezogen auf sich selbst bisweilen als zu drängend bewerten, so wirkt sich das nicht negativ auf ihre eher positive Gesamtbeurteilung des Mediators aus (Pfingsten/Fietkau 1995, 52).

Inhaltliche Kompetenz und inhaltliche Neutralität bzw. Nicht-Neutralität

Fünftens zeigt sich hinsichtlich der inhaltlichen Kompetenz und Neutralität das Ergebnis, dass sie in einem differenzierten Verhältnis zum Erfolg der Prozessmotoren steht, das sich folgendermaßen charakterisieren lässt: Erfolgreiche Prozessmotoren müssen die inhaltliche Kompetenz besitzen, um zu Fachfragen qualifiziert Stellung zu beziehen. Sie müssen aber auch verstehen, dieses Potenzial bewusst einzusetzen oder nicht einzusetzen, in den richtigen Situationen den Grundsatz inhaltlicher Neutralität einzuhalten oder bewusst zu verletzen.

Andere Untersuchungen belegen, dass das verbreitete normative Bild eines Prozessmotors, der sich nur auf prozedurale Fragen konzentriert aber inhaltlich neutral ist, empirisch nicht die Erfolgswahrscheinlichkeiten von Prozessmotoren erhöht. Insgesamt erhielt der Moderator mit den längsten Moderationserfahrungen die beste Bewertung. Die genauere Analyse zeigt jedoch, dass er sich im Grunde nur bei der Kompetenz in fachlichen Fragen deutlich von den anderen Moderatoren unterschied. Bei den Bewertungskriterien, die sich auf die Prozessgestaltung bezogen und dem Kriterium der Neutralität (hier gemeint: Neutralität gegenüber Akteuren im Sinne von

Unparteilichkeit) hob er sich nicht wesentlich von den anderen ab und erhielt bei der Frage der Sitzungsorganisation und der Bevorzugung bestimmter Teilnehmer sogar deutlich schlechtere Noten. Die nicht abgefragte persönliche Ausstrahlung war neben der inhaltlichen Kompetenz in diesem Falle sicherlich ein weiteres Argument (Renn et al. 1998, 147).

> *Im Falle des Verfahrens zum Flughafen Frankfurt/Main wurde den drei Mediatoren zwar auch von Seiten der nichtteilnehmenden Bürgerinitiativen und Umweltverbände durchweg grundsätzliche Verfahrenskompetenz und Sachkompetenz bescheinigt bzw. zumindestens nicht abgesprochen. Kritisiert wurde aber die fehlende Unparteilichkeit und auch die fehlende inhaltliche Neutralität: zwei Mediatoren hatten offen Position bezogen, vom dritten waren parteipolitische Verflechtungen zur Landesregierung bekannt; Bemängelt wurde auch, dass die Mediatoren keine Empfehlung abgaben, weil Gruppe sich nicht einigte (Norgall 2000). Daher war für die Kritiker die erforderliche Professionalität der Mediatoren hier insgesamt nicht gegeben (Kessen 1999). Von den Organisatoren des Verfahrens wurde dem entgegengehalten, dass die Positionen zweier Mediatoren bekannt war, durch die ausgeglichene Besetzung des Mediatorentrios aber „eine andere Art von Neutralität" gewährleistet gewesen sei und es in der Mediationsgruppe zur Frage der Neutralität des Mediatorenteams keine Konflikte gab (Meister 2000, 9). Dass sich diese Parteilichkeiten im Mediatorenteam insgesamt neutralisierten, erschien jedoch den Kritikern als nicht überzeugend (Busch 1999).*

Vor allem von Moderatoren und Managern in Kooperationen mit Akteuren mit relativ niedriger Fachkompetenz, durchaus aber auch von Mediatoren, wird erwartet, dass sie auch inhaltlich zu Fragen Stellung nehmen, Position beziehen und in die Kooperation auch inhaltliche Ideen einbringen können — bei Moderatoren sehr häufig im Sinne von Gutachten. In dem Moment, in dem sie Fachkompetenz zum Ausdruck bringen, sind sie aber inhaltlich nicht mehr neutral. Vorausgesetzt, dass sie dabei insgesamt und auf mittlere Sicht von den Positionen aller Akteure etwa gleichen Abstand halten, ist eine Verletzung des Gebotes strikter Neutralität jedoch in bestimmten Phasen eher förderlich als hinderlich. Prozessmotoren müssen dabei jeweils individuell ausloten, wie un-neutral sie sein können und müssen. Und der Grat zwischen Nicht-Neutralität und Parteilichkeit ist ein schmaler. Kooperationen, in denen Unparteilichkeit und Neutralität der Prozessmotoren zu einem regelrechten strukturellen Problem wurden, sind jedoch überraschend seltene Ausnahmen. Es sind nicht von ungefähr vor allem mediationsähnliche Verfahren mit einem ohnehin sehr hohen Konfliktpotential.

Zusammengefasst lässt sich zum Einfluss der Prozessmotoren auf den Kooperationserfolg festhalten: Prozessmotoren arbeiten in einer Kooperation dann besonders erfolgreich, wenn es ihnen gelingt, die eigene Arbeit und die Arbeit der anderen Akteure so auszurichten, dass zum einen die spezifischen Potenziale der unterschiedlichen Kooperationstypen zur Geltung kommen und zum andern die spezifischen Defizite gering gehalten werden. Kooperationen, in denen die Prozessmotoren auf lange Zeit hin fehlerhaft agieren und nicht durch andere ersetzt werden, können nicht gelingen. Jedoch können Kooperationen auch gerade deswegen misslingen, weil die Prozessmotoren eine zu wichtige Position einnehmen und andere Akteure daher passiv bleiben. Es gibt bestimmte Anforderungen an Prozessmotoren, die eingehalten werden müssen. Ob ein Prozessmotor jedoch letztlich erfolgreich agiert oder nicht, hängt nur zum Teil von ihm selbst ab. Er kann auch bei engagierter und sachgerechter Tätigkeit bestimmte Rahmensetzungen (z.B. Akteursengagement, Vorgaben des Landes, Finanzen) nicht überschreiten. Erfolgreiche Prozesssteuerung ist somit eine notwendige, aber nicht hinreichende Bedingung erfolgreicher regionaler Kooperation.

Kapitel VII
Zusammenfassung, Perspektiven und strategische Empfehlungen

In diesem letzten Kapitel wird zunächst eine ausführlichere Zusammenfassung der in den vorangegangenen Kapiteln dargestellten Ergebnisse gegeben (Kapitel VII.1). Danach folgt ein Ausblick auf die in Zukunft zu erwartenden Perspektiven regionaler Steuerung (Kapitel VII.2). Strategische Empfehlungen für die wichtigsten Institutionen bilden den Abschluss der Arbeit (Kapitel VII.3).

1. Zusammenfassung der wichtigsten Ergebnisse

Der steuerungstheoretische Hintergrund: Kooperation in regionalen Netzwerken

Zunächst wird der Kontext der Entstehung regionaler Netzwerke betrachtet, nämlich die Diskussion um die Wirksamkeit staatlicher Steuerung. Regionale Kooperationen entstanden als Reaktion auf die Defizite hierarchischer staatlicher Lenkung. Zwei Momente sind für sie maßgeblich: Zum ersten wird die Region als Handlungsebene räumlicher Steuerung aufgewertet. Zum zweiten wird kooperative Problemlösung als neuer Steuerungsmodus entdeckt. Regionale Kooperationen sollen zum einen innovative Entwicklungen anstoßen, um die Konkurrenzfähigkeit der Regionen im weltweiten Wettbewerb zu erhöhen und eine nachhaltige Entwicklung sicherzustellen. Zum anderen sollen sie aber auch Konflikte lösen, die sich innerhalb rechtlich geregelter Verfahren nicht lösen lassen.

Kooperation dabei wird als eine Form „positiver Koordination" begriffen, die über den bloßen wechselseitigen äquivalenten Austausch von Leistungen hinausgeht und in einer längerfristigen Perspektive einen echten Präferenzwechsel der Akteure beinhaltet. Anstelle regionaler Nullsummenspiele sollen Win-Win-Situationen entstehen, von denen langfristig alle Akteure profitieren. Regionalisierte Kooperation stellt nicht einfach eine Dezentralisierung von Verantwortlichkeiten dar, sondern ein neues strategisches Vorgehen. Kooperation ist voraussetzungsvoller als hierarchische Steuerung, denn sie ist noch stärker vom gegenseitigem Vertrauen der Akteure abhängig, das nur in einem längeren evolutionären Prozess erworben werden kann. Kooperation ist dabei nichts grundsätzlich Neues und ist nicht grundsätzlich anderen Steuerungsformen vorzuziehen. Wenn jedoch die Voraussetzungen zwischen den Akteuren vorliegen, kann Kooperation effizienter sein als hierarchische Steuerung, z.B. da Transaktionskosten in Form von Kontrollkosten gesenkt werden können.

Durch die Aufwertung der regionalen Kooperation verliert der Staat zwar regulierende, erhält dafür aber moderierende Funktionen. Er wird zum Supervisor für selbststeuernde Prozesse in den Regionen, wirft dabei aber den „Schatten der Hierarchie", in dem Kooperation stattfindet.

Ein wesentliches Merkmal kooperativer Steuerung sind Netzwerke. Netzwerke verbinden Akteure, die verschiedenen Institutionen angehören. Sie entstehen als Reaktion auf die Defizite hierarchischer Steuerung. Im systemtheoretischen Ansatz besitzen sie die Funktion, Brücken zwischen nur noch selbst-referenziellen Subsystemen zu schlagen und so die Kapazität des Gesamtsystems zu erhöhen. Im regulationstheoretischen Ansatz, für den die Betrachtung der wechselseitigen Beziehungen von ökonomischer und politisch-sozialer Sphäre kennzeichnend ist, entstehen Netzwerke als Folge der Auflösung des fordistischen Akkumulationsregimes und stellen eine Übergangsform in instabilen Umbruch- und Suchphasen dar. Innerhalb des Kanons von Steuerungstypen werden sie als Modus zwischen oder jenseits von Markt und Hierarchie begriffen.

Jenseits dieser steuerungstheoretischen Einordnung zeigt die genauere Betrachtung, dass es kaum Merkmale gibt, die für alle Netzwerke in gleichem Maße zutreffen. So ist etwa die Dauerhaftigkeit kein eindeutiges Abgrenzungskriterium von Netzwerken gegenüber festen Institutionen und auch der Bindungsgrad der Akteure in Netzwerken schwankt: Es gibt durch „Weak Ties" gekennzeichnete Netzwerke und solche, in denen „Strong Ties" zwischen den Akteuren dominieren. Grundsätzlich verbinden Netzwerke die Fähigkeit von Hierarchien, strategische Ziele zu verfolgen, mit der Flexibilität von Märkten. Jedoch sind auch Netzwerke nicht frei von Hierarchien und bildet Macht ein funktionales Element von Netzwerken. Auch agieren Netzwerke nicht unbedingt kooperativ und umgekehrt stellen auch nicht alle Kooperationen ein Netzwerk dar. Insgesamt erscheint damit eine Differenzierung einzelner Typen von Netzwerken ebenso erforderlich wie ihre Abgrenzung zu festen Institutionen.

Vor dem Hintergrund dieser allgemeinen Überlegungen galt es in dieser Arbeit, die empirische Relevanz, die Genese und Zielsetzungen, den inneren Aufbau sowie die Funktionslogik und daran anknüpfend die Leistungsfähigkeit und die Grenzen der regionalen Kooperationen zu untersuchen.

Empirische Relevanz regionaler Kooperationen

Die hier interessierenden Kooperationen sind in einer Typisierung von Netzwerken als gerichtete Netzwerke vor allem zwischen politisch-administrativen Akteuren auf regionaler Ebene zu bezeichnen. Sie lassen sich zweiteilen: Der eine Typus verfolgt, aufbauend und ergänzend zu regulierenden rechtsverbindlichen Planungsinstrumenten, das Ziel umfassender kooperativer regionaler Entwicklung („Entwicklungsorientierte Kooperationen"), der andere das Ziel der kooperativen Lösung eines konkreten Konfliktes mit regionaler Bedeutung im Vorfeld oder ergänzend zu Verwaltungsverfahren („Mediationsähnliche Verfahren").

Diesen Netzwerken werden bestimmte Merkmale attestiert: Sie sind locker gekoppelte, auf Freiwilligkeit basierende Kooperationsformen, die möglichst gleichwertige Akteure problembezogen zusammenbringen und damit Arenen für Verhandlungen bieten. Sie ersetzen zunächst die Vorteile der Institutionalisierung durch soziale Bindungen und Vertrauen. Dabei haben sie in erster Linie den Vorteil, dass sie schneller, flexibler, innovativer und sachrationaler agieren können als formal-hierarchische Verhandlungsmuster. Schwach institutionalisiert, bauen sie auf der Gleichzeitigkeit vieler Kontakte auf; es entwickeln sich Informations- und Kontaktbeziehungen, die sich nicht an formale Grenzen von Institutionen und Zuständigkeitsregelungen halten. Von diesen Netzwerken wird vermutet, dass sie die Defizite fester Institutionen ausgleichen, denn sie gelten verglichen mit formalen Organisationen als flexibler gegenüber veränderten Rahmenbedingungen und als innovativer bei Problemlösungen, und das erst recht, wenn sie auf dem kooperativen Grundgedanken der Akteure basieren.

Andere empirische Studien, die sich mit der tatsächlichen Relevanz von regionalen kooperativen Netzwerken beispielsweise zwischen Unternehmen oder zwischen öffentlichen Einrichtungen und Unternehmen (Innovationsnetzwerke) beschäftigen, konstatierten in den letzten Jahren bisweilen einen „Mythos Netzwerke", weil der Steuerungstyp in seiner Reinform empirisch selten auszumachen ist. Was die in dieser Arbeit relevanten regionalen Kooperationen angeht, in denen staatliche und kommunale Akteure zur Steuerung räumlicher Entwicklung Schlüsselrollen spielen, ist die Beobachtung jedoch eine etwas andere: Diese Kooperationen haben quantitativ in den letzen 10 bis 15 Jahren in Deutschland so stark an Relevanz gewonnen, dass ihre Anzahl mit der Menge fest institutionalisierter regionaler öffentlicher Organisationen zur Steuerung räumlicher Entwicklung in bestimmten

Themenspektren durchaus konkurrieren kann. Die im Rahmen dieser Untersuchung durchgeführte Erhebung ermittelte ca. 270 solcher meist jungen regionalen Kooperationen, was eine Hochrechnung auf bundesweit ca. 400 Kooperationen zulässt. Demgegenüber gibt es in Deutschland etwa 100 Institutionen der Regionalplanung als wohl typischster klassischer Form der von öffentlichen Akteuren bestimmten regionalen querschnittsorientierten Politik. Selbst wenn man noch die Institutionen sektoraler Politiken auf Regionsebene hinzurechnet, wird deutlich, dass informelle Kooperationen gegenüber den formellen Institutionen auf regionaler Ebene rein quantitativ deutlich an Bedeutung gewonnen haben. So wird denn nicht von ungefähr in vielen Regionen, in denen sich solche Kooperationen überlagern, schon ein „Netzwerk-Rauschen" oder ein „Konferitis-Syndrom" der Akteure beklagt. Mancher kommunale und regionale Akteur scheint mehr Arbeitszeit in diesen interorganisatorischen Netzwerken und Kooperationen aufzuwenden als in seiner eigenen Institution.

Genese und Zielsetzungen

Genese und Zielsetzungen regionaler Kooperationen hängen eng mit den Defiziten vertikaler Steuerungsmuster formeller Planungen zusammen. Gemeinsam ist allen diesen neuen regionalen Kooperationen zunächst, dass sie an den Leistungsdefiziten stärker formalisierter Institutionen und Verfahren der räumlichen Planung und Konfliktlösung ansetzen. Ihr Ziel ist es, durch vergleichsweise informelles und kooperatives Vorgehen in lockerer gefügten Akteursstrukturen Lösungen zu erarbeiten, wie es in den formalisierten Routinen offenbar nicht geschehen kann.

Entwicklungsorientierte Kooperationen entstanden als Reaktion zum ersten auf den Strategiewechsel der Raumordnung von der Versorgungs- und Ordnungs- hin zur Entwicklungsfunktion, zum zweiten auf die Regionalisierung der Strukturpolitik und zum dritten auf die Maßstabsvergrößerung der Stadtentwicklungspolitik. Die Angebote für solche Kooperationsformen kommen in der Regel von der Landesebene, im Falle von Modellvorhaben auch von der Bundesebene, seltener originär von der regionalen Ebene. Die Initiative wird dann jedoch mehr oder weniger schnell von der Region aufgenommen und das sind in der Regel vor allem die Kommunen; Regionalplanung und Landkreise sind mehr oder minder stark eingebunden. Der Kreis der Kooperanden wird mitunter auf wirtschaftliche Interessenverbände (Industrie- und Handelskammern, Handwerkskammern, Gewerkschaften), andere Interessenverbände (z.B. Tourismus, Naturschutz) und zum Teil bis zur Ebene von Unternehmen und Bürgern ausgedehnt. Eine reine „Top-down" und eine reine „Bottom-up"-Initialisierung gibt es also nur in Ausnahmefällen. Insgesamt kann hier von weichen „Top-down"-Prozessen mit „Bottom-up"-Reflexen gesprochen werden.

Die interessanten Unterschiede liegen im Detail, wie genau die Rollen und Einflussgewichte vor allem zwischen dem Land und den Kommunen verteilt waren. Deutlich wird dabei, wie unterschiedlich auch innerhalb eines Bundeslandes im konkreten Fall die Rollen und Einflussgewichte zwischen örtlicher und überörtlicher Ebene verteilt sein können. Bemerkenswert ist aber auch, dass sich auch innerhalb gleicher Kooperationstypen unterschiedliche Initialisierungsverläufe abspielen können, die durch regional unterschiedliche Kooperationskulturen erklärbar sind. Es gibt Kooperationen mit stärker raumordnerischer Ausrichtung (Teilraumgutachten, Regionale Agenda-21-Prozesse, Städtenetze), solche mit eher wirtschaftspolitischer Ausrichtung (Regionalkonferenzen, Regionalmarketing), sowie — etwas seltener — solche mit primär stadtentwicklungspolitischen Ursprüngen, die im größeren Maßstab entwickelt werden (regionale Bauausstellungen). Die Bezeichnungen deuten bereits auf Unterschiede in der Konstruktion der Kooperationen hin: Städtenetze z.B. unterscheiden sich als punktförmige regionale Kooperation einzelner Städte der Region von den flächendeckend regional arbeitenden Regionalkonferenzen. In Regionalmarketing-Ansätzen z.B. werden offensichtlich eher Ziele der regionalen Wirtschaftsentwicklung verfolgt. Diese Differenzierung ist jedoch vielfach nur ein Etikett, das den Kooperationen in der Regel von ihren Initiatoren verliehen wurde. Sie gibt eine erste Information über den situativen Kontext, den institutionellen Rahmen und die inhaltlichen Zielsetzungen, unter denen die Kooperationen unterstützt werden. Bei näherer Betrachtung zeigt sich aber häufig, dass zum einen Kooperationen aus unterschiedlichen Typen eine Reihe von Gemeinsamkeiten aufweisen, was z.B. die innere Struktur oder die Themenpalette angeht, und dass zum anderen Kooperationen innerhalb eines Typus große Differenzen aufweisen: So unterscheiden sich Regionale Entwicklungskonzepte (REK), wie sie im Rahmen der Regionalisierung der Strukturpolitik in Nordrhein-Westfalen erstellt wurden, sowohl in den Inhalten als auch den Prozessen, innerhalb derer sie erstellt wurden, deutlich von REK, wie sie in eher raumordnerischer Perspektive etwa in Thüringen erarbeitet wurden. Zudem sind die Grenzen zwischen den einzelnen Typen fließend: Aus einem REK-Ansatz kann ein Städtenetz hervorgehen, ein bereits bestehendes Städtenetz kann in einer späteren Phase Regionalmarketing betreiben.

Die Themen der Kooperationen variieren mit den Kooperationstypen und den verfolgten Zielsetzungen. Das Themenfeld der Wirtschaftsentwicklung wird eher in großräumigen Zusammenhängen (Ebene einer Region), typische raumordnerische Themen eher im Maßstab von Landkreisen behandelt.

Entwicklungsorientierte Kooperationen stellen in der Regel Prioritäten für Projekte und Maßnahmen auf bzw. gehen diese selber an. Nur Ansätze regionalisierter Strukturpolitik behandeln dabei allerdings die Themenpalette der „großen Infrastruktur". Die meisten Kooperationen verfolgen eher eine Nischenpolitik entweder im Bereich der ergänzenden „kleinen Infrastruktur" vor allem in den Themenfeldern Tourismus, Naherholung, Verkehr, Freiraum, Umwelt (Städtenetze, Regionale Agenda-21-Prozesse) oder es wird das Ziel verfolgt, besonders innovative, imageprägende „Leuchtturmprojekte" und Events anzugehen (Typ IBA Emscher-Park). In der Regel werden bei diesen Kooperationen konflikthafte Themen vor allem zu Beginn der Kooperation ausgeblendet, die Kooperationen konzentrieren sich auf Themen, die schnelle Erfolge und für die Akteure zusätzlichen Prozessnutzen versprechen.

Mediationsähnliche Verfahren unterscheiden sich von diesen Kooperationstypen insofern, als ein regional bedeutsamer Konflikt den Ausgangspunkt der Kooperation bildet; das Hauptziel ist es, diesen zu lösen. Während entwicklungsorientierte Kooperationen eine relativ breite Themenpalette aufweisen und mehr oder minder erfolgreich versucht wird, auch sektorübergreifende Impulse zu setzen, konzentrieren sich konfliktlösungsorientierte Kooperationen gezielt auf Konflikte aus einem Themenfeld (Verkehr/ technische Infrastruktur oder Freiraumentwicklung/ Naturschutz). Mitunter verschwimmen jedoch die Grenzen zwischen den beiden hier definierten Haupttypen, entwicklungsorientierten und konfliktlösungsorientierten Kooperationen: Es gibt Beispiele, in denen das Ergebnis eines mediationsähnlichen Verfahrens ist, dass der Hauptkonflikt zwar nicht gelöst, aber durch begleitende entwicklungsorientierte Maßnahmen evtl. entschärft werden kann.

Einblicke in die innere Funktionslogik

Die empirischen Untersuchungen, vor allem die schriftliche Befragung, ermöglichten einen Einblick in die innere Funktionslogik der Kooperationen. Es konnte ein systematischer Vergleich struktureller Merkmale und Arbeitsweisen der wichtigsten Typen regionaler Kooperationen vorgenommen werden, der zum Teil signifikante Ergebnisse brachte.

Tabelle VII.1 zeigt die Zusammenhänge zwischen den wichtigsten Kooperationstypen und einzelnen Strukturmerkmalen im Überblick. Es gibt Kooperationstypen (Hintergrund, Ziele, Themen), deren einzelne Vertreter besonders häufig dem gleichen Strukturtypus (Größe, Aufbauorganisation, Alter) angehören, weil sich ihre wesentlichen Strukturmerkmale gleichen. Diese Häufungen deuten daraufhin, dass hier innerhalb eines Kooperationstyps entweder gewisse Normierungsvorgaben von oben erfolgten (Regionalkonferenzen, REK-Prozesse) oder unter den Kooperationen gewisse wechselseitige Lern- und Kopierprozesse stattfanden, etwa was die Aufbauorganisation angeht, stattfanden (z.B. Modellvorhaben Städtenetze).

Abbildung VII. 1: Kooperationstypen nach Strukturtypen

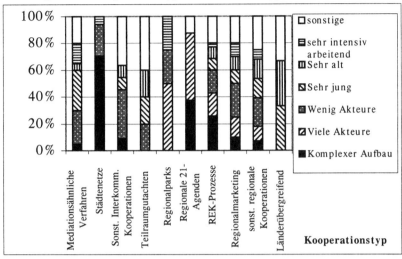

Quelle: Eigene Erhebung und Darstellung

Andere Kooperationstypen, wie die vor allem in Bayern vertretenen Kooperationstypen Teilraumgutachten und Regionalmarketingansätze, verteilen sich dagegen relativ gleichmäßig über die einzelnen Strukturtypen; trotz einheitlicher Anregung von oben hat sich hier innerhalb eines Kooperationstypus eine große Vielfalt von Strukturtypen entwickelt.

Folgende Erkenntnisse zur inneren Funktionslogik der Kooperationen sind besonders hervorzuheben:

- Die meisten Kooperationen haben eine klar auszumachende Aufbauorganisation. Diese ist zwar weniger hierarchisch gegliedert, als es feste Institutionen sind. Wohl aber ist die Aufbauorganisation in nicht wenigen Kooperationen erstaunlich komplex, vom Bund mitgetragene Modellvorhaben fallen hier besonders ins Auge. Sie ist im Grundsatz zwar flexibel angelegt, verfügt de facto jedoch über eine bemerkenswerte Stabilität, die der von festen Institutionen kaum nachsteht. Entwicklungsorientierte Kooperationen haben im Durchschnitt vier bis fünf Gremien. Meist vorhanden sind dabei ein politisches Lenkungsgremium, eine operative Einheit, ein großes Versammlungsgremium zur breiten Einbindung der Akteure und eine Arbeitsebene, die wiederum im Mittel aus vier Arbeitsgruppen besteht.

- Mediationsähnliche Verfahren sind — da ihre Aufgabe klarer umrissen ist und sie kurzfristiger angelegt sind — im Durchschnitt etwas einfacher aufgebaut als entwicklungsorientierte Kooperationen, dabei ist ihre Aufbauorgansiation sehr individuell: Alle hier untersuchten mediationsähnlichen Verfahren hatten eine völlig unterschiedliche Aufbaustruktur aufzuweisen.
- Mediationsähnliche Verfahren sind sehr häufig dem Typus „sehr junge kooperative Netzwerke" zuzuordnen, was angesichts der im Vergleich mit entwicklungsorientierten Kooperationen relativ kurzen Laufzeit nicht verwundert.
- Die Akteurszahlen variieren bei den einzelnen Kooperationstypen signifikant: Städtenetze binden z.B. relativ wenig Akteure ein, umgekehrt vor allem Regionale Agenda-21-Prozesse sehr viele. Interessanterweise liegen mediationsähnliche Verfahren hier im Mittelfeld, ein weiterer Beweis, dass es sich bei diesen Kooperationen nicht um das Austragen klassischer Zwei-Parteien-Konflikte handelt, sondern ebenfalls komplexere Akteursnetzwerkstrukturen vorliegen. Auch stellen die Kooperationen in gewisser Weise einen Spiegel der regionalen Bevölkerungsdichte dar: Von der Akteurszahl her große Kooperationen finden sich eher in Verdichtungsräumen.
- Die Aufbauorganisation erweist sich als gegenüber der Akteurszahl der Kooperation elastisch, d.h.: Akteurszahl und Gremienanzahl korrelieren nicht miteinander; grosse Akteursmengen werden also auch in wenig komplexen Strukturen bewältigt und umgekehrt. Nicht die Zahl der einzubindenden Akteure bestimmt die Komplexität der Aufbauorganisation, sondern das Spektrum der Themen.
- Das Niveau der Arbeitsintensität der Kooperation spiegelt sich in allen Gremien einer Kooperation wider; ist die Lenkungsebene aktiv, so ist es auch die Arbeitsebene.
- Die Akteurszahl und die Arbeitsintensität hängen in den meisten Gremien der Kooperationen nicht miteinander zusammen. Nur bei den großen Versammlungen, die der breiten Einbindung der Akteure dienen, ist eine signifikante Tendenz zu beobachten, diese umso seltener stattfinden zu lassen, je mehr Akteure einbezogen sind.

Ein wesentlicher Anspruch, den viele Kooperationen ausdrücklich formuliert haben, ist der der Hierarchiefreiheit. Jedoch können Netzwerke ebenso machtstabilisierend wie machtausgleichend sein. In den Kooperationen finden sich vielfache Machtasymmetrien und nicht nur wechsel-, sondern auch einseitige Abhängigkeiten. Faktisch gibt es Führungs- und Blockademacht durch persönliches Engagement oder Nicht-Engagement. In mediationsähnlichen Verfahren besteht meistens eher ein Interesse der Akteure an der Mitwirkung, da ein konkreter Konflikt zu lösen ist und konkrete Interessen zu vertreten sind. Hier muss oftmals die Zahl der Akteure begrenzt werden, um überhaupt arbeitsfähig zu sein. In entwicklungsorientierten Kooperationen stellt sich die Situation unterschiedlich dar. Bei gesamtregionalen Ansätzen muss bisweilen ebenfalls selektiert werden, um arbeitsfähig zu bleiben, viele entwicklungsorientierte Kooperationen leiden jedoch eher an einer fehlenden Beteiligung von Akteuren.

Fast in jeder Kooperation lässt sich ein innerer Kreis (bestehend aus Macht- und Fachpromotoren) ausmachen, der die wesentlichen strategischen Weichenstellungen vornimmt, während Akteure im mittleren Kreis nur punktuell intensive Unterstützung geben und Akteure aus dem äußeren die Kooperation eher beobachtend begleiten. In den ersten Phasen der Kooperation sind diese Hierarchien informeller Natur, persönliches Engagement einzelner kann hier eher zu Machtzuwächsen führen oder festgeschriebene Machtgefälle sogar beseitigen als in festen Institutionen. Je weiter sich die Kooperationen festigen und institutionalisieren, desto eher werden die bestehenden Machtunterschiede festgeschrieben. Regelrecht problematisch sind diese allerdings nur, wenn sie zu stark und zu dauerhaft sind. Kooperationshemmend sind vor allem strukturelle Pattsituationen, wenn dauerhaft nicht engagierte Akteure weder Exit- noch Voice-Option wahrnehmen und so die Kooperation blockieren.

In den in der Regel ohne zeitliche Begrenzung angelegten entwicklungsorientierten Kooperationen ist vor allem das Verhältnis zwischen langfristigen strategischen Zielsetzungen und schnell umgesetzten Projekten interessant. Im Vergleich zu formellen Planungen sind entwicklungsorientierte Kooperationen durch die Abkehr von komplexen Zielsystemen hin zu Leitbildern der „zweiten Generation" gekennzeichnet, die eher Marketing- und Innovations- als Koordinationsfunktionen darstellen. Vor allem sind sie alle durch den Prototyp der Strategie einer Planung durch Projekte, den perspektivischen Inkrementalismus, beeinflusst. Eine im Detail perspektivisch-inkrementalistische Strategie nach dem Vorbild der IBA Emscher-Park ist jedoch nicht die Regel. Sie findet sich vor allem bei den Kooperationen, die einen hohen Anspruch hinsichtlich der innovativen Qualität ihrer Ergebnisse haben und bei denen durch ihre Exklusivität, ihre zeitliche Terminierung und politisch-fachliche Legitimation am Anfang der Zwang zur inneren dauerhaften politischen Konsensbildung entfällt. Demgegenüber sind Kooperationen, die sehr eng mit der formellen Planung verzahnt sind (z.B. Teilraumgutachten) oder in denen dauerhaft flächendeckend Fördermittel vergeben werden und daher ein breiter politischer Konsens immer wieder hergestellt werden muss (Ansätze regionalisierter Strukturpolitik), eher durch einen deduktiven Prozess mit einer längeren Leitbildphase gekennzeichnet. Induktiv vorgehende Kooperationen, die sich ohne einen expliziten programmatischen Überbau sofort auf die Formulierung und Umsetzung von Projekten konzentrieren, sind zwar seltener, aber keine Ausnahmen. Induktives Vorgehen findet sich dann, wenn der Akteurskreis sehr klein ist und sich die zentralen Akteure über die grundsätzliche Ausrichtung der Kooperation von Anfang an im klaren sind. Solche Kooperationen können durch schnelle Projekterfolge einen Schub erhalten, der nachholende Zielfindungsprozesse erleichtert. Jedoch zeigen umgekehrt weniger erfolgreiche Beispiele, dass fehlende programmatische Grundlagen in späteren Kooperationsphasen das Angehen anspruchsvollerer Projekte deutlich erschweren können. Verfahrensfragen und Spielregeln sind in entwicklungsorientierten Kooperationen weniger von Bedeutung, sie haben jedoch in mediationsähnlichen Verfahren wegen des höheren Konfliktgrades und des höheren Zeitdrucks erhebliche Bedeutung.

Leistungen und Grenzen

Die am konkretesten sichtbaren Ergebnisse entwicklungsorientierter Kooperationen sind in der Regel Projekte: Leuchtturmprojekte, ergänzende Infrastrukturprojekte, innovative Projekte, Events; seltener große Infrastrukturprojekte. Die wichtigsten Ergebnisse konfliktlösungsorientierter Kooperationen sind Vereinbarungen der Konfliktparteien. Neben diesen Outputs sind jedoch auch weitere Effekte von Bedeutung, die sich vor allem auf die Akteure selbst beziehen: Ein verbesserter Informations- und Kommunikationsfluss, gegenseitige Lerneffekte, eine gewachsene Vertrauensbasis und eine gemeinsame Identität.

Die regionalen Auswirkungen der Kooperationen sind demgegenüber wesentlich schwerer festzustellen: Regionale Struktureffekte wie entstandene oder gesicherte Arbeitsplätze sind schwer zu messen, und vermutlich nehmen sich die direkten Strukturwirkungen der meisten Kooperationen schon angesichts ihrer im Vergleich etwa zur konventionellen Strukturpolitik minimalen Volumina gering aus.

Nicht von ungefähr wird daher die eigentliche Bedeutung der neuen regionalen Kooperationen eher in den indirekten Wirkungen auf das gesamte politisch-administrative Steuerungssystem und das regionale Innovationsklima gesehen. Ihre erfolgreichen Pioniere haben Projekte realisiert, die beispielgebend sind. Die Leistung der meisten hier untersuchten Kooperationen besteht in der Implementierung von Prozess- und Produktinventionen zu regionalspezifischen Prozess- und Produktinnovationen. Meist verfolgen die Kooperationen mit ihren Projekten eine Nischenpolitik, die eher auf kleinteilige Innovation denn auf breite Wirkung setzt.

Zwar besteht Konsens darüber, dass die informellen Kooperationen die Instrumente der formellen Landes- und Regionalplanung lediglich ergänzen und nicht ersetzen sollen. Dennoch ist das jeweilige Verhältnis der neuen regionalen Kooperationen zu den anderen Formen räumlicher Steuerung, die Frage inwieweit das überkommene System durch neue Ansätze transformiert wird, ein zentraler Diskussionspunkt. In der Breitenwirkung bestehen durchaus Unterschiede zwischen den einzelnen Kooperationstypen. Dabei gilt: Je innovativer der Ansatz angelegt ist, desto geringer seine Breitenwirkung, je besser er in das System formeller Planung integriert ist, je flächendeckender er angelegt ist, desto weniger innovativ ist er. Die Integration in formelle Planungen erscheint methodisch am weitesten in den noch relativ konventionell angelegten bayerischen Teilraumgutachten entwickelt. In anderen Ansätzen stellte die Integration der Entwicklungskonzepte in querschnittsorientierte und sektorale Pläne und Programme zwar ein zentrales Ziel, aber auch immer ein Konfliktfeld dar, wie bei den Regionalkonferenzen in Nordrhein-Westfalen, wo es ja primär um die Formulierung von Projektlisten zur Bündelung der Fördermittel des Landes ging. Ansätze wie die IBA Emscher Park haben sich — wohl nicht von ungefähr — bis heute einer umfassenden systematischen Evaluierung auf ihre Übereinstimmung mit Plänen und Programmen formeller querschnittsorientierter Planungen hin entzogen. Eine konstruktive Verknüpfung des neuen Ansatzes mit konventionellen Planungsverfahren war zumindest in den ersten Jahren kaum gegeben. Dies lässt sich für die einzelnen Kooperationstypen weiter ausführen:

- Die Stärke der in Bayern entwickelten Teilraumgutachten ist die systematische Verzahnung mit der formellen Landesplanung und Regionalplanung und durch die Inszenierung auf Landesebene eine hohe politische Aufmerksamkeit in den Regionen. Jedoch agieren die meisten der älteren Teilraumgutachten noch relativ konventionell, die Umsetzung in Form von Projekten ist in vielen Fällen die Schwachstelle. In den letzen Jahren zeigten sich allerdings deutliche Fortschritte in Richtung der Schaffung von Umsetzungsstrukturen für Projekte in Form des Regionalmanagements.
- REK-Prozesse und Regionalkonferenzen sind im bundesweiten Vergleich die am meisten verbreiteten und zum Teil (Nordrhein-Westfalen, Sachsen-Anhalt, Thüringen) auch am systematischsten betriebenen Ansätze einer Verzahnung von regionaler Politik und Landespolitik, die im Grundsatz nicht nur auf innovative Inseln, sondern auf tatsächliche regionale Breitenwirkung durch strukturpolitische Maßnahmen angelegt ist. Trotz der im Ansatz flächendeckenden Einbindung regionaler Akteure weisen REK-Prozesse/ Regionalkonferenzen das Legitimationsproblem auf, weil de facto nur ein kleiner Kreis die Entscheidungen inhaltlich prägt. Die Konzepte sind oft nur eine additive Zusammenstellung aus Wünschen der Kommunen, Proporzdenken erschwert hier die Entwicklung wirklicher regionaler Synergien. Regionalkonferenzen mutieren häufig zum bloßen Anspruchskartell von regionalen Akteuren gegenüber dem Land. Die Wirtschaft wirkt meist über Verbände und Kommunen mit. Wenn das Land sich aus der Förderung zurückzieht, wie in den letzten Jahren auch bei den systematisch erfolgten Ansätzen geschehen. , wird die Umsetzung zur Schwachstelle, dann werden meist nur die Einzelprojekte realisiert, für die es ohnehin schon Träger gab.
- Städtenetze können ihre Stärken dann ausspielen, wenn ähnliche Kommunen in einer Art Nischenpolitik gemeinsam für sie interessante Themenfelder bearbei-

ten, für die ansonsten keine regionale Koordinationsinstanz besteht. Jedoch stellen die Akteure von Städtenetzen nur einen kleinen Ausschnitt der Region dar. Auch sind Städtenetze thematisch sehr selektiv, es werden nur Themen bearbeitet, die wenig Konfliktstoff befürchten lassen. Die aufgegriffenen Projekte wirken eher zufällig und additiv, es gelingt meist nicht, übergreifende Entwicklungskonzepte zu erstellen. Der reine Netzwerkansatz reicht zur Sicherung der Kontinuität der Arbeit nicht aus und eine Institutionalisierung ist oft strittig. Ausgeklammert aus der Kooperation werden meist Vertreter der Wirtschaft, bearbeitet werden meist nur kommunal interessante Themen. Da die Wirtschaft fehlt und auch das Land die selektiv geschnittenen Städtenetze nur ausnahmsweise tatkräftig unterstützt, fehlen meistens die Mittel zur Umsetzung größerer Projekte.

- Die IBA Emscher-Park hat mit ihrer spezifischen Strategie, Innovationen durch Prozesse und qualitativ hochwertige Projekte in eine Region zu transportieren, vor allem in der Fachwelt Aufmerksamkeit wie kein anderer regionaler Entwicklungsansatz erregt und dabei wesentliche und später häufig kopierte Konstruktions- und Arbeitsprinzipien eines Regionalmanagements erprobt. Der Ansatz der IBA-Emscher-Park ist jedoch stark an den Faktor Geld gebunden, das Konzept ist ohne massive Unterstützung durch das Land aber kaum reproduzierbar. Ihr Erfolg ist stark von der Führungsperson der Planungsgesellschaft abhängig und er erklärt sich zum großen Teil aus ihrer zeitlichem Limitierung. Der Charakter ihrer Projekte ist eher der von innovativen Beispielen, deren Breitenwirkung in die Region aber umstritten ist.

Mit all diesen Faktoren hängen die Grenzen der regionalen Kooperationen im Hinblick auf die drei Grundfunktionen raumbezogener Politik zusammen: Die regionalen Kooperationen können beispielhaft Entwicklungsfunktionen übernehmen und mitunter auch Impulse für Versorgungsfunktionen setzen. Sie sind aber nicht geeignet, die Ordnungsfunktionen formeller Abstimmungsprozesse zu erfüllen, vor allem nicht, wenn diese mit Konflikten beladen sind. Der Grund für diese Leistungsgrenzen liegt im geringen Verbindlichkeitsgrad der Kooperationen und dem spannungsgeladenen Verhältnis zur Politik. Einerseits fehlt ihnen die politische Legitimation, andererseits können ihre Arenen aber auch durch eine zu starke Politisierung beeinträchtigt werden. Wenngleich alle diese Ansätze mehr oder minder ausgeprägte Elemente aufweisen, die eine formale politische Legitimation nach außen absichern sollen, so entziehen sie sich de facto meist einer breiten demokratischen Kontrolle. Sie agieren vor allem auf der Basis der Kontakte von Experten oder einzelnen politischen Verantwortlichen. Gemeindeparlamente und weite Teile der Bürgerschaft sind meist nur peripher und punktuell eingebunden. Dieser Umstand mag kritisiert werden, aber gerade dieser Tatsache verdanken die neuen Formen der Regionalentwicklung ihre verglichen mit etablierten demokratisch kontrollierten Institutionen größere Handlungsfähigkeit, Flexibilität und Durchschlagskraft. Kooperative Netzwerke können aber daher kein Ersatz für politische

Verantwortung sein noch können sie sie übernehmen. Sie können Verhandlungen begünstigen, denn weil hier Entscheidungen nicht hierarchisch verfügt werden können, müssen sachliche Lösungen gefunden werden. Jedoch sind — da jedes Mitglied über eine Vetomacht verfügt — ihre Möglichkeiten zur Lösung von härteren Konflikten und zur Wahrnehmung von Routineaufgaben begrenzt.

Nun waren entwicklungsorientierte Kooperationen von vornherein nicht auf diese Funktionen der Lösung von Konflikten und Übernahme von Routineaufgaben hin angelegt. Aber auch die Kooperationen, die eigens dazu konzipiert wurden, konfliktbeladene formelle Prozesse zu entlasten, können dies nur in Ansätzen. Es ist in Deutschland kein regional angelegtes mediationsähnliches Verfahren bekannt, in dem das Maximalziel der Umsetzung einer einvernehmlichen kooperativ erarbeiteten Konfliktlösung erreicht wurde. In den hier untersuchten Fallstudien wurden zwar fast durchweg Verhandlungsergebnisse erzielt, und es wurden positive Effekte wie ein verbesserter Informationsstand und in den meisten Fällen auch ein Aufweichen der Fronten zwischen den Akteuren registriert. In keinem Fall wurde jedoch die erarbeitete Lösung von allen relevanten Akteuren in der Umsetzung getragen. War das Verfahren ohnehin eher auf Akzeptanzbeschaffung ausgelegt, so wurde auch dieses Ziel nicht erreicht. Konfliktlösungsorientierte Kooperationen haben ein generell höheres Niveau der Erfolgsvoraussetzungen, sie sind noch anfälliger gegenüber externen und internen Störfaktoren als entwicklungsorientierte Kooperationen.

Erfolgsbedingungen

Die Frage der richtigen vertikalen Integration in die Landespolitik scheint eine der zentralen Erfolgsbedingungen regionaler Kooperationen zu sein. Die Landespolitik muss Anreize zur Kooperation, aber auch Freiräume der Entfaltung geben. Sie muss Hilfestellungen auch finanzieller Art geben, die aber nicht zu einem verfestigten Anspruchsdenken der Region führen dürfen. Trotz aller Mängel erweisen sich hier die systematisch flächendeckend angelegten Ansätze regionalisierter Strukturpolitik oder die für einen zwar begrenzten, aber ausreichend langen Zeitraum privilegierten Ansätze nach dem Modell der IBA Emscher-Park noch immer als die erfolgreichsten. Die eher kurz- bis mittelfristig als Modellvorhaben ohne langfristige Förderanreize angelegten Ansätze wie Städtenetze haben dagegen trotz positiver Einzelbeispiele als Ganzes ihre dauerhafte Tragfähigkeit noch nicht unter Beweis stellen können. Konfliktlösungsorientierte Kooperationen wurden von Seiten des Landes oft nur als Mittel der Akzeptanzbeschaffung für getroffene politische Entscheidungen eingesetzt, was sich gemessen an den Ausgangszielsetzungen als nicht erfolgreich erwies.

Mindestens ebenso wie die externen Rahmenbedingungen bestimmen jedoch auch regional- und kooperationsinterne Faktoren den Erfolg der Kooperation. Die durchgeführten empirischen Untersuchungen zeigen, dass es eine Reihe von strukturellen Faktoren gibt, die unterschiedliche Kooperationserfolge zum Teil statistisch signifikant erklären:

Große, komplex organisierte, durch eine Rechtsform institutionalisierte Kooperationen werden von ihren Akteuren insgesamt besser eingeschätzt als kleine, nicht institutionalisierte, sondern nur netzwerkartig arbeitende Kooperationen. Neben dem Vorhandensein einer Rechtsform wirkt sich also eine Vielzahl von eingebundenen Akteuren, eine größere Gremien- und Arbeitsgruppenzahl und eine hohe Sitzungsintensität der Steuerungselemente, eine Vielzahl von Themen und eigene Mittel zur Finanzierung der Organisation positiv auf die Erfolgseinschätzung aus. Die Bearbeitung der Themen Wirtschaft/Tourismus, Wohnen/soziale Infrastruktur, Bildung, Kultur und Verkehr führt ebenso zu einer besseren Erfolgsbewertung. Wie alt die Kooperation ist, spielt demgegenüber eine geringe Rolle.

In der Summe widerlegen diese Erkenntnisse aus der schriftlichen Erhebung die These des „small and flexible is beautiful" für die regionalen Kooperationen eindrucksvoll. Vielmehr geht die breite Einbindung von Akteuren, das Behandeln vieler Themen in relativ komplexen Arbeitsstrukturen und vor allem die relativ feste institutionalisierte Form mit einer besseren Erfolgsbewertung der Akteure einher, kurz: Je mehr sich die neuen regionalen Kooperationen in ihrem Charakter festen Institutionen annähern, desto besser werden sie von ihren Akteuren bewertet oder umgekehrt: Als erfolgreich bewertete Kooperationen entwickeln sich tendenziell in Richtung festerer Institutionen.

Die erfolgreichen Kooperationen haben für ihren derzeitigen Entwicklungsstand offenbar ausreichende Mechanismen entwickelt, die negativen Folgen zu großer Strukturkomplexität zu begrenzen. Erfolglose entwicklungsorientierte Kooperationen haben dagegen oft ein zu enges Spektrum an gemeinsam interessanten Themen und binden zu wenig Akteure ein. Als entscheidende — und nur bedingt zu beeinflussende — Voraussetzung erweist sich die ausreichende Verankerung der Kooperation in der Region. In der Regel handelt es sich um selektive Expertennetzwerke. Wie erfolgreich eine Kooperation ist, hängt aber davon ab, inwieweit sie sich zum einen politisch in der Region legitimieren kann, zum anderen wie gut es gelingt, Vertreter aus Wirtschaft und Gesellschaft einzubinden. Die von den Kommunen getragenen Kooperationen basieren häufig auf Kontakten der Bürgermeister, es fehlt die Rückkopplung zu den Gemeindeparlamenten. Diese gewisse Exklusivität ist zwar in der Regel notwendig, um überhaupt innovative Impulse entwickeln zu können. Jedoch müssen zumindest die unterschiedlichen Typen von Promotoren vorhanden sein. Es müssen sowohl Macht- als auch Fachpromotoren mit geringem „double bind" existieren, deren externe Interessengebundenheit gegenüber ihrer Herkunftsorganisation gering genug ist, dass sie sich ausreichend für die Kooperation engagieren. Insbesondere gibt es empirisch signifikante Hinweise darauf, dass vor allem auf der strategischen Ebene der Lenkungsgruppen, also bei den Machtpromotoren, eine hohe Arbeitsintensität mit einem hohen Kooperationserfolg einhergeht. Dabei muss die Balance zwischen dem — trotz des Anspruches der Hierarchiefreiheit in den meisten Kooperationen vorzufindenden — Machtungleichgewicht und einer zu großen Führungslosigkeit gefunden werden.

Alle diese Befunde sind auch Belege für die Grenzen der Netzwerksteuerung. Netzwerke entstehen als Reaktion auf Defizite fester Institutionen. Sie ersetzen die Vorteile der Institutionalisierung durch soziale Bindungen und Vertrauen. Sie haben eine Ersatzfunktion für fehlende oder unzureichende institutionelle Entscheidungen. Das bedeutet aber nicht, dass sie deren positive Funktionen übernehmen können. Sie sind auf bestimmte Leistungen spezialisiert und vernachlässigen andere. Und offenbar versuchen sie in ihrer Entwicklung, diese spezifischen Schwächen zu reduzieren. Jedoch ist diese Entwicklung hin zum Erfolg keine automatische, wie der fehlende statistische Zusammenhang zwischen dem Kooperationsalter und der Erfolgsbewertung zeigt. Kooperationen können erfolgloser werden, wenn sie in ihrer Entwicklung bestimmte Stufen der Verstetigung nicht erklimmen.

Verstetigung zwischen Innovation und Effizienz

Die Verstetigung von Kooperativen Netzwerken wird in der Diskussion meist mit ihrer Institutionalisierung gleichgesetzt. Der Prozess der Institutionalisierung wird in der Netzwerkdiskussion als ein Prozess betrachtet, der sich im Spannungsverhältnis zwischen Innovation auf der einen Seite und Effizienz auf der anderen Seite abspielt — mit ambivalenten Konsequenzen. Die Grundüberlegung ist dabei: Kooperative Netzwerke haben ihre Stärke darin, dass sich in ihnen Inventionen entwickeln und neue Entwicklungspfade eingeschlagen werden können. So zeichnen sie sich gegenüber festen, strenger arbeitsteilig organisierten Institutionen u.a. durch eine losere Kopplung ihrer Elemente und durch das Merkmal der Redundanz aus. Diese Dopplung von Funktionen ist ein zentrales Element, um alternative Entwicklungsoptionen offen zu halten. Daher sind Kooperative Netzwerke im Vergleich zu festen Institutionen durch Effizienzmängel gekennzeichnet, z.B. sind transaktionskostengünstige Arbeitsteilungen nicht klar formuliert. Ihr Dilemma besteht darin: Kooperationen müssen eine gewisse Effizienz aufweisen, damit in ihnen Inventionen zu Innovationen reifen können. Wenn sie aber zu effizient sind, droht Innovationskraft verloren zu gehen.

Dieses scheinbare widersprüchliche Verhältnis der Begriffe Innovation und Effizienz in Kooperativen Netzwerken löst sich zum Teil auf, wenn die zeitliche Dimension eingeführt und regelrechte Innovationszyklen von Netzwerken betrachtet werden. Regionale Kooperationsmodelle durchlaufen demnach, wenn sie gut funktionieren, Prozesse zunehmender Institutionalisierung. Am Anfang sind sie relativ ergebnisoffen angelegt und haben die regionale Gesamtentwicklung im Auge. Es gilt zunächst, ein gemeinsames Problemverständnis zu entwickeln, die Kooperationsbedarfe zu identifizieren und einen längerfristigen Dialog in Gang zu setzen. In dieser durch die Entwicklung von Leitbildern geprägten Konzipierungsphase wird für Innovationen ein offener flexibler Organisationsrahmen benötigt. Dafür sind Netzwerkstrukturen gut geeignet; Netzwerke haben somit ihre Stärke in der Anfangsphase der Themenbearbeitung, wenn es um die innovative Ausgestaltung von Entwicklungskorridoren geht. Wenn diese neuen Aufgaben jedoch — gerade weil sich diese Kooperationen bewährt haben mit festeren Verbindlichkeiten und Organisationsstrukturen bearbeitet werden müssen, aber auch wenn starke, durch Mehrheiten legitimierte Interessenvertretungen nach außen erforderlich werden, geraten Netzwerke an ihre Grenzen. Verbindliche Strategiebildung und Entscheidungsfindung sind in Netzwerken zeitaufwendig, da die Kapazitäten vergleichsweise verstreut sind. Aus diesem Grunde entfalten Kooperative Netzwerke eine hohe innere Veränderungsdynamik, indem sie ihre Defizite gegenüber festen Institutionen zu überwinden trachten. Dadurch werden die konstituierenden Eigenschaften von Netzwerken — an erster Stelle sei hier die lose Kopplung der Elemente untereinander genannt — tendenziell in Eigenschaften transformiert, wie sie für fest institutionalisierte Organisationen kennzeichnend sind. Netzwerke tendieren aufgrund ihrer Mängel an Effizienz latent zu ihrer eigenen Aufhebung in Form von festen Institutionen. Und Netzwerke teilen ein Grundproblem mit festen Institutionen: Je älter sie werden, desto größer ist die Wahrscheinlichkeit, dass sie nicht nur innovative Einflüsse haben, sondern ebenso dazu beitragen, regionalen Strukturwandel zu behindern. Netzwerke — zumindest ihr Kern — werden mit ihrer Alterung exklusiver, Opponenten verlassen sie und neue Akteure kommen nicht hinzu. Die Denkmuster der Einbezogenen vereinheitlichen sich, Themen werden enger definiert und das Netzwerk wird vom kooperativen Problemlöser zum bloßen Anspruchskartell. Gerade ungerichtete Netzwerke wirken eher strukturkonservativ, weil sie das Eindringen von äußeren Ideen verhindern. Sie haben „Gate-Keeper-Funktionen" inne, bieten Foren, um Einschätzungen anzugleichen und gemeinsame Grundüberzeugungen zu entwickeln, was durchaus zu einer Abschottung gegenüber äußeren Einflüssen führen kann.

Diese Probleme alternder Netzwerke können sich mit ihrer Institutionalisierung noch verstärken. Denn eine derartige Intensivierung der internen Kohäsion geht zu Lasten der Anpassungsfähigkeit und Innovativität und die Netzwerke verlieren damit ihre wichtigsten Vorzüge. Netzwerke sind eine Struktur aus mehreren verbundenen, aber nicht fest gekoppelten und relativ autonomen Teilen. Sobald die Teile fest verkoppelt werden, lässt sich das Netzwerkkonzept nur noch beschränkt anwenden. Institutionalisierungen können die Netzwerkarbeit beeinträchtigen, wenn sie die offenen horizontalen Informationsströme stören; dies gilt vor allem für solche Arrangements, die den Zugang zu Informationen verändern und Machtungleichgewichte auslösen, weil Funktionen festgeschrieben werden.

Inwieweit lassen sich nun diese plausiblen netzwerktheoretischen Überlegungen bei den hier untersuchten Kooperationen bestätigen? Die Frage der Verstetigung und Institutionalisierung stellt sich zunächst nur für den Typus der entwicklungsorientierten Kooperationen. Denn konfliktlösungsorientierte Kooperationen sind gerade durch eine klare zeitliche Limitierung gekennzeichnet, sie sind eben nicht open-ended, weswegen sie ja auch als „Verfahren" bezeichnet werden.

Betrachtet man den Verlauf und den derzeitigen Stand der hier untersuchten entwicklungsorientierten Kooperationen, so wird zunächst deutlich: Hinsichtlich der Haltbarkeit als bloßes Netzwerk ist es durchaus berechtigt, von einem „Mythos Netzwerke" zu sprechen. Denn eine beträchtliche Zahl der Kooperationen, die in den neunziger Jahren noch in Form von recht losen Kooperativen Netzwerken entstanden waren, hat sich mittlerweile in Richtung einer „mittelharten" Institution entwickelt. Der erste Schritt, den dabei fast alle Kooperationen vollziehen, ist die Festigung einer Aufbauorganisation, in der die Arbeitsteilungen relativ klar definiert sind. Diese Aufbauorganisation differenziert sich vor allem in den ersten Phasen aus, bleibt dann relativ stabil, wenngleich sie meist auch durchaus lernfähig ist, d.h. sie kann sich schnell an veränderte Aufgabenstellungen anpassen. Der entscheidende Schritt der Verstetigung ist aber in den meisten Kooperationen der Schritt zur Institutionalisierung in einer eigenen Rechtsform. Das wohl prägnanteste Ergebnis der durchgeführten schriftlichen Erhebung war die Feststellung, dass Kooperationen mit einer eigenen Rechtsform im Urteil ihrer Akteure signifikant besser bewertet werden als diejenigen ohne Rechtsform. Diese Differenz — und das macht das Ergebnis so prägnant — bleibt auch bestehen, wenn Variablen wie Bundesland, Regionstyp, Kooperationstyp und Strukturtyp (Akteure, Gremien, Sitzungsfrequenz) sowie

Kooperationsthemen simultan mit in die Korrelationsanalyse einbezogen werden. Die Unterschiede in der Bewertung zwischen institutionalisierten und nicht institutionalisierten Kooperationen treten bereits ab einem Kooperationsalter von zwei Jahren deutlich auf. Aggregierte Daten stützen Beobachtungen aus Fallstudien: Die innovative Aufbruchstimmung der Akteure mag ein Kooperatives Netzwerk eine Zeitlang tragen. Nach einiger Zeit mündet jedoch die anhaltende Unverbindlichkeit bloßer Netzwerke in eine Demotivation der Akteure und führt damit zur Stagnation, wenn nicht zum Erlahmen der Kooperation. Der Grund für die positive Wirkung der Institutionalisierung liegt nicht in damit verbundenen Veränderungen etwa der Akteurszahl oder in abrupten Änderungen der Arbeitsteilung oder der Aufbauorganisation, denn meistens werden hier nur bestehende informelle Strukturen festgeschrieben. Es ist vielmehr vor allem der einfachere Zugang zu Finanzmitteln, die tendenziell höhere politische Akzeptanz und demokratische Legitimation und eine kaum mit harten Indikatoren messbare Steigerung der Verbindlichkeit — Institutionalisierung gilt als Symbol des Kooperationswillens — die mit der eigenen Rechtsform einhergehen. Nicht von ungefähr wird daher in vielen Kooperationen ausdrücklich ihre Institutionalisierung als ihr größter sichtbarer Erfolg konstatiert.

Ursache und Wirkung sind dabei wechselseitig: Die Institutionalisierung ist ebenso Ausdruck gelungener Kooperation wie sie wiederum den Kooperationserfolg fördert. Diese Institutionalisierung ist freilich eine andere als die der etablierten regionalen Institutionen. Vor allem haben die neuen regionalen Institutionalisierten Kooperationen, anders als etwa Regionalverbände, keine feste Verankerung in eigenen Landesgesetzen. Angestrebt wird eher eine „mittelharte" Institutionalisierung. Hier haben die neuen Kooperationen in kürzester Zeit eine erstaunliche Vielfalt entwickelt, die tendenziell auch nach Kooperationstypen variiert. Es finden sich neben öffentlich-rechtlichen (Arbeitsgemeinschaft, Zweckverbände mit breiten Aufgabenprofil) immer mehr auch privatrechtliche Organisationsformen wie GmbH oder Vereine. Besonders interessant sind hier auch Doppelstrukturen (z.B. kommunale Arbeitsgemeinschaft in Kombination mit einem Verein). Städtenetze z.B. sind häufig in Form kommunaler Arbeitsgemeinschaften organisiert, Regionalmarketingansätze in privatrechtlichen Formen vor allem in Vereinen. Regionalkonferenzen beispielsweise sind vergleichsweise selten überhaupt durch eine eigene Rechtsform institutionalisiert. Insgesamt gibt es innerhalb dieses Spektrums mittelharter Institutionalisierung gewisse Anzeichen für einen Zusammenhang zwischen dem Härtegrad der Institutionalisierung und dem Erfolg der Kooperationen: Je verbindlicher die Institutionalisierung, desto erfolgreicher die Kooperation.

Die untersuchten Kooperationen ließen sich insgesamt in die Überlegungen zu langfristigen Innovationszyklen einordnen und es ließ sich ihre Position im Prozess der Steigerung der Effizienz bestimmen: Es ist bei der Initiierung von netzwerkartigen Kooperationen nicht das vordringliche Kriterium, Strukturen zu schaffen, die effizienter arbeiten als feste Institutionen. Die meisten kooperativen Netzwerke arbeiten verglichen mit festen Institutionen weniger effizient im Sinne minimaler Transaktionskosten. Sie können jedoch — und das ist entscheidend — effizienzsteigernd auf das Gesamtsystem räumlicher Steuerung wirken, indem sie Inventionen (die Kooperationsidee) zu Innovationen (abgestimmte Projekte) entwickeln und sogar deren Diffusion (Entwicklung zum allgemeinen Modell) fördern. Dabei gilt: Je höher der Inventionsgrad der Kooperation, desto schwächer die Diffusion und umgekehrt. Extrempole stellen zum Beispiel die IBA Emscher-Park dar als ein von den Prozessen und Produkten sehr innovativer, aber nur punktuell wirksamer Ansatz und die regionalisierte Strukturpolitik als ein von den Prozessen und Produkten her vergleichsweise eher konventioneller Ansatz, der aber eine größere Breitenwirkung entfaltet hat.

Wenn auch entwicklungsorientierte Kooperationen nicht entstehen, um selbst effizient zu sein, so befinden sich dennoch die meisten der hier untersuchten Kooperationen auf der Suche nach mehr Effizienz. Diese Effizienzsteigerung ist nötig, um ihre Innovationen reifen und diffundieren zu lassen. Über den Aspekt des organisatorischen Aufbaus hinaus stellt sich daher hier das Problem, wie der Verbindlichkeitsgrad für die Akteure erhöht werden kann. Und dadurch erhält die Frage nach der Institutionalisierung der Kooperation z.B. durch eine feste Rechtsform große Bedeutung. Effizienz etwa im Sinne optimierter Arbeitsteilung ist jedoch in entwicklungsorientierten Kooperationen kein Problem, das die alltägliche Arbeit dominiert. Effizienzmängel werden von den Akteuren im Hinblick auf eine langfristige Perspektive in Kauf genommen. Nur wenige entwicklungsorientierte Kooperationen leiden dauerhaft an zu geringer Effizienz. Wenn diese auftritt, dann ist dies häufig durch strukturelle Pattsituationen begründet, weil Akteure nicht genügend Engagement aufbringen und weder Exit- noch Voice-Optionen wahrnehmen. Schon ein falscher räumlicher Zuschnitt der Kooperation kann ein Grund struktureller Ineffizienz sein, weil das Themenspektrum zu gering bleibt, um einen tragfähigen Kooperationsgedanke zu entwickeln.

Deutlicher als in entwicklungsorientierten Kooperationen sind regelrechte Effizienzmängel in den zeitlich limitierten mediationsähnlichen Verfahren auszumachen. Dies jedoch auch hier nicht, weil die gewählte Arbeitsteilung falsch im Sinne nicht optimaler Transaktionskosten ist, sondern weil trotz hohem Aufwand in der Regel kein allseits tragfähiges Ergebnis erzielt wird, es zu keiner Annäherung von Grundpositionen der

Kontrahenten kommt und dadurch die Aufwand/Nutzen-Relationen ungünstig ausfallen. Aufgrund dieser Effizienzmängel gelingt es den mediationsähnlichen Verfahren auch nicht, Inventionen (die Idee der Konfliktlösung) zu Innovationen (umgesetzter Kompromiss) reifen zu lassen, ganz zu schweigen davon, dass sie keine Breitenwirksamkeit im Sinne einer Diffusion erhalten.

Das prägnante Ergebnis der deutlich besseren Erfolgsbewertung Institutionalisierter Kooperationen gegenüber nicht institutionalisierten Kooperativen Netzwerken ist durchaus dazu geeignet, die in der Literatur der letzten Jahre bisweilen fast euphorisch vorgetragenen Argumente der Überlegenheit loser Kooperationen gegenüber festen Institutionen neu zu überdenken. Von einem gewissen Entwicklungsstadium an haben in den Augen der beteiligten Akteure Institutionalisierte Kooperationen erhebliche Vorteile gegenüber Kooperativen Netzwerken. Diese Vorteile werden den beteiligten Akteuren um so bewusster, je länger die Kooperationen andauern und je mehr sie in Phasen gelangen, in denen gemeinsame Zielsetzungen auch in Ergebnisse umgesetzt werden müssen. Ein Verlust von Innovationskraft aufgrund einer Alterung oder zu festen Institutionalisierung ist in den untersuchten Kooperationen noch nicht zu beobachten. Sie befinden sich durchweg noch in den ersten Phasen des Innovationszyklusses.

Prozessmotoren der Entwicklung: Moderatoren, Mediatoren und Manager

Einen weiteren Untersuchungsschwerpunkt stellte eine Gruppe von Akteuren dar, denen ein erheblicher Einfluss auf den Verlauf und die Ergebnisse der regionalen Kooperationen unterstellt werden kann: Prozesspromotoren oder Prozessmotoren. Alleine die Tatsache, dass fast alle der hier untersuchten regionalen Kooperationen einen oder mehrere Prozessmotoren einsetzten, ist ein Indiz für deren Bedeutung. Dabei wurden drei Typen von Prozessmotoren unterschieden: Moderatoren, Manager und Mediatoren. Im Unterschied zu anderen Typisierungsansätzen bildet hier zunächst nicht ihre Tätigkeit oder Eingriffsstärke das Abgrenzungskriterium, sondern der Kontext der Kooperation, in dem ihre Arbeit steht, ihre Hauptzielsetzung und ihr Entwicklungsstand:

Moderatoren sind Motoren in noch nicht verstetigten Kooperationen zur regionalen Entwicklung, Manager dagegen Motoren in bereits verstetigten Kooperationen zur regionalen Entwicklung. Mediatoren unterscheiden sich von beiden insofern, als sie Motoren in Kooperationen sind, die vor allem zur gezielten Reduzierung und Lösung regional bedeutsamer Konflikte eingesetzt wurden.

Diese Abgrenzungen erwiesen sich in den Untersuchungen insgesamt als tauglich, wenngleich es Grauzonen und Überschneidungen zwischen den drei Typen gibt ab. So sind in Kooperationen bisweilen mehrere Prozessmotoren — auch unterschiedlicher Typen — tätig und es verändern sich mit dem Entwicklungsstand der Kooperation auch die Aufgaben der Prozessmotoren, beispielsweise kann ein Mediator zum Moderator werden und umgekehrt.

Im konkreten Tätigkeitsprofil der drei Typen von Prozessmotoren überwiegen Gemeinsamkeiten. Sie stellen in erster Linie Kommunikationsstrukturen zwischen regionalen Akteuren her, um Zielfindungsprozesse und die Umsetzung von Konsensen zu ermöglichen. Unterschiede sind vor allem auf den Entwicklungsstand und die Ziele der Kooperation zurückzuführen. Moderatoren knüpfen zunächst das Netz des mittleren Kreises der Kooperation und helfen, gemeinsame Zielsetzungen zu erarbeiten. Manager arbeiten bei stärker vorangeschrittener Kooperation insgesamt intensiver an der Umsetzung von Projekten und erweitern die Kooperation nach außen. Mediatoren müssen — angesichts der zeitlichen Limitierung — die Kooperation stärker im Ablauf strukturieren und wirken angesichts des höheren Konfliktgrades meist direkter auf die Kommunikation zwischen den Akteuren ein als Moderatoren und Manager.

Die Prozessmotoren prägen die Gremienarbeit der Kooperationen, aber sie sind nicht allgegenwärtig. In ihrer Arbeitsintensität vollziehen Prozessmotoren eine zunehmende Strukturkomplexität der Kooperation nur teilweise mit. Je komplexer dabei die Aufbauorgansiation wird, desto eher werden Gremien auch von anderen Personen geleitet (in Institutionalisierten Kooperationen häufig Funktionsträger wie Vereinsvorsitzende). Auch inhaltlich wandelt sich das Profil der Prozessmotoren im Zeitverlauf: Je länger die Kooperation andauert, desto eher werden Motoren vom Ermöglicher von Ideen der Akteure zum Durchsetzer der Ideen.

Prozessmotoren sind nur selten unabhängig, da sie entweder als Externe von den Akteuren finanziert werden oder bei der Kooperation angestellt sind. Ihre Einbindung in das Kooperationsgefüge variiert. Vor allem Moderatoren gehören oft nicht zum inneren Kreis der Kooperation und Manager sind oft formal gegenüber zentralen Akteuren Befehlsempfänger. Mediatoren haben demgegenüber die stärkste Machtposition — jedoch nur für einen limitierten Zeitraum.

Durch den breiten Zugang zu Informationen und ihre Aufgabe als strategischer Taktgeber, dadurch, wie sie Akteure aktivieren und deaktivieren, wie sie Fördermittel acquirieren oder wie sie Konflikte behandeln, haben Prozessmotoren aber meist einen hohen indirekten strategischen Einfluss auf die Kooperation. Formal meist abhängig, informell bisweilen sehr einflussreich müssen sie jedoch das Gebot der Über- oder Allparteilichkeit einhalten und zwar paradoxerweise umso stärker, je mehr Einfluss sie haben. Gerade für Mediatoren stellen sich besonders hohe Anforderungen an ihre Seriösität und Überparteilichkeit. Die Maxime der Neutralität im Sinne der inhaltlichen Enthaltung der Prozessmotoren entpuppt sich dagegen in den untersuchten Kooperationen insgesamt als ein Mythos. Vielmehr wird die Kompetenz, die Inhalte der Kooperationen beurteilen zu können, praktisch immer erwartet. Darüber hinausgehend wird von den Prozessmotoren sogar häufig eine klare inhaltliche Positionierung verlangt: Von Moderatoren werden im frühen Kooperationsstadium inhaltliche Impulse erwartet, ein großer Teil ist auch als Gutachter tätig. Manager müssen die dann bestehende programmatische Basis der Kooperation auch gegenüber einzelnen Akteuren durchsetzen, was die Identifikation mit den Inhalten voraussetzt. Mediatoren werden in späteren Kooperationsphasen zu den Trägern der kooperativ erarbeiteten Kompromisslösung bzw. unterbreiten solche Vorschläge auch selbst.

Auch wenn die Prozessgestaltung ihre primäre Aufgabe ist, so wirken Prozessmotoren doch fast immer auch inhaltlich mit: Reflexiv, indem von den Akteuren eingebrachte Inhalte gefiltert werden, direktiv, indem eigene Inhalte eingebracht werden. Die Kunst der Prozessmotoren besteht nicht darin, sich eigener inhaltlicher Positionen vollständig zu enthalten, sondern zu wissen, wann eine solche inhaltliche Wertung wie stark zu geschehen hat, ohne dabei das Gebot der Überparteilichkeit gegenüber einzelnen Akteuren zu verletzten.

Durch ihre formale Abhängigkeit und ihre inhaltliche Mitwirkung entstehen für die Prozessmotoren permanente Loyalitäts- und Rollenkonflikte. Jedoch gefährden diese nur selten die gesamte Kooperation. In der Regel werden Mechanismen der Bewältigung entwickelt, wie die offensive Rollenabgrenzung oder Rollenaufteilungen mit anderen Akteuren. Allerdings hat auch dies Grenzen: Experimente mit Mediatorenrollen, wie beispielsweise die partielle Ausübung von Anwaltsfunktionen, scheinen bei sehr hohem Konfliktgrad der Kooperation wenig erfolgversprechend.

Die Erfolgskriterien stellen sich für die drei Typen von Prozessmotoren unterschiedlich dar: Neben den realen Outputs (Moderatoren: programmatische Grundlagen; Manager: umgesetzte Projekte; Mediatoren: Konfliktlösungen) ist ein wesentliches Kriterium, ob sie eine selbsttragende innere Kooperationsstruktur mit aufgebaut haben. Vor allem Moderatoren und Mediatoren sind dann erfolgreich, wenn sie sich selbst überflüssig gemacht haben und die Kooperation ohne sie weiter arbeiten kann.

Prozessmotoren müssen, um erfolgreich zu arbeiten, ein hohes Maß an kommunikativen und sozialen Kompetenzen besitzen und — dies betrifft vor allem Mediatoren — eine hohe persönliche Ausstrahlung aufweisen.

Welche Rollen und Taktiken, welche Eingriffsintensität der Prozessmotoren erfolgreich sind, kann nicht generell festgehalten werden. Erfolgreiche Prozessmotoren zeichnen sich nicht durch eine bestimmte Taktik aus, sondern vor allem durch die Fähigkeit, den Stand und die Potenziale der Kooperation richtig zu lesen und der Situation entsprechende Taktiken einzusetzen. Sie weisen die angemessene Einbindung in das Akteursgeflecht auf, haben die Fähigkeit zur flexiblen Anpassung an die Rahmenbedingungen der Kooperation und die Fähigkeit, das angemessene Tempo für die Kooperation vorzugeben und das richtige Maß an inhaltlicher Einmischung bzw. Neutralität zu finden.

Trotz ihrer unbestreitbar wichtigen Rolle darf jedoch der Einfluss der Prozessmotoren auf den Kooperationserfolg nicht zu hoch eingeschätzt werden. Gute Arbeit der Prozessmotoren erscheint als zwar notwendige, jedoch nicht hinreichende Bedingung. Erfolgreiche Kooperationen haben auch erfolgreiche Prozessmotoren und umgekehrt sind in erfolglosen Kooperationen meist auch die Prozessmotoren dafür mit verantwortlich. Jedoch sind die meisten Kooperationen so angelegt, dass die Prozessmotoren eigene Fehler korrigieren können oder dass erfolglose Prozessmotoren durch andere ersetzt werden können. Prozessmotoren werden nur in ganz wenigen Ausnahmefällen — meist sind dies Manager — zu regelrechten regionalen Führungsfiguren. Dies kann jedoch langfristig der Kooperation eher abträglich sein, da andere Akteure dann zu inaktiv bleiben. Ein zu dominanter erfolgreicher Prozessmotor kann sich somit langfristig sogar schädlicher auf den breiten regionalen Kooperationsgedanken auswirken als ein zu passiver – der ja wahrscheinlich über kurz oder lang ersetzt wird.

Prozessmotoren können aber gegen schlechte Rahmenbedingungen der Kooperation meist nur wenig ausrichten. Wenn das Land nicht das richtige Maß an Unterstützung findet und das regionale Engagement zu gering bleibt, etwa weil die Kooperation schon von Grund auf falsch konstruiert ist (räumlicher Zuschnitt, Themen, Akteurskreis), laufen auch engagierte Bemühungen der Prozessmotoren ins Leere. Ihr Dilemma ist dabei: Dauerhaft unkooperative Machtpromotoren und Fachpromotoren können weniger leicht aus Kooperationen entfernt werden als Prozessmotoren.

2. Trends und Perspektiven

Wie stellen sich nun die Zukunftsperspektiven der neuen regionalen Kooperationen im Kanon aller regionalen Steuerungsformen dar? Es ist sinnvoll, hier die Überlegungen für entwicklungsorientierte regionalen Kooperationen von jenen für Kooperationen, die sich vor allem das Ziel der Konfliktlösung gesetzt haben, zu unterscheiden.

2.1 Kooperationen zur Regionalentwicklung

Die regionale Steuerungslandschaft wird in der näheren Zukunft gleichzeitig durch folgende — zum Teil gegenläufige — Trends gekennzeichnet sein:
- einen vergrößerten und flexibleren Zuschnitt der Regionen,
- das weitere Aufkommen neuer regionaler Kooperationen mit neuen Themen,
- ihre weitere Verstetigung,
- einen verstärkten Selektionsprozess zwischen den neuen regionalen Kooperationen,
- das Aufkommen von Metanetzen regionaler Kooperation,
- stärkere Verflechtungen zwischen neuen Kooperationen und überkommenen regionalen Institutionen,
- die zunehmende Konkurrenz um die Rolle des Regionalmanagements.

Vergrößerter und flexiblerer Zuschnitt der Regionen

Angesichts der großen Vielfalt administrativer Regionsabgrenzungen in Europa und des erheblichen Bedeutungsgewinnes der supranationalen Steuerungsebene dürften mittelfristig für bestimmte Kernaufgabenbereiche (Strukturförderung, Raumbeobachtung) europaweite Standardisierungen von Regionen erforderlich werden. Die rund 100 Raumordnungsregionen, wie sie für die Bundesrepublik Deutschland abgegrenzt wurden, sind als Basismodell der europäischen Region der Zukunft insgesamt zu kleinräumig. Im zukünftig wichtigeren europäischen Maßstab werden in Deutschland Regionsgrößen oberhalb der heutigen Raumordnungsregionen und unterhalb der größeren Bundesländer (also etwa im Maßstab von Bundesländern wie Rheinland-Pfalz, Hessen) zumindest für bestimmte Aufgaben an Bedeutung gewinnen.

Gleichzeitig wird sich aber auch der Trend zur flexiblen aufgabenbezogenen Regionsabgrenzung noch verstärken. Was eine Region ist, wird immer weniger starr definiert, sondern hängt vom Thema und der jeweiligen strategischen Zielsetzung der Kooperation ab. Viele Kooperationen werden daher nur Teilräume der größeren Basisregionen umfassen, einige werden deren Grenzen überschreiten. Diese variablen Geometrien erhöhen zwar den Koordinationsaufwand, geben aber Flexibilitätsspielräume zur problemangepassten Kooperation.

Entstehung neuer regionaler Kooperationen

Alleine schon die derzeitigen Aktivitäten der Bundes- und Länderebene und zunehmend auch der europäischen Ebene weisen darauf hin, dass es in den nächsten Jahren noch zu einer weiteren quantitativen Zunahme kooperativer regionaler Netzwerke kommen wird. Zum einen wird sich damit die Gesamtbedeutung von kooperativen Netzwerken im Kanon aller regionalen Steuerungstypen noch erhöhen, zum anderen wird sich aber auch ihr individueller Lebenszyklus verkürzen: Es erhöht sich das Tempo, in dem sich kooperative Netzwerke neu bilden, um dann aber ebenso schnell entweder in festere Institutionen übergehen oder sich aufzulösen.

Diese Beschleunigung hängt auch mit der Verkürzung der Lebenszyklen von Themen zusammen. Neue regionale Kooperationen werden sich immer zuerst „heimatloser" Themen annehmen, die heute noch nicht auszumachen sind. Sie stoßen dabei in Nischen, die die gegenüber neuen Themen weniger flexible sektorale institutionelle Planung lässt. Derzeit absehbar ist beispielsweise, dass nach der vorwiegend ökonomischen und ökologischen Ausrichtung regionaler Kooperationen im letzten Jahrzehnt nunmehr der soziale Aspekt der Nachhaltigkeit auf regionaler Ebene an Bedeutung gewinnen wird. Da hier andere Netzwerke geknüpft und andere Akteure einbezogen werden als bisher, wird es neue Kooperationen geben, die sich eigens auf dieses Themenfeld ausrichten.

Verstetigung bestehender Kooperationen

Mindestens ebenso bedeutsam wie das Aufkommen neuer Kooperationen ist die weitere Verstetigung der bestehenden. Dabei sind mehrere Formen der Verstetigung möglich: in erster Linie Institutionalisierung, in zweiter Linie permanente Wettbewerbsanreize höherer Ebenen.

Die Institutionalisierung der Kooperationen ist dabei der in der Vergangenheit vorherrschende Trend. Durch die empirischen Ergebnisse dieser Arbeit ist belegt, dass ein Großteil der ehemals lose gestrickten kooperativen Netzwerke festere institutionalisierte Strukturen gefunden hat und diese Festigung mit einem höheren Kooperationserfolg einhergeht. Die noch immer vorherrschende Logik des gesamten administrativen Systems und die Suche nach innerer Effizienz sind ausschlaggebend dafür, dass Institutionalisierung die auch zukünftig vorherrschende Form der Verstetigung regionaler Kooperationen sein wird. Es ist dabei sogar durchaus möglich, dass dem vergangenen „Jahrzehnt der Netzwerke" nunmehr eines folgen wird, in dem die vormals durch Netzwerke neu erschlossenen regionalen Themennischen besser innerhalb fester gefügter Organisationen bearbeitet werden. Viele der regionalen Kooperationen, die im letzten Jahrzehnt initiiert wurden, um mit ihren netzwerkartigen Strukturmerkmalen die Schwächen der fest institutionalisierten regionalen Steuerung zu überwinden, dürften mit ihren Aufgabenkatalogen in den nächsten Jahren zu festen Größen im Kanon regionaler Institutionen werden, deren Defizite sie ursprünglich ausgleichen sollten. Auf der anderen Seite ist davon auszugehen, dass diese Kooperationen die Defizite etablierter Institutionen, vor allem geringe Flexibilität und Innovationskraft, zu vermeiden suchen. Formen der „mittelharten" Institutionalisierung im Spektrum zwischen Regionalverbänden und losen Netzwerken dürften daher vorherrschen.

Wahrscheinlich wird dabei das Mischmodell aus Institution und Netzwerk, dass sich für die Einführung von regionalen Innovationen, bislang aber noch nicht für eine breiter angelegte Regionalpolitik bewährt hat, nämlich das Modell der IBA Emscher-Park, mittelfristig die größten Anregungen bieten. Die schlagkräftige Institution ist hier nur der harte Kern der Kooperation. Sie stellt einen wichtigen Kristallisationspunkt in weiter ausgedehnten regionalen Netzwerken dar. Institutionalisierte Kooperationen erweitern ihre Handlungsspielräume, indem sie Akteure aus dem äußeren Kreis der Kooperation aktivieren. Das Modell der IBA verbindet die Diffusions- und Durchschlagskraft einer festen Kerninstitution mit der Inventionskraft eines Netzwerkes. Weiterhin erhält es durch Ausstattung mit Ressourcen, die zwar zeitlich limitiert aber temporär großzügig ausgestaltet sind, eine hohe Schubkraft und baut durch diese zeitliche Limitierung regionale Akzeptanzbarrieren ab. Ob sich dieses Modell für Aufgabenstellungen bewährt, die neben Innovations- auch Ausgleichziele verfolgen, ist allerdings strittig.

Gleiches gilt für das zweite Modell der Verstetigung von Kooperationen, nämlich permanente Wettbewerbsanreize von außen. Nach dem Bund (z.B. Wettbewerb „Regionen der Zukunft", Wettbewerb „InnoRegio") gehen nun auch die Bundesländer (z.B. „Regionale" in Nordrhein-Westfalen) zunehmend dazu über, einen Teil ihrer Fördermittel für regionale Entwicklung im Wettbewerbsverfahren zu vergeben. Die durch solche Wettbewerbsanreize ausgelösten Aktivitäten in den Regionen sind unübersehbar. Auf den ersten Blick scheint dieses Modell zwar keine Verstetigung zu fördern, da es selektiv verfährt und nur temporäre Anreize setzt. Das rapide Abbröckeln der Kooperation nach dem Wettbewerb ist ein vielfach zu Recht beklagtes Phänomen. Je mehr Landesressorts jedoch in immer stärkerem Maße diese Mittel des Wettbewerbs einsetzen, desto eher dürften sich potenzielle Verstetigungseffekte für einzelne Kooperationen ergeben. Bereits jetzt ist in einigen Regionen eine Verstetigung einzelner Projekte und sogar ganzer Kooperationen in Form eines „Competition-Hopping" zu beobachten. Regionale Kooperationen beteiligen sich erfolgreich (häufig in leicht modifizierter Gestalt) an immer anderen Wettbewerben und erreichen so eine gewisse — wenngleich immer durch punktuelle Unsicherheiten gekennzeichnete — Kontinuität. Je mehr übergeordnete Institutionen permanente Wettbewerbsanreize schaffen, desto eher haben zumindest einzelne Kooperationen die Chance, sich durch permanente äußere Wettbewerbsanreize zu verstetigen, ohne sich allzu fest institutionalisieren zu müssen; wobei allerdings ihre Institutionalisierung meist auch ihre Chancen in den selektiven Wettbewerben erhöht. Das Ergebnis könnte im Extremfall eine regionale Landschaft der vernetzten Wettbewerbe sein, was die ursprünglichen Marktmechanismen des Wettbewerbs zugunsten von Netzmechanismen aufheben könnte.

Selektionsprozesse zwischen den neuen regionalen Kooperationen

Die Zahl der neuen regionalen Kooperationen dürfte noch steigen — aber nicht unbegrenzt. Gleichzeitig wird es einen verstärkten Selektionsprozess unter den Kooperationen geben. Viele werden sich — häufig durch Institutionalisierung — verstetigen, einige werden inaktiv, aber potenziell aktivierbar bleiben, manche ihre Arbeit vollständig einstellen. Diese Selektion hat mehrere Gründe: Zum einen verkürzt sich der Lebenszyklus von Themen. Kooperationen, die den laufenden Themenwandel nicht mit vollziehen können, werden ausscheiden. Der andere Grund liegt in der Konzentration der Aktivitäten der schon heute knappen Fach- und vor allem Machtpromotoren (Landräte, Bürgermeister von größeren Städten, Verwaltungsspitzen, Schlüsselunternehmen). Im immer lauter werdenden „Netzwerkrauschen" steigt die Mehrfachbeanspruchung regionaler Schlüsselakteure mit steigender Zahl von Kooperationen, so dass die innere Effizienz und die Innovationsleistung einer Kooperation ein wichtiges Kriterium ihrer Mitwirkung sein wird. Der Wettbewerb der Kooperationen in einer Region um ihre Zentralakteure wird daher stärker werden. Insgesamt dürfte dieser Selektionsprozess der Gefahr entgegenwirken, dass Kooperationen verkrusten und innovationsfeindlich werden.

Aufkommen von Metanetzen regionaler Kooperationen

Neben dem marktförmigen Selektionsmechanismus dürfte es, wie sich heute schon in einigen Regionen abzeichnet, ein weiteres Mittel geben, um die zunehmende kooperative Unübersichtlichkeit zu reduzieren: Regionale Metanetze, d.h. Netzwerke zwischen regionalen Kooperationen ggf. unter Einschluss etablierter Institutionen. Zum einen wird dadurch der steigende regionsinterne Wettbewerbsdruck um regionale Schlüsselakteure reduziert –

diese fungieren jetzt als Schnittstellenakteure zwischen Kooperationen. Zum anderen sind regionale Metanetze auch die Antwort auf einen verstärkten internationalen Wettbewerbsdruck zwischen den Regionen. Auf internationaler Ebene werden sich jedoch die Regionen am besten positionieren, die durch Metanetze die vielfach noch vorzufindende thematische Einengung ihrer einzelnen regionalen Kooperationen ausgleichen können.

Für diese regionalen Kooperativen Netzwerke „2. Ordnung" dürften ähnliche Merkmale zutreffen wie für die hier untersuchten regionalen Kooperativen Netzwerke „1. Ordnung". Das Tempo ihrer Festigung dürfte jedoch geringer sein, da regionale Akteure ihre Macht nicht zu groß werden lassen. Effizienzsteigernde Funktionen übernehmen anstelle der Institutionalisierung Schnittstellenpromotoren, die in mehreren Kooperationen aktiv sind und sich auf die Synergien zwischen den Kooperationen konzentrieren.

Veränderungen der formellen Planung

Die neuen regionalen Kooperationen werden nicht ohne Auswirkungen auf bestehende regionale Institutionen bleiben, vor allem die gesetzlich verankerte Regionalplanung.

Die Bedeutung der regionalen Kooperationen liegt heute schon — zumindest wenn man ihre Anzahl und die einbezogenen Akteure als Kriterium heranzieht — in vielen Regionen quantitativ über der der formellen Regionalplanung. Allerdings behandeln sie weichere Themenbereiche und die formelle Regionalplanung verfügt in konfliktbeladenen Bereichen über die größeren Steuerungskapazitäten.

Zwar gab es in den letzten Jahren Tendenzen der Institutionalisierung und Aufwertung formeller Planung (z.B. Regionalverband Stuttgart), jedoch ebenso starke Gegentendenzen (z.B. Umlandverband Frankfurt). Insgesamt dürfte es in Zukunft eher zu einer leichten Erosion etablierter regionaler Institutionen kommen. So wird in einigen ostdeutschen Bundesländern, wo nun vielfach rechtskräftige Regionalpläne vorliegen, derzeit mehr oder minder offen über die Abschaffung der regionalen Planungsgemeinschaften diskutiert.

Wahrscheinlich ist, dass Regional- und Landespläne der nächsten Generation auf wesentliche Kerninhalte reduziert werden. Dies macht formelle Regional- und Landesplanung unter Umständen effizienter, schmälert aber die Bedeutung ihrer Institutionen in der Region. Die Zukunft der Institution Regionalplanung ist jedoch nicht hoffnungslos. Sie muss aber ihre neuen Funktionen vor dem Hintergrund des Bedeutungsgewinnes regionaler Kooperationen suchen. Je fester sich einerseits neue regionale Kooperationen institutionalisieren und je stärker andererseits traditionelle Institutionen erodieren, desto größer ist die Wahrscheinlichkeit, dass sich zukünftig Aufgabenverschiebungen zwischen diesen Steuerungstypen abzeichnen. Möglich ist dabei sowohl, dass neue — nun institutionell gestärkte — Kooperationen etablierte Verbände von Aufgaben entlasten, als auch, dass etablierte Verbände Aufgaben von neuen regionalen Kooperationen übernehmen. Neue regionale Kooperationen fungieren in diesem Modell eher als Durchlauferhitzer innovativer Themen, profitieren von ihrer vergleichsweise loseren Struktur. Feste regionale Institutionen dagegen spielen die Vorteile ihrer effizient arbeitenden Hierarchien und ihrer vergleichsweise größeren formellen politischen Legitimation aus und konzentrieren sich auf Routineaufgaben sowie die punktuelle Vermittlung regionalbedeutsamer Konflikte.

Zunehmende innerregionale Konkurrenz um die Rolle des Regionalmanagements

Regionalentwicklung wird nun schon seit einigen Jahren und wohl auch noch auf absehbare Zeit vor allem unter dem Schlagwort des Regionalmanagements diskutiert. Dies kann ein ganzheitliches Regionalmanagement mit umfassendem Steuerungsanspruch sein. Regionalentwicklung kann aber auch innerhalb eines Pluralismus der Steuerungsformen erfolgen, durch eine Steuerung ohne Zentrum. Belege finden sich für beide Möglichkeiten, wenngleich derzeit der Trend zu einem Pluralismus der Steuerungsformen der stärkere zu sein scheint. Für die Übernahme der meist noch vakanten Regionalmanagementfunktionen haben unterschiedliche Institutionen und Steuerungsformen spezifische Argumente. Die institutionalisierte Regionalplanung hat den flächendeckenden Regionalbezug und kann eine gute Verzahnung des Regionalmanagements zur formellen Regionalplanung herstellen, sie leidet aber an politischen Akzeptanzproblemen in Kommunen, Landkreisen und nicht selten auch beim Land. Privatrechtlich organisierte Agenturen erweisen sich zwar als dynamisch und flexibel und mobilisieren privates Kapital zur Umsetzung von Projekten, ihnen fehlt aber die politische Legitimation für ein breites Aufgabenspektrum. Landkreise erleben unter dem Begriff des Regionalmanagements derzeit vielerorts zwar eine Renaissance, vielfach verharren sie aber zu sehr in administrativen Handlungsweisen des Verwaltungsvollzugs und fassen regionale Bezüge zu kleinräumig.

Die institutionelle Kulisse stellt sich in den einzelnen Regionen — ja sogar Bundesländern — so unterschiedlich dar, dass eine generelle Antwort auf die Frage nach der geeignetsten Form des Regionalmanagements mit

Sicherheit nicht gegeben werden kann. Aus Sicht der Region spielt die einzelne Form ohnehin nur die sekundäre Rolle: Entscheidend ist, dass die Gesamtheit der Landschaft der Institutionen, Kooperationen und Netzwerke alle Phasen von Innovationsprozessen abdeckt. Es müssen Inventionen möglich sein, aber sie müssen auch durch effiziente kooperative Arbeit zu Innovationen reifen und im breiteren Rahmen diffundieren können. Einzelne Formen der Steuerung haben dabei nur eine kontextabhängige Überlegenheit.

2.2 Kooperationen zur Lösung regional bedeutsamer Konflikte

Die Zukunft der konfliktlösungsorientierten Kooperationen, in dieser Arbeit als mediationsähnliche Verfahren untersucht, scheint insgesamt etwas problematischer zu sein als die der entwicklungsorientierten Kooperationen. Während zumindest die erfolgreichen entwicklungsorientierten Kooperationen die in sie gesetzten Erwartungen häufig erfüllen konnten, gelang es den eigenständigen mediationsähnlichen Verfahren nicht, sich zu einem die gerichtliche Konfliktlösung wirklich entlastenden Element zu entwickeln, wie es ursprünglich intendiert war. Zu deutlich wurden ihre Grenzen: Zweifelsohne konnten sie zwar das regionale Wissen zum Konfliktthema kooperativ steigern. Auch konnten sie Fronten zwischen Akteuren abbauen. Letztlich konnten sie aber das Ziel der dauerhaft tragfähigen Lösung von Konflikten nicht erreichen, da ihnen durchweg Mechanismen der Verbindlichkeit fehlten. Eine nüchterne Bilanz muss konstatieren: Aus Sicht der Verwaltungen sind die durchgeführten mediationsähnlichen Verfahren nicht effizient, da der zum Teil sehr hohe Aufwand weder die Akzeptanz politischer Entscheidungen derart erhöhte, dass Klagen direkt Betroffener auf dem Rechtsweg vermieden wurden, noch konnten gemeinsame Kompromisslösungen erarbeitet werden, die sich gegen tradierte politische Fronten behaupten konnten. Auch aus Sicht der beteiligten Akteure verliefen die Verfahren selbst zwar zum großen Teil kooperativ, sie konnten jedoch Grenzen unterschiedlicher Werthaltungen von Akteuren, die den meisten starken Konflikten zu Grunde liegen, nicht überspringen. Die zentralen Grundvoraussetzungen der Mediation, wie sie in Konflikten zwischen wenigen privaten Akteuren (z.B. Familienstreitigkeiten) vorzufinden sind, liegen bei den in Deutschland durchgeführten Verfahren zur Umweltmediation nicht im erforderlichen Maße vor: das Problem ist vor allem das begrenzte Mandat der teilnehmenden Akteure, die in ihrer Kompromissbereitschaft nicht persönlichen Präferenzen, sondern politischen Funktionen unterworfen sind. Es gelingt den mediationsähnlichen Verfahren eben nicht, die komplexen Mechanismen politischen und administrativen Handelns derart kooperativ zu fokussieren und handhabbar zu machen, dass zentrale Konfliktlinien aufgelöst werden.

Es erscheint daher nicht vermessen, anzunehmen, dass die Lehren aus den in Deutschland durchgeführten Versuchen von Mediationsverfahren zu neuen Konzepten der Bearbeitung raumrelevanter Konflikte führen werden, für die sich unter Umständen der klassische Mediationsbegriff als untauglich erweist. Die aktuellen Diskussionen (Förderverein Umweltmediation 2001) zeigen, dass die Suche nach einem einheitlichen Mediationsbegriff noch im Gange ist. Auch aus diesem Grunde wurde in dieser Arbeit lediglich von „mediationsähnlichen" Verfahren gesprochen.

Dabei lassen sich vier Optionen der Evolution mediationsähnlicher Verfahren unterscheiden:
- Die Radikalisierung des Mediationsgedankens in Richtung des Transformationsansatzes;
- Die Stärkung der Entscheidungskompetenzen von Mediatoren und deren Institutionalisierung;
- Moderation gemeinsamer Informationserarbeitung als Konfliktlösungsgrundlage anstelle von Mediation;
- Die kleinteilige Integration mediativer Elemente in Verwaltungsverfahren.

Radikalisierung des Mediationsgedankens in Richtung des Transformationsansatzes

Die erste Entwicklungsoption ist die Radikalisierung des Mediationsgedankens durch die Umorientierung vom derzeit vorherrschenden sachorientierten Harvard-Ansatz hin zum akteursbeziehungsorientierten Transformationsansatz. Die Voraussetzungen der Akteure und die Rolle des Mediators würden sich noch deutlicher in die Richtung entwickeln, wie sie etwa im Bereich der Familienmediation vorzufinden sind. Der Mediator agiert hier passiver in dem Sinne, dass er sich noch weniger mit den Inhalten des Konfliktes befasst und die Verantwortung zur Konfliktlösung noch stärker bei den Akteuren belässt. Vertreter des Transformationsansatzes gehen davon aus, dass — bei einem ausreichenden Zeitrahmen — dieser Ansatz erfolgreich ist und eine vollständige Konfliktlösung erreicht wird, wenn vor allem die Voraussetzung der vollständigen Eigenverantwortlichkeit der Akteure gewährleistet ist. Dies ist für die hier relevanten regionalen Konflikte allerdings ein hoher — wohl zu hoher — Anspruch. Es müssten nämlich in der Regel die obersten Entscheidungsträger an Mediationsverfahren teilnehmen und auch diese haben im bestehenden politisch-administrativen System nur ein eingeschränktes Mandat. Persönliche Motive spielen bei öffentlichen Akteuren zwar immer eine Rolle. Jedoch können raumrelevante Konflikte nur selten auf die reine Beziehungsebene zwischen den Akteuren reduziert werden, sondern die Akteure stehen stets stellvertretend für bestimmte Institutionen und Funktionen. Im Rahmen des bestehenden rechtlichen und politischen Systems wird es daher bei raumrelevanten Konflikten kaum Fälle geben, in denen ein solches Verfahren tatsächlich erfolgversprechend einsetzbar ist. Die Qualitätskriterien des Transformationsansatzes wären dann — im Grunde wie bislang auch — eher als eine Richtschnur zu sehen, der gefolgt werden sollte, die aber auch kontrolliert verlassen werden kann.

Stärkung der Entscheidungskompetenzen von Mediatoren und Institutionalisierung der Mediation

Die zweite Option setzt an dem Problem der fehlenden Verbindlichkeit der Arbeitsergebnisse der bisherigen mediationsähnlichen Verfahren an und versucht, diese zu erhöhen. Der Grundidee nach erhält dabei der Mediator mehr inhaltliche Entscheidungskompetenzen und entwickelt sich in Richtung eines Schlichters bzw. rückt sogar in die Nähe des Richters. Gleichzeitig werden Strukturen genutzt, die es den Akteuren der Kooperationen ermöglichen, ihre Klientel stärker an die Ergebnisse der Mediation zu binden. Dann würden sich mediationsähnliche Verfahren in ihrem Charakter aber wieder stärker den etablierten administrativen und politischen Prozessen der Konsensbildung annähern. In diesem Zusammenhang könnte die institutionalisierte Regionalplanung ein neues Aufgabenfeld erhalten. Da zu erwarten ist, dass sie sich aus dem flächendeckenden Regelungsanspruch zurückzieht und sie im Vergleich zu umsetzungsorientierter und flexibler agierenden Institutionen deutliche Nachteile bei einem entwicklungsorientierten Regionalmanagement hat, könnte es für sie eine Perspektive sein, sich auf die restriktive Mediation bzw. Schlichtung weniger regionaler Konflikte zu konzentrieren (Diller 1996). Ihr entscheidender Vorteil ist dabei: Sie ist bereits formell verankert, was ihr eine gewisse Regelungskompetenz verschafft, Kompromisse zu formulieren und durchzusetzen. Sie hat nicht nur die grundsätzliche politische Legitimation, sondern auch das querschnittsorientierte Fachwissen, Konfliktlösungsvorschläge zu erarbeiten. Dies würde allerdings eine erhebliche Stärkung der Regionalplanung gegenüber den Fachplanungen voraussetzen.

Moderation gemeinsamer Informationserarbeitung als Konfliktlösungsgrundlage anstelle von Mediation

Nach den Ergebnissen bisheriger mediationsähnlicher Verfahren ist eine wahrscheinliche Entwicklungsoption, dass derlei Kooperationen zukünftig von dem enormen Erfolgsdruck entlastet werden, den der Begriff „Mediation" beinhaltet, nämlich tatsächlich einvernehmliche umsetzungsfähige Konfliktlösungen zu erarbeiten. Ihre Funktion wird eher darin gesehen, das regionale Wissen zu den konfliktträchtigen Themen gemeinsam zu heben und ein insgesamt kooperatives Klima zu schaffen, damit alternative Optionen der Regionalentwicklung deutlich werden. Genau dies können diese Kooperationen nämlich in der Regel jetzt schon leisten. Sie würden sich damit im Charakter den entwicklungsorientierten Kooperationen annähern. Durch die Abkehr vom Anspruch der Konfliktlösung und die Ausrichtung auf die Generierung von Ideen (Fietkau 1999) wären die Kooperationen von aufwendigen Koordinations- und Kontrollmechanismen entlastet (Beteiligung nach dem Proporz, Spielregeln, strikte Abläufe) und würden kostengünstiger arbeiten. In derlei modifizierten Kooperationen wird damit der Anspruch der Konfliktlösung zugunsten einer explorativen Kommunikation aufgegeben. Es werden nicht Endlösungen abgestimmt , sondern ein nicht zu schmaler Lösungskorridor für das formelle Verfahren aufgezeigt. Zu erwarten ist, dass solche Verfahren zur Ideengenerierung von Konfliktlösungsalternativen deutlich kostengünstiger ausfallen als bisherige mediationsähnliche Verfahren. Da die Beteiligten sich nicht dem Anspruch des letztlichen Konsenses, sondern nur der losen Ideengenerierung verpflichtet haben, dürften Misstrauensbarrieren niedriger.ausfallen, es entfallen Sicherungsnotwendigkeiten gegenüber Störeinflüssen von außen. Unter Umständen reduzieren sich auch die mitunter anzutreffenden Dopplungen von Gutachten und Gegengutachten. Gegenüber normalen Gutachterverfahren haben solche Verfahren den Vorteil der stärkeren Ausrichtung an den inhaltlichen Positionen der Akteure. Sie können als Ideenschmiede stark in die Nähe von traditionellen Verfahren der Laienplanung wie Planungszellen geraten. Die Rolle des Mediators liesse sich dann eher als die eines Moderators zur Erarbeitung eines breiten Lösungskorridors für nachfolgende formelle Verfahren beschreiben — im Grunde genau das, was die meisten „Mediatoren" in diesen Themenfeldern heute bereits praktizieren.

Kleinteilige Integration mediativer Elemente in Verwaltungsverfahren

Vor dem Hintergrund der ungünstigen Kosten-Nutzen-Relationen der meisten großen mediationsähnlichen Verfahren ist es sehr wahrscheinlich, dass eigenständige und aufwendig angelegte Verfahren eher an Bedeutung verlieren werden, dafür aber formelle Abstimmungsprozesse und Gerichtsverfahren punktuell mit kleineren mediativen Elementen angereichert werden. Bestehende Rechtsgrundlagen lassen hierfür bereits heute meistens genügend Spielraum, und eine Reihe von mediationsähnlichen Verfahren war ja von Seiten der Verwaltung als Komponente formeller Verfahren konzipiert. Mediationselemente dürften umso erfolgreicher sein, je zeitnäher, kleinteiliger und unaufwendiger sie in formelle Verfahrenschritte integriert werden können. Es wird weniger aufwendige Mediationsverfahren geben, die hohe Erwartungen aller Beteiligten schüren und zu einem hohen Politisierungsgrad führen, sondern es werden die einzelnen Stufen des administrativen Entscheidungsprozesses kommunikativer ausgestaltet.

Möglich ist, dass alle vier der hier vorgestellten Entwicklungsoptionen in Zukunft Erprobung finden werden. Jedoch sind die beiden zuletzt formulierten Varianten, die Beschränkung des Anspruches zur kooperativen Konfliktlösung auf die gemeinsame Informationsvermittlung und der Suche nach Entwicklungsalternativen einerseits, die kleinteilige Integration mediativer Elemente in formelle Verfahren andererseits die erfolgversprechendsten Optionen. Zu voraussetzungsvoll sind der stark auf die Beziehungsebene der Akteure fokussierte Transformationsansatz auf der einen und der Ansatz, der regionalen Institutionen eine stärkere Autorität zur Entscheidung über Konfliktlösungen einräumt, auf der anderen Seite; denn beide würden deutliche Änderungen der gesetzlichen, politischen und administrativen Entscheidungsstrukturen voraussetzen, Ob es allerdings der Klarheit der Diskussion dienlich ist, den Begriff Mediation auf die wahrscheinlicheren Entwicklungsoptionen anzuwenden, ist zweifelhaft.

3. Strategische Empfehlungen

Aus den oben genannten allgemeinen Trends lassen sich vor allem für entwicklungsorientierte regionale Kooperationen akteursspezifisch differenzierte Empfehlungen ableiten (Empfehlung 1-19). Die Empfehlungen für konfliktlösungsorientierte Kooperationen fallen – aufgrund ihrer fundamentaleren Defizite und unklareren Perspektiven grundsätzlicher aus, sie werden zusammengefasst (Empfehlung 20) dargestellt.

3.1 Politik und Verwaltung

Bund und Länder

Die Perspektiven kooperativer Regionalentwicklung werden in Deutschland zunächst einmal davon abhängen, wie sich die Steuerungswilligkeit und -fähigkeit der den Regionen übergeordneten Ebenen entwickelt. War hier in den letzten Jahren vor allem ein Rückzug der Bundesebene deutlich, so kann ähnliches in Zukunft auch für die Länder vermutet werden. Raumentwicklung wird sich in absehbarer Zeit vor allem zwischen der europäischen und einer regionalen Ebene abspielen. Dieser relative Bedeutungsverlust der Länderebene macht die Situation für die eigenständigen Regionen — trotz ihrer Aufwertung — nicht leichter. Denn es ist zu erwarten, dass sich die bisherigen zum Teil massiven intersektoralen Koordinationsprobleme auf der Länderebene, die die Arbeit der regionalen Kooperationen in der Vergangenheit erschwerten, in einem ebenso große, wenn nicht sogar größerem Maße auf der Ebene der EU wieder einstellen werden. Kurz- oder mittelfristig lassen sich für Bund und Länder folgende strategischen Empfehlungen formulieren:

1. Zu den Fragen der Entstehung und der Verstetigung regionaler Kooperationen und ihrer Selektion wäre zunächst von Bund und Ländern eine *ehrliche gemeinsame typenspezifische Bilanz* der im vergangenen Jahrzehnt initiierten Kooperationen zu ziehen. Für die wichtigsten Typen entwicklungsorientierter Kooperationen können dabei folgende Überlegungen grundlegend sein:
   - Den noch immer am weitesten gehenden Ansatz — weil in einigen Ländern flächendeckend angestoßen und mit erheblichen Fördevolumina versehen — stellt dabei die regionalisierte Strukturpolitik dar. Trotz partieller Mängel ist

schwer einsehbar, warum eine systematische regionalisierte Strukturpolitik nur in wenigen Bundesländern vorzufinden ist. Denn zumindest in den größeren Bundesländern scheint sie ein lohnender Ansatz, Strukturpolitik akteursnäher und damit zielgerechter zu gestalten. Aber letztlich kann sie nur greifen, wenn auch auf Landesebene wirksame Mechanismen der sektorübergreifenden Koordination dauerhaft und mit ausreichenden Kompetenzen versehen etabliert werden.

- Wettbewerbe wie der im letzten Jahr abgeschlossene Wettbewerb „Regionen der Zukunft" sind als Modell der Initiierung regionaler Kooperation derzeit en vogue. Die Erfolge sind unübersehbar. Die kurz- bis mittelfristige Mobilisierung von Kräften ist vielfach gelungen. Sinnvoll eingesetzt, werden Wettbewerbe auch weiter ein wichtiges Anreizinstrument darstellen. Noch nicht erwiesen ist jedoch, inwieweit sich permanente Wettbewerbe als Instrument der Verstetigung regionaler Kooperation eignen. Hier sollten systematisch Erfahrungen gesammelt und ausgewertet werden.

- Regionalmarketingansätze erscheinen vor allem in Bayern erfolgreich initiiert. Inwieweit der — zum flächendeckenden Ansatz der regionalisierten Strukturpolitik konträre — Ansatz, lose Anreize von oben zu setzen und vor allem auf die regionale Initiative zu setzen, zu bedenklichen Gefällen regionaler Entwicklung führt, muss abgewartet werden. Einzelne Elemente der bayerischen Strategie – so etwa die anfangs hohe, jedoch jährlich stufenweise zurückgehende Landesförderung für Regionalmarketing-Ansätze – erscheinen aber durchaus nachahmenswert.

- Die IBA-Emscher-Park hat unübersehbare Erfolge in der Kreierung von Innovationen gehabt und dient bereits heute vielfach als Modell für andere Kooperationen. Sie kann und will flächendeckende Regionalpolitik jedoch nicht ersetzen; dennoch wäre Bundesländern zu empfehlen, eigene situationsangepasste Kooperationen nach dem Vorbild der IBA Emscher-Park ins Leben zu rufen und mit ausreichenden Kapazitäten und Kompetenzen auszustatten.

- Eine kritische Bilanz muss auch nicht tragfähige Ansätze erkennen. Zwar gibt es beispielsweise sehr erfolgreich agierende Städtenetze. Jedoch erscheint gerade dieser Kooperationstypus aufgrund seiner räumlichen und thematischen Selektivität und seines ungeklärten Zwischenstatus zwischen Raumordnung und Regionalentwicklung in vielen Regionen keine adäquate Form kooperativer regionaler Entwicklung zu sein. Er leidet besonders unter dauerhaften Akzeptanzdefiziten regionaler Akteure und Passfähigkeitsproblemen zu anderen Instrumenten. Kooperationen, die aufgrund grundsätzlich falscher Strukturierung im innerregionalen Wettbewerb nicht überlebensfähig wären, sollten nicht vom Bund und den Ländern dauerhaft künstlich am Leben erhalten werden.

2. Die *gesetzliche Verankerung* entwicklungsorientierter Kooperationen erscheint durch Art. 2 §13 BauROG im Grundsatz ausreichend. Überprüft werden sollte allerdings, ob die hier vorgenommene ausdrückliche („insbesondere") Nennung Regionaler Entwicklungskonzepte und Städtenetze nicht zu einer — dem Sinn der Regelung widersprechenden — Ausblendung anderer wichtiger Typen regionaler Koopera-

tionen mit durchaus raumordnerisch relevanten Zielsetzungen (z.B. Regionalmarketing, Agenda-21-Prozesse) führt. Ggf. wäre ein allgemeinerer Begriff angemessener, um die Breite der Palette entwicklungsorientierter Kooperationen angemessen zu unterstützen.
3. Die Bundesländer sollten Überlegungen über Möglichkeiten anstellen, einzelne Formen (z.b. nach dem Modell der Städteverbünde in Sachsen) *landesrechtlich zu verankern*, um deren Aufgabenkatalog zu erweitern und ihre Akzeptanz und Finanzierungsspielräume zu erhöhen. Jedoch sollte eine solche stärkere Institutionalisierung mit Bedacht geregelt werden, denn stets droht die Gefahr, dass solche Kooperationen die Stärken flexibler Netzwerksteuerung verlieren.
4. Die schwierige Aufgabe vor allem der Landespolitik ist es, zwar einerseits die *Formenvielfalt* regionaler Kooperationen zuzulassen, gleichzeitig aber die interne *Koordination der Landesressorts* zur Unterstützung der regionalen Kooperationen sicherzustellen. Die Hoffnung, Ressortgrenzen auf Landesebene alleine durch die Regionalisierung von Leitbildprozessen zu überwinden, bleibt unerfüllt, da die materiellen Ressourcen zur Umsetzung auf der Landesebene verbleiben. Hier wäre ein verstärkter bundesweiter Austausch der Länder über bestehende und innovative Formen ressortübergreifender Koordination hilfreich (z.B. interministerielle Arbeitsgruppen, Standortarbeitskreise, Stabsstellen).
5. Notwendig ist ein systematischer Austausch über die unterschiedlichen Formen der *Verstetigung* von Kooperationen. Der in den meisten Kooperationen zu beobachtende Trend zur eigenen Institutionalisierung hat ihre Innovationsfreude insgesamt zwar noch nicht sichtbar getrübt. Aber es muss — initiiert von Bund und Ländern — auch über Alternativen der Institutionalisierung nachgedacht werden, über Möglichkeiten einer Verstetigung ohne Verkrustung.
6. In diesem Zusammenhang ist derzeit die Diskussion um die richtige Verankerung eines *Regionalmanagements* im vollen Gange, durch die nunmehr mögliche Finanzierung aus GR-Mitteln werden hier in vielen Ländern Modellprojekte initiiert werden. Im Rahmen der Aktivitäten zur Verstetigung Regionaler Agenda-21-Prozesse sollte diese Diskussion auf der Bundesebene verstärkt fortgesetzt werden. Hier wären auch internationale Beispiele noch wesentlich systematischer zu analysieren als bislang.
7. Die angemessene Funktion der Länder wäre es, ähnlich wie einige dies bei der Erarbeitung Regionaler Entwicklungskonzepte getan haben, die Durchführung den Regionen zu überlassen, ihre Aktivitäten aber durch Ansprechpartner auf Landesebene, interministerielle Arbeitsgruppen

und *Hilfestellungen* wie Leitfäden und soweit wie nötig vereinheitlichende Richtlinien zu begleiten.

8. Hinsichtlich der *formellen überörtlichen Planung* wäre es die Aufgabe des Bundes und der Länder, zum einen Orientierungskataloge zur *Verschlankung* der Landes- und Regionalpläne zu entwickeln, andererseits z.b. durch Modellvorhaben die Eignung der institutionalisierten Regionalplanung für *neue, bislang zu schwach institutionalisierte Themenfelder* (z.B. punktuelle Mediation, vgl. unten) zu überprüfen.

Regionen, Landkreise und Kommunen

Auch wenn Bund und Länder wesentliche Rahmenvorgaben setzen: Letztlich sind Regionen, Landkreise und Kommunen die hauptverantwortlichen Institutionen für die Entwicklung regional angepasster Kooperationsformen. Sie sind es, die in erster Linie dafür sorgen müssen, dass die regionalen Kooperationen ihre Effizienz steigern, gleichzeitig aber nicht an Innovationskraft verlieren und dass sich in den Regionen eine Vielfalt von Kooperationsformen erhält, die in sich wandelbar bleiben.

9. Vor allem ist es die breite politische Unterstützung auf kommunaler Ebene, die hier vielen regionalen Kooperationen bislang fehlt. Die vergleichsweise geringe Politisierung der meisten neuen regionalen Kooperationen hat sich für sie in ihren Anfangsphasen zwar eher förderlich ausgewirkt, da Innovationen nicht im politischen Proporzdenken versickerten. Je stärker sich aber Kooperationen in Richtung des umsetzungsorientierten Managements entwickeln, desto wichtiger wird die Unterstützung nicht nur bei politischen Spitzen, sondern auch in kommunalen Parlamenten.

10. Nachdem die letzten Generationen regionaler Kooperationen Impulse von Bund und Ländern erhielten, wird sowohl die *Initiierung neuer Kooperationen* als auch die Frage ihrer *Verstetigung* in Zukunft noch mehr zur Aufgabe der Regionen werden. Regionale Kooperation stößt noch zu stark an die Grenzen des Anspruchsdenkens gegenüber höheren Ebenen und innerregionaler Konkurrenzen zwischen Gemeinden oder zwischen Landkreisen und Regionen, die effiziente Arbeitsteilungen verhindern und innovative Impulse abschwächen. Die Regionen müssen angepasste Kooperationsformen entwickeln und deren Effizienz steigern, ohne gleichzeitig an Innovationskraft zu verlieren. Sie müssen die Vielfalt von Kooperationen erhalten, aber auch Mechanismen entwickeln, um „kooperative Unübersichtlichkeit" zu vermeiden. Vor allem wird daher das Knüpfen *regionaler Metanetze* zwischen bestehenden mittelhart institutionalisierten Kooperationen einer Region eine

strategische Kernaufgabe von politischen und administrativen Schlüsselakteuren werden.
11. Aufgabe der Regionen, Landkreise und Kommunen ist die kulissengerechte *Implementierung* der jeweiligen Formen des *Regionalmanagements*. Konkurrenz kann hier produktiv sein. Jedoch muss Regionalmanagement nicht zwingend zentral aus einem Guss erfolgen, sondern die einzelnen Institutionen können sich hier auch sinnvoll gegenseitig ergänzen.
12. Regionen, Landkreise und Kommunen sind es auch, die den *neuen Aufgabenkatalog der formellen Planung* ausfüllen: verschlankte Regionalpläne und evtl. neue Aufgaben der Regionalplanung (punktuelle Mediation) wären hier an erster Stelle zu nennen.
13. Gerade die besonders erfolgreichen Kooperationen zeichnen sich durch ein *systematisches Monitoring eine wirklich kritisch begleitende Evaluierung* aus. Solche Instrumente erfüllen nicht nur die wichtige Funktion der internen Effizienzkontrolle, sie lassen sich zunehmend auch unter Marketing-Gesichtspunkten betrachten. Derlei begleitende Instrumente sollten für regionale Kooperationen selbstverständlich werden.

3.2 Universitäten, Fachhochschulen und andere Forschungs- und Lehreinrichtungen

Forschung

Die Perspektiven der Forschung lassen sich unterscheiden in die eher grundlagenbezogene und die anwendungsorientierte Forschung:
14. Die hier durchgeführten empirischen Untersuchungen ergaben einige interessante Ergebnisse zur inneren Struktur der Kooperationen, sie zeigten aber gleichzeitig die Grenzen eines strukturorientierten empirischen Ansatzes auf. Im Bereich der grundlagenbezogenen Forschung fehlt es bislang noch an Arbeiten, die den Aspekt der *Verstetigung und Alterungsfähigkeit* von Netzwerken methodisch angemessen untersuchen. Durch zeitliche Ein-Punkt-Untersuchungen, wie sie auch hier durchgeführt wurden, kann dies nur unvollständig gelingen, eher wären *Längsschnittuntersuchungen* dieser Problemstellung angemessen. Interessant wäre es dabei besonders, in einer Langzeitperspektive (mindestens zehn Jahre) die Frage der Alterungsfähigkeit von Netzwerken im Vergleich zu festen Institutionen zu thematisieren.
15. Im Bereich der anwendungsbezogenen Forschung ist der seit längerem anhaltende Trend einer reinen *Best-Practice-Forschung* kritisch zu hin-

terfragen. Zweifelsohne hat dieser zu Beginn der 90er Jahre zum Beispiel im Experimentellen Wohnungs- und Städtebau eingeschlagene Weg die Forschung praxisnäher ausfallen lassen und innovative Impulse in Regionen und Kommunen gesetzt. Jedoch zeigt der Blick auf schriftliche Produkte dieser Forschungsaktivitäten, dass durch die Vermengung von Initiierung, Begleitung und Beobachtung häufig die für strategische Empfehlungen wichtige Distanz der Forscher zum Gegenstand verloren gehen kann. Dies gilt umso mehr in sich verstetigenden Forschungsfeldern, denen immer eine gewisse Tendenz der Selbst-Aufrechterhaltung innewohnt. Eher konventionell anmutende Evaluierungsarbeiten erweisen sich bisweilen in ihren strategischen Empfehlungen deutlich ertragreicher als Ergebnisse einer prozessbegleitenden Forschung im Maßstab 1:1.

16. Die *Themen* der Forschung erfordern sowohl geographische, als auch ökonomische, soziologische und politikwissenschaftliche Ansätze. Vor allem sind hier zu nennen:

- Neue flexible Abgrenzungskriterien für kooperative Teilregionen;
- Entstehungsbedingungen, politisch-institutionelle Milieus;
- Innere Akteurs- und Machtstrukturen;
- Formen der Verstetigung und Selektion (Institutionalisierung, Marktmechanismen, kooperative Metanetze);
- Eignungsbewertungen unterschiedlicher Formen kooperativer Steuerung für bestimmte Aufgabenfelder;
- Systematische Leistungsvergleiche unterschiedlicher Formen des Regionalmanagements.

Lehre

Die Forderungen an die Lehre gehen in zwei Richtungen:

17. Auf der Ebene *theoretischer Grundlagen* haben die Veränderungen in der Regionalplanung/Regionalentwicklung und das Aufkommen Kooperativer Netzwerke Eingang in die meisten Lehrpläne raumplanungsbezogener Studiengänge gefunden. Die Möglichkeit der systematischen Vertiefung des Studiums auf der regionalen Ebene, wie sie z.B. am Institut für Stadt- und Regionalplanung der TU Berlin durch die neue Studienordnung möglich ist, hat sich bewährt und kann als zukunftsweisendes Modell für andere, zur Reform anstehende Studiengänge der Raumplanung fungieren.

Die größeren Defizite der Lehre liegen an Universitären, aber auch an Fachhochschulen, im methodischen Bereich:

18. Trotz verstärkter virtueller Kommunikation wird die Frage der Face-to-Face-*Kommunikationsfähigkeit* und der Fähigkeit der Prozessgestaltung für Angehörige der Planerprofession — wie übrigens auch für alle anderen Berufsfelder — immer bedeutsamer werden. Mittlerweile sind reine Kommunikations- und Prozessspezialisten in klassische Arbeitsfelder von Raumplanern eingedrungen. Die Untersuchungen dieser Arbeit machten aber deutlich, dass ein über reine Kommunikations- und Prozessgestaltungsfähigkeiten hinausgehendes Fachwissen in der raumbezogenen Planung auch für eine rein moderierende Tätigkeit zumindest nach wie vor hilfreich, wenn nicht unentbehrlich ist. Die Qualifikation reiner Prozessspezialisten wird nicht ausreichen, weil auch von ihnen inhaltliches Wissen in der Regel nicht nur reflexiv, sondern direktiv eingebracht werden muss. Raumplanende können hier durch Weiterqualifikationen Rückstände wieder aufholen. Dazu müssen jedoch Fähigkeiten der *Moderation* und *Konfliktmittlung* noch systematischer zu Lehrinhalten gemacht werden.
19. Noch defizitärer stellt sich die Situation in der Lehre von Raumplanern in dem Methodenbereich dar, der sich um den Begriff des *Managements* dreht. Managementfähigkeiten, zum einen im Sinne der Aktivierung regionaler Potenziale und Akteure, zum andern aber auch im Sinne von in betriebswirtschaftliche Richtung gehenden Umsetzungsfähigkeiten, sind mittlerweile nicht nur für große Projekte in Verdichtungsräumen, sondern auch für kleine Projekte auf einer regionalen Ebene und im ländlichen Raum unabdingbar. Im Hinblick auf das im begonnenen Jahrzehnt sicherlich wichtige Arbeitsfeld des Regionalmanagements haben die etablierten Studiengänge der Raumplanung gegenüber „Neulingen" etwa aus dem Bereich der Betriebswirtschaftslehre an Boden verloren. Aber auch hier gilt, dass sich aufgrund der anderen vorhandenen fachlichen Qualifikationen bei der Erweiterung um Managementfähigkeiten ein solcher Rückstand aufholen lässt.
20. Gehen die o.g. Empfehlungen zu den entwicklungsorientierten regionalen Kooperationen im Grundsatz davon aus, dass diese Formen regionaler Steuerung sich in Zukunft fest etablieren und weiter an Bedeutung gewinnen werden, so scheinen die in dieser Untersuchung herausgearbeiteten Mängel mediationsähnlicher Verfahren fundamentaler und es fallen daher auch die Empfehlungen grundsätzlicher aus:
21. Die rechtliche Verankerung von Mediationsverfahren erscheint ausreichend. Bund, Länder und unter Umständen auch die Regionen, Landkreise, Kommunen sowie Forschungseinrichtungen sollten jedoch weitaus stärker als bisher gemeinsam und systematisch an der methodischen *Weiterentwicklung konfliktlösungsorientierter Kooperationen* arbeiten. Aktivitäten wie die des Fördervereins Umweltmediation sollten dabei

verstärkt unterstützt werden. Entwicklungslinien für weitere Modellvorhaben wären die unter VII.2.2 genannten und andere Optionen. Moderation gemeinsamer Informationserarbeitung als Konfliktlösungsgrundlage anstelle von Mediation und kleinteilige Integration mediativer Elemente in Verwaltungsverfahren erscheinen dabei als die erfolgversprechendsten Entwicklungspfade. Die Zukunft großer politisierter Mediationsverfahren ist dagegen deutlich skeptischer zu beurteilen.
22. Die *Klarheit der Begriffe*, vor allem die Frage, wann etwas als „Mediation" und wann als „Konfliktmoderation" oder „Konfliktmanagement" zu bezeichnen ist, ist dabei keine akademische Wortklauberei. Klare Begriffe mit allgemeingültigen Anforderungen erscheinen gerade bei diesem Typus von Kooperationen aufgrund des höheren Konfliktlevels unvermeidbar, wenn weiteren Enttäuschungen von Akteuren und einer Abnutzung des kooperativen Gedankens vorgebeugt werden soll.

Allen diesen 20 genannten Empfehlungen liegt eine Hypothese zu Grunde: „Kooperation" als ein Handlungsprinzip gesellschaftlicher Steuerung, „Netzwerk" als eine moderne Organisationsform von Akteursbeziehungen und „Region" als eine räumliche Handlungsebene werden auch in den nächsten Jahren Bedeutung in der räumlichen Planung haben und wahrscheinlich sogar weiteren Stellenwert erhalten. In dieser Arbeit wurde versucht, die Reichweite und Grenzen dieses Bedeutungszuwachses präziser nachzuzeichnen. Wie plausibel, mag der Leser entscheiden. Wie treffend, nur die Entwicklung selbst.

Tabelle VII.1: Strategische Empfehlungen zum Umgang mit entwicklungsorientierten Kooperationen

Trend/ Aspekt	Institution					
	Politik und Verwaltung			Universität/Fachhoch-schule/ Forschungseinrichtungen		
	Bund	Länder	Regionen, Landkreise, Kommunen	Forschung	Lehre
Entstehung neuer Kooperationen	Initiierung neuer Themen		Durchlässigkeit regionaler Strukturen für neue Ansätze	Entstehungsbedingungen, Milieuforschung	Theoretische Grundlagen, Methodische Grundlagen: Moderation, Mediation
Bestehende Kooperationen: Verstetigung, Selektion, Metanetze	Typenspezifische gemeinsame Leistungsbilanz, Verbesserung Bilanz der Formenvielfalt, ressortinterne Koordination		Fachliche und politische Unterstützung angepaßter Formen, Effizienz steigern, Innovationskraft, Vielfalt und Wandlungsfähigkeit erhalten, Knüpfung regionaler Metanetze, Monitoring/Evaluierung	Vergleich der Leistungsfähigkeit von unterschiedlichen Formen und Lösungen, Alterungsfähigkeit, Akteursstrukturen in Langzeitstudien	
Formelle Planung	Orientierungskataloge zur Verschlankung der Landes- und Regionalplanung, Erprobung neuer Themenfelder für Regionalplanung (z.B. Mediation)		Verschlankte Pläne, Übernahme von Routineaufgaben der neuen Kooperationen		
Regionalmanagement	Initiierung internationaler Erfahrungsaustausch Unterstützung z.B. Leitfäden, Förderrichtlinien Regionalmanagement		Kulissengerechte Implementierung	Vergleich zwischen Managementformen	Managementfähigkeiten

Quelle: eigene Darstellung

Literaturverzeichnis

Ache, Peter: Was treibt den Motor an? Stadtregionen zwischen innovativem Milieu und Urban Governance, in: Raumforschung und Raumordnung 2/3 2000, S. 244-253.

Adam, Brigitte: Städtenetze — ein Forschungsgegenstand und seine praktische Bedeutung, Einführung, in: Informationen zur Raumentwicklung 7/1997, S. I-V.

Adam, Brigitte; Schmidt, Holger; Stein, Ursula: Offene Fragen und kooperative Antworten, in: RaumPlanung 71/1995, S. 289.

Adam, Brigitte: Mehr als Interessenmanagement. Zur Rolle alternativer Entscheidungsverfahren in der räumlichen Planung, in: Raumplanung 71/1995, S. 243-245.

Agrarstrukturelle Entwicklungsplanung für die Teile der Samtgemeinden Ahlden, Rethem /Aller) und Schwarmstedt, Auftraggeber Agrarstrukturelle Entwicklungsplanung Bezirksregierung Lüneburg und Überörtliche Dorferneuerungsplanung Samtgemeinden Ahlden, Rethem (Aller) und Schwarmstedt, Förderung und Koordinierung: Amt für Agrarstruktur Verden, Auftragnehmer: Büro für Orts- und Regionalentwicklung Sinning&Knieling, Hannover 1998.

Van Alstyne, Marshall: The State of Network Organisations. A Survey in three Frameworks. Cambridge/MA 1997.

Altvater, Elmar; Mahnkopf, Birgit: Grenzen der Globalisierung. Ökonomie, Ökologie und Politik in der Weltgesellschaft, Münster 1996.

Amy, Douglas J.: The politics of environmental mediation, New York 1987.

Anheier, Helmut K.; Romo, Frank P.: Modelle strukturellen Scheiterns in Policy-Netzwerken, in: Journal für Sozialforschung 1/1992.

Anhelm, Fritz Erich; Hammerbacher, Ruth (Hrsg.): Das Vermittlungsverfahren „Münchehagen-Ausschuß" zur Altlasten-SAD Münchehagen. Abschlußbericht und Dokumentation der Stellungnahmen der Beteiligten, Rehburg-Loccum 1999.

ARL, Akademie für Raumforschung und Landesplanung: Interkommunale und regionale Kooperation — Variablen ihrer Funktionsfähigkeit (ARL Arbeitsmaterial Nr. 244), Hannover 1998.

ARL, Akademie für Raumforschung und Landesplanung: Regionale Entwicklungskonzepte und Städtenetze - von der Regionalplanung zur Regionalentwicklung, (ARL-Arbeitsmaterial Nr. 235), Hannover 1997.

ARL, Akademie für Raumforschung und Landesplanung (Hrsg.): Handwörterbuch der Raumordnung, Hannover 1995.

ARL, Akademie für Raumforschung und Landesplanung: Zukunftsaufgabe Regionalplanung. Anforderungen — Analysen — Empfehlungen. (ARL Forschungs- und Sitzungsbericht Nr. 200), Hannover 1995.

Axelrodt, Robert: Die Evolution der Kooperation, München 1987.

Bade, Franz-Joseph: Möglichkeiten und Grenzen der Regionalisierung der Strukturpolitik, in: Raumforschung und Raumordnung 1/1998, S. 3-8.

Bathelt, Harald: Die Bedeutung der Regulationstheorie in der wirtschaftsgeographischen Forschung, in: Geographische Zeitschrift 2/1994, S. 63-90.

Battis, Ulrich; Krautzberger, Michael; Löhr, Rolf-Peter: Die Neuregelungen des Baugesetzbuchs zum 1.1. 1998, in NVwZ 12/1997, S. 1151.

Baumheier, Ralph: Raumordnungskonferenz Bremen/Niedersachsen. Regionale Entwicklung im Wechselspiel gesamträumlicher und teilräumlicher Ansätze, in: Informationen zur Raumentwicklung 3/1997, S. 161-166.

Baumheier, Ralph: Städtenetze – Raumordnungspolitische Ziele und Anforderungen an den weiteren Ausbau städtischer und regionaler Vernetzung, in Raumforschung und Raumordnung 6/1994, S. 383-396.

BBR, Bundesamt für Bauwesen und Raumordnung: Modellvorhaben „Städtenetze". Neue Konzepte der interkommunalen Kooperation, Werkstatt Praxis Nr. 3, Bonn 1999a.

BBR, Bundesamt für Bauwesen und Raumordnung: Regionen der Zukunft – regionale Agenden für eine nachhaltige Raum- und Siedlungsentwicklung. Wettbewerbszeitung Nr. 2, Bonn 1999b.

BBR, Bundesamt für Bauwesen und Raumordnung : Regionen der Zukunft— regionale Agenden für eine nachhaltige Raum- und Siedlungsentwicklung, Wettbewerbszeitung Nr. 1 (Werkstatt Praxis Nr. 9), Bonn 1998.

Behrendt, Arne; Kleine-Limberg, Wolfgang: Evaluierung einer regionalen Kooperation. Das Beispiel des Initiativkreises Regionalforum Hannover, in: Raumforschung und Raumordnung 6/1997, S. 450-456.

Bennet, R. J.; MacCoshan, A: Enterprise an Human Resource Development, London 1993.

Bellack, Christian: Der Netzwerk-Ansatz – Alternative oder Ergänzung traditioneller Ansätze im Bereich der Markt-Unternehmen-Debatte?, in: Der öffentliche Sektor — Forschungsmethoden 1/1992, S. 72-117.

Benz, Arthur; Fürst, Dietrich; Kilper, Heiderose; Rehfeld, Dieter: Regionalisierung. Theorie – Praxis – Perspektiven. Opladen 1999.

Benz, Arthur; Fürst, Dietrich: Regionalisierte Strukturpolitik in Sachsen-Anhalt – Prozessuale Begleitforschung. Jahresbericht 1997/1998, Halle/Hannover, Oktober 1998.

Benz, Arthur: Politiknetzwerke in der horizontalen Politikverflechtung, in: Jansen, Dorothea; Schubert, Markus: Netzwerke und Politikproduktion – Konzepte, Methoden, Perspektiven. Marburg 1995, S. 185-204.

Benz, Arthur: Verhandlungen, Verträge und Absprachen in der öffentlichen Verwaltung, in: Die Verwaltung 1990, S. 83-98.

Berger, Ulrike; Bernhard-Mehlich, Isolde: Die Verhaltenswissenschaftliche Entscheidungstheorie, in: Kieser, Alfred: Organisationstheorien; Berlin/Köln 1995; S. 123-153.

BfLR, Bundesforschungsanstalt für Landeskunde und Raumordnung : Städtenetze — Vernetzungspotentiale und Vernetzungskonzepte. Bearbeitung: Forschungsinstitut Region und Umwelt (FORUM) an der Carl von Ossietzky Universität Oldenburg GmbH, Klaus Brake, Wolfgang Müller, Frank Niemeyer; Jörg Knieling, Claudia Schmidt, Bonn 1996.

Bingham, Gail: Resolving Environmental Disputes. A Decade of Experience. Washington 1986.

Bingham, Gail: Resolving Enviromental Disputes: A Decade of Experience. In: Goldberg, Stephen B.; Green, Eric D; Sander, Frank E. A. (Hrsg.): Dispute Resolution, Boston, Toronto 1985, S. 405-415.

Blotevogel, Hans-Heinrich: Neue Ansätze regionaler Entwicklungspolitik in Nordrhein-Westfalen. Erfahrungen mit der regionalisierten Strukturpolitik und Perspektiven ihrer Verknüpfung mit der Landes- und Regionalplanung, in: Akademie für Raumforschung und Landesplanung (ARL): Aktuelle Fragen der Landesentwicklung in Nordrhein-Westfalen (ARL Forschungs- und Sitzungsbericht 194), Hannover 1994.

BMBau, Bundesministerium für Raumordnung, Bauwesen und Städtebau: Raumordnungspolitischer Handlungsrahmen. Mittelfristiges Arbeits- und Aktionsprogramm, Bonn 1995.

BMBau, Bundesministerium für Raumordnung, Bauwesen und Städtebau: Raumordnungspolitischer Orientierungsrahmen (ORA). Leitbilder für die räumliche Entwicklung der Bundesrepublik Deutschland, Bonn 1993.

BMBF; Bundesministerium für Bildung und Forschung: InnoRegio — die Dokumentation, Bonn 2000.

Böhret, Carl; Klages Helmut u.a. (Hrsg.): Herausforderungen an die Innovationskraft der Verwaltung. Opladen 1987.

Bogaschewski, Ronald: Vertikale Kooperationen — Erklärungsansätze der Transaktionskostentheorie und Beziehungsmarketing, in: Kaas, Klaus-Peter: Kontakte, Geschäftsbeziehungen, Netzwerke — Marketing und neue Institutionenökonomik (Schmalenbachs Zeitschrift für betriebswirtschaftliche Forschung, Sonderheft 35, 1995), S.160-177.

Brandel, Rolf: Verwaltung und kooperative Planungsprozesse. Die Interessen der Verwaltung, in: RaumPlanung 71/1995, S. 253-256.

Breidenbach, Stephan: Mediation. Struktur, Chancen und Risiken von Vermittlungen im Konflikt (Habil.). Köln 1995.

Buckle, Leonard G., Buckle-Thomas, Suzanne R.: Placing Eviromental Mediation in Context: Lessons from „failed" Mediations. In: Environmental Impact Assessment 6/1986, 55-70.

Büchs, Matthias J.: Zwischen Markt und Hierarchie. Kooperationen als alternative Koordinationsform, in: Zeitschrift für Betriebswirtschaft 1/1991, S. 1–37.

Busch, Per-Olof: Umweltmediation aus politikwissenschaftlicher Sicht – Das Mediationsverfahren „Mediation – eine Zukunftsregion im offenen Dialog" zum Flughafen Frankfurt/Main (unveröffentlichte Diplomarbeit am FB Politik- und Sozialwissenschaften der FU-Berlin), Berlin 1999.

Camagni, Roberto (Hrsg.): Innovation networks: spatial perspectives. London/New York 1991.

Carnevale, Peter J.D.; Lim, Rodney G.; Mclaughlin, Mary E.: Contingent Mediator Behavior and its Effectiveness, in : Kressel, Kenneth; Pruitt, Dean J.: Mediation Research, San Francisco/London 1989, S. 213-240.

Carnevale, Peter J. D.; Pegnetter, Richard: The Selection of Mediation Tactics in Public Sector Disputes: A Contingency Analysis, in: Journal of Social Issues 2/1985, S. 65-81.

CIMA-Stadtmarketing GmbH: Marketinghandbuch für die Region Westsachsen, o. O., o. J. .

Claus, Frank/ Ganz, Brigitte: Konfliktmittlung statt Beschleunigung?, in: Claus, Frank; Wiedemann, Peter M. (Hrsg.): Umweltkonflikte. Vermittlungsverfahren zu ihrer Lösung — Praxisberichte, Taunusstein, 1994, S.15-24.

Cormick, Gerald W.: The Theory and Practice of Environmental Mediation, in: The Environmental Professional 2/1980, S. 24-33.

Czada, R.: Der „kooperative Staat" im Prozeß der deutschen Vereinigung, in: Voigt, R. (Hrsg.): Der kooperative Staat: „Krisenbewältigung durch Verhandlung", Baden- Baden 1995, S. 195-216.

Deutsch, K.: The Nerves of Government, New York 1963.

Diller, Christian (Hrsg.):Von Events zu Strategien, von Plänen zu Projekten — Neue Ansätze der Stadt- und Regionalentwicklung. Veröffentlichung des Instituts für Stadt- und Regionalplanung der TU-Berlin, 2001.

Diller, Christian: Die Regionalplanung als Mediatorin einer nachhaltigen Entwicklung, in: Raumforschung und Raumordnung 4/1996, S. 228-234.

Döhler, Marian: Netzwerke in politisch-administrativen Systemen, in: Fürst, Dietrich; Kilper, Heiderose: Die Innovationskraft regionaler Politiknetzwerke, Nordrhein-Westfälische Ansätze der Politikmodernisierung im Vergleich, o. O. 1993, S. 7-20.

Donner, Hartwig; Schmidt, Andrea: Das Forum Elbtalaue - Erfahrungen und Ergebnisse eines Mediationsverfahrens in Niedersachsen, in: Akademie für Raumforschung und Landesplanung (Hrsg.): Großschutzgebiete: Chancen und Konflikte im Rahmen einer integrierten Regionalentwicklung am Beispiel insbesondere auch der Flußlandschaft Elbe. Hannover 1997, S. 73 - 95.

DSSW, Deutsches Seminar für Städtebau und Wirtschaft (Hrsg.): Regionalmarketing in Deutschland - eine aktuelle Bilanz, Berlin o. J. .

Dubiel, Helmut: Konsens oder Konflikt, Frankfurt 1991.

Ebers, Mark; Gotsch, Wilfried: Institutionenökonomische Theorien der Organisation, in: Kieser, Alfred: Organisationstheorien, Berlin/Köln 1995; S. 185-235.

von Einem, Eberhardt; Diller, Christian; von Arnim, Götz: Standortwirkungen neuer Technologien: räumliche Auswirkungen der neuen Produk-tionstechnologien und der flexiblen Spezialisierung. Basel, Berlin 1995.

Ellwein, Thomas; Hesse, Joachim Jens: Das Regierungssystem der Bundesrepublik Deutschland. Opladen 1987.

Euen, Stefan; Hartwig, Nina; Stegh, Thorsten; Wiezorek Elena: Internationale Bauausstellung (IBA) Fürst-Pückler Land - Eine regionale Entwicklungsagentur, in: Diller, Christian (Hrsg.):Von Events zu Strategien, von Plänen zu Projekten — neue Ansätze der Stadt- und Regionalentwicklung. Veröffentlichung des Instituts für Stadt- und Regionalplanung der TU-Berlin, 2002, S. 62-100.

Ewen, Christoph; Hertlein, Markus; Pfeiffer, Marc: Die Mediation zum Frankfurter Flughafen – ein innovatives Verfahren, in: Förderverein Umweltmediation e.V.: Das Projekt Heft 3/September 2000, S. 2-6.

Ewers, Hans-Jürgen: Innovation, in: Akademie für Raumforschung und Landesplanung (ARL) (Hrsg.): Handwörterbuch der Raumordnung, Hannover 1995, S. 499-507.

EWG, Entwicklungs- und Wirtschaftsförderungsgesellschaft Bitterfeld-Wolfen mbH: Planungswerkstatt II Chemie- und Industriestandort Bitterfeld-Wolfen, Bitterfeld o. J.

EWG, Entwicklungs- und Wirtschaftsförderungsgesellschaft Bitterfeld-Wolfen mbH: Planungswerkstatt Bitterfeld-Wolfen, Masterplan, Bitterfeld o. J.

EXPO-Initiative Ostwestfalen-Lippe: Wir holen die Weltausstellung zu uns – Regionale 2000, 54 Projekte, Bielefeld 2000.

Fietkau, Hans-Joachim: Psychodynamik und Gestaltung von Mediationsverfahren, in: Förderverein Umweltmediation e.V.: Studienbrief Umweltmediation. Eine interdisziplinäre Einführung. Bonn 2000, S. 101-134.

Fietkau, Hans-Joachim: Kommunikation und Problemlösung in Mediationsverfahren, in Kon:Sens, Zeitschrift für Mediation 4/1999, S. 219-224.

Fietkau, Hans-Joachim; Weidner, Helmut: Umweltverhandeln, Berlin 1998.

Fietkau, Hans-Joachim; Pfingsten, Karin: Umweltmediation: Verfahrenseffekte und Urteilsperspektiven, in: Archiv für Kommunalwissenschaften 1/1995, S. 55-70.

Fietkau, Hans-Joachim; Weidner Helmut: Umweltmediation. Das Mediationsverfahren zum Abfallwirtschaftskonzept im Kreis Neuss. Erste Ergebnisse aus Sicht der sozialwissenschaftlichen Begleitforschung. Berlin 1994 (WZB-Paper FS II 94-322).

Fischer, Joachim; Gensior, Sabine: Einleitung, in: Fischer, Joachim; Gensior, Sabine: Netz-Spannungen: Trends in der sozialen und technischen Vernetzung von Arbeit. Berlin 1995, S. 11-50.

Fisher, Ronald J.; Keashly, Loreigh: Third Party Interventions in Intergroup Conflict: Consultation is not Mediation, in: Negotiation Journal 1988.

Förderverein Umweltmediation e. V. (Hrsg.): Das Projekt, 3 Jhg., Heft 4, Dezember 2000.

Förderverein Umweltmediation e. V. (Hrsg.): Das Projekt, 3 Jhg., Heft 3, September 2000.

Förderverein Umweltmediation e. V. (Hrsg.): Umweltmediation, Bonn 1999.

Förderverein Umweltmediation e. V. (Hrsg.): Das Projekt, 1 Jhg., Heft 3, September 1998.

Fonteyn, Reiner; Mankowsky, Karsten: Neue Wege im Verwaltungshandeln? Öffentlichkeitsarbeit und Mediation zum Abfallwirtschaftskonzept des Kreises Neuss — ein Praxisbericht, in: Archiv für Kommunalwissenschaften 1/1995, S. 71-89.

Forum Zukunft Oberfranken e. V. (Hrsg.): Ideen für Oberfranken, Bayreuth 1999

Freye, Horst: Verfahrensinnovation in der Politikgestaltung, in: Fürst, Dietrich; Kilper, Heiderose: Effektivität intermediärer Organisationen für den regionalen Strukturwandel. Dokumentation der Tagung am 18. 6. 1993 im Institut für Arbeit und Technik in Gelsenkirchen, S. 63-77.

Fritsch, Michael: Unternehmens-Netzwerke im Lichte der Institutionenökonomik, in: Jahrbuch für Neue Politische Ökonomie 11/1992, S. 89-105.

Fürst, Dietrich: Regionalmanagement als Instrument einer nachhaltigen Raumentwicklung. Unveröffentlichter Vortrag im Rahmen der Herbstakademie „Nachhaltige Entwicklung in der Region Mecklenburgische Seenplatte" in der Fachhochschule Neubrandenburg am 19. 10. 2000.

Fürst, Dietrich; Löb, Stephan: Ökologisch orientiertes Regionalmanagement im Landkreis Goslar. Sinzheim 1999.

Fürst, Dietrich; Schubert, Herbert: Regionale Akteursnetzwerke, zur Rolle von Netzwerken in regionalen Umstrukturierungsprozessen, in: Raumforschung und Raumordnung 5/6 1998, S. 352-361.

Fürst, Dietrich: Projekt- und Regionalmanagement, in: Akademie für Raumforschung und Landesplanung (ARL): Methoden und Instrumente räumlicher Planung, Hannover 1998, S. 237-253.

Fürst, Dietrich: Regionalverbände Organisationsverbände zwischen kommunalem Egoismus und regionaler Vernunft vor neuen Aufgaben?, in: Bose, Michael (Hrsg.): Die unaufhaltsame Auflösung der Stadt in die Region? Kritische Betrachtungen neuer Leitbilder, Konzepte, Kooperationsstrategien und Verwaltungsstrukturen für Stadtregionen. Hamburg 1997, S. 119-135.

Fürst, Dietrich: Wandel des Staatsverständnisses und verhandelnder Staat, in: Claussen, Birgit (Hrsg.): Zukunftsaufgabe Moderation: Herausforderung in der Raum- und Umweltplanung, Hannover 1996, S. 5-25.

Fürst, Dietrich: Ökologisch orientierte Umsetzung in Landkreisen durch Regionalmanagement, in: Raumforschung und Raumordnung 4/1995a, S. 253-259.

Fürst, Dietrich: Regionalmanagement zwischen Regionalkonferenz und Regionalplanung, in NWVBl. 11/1995 b, S. 416-420.

Fürst, Dietrich; Kilper, Heiderose: Die Innovationskraft regionaler Politiknetzwerke, Nordrhein-Westfälische Ansätze der Politikmodernisierung im Vergleich, o.O. 1993.

Fürst, Dietrich: Von der Regionalplanung zum Regionalmanagement?, in: Die Öffentliche Verwaltung 13/1993, S. 552-559.

Fürst, Dietrich; Kilper, Heiderose: Effektivität intermediärer Organisationen für den regionalen Strukturwandel. Dokumentation der Tagung am 18. 6. 1993 im Institut für Arbeit und Technik in Gelsenkirchen, O. J., Ohne Ort.

Fürst, Dietrich: Regionalkonferenzen zwischen offenen Netzwerken und fester Institutionalisierung. Veröffentlichung im Rahmen des Verbundprojektes des Wissenschaftszentrums Nordrhein-Westfalen „Neue Strategie für alte Industrieregionen". O. J., Ohne Ort.

Ganser, Karl; Siebel, Walter; Sieverts, Thomas: Die Planungsstrategie der IBA Emscher Park — eine Annäherung, in: Raumplanung 61/1993, S. 112-118.

Gaßner, Hartmut/ Holznagel Bernd; Lahl, Uwe: Mediation. Verhandlungen als Mittel der Konsensfindung bei Umweltstreitigkeiten, Bonn 1992.

Gatzweiler, Hans-Peter: Raumordnung als projektorientierte Raumentwicklungspolitik, in: Informationen zur Raumentwicklung 3 / 4 1999, S. 173-181.

Glasl, Friedrich: Konfliktmanagement — ein Handbuch für Führungskräfte und Berater. Bern, Stuttgart 1999.

Goldschmidt, Thomas: Inner- und transurbane Netzwerke und ihr Beitrag für die Kommunal- und Regionalentwicklung in ausgewählten Agglomerationsräumen Englands und Deutschlands: Formen, Entstehungsursachen und Erfolgsfaktoren, in: Maier, Jörg (Hrsg.): Inner- und transurbane Netzwerke als Ansatzpunkt für kreative Milieus, Bayreuth 1997, S. 75–225.

Goodpaster, Gary: A Guide to Negotiation and Mediation. New York 1997.

Grabher, Gernot: The embedded firm. London, New York (Routledge) 1993.

Grabher, Gernot: Lob der Verschwendung. Zur Bedeutung von Redundanz für die Regionalentwicklung, in: Der Öffentliche Sektor – Forschungsmethoden, 18. Jg, Heft 2-3/1992, S. 96–110.

Grosser, Guido; Hoffmeister, Jochen: Erfolgsbedingungen für Mediationsverfahren, in: RaumPlanung 71/1995, S. 275-277.

Grote, Jürgen R.: Regionale Vernetzung: Interorganisatorische Strukturdifferenzen regionaler Politikgestaltung, in: Kohler-Koch, Beate et al.: Interaktive Politik in Europa: Regionen im Netzwerk der Integration, Opladen 1998, S. 62– 94.

Günther, Beate: Spezifische Erfahrungen mit Umweltmediation in Deutschland, in: Förderverein Umweltmediation e.V.: Studienbrief Umweltmediation. Eine interdisziplinäre Einführung. Bonn 2000, S. 165–198.

Güth, Werner: Kliemt, Hartmut: Menschliche Kooperation basierend auf Vorleistungen und Vertrauen. Eine evolutionstheoretische Betrachtung, in: Jahrbuch für Neue Politische Ökonomie 12/1993, S. 253–284.

Gugisch, Ingo; Maier, Jörg; Obermaier, Frank: Regionales Management zur Gestaltung und Koordination kommunaler und regionaler Entwicklungsprozesse, in: Raumforschung und Raumordnung 2/3 1998,S. 136-142.

Gulliver, P.H.: Diputes and Negotiations. A Cross-Cultural Perspective. New York u.a. 1979.

Haase-Lerch, Cornelia: Teilraumgutachten als neues Instrument der Landesplanung, Hannover 1994 (ARL Arbeitsmaterial).

Habermas, Jürgen: Faktizität und Geltung. Beiträge zur Diskurstheorie des Rechts und des modernen Rechtsstaates. Frankfurt/Main 1992.

Hachmann, Rainer: Regionalmarketing Silberberg, Hamburg, Mai 2000

Häußermann, Hartmut; Siebel, Walter: Die Politik der Festivalisierung und die Festivalisierung der Politik, in: Häußermann, Hartmut; Siebel, Walter (Hrsg.): Festivalisierung der Stadtpolitik. Stadtentwicklung durch große Projekte, Opladen 1993, S. 7–31.

Hammerich, Angelika; Schneider, Ulrike: Städtenetz Damme-Diepholz-Lohne-Vechta, in: Informationen zur Raumentwicklung 7/1997, S. 447-448.

Hartmann, Gabriele; Schemel, Hans-Joachim: Umweltverträglichkeitsstudie für einen Kulturpark: Methodik und Mediation, in: UVP-Report 5/1993, S. 291-292.

Hartz, Andrea; Körner, Gert; Saad, Sascha: Werkstattbericht des IfR-Arbeitskreises zu kooperativen Planungsprozessen, in: RaumPlanung 71, 1995, S. 272-273.

Heclo, H.: Issue Networks and the Executive Establishment, in: King, A. (Hrsg.): The new American Political System, Washington 1978.

Hehn, Marcus: Gesetzliche Möglichkeiten zum Einsatz eines Verfahrensvermittler im öffentlichen Recht, in: Förderverein Umweltmediation e.V.: Studienbrief Umweltmediation. Eine interdisziplinäre Einführung. Bonn 2000, S. 199–211.

Hellmer, Friedhelm; Friese, Christian; Kollros, Heike; Krumbein, Wolfgang: Mythos Netzwerke. Regionale Innovationsprozesse zwischen Kontinuität und Wandel, Berlin 1999.

Heritier, André: Innovationsmechanismen europäischer Politik: regulativer Wettbewerb und neue Koalitionsmöglichkeiten in europäischen Netzwerken, in: Jansen, Dorothea; Schubert, Markus: Netzwerke und Politikproduktion – Konzepte, Methoden, Perspektiven. Marburg 1995, S. 205–221.

Heritier, André: Policy-Analyse, Kritik und Neuorientierung, in: PVS Politische Vierteljahresschrift SH 24, München 1993.

Higgins, Janine: Why Mediation Training Is Necessary, in: MacFarlane, Julie: Rethinking Disputes: The Mediation Alternative, London 1997, S. 359–369.

Hill, Hermann: Verfahrensprivatisierung im Umweltrecht — Resumée, in: Hoffmann-Riem, Wolfgang; Schneider, Jens-Peter (Hrsg.): Verfahrensprivatisierung im Umweltrecht, Baden-Baden 1996, S. 309-318.

Hiltrop, Jan Marie: Factors Associated with Successful Labor Mediation, in: Kressel, Kenneth; Pruitt, Dean J.: Mediation Research, San Francisco/London 1989.

Hiltrop, Jean-Marie: Mediation Behavior and the Settlement of Collective Bargaining Disputes in Britain, in: Journal of Social Issues 2/1985, S. 83–99.

Höhn, Bärbel: Regionalentwicklung mit Städtenetzen: Erwartungen der Raumordnung in NRW, in: Institut für Landes- und Stadtentwicklungsforschung des Landes Nordrhein-Westfalen (Hrsg.): Regionalentwicklung mit Städtenetzen. Ansätze und Perspektiven in Nordrhein-Westfalen, Dortmund 1999, S. 9–12.

Hoffmann-Riem, Wolfgang: Konfliktbewältigung in einer angebotsorientierten Rechtsschutzordnung, in: ZRP 5/1997, S. 190-198.

Hoffmann-Riem, Wolfgang: Verfahrensprivatisierung als Modernisierung, in: Hoffmann-Riem, Wolfgang; Schneider, Jens-Peter (Hrsg.): Verfahrensprivatisierung im Umweltrecht, Baden-Baden 1996, S. 9 -30.

Jänicke, Martin: Staatsversagen. Die Ohnmacht der Politik in der Industriegesellschaft. München 1986.

Jansen, Dorothea: Interorgansiationsforschung und Politiknetzwerke, in: Jansen, Dorothea; Schubert, Markus: Netzwerke und Politikproduktion – Konzepte, Methoden, Perspektiven. Marburg 1995, S 95–110.

Jansen; Dorothea; Schubert, Markus: Netzwerkanalyse, Netzwerkforschung und Politikproduktion: Ansätze zur ´Cross-Fertilization, in: Jansen, Dorothea; Schubert, Markus: Netzwerke und Politikproduktion – Konzepte, Methoden, Perspektiven. Marburg 1995, S 9–23.

Jekel, Thomas: Regionalmanagement und Regionalmarketing. Theoretische Grundlagen kommunikativer Regionalplanung. Salzburg 1998.

Jung, Hans-Ulrich: Konsequenzen des geplanten Biosphärenreservats „Flußlandschaft Elbe" für eine zukunftsorientierte kommunale Entwicklung im Umfeld, in: Raumforschung und Raumordnung 6/1997, S. 443–449.

Jurczek, Peter; Völker, Sebastian; Vogel, Bertram: Sächsisch-Bayerisches Städtenetz. ExWoSt-Modellvorhaben zur Kooperation der Städte Bayreuth, Chemnitz, Hof, Plauen und Zwickau. Kronach, München, Bonn 1999.

Jurczek, Peter; Vogel, Bertram; Völker, Sebastian: Skizze des Modellvorhabens „Sächsisch-Bayerisches Städtenetz", in: Informationen zur Raumentwicklung 7/1997, S. 449-450.

Karpe, Jan: Mediation für standortbezogene Umweltkonflikte. Grundidee, Einsatzfelder und Erfolgschancen eines alternativen Konfliktregelungsverfahrens, in: Zeitschrift für Umweltpolitik 2/1999, S. 189-213.

Kaufmann, Christoph: Planungsregion Mecklenburgische Seenplatte. Modellregion der MKRO zur Erprobung des innovativen Instrumentes „Regionalkonferenz" (Stand und Ausblick), in: Informationen zur Raumentwicklung 3/1997, S. 177-184.

Kaufmann, Rainer: Städteforum Südwest — eine Region im Aufbruch, in: Informationen zur Raumentwicklung 7/1999, S. 447-448.

Kegel, Ulrich; Knieling, Jörg: Handlungsorientierung und Regionalmanagement, Fallbeispiel Großraum Braunschweig, in: Raumforschung und Raumordnung 2/3 1998, S. 143-152.

Kenis, Patrick; Schneider, Volker: Policy Networks and Policy Analysis: Scrutinizing a New Analytical Toolbox, in: Bernd Marin, Mayntz, Renate (Hrsg.), Policy Networks – Empirical Evidence and theoretical Considerations. Frankfurt/Boulder 1991, S. 25-59.

Kessen, Stefan; Zilleßen, Horst: Leitbilder der Mediation, in: Förderverein Umweltmediation e.V.: Studienbrief Umweltmediation. Eine interdisziplinäre Einführung. Bonn 2000, S. 43-60.

Kessen, Stefan: Umweltmediation zwischen Chance und Etikettenschwindel. Ein kritischer Kommentar zum Frankfurter Verfahren. In: Forschungsjournal Neue Soziale Bewegungen 3/1999, S. 85-90.

Kestermann, Rainer: Kooperative Verfahren in der Raumplanung. Phänomenologische Betrachtungen, in: Adam, Brigitte (Hrsg.): Neue Verfahren und kooperative Ansätze in der Raumplanung. Dortmund 1997, S. 50-78.

Kickert, Walter J.M.; Klijn, Erik-Hans; Koppenjan, Joop F.M.: Managing Complex Networks. Strategies for the Public Sector, London 1997.

Kieser, Alfred: Der situative Ansatz, in: Kieser, Alfred: Organisationstheorien. Berlin/Köln 1995a; S. 155-183.

Kieser, Alfred: Evolutionstheoretische Ansätze, in: Kieser, Alfred: Organisationstheorien. Berlin/Köln 1995b; S. 237-268.

Kilper, Heiderose: Industrieregionen im Umbruch. Raumplanung zwischen Machtstrukturen und diskursiven Strategien, in: Heinritz, G.: Oßenbrügge, J.: Wiessner, R.: Raumentwicklung und Sozialverträglichkeit, Stuttgart 1996.

Kilper, Heiderose: Das Politikmodell IBA Emscher Park. Erfahrungen bei der Implementation der „Arbeiten im Park"- Projekte, Gelsenkirchen 1992.

Kliemt, Volker: Städtenetz Lahn-Sieg-Dill. Endbericht der Projektforschung, Wiesbaden 1997.

Knieling, Jörg: Leitbildprozesse und Regionalmanagement. Ein Beitrag zur Weiterentwicklung des Instrumentariums der Raumordnungspolitik, Frankfurt/Main 2000.

Knieling, Jörg: Regionale Selbstkoordination und Innovationsmanagement durch Kooperation am Beispiel des „Steuerungsdreiecks Südostniedersachsen, in: Institut für Landes- und Stadtentwicklungsforschung des Landes Nordrhein-Westfalen (Hrsg.): Entwicklungsplanungen in der Region zwischen Konkurrenz und Zusammenarbeit, Dortmund 1999, S. 38-50.

Knieling, Jörg; Sinning, Heidi: Nachhaltige Entwicklung am Beispiel des Aller-Leine-Tal-Projekts/Nds. – Interkommunale Kooperation und dialogischer Prozeß als Erklärungsfaktoren, in: Institut für Landes- und Stadtentwicklungsforschung des Landes Nordrhein-Westfalen (Hrsg.): Nachhaltige Regionalentwicklung in Nordrhein-Westfalen, Dortmund 1997, S. 38-44.

Kolb, Deborah M.: To Be a Mediator: Expressive Tactics in Mediation, in: Journal of Social Issues, Vol. 41. No. 2. 1985, S. 11-26.

Kostka, Dieter: Umweltmediation im gesellschaftlichen Kontext Deutschlands, in: Förderverein Umweltmediation e.V.: Studienbrief Umweltmediation. Eine interdisziplinäre Einführung. Bonn 2000, S. 61-80.

Kostka, Dieter: Erfolg von Umweltmediationsverfahren, in: Förderverein Umweltmediation e.V.: Studienbrief Umweltmediation. Eine interdisziplinäre Einführung. Bonn 2000, S. 213-222.

Kostka, Dieter: Öffentliches Konfliktmanagement – praktische Beispiele in der Diskussion, in: Die Verwaltung 26/1993, S. 87-112.

Kovach, Kimberlee K.: Mediation – Pricinples and Practice, St. Paul/Minn. 1994.

Kressel, Kenneth; Pruitt, Dean J.: Conclusion, in: Kressel, Kenneth u.a.: Mediation Research, San Francisco/London 1989.

Kressel, Kenneth; Pruitt, Dean J.: Themes in the Mediation of Social Conflict, in: Journal of Social Issues 41/1985.

Kressel, Kenneth: Labor Mediation: An Exploratory Survey, Albany (NY) 1972.

Kucharzewski, Irmgard: Vermittlungs- und Verhandlungsverfahren; neue Instrumente in der Raumplanung – aufgezeigt am Beispiel der Abfallentsorgung, in: Akademie für Raumforschung und Landesplanung (ARL) (Hrsg.): Räumliche Aspekte umweltpolitischer Instrumente, Hannover 1996, S. 121-132.

Kühn, Manfred: Moderation von Nutzungskonflikten – eine Aufgabe für die ökologisch orientierte Regionalplanung, in: Raumforschung und Raumordnung 5/1996, S. 355-360.

Kujath, Hans-Joachim: Regionen im globalen Kontext, in: Kujath, Hans-Joachim (Hrsg.): Strategien der Regionalen Stabilisierung: wirtschaftliche und politische Antworten auf die Internationalisierung des Raumes, Berlin 1998, S. 13-40.

Läpple, Dieter: Globalisierung – Regionalisierung: Widerspruch oder Komplementarität? in: Kujath, Hans-Joachim (Hrsg.): Strategien der Regionalen Stabilisierung: wirtschaftliche und politische Antworten auf die Internationalisierung des Raumes, Berlin 1998, S. 61-82.

Langer, Kerstin; Renn, Ortwin: Kooperative Planungsansätze in der interkommunalen Zusammenarbeit. Konfliktschlichtung am Runden Tisch? Mediationsverfahren „Runder Tisch Interkommunales Gewerbegebiet Hechingen/Bodelshausen" (Entwurf zum Arbeitsbericht Nr. 116 der Akademie für Technikfolgenabschätzung). Stuttgart, August 2000.

Lendi, Martin: Leitbild der Räumlichen Entwicklung, in: Akademie für Raumforschung und Landesplanung (Hrsg.):Handwörterbuch für Raumordnung, Hannover 1995, S. 624-629.

Luhmann, Niklas: Soziale Systeme, Grundriß einer allgemeinen Theorie. Frankfurt/Main 1984.

Mahnkopf, Birgit: Markt, Hierarchie und soziale Beziehungen. Zur Bedeutung reziproker Beziehungsnetzwerke in modernen Marktgesellschaften, in: Beckenbach, Niels; van Treeck, Werner: Umbrüche gesellschaftlicher Arbeit (Soziale Welt 9), Göttingen 1994, S. 65–81.

Maier, Jörg; Troeger-Weiß, Gabi: Teilraumgutachten in Bayern. Konzept, Durchführung und Umsetzung am Beispiel des Raumes Kronach, in: Informationen zur Raumentwicklung 2/3 1989, S. 135-141.

Mandell, M.P.: Network Management: Strategic behavior in the Public Sector, in: Gage, R.W./Mandell M.P. (Hrsg.): Strategies for Managing Intergovernmental Policies and Networks, New York 1990.

Marin, Berndt; Mayntz, Renate (Hrsg.), Policy Networks – Empirical Evidence and theoretical Considerations. Frankfurt/Boulder 1991.

Mayer, Bernhardt: The Dynamics of Power in Mediation and Negotiation, in: Mediation Quarterly 16/1987.

Mayntz, Renate: Policy-Netzwerke und die Logik von Verhandlungssystemen, in: Kenis, Patrick; Schneider, Volker (Hrsg.): Organisation und Netzwerk. Institutionelle Steuerung in Wirtschaft und Politik. Frankfurt/New York 1996, S. 471–496.

Mayntz, Renate: Policy-Netzwerke und die Logik von Verhandlungssystemen, in: A. Héritier (Hrsg.): Policy-Analyse; Politische Vierteljahres-Schrift 1993/ Sonderheft 24, S. 41-56.

Mayntz, Renate: Modernisierung und die Logik von interorganisatorischen Netzwerken, in: Journal für Sozialforschung 32/1992.

Mediationsgruppe Flughafen Frankfurt/Main (Hrsg.): Flughafen Frankfurt – Ausbau oder nicht? Das Mediationsverfahren mit Ergebnissen und Empfehlungen, Frankfurt 2000a.

Mediationsgruppe Flughafen Frankfurt/Main (Hrsg.): Bericht. Frankfurt 2000b

Mediationsgruppe Flughafen Frankfurt/Main (Hrsg.): 2. Zwischenbericht über den Sachstand des Mediationsverfahrens Flughafen Frankfurt/Main. Frankfurt, August 1999.

Mediator-Zentrum für Umweltkonfliktforschung und Management GmbH (Hrsg.): Mediation in Umweltkonflikten. Verfahren kooperativer Problemlösungen in der BRD. Fallstudien – Verfahrensdokumentation – Fortbildung. Oldenburg 1996.

Meise, Torsten: Strategien der Region. Innovations- und Steuerungspotentiale dezentral-kooperativer Politikmodelle. Münster 1998.

Meister, Hans-Peter: Mediationsverfahren Flughafen Frankfurt. Vortrag im 406. Kurs des Instituts für Städtebau Berlin „Kooperative Planung und Mediation im Konfliktfall" Berlin, 15. bis 17. Mai 2000 (Manuskript).

Melzer, Michael: Schlüsselfragen einer zukunftsträchtigen Standortpolitik mit Städtenetzen. Erkenntnisse aus dem ExWoSt-Forschungsfeld „Städtenetze", in: Informationen zur Raumentwicklung 7/1997, S. 495-508.

Meßner, Dirk: Internationale Wettbewerbsfähigkeit als Problem gesellschaftlicher Steuerung. Köln 1995.

Mielke, Bernd: Die Regionalplanung im Kontext regionaler Akteure, in: Institut für Landes- und Stadtentwicklungsforschung des Landes Nordrhein-Westfalen (Hrsg.): Entwicklungsplanungen in der Region zwischen Konkurrenz und Zusammenarbeit, Dortmund 1999, S. 21–37.

Miles, Raymond E., Snow, Charles C.: Causes of Failure in Network Organisations, in: California Management Review 1992, S. 53–72.

Ministerium für Wirtschaft und Mittelstand, Technologie und Verkehr des Landes Nordrhein-Westfalen: Regionalisierte Strukturpolitik, Übersicht über Kooperationsstrukturen und Ansprechpartner/innen in den Regionen, Düsseldorf o. J. .

Modellregion Märkischer Kreis: Arbeit, Umwelt, Innovation, eine Initiative des Märkischen Kreises in Nordrhein-Westfalen, 3. und abschließender Wettbewerbsbeitrag zum Ideenwettbewerb „Regionen der Zukunft" des Bundesamtes für Bauwesen und Raumordnung, Lüdenscheid, März 2000.

Moore, Christopher W.: The Mediation Process. Practical Strategies for Resolving Conflicts. San Francisco 1996.

Morris, Catherine: The trusted Mediator: Ethiscs and Interaction in Mediation, in: MacFarlane, Julie: Rethinking Disputes: The Mediation Alternative, London 1997, S. 301–347.

Niedersachsen: Regionale Kooperationen in Niedersachsen. Perspektiven für eine regionalisierte Landesentwicklungspolitik, Hannover 1997.

Niedersächsisches Umweltministerium: Umsetzung der Regierungserklärung des Ministerpräsidenten für die laufende Legislaturperiode; hier: „Schutzgebietssystem Elbetal" / schwerpunktmäßiger Mitteleinsatz und Mittelbündelung/Umsetzung des Kabinettsbeschlusses vom 6. August 1996, Tischvorlage, Hannover 20.02.1998.

Niethammer, Frank: Anmerkungen zum Mediationsverfahren Flughafen Frankfurt/Main (Neue Schriften der IHK Frankfurt/Main Nr. 15). Frankfurt/Main 2000.

Norgall, Thomas: Mediationsverfahren Flughafen Frankfurt – aus Sicht der Umweltschutzverbände. Korreferat im 406. Kurs des Instituts für Städtebau Berlin „Kooperative Planung und Mediation im Konfliktfall" Berlin, 15. bis 17. Mai 2000 (Manuskript).

Ostwestfalen-Lippe-Marketing GmbH: Wir holen die Weltausstellung zu uns. Memorandum „Die Region OstWestfalenLippe als Dezentrales Projekt der EXPO 2000", Bielfeld o. J.

Ouchi, William G.: Markets, Hierarchies and Clans, in: Administrativ Science Quarterly 25/1980, S. 129–141.

Pappi, Franz Urban: Methoden der Netzwerkanalyse. München 1987.

Pfingsten, Karin; Fietkau, Hans-Joachim: Das Neusser Mediationsverfahren aus Sicht der Beteiligten. Ergebnisdarstellung der schriftlichen Befragung. WZB Papers FS II 95-301, Berlin 1995.

Pfingsten, Karin: Miteinander reden...!, in: Neue Züricher Zeitung vom 26.8.1992.

Pfingsten, Karin: Konflikte um die Abfallwirtschaft: Erscheinungsformen, Hintergründe und Bewältigungsstrategien (WZB Schriftenreihe zu Mediationsverfahren im Umweltschutz Nr. 4), Berlin, o. J. .

Powell, Walter W.: Weder Markt noch Hierarchie: Netzwerkartige Organisationsformen, in: Kenis, Patrick; Schneider, Volker (Hrsg.): Organisation und Netzwerk. Institutionelle Steuerung in Wirtschaft und Politik. Frankfurt/New York 1996, S. 213–271.

Powell, Walter W.: Neither Market nor Hierarchy: Network Forms of Organization, in: Research in Organizational Behavior 12/1990, S. 295–336.

Pretzsch, Juliane: Zentrenstrategien in der Raumordnung – Zentrale Orte und Städtenetze als Mittel zur Umsetzung landesplanerischer Vorgaben (Unveröffentlichte. Diplomarbeit an der TU Berlin, Fachbereich Umwelt und Gesellschaft, Institut für Stadt- und Regionalplanung) 1999.

RAUMKONZEPT 5: Regionalpark Müggel-Spree. Ideen und Konzepte. Berlin 1999.

RAUMKONZEPT 5: Regionalpark Müggel-Spree. Entwicklungskonzeption & Maßnahmenprogramm. Berlin 1998.

Rautenstrauch, Lorenz: Netzwerke als Organisationsmodell für die Regionalverwaltung – Überlegungen auf dem Hintergrund des Verdichtungsraumes Rhein-Main, in: ETH/ARL/BRP: Räumliche und funktionale Netze im grenzüberschreitenden Rahmen, deutsch-schweizerisches Fachgespräch, September 1992, S. 30–47.

Renn, Ortwin; Schrimpf, Monika; Büttner, Thomas; Carius, Rainer; Köberle, Sabine; Oppermann, Bettina; Schneider, Elke; Zöller, Katharina: Abfallwirtschaft 20005. Bürger planen ein regionales Abfallkonzept, Teil 1: Projektbeschreibung, Baden, Baden 1999.

Renn, Ortwin; Kastenholz, Hans; Schild, Patrick; Wilhelm, Urs (Hrsg.): Abfallpolitik im kooperativen Diskurs. Bürgerbeteiligung bei der Standortsuche für eine Deponie im Kanton Aargau. Zürich 1998.

Rennings, Klaus: Zur Relevanz der Transaktionskostentheorie für die Verkehrswirtschaft, in: Rennings, Klaus; Fonger, Matthias; Meyer, Henning: Make or Buy. Transaktionskostentheorie als Entscheidungshilfe für die Verkehrswirtschaft (Beiträge aus dem Institut für Verkehrswissenschaft an der Universität Münster, Heft 19), 1992, S.10-49.

Richardson, George B.: The Organisation of Industry, in: Economic Journal 1972, S. 883-896.

Roch, Irene: Runder Tisch Interkommunales Gewerbegebiet Hechingen-Bodelshausen. Evaluation des Projektes. Arbeitsbericht Nr. 142 der Akademie für Technikfolgenabschätzung, Stuttgart, April 2000.

Römer, Ricarda: Regionalparks um Berlin. Diplomarbeit am Institut für Stadt und Regionalplanung der TU-Berlin, 2000.

Rösch, Andreas: Kreative Milieus als Faktoren der Regionalentwicklung, in: Raumforschung und Raumordnung 2-3/2000, S. 161–172.

Rommelspacher, Thomas: Das Politikmodell der IBA Emscher Park, in: Informationen zur Raumentwicklung, Heft3/4, Bonn 1999, S. 158.

Ritter, Ernst-Hasso: Raumpolitik mit „Städtenetzen" oder: Regionale Politik der verschiedenen Ebenen, in: Die Öffentliche Verwaltung 10/1995, S. 303-403.

Runkel, Sabine: Mediation – ein Weg aus der Sackgasse des Umweltkonflikts, in: Förderverein Umweltmediation e.V.: Studienbrief Umweltmediation. Eine interdisziplinäre Einführung. Bonn 2000, S. 17 – 42.

Sauter, Franz: Die Ökonomie von Organisationsformen. Eine transaktionskostentheoretische Analyse, München 1985 (GBI-Verlag Betriebswirtschaftliche Forschungsbeiträge; Bd. 14).

Schach, Holger: Projektorientiertes Regionalmanagement am Beispiel des Städteverbundes „Städtedreieck am Saalebogen, Erfurt, o. J.

Schädlich, Michael: Regionalkonferenz Halle-Leipzig. Ergebnisse — Erfahrungen — Perspektiven, in: Informationen zur Raumentwicklung 3/1997, S. 167-176.

Schätzl, Ludwig. Wirtschaftsgeographie, Band I: Theorie. Paderborn 1992.

Scharpf, Fritz W.: Positive und negative Koordination in Verhandlungssy-stemen, in: Kenis, Patrick; Schneider, Volker (Hrsg.): Organisation und Netzwerk. Institutionelle Steuerung in Wirtschaft und Politik. Frankfurt/New York 1996, S. 497-534.

Scharpf, Fritz W.: Coordination in Hierarchies and Networks, in Scharpf, Fritz W.: Games in Hierarchies and Networks. Frankfurt 1993.

Scharpf, Fritz W.: Die Handlungsfähigkeit des Staates am Ende des 20. Jahrhunderts, in: Politische Vierteljahresschrift 4/1991, S. 621-634.

Schenk, Michael: das Konzept des sozialen Netzwerkes, in: Gruppensoziologie, Kölner Zeitschrift für Soziologie und Sozialpsychologie SH 25/1983.

Schmidt, Andrea: Das Forum Elbtalaue als Beispiel zur Erhöhung der Akzeptanz in einem naturschutzrechtlichen Verfahren. Unveröffentlichte Magisterarbeit im Fachbereich Angewandte Kulturwissenschaften an der Universität Lüneburg, Dezember 1996.

Schmidt, Elfriede: Städtenetz Prignitz: Kooperation von Klein- und Landstädten im strukturschwachen ländlichen Raum, in: Informationen zur Raumentwicklung 7/1997, S. 451-453.

Schmidt, Frank: Mediation und andere Formen der Partizipation in der öffentlichen Verwaltung, in: Zeitschrift für Mediation 5/1999, S. 290-297.

Schmidt, Holger; Claus, Frank; Gremler, Dieter: Konfliktvermittlung im Varresbecker Forum, in: Claus, Frank; Wiedemann, Peter M.: Umweltkonflikte. Vermittlungsverfahren zu ihrer Lösung - Praxisberichte. Taunusstein 1994, S. 119-136.

Schneider, Volker; Kenis, Patrick: Verteilte Kontrolle: Institutionelle Steuerung in modernen Gesellschaften, in: Kenis, Patrick; Schneider, Volker (Hrsg.): Organisation und Netzwerk. Institutionelle Steuerung in Wirtschaft und Politik. Frankfurt/New York 1996, S. 9-44.

Schubert, Klaus: Struktur-, Akteur- und Innovationslogik: Netzwerkkonzepte und die Analyse von Politikfeldern, in: Jansen, Dorothea; Schubert, Markus: Netzwerke und Politikproduktion - Konzepte, Methoden, Perspektiven. Marburg 1995, S. 222-240.

Schüttler, Klaus: Von der eigenständigen Regionalentwicklung zur regionalisierten Struktur, in: Bundesministerium für Raumordnung, Bauwesen und Städtebau, Deutscher Landkreistag (Hrsg.): Kongreß zu den „Entwicklungsperspektiven für die ländlichen Räume Deutschlands", Dokumentation, Bonn 1998, S. 26-33.

Schulze-Fielitz, Helmuth: Kooperatives Recht im Spannungsfeld von Rechtsstaatsprinzip und Verfahrensökonomie, in: Deutsches Verwaltungsblatt 12/1994, S. 657-667.

SEE: IBA-Magazin, Internationale Bauausstellung 2000 bis 2010 IBA Fürst-Pückler-Land, Heft 1, September 2000.

Selle, Klaus: Was ist bloß mit der Planung los? Erkundungen auf dem Weg zum kooperativen Handeln; ein Werkbuch, Dortmund 1994 (Beiträge zur Raumplanung Bd. 69).

Selle, Klaus: Kooperative Problemlösungen, in: Bochnig, Stefan; Selle, Klaus (Hrsg.): Freiräume für die Stadt. Sozial und ökologisch orientierter Umbau für Stadt und Region, Bd. 2, 1994.

Selle, Klaus: Unsichtbar in Spannungsfeldern. Anmerkungen zur Arbeit der IBA, in: Fürst, Dietrich; Kilper, Heiderose: Effektivität intermediärer Organisationen für den regionalen Strukturwandel. Dokumentation der Tagung am 18. 6. 1993 im Institut für Arbeit und Technik in Gelsenkirchen, S. 77-88.

Sellnow, Reinhard: Mediation – ein geeignetes Verfahren für Agenda-21-Prozesse!, in: Apel/Dernbach/Ködelpeter(Weinbrenner (Hrsg.): Wege zur Zukunftsfähigkeit – Methodenhandbuch Stiftung Mitarbeit – Arbeitshilfen für Selbsthilfe- und Bürgerinitiativen Nr. 19, Bonn 1998, S. 49-55.

Semlinger, Klaus: Effizienz und Autonomie in Zulieferungsnetzwerken – Zum strategischen Gehalt von Kooperation, in: Managementforschung, Berlin 1993, S. 309-354.

SenStadt, Senatverwaltung für Stadtentwicklung des Landes Berlin/Ministerium für Landwirtschaft, Umweltschutz und Raumordnung des Landes Brandenburg: Regionalparks in Brandenburg und Berlin. Strategien für eine nachhaltige Entwicklung des Metropolenraumes, Berlin/Potsdam 2000.

SenStadt, Senatverwaltung für Stadtentwicklung des Landes Berlin/Ministerium für Landwirtschaft, Umweltschutz und Raumordnung des Landes Brandenburg: Regionalparks in Brandenburg und Berlin: Regionalparks in Brandenburg und Berlin. Berlin/Potsdam 1998.

SenStadt, Senatverwaltung für Stadtentwicklung des Landes Berlin/Ministerium für Landwirtschaft, Umweltschutz und Raumordnung des Landes Brandenburg: Regionalparks in Brandenburg und Berlin: Regionalpark Müggel-Spree. Dokumentation des Workshops am 15. August 1997 im Alten Rathaus Fürstenwalde. Berlin/Potsdam 1997.

Shapiro, Debra; Drieghe, Rita; Brett, Jeanette: Mediation Behavior and Outcome of Mediation, in: Journal for Social Issues 2/1985, 101-114.

Siebel, Walter; Ibert, Oliver; Maier, Hans-Norbert: Projektorientierte Planung – ein neues Paradigma?, in: Informationen zur Raumentwicklung, Heft 3/4, Bonn 1999.

Sinning, Heidi: Moderation in der Umwelt- und Raumplanung – eine Weiterbildungskonzeption, in: Claußen et al.: Claußen, Birgit; Fürst, Dietrich; Selle, Klaus; Sinning, Heidi: Zukunftsaufgabe Moderation, Frankfurt 1996, S. 71-141.

Sinning, Heidi: Prozeßmanagement — für eine kommunikative Stadt- und Regionalentwicklung, in: RaumPlanung 71, 1995a, S. 262-266.

Sinning, Heidi: Verfahrensinnovationen kooperativer Stadt- und Regionalentwicklung, in: Raumforschung und Raumordnung 3/1995b, S. 169-176.

Sinz, Manfred: Städtenetze – ein „weiches" Instrument zur Umsetzung des Raumordnungspolitischen Handlungsrahmens, in: Institut für Landes- und Stadtentwicklungsforschung des Landes Nordrhein-Westfalen (Hrsg.): Regionalentwicklung mit Städtenetzen. Ansätze und Perspektiven in Nordrhein-Westfalen, Dortmund 1999, S. 22-33.

Spehl, Harald; Albrech-Struckmeyer, Joachim: Städtenetz „Quadriga" — Region Trier-Luxemburg, in: Informationen zur Raumentwicklung 7/1997, S. 467-468.

Stiens, Gerhard: Städtevernetzung, Anknüpfungspunkte – Konzepte – Erfordernisse, BfLR-Materialien zur Raumentwicklung, Bonn 1995.

Stiftel, Bruce; Sipe, Neil G.: Die Durchsetzung von staatlichen Vorschriften zur Deponierung von Abfall in Columbia County, Florida, USA: Eine Fallstudie zu Entscheidungsvorgängen um Technologien hoher Komplexität. In: Zilleßen; Dienel; Strubelt (Hrsg.): Die Modernisierung der Demokratie. Opladen 1993, S. 280-296.

StMLU, Bayerisches Staatsministerium für Landesentwicklung und Umweltfragen (Hrsg.).: Regionalmanagement in der Praxis – Erfahrungen aus Deutschland und Europa, Chancen für Bayern, Autoren: Jörg Maier und Frank Obermaier, München 2000.

StMLU, Bayerisches Staatsministerium für Landesentwicklung und Umweltfragen (Hrsg.): Bilanz Regionalmanagement, das Beispiel TwiSt im Landkreis Rottal-Inn, Ergebnisse einer Evaluierung von Hans Kistenmacher, Kaiserslautern und München 1999.

StMLU, Bayerisches Staatsministerium für Landesentwicklung und Umweltfragen (Hrsg.): Teilraumgutachten Ansbach Hesselberg, München, Dezember 1998.

StMLU, Bayerisches Staatsministerium für Landesentwicklung und Umweltfragen (Hrsg.): Bilanzkonferenz 1998. Entwicklungsimpulse durch Regionalmanagement, Dokumentation der Bilanzkonferenz am 14. Mai 1998 in Neumarkt i. d. Opf. .

Stokman, Frans N.: Entscheidungsansätze in politischen Netzwerken, in: Jansen, Dorothea; Schubert, Markus: Netzwerke und Politikproduktion – Konzepte, Methoden, Perspektiven. Marburg 1995, S. 160-184.

Strunz, Joachim: Das Regionalmanagement – eine Aufgabe für Regionalplaner, in: Raumforschung und Raumordnung 5/6 1998, S. 435-442.

Stulberg, Joseph B.: The Theory and Practice of Mediation: A Reply to Professor Susskind, in: Vermont Law Review 6/1981, S. 85-117.

Stulberg, Joseph B.: A Mediator´s Responsibility for Fairness, in: SPIDR Society of Professionals in Disput Resolution. Selected SPIDR Proceedings 1987-1988.

Sünderhauf, Hildegund: Mediation bei der außergerichtlichen Lösung von Umweltkonflikten in Deutschland. Berlin, 1997.

Susskind, Lawrence; Cruikshank, Jeffrey: Breaking the Impasse. Consensual Approaches to Resolving Public Disputes, New York 1987.

Susskind, Lawrence: Environmental Mediation and the Accountaility Problem, in: Vermont Law Review 6/1981, S. 1-47.

Susskind, Lawrence; Weinstein, Alan: Towards a Theory of Environmental Dispute Resolution, in: Boston College Environmental Affairs Law Review 9/1980, S. 311-357.

Sydow, Jörg: Netzwerkorganisation. Interne und externe Restrukturierung von Unternehmungen, in Wirtschaft und Statistik (WiSt) 12, Dez 1995, S. 629-634.

Sydow, Jörg; Windeler, A.: Management interorganisationaler Beziehungen – Vertrauen, Kontrolle und Informationsaustausch. Opladen 1994, S. 142-159.

Sydow, Jörg: Strategische Netzwerke. Evolution und Organisation. Wiesbaden 1993.

Thüringer Ministerium für Wirtschaft und Infrastruktur (Hrsg.): Interkommunale Kooperation zur Umsetzung Regionaler Entwicklungskonzepte, Erfurt 1998.

Thüringer Ministerium für Wirtschaft und Infrastruktur (Hrsg.): Regionale Entwicklungskonzepte. Erfahrungen und Empfehlungen, Erfurt 1997.

Tilkorn, Erich: Zusammenarbeit zwischen ZIN-Regionen, Kreisen und Regionalplanung – Vom Gebietsentwicklungsplan zum Regionalen Entwicklungsprogramm im Regierungsbezirk Münster, in: Institut für Landes- und Stadtentwicklungsforschung des Landes Nordrhein-Westfalen (Hrsg.): Entwicklungsplanungen in der Region zwischen Konkurrenz und Zusammenarbeit, Dortmund 1999, S. 60-68.

Tomys, Nicole: Städtenetz ANKE — Arnhem-Nijmegen-Kleve-Emmerich, in: Informationen zur Raumentwicklung 7/1997, S. 464-466.

Treuner, Peter: Institutionelle und instrumentale Aspekte einer neuen regional ausgerichteten Entwicklungsstrategie für Europa, in: Akademie für Raumforschung und Landesplanung (Hrsg.): Towards a new European Space. Hannover 1995, S. 178-186.

Troeger-Weiss, Gabi: Regionalmanagement. Ein neues Instrument der Landes- und Regionalplanung, Augsburg 1998.

Troja, Markus: Politische Legitimität und Mediation, in: Zilleßen, Horst (Hrsg.): Mediation. Kooperatives Konfliktmanagement in der Umweltpolitik. Opladen 1998, S. 77-107.

Vanberg, Viktor: Markt und Organisation, Tübingen 1982.

Verordnung über den Nationalpark Elbtalaue vom 6.3.1998, erschienen im Niedersächsischen Gesetz und Verordnungsblatt vom 20. März 1998 (52. Jahrgang Nr. 9).

Voelzkow, Helmut: „Inszenierter Korporatismus". Neue Formen strukturpolitischer Steuerung auf regionaler Ebene, in: Kujath, Hans-Joachim (Hrsg.): Strategien der Regionalen Stabilisierung: wirtschaftliche und politische Antworten auf die Internationalisierung des Raumes, Berlin 1998, S. 215-232.

Voßebürger, Petra; Claus, Frank: Ablauf von Umweltmediationsverfahren, in: Förderverein Umweltmediation e.V.: Studienbrief Umweltmediation. Eine interdisziplinäre Einführung. Bonn 2000, S. 81-100.

Wagner, Bauleitplanverfahren — Änderungen durch die BauGB-Novelle 1998, in: Baurecht (Zeitschrift für das gesamte öffentliche und zivile Baurecht 5/1997, S. 709-721.

Walgenbach, Peter: Institutionalistische Ansätze in der Organisationstheorie, in : Kieser, Alfred: Organisationstheorien. Berlin/Köln 1995; S. 269-302.

Wallerstein, I.: Gesellschaftliche Entwicklung oder Entwicklung des Weltsystems, in: Lutz, B. (Hrsg.): Soziologie und gesellschaftliche Entwicklung. Verhandlungen des 22. Deutschen Soziologentages in Dortmund 1984. Frankfurt/New York 1985, S. 76-90.

Weber, Andrea; Banthien, Henning: Regionale Dialog- und Kooperationsprozesse für eine nachhaltige Raum- und Siedlungsentwicklung. Das Beispiel des Wettbewerbs

"Regionen der Zukunft", in: Informationen zur Raumentwicklung, Heft 7/1999, S. 443–450.

Wegener, Michael: Die unerforschte IBA, in: Kurth, Detlef; Scheuvens, Rudolf; Zlonicky, Peter (Hrsg.): Laboratorium Emscher Park. Städtebauliches Kolloquium zur Zukunft des Ruhrgebietes. Dortmund 1999, S. 144–148.

Weichhardt, P.: Die Region — Chimäre Artefact oder Strukturierungsprinzip sozialer Systeme?, in: Brunn, G.: (Hrsg.): Region und Regionsbildung in Europa: Konzeption der Forschung und empirische Befunde. Baden-Baden 1996, S. 25–43 (Schriftenreihe des Instituts für europäische Regionalforschungen, Band 1)

Wiedemann, Peter M./ Karger, Cornelia R.: Mediationsverfahren: ein Praxisleitfaden, in: Joußen, Wolfgang; Hessler, Armin G. (Hrsg.): Umwelt und Gesellschaft. Eine Einführung in die sozialwissenschaftliche Umweltforschung, Berlin 1995, S. 311-324.

Wiedemann, Peter M.: Mediation bei umweltrelevanten Vorhaben: Entwicklungen, Aufgaben und Handlungsfelder, in: Claus, Frank; Wiedemann, Peter M. (Hrsg.): Umweltkonflikte. Vermittlungsverfahren zu ihrer Lösung — Praxisberichte, Taunusstein, 1994, S.177-194.

Wiedemann, Peter M./ Claus, Frank: Konfliktermittlung bei umweltrelevanten Vorhaben. Ein Resumée, in: Claus, Frank/ Wiedemann, Peter M. (Hrsg.): Umweltkonflikte. Vermittlungsverfahren zu ihrer Lösung — Praxisberichte, Taunusstein, 1994, S.228-235.

Williamson, Oliver E.: Vergleichende ökonomische Organisationstheorie: die Analyse diskreter Strukturalternativen, in: Kenis, Patrick; Schneider, Volker (Hrsg.): Organisation und Netzwerk. Institutionelle Steuerung in Wirtschaft und Politik. Frankfurt/New York 1996, S. 167–212.

Williamson, Oliver E.: Die ökonomischen Institutionen des Kapitalismus, 1990.

Williamson, Oliver E.: Markets and Hierarchies: Analysis and Antitrust Implications, New York 1975.

Willke. Helmut: Entzauberung des Staates. Grundlinien einer systemtheoretischen Argumentation, in: Jahrbuch zur Staats- und Verwaltungswissenschaft 1987, S. 285-305.

Wirtschaftsförderungsgesellschaft Ostthüringen mbH: REK „Weidatalsperren", Maßnahmenkatalog, Gera 2000.

Wittke, Volker: Vertikale vs. horizontale Desintegration - Zu unterschiedlichen Erosionsdynamiken des Großunternehmens im Prozeß industrieller Restrukturierung, in: Soziologisches Forschungsinstitut Göttingen. Mitteilungen Nr. 22/1995, S. 7-15.

Wirtz, Alfred: Korreferat zu „Intermediäre Organisationen zwischen offenen Netzwerken und festen Strukturen, in: Fürst, Dietrich; Kilper, Heiderose: Effektivität intermediärer Organisationen für den regionalen Strukturwandel. Dokumentation der Tagung am 18. 6. 1993 im Institut für Arbeit und Technik in Gelsenkirchen, S. 35–42.

Wohlfahrt, Norbert: Korreferat zu „Intermediäre Organisationen zwischen offenen Netzwerken und festen Strukturen, in: Fürst, Dietrich; Kilper, Heiderose: Effektivität intermediärer Organisationen für den regionalen Strukturwandel. Dokumentation der Tagung am 18. 6. 1993 im Institut für Arbeit und Technik in Gelsenkirchen, S. 43-51.

Wolff, Brigitta; Neuburger, Rahild: Zur theoretischen Begründung von Netzwerken aus Sicht der Neuen Institutionenökonomik, in: Jansen, Dorothea; Schubert, Markus: Netzwerke und Politikproduktion – Konzepte, Methoden, Perspektiven. Marburg 1995, S 74-94.

Würges, Jochen: Städtenetze als Perspektive der interkommunalen Zusammenarbeit. Darstellung eines neuen raumordnungspolitischen Instruments am Beispiel des Städtenetzes Lahn-Sieg-Dill. Diplomarbeit an der J.W. von Goethe-Universität, Institut für Kulturgeographie, Stadt- und Regionalforschung Frankfurt am Main, Juni 1999.

Wurche, S.: Vertrauen und ökonomische Rationalität in kooperativen Interorganisationsbeziehungen, in: Sydow, Jörg; Windeler, A.: Management interorganisationaler Beziehungen – Vertrauen, Kontrolle und Informationsaustausch. Opladen 1994, S. 142-159.

www.ag-recht.de/umweltmediation/pressemitteilung20000222htm vom 28.05.2000

Zarth, Michael: Was macht Regionalkonferenzen erfolgreich?, in: Informationen zur Raumentwicklung 3/1997, S. 155-160.

Zilleßen, Horst: Einführung, in: Zilleßen, Horst (Hrsg.): Mediation. Kooperatives Konfliktmanagement in der Umweltpolitik. Opladen 1998, S. 8-16.

Zilleßen, Horst: Mediation als kooperatives Konfliktmanagement, in: Zilleßen, Horst (Hrsg.): Mediation. Kooperatives Konfliktmanagement in der Umweltpolitik. Opladen 1998, S. 17-38.

Zoubeck, Gerhard: Das Lahn-Sieg-Dill-Städtenetz (Marburg, Haiger, Siegen, Giessen, Wetzlar), in: Institut für Landes- und Stadtentwicklungsforschung des Landes Nordrhein-Westfalen (Hrsg.): Regionalentwicklung mit Städtenetzen. Ansätze und Perspektiven in Nordrhein-Westfalen, Dortmund 1999, S. 75-78.

Liste der Gesprächspartner der Fallstudien

Abfallplanung Nordschwarzwald: Herr Renn, Akademie für Technikfolgenabschätzung Baden-Württemberg Stuttgart am 28.06.2000.

Aller-Leine-Tal-Projekt: Frau Rahlf, KORIS Hannover am 13.06.2000; Herr Frischel, Samtgemeinde Schwarmstedt am 13.06.2000.

Expo-Initiative Ostwestfalen-Lippe GmbH: Herr Heinrich, OWL-Marketing GmbH Bielefeld am 14.6.2000.

Forum Elbtalaue: Herr Zühlsdorf, Universität Lüneburg am 15.06.2000; Frau Schmidt, Elbtalhaus Bleckede am 15.06.2000; Herr Burget, Niedersächsisches Umweltministerium Hannover, September 2000.

Forum Mittelrheintal: Herr Rönneper, Forum Mittelrheintal Oberwesel am 21.06.2000.

Interkommunales Gewerbegebiet Hechingen/Bodelshausen: Frau Langer, Akademie für Technikfolgenabschätzung Baden-Württemberg Stuttgart am 28.06.2000;

Herr Renn, Akademie für Technikfolgenabschätzung Baden-Württemberg Stuttgart am 28.06.2000.

Masterplan Bitterfeld-Wolfen: Frau Sonnabend, Stiftung Bauhaus Dessau am 5.6.2000; Frau Reuther, Büro für urbane Projekte Leipzig am 5.6.2000; Herr Strehlow, Entwicklungs- und Wirtschaftsförderungsgesellschaft Bitterfeld-Wolfen, Bitterfeld September 2000.

Mediationsverfahren Flughafen Frankfurt: Main: Herr Troost, Johann-Wolfgang von Goethe Universität Frankfurt/Main am 20.06.2000; Herr Ewen, Institut für Organisation und Kommunikation (IFOK) Bensheim am 20.06.2000.

Modellregion Märkischer Kreis: Herr Muhss, Märkischer Kreis Lüdenscheid am 14.06.2000.

Oberfranken Offensiv: Herr Bühler, Förderverein Oberfranken Offensiv e. V. Bayreuth am 29.06.2000.

Regionales Steuerungsdreieck Südostniedersachsen: Herr Prätorius, Regionale Entwicklungsagentur Südostniedersachsen (RESON) Braunschweig am 12.06.00; Herr Kegel, Zweckverband Großraum Braunschweig, September 2000; Frau Ruppenthal von Radetzky, Bezirksregierung Braunschweig, September 2000.

Regionalmarketing Westsachsen: Herr Illigmann, CIMA-Stadtmarketing-GmbH, München am 26.06.2000; Frau Unger, Industrie- und Handelskammer Zwickau am 7.6.2000.

Regionalpark Müggel-Spree: Herr Sandermann, Büro Raumkonzept 5, Berlin am 30.05.2000; Frau Hoff, Gemeinsame Landesplanung Berlin-Brandenburg, Potsdam September 2000.

REK Weida-Talsperren: Herr Schulze, Landkreis Greiz am 7.6.2000; Herr Kepke, Wirtschaftsförderungsgesellschaft Ostthüringen mbH, Gera September 2000.

Städtebund Silberberg: Herr Hachmann, CONVENT Hamburg am 15.06.2000; Herr Röder, Städtebund Silberberg Lößnitz am 7.6.2000.

Städtedreieck am Saalebogen: Herr Schach, LEG Thüringen, Erfurt am 6.6.2000.

Städtenetz Lahn-Sieg-Dill: Frau Wilcken-Göhrig, Frau Wiltscheck, Stadt Gießen am 19.06.2000; Herr Jachimsky, Regierungspräsidium Gießen am 19.06.2000; Herr Zoubeck, Bürgermeister Stadt Haiger am 19.06.2000.

Teilraumgutachten Ansbach Hesselberg: Herr Auweck, LARS Consult München am 27.06.2000; Herr Woerlein, Bürgermeister Markt Dentlein am 28.06.2000.